本书出版得到国家社科基金项目资助,谨致谢忱。

汪如东 ◎ 著

江淮方言泰如片与吴语的
语法比较研究

中国社会科学出版社

图书在版编目（CIP）数据

江淮方言泰如片与吴语的语法比较研究／汪如东著.
—北京：中国社会科学出版社，2017.12
ISBN 978-7-5203-1248-6

Ⅰ.①江… Ⅱ.①汪… Ⅲ.①方言研究-对比研究-
江淮方言、吴语 Ⅳ.①H172.4②H173

中国版本图书馆 CIP 数据核字（2017）第 261081 号

出 版 人	赵剑英
责任编辑	张　林
特邀编辑	郑成花
责任校对	石春梅
责任印制	戴　宽

出　　版	中国社会科学出版社
社　　址	北京鼓楼西大街甲 158 号
邮　　编	100720
网　　址	http://www.csspw.cn
发 行 部	010-84083685
门 市 部	010-84029450
经　　销	新华书店及其他书店

印刷装订	北京君升印刷有限公司
版　　次	2017 年 12 月第 1 版
印　　次	2017 年 12 月第 1 次印刷

开　　本	710×1000　1/16
印　　张	26.75
插　　页	2
字　　数	482 千字
定　　价	119.00 元

凡购买中国社会科学出版社图书，如有质量问题请与本社营销中心联系调换
电话：010-84083683
版权所有　侵权必究

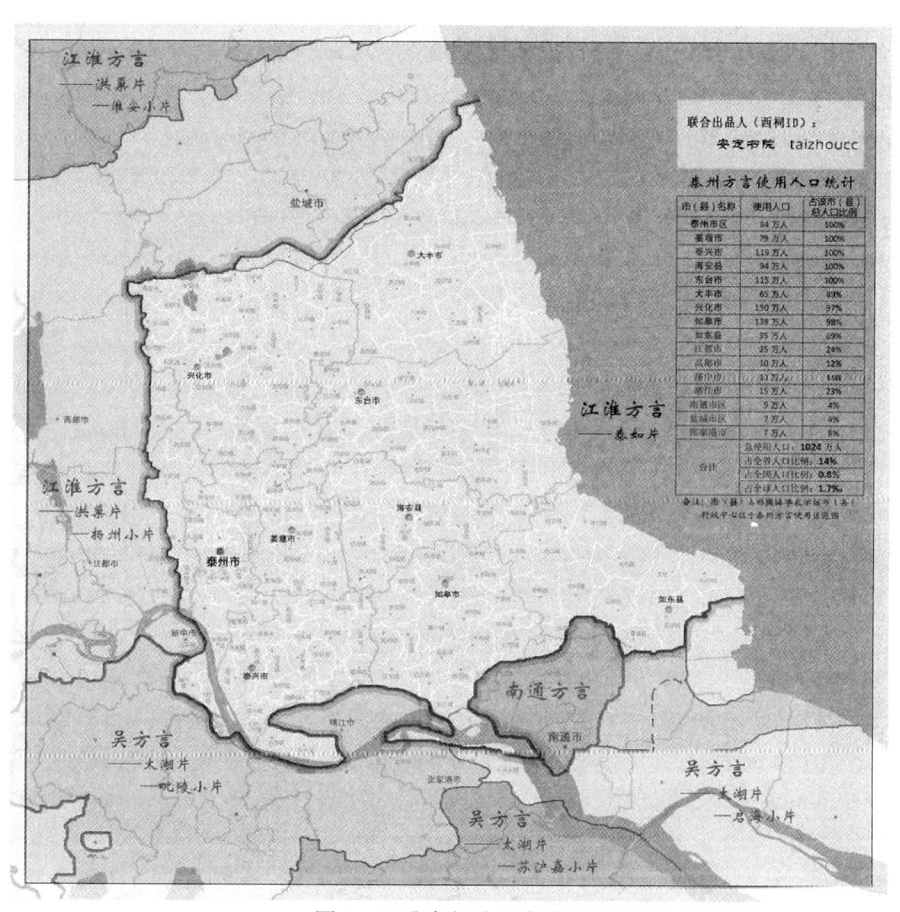

图 1 江淮泰如片方言的分布

(本图引自安定书院 taizhoucc,图中数据及分界未经核实,仅供参考)

目 录

第一章　绪论···1
　　第一节　江淮泰如片方言与吴语的关系概述·······································1
　　第二节　泰如片方言与吴语的研究概述···8
　　第三节　泰如片方言与吴语的语法研究概述······································12
　　第四节　研究内容、研究方法和语料来源···22
　　　　一　研究内容···22
　　　　二　研究方法···26
　　　　三　语料来源···27
　　第五节　本章小结···29
第二章　构词法···30
　　第一节　复合法···31
　　　　一　泰如方言中的双音节复合词···31
　　　　二　多重组合的复合词···46
　　　　三　语音变调与复合词的结构差异···49
　　第二节　附加法···65
　　　　一　名词的语缀···65
　　　　二　动词的语缀···113
　　　　三　形容词的语缀···114
　　　　四　副词的语缀···118
　　第三节　重叠法···119
　　　　一　名词重叠式···120
　　　　二　动词重叠式···124
　　　　三　形容词重叠式···134
　　第四节　本章小结···155
第三章　代词···158
　　第一节　概述···158
　　第二节　人称代词···160
　　　　一　人称代词系统的内部差异···160

  二 "俫"表复数后缀时的使用差异⋯⋯⋯⋯⋯⋯⋯⋯⋯⋯ 169
  三 自指与他指⋯⋯⋯⋯⋯⋯⋯⋯⋯⋯⋯⋯⋯⋯⋯⋯⋯ 170
 第三节 指示代词⋯⋯⋯⋯⋯⋯⋯⋯⋯⋯⋯⋯⋯⋯⋯⋯⋯⋯⋯ 172
  一 表人、物的指示代词⋯⋯⋯⋯⋯⋯⋯⋯⋯⋯⋯⋯⋯⋯ 173
  二 表处所的指示代词⋯⋯⋯⋯⋯⋯⋯⋯⋯⋯⋯⋯⋯⋯⋯ 175
  三 表时间的指示代词⋯⋯⋯⋯⋯⋯⋯⋯⋯⋯⋯⋯⋯⋯⋯ 178
  四 表性状的指示代词⋯⋯⋯⋯⋯⋯⋯⋯⋯⋯⋯⋯⋯⋯⋯ 179
 第四节 疑问代词⋯⋯⋯⋯⋯⋯⋯⋯⋯⋯⋯⋯⋯⋯⋯⋯⋯⋯⋯ 180
  一 问地点⋯⋯⋯⋯⋯⋯⋯⋯⋯⋯⋯⋯⋯⋯⋯⋯⋯⋯⋯⋯ 181
  二 问人⋯⋯⋯⋯⋯⋯⋯⋯⋯⋯⋯⋯⋯⋯⋯⋯⋯⋯⋯⋯⋯ 182
  三 问时间⋯⋯⋯⋯⋯⋯⋯⋯⋯⋯⋯⋯⋯⋯⋯⋯⋯⋯⋯⋯ 183
  四 问性状⋯⋯⋯⋯⋯⋯⋯⋯⋯⋯⋯⋯⋯⋯⋯⋯⋯⋯⋯⋯ 184
  五 问原因⋯⋯⋯⋯⋯⋯⋯⋯⋯⋯⋯⋯⋯⋯⋯⋯⋯⋯⋯⋯ 185
  六 问数量⋯⋯⋯⋯⋯⋯⋯⋯⋯⋯⋯⋯⋯⋯⋯⋯⋯⋯⋯⋯ 186
 第五节 本章小结⋯⋯⋯⋯⋯⋯⋯⋯⋯⋯⋯⋯⋯⋯⋯⋯⋯⋯⋯ 186
第四章 数量词⋯⋯⋯⋯⋯⋯⋯⋯⋯⋯⋯⋯⋯⋯⋯⋯⋯⋯⋯⋯⋯⋯⋯ 188
 第一节 数量词的读音和使用差异⋯⋯⋯⋯⋯⋯⋯⋯⋯⋯⋯⋯⋯ 188
  一 "一"的省略及量词的变调⋯⋯⋯⋯⋯⋯⋯⋯⋯⋯⋯⋯ 188
  二 "二"和"两"的读音及用法差异⋯⋯⋯⋯⋯⋯⋯⋯⋯ 188
  三 数词的构词及意义的虚化⋯⋯⋯⋯⋯⋯⋯⋯⋯⋯⋯⋯ 189
  四 只见于泰如话、较少见于吴语及普通话的量词⋯⋯⋯⋯ 191
 第二节 量词的定指、变调及表情功能差异⋯⋯⋯⋯⋯⋯⋯⋯⋯ 192
  一 泰如话的"个"与吴语的"瓣"⋯⋯⋯⋯⋯⋯⋯⋯⋯⋯ 192
  二 量名结构与定指⋯⋯⋯⋯⋯⋯⋯⋯⋯⋯⋯⋯⋯⋯⋯⋯ 193
  三 量名定指结构的语法功能⋯⋯⋯⋯⋯⋯⋯⋯⋯⋯⋯⋯ 195
  四 量名结构中量词的变调⋯⋯⋯⋯⋯⋯⋯⋯⋯⋯⋯⋯⋯ 199
  五 "个+名"结构的表情功能⋯⋯⋯⋯⋯⋯⋯⋯⋯⋯⋯⋯ 203
 第三节 本章小结⋯⋯⋯⋯⋯⋯⋯⋯⋯⋯⋯⋯⋯⋯⋯⋯⋯⋯⋯ 206
第五章 问句⋯⋯⋯⋯⋯⋯⋯⋯⋯⋯⋯⋯⋯⋯⋯⋯⋯⋯⋯⋯⋯⋯⋯⋯ 208
 第一节 指代词疑问句⋯⋯⋯⋯⋯⋯⋯⋯⋯⋯⋯⋯⋯⋯⋯⋯⋯ 208
 第二节 并列短语问句⋯⋯⋯⋯⋯⋯⋯⋯⋯⋯⋯⋯⋯⋯⋯⋯⋯ 209
 第三节 泰如话与吴语的"ADV+VP"问句⋯⋯⋯⋯⋯⋯⋯⋯⋯ 211
  一 "ADV+VP"句发问词之间的差异⋯⋯⋯⋯⋯⋯⋯⋯⋯ 213
  二 苏州话的"覅[ʌ⁴⁴]"和泰如话的"共[kɔ³³]"⋯⋯⋯⋯ 214
  三 结构与功能方面的差异⋯⋯⋯⋯⋯⋯⋯⋯⋯⋯⋯⋯⋯ 217

四　"可不 VP"与"阿 VP 勒勿 VP"句式 …………………… 217
　　五　表示其他语气时的差异 …………………………………… 219
　　六　泰如话"可 VP"问句的性质 ……………………………… 220
　第四节　本章小结 ………………………………………………… 222
第六章　体貌类型 …………………………………………………… 223
　第一节　完成体 …………………………………………………… 223
　　一　"啊"与"仔" ……………………………………………… 223
　　二　"掉"与"脱" ……………………………………………… 236
　第二节　持续体 …………………………………………………… 243
　　一　"著（着）"的读音层次与句式结构之间的关系 ………… 244
　　二　"辣海"表持续体标记时的功能差异 …………………… 248
　　三　"V 啊下"与"V 啊在下"结构 …………………………… 256
　　四　"V 着啊"与"V 啊下"结构 ……………………………… 258
　　五　"V 的"与"V 啊"结构 …………………………………… 264
　　六　背景过程体 ………………………………………………… 265
　　七　持续反复体 ………………………………………………… 266
　第三节　开始体 …………………………………………………… 269
　第四节　经历体 …………………………………………………… 269
　第五节　进行体 …………………………………………………… 271
　　一　"在 V"、"在下 V"与"辣 V""辣海 V"结构 ……………… 271
　　二　"在下"由表处所到表语气的虚化 ……………………… 273
　　三　与持续体结构之间的比较 ………………………………… 273
　第六节　本章小结 ………………………………………………… 275
第七章　语序 ………………………………………………………… 278
　第一节　话题句中的语序差异 …………………………………… 278
　　一　受事成分充当次话题的 STV 式 ………………………… 278
　　二　次话题优先型话题句的语序差异 ………………………… 280
　第二节　双宾语句中的位置差异 ………………………………… 282
　　一　表示授受关系的双宾语句 ………………………………… 282
　　二　表示称呼的双宾语句 ……………………………………… 283
　第二节　补语位置的语序差异 …………………………………… 283
　　一　结果补语 …………………………………………………… 283
　　二　趋向补语 …………………………………………………… 283
　第四节　处置式的构成与语序差异 ……………………………… 284
　第五节　含兼语句子成分的语序差异 …………………………… 284

第六节　常用插入语的语序比较·················285
第七节　本章小结·····························286
第八章　连词及相应复句·····················287
　第一节　并列关系连词及相关复句···············287
　　一　"啊"与"咾"···························287
　　二　"带"与"脱"···························287
　　三　"同"与"搭/搭仔"······················288
　　四　并列关系复句···························288
　第二节　因果关系及其相应复句·················289
　　一　"啊"与"咾"···························289
　　二　"这咾"与"葛咾"······················289
　　三　亦就···································290
　第三节　连词与假设复句·······················291
　第四节　连词与条件复句·······················291
　　一　"呗"与"末"···························291
　　二　"概么儿/要啊"与"葛末/耐末"··········292
　第五节　连词语法化例举隅——以海安话中"说的"为例··294
　　一　"说的"与"说"·························294
　　二　"说的₁"：传闻标记·····················295
　　三　"说的₂"：传情标记·····················296
　　四　"说的₃"：标句词·······················298
　　五　"说的₄"：话题标记·····················299
　　六　结语···································301
　第六节　本章小结·····························302
第九章　副词·································303
　第一节　时间副词·····························303
　　一　表时性时间副词·························303
　　二　表频性时间副词·························308
　　三　表序性时间副词·························311
　第二节　程度副词·····························312
　　一　表程度深·······························312
　　二　表程度轻微·····························323
　第三节　情态副词·····························325
　　一　意志类情态副词·························326
　　二　方式类情态副词·························326

第四节 语气副词 ……………………………………………… 329
一 推断性语气副词 …………………………………… 329
二 确定性语气副词 …………………………………… 331
三 逆合类语气副词 …………………………………… 334
四 疑问类语气副词 …………………………………… 335

第五节 范围副词 ……………………………………………… 338
一 总括类范围副词 …………………………………… 338
二 排他类范围副词 …………………………………… 339
三 限量性范围副词 …………………………………… 341

第六节 否定副词 ……………………………………………… 342
一 "不"与"勿" ………………………………………… 342
二 "曾"、"不曾"与"斶" ……………………………… 343
三 "没得"与"吭没" …………………………………… 344

第七节 本章小结 ……………………………………………… 346

第十章 介词 ………………………………………………………… 348

第一节 泰如话的前置类介词 ………………………………… 348
一 表示基本方所的前置词"在"、"埋" ……………… 348
二 表示伴随与收益者标记的"同"、"代"、"替" …… 349
三 表示与事与被动的施事标记"拿"、"把"、"喊"、"挨" …… 350
四 "为/为啊"与"照啊/照着啊" ……………………… 356
五 "走"在泰如话中由动词向介词的虚化 …………… 356

第二节 泰如话的后置类介词 ………………………………… 358
一 上、的、肚的 ……………………………………… 358
二 债、辣 ……………………………………………… 360
三 境、海 ……………………………………………… 360
四 似、到 ……………………………………………… 361
五 如、待……样的 …………………………………… 362
六 朝 …………………………………………………… 363

第三节 本章小结 ……………………………………………… 363

第十一章 助词 ……………………………………………………… 365

第一节 结构助词 ……………………………………………… 365
一 "个"与"的" ………………………………………… 365
二 "得"字句 …………………………………………… 367
三 动趋式中"到"的虚化 ……………………………… 372

第二节　语气助词……………………………………………………372
　　一　事态语气词…………………………………………………373
　　二　情态语气词…………………………………………………375
　　三　暂顿语气词…………………………………………………380
第四节　本章小结……………………………………………………383
第十二章　总论……………………………………………………385
第一节　泰如话的语法系统蕴含着丰富的吴语底层……………385
　　一　读音与语法结构方面………………………………………385
　　二　构词法方面…………………………………………………386
　　三　代词与量名结构方面………………………………………387
　　四　虚词与体貌结构方面………………………………………388
　　五　句子与句式方面……………………………………………389
第二节　语法的差异性大于共性……………………………………390
　　一　构词法方面…………………………………………………390
　　二　代词与量名结构方面………………………………………395
　　三　虚词与体貌结构方面………………………………………396
　　四　句子与句式结构方面………………………………………400
第三节　泰如话与吴语语法系统演变的共同趋势…………………401
　　一　普通话与方言的语法成分将在各自的体系内长期共存……401
　　二　方言语法结构发展的不平衡性……………………………402
　　三　由注重话题向注重主语的语言变化趋势…………………403
参考文献……………………………………………………………405
后记…………………………………………………………………417

图表目录

图1　江淮泰如片方言的分布

表1—1	泰如话部分文读词与吴语的读音对照	5
表2—1	泰如话与吴语部分偏正式词语的构成比较	34
表2—2	泰如话与吴语部分偏正式词语音节构成比较	35
表2—3	泰如话与吴语部分动宾式词语音节构成比较	40
表2—4	泰如话轻声与非轻声的读音差异对语法结构的影响比较	53
表2—5	泰如话与吴语三音节"子"尾词结构差异比较	70
表2—6	泰如话儿化韵与儿化词例	81
表2—7	泰如话儿化词与非儿化词比较（一）	85
表2—8	泰如话儿化词与非儿化词比较（二）	87
表2—9	泰如话儿化词与非儿化词比较（三）	95
表2—10	名词重叠儿化词例	98
表2—11	泰如话"的"后缀方位词与吴语对照	99
表2—12	泰如话"的"后缀时间词与吴语对照	100
表2—13	泰如话与吴语亲属关系名词重叠式比较	120
表2—14	泰如话与吴语重叠形式表示小称对照	121
表2—15	泰如话与吴语"头"后缀名重叠式比较	122
表2—16	泰如话与吴语表示色彩的ABB形容词重叠式比较	139
表2—17	泰如话与吴语表示味觉感受的ABB形容词重叠式比较	140
表2—18	泰如话与吴语除颜色以外的视觉状态ABB形容词重叠式比较	141
表2—19	泰如话与吴语表示触觉、感受的ABB形容词重叠式比较	143
表2—20	泰如话与吴语表示身体感受的ABB形容词重叠式比较	144
表2—21	泰如话与吴语表示人物状态的ABB形容词重叠式比较	145
表3—1	泰如话与吴语人称代词比较	160
表3—2	泰如话内部几点人称代词读音比较	161

表 3—3	泰如话与吴语指示代词比较	173
表 3—4	泰如话与吴语疑问代词比较	180
表 4—1	泰如话与吴语量词定指功能比较	197
表 5—1	泰如话与吴语 ADV+VP 问句结构比较	213
表 6—1	泰如话与吴语体貌结构比较总表	275
表 8—1	泰如话与吴语连接词使用的差异比较	302
表 9—1	泰如话与吴语时间副词比较	312
表 9—2	泰如话与吴语程度副词比较	325
表 9—3	泰如话与吴语情态副词比较	329
表 9—4	泰如话与吴语语气副词比较	338
表 9—5	泰如话与吴语范围副词比较	342
表 9—6	泰如话与吴语否定副词比较	345
表 10—1	泰如话与吴语表复数的后缀与处所语素比较	360

第一章 绪论

本章就泰如片方言与吴语的关系、泰如片方言与吴语的研究特别是语法方面的研究作一大致的描述与回顾,交代并说明了本书的研究内容、研究方法及语料的来源。

第一节 江淮泰如片方言与吴语的关系概述

1960年出版的《江苏省和上海市方言概况》把苏北地区包括大丰、兴化、东台、泰州、海安、泰兴、如皋、如东、南通市、南通县十点的方言列为第三区,认为方言的性质介于第一区(洪巢片)和第二区(吴语)之间[1]。1985年,贺巍在《方言》发表了《河南、山东、皖北、苏北的官话(稿)》,将泰州、泰县(姜堰)、兴化、东台、大丰、海安、如皋、如东和南通等地的方言列为江淮官话的一个方言片,称之为泰如片[2]。鲍明炜、王均主编的《南通地区方言研究》将南通地区方言分为四类:南通话、如海话、海启话(沙地话)、通东诂[3],其中的如海话即本书所指的泰如话。鲁国尧(1988)又把这一片方言命名为通泰区[4]。

吴语是官话方言以外的汉语第二大方言,主要通行于江苏省南部、上海市、浙江省和安徽省南部、江西省东北部的上饶以东各县市、福建西北角的浦城县。中国社会科学院和澳大利亚人文科学院合编的《中国语言地图集》根据语言特点及通话情况,将吴语分为三区六片:北区太湖片,南区台州片、东瓯片、婺州片、处衢片,西区宣州片。太湖片又分为毗陵、苏沪嘉、苕溪、杭州、临绍、甬江六小片,处衢片分为处州、龙衢两个小片,宣州片分为铜泾、太高、石陵三个小片[5]。

---

[1] 江苏省和上海市方言指导组编:《江苏省和上海市方言概况》,江苏人民出版社1960年版,第20页。
[2] 贺巍:《河南、山东、皖北、苏北的官话(稿)》,载《方言》1985年第3期,第163—170页。
[3] 鲍明炜、王均主编:《南通地区方言研究》,江苏教育出版社2002年版,第3页。
[4] 鲁国尧:《泰州方音史与通泰方言史研究》,载日本国立亚非语言所《アジア・アフリカ語の計数研究》第30号,1988年;又载《鲁国尧语言学论文集》,江苏教育出版社2003年版,第12—122页。
[5] 中国社会科学院、澳大利亚人文科学院:《中国语言地图集》,香港朗文(远东)有限公司1987年版、1991年版。

今江淮方言区与吴语区地理相邻，泰如方言片是北方官话体系中与北部吴语最接近的区域之一，自古联系紧密。《左传·襄公三年》："六月，公会单顷公及诸侯，己未同盟于鸡泽。晋侯使荀会逆吴子于淮上，吴子不至。"清高士奇《春秋地名考略》认为"淮上"乃吴地，"当在临淮、泗州之境"；《春秋·哀公十二年》："秋，公会卫侯、宋皇瑗于郧"，杜注："郧，发阳也。广陵海陵县东南有发繇口。"《左传·哀公十二年》的记载更为详细："秋，卫侯会吴于郧，公及卫侯、宋皇瑗盟，而卒辞吴盟。吴人藩卫侯之舍。……太宰嚭说，乃舍卫侯。卫侯归，效夷言。"西汉扬雄的《方言》将"吴扬越"、"吴扬江淮"、"南楚江淮"并称，吴国都虽在江南，而江淮之间一直为其所有，今扬州、泰州、盱眙、淮安皆吴地。

东汉末，战事频仍，据《宋书·州郡志》"扬州刺史淮南太守"："三国时江淮为战争之地，其居不居者，各数百里，此诸县并在江北、淮南，虚其地，无复民户。吴平，民各还本，故复立焉。"《三国志》的《魏书·蒋济传》、《吴书·吴主传》均记载，建安十四年（209年），"江淮间十余万众皆惊走吴"、"民转相惊，自庐江、九江、蕲春、广陵，户十余万皆东渡江，江西遂虚。"今泰如地区在西晋时仍属于吴语区。

公元4世纪的永嘉之乱，逐渐打破了这一格局。据史料记载，在永嘉之前，中原地区曾发生过长达十六年的八王之乱。这次变乱直接引起了永嘉时期的民族斗争，匈奴和羯族的首领刘曜、石勒等率领部众，残酷地屠杀汉人。永嘉四年（310年），刘曜在今河南东部攻下汉人坞堡一百余处。同年，石勒在今湖北襄樊一带攻下坞堡三十余处，后又在苦县宁平城（今河南鹿邑）击败晋军主力，晋军死者十余万人。同年，刘曜攻陷洛阳，纵兵大肆屠杀焚掠，洛阳化为灰烬。晋朝官民大量南逃，史称"永嘉南渡"。《晋书·王导传》："洛京倾覆，中州士女避乱江左者十六七。"在永嘉南渡时，北方的许多士族、大地主携眷南逃，随同南逃的还有他们的宗族、部曲、宾客等等。同乡同里的人也往往随着大户南逃，有的逃到广陵（今江苏扬州），有的逃到京口（今镇江）以南。今天的泰如地区也有许多移民过来，《晋书·毛璩传》："海陵县界地名青蒲，四面湖泽，皆是菰葑，逃亡所聚，威令不能及。璩建议率千人讨之。时大旱，璩因放火，菰葑尽燃，亡户窘迫，悉出诣璩自首，近有万户，皆以补兵。"由于人数较多，且比较聚集，本地的吴语渐渐被外来语言所影响，向江淮方言过渡。

但吴人对这一带的移民始终没有停止。明初，江北因宋元明时期的战乱而人口凋零，故从苏州调集了大批人口迁移到泰州区域，史称"洪武遣散"，《（民国）续修盐城县志稿》卷十四引凌兰孙《凌氏谱》云："元末张士诚据有吴门，明主百计不能下，及士诚兵败身虏，明主积怒，遂驱逐苏民实淮扬两郡。""以江南之庶调剂江北之荒"①，洪武三年（1370年）六月谕中书省曰："苏松杭嘉湖五郡，地狭民众无田以耕，往逐末利而食不给。临濠（今安徽凤阳）朕故乡人，因多未辟，土有遗利，宜令五郡民无田者往耕，就所种田为己业。"②明顾公燮《消夏闲记摘抄》也说："徙江南富民十四万以实之，私归者有重罪。"洪武二十三年（1390年）"又命湖杭温台苏松诸郡无田之民，往耕南迤南滁等处闲田。"泰如地区明初大量来自吴方言区的移民应是在这一大背景下形成的。《泰县氏族略》认为"吾邑氏族由苏迁泰者十之八九"，并描绘说，朱元璋与张士诚作战，命常遇春攻泰州，同时决高家堰水淹，"是时泰州既遭焚杀之殃，复受沉沦之祸，居民非死则徙尔。明太祖乃下诏移苏郡之人以实泰邑。此今之泰人所为多由苏迁泰者也。"③《（民国）泰县志稿》卷二十五在解释民谣"杨家庄上失了火，大的小的跟了我"中"火"、"我"二字押韵时说："泰县方言'我'字读成鼻音若'引'，则明洪武迁苏民于泰以后转变而成之音也。此'我'字独作官音与'火'押，则此谣谚之起必在明前。"④历史学家顾颉刚在《苏州史志笔记·兴化人祖籍多苏州》中说："孔大充及其夫人杨质君，皆兴化人，告予兴化人多于明代自苏州迁去，皆云老家在阊门。予谓自苏州迁去甚有可能，明太祖得天下后大量移民，使众寡略等，自宜以江南之庶调剂江北之荒，然谓所移者皆阊门则殊不可信。"⑤《水浒传》的作者施耐庵也是苏州移民，咸丰《施氏族谱》序言称："吾兴（化）氏族，苏迁为多。白驹场施氏耐庵先生，于洪武初由苏（州）迁兴化。复由兴化徙居白驹场。"也有些苏州移民，是为了躲避元末明初及明成祖"靖难之役"的战火而自行迁到苏北去的。如苏州有一支郑氏，系出荥阳，由歙迁吴，家于阊门，明成祖靖难兵起，江南震动。郑克明字客民，遂弃产业，渡江而北，相传始至如皋南城，继迁白蒲镇之西村，后称郑家园（江苏如皋《郑氏家谱》）。顾祖昌避元末兵乱，自吴郡寓居高邮，旋迁通州城西（南通《顾氏宗谱》）。太平天国时期，也有苏南居民迁往苏北的。总之，自明朝以来，相比起南京、扬州等地，泰如地区大的战乱较少，加之偏于东南一隅，族群和风俗得以延续。方言中也就保存了相对较多的古吴语底层，诚如丁邦新在《如皋方言的音韵》中所说的"如皋方言是以吴语为基本，加上下江官话的部分影响而成

---

① 见《中国地方志集成·江苏府县志辑 59》，江苏古籍出版社 1991 年版。
② 《明太祖实录》卷五三，洪武三年六月辛巳，台北"中央研究院"历史语言研究所影印 1962 年版，第 1053 页。
③ 见夏绍侯《耐庵丛著》二集之四，1930 年。
④ 见《中国地方志集成·江苏府县志辑 68》，江苏古籍出版社 1991 年版。
⑤ 苏州市政协文史资料编辑室、苏州市地方志编纂委员会办公室编，江苏古籍出版社 1987 年版。

的，所以吴语的色彩较浓，下江官话的色彩较淡，成为这两个区域之间的中间方言"[①]，鲁国尧则提出进一步的假说：江淮之间本为吴语区，直至4世纪，北方方言将吴语逐退至江南武进、常熟一线。但这一带的官话方言具有吴语的底层，千百年来，由于通泰地区僻处东隅，因而保留了较多的古代语言的特点，包括吴语的底层，所以现代通泰方言与吴语近似之处不少……虽然通泰方言为整个北方方言的发展大势所裹挟，但它毕竟僻处东南边缘，又面对着强大的吴方言的"北犯"（靖江南部、海门、启东的吴方言皆由南而来），所以它变得比较慢，保存了较多的古代方言的特点……通泰方言与客、赣方言有着某种"血缘"上的相近关系。

泰如方言处于北方官话和吴语的过渡地带，操该片方言的一般人管北方主要是讲江淮方言洪巢片、中原官话和山东官话的人为"侉子"，管南方主要是吴语的非官话方言区的人为"蛮子"，片内语音的共同特征是：（1）古全浊塞、塞擦音仄声字大多读送气清辅音；（2）入声分阴入和阳入两个声调。中国社会科学院和澳大利亚人文科学院据此绘制了《中国语言地图集》中江淮官话的相关方言地图。这种过渡性的色彩体现在一些词语的读音上，即文白异读现象，白读常有吴语的色彩，文读则带有北方官话的特点。如"大"古代有唐佐切和徒盖切两个不同的反切，体现在泰如方言一些点，南通有三种读音（鲍明炜、王均2002）：

[$t^hʊ^{213}$]大：大侯 长子

[$t^hɑ^{213}$]大：大圣庙 地名、大家

[$tɑ^{42}$]大

南通人徐昂（1877—1953），晚年将其生平著作汇为《徐氏全书》，《音说》是其中的第十八种，在"乡音"章，他写道："尝闻人述吾乡土语云：'他的大侯拿了大钱，走到大圣桥下，买了一本大学。'第一个'大'字音如'惰'，第二个'大'字音如'泰'上声，第三个'大'字音如'代'，第四个'大'读普通音。"[②]

海安有四种读音[③]：

[ta^{21}]大：大小、大家

[t^he^{213}]大：雨落得大；无大不大的

[①] 丁邦新：《如皋方言的音韵》，《中研院历史语言研究所集刊论文类编》（语言文字编·方言卷）中华书局2009年版，第1007—1065页。

[②] 引自鲁国尧《通泰方言研究史胜述》，载《方言》2001年第4期，第301—314页；又载《鲁国尧语言学论文集》，江苏教育出版社2003年版。

[③] 汪如东：《海安方言研究》，新华出版社2006年版。

[tʰe²¹]大：大斧斧头

[ta³³]大：大学、大相端庄的容貌

泰州有五个读音（鲁国尧 2003）：

[tʰu²¹]：大小最大的儿子

[ta²¹]：大刀、大小大和小

[tɔ⁴⁴]：大将

[tʰe²¹]：大东桥地名

[te⁴⁴]：大夫

同一个词新派、老派，城镇、农村的读音也有差异，"韩"在泰州一般读[xẽ³⁵]，如城西北边的"韩桥"的"韩"，老年人一般说[xõ³⁵]，年轻人都说[xẽ³⁵]；海安当地名宿韩紫石先生的姓，老年人一般念[xõ³⁵]，年轻人一般说成[xẽ³⁵]；"养蚕"的"蚕"，今泰州发[tsʰẽ³⁵]，海安说[tsʰor³⁵]，还保留着较早层次的读音。"爷"在海安话中有三个读音，一表"对男性尊长的称呼，多指称叔叔辈"，读[ia³⁵ia⁵]或[iar³⁵]；二是对神灵的尊称，"老爷"读[lɔ²¹³i³]，现常指像老爷一类的人，多有讽刺义；三读[e³⁵]，用于书面语或对儿童说话时，属于文读层，如"老爷爷[lɔ²¹³e³⁵e⁵]"、"毛爷爷[mɔ³⁵e³⁵e⁵]"。再如"车"的读音："三点五十五分的车子[tsʰe²¹tsʅ¹]"，这是笔者在海安车站亲自搜集到的"车"的文读，"车"读[tsʰe²¹]是普通话折合成海安话后的读音，"车子"白读为[tsʰa²¹tsʅ¹]，是地道的海安话，海安话声母整体缺乏普通话的翘舌音，韵母也没有普通话的[ɤ]韵母。总而言之，泰如话的语音呈现出"东存古而西趋新的倾斜式的坡性特点"①，在泰州，"钢丝车"、"脚踏车"之类表示自行车的说法已经很少听到，而在泰兴、海安、如皋等地农村，这些词语仍在普遍使用。泰如方言词汇过渡性的色彩较浓，南方诸方言的"落雨、落雪"，通泰方言中，东区仍说"落雨、落雪"，西区则说"落雨、下雨"或"落雪、下雪"两可，而北方话和淮扬方言则只说"下雨、下雪"。类似的还如"寻[ʨʰĩ³⁵]、找"、"立、站"、"掰、这"等几组词语，从南到北都体现出此消彼长过渡性的特征。以下是泰如话（海安）部分文白异读词跟吴语（上海、苏州）的读音对照。

表 1—1　　　　泰如话部分文读词与吴语的读音对照

地点 例字	海安	上海	苏州
活	生活[sə²¹xo³⁵/¹]｜活嚼瞎说 [oʔ³⁵tɕʰia⁵xɛʔ³³soʔ³³]/活招报 [ʋʔ²⁵tsɔʰʅpɔ⁵⁵]瞎说	活[ɦuəʔ¹²]	活[ɦuəʔ²³³]

---

① 鲁国尧：《鲁国尧语言学论文集》，江苏教育出版社 2003 年版，第 205 页。

续表

地点 例字	海安	上海	苏州
黄	黄颜色[xuã³⁵ŋɛ̃³⁵sə⁷³³/⁵] ǀ 黄豆儿[uã³⁵tʰər²¹]/黄猫儿[uã³⁵mɔr³⁵]/黄子[uã³⁵tsɿ⁵]/黄菜儿[uã³⁵tsʰe³³]/黄瓜[uã³⁵kua²¹]	黄[ɦuã²³]	黄[ɦuã¹³]
席	主席[tsu²¹³ɕiɪʔ³⁵/³] ǀ 席子[tɕʰiɪʔ³⁵tsɿ⁵]	席[ziɪʔ¹²]	席[ziəʔ³³]
划	计划[tɕi³³xua³³] ǀ 划船[ua³⁵tsʰõ³⁵]	划[o⁵³]/划[ɦo²³]划船	划[ɦuaʔ⁵⁵]计划 ǀ 划[ɦo¹³]划船
含	含义[xɛ̃³⁵i³³] ǀ 含珠儿[xõ³⁵tsur²¹]②	含[ɦø²³]	含[ɦø¹³]
寒	寒冷[xɛ̃³⁵lɔ̃²¹³] ǀ 寒热[xõ³⁵zjɪ³⁵]	寒[ɦø²³]	寒[ɦø¹³]
明	光明[kuã²¹mĩ³⁵] ǀ 明朝[mɔ̃³⁵tɔ²¹/⁵]	明[min²³]	明[min¹³]
敢	勇敢[iɔ̃²¹³kɛ̃²¹³] ǀ 不敢[pəʔ³³kõ²¹³]	敢[kø³⁴]	敢[kø⁵¹]
毙	枪毙[tɕʰiã²¹pi³³] ǀ 打枪毙[ta²¹³tɕʰiã²¹pɤi³³]③	毙[bi²³]	毙[bi³¹]
雄	英雄[i²¹ɕiɔ̃³⁵]/踏雄[tʰɛʔ³⁵ɕiɔ̃³⁵]④ ǀ 雄鸡[iɔ̃³⁵tɕi²¹]/雄鸭[iɔ̃³⁵ŋeʔ³³]	雄[ɦioŋ²³]	雄[ɦioŋ¹³]
教	教他下子[kɔ²¹tʰa²¹xa²¹/²¹³tsɿ³] ǀ 教室[tɕiɔ³³səʔ³³]	教[tɕiɔ³⁴] ǀ 教[kɔ³⁴]	教[tɕiæ⁵¹³] ǀ 教[kæ⁵¹³]
射	射击[seʔ³³tɕiɪʔ³³] ǀ 射标枪[sa²¹piɔ²¹tɕʰiã²¹]/射血条子[sa²¹ɕiɔʔ³³tʰiɔ³⁵tsɿ³]⑤	射[zo²³] ǀ 射[zoʔ¹²]	射[zo³¹] ǀ 射[zoʔ³³]
今	今后[tɕi²¹xɤi²¹] ǀ 今朝[kɔ̃²¹tɔ²¹]	今[tɕin⁵³]	今[tɕin⁵⁵]
觉	觉悟[tɕiaʔ³³vu³³] ǀ 觉得[kaʔ³³təʔ³] /觉察[kaʔ³³tsʰɛʔ³³]	觉[tɕioʔ⁵⁵]觉悟 ǀ 觉[koʔ⁵⁵]觉着	觉[tɕioʔ⁵⁵]觉悟 ǀ 觉[koʔ⁵⁵]觉着
学	学习[ɕia³⁵ɕiɪʔ³⁵] ǀ 学木匠[xa³⁵mɔ³⁵tɕʰia²¹/³⁵]	学[ɦiAʔ¹²]学习 ǀ 学[ɦoʔ¹²]大学生	学[ɦioʔ³³]学习 ǀ 学[ɦoʔ³³]大学生
喂	喂奶[vɤi³³ne²¹³/y³³ne²¹³]喂食[vɤi³³səʔ³⁵/y³³səʔ³⁵]	喂[uE⁵³]	喂[ɦuE¹³]
家	家庭[tɕia²¹tʰĩ³⁵] ǀ 主家[tsu²¹³ka³]	家[tɕiA⁵³]家具 ǀ 家[kA⁵³]人家	家[tɕiA⁵⁵]家具 ǀ 家[kA⁵⁵]人家
甲	甲等[tɕiɛʔ³³tɔ̃³⁵] ǀ 指甲[tsɿ²¹³kʰɛʔ³³/²¹³]	甲[tɕiAʔ⁵⁵]	甲[tɕiAʔ⁵⁵] ǀ 甲[kAʔ⁵⁵]

① "黄猫儿"本指黄鼠狼,也指一种面点;"黄子"指蛋黄;"黄菜"是当地冬天用萝卜叶腌制的菜,现已罕见。
② "含珠儿"指眼泪含在眼眶中。
③ 骂男人的俚语。
④ 禽类的交合。
⑤ 下雨、撒尿等的俚语。

续表

地点 例字	海安	上海	苏州
敲	敲鼓[kʰɔ²¹ku²¹³]｜推敲[tɕʰyɤi²¹tɕʰiɔ²¹]	敲[tɕʰiɔ⁵³]｜ 敲[kʰɔ⁵³]	敲[tɕʰiæ⁵⁵]｜ 敲[kʰæ⁵⁵]
下	下级[ɕia²¹/³³tɕiɿ³³]｜下来[xa²¹le³⁵/¹]	下[ɕiA³⁴]｜下[ɦio²³]	下[ɦio³¹]｜下[ɦio³¹]
狭	狭隘[ɕia³⁵e³³]｜嫌狭[ɕi³⁵xɛ³⁵]	狭[ɦiAʔ¹²]	狭[ɦiAʔ³³]
姐	姐姐[tɕia²¹³tɕia²¹³/³]｜小姐[ɕiɔ²¹³tɕi²¹³]	姐[tɕi³⁴]｜姐[tɕiA³⁴]	姐[tsiA⁵¹]
解	解放[tɕie²¹³/ke²¹³ fã³³]｜ 解带子[ke²¹³te³³tsɿ³]	解[tɕiA³⁴]解释｜ 解[gA²³]解鞋带	解[tɕiA⁵¹³]起解/｜ 解[tɕiA⁵¹]解决｜ 解[kA⁵¹³]锯开
讲	讲义[tɕiã²¹³i⁵]｜讲经[kã²¹³tɕi²¹]①	讲[tɕiÃ³⁴]讲读｜ 讲[kÃ³⁴]讲闲话	讲[tɕiÃ⁵¹]讲读｜ 讲[kÃ⁵¹]讲闲话
江	长江[tsʰã³⁵tɕiã²¹]｜江阴[kã²¹ɦĩ²¹]地名	江[tɕiÃ⁵³]｜江[kÃ⁵³]	江[tɕiÃ⁵¹]｜江[kÃ⁵¹]
痱	痱了[pʰi²¹tsɿ²¹]	痱[fi⁵³]子	痱[fi⁵¹³]子
甫	杜甫[tu³³pʰu²¹³]	甫[fu³⁴]	甫[fu⁵¹]
缝	山缝儿[sẽ²¹pɔr³³]/树缝儿[su²¹pɔr³³]/ 腿缝儿[tɕʰy²¹³pɔr³³]②	缝[voŋ²³]	缝[voŋ³¹]
也	也[e²¹³]｜也[ia²¹³]	也[ɦiE²³]｜也[ɦiA²³]	也[iɿ⁵⁵]
配	分配[fã²¹pʰɤi³³]｜配灯泡儿 [pʰi³³tã²¹pʰɔr²¹]	配[pʰE³⁴]	配[pʰE⁵¹³]
干	干部[kẽ³³pu³³]｜粉干[põ²¹³kõ²¹]	干[kø⁵³]	干[kø⁵¹³]干部/ 干[kø⁵⁵]干净
南	南京[nẽ³⁵ tɕi²¹]｜南境[nõ³⁵tɕi³³/⁵]③	南[nø²³]	南[nø¹³]
甘	甘苦[kẽ²¹kʰu²¹³]｜甘蔗[kõ³³tsa²¹]	甘[kø⁵³]	甘[kø⁵⁵]

从表 1—1 中可见泰如话大多数字的白读层保留了吴语的底层。也有一些词语的读音反映了比吴语更古老的层次，如"今朝[kã²¹tɔ²¹]"、"明朝[mã³⁵tɔ²¹/³⁵]"、"粉干[põ²¹³kõ²¹]"、"缝儿[pɔr³³]"、"甫[pʰu²¹³]"、"痱[pʰi²¹]"、"喂[y³³]"等都还保留着古音的读法。

---

① 喻闲聊，有贬义。
② "缝儿"有[pɔr³³]和[fɔr²¹]两读，颇疑"缝儿[pɔr³³]"是"缝儿[fɔr²¹]"古音的遗留，组成的词语如"山缝儿[pɔr³³]山谷里面｜树缝儿[pɔr³³]紧邻的两树之间｜墙缝儿[pɔr³³]儿墙角落｜腿缝儿[pɔr³³]两腿之间｜屁缝儿[pɔr³³]指阴部"。"缝儿[fɔr²¹]"在泰如话中也讲，组成的词如"门缝儿｜隙缝儿[ɕi²¹ fɔr²¹]（家具等的接口慢慢松散变大）"等。
③ "南境"指南方。

第二节　泰如片方言与吴语的研究概述

相比起吴语，泰如片方言在人口的数量、地域的面积、国内外的知名度、研究成果的影响面等方面都不在一个档次。据《中国语言地图集》，吴语的使用人口约7700多万，主要分布于江苏、浙江、上海及安徽、福建、江西等部分地区，海外也有不少吴语的使用者；与泰如片方言邻近的北部太湖片就有67县市，人口4730万人，片内的上海、苏州、杭州、无锡、常州、宁波等城市或是全国的经济、商业中心及重要城市，或是著名的历史文化名城，以苏州话为代表的"吴侬软语"已然成为一种文化符号，堪称汉语方言宝库里一颗璀璨的明珠。现在上海话有更大的影响，使吴语成为一种向心型的方言；相比之下，泰如片方言僻处江淮之间的东南角，南临长江、东濒黄海，通行于今江苏省的南通、泰州、盐城、扬州等数县市，使用人口约1000万，长期以来，农业人口占主要地位，经济上无法跟江南相比。最近二三十年随着交通的改善，人员流动频繁，经济上逐步融入长三角经济圈，受江南经济辐射和带动的作用日趋明显。片内的泰州、南通为中等城市，但文化上对农村地区的影响有限，泰州话、南通话没有上海话、苏州话在吴语区内那样的权威性、知名度，泰如方言因而可以看作是一种离心型的方言。

在对汉语诸方言的研究中，有关吴语的研究可能是最广泛和深入的。从1928年赵元任《现代吴语的研究》问世以来，有关吴语研究的专著先后出版，尤其是20世纪八九十年代以来，呈现井喷态势，代表性的著作如钱乃荣《当代吴语的研究》、《上海语言发展史》，许宝华、汤珍珠《上海市区方言志》，郑张尚芳《温州方言志》，颜逸明《吴语概说》，刘丹青《语序类型学与介词理论》，汪平《苏州方言语音研究》、《苏州方言研究》，曹志耘《南部吴语语音研究》，石汝杰《明清吴语和现代方言研究》、《明清吴语词典》（合编）等。汉语方言的连读变调、方言分区等系列问题的讨论、系列方言词典的编纂、方言语法课题的研究，吴语都积极参与其中，并担当主要角色[①]；大大小小、主题各异的吴语专题讨论，《吴语论丛》、《吴语研究》等论文集定期不定期的出版，研究成果有目共睹。吴语方言点的研究也是大家云集，如吕叔湘之于丹阳话、李荣之于温岭话、胡明扬之于海盐话等，

[①] 就笔者所知，吴方言的上海、苏州、温岭、常州等地的连读变调曾得到较为深入的研究和讨论；李荣《现代汉语方言大词典》41个点的分卷本中吴方言的点有上海、苏州、崇明、丹阳、金华、杭州、宁波、温州8个；上海、苏州等点较早出版了方言语法的研究专著。

研究成果在学界影响较大。

泰如方言从研究队伍到研究成果总体上无法跟吴语相比，但也不是一片空白。前辈学者筚路蓝缕的开拓、当今学人始终不辍的耕耘，使泰如方言在江淮方言区中慢慢凸显，研究成果逐渐为更多的人所熟知和取征。

据鲁国尧《通泰方言研究史胜述》的介绍，第一部研究该片方言的专著是姜日章的《天然穷源字韵》，已佚，姜是今海安县李堡人。泰兴人何萱（1774—1841）著有《韵史》八十卷，1936年由商务印书馆出版，洋装十四本，韵学体系源于泰如片中区的如皋、泰兴方言；《字音集义通考》（题作"怀恕轩主人茂哉氏编订"）反映了一个半世纪以前的泰州方音的特点；南通人孙锦标（1856—1927）著有《南通方言疏证》四卷，1913年刊行，是一部方言词汇学的专书，计四卷五十类，大致以"人事"、"自然"、"生物"为序；释义主要针对《光绪通州志·方言》辨证、溯源、订补①。他还著有《通俗常言疏证》，是"受明清以来俗语研究学风的影响，把一般性俗语溯源研究与南通方言俗语辑录结合起来，对5595条俗语词进行了立体性的疏证考释，其篇幅和疏证特点堪与《通俗编》相媲美"②。泰州人陈启彤（1882—1926）著《广新方言》二卷，主要辑录、考证泰州方言俚语，兼及芜湖方言。

现当代学者对该片方言的系统研究首推鲁国尧的系列论文：《泰州方音史与通泰方言史研究》、《客、赣、通泰方言源于南朝通语说》③、《通泰方言研究史胜述》、《"颜之推谜题"及其半解》④等。鲁氏的研究不仅限于对泰如方言（主要是泰州）共时的描写和研究史的梳理，而在于结合历史文献考证和历史比较法，提出了一些重要的理论假说并探讨了研究的方法，范围波及汉语史和音韵学，具有重要的学术理论价值。原北京大学中文系一级教授魏建功是该片海安西场镇人（民国时属如皋），以写作《古音系研究》、编纂《新华字典》及在中国台湾地区普及国语等活动广为人知，如皋话在其文中称为"吾皋话"、"吾皋音"，常成为作者描述、引征或比较、分析的对象，涉及语音、词汇、语法各个方面。通检《魏建功文集》⑤五册，系统反映如皋话的语料集中在第三册的《方言标音实例》、《读歌劄记》、第五册的《〈范翁自传歌〉注录》等三篇论文中，其中《〈范翁自传歌〉注录》

---

① 孙锦标：《南通方言疏证》，南通翰墨林书局民国2年（1913年）版。
② 孙锦标：《通俗常言疏证》，中华书局2000年版。
③ 鲁国尧：《客、赣、通泰方言源于南朝通语说》，载《鲁国尧语言学论文集》，江苏教育出版社2003年版，第123—135页。
④ 鲁国尧：《"颜之推谜题"及其半解》，《中国语文》2002年第6期，第536—576页；又载《鲁国尧语言学论文集》，江苏教育出版社2003年版，第136—180页。
⑤ 魏建功：《魏建功文集》，江苏教育出版社2001年版。

是作者标注的如皋县北徐家老庄范老先生（1883~1928）的鼓词体自传，约数万字，保存了众多的如皋话语料。1966年，如皋雪岸人丁邦新在中国台湾发表了《如皋方言的音韵》，使用音位学的方法对如皋话进行了全面的描写，强调了如皋方言和吴语之间密切的关系，这是泰如方言研究史上的重要文章。

1960年出版的《江苏省和上海市方言概况》是当时在全国开展汉语方言普查的结果，书中第一次对泰如辖区方言的特点作了详尽的描述，与之前的三本手册：《南通人学习普通话手册》[①]、《如皋人学习普通话手册》[②]、《泰州人学习普通话手册》[③]相配套，也是泰如方言与普通话相比较的研究成果。这期间还有俞扬、李人鉴两人分别对泰州、泰兴点的文白异读和语法句式的研究。

20世纪八九十年代以后，泰如方言的研究逐步向纵深方向发展，一些点的研究著作或论文先后问世。南通点，有陶国良《南通方言词典》（江苏人民出版社2007年版）、陈俐《南通话词法研究》（南京师范大学硕士学位论文，2006年）、卢今元《通东话、金沙话与南通话的比较》（第二届国际吴方言学术研讨会论文）、徐铁生《通东方言与金沙方言归属刍议——兼论两种方言的形成及其与南通方言的关系》（第二届国际吴方言学术研讨会论文）、史皓元发表了《南通话、杭州话与吴方言的比较》（《方言》1998第2期，第89—103页）、《吴语跟官话方言的历史关系——跨时空方言变化的衡量关系》（《吴语研究》第二辑，第31—43页）等论文；泰兴点，顾黔先后发表了《泰兴方言本字考》（《南京师大学报》（社科版）1990年第3期，第95—98页）、《泰兴方言同音字汇》（《方言》1990年第4期，第284—292页）、《泰兴方言词汇》（《方言》（一）、（二）1994年第3、4期，第236—240页、304—307页）、《通泰方言韵母研究——共时分布及历史溯源》（《中国语文》1997年第3期，第192—201页）等论文，在此基础上集成了专著《通泰方言音韵研究》（南京大学出版社2001年版），她还和史皓元、石汝杰等合作进行了江淮官话和吴语边界的方言地理学研究，合作出版了《江淮官话与吴语边界的方言地理学研究》[④]，近又出版了《泰兴方言研究》。

---

① 江苏省上海市方言调查指导组主编：《南通人学习普通话手册》，上海教育出版社1959年版，第1—112页。

② 江苏省上海市方言调查指导组主编：《如皋人学习普通话手册》，上海教育出版社1959年版，第1—96页。

③ 南京大学方言调查工作组：《泰州人学习普通话手册》，江苏人民出版社1959年版，第1—66页。

④ Richard VanNess Simmons、石汝杰、顾黔：《江淮官话与吴语边界的方言地理学研究》，上海教育出版社2006年版。

泰兴方言研究值得一提的还有几篇硕士学位论文：徐小兵《泰兴方言音韵研究》（南京师范大学硕士学位论文，2008年）、席晶《泰兴方言"煞"研究》（吉林大学硕士学位论文，2009年）、吕飞《泰兴方言双及物结构及相关问题研究》（上海师范大学硕士学位论文，2012年）；海安点，汪如东在硕士学位论文《海安方言调查报告》（南京师范大学硕士学位论文，1989年）的基础上写成近三十万字的《海安方言研究》（新华出版社2006年版），搜集的词汇达四五千条，并增大了语法部分的篇幅，王韫佳发表了《海安话的轻声和非轻声关系初探》（《方言》1998年第3期，第211—217页）、《海安话多音节名词末字的一种变调形式》（《语言研究》2001年增刊，第132—140页），张亚军发表了《江苏海安话的量词独用变调现象》（《中国语文》2008年第1期，第61—64页）；姜堰点，张建民出版了《泰县方言志》（华东师范大学出版社1991年版），这是本片方言较早公开出版的一部方言志书，丁琳《姜堰方言声调实验研究》（南京师范大学硕士学位论文，2005年）；如皋点，吴凤山《如皋方言研究》（中国文联出版社2006年版），比较了《简明吴方言词典》中所记录的五千多条吴语词汇，其中如皋与之相同的有一千余条，该书特别注重如皋点内部词语的音变和词语民俗内涵的揭示；兴化点，张丙钊著有《兴化方言志》[①]，《兴化方言词典》[②]，前者也重视与吴方言的对比，列有三个专节："兴化方言和吴方言语音关系"、"兴化方言中的吴语词"、"和吴方言相似的一些语法现象"；泰州点，俞扬《泰州方言同音字汇》（《方言》1991年第4期，第259—274页）；东台点，李葆嘉《东台市志·方言篇》（江苏科技出版社1994年版），王小龙《基于语料库的东台方言特色词释义》（南京师范大学硕士学位论文，2007年）。

《江苏省志·方言志》和《南通地区方言研究》是世纪之交先后出版的两部方言研究专著，前者是继《江苏省和上海市方言概况》之后另一部对江苏省内方言进行全面描写的著作，泰如方言部分重点讨论了泰州点的音系、同音字汇，南通、泰州、如皋与省内其他点的常用词对照词条614个，语法例句对照52个；后者是南通地区方言研究的专著，泰如片的南通、如皋、如东、海安点处于其中，该书将南通地区一市六县（市）的方言分为江淮、吴语、四甲三区，所谓江淮区即本书的泰如片，下又分泰如土语和南通土语，对语音、词汇、语法方面的研究比以前更为深入和细致。

[①] 张丙钊：《兴化方言志》，上海社会科学院出版社1995年版。
[②] 张丙钊：《兴化方言词典》，中国文史出版社2005年版。

第三节　泰如片方言与吴语的语法研究概述

汉语方言学一向重视方言语音、词汇的研究，对方言语法相对重视不够，普遍的观点认为是"大同小异"。在有关汉语方言语法研究的著作中，对吴语语法的研究可能是最早的。艾约瑟的《上海口语语法》(Joseph Edkins, *A grammar of colloquial Chinese, as exhibited in the Shanghai dialect*)（伦敦布道团 1853 年初版，上海长老会 1868 年再版）是一部较早用英语框架描写上海话的语法记录。1926 年赵元任《北京、苏州、常州语助词的研究》(《清华学报》3 卷 2 期，第 865—918 页；又载《方言》1992 年第 2 期）对三地方言的语助词进行了横向比较，是真正科学意义上的方言语法研究。此外，王弦在《中国语文》发表《上海话当中的"头"字》（1940 年第 4 期，第 54—55 页；也载《中国语文的新生》，1949 年，第 330—334 页）；A.Bourgeois 著、魏淳译的《上海话文法》刊登于《新语文》（1947 年第 26、27、29—32 期）；吕叔湘《丹阳话里的联词变调》发表于《中国文化研究汇刊》（1947 年第 7 卷，第 225—238 页），这些都是 20 世纪前半期吴语语法研究的主要成果。20 世纪 50—80 年代前，吴方言的语法研究寥寥可数，主要有金有景《苏州方言的方位指示词》（《中国语文》1962 年第 4 期，第 183 页）、胡明扬《海盐通园方言的代词》（《中国语文》1957 年第 6 期，第 17—22 页）、《海盐通园方言中变调群的语法意义》（《中国语文》1959 年第 8 期，第 372—376 页）、曹广衢《浙江温岭话"头"的用法研究》（《中国语文》1959 年第 2 期，第 78—79 页）、君勤《从宁波地区的"给"看语言的发展》（《语文知识》1958 年第 3 期，第 51 页）、傅佐之《温州方言的形容词重叠》（《中国语文》1962 年第 3 期，第 128—131 页）等。

20 世纪 80 年代以后，随着吴语整体研究的发展，吴语语法的研究也逐渐受到重视，伴随着一大批研究论文的发表，方言点的研究专著也出现了：1998 年，几部有影响的吴方言语法或与吴方言语法相关的著作问世：许宝华、汤珍珠《上海市区方言志》（上海教育出版社）以十多万字的篇幅讨论了上海方言的语法现象，首次对一个点方言的词法、句法进行了全面的描写，书中调查和整理方言语法的方法对汉语方言语法的研究具有重要的指导意义；徐烈炯、邵敬敏《上海方言语法研究》（华东师范大学出版社），就 10 个课题进行了专门的研究，方法新颖，并附有"上海方言语法概要"；之前的 1997 年，钱乃荣《上海话语法》（上海人民出版社）也正式问世，从词类系统到常见汉语语法范畴，从所有的短语结构到完整的句式系统，较为全面地描写了上海话的语法概貌；钱乃荣的《上海语言发展史》（上海人民出版社）花了较大篇幅描述了 150 年来上海话的时体系统、介词系统、连词及关联词语系统、基本语序、话题结构、宾语补语语系、双及物句式、处置式、被动式等语法方面的变化；李小凡《苏州方言语法研究》（北京大学出版社），是第一本系统性的苏州话语法研究专著，比较集中地探讨了构词法、指代词、语气词、疑问句、体貌系统等方面，足以反映苏州方言语法鲜明特色；徐烈炯、刘丹青《话题的结构与功能》（上海教育出版社），立足于上海话，指出："作为一种话题优先的语言，汉语的话题在句法上有与主语、宾语同等重要的地位。从层次分析的角度看，话题在句子层次结构中占有一个特定的位置，正如主语宾语各占一个位置。这就是说，话题不与主语合一个位置，也不与宾语合一个位置。"刘丹青的若干研究立足于吴语又不囿于吴语，视野开阔，挖掘深入，常有不俗的见解；2003 年出版的《语序类型学与介词理论》（商务印书馆）是作者的另一力作，将汉语置于世界语言的变异范围内，以语序类型学来考察汉语，特别是吴语的语序和介词，在研究领域和研究方法上具有前瞻性；王洪钟《海门方言语法研究》是作者在博士学位论文《海门方言语法专题研究》基础上对北部吴语一点的语法研究专著。

20 世纪 80 年代以来发表的论文既有共时平面的描述，也有历时层次的溯源；既有对某一点的深入挖掘，也有宏观层面上的比较分析。如：潘悟云《吴语的语法、词汇特征》（《温州师专学报》1986 年第 3 期，第 19—25 页）、钱乃荣《也谈吴语的语法、词汇特征》（《温州师专学报》1987 年第 3 期，第 48—55 页）、钱曾怡《嵊县长乐话语法三则》（《吴语论丛》1988 年，第 297—303 页）、游汝杰《温州方言的语法特点及其历史渊源》（《复旦学报》（社科版）1980 年增刊语言文字专辑，第 107—123 页）、《温州方言的一些特殊语法现象及其在台语里的对应表现》（《吴语论丛》1988 年，第 273—281 页）。这一时期发表的语法方面的研究论文较多，尽力列举也难免有遗珠之憾。

总论和比较的研究：桥本万太郎《现代吴语的类型学》（《方言》1979 年第 3 期，第 196—200 页）、汪平《苏州方言语法引论》（《语言研究》1997 年第 1 期，第 59—71 页）、宫田一郎《普通话和吴语的一些语法差异》（香港吴语国际学术会议论文）、石汝杰《明清小说和吴语的历史语法》（《语言研究》1995 年第 2 期，第 177—185 页）、林素娥《从近代西人文献看百年前吴语中四种"顺行结构"》（《方言》2013 年第 1 期，第 36—45 页）、石汝杰《从苏州方言看语音和语法结构的关系》（《汉语方言研究的新视角——第五届汉语方言国际学术研讨会论文集》，上海教育出版社 2013 年版，第 171—180 页）。

词法、词类的研究：曹耘《金华汤溪方言的词法特点》(《语言研究》1987年第1期，第85—101页)、孟守介《诸暨话的词性变调举例》(《铁道师范学院学报》(社科版)1989年第1—2期，第111—115页)、《诸暨方言的结构变调》(《语言学论丛》第12辑，第66—83页)、刘丹青《苏州话"勒V"复合词》(《吴语研究》第二辑，第80—86页)、陈光磊《江阴话名词的形态类型》(《吴语论丛》1988年，第100—107页)。

形容词的研究：谢自立、刘丹青《苏州方言变形形容词研究》(《中国语言学报》1995年第5期第214—245页)、叶祥苓《苏州方言形容词的"级"》(《方言》1982年第4期，第183—189页)、白水《吴方言形容词"ABB"式的对应规律》(《杭州大学学报》(哲社版)1984年语言学年刊，第170页)、孟守介《诸暨话状态形容词的 ABB 式》(《铁道师范学院学报（社科版）》1987年第3期，第27—30页)、徐立芳《苏州方言形容词初探》(《徐州师范学院学报》(哲社版)1987年第1期，第65—74页)、徐波《宁波方言形容词摹状形式——兼谈汉语的形态变化问题》(《语文研究》2008年第3期，第41—46页)。

代词的研究：吕叔湘《丹阳方言的指代词》(《方言》1980年第4期，241—244页)、张惠英《汉语方言代词研究》(语文出版社2001年版，又同名论文见《方言》1997年第2期，第88—96页)、石汝杰《苏州方言的代词体系》(李如龙、张双庆主编《代词》，暨南大学出版社1999年版)、游汝杰《吴语里的人称代词》(《吴语和闽语的比较研究》，上海教育出版社1995年版第84—90页)、李小凡《苏州话的指示代词》(《语言学论丛》第13辑，第99—110页)、小川环树《苏州方言的指示代词》(《方言》1981年第3期，第287—288页)、谢自立《苏州方言的代词》(《吴语论丛》，上海教育出版社1988年版)、古敬恒《吴语"见"系指示代词探源》(《徐州师范学院学报》(哲社版)1985年第4期，第124—125页)、胡明扬《海盐方言的人称代词》(《语言研究》1987年第1期，第82—84页)、杨剑桥《吴语"指示代词+量词"的省略式》(《中国语文》1988年第4期，第286页)、潘悟云《温州方言的指代词》(《温州师范学院学报》(哲社版)1989年第2期，第12—22页)、钱乃荣《吴语中的"个"和"介"》(《语言研究》1998年第2期，第78—89页)、潘悟云、陶寰《吴语的指代词》(《代词》，暨南大学出版社1999年版)、孟守介《诸暨方言的代词》(《语言研究》1994年第1期，第166—169页)、潘悟云、陈忠敏《论吴语的人称代词》(《代词》，暨南大学出版社1999年版)、袁毓林《苏州话人称代词构拟中的时间差——读陈忠敏〈论苏州话人称代词的语源〉献疑》(《吴语研究》第二辑，第87—100页)、郑张尚芳《温州指代词系统及强式变化并近指变音》(《汉语方言语法研究与探索——首届国际汉语语法学术研讨会论文集》，黑龙江人民出版社2003年版）、戴昭铭《历史音变和吴方言人称代词复数形式的来历》（《中国语文》2000年第3期，第247—256页）、戴昭铭《浙江天台方言的代词》（《方言》2003年第4期，第314—323页）、郑伟《古吴语的指代词"尔"和常熟话的"唔"——兼论苏州话第二人称代词的来源问题》，（《语言学论丛》第37辑，第105—124页）、陈夏青《嘉定北片第二人称"佷"》（《吴语研究》第六辑，第290—294页）、施俊《论婺州片吴语的第一人称代词——以义乌方言为例》（《中国语文》2013年第2期，第128—136页）、钱乃荣《上海方言中的定指指示词"箇"》（《汉语方言研究的新视角——第五届汉语方言国际学术研讨会论文集》，上海教育出版社2013年版，第3—12页）。

数量词的研究：石汝杰、刘丹青《苏州方言量词的定指用法及其变调》（《语言研究》1985年第1期，第160—166页）、杜高印《永康话常用量词》（《吴语论丛》1988年，第304—311页）、杨乾明《温州方言量词》（《吴语论丛》1988年，第264—272页）、傅国通《武义方言数量词的变调》（《中国语言学报》1991年第4期，第15—23页）、阮桂君《宁波方言物量词研究》（《汉语方言研究的新视角——第五届汉语方言国际学术研讨会论文集》，上海教育出版社2013年版，第339—348页）。

介词的研究：刘丹青《汉语中的框式介词》（《当代语言学》2002年第4期，第241—253页）、石汝杰《苏州方言的介词体系》（李如龙、张双庆主编《代词》，暨南大学出版社2000年版）、蒋冀骋《论明代吴方言的介词"捉"》（《古汉语研究》2003年第3期，第37—40页）、童致和《吴语宜兴话里与动词"拨（给）"相关的句式》（《语言学年刊》1982年总1期，第216—227页）。

助词的研究：梅祖麟《明代宁波话的"来"字与现代汉语的"了"字》（《方言》1981年第1期，第66页）、史有为《常州方言的"咾"》（《中国语文》1982年第3期，第208—214页）、钱乃荣《上海方言的语气助词》（《语言研究》1996年第1期，第34—47页）、《苏州方言的语气助词》（《吴语研究》第二辑，第101—110页）、金丽藻《常州话的助词"到则"》（第二届吴方言学术讨论会论文，2001年）、尤敦明、高家莺《苏州话的语气助词及其运用》（《吴语论丛》1988年，第91—99页）、汪平《苏州话里表疑问的"阿、齁、啊"》（《中国语文》1984年第5期，第354—356页）、《苏州方言的"得"》（《语言研究》2001年第2期，第19—22页）、曹志耘《金华汤溪方言的"得"》（《语言研究》2001年第2期，第23—29页）、谢自立《苏州话里的语气词"哩"》，（《语言论集》（第三辑）1987年，第35—41页）、江蓝生《吴语助词"来"、"得来"溯源》（《中国语言学报》1995年第5期，第 12—27 页，商务印书馆 1995 年版；又载《近代汉语探源》第 110—133 页，商务印书馆 2000 年版）、史濛辉《〈海上花列传〉所见清末苏州话语气词研究》（《吴语研究》第六辑，第 256—269 页）、刘钢《靖江方言语助词》（《吴语研究》第六辑，第 279—285 页）。

　　重叠式的研究：徐烈炯、邵敬敏《上海方言形容词重叠式研究》（《语言研究》1997 年第 2 期，第 68—80 页）、刘丹青《苏州方言重叠式研究》（《语言研究》1986 年第 1 期，第 7—28 页）、《汉藏语系重叠形式的分析模式》（《语言研究》1988 年第 1 期，第 167—175 页）、汪平《苏州方言的重叠式》（《汉语学报》2000 年第 2 辑）、朱彰年《宁波方言量词的重叠式》（《中国语文》1981 年第 3 期，第 238 页）、李小凡《重叠构词法：语序规则、音韵规则、响度规则——以苏州话为例》，（《语言学论丛》第 34 辑）、王福堂《绍兴方言中的两种述语重叠方式及其语义解释》（第二届国际吴方言讨论会论文，2001 年）、叶晨《台州方言中量词重叠"ABA"式》（《吴语研究》第六辑，第 230—338 页）。

　　语缀的研究：郑张尚芳《温州方言的"儿"尾》（《方言》1979 年第 3 期，第 207—230 页）、《温州方言儿尾词的语音变化（一）》（《方言》1980 年第 4 期，第 245—262 页）、《温州方言儿尾词的语音变化（二）》（《方言》1981 年第 1 期，第 40—50 页）、胡松柏《广丰方言的"儿尾"》（《上饶师专学报》1983 年第 2 期，第 70 页）、徐通锵《宁波方言的"鸭"[ɛ]类词和"儿化"的残迹》（《中国语文》1985 年第 3 期，第 161—170 页）、蔡勇飞《杭州方言儿尾的作用》（《杭州师范学院学报》（哲社版）1987 年第 3 期，第 19—28 页）、史瑞明《杭州方言里儿尾的发音》（《方言》1989 年第 3 期，第 180—181 页）、谢自立、刘丹青、石汝杰、汪平、张家茂《苏州方言里的语缀》（《方言》1989 年 2 期，第 106—113 页）、谢自立、刘丹青、石汝杰、汪平、张家茂《苏州方言里的语缀》（二）（《方言》1989 年第 3 期，第 216—223 页）、方松熹《浙江吴语里的儿尾》（《中国语文》1993 年第 2 期，第 134—140 页）、陈忠敏《论北部吴语一种代词前缀"是"》（《语言研究》1996 年第 2 期，第 63—65 页）、朱蕾《宣州吴语泾县方言的称谓名词后缀》（《吴语研究》第五辑，上海教育出版社 2010 年版，第 190—196 页）、邓岩欣《上海话后缀"三"的语源及语素义演变》（《吴语研究》第六辑，第 270—278 页）。

　　句法的研究：刘丹青《苏州方言定中关系的表示方式》（《苏州大学学报》（哲社版）1986 年第 2 期，第 89—92 页）、《吴语的句法类型特点》（《方言》2001 年第 4 期，第 332—343 页）、曹耘《金华方言的句法特点》（《中国语文》1988 年第 4 期，第 281—285 页）、钱乃荣《吴语中的 NPS 句和 SOV

句》(《语言研究》1997年第2期,第81—92页)、潘悟云《温州方言的动词谓语句》(《动词谓语句》,暨南大学出版社1997年版)、陈刚《杭州话里有"动—将—趋"式》(《中国语文》1988年第3期,第235页)、胡方《宁波方言功能词变调及与句法的关系》(《吴语研究》第二辑,第240—256页)、林素娥《百年前上海话的几个句法特征》(《吴语研究》第六辑,第239—249页)、凌锋《苏州话连读变调与句法结构的关系初探》(《汉语方言研究的新视角——第五届汉语方言国际学术研讨会论文集》,上海教育出版社2013年版,第181—197页)、冯小青《上海方言的"VV+O……"结构及相关问题》(《汉语方言研究的新视角——第五届汉语方言国际学术研讨会论文集》,上海教育出版社2013年版,第235—247页)。

疑问句的研究:刘丹青《苏州方言的发语词与"可VP"句式》(《中国语文》1991年第1期,第27—33页)、游汝杰《吴语里的反复问句》(《中国语文》1993年第2期,第93—102页)、钱乃荣《现代吴语中的是非问和反复问》(上海青年语言学论文选《探索与争鸣》1986年增刊,第117—121页)、徐烈炯、邵敬敏《"阿V"及其相关句式的比较研究》(《中国语文》1999年第3期,第163—173页)、陆俭明《吴县老东山话里的"阿VP?"疑问句》,《语言学论丛》第35辑第142—154页)、戴昭明《天台话和上海话疑问范畴的比较研究》(《汉语方言研究的新视角——第五届汉语方言国际学术研讨会论文集》,上海教育出版社2013年版,第13—32页)、盛益民《绍兴柯桥话疑问词研究》(《汉语方言研究的新视角——第五届汉语方言国际学术研讨会论文集》,上海教育出版社2013年版,第349—364页)。

虚词和体貌的研究:胡明扬《海盐方言的存现句和静态句》(《中国语文》1988年第1期,第52—55页)、李小凡《苏州方言的体貌系统》(《方言》1998年第3期,198—210页)、《苏州方言里的持续貌》(《语言学论丛》第19辑第164—178页)、石汝杰《苏州方言的体》、《动词的体》(香港中文大学中国文化研究所吴多泰中国语文研究中心,1996年)、刘丹青《苏州方言的体范畴系统与半虚化体标记》(《汉语方言体貌论文集》,江苏教育出版社1996年版)、《东南方言的体貌标记》(张双庆主编《动词的体》,香港中文大学吴多泰中国语文研究中心,1996年),游汝杰《杭州方言里动词"体"的表达法》、《温州方言的"有字句"和过去时标志》(《游汝杰自选集》,广西师范大学出版社1999年版),潘悟云《温州方言的体和貌》(《动词的体》第2辑,香港中文大学出版社1996年版)、郑张尚芳《温州话中相当"着""了"的动态结尾助词及其他》(《汉语方言体貌论文集》,江苏教育出版社1996年版)、于根元《上海话的"勒勒"和普通说的"在、着"》(《语文研究》1981年第1期,第128页)、梅祖麟《吴语情貌词"仔"的语源》(陆俭明译《国外语言学》1980年第3期,第22—28页)、《汉语方言里虚词"著"字三种用法的来源》(《中国语言学报》第3期)、汪平《苏州方言的"仔、哉、勒"》(《语言研究》1984年第2期,第130—143页)、巢宗祺《苏州方言中"勒笃"等的构成》(《方言》1986年第4期,第283—286页)、杨蓓《上海话"辣~"的语法功能、来源及其演变》(《方言》1999年第2期,第97—105页);《上海话中"辣~"格式的语法功能》,《语文研究》1997年第3期,第40—46页)、左思民《上海话时态助词"仔"的语法意义》(《吴语研究》第二辑,第202—207页)、《上海话中后置"辣海"的语法功能和性质》(第三届国际吴方言学术讨论会论文,2003年)、梅祖麟《明代宁波话的"来"字和现代汉语的"了"字》(《方言》1981年第1期,第66页)、施其生《闽吴方言持续貌形式的共同特点》(《中山大学学报》1985年第4期)、史有为《助词"了"在常州话、上海话中的对应形式》,(《吴语论丛》1988年,第108—119页),董为光《"那哼"溯源》(《语言研究》1988年第1期,第143—151页),李行得、徐烈炯、魏元良《上海话ze的语义及逻辑特点》(《中国语文》1989年第4期,第264—272页),傅国通《武义话的"头"字》(《语言学年刊》1982年总1期,第198—201页),邵敬敏《试析上海方言的虚语素"头"》(《上海语文学会年会论文选》,1984年,第160—168页)、范晓《吴语"V—脱"中的"脱"》(《吴语论丛》1988年,第214—222页)、蒋琴华《吴方言中的"刺仔""好仔"和"到仔""煞仔"》(《南京大学学报》(哲社版)1987年第3期,第67页)、钱乃荣《上海话的虚词"laʔ"和"l"》(《吴语论丛》1988年,第205—213页)、刘丹青《无锡方言的体助词"则"(仔)和"着"》(《中国语言学报》第6期)、《苏州方言的半虚化体标志"好"》(中国东南部方言比较上海研讨会论文)、朱彰年《宁波方言的虚词》(《宁波师院学报》(社科版)1990年第4期,第9—17页)、王福堂《绍兴方言中的处所介词"东"、"亨"、"带"》(《语言学论丛》第21辑,商务印书馆)、阮桂君《宁波方言的"有"字句》(《吴语研究》第六辑,第250—255页)、徐越《浙北吴语里的"霍"》(《吴语研究》第二辑,第225—230页)、《绍兴柯桥话多功能虚词"作"的语义演变——兼论太湖片吴语受益者标记来源的三种类型》(《语言科学》2010年第2期,第197—207页)。

  语法化的研究:刘丹青《语法化中的更新、强化和叠加》(《语言研究》2001年第2期,第71—81页)、《话题标记走向何处?——兼谈广义历时语法化的三个领域》(沈家煊、吴福祥、李宗江主编《语法化与语法研究》(三),商务印书馆2007年版,第106—125页)、钱乃荣《苏州方言中动词"勒浪"的语法化》(《中国语言学报》第11期)、冯力《上海话的助词"勒海"及语法化中的反复兴替现象》(沈家煊、吴福祥、李宗江主编《语法化与语法研究》(三),商务印书馆 2007 年版,第 36—54 页)、《上海话虚词"咾"所表现的语法化等级链》(吴福祥、崔希亮主编《语法化与语法研究》(四),商务印书馆 2009 年版,第 56—73 页)、胡明扬《相当于普通话"在那里"的"辣海/勒海"等的语法化及其他》(第二届国际吴方言学术研讨会论文,《吴语研究》2003 年,第 50—52 页)、袁丹《常熟方言中"V 开"的语法化——兼论汉语方言中"V 开"的演变类型》(《吴语研究》第六辑,上海教育出版社 2011 年版,第 180—192 页)。

话题结构的研究:汪平《苏州方言的话题结构》(《语言研究》2004 第 4 期,第 65—70 页)

小称的研究:曹志耘《南部吴语的小称》(《语言研究》2001 年第 3 期,第 33—44 页)、《吴语汤溪方言合并式小称调的功能》(《中国语文》2011 年第 4 期,第 346—351 页)。

副词的研究:朱文献《江苏海门话的"交关"》(《方言》1980 年第 4 期,第 314 页)、傅佐之、黄敬旺《温州方言的表程度语素"显"》(《温州师专学报》(社科版)1982 年第 2 期,第 130 页)、张家茂《苏州方言的"V 快哉"》(《语言研究》1985 年第 2 期,第 105—107 页)、徐静茜《平湖方言的否定词》(《杭州大学学报》1986 年增刊,第 117—121 页)、刘丹青《上海方言否定词与否定式的文本统计分析》(《语言学论丛》第 26 辑,第 109—133 页)、王洪钟《海门方言的否定词"朆得"与"朆处"》(《吴语研究》第五辑第 197—202 页)、阮桂君《宁波(田螺山)方言的"勿"字句》(《吴语研究》第四辑)、王晓丽《江山话里的程度副词"样 |liã334| 和"恁"|lã334|》(《吴语研究》第六辑)、丁健《台州方言的合定词与相关格式》(《吴语研究》第六辑)。

泰如话的语法研究没有吴方言那样壮观的气势,尚没有某一点全面的语法研究专著。吉林大学席晶的硕士学位论文《泰兴方言"煞"研究》和上海师范大学吕飞的硕士学位论文《江苏泰兴方言双及物结构及相关问题研究》是我们目前所检索到的专门讨论该片方言语法问题的,但都没有正式出版。20 世纪 50 年代李人鉴《泰兴方言中动词的后附成分》[①]一文,比较早地描写了泰如方言中比较有特色的动词后附"啊"(原文用注音符号表示),指出其可表示动作完成、用于动词和所带的数量词之间、用于动词和所带的方所词之间、用于连动结构之间、用在动词和所带的表示结果的俗语或成语之间、用仕能表示静止状态或动作而形成的状态能长期维持下去

[①]《中国语文》1957 年第 5 期,第 16—20 页。

的动词后、用在动词带副词性的复合体后面、用在连用的两个动词中第一个动词的后面。这些描述至今仍基本上符合当今泰如片方言的实际情形，文中虽然没有出现语法化、虚化之类的字眼，但作者的心中无疑已经有了这样的思想。其实，泰如话中的这个动词后附"啊"早在魏建功先生20世纪20年代发表的文章中就已经得到描写和讨论了。《方言标音实例》① 附注四："'偷丫'之'丫'乃皋语中一种语尾，表示'方事式'的。这个语尾，有时表示'既事式'，如'跑到丫'。"《读歌劄记》："（11）表动作时间已完，通用了字，吾皋用'丫'字，或呀字，或咖字，苏州则用子字。Y音a，呀音ia，咖音ka，子音 tzղ。（12）苏州表动作之方事时，亦用子字，吾皋仍用丫呀咖诸字，即普通话之著字也。著与住同。"魏建功是较早将泰如方言与吴语语法进行比较的学者之一，作为古文献和音韵学研究的大家，他所揭示的泰如方言的语法特点多是在跟其他方言（主要是吴方言）的比较中表现出来的，"苏州言乌探探形容黑的，探探和吾皋言通通不知是否同意。皋言凡黑言通通者，指其空虚之色幽黑然也；若言笃笃者，则指物厚而浓黑也；若言塌塌者，则指其物黑而无美感也；若言叽叽或吱吱者，则指其黑色浅浅也。乌探探或较近于黑笃笃？"② 《魏建功文集》（叁）第29页："凡人擅长某脚者，皋语往往称之为'某某脚'：如食量兼人者曰'吃脚'，言论胜人者曰'说脚'，耽好一事一物者，皋语往往称之为'某某脚'：如'赌脚'，'嫖脚'，'睡脚'，'媚脚'……总之，称"脚"者多系消极方面的。"《魏建功文集》（叁）第82页注11："吾皋方言中个字，有时用如助动词，与得字的字一样，《红楼梦》云：'老刘！老刘！食量大如牛，吃个老母猪不抬头！'吃个的个字正是此类。揩个茶盘亮晶晶之苏语，即揩得茶盘亮晶晶，与皋语语法同。"注14："光色之形容，皋语多言'穴'。'穴'='shyüê'。如'穴亮的'，'穴白的'，'穴红的'，'穴黑的'，'穴绿的'，'穴黄的'，'穴青的'，'穴乌的'，'穴紫的'，'穴淡的'，'穴浓的'，'穴蓝的'……。在红、白、黑、青、绿、亮……诸字前往往写作'血'，'雪'，'漆'，'纯'，诸字，实皆是'穴'音一个语根，或系双声，或系叠韵。"关于"把"字句，《魏建功文集》（叁）第28页："'把'字，皋语有时相当于'被'字句……与"将"字同意，如'我把他说了一顿'。此种语法，有两种意义的表示：一种是主动的；一种是被动的。被动的'把'字与——介词——'给'字同意，如'他把我说输了'，2、3两种意义的表示，同在一句话，只靠语气的变化而定；如：A'我把ˎ他ˊ说了一顿，'便是我说他的；B'我ˎ把他ˊ

---

① 原载《歌谣周刊》1924年11月2日，收入《魏建功文集》（叁），江苏教育出版社2001年版。
② 见《魏建功文集》（叁），江苏教育出版社2001年版，第81页。

说了一顿，'便是他说我的。"作者很早就注意到由于句子语气、停顿的不同所造成的结构差异。

泰如话的动词后附"啊"在进入21世纪后得到了进一步的描述与讨论。鲍明炜、王均（2002）写道："最值得注意的是体态助词……南通话和金沙话相当于这个'了'的助词都用轻声的'到'，我们写做'叨'。如皋、海安都用一个'吖[a]'字……普通话的'着'表示行为的持续，构成'持续体'……南通地区各点却使用相当于普通话的'了'字表示已然体的助词'叨/吖/特'来表示普通话'着'的意思"①，书中同时列举了不少例句。吴凤山（2006）在谈到如皋话的语法特点时列表说明了"啊"由于在连读中发生音变，在不同语境、语气中的各种读音，甚为详尽；指出"'啊'字能代替某些介词、助词、副词"，"跟'下、啦、唻、琫、佥、唻'等组合，表示时间或语气"，虽然在表述和分类上显得有些杂乱，但作者的描写显得非常细致②。汪如东（2008）针对张亚军《泰如片江淮方言中的"V+L"和"V+在L"结构》一文提出补充意见，认为V后带强制性的衍音"啊"是一个具有多种语法功能的重要标记，"V+L"和"V+在L"在构成条件、时体特征、表义功能及祈使句方面的所存在的差异都跟"啊"的有无有非常密切的关系，此外，他的《江淮泰如片方言的"V+啊+处所词"结构》（《东南大学学报》2009年第6期，第105—110页）、《通泰方言表示动作进行和状态持续的标记"啊"及其相关结构》（《掇沉珠集》，复旦大学出版社2010年版，第529—538页）、《泰如话声调连读"变卜"与吴语的关系》（汉语方言国际学术研讨会暨全国汉语方言学会年会第16届年会论文，2011年11月11—14日，收入《汉语方言学报》第三期，2013年，第55—65页）、《泰如话与"啊"相关的几类持续体标记》（汉语方言时体系统国际学术研讨会论文，2012年11月10日—11日，收入《方言语法论丛》第7辑）都对"啊"表示各种时体时的语法功能及作用进行了细致的描述和分析，并着重跟吴语及普通话进行了对比。王小龙的《江苏东台方言中的"呃"》（《现代语文》2006年第4期，第85—86页），结合东台方言的情形进行了研究，"呃"是"啊"在东台方言中的变体。

李人鉴另一篇较早的泰如话语法研究论文是《泰兴方言里的"拿"字句》（《中国语文》1962年8、9期合刊，第399—408页），比较早地对泰兴方言中的"拿"字句进行了描述。朱琳《泰兴话的"拿"处置式》（《西南农业大学学报》（社会科学版）2011年第9期，第125—127页）通过考察

---

① 鲍明炜、王均主编：《南通地区方言研究》，江苏教育出版社2002年版，第6页。
② 吴凤山《如皋方言研究》，中国文联出版社，2006年版，第52—54页。

唯一现存的清代乾隆年间以泰兴方言流传的长篇章回说唱本《玉如意》,探索了泰兴方言如何从"把"处置式演变为几乎完全的"拿"处置式。吕飞《江苏泰兴方言双及物结构及相关问题研究》以泰兴方言双及物结构为研究对象,运用结构主义语言学、类型学及认知语言学的理论和方法,系统分析和探讨了泰兴方言两种双及物结构——双及物 A 式（V+O$_间$+O$_直$）和双及物 B 式（V+O$_直$+O$_间$）的表现形式、转换关系、形成原因以及发展趋势;同时从地理类型学的角度出发,分析了汉语其他主要方言区的双及物 B 式结构。

泰州点俞扬继《泰州话名词后缀"儿"和"子"的语法特点》(《语言研究集刊》1986 年第 1 期,第 362—367 页)发表后又有《泰州方言的两种述宾组合》一文(《中国语文》1991 年第 4 期,第 279—280 页),指出由于动词性质的不同,通泰方言中存在着两种不同的述补组合,即"动+啊+处所名词（+动）"和"动+啊（+到）+处所名词+动",前者是表示能造成一种绵延状态的动词,即动$_1$（如"伏"）,后者表示动作并不造成一种绵延状态的动词,即动$_2$（如"搬"）,如"伏啊凳子上写"、"伏啊在凳子上写",前者"老年人普遍使用",后者"大约是受普通话影响的结果",汪如东（1998）指出,通泰方言中"伏啊凳子上"之类的句子是一个歧义句,既可以变换成"伏啊在凳子上",也可以变换成"伏啊到凳子上去",即"伏啊凳子上"不是任何时候都可变成"伏啊在凳子上"的,两种格式在读作祈使语气和担任句子成分方面都有不同[①]。东台点丁治民《东台话的疑问副词"个"》(《语文研究》2003 年第 3 期,第 61—66 页)、《东台话的"寡"》(《温州师范学院学报》2003 年第 6 期,第 65—70 页),是该片方言副词研究方面的重要论文。

其他文章主要集中在一些地方志的方言志、或在讨论其他方言问题时提及的语法,兹不一一列举。

第四节　研究内容、研究方法和语料来源

本书着重就泰如片方言和吴语在构词法、词类、句法程序、虚词等方面的主要差异进行比较,以总结出有关成分和结构发展演变的规律。

一　研究内容

（一）构词法

复合、附加（子尾和儿尾（化））、头尾、重叠等是汉语主要的构词、

[①] 汪如东:《通泰方言"啊"后附的语法构形特征》,《徐州师范大学学报》（哲学社会科学版）1998 年第 4 期,第 58—60 页。

构形手段,然而不同的方言之间,这些手段的使用也存在着差异,本书侧重于泰如方言特色构词的揭示,并与吴语进行适当的比较,以凸显语法上各自的特点。

从复合构词的内部结构来看,泰如话和吴语一样,主要有主谓、述宾、述补、偏正、联合等 5 种,构成名词、动词、形容词等实词,也有少量的状态词和副词,文中列举比较有特色的泰如话复合词,并跟吴语相关词语的结构进行比较,重点描述了轻声和 213 变调在泰如话构词中的作用。泰如话和吴语都存在着大量的"子"尾词、"头"尾词,相比之下,泰如话"子"尾词偏多些,有些为吴语和普通话所不具有:

肉子_{贝壳类或水果的肉} | 血子_{鸡血、鸭血等} | 光[kuã³³]子_{没光子,没头绪} | 合子_{说合子,工匠等在建房上梁时说的吉利话} | 稿子_{东西} | 臭子_{狐臭} | 耍子 | 跃子_{用稻草绞成的草绳} | 天[tʰ²¹/²¹³tsʅ³]子_{同一天}

构词中还有"自感类动宾短语+子"所构成的形容词,多表示消极意义:

大人子_{情理上说不过去:把饭倒啊厕所的,有点儿大人子。《泰县方言志》记作"大仁子,违反伦理"。} | 淀人子_{食物在肠胃中引起下沉的不适感:山芋吃啊多啊淀人子。} | 阵人子_{觉得冷} | 赤人子_{冷气透入肌肤} | 淘人子_{石头淘人} | 念经人子_{令人同情、可怜} | 号麻人子_{令人嘴发涩、发麻,一般指肉类的食品过期变质}

"子"的儿尾(化)式构词:

枪子_儿 | 石子_儿 | 铅子_{儿 硬币} | 稻子_儿 | 卵子_儿 | 葵花子_儿 | 西瓜子_儿 | 篦麻子_儿

吴语的"头"尾词要多于泰如话,一些在泰如话中的"子"尾词、儿尾词在吴语中是"头"尾:

吴语:鼻头 | 篮头 | 肺头 | 上底头 | 角落头 | 里向头 | 钢笔头 | 药罐头 | 云头 | 门口头 | 上风头 | 馅头 | 实头 | 一角头 | 三夯头 | 三吓头 | 一户头

泰如话:鼻了 | 篮子 | 肺子 | 上的 | 角落_儿 | 里的 | 钢笔尖_儿 | 药罐 | 云 | 门口 | 卜风 | 包馅 | 实在 | 一角

泰如话的"头"尾词在读音上体现了不同的构词层次:

下列"头"尾词在海安、如皋点一般变读 213 调,也有读轻声的趋势:

砖头 | 馒头 | 钵头 | 芋头 | 指头 | 棒头 | 檐头 | 骨头 | 榔头 | 石头 | 拳头 | 额头 | 舌头 | 垡头 | 单头 | 枕头(也读 21 调或轻声) | 屋山头 | 奋头_儿 | 头头_儿 | 零头_儿

下列"头(头_儿)"尾词读原调 35:

裤头_儿 | 结头 | 臭头 | 嗝头_{儿 嗝} | 鲢头_{儿 鲢鱼} | 钟头 | 花头 | 搭头_{儿 已婚男女不正当的性关系} | 逢头_{儿 露天粮囤的顶篷}

下列"头(头_儿)"尾词读轻声,音高随前字:

码头_{跟"码头儿"不同} | 跟头 | 罐头 | 榫头 | 上头 | 尿头_{一次性的尿量} | 耍头_{玩头} | 胀

头 米浸水后的膨胀度｜浇头 盖在米饭或面食上的菜肴｜对头｜块头 身块｜阵头 暴雨来临之前的雨阵｜泊头 骂人的话｜里头｜磨头 如皋地名｜楦头｜倒头 饭之贬称,即倒头饭｜崇头 儿 精明会算计的人,有贬义｜强头 强盗

变读 213 调,反映了双音节的后一音节由原调变读轻声的中间阶段。相比起北部吴语,泰如话的海安、如皋、南通等地的"儿"尾(化)词占绝对优势,北部吴语的"儿"尾词只有为数不多的几个。

重叠方面,泰如话和吴语有跟普通话相一致的地方,如表示亲属称呼的"爸爸｜哥哥｜姐姐｜舅舅｜婶婶";又有不同的地方,如吴语用附加法来表示亲属称呼:阿公｜阿婆｜阿哥｜阿姐｜阿弟｜阿妹,泰如话不见这种构词法;普通名词吴语有"洞洞｜豁豁｜眼眼｜袋袋｜槽槽｜珠珠｜脚脚"之类的重叠,泰如话缺乏这种重叠,相应的结构是儿尾(化)或子尾。动词和形容词的重叠也存在着异同,如两地动词重叠后都可带结果补语(桌子擦擦干净),泰如话中单音节的动词重叠也可儿化,表示动作的时间短暂:

下下儿[ɕia²¹ɕiar¹] "下"指下棋或下饺子｜擩擩儿[lu³⁵lur³⁵/¹] "擩"指以手聚物｜走走儿[tsɤi²¹³tsər¹]｜看看[kʰõ³³kʰor¹]｜歇歇儿[ɕiʔ³³ɕiər¹]｜学学儿[xaʔ³⁵xar¹]

例如:

(1) 伢儿摇摇儿[io³⁵iɔr¹]就睡着啊了。孩子摇一会儿就睡着了。

(2) 纸团团儿[tʰõ³⁵tʰor¹]就团啊没得啊。纸揉一会儿就揉得不见了。

这跟动词一般重叠式的读音及所表示的语法意义都有所不同:一般重叠形式重叠部分读轻声,音高随前字而定,有轻微短暂的意思,儿化重叠则形成一种短时体,这是动词重叠长期语法化的产物:有比较固定的轻声(1),音高点的高低不受前字的限制;一般重叠表示的时间是短暂的,但可以是一种常态,表示轻松、悠闲的语气,儿化重叠则表示某一次动作的时间,主要出现在未来时态中,没有这种轻松、悠闲的语气。

泰如话中"V 啊 V 的"(转啊转的)或"V₁ 啊 V₂ 的"(吃啊喝的)重叠形式丰富,吴语相应的是"V 咾/勒 V"(动咾/勒动)或"V₁ 咾/勒 V₂"(吃咾/勒喝)结构。泰如话中表示动作和结果或动作及趋向的补语之间都可加进"啊",构成"V 啊 C 啊"式重叠:

吃啊伤啊｜汏啊净啊 汏洗干净了｜冻啊伤寒啊 冻感冒了｜说啊没上去啊 说到不正经的事上去了｜走啊上去啊 走上去了｜滚啊进去啊 滚进去了

吴语一般是"VVC"型结构:

摆摆平｜放放齐｜讲讲好｜敲敲碎｜讲讲清爽

形容词的重叠,吴语有"AA 叫"式:

扣扣叫｜静静叫｜笃笃叫｜险险叫｜弯弯叫

泰如话是"AA 啊"式的相应结构,"啊"是虚化程度较高的构形后缀:

轻轻ㄦ啊｜慢慢ㄦ啊

吴语形容词有 ZZA 类重叠，既可表示程度，也可表示状态、感觉：

血血红｜碧碧绿｜腊腊黄｜煞煞白｜笔笔直｜煞煞齐｜眯眯小｜精精光｜绷绷硬｜呼呼热｜独独煎｜习习嫩

相应的泰如话也有同样的结构，但总体上没有吴语那么普遍：

苍苍白_{状满头白发}｜冷冷ㄦ干_{东西微干}｜宰宰拘_{指拘泥于某事，常说不宰宰拘。}

同义的结构形式一般是 ZAZA 重叠式：

雪白雪白｜煞[sa²¹]白煞白｜煞[sa²¹]黄煞黄｜雪青雪青｜乌黑乌黑｜通红通红

（二）代词和数量词

实词词类的比较，侧重于代词和数量词方面。泰如话和吴语人称代词的复数标记"伙/拉"，叮表集体义，也可表处所义，吴语还可表领属义；泰如话表示地点的后附标记"海（许）"与吴语的"辣海"的"海"之间存在着密切的关系；表示"什么"的"甚的"、"东西"的"稿子"、重要的反身代词"自家"和"各是"等在吴语中都能找到相对应的比较对象。量词方面，除系统存在着的使用差异外，有相类似的一些现象，如吴语苏州方言中量词表定指的情形也见于泰如方言，213 变调与一定的语法结构相关联，比较有自身的特色。

（三）句法

句法方面，吴语中的"拿"字句、"拨"字句、双宾语句、疑问句（如是非问和反复问的句子形式）等的研究已经展开，并取得了初步的研究成果，结合虚词的研究，拟跟泰如话一一进行对比。汉语方言在体貌研究方面取得了不小的成果，吴方言已经有了专门的研究专著，本书在比较的基础上着力建构泰如方言完整的体貌结构体系，从而填补该片方言研究迄今留下的空白。

（四）虚词

虚词研究的重点在副词、连词、介词、助词等词类的比较上，不只限于方言之间系统差异静态的描述，还要考察这些虚化的语法成分所形成的过程，即关于词语语法化的研究。如"走"在泰如片方言中是个动词，一般表示走路，普通话的"快跑"义，在泰如话是"蹓"，"跑"也是一般的走路义，但"走"出现了介词的用法，如"走那天子以后两个人见面就不说话"、"走先朝ㄦ到现在她只做啊两道作业"，"走"相当于普通话的"从"，吴语不见这种用法。上海话的前置介词经过了"打>从"的流变，泰如话也有介词"从"，但看不出这种流变的轨迹，反映了相同意义的语法结构在不同方言中经历的不同语法化的路径。"辣海"是吴方言广泛使用的一个体助词，不少人进行过研究，在北部的泰如片方言中，这一重要的体助词同样存在，同时产生了一系列新的变体，并与其他体助词一起构成了泰如方言完整的体貌系统。

二 研究方法

（一）对比法

本书采用对比研究的方法，将方言事实的描述与一般的语法学理论相结合，充分利用吴方言已有的研究成果，深入挖掘泰如方言重要的语法规律。对泰如方言的描述要避免过去一切以普通话为参照，粗线条和面面俱到等研究方面的不足，注重搜集反映该片方言重要语法特点的语料，精心挑选适宜进行比较的对象，如除了进行语法成分、结构层次之间的直接对比外，还要适当进行语法成分虚化程度方面的比较。语法化中往往伴随着音变，由此可以分析其不同的历史层次，语音的变调、促化等常常跟不同的语法结构紧密相关，所以在研究中要十分注重读音在语法结构中的作用，文中泰如话的诸多语例采用了国际音标注音，就是为了还原语料的本来面目，使问题看得更清楚。对比的对象还包括吴语之外的其他方言，如跟周边的盐城话、扬州话等洪巢片方言之间的比较，至于普通话或北京话那更是经常用来进行比较说明的对象了。

（二）调查法

本书遵循语言学研究的一般方法，即在掌握大量语言事实和丰富语料的基础上进行规律的总结和探索。丰富的语料是进行研究的前提，这些要依赖实地的方言调查，要多方面搜集有关的方言资料，包括直接的田野调查所得到的第一手资料及从他人已发表的调查报告中得来的第二手资料。吴方言有大量丰富的书面文献资料可供参考，整体的研究迄今而言也相对比较充分，语音、词汇、语法方面都取得了重要的研究成果。对笔者而言，吴方言不是自己的母语方言，语感上有隔阂，对比研究无疑有不小的挑战，要熟悉这方面研究的现状，对吴语及吴语研究的情形要有基本的了解，首先是广泛阅读已发表的吴语研究专著和论文，选准用以进行比较的语法条目，我们在调查实践中参考了黄伯荣主编《汉语方言语法调查手册》、《汉语方言语法类编》中进行汉语方言语法调查的条目，许宝华、汤珍珠的《上海市区方言志》、李小凡《苏州方言语法研究》中所描述的吴语语法内容也是我们跟泰如话进行语法比较的重要参照。其次要选择有代表性的方言点进行实地的调查，将书本上得到的间接语料与田野调查中得来的直接语料相结合，确保相关方言语料的准确和可靠。泰如方言内部也存在着不小的差异，对这些差异要做到心中有数，自然也就离不开亲自的调查，总之，要将调查工作贯彻整个课题研究的始终，即便在对调查资料进行规律性的排比总结、将这些资料连缀成文、进行报告的起草和正式的定稿阶段，也始终不能忘记对资料进行相关的校对核实。田野调查主要采用以下几种方式：一是提纲式调查，即按照事先拟定的调查提纲和调查例句集中时间进行调查；二是随机性调查，在发音人比较自然的状态下，随时记录他们的发音，并转换成书面语资料；三是专题式的调查，即就某一语法专题进行多方面的咨询和资料的核实。

（三）内省法

方言语法的研究是一种偏重于母语者"内省"的研究，诚如陆俭明先生所言："一种方言语法之错综复杂和精细奥妙之处，难以为操非母方言者所体察，难以为操非母方言者所调查"[1]，本课题的主持人是泰如方言区海安县雅周镇人，从小在海安长大，长期以来一直从事泰如方言特别是海安方言的研究，有较强的土人语感。但正如俗话所说，十里不同风，百里不同俗，方言之间的不同在几公里、几里之遥的地方，其差异性就能感觉出来，更何况处于南北之交的泰如方言！我们不可能也没有必要将不同方言点之间种种细微的差异一一描写出来。本书的泰如方言主要指泰如土语群，行文以泰如方言片的中心海安点的发音为标准，旁及如皋、姜堰、泰兴等地，南部的南通土语群与泰如话差别较大，但在书中也不时提及，兴化、大丰、靖江等地存在的一些差异，书中不再一一细列。用来进行比较的吴语材料多采自北部吴语的上海、苏州点，也会采纳宁波、温州其他点的一些语料，不求面面俱到，比较的目的主要在于对泰如方言语法规律的探求及对吴语既有研究的补充和深化。

三 语料来源

除以上通过直接的田野调查和内省得到的第一手资料外，本书的语料还有以下重要的书面来源。2006 年，笔者的《海安方言研究》一书由新华出版社出版，计三十余万字，其中语法占比较大的篇幅，这是我们与吴语进行比较的基础性语料。其次，参考了其他学者调查报告中的语料，主要有鲍明炜、王均主编《南通地区方言研究》、鲍明炜主编《江苏省志·方言志》、吴凤山《如皋方言研究》、张建民《泰县方言志》等。用作比较的吴语资料主要以北部吴语为主，重点是上海话、苏州话的语料，许宝华、汤珍珠主编《上海市区方言志》、叶祥苓《苏州方言志》、李小凡《苏州方言语法研究》、李荣主编《现代汉语方言大词典》中上海、苏州、崇明、丹

---

[1] 陆俭明：《〈汉语方言语法研究和探索〉序》，《汉语方言语法研究和探索——首届国际汉语方言语法学术研讨会论文集》，黑龙江人民出版社 2003 年版，第 2 页。

阳、宁波、杭州、温州、金华等分卷，都是吴语重要的语料来源，近代吴语则主要从石汝杰、宫田一郎主编《明清吴语研究》中摘得相关语料，此外，从大型重要的工具书《汉语大词典》上也引用了相应的一些语料，特此说明。

本文引用语料时相应的符号说明：

"□"表示有音无字的音节，后一般用国际音标标注读音；

"｜"表示并列；

"/"表示或者，在标注声调调值时，表示变调前和变调后的实际读法；

"（）"表示可以不出现；

"～"单字下加波线，表示同音替代字；

"＿"单字下加横线，表示白读字；

"＝"单字下加双横线，表示文读字；

S 表示主语；

V 表示动词；

VP 表示动词性短语；

A 表示形容词；

AP 表示形容词性短语；

N 表示名词；

NP 表示名词性短语；

O 表示宾语；

C 表示补语；

T 表受事宾语作话题；

F 表示发问词；

Neg 表示否定词。

泰如话常用字词例释：

甚的[sə^{213}tiŋʔ^3]疑问代词什么：你说甚的？

海[xe^{33}]表示场所，常用于指示代词之后，"这海、那海、哪海"分别表示"这里、那里、哪里"。

辣[le^{33}]"表处所，也是"辣海"的合音。

侎[le^3]表示人称复数的标记词，"我侎、你侎、他侎"分别表示"我们、你们、他们"，也可用于人名或动物之后，如"康儿侎"、"狗子侎"，"侎"一般要轻读。

可[ko^{33}]表示疑问的副词，"可"不是实际读音，"可 VP"问句在泰如话中分布广泛，属于是非问句的性质。

曾[tsʰə^{213}]表示否定的副词，文中与"曾经"的"曾"同形，但声调不同。

共[kɔ̃³³]"可曾"的合音,表疑问。
标[piɔ³³]"不要"的合音。
穴[ɕyəʔ³⁵]表示程度的副词。
飞[fʀi²¹]表示程度的副词。
均[tɕyã²¹]表示范围的副词。
添当啊[tʰi²¹tã²¹ŋa¹]表示语气的副词,义类"反正"。
添道儿[tʰi²¹tɔr²¹³]表示语气的副词,相当于"故意"。
定为[tʰi²¹vʀi³⁵]表示语气的副词,相当于"专门儿"。
埋[me³⁵]表示场所的介词,相当于"在"。
这/那/怎啊[tsã³³/lõ³³/tsɔ̃²¹³ ŋa³]相当于"这么、那么、怎么"。
稿子[kɔ²¹³tsɿ³]相当于"东西"。
挨[ŋe³⁵]表示"被动"义的介词。

第五节 本章小结

　　1960 年出版的《江苏省和上海市方言概况》把苏北地区包括大丰、兴化、东台、泰州、海安、泰兴、如皋、如东、南通市、南通县十点的方言列为第三区,这是泰如片方言正式分区立片之始。历史上吴语曾北抵淮河,泰如地区属于吴语的北翼,地理上与北部吴语相邻,蕴藏着丰富的吴语底层。公元 4 世纪的永嘉之乱,是彻底改变该片方言性质的分水岭,随着大量北方居民迁徙至江淮间,这一带由吴语区变成了北方方言区,但相比起南京、扬州等通都大邑,泰如地区地处偏僻,保留了较多的古老成分,文白异读中白读层保留了吴语的底层,有些可能比当今吴语的层次还要早些,如"今朝[kɔ²¹tɔ²¹]"、"门缝儿[pɔr]/树缝儿/石头缝儿"、"胡集[pʰu³⁵tɕʰɿʔ³⁵]"等词语的读音。声母方面语音上如古全浊塞、塞擦音不论平仄,一律变读为送气清声母,跟周围的吴语及洪巢片方言相区别,而接近赣客语的发音;韵母中单元音韵母丰富,入声分为阴入、阳入两个声调,连读变调中双音节复合词都有一部分前字变读轻声的现象,这些都跟吴语的情形相近。作为一种离心型方言,泰如话从使用人口、流行区域、国内外的知名度、研究的广度和深度等方面都不能与吴语相提并论,但也涌现出了一批重要的研究成果,泰如片的方言语料越来越为更多的人所熟知和取征。本章较为详细地回顾了吴语和泰如方言的既有研究,特别在方言语法方面所取得的成果,就本书的研究内容、研究方法和语料来源一一作出了交代和说明。

第二章　构词法

　　构词法主要研究复合词的内部构造规则。泰如方言和吴方言的词汇都以合成词为主，构造法分复合、附加、重叠等，相同构词法所构造而成的合成词之间存在着差异。

　　语素和词语层次不同：苏州话中"纸扎[tsʅ⁵¹tsaʔ⁵⁵]"指用芦苇作架子，糊上彩色的纸制成的冥器，是名词；泰如话中"纸扎"单独不成词，有"纸扎匠[tsʅ²¹³tsɛʔ³³tɕʰiã²¹/²¹³]"，指从事这一职业的人，"纸扎"成为一个不成词的语素；"着实"上海话音[zAʔ¹²/¹¹zəʔ¹²/²³]，义为"结实、落实、踏实"，如：

　　（1）拿地基打着实。把地基打结实。
　　（2）拿迭桩事体敲着实。把这件事敲定。
　　（3）侬做事体真着实。你做事真踏实。

　　进一步虚化为表程度义，如"伊着实呒没侬好"，相当于"远远地"；泰如话"着实"音[tsʰaʔ³⁵səʔ³⁵]，"着"可用作动词，如"着地"、"着火"，可以说"心的着啊实"，说明"着实"在上海话中是一个复合词，经过了由实到虚的演变，在泰如话中是短语。

　　词语内部结构类型不同：普通话的"千斤顶"在上海又叫"压勿杀[Aʔ⁵⁵/³³vəʔ¹²/⁵⁵sAʔ⁵⁵/²¹]"，属补充型，泰如话叫"顶子[fi²¹³tsʅ³]"，属后附型；"话空[ɦo³¹/¹³kʰoŋ⁵⁵/²¹]"在苏州话中指"说空话"，是一个动宾结构，相应的泰如话则是一个主谓结构，指说话内容空洞无物。"小菜ル"在海安话中特指带肉的菜肴，音[ɕiɔ²¹³tsʰer³³/³]，如"秤小菜ル 买肉食"、"热小菜ル"，"菜"儿化且读轻声，"小青菜"叫"细青菜ル[ɕi³³tɕʰi²¹tsʰer³³]"，也可以不儿化，"菜"均读33本调；吴语的"小菜"一般指"菜肴"，如上海[ɕiɔ³⁴/³³tsʰE³⁴/⁴⁴]，但不管荤素，"小青菜"也叫"鸡毛菜"；吴语中还有"大菜"，指西餐，泰如地区大多属农村，自然没有"大菜"表西餐的说法，可见相对于泰如话的"小菜ル"而言，吴语"小菜"内部的组合理据更为清晰，而泰如话则变得不甚清晰，但凝固性更强。

　　本章重点列举泰如方言的构词情形，与吴语在结构及语音构词手段等方面的差异进行比较。

第一节 复合法

复合法是汉语最主要的构词法，即按一定规则将词根语素组合在一起，有主谓、述宾、述补、偏正、联合等五种，构成名词、动词、形容词等实词，也有少量的状态词和副词。作为北方官话次方言的泰如话存在着大量复合词，有跟其他官话方言一致的，有跟吴语关系密切的，还有不少具有自身特点的复合词。本节第一、二部分先列举泰如话中的双音节及多重组合的复合词，按内部结构的不同分类，一些词语后面列出吴语苏州话相对应的说法，以便进行简单的对比。第三部分重点描述了轻声与 213 的上声变调在泰如话复合词形成中的作用。

一 泰如方言中的双音节复合词

（一）偏正式复合词

1. 偏正式名词

偏正式是一种能产的复合方式，泰如话和吴语中此种结构构成的词以名词居多。下面是泰如话中比较有特色的一些偏正型复合词（部分"/"后列出的是相应吴语例的比较）。

寒天 [xõ³⁵tʰi²¹]/ 冷天 [la³¹ᐟ¹³tʰii⁵⁵ᐟ²¹] 冬天｜日天 [zɿɪʔ³⁵ᐟ³⁵tʰi²¹] 白天｜日中 [zɿɪʔ³³ᐟ³⁵tsõ²¹] 正午｜梅天 [mi³⁵tʰi²¹]/黄梅 [ɦuã¹³mE¹³ᐟ³³] 黄梅季节｜落天 [laʔ³⁵tʰi²¹] 下雨天｜亮星 [nĩã²¹ɕi²¹] 有星星的夜晚｜黑星 [xəʔ³³ᐟ³⁵ɕi²¹] 乌黑的夜晚｜时天 [sɿ³⁵tʰi²¹] 热天｜早更 [tsɔ²¹³kẽ²¹] 凌晨三四点左右｜朝年 [tsɔ²¹nĩ³⁵ᐟ¹] 往年｜下晚儿 [ɕia²¹vər²¹³]/ 垂夜快 [zE¹³ᐟ³³ia⁵¹³ᐟ³³kʰua⁵¹³ᐟ²¹] 黄昏｜天水 [tʰi²¹ɕyɿi²¹³] 雨水｜透水 [tʰəi³³ɕyɿi²¹³] 开水｜大箔 [ta²¹pʰaʔ²] 箔纸的一种｜荒荡 [xuã²¹tʰã²¹ᐟ²¹³] 荒坟众多的空地｜里路 [ni²¹³lu²¹] 乡间小路，又喻捷径｜夜心儿 [ia²¹ɕiər²¹] 深夜、半夜三更｜热闪 [zɿɪʔ³⁵ɕi²¹³] 夏夜远处天空的闪电｜车口 [tsʰa²¹kʰɤi²¹³] 电灌站｜担绳 [tẽ³³ᐟ²¹sẽ³⁵] 挑东西时用于捆绑的绳索｜货络儿 [xo³³ᐟ²¹lar³⁵ᐟ²¹³] 挑东西时用于系扣的绳索｜细食 [ɕi³³səʔ³⁵ᐟ²¹³] 饲料｜饮汤 [i²¹³tʰã²¹] 米汤｜芫荽 [i³⁵ɕy²¹] 香菜｜夜作 [ia²¹tsaʔ³³] 夜间做事情｜齐草 [tɕʰi³⁵tsʰɔ²¹³]｜连枷 [nĩ³⁵ke²¹]｜大斧 [tʰe²¹fu²¹³] 斧头｜料勺 [liɔ²¹saʔ³⁵ᐟ²¹³]/料子 [liæ³¹ᐟ¹³tsʰɿ³] 粪勺｜荒粮 [xuã²¹nĩã³⁵] 粗粮｜黄光 [uã³⁵kuã²¹] 钢针鱼｜毛鱼 [mɔ³⁵y³⁵] 鳗鱼｜咸菜 [xɛ³⁵tsʰe³³]｜章鳖 [tsã²¹piʔ³³] 鲳鱼｜白水 [pʰɔ²¹ᐟ³⁵ɕyɿi²¹³] 清水煮的肉，与红烧相对｜色蛋 [səʔ³³tẽ²¹] 受过精的鸡蛋｜行蛋 [ɕi³⁵tʰẽ²¹] 未受精的鸡蛋｜肉油 [zɔʔ³⁵ᐟ¹iɤ³⁵]/荤油 [huən⁵⁵ɦiɿ¹³ᐟ²¹]｜糊粉 [fu³⁵fə²¹³] 荞麦面做成的面糊｜呆结 [ŋe³⁵tɕiɪʔ³³] 疖结｜坏俫 [xuəʔ³³ᐟ³⁵sə³⁵] 骂人无用、懦弱｜渣壳儿 [tsaʔ²¹kʰar³³] 残渣，喻社会渣滓｜半世 [põ³³sɿ³³] 指盲聋哑等残疾人｜扒儿手 [pʰar³⁵sɤi²¹³]｜惯宝儿 [kuẽ³³pɔr²¹³] 宝贝儿女｜邪头 [tɕʰiar³⁵tʰɤi³⁵] 邪乎、不服管教的人｜羊儿疯 [iar³⁵fə²¹] 癫痫｜化神 [xua²¹ᐟ³³sə³⁵ᐟ¹] 指专在外拈花惹草的败家子｜这朝 [tsa³³lɔ²¹ᐟ³³] 从此以

后 | 嫡亲 [tiɪʔ³³tɕʰiʔ²¹] | 荣业 [iõ³⁵iɪʔ³³/⁵] 职业 | 痒疮ᵣ [iã²¹³tɕʰyar²¹] 疥疮 | 戽头ᵣ [tsʔ³³tʰər³⁵] 歪脖子 | 䐃印[lo³⁵ĩ³³] | 假眼ᵣ[tɕia²¹³ŋer²¹³] 斜眼 | 眼睛ᵣ[ŋɛ̃²¹³tɕiər²¹/⁵] 贬指眼珠ᵣ | 槽牙[tsʰɔ³⁵ŋa³⁵] 白齿 | 槽筒[tsʰɔ³⁵tʰɔ̃²¹³] 过去牛拉的用于上水的一种农具，现少见 | 釜冠 [fu²¹³kõ³³] 锅盖 | 蒲鞋[pʰu³⁵xe³⁵/²¹³] | 小面[ɕiɔ²¹³mĩ²¹]/面粉[miɪ³¹fən⁵¹/³³] | 鱼冻 [y³⁵tɔ̃³³] | 焦屑[tɕiɔ²¹ʔɔʔ³³/²¹³]炒面 | 水糕[ɕyʌi²¹³kɔ²¹]一种面食 | 走鞋[tsʌi²¹³xe³⁵] 布鞋 | 套鞋 [tʰɔ³³xe³⁵] 胶鞋 | 扁食 [pi²¹³sə²⁵/³] | 酒塘ᵣ [tɕio²¹³tʰar³⁵] 酒窝 | 己产ᵣ [tɕi²¹³tsʰer²¹³] 私房钱 | 说相[so²¹³ɕia³³]说法、话由 | 叫钱[tɕiɔ³³tɕʰĩ³³]结婚时家中长辈给新婚夫妇的钱 | 凹坎ᵣ [ua³³/³⁵kʰor²¹³] 河坡凹处 | 粘屑[ɲĩ³⁵ɕiɪʔ³³] 糯米粉 | 惶相[xuã³⁵ɕiã³³]窘迫的神态 | 邻宅 [n̩ĩ³⁵tsʰa³⁵]邻居 | 紧房[tɕĩ²¹³fã³⁵]同祖的亲属 | 喜信[ɕi²¹³ɕĩ³³/³]逢喜事、节日时在门楣或圣柜的过梁上贴挂的凿成图案的条形、矩形红纸，表示喜庆。| 身块[sã²¹kʰue³³]/身胚[sən⁵⁵pʰE⁵⁵/²¹]身材 | 阴疮 [ĩ²¹tɕʰyã²¹] 褥疮 | 短马ᵣ [tɔ²¹³mar²¹³] 短袖衬衫 | 茅缸 [mɔ²¹³kã²¹/²¹³] 粪池 | 竹窠ᵣ [tsɔʔ³³kʰor²¹/²¹³] 海安地名 | 皮棍ᵣ [pʰi³⁵kuər³³] 腐竹 | 石蛋ᵣ [sɔʔ³⁵tʰer²¹] 鹅卵石 | 各事 [kaʔ³³sɿ²¹/³]其他事情 | 上人 [sã²¹zɔ̃³⁵/¹]家族长辈 | 男将 [nõ³⁵（tɕ）iã³³/⁵]男人 | 女将[ny²¹³（tɕ）iã³³/³]女人 | 外更 [ve²¹kã²¹]女儿，老派说法 | 双胞ᵣ [ɕyã²¹pɔr²¹³] 双胞胎 | 圣柜 [sã³³kʰuʌi²¹]泰如地方堂屋中用于祭祀的大柜，内也可盛放东西。| 条台[tʰiɔ³⁵tʰe³⁵]/半桌[pø⁵¹³/⁵⁵tsɔʔ⁵⁵]一种长形的台子，一般放于堂屋内 | 朴刀[pʰaʔ³⁵tɔ²¹]菜刀 | 福团ᵣ[fɔʔ³³tʰor³⁵]口语中指福气很大的人 | 明间[mĩ³⁵kɛ̃³⁵]/客堂间[kʰəʔ⁵⁵dã¹³/³³kE⁵⁵/²¹]堂屋 | 头家 [tʰʌi³⁵ka²¹/²¹³] 头名 | 作勺 [tsaʔ³³saʔ³⁵]大勺子 | 小照 [ɕiɔ²¹³tsɔ³³] 照片 | 单头 [tɛ̃²¹tʰʌi³⁵/²¹³] 阉割不久的猪 | 小伙 [ɕiɔ²¹³xɔ³] 男孩子 《二刻拍案惊奇》卷十："还有几个不出名的提草鞋的小伙，共是十来个。"《水浒后传》："打探有些个小伙儿跟两个伴当大有肥腻。" | 小乖 [ɕiɔ²¹³xua³³] 口称儿女宝贝 | 脸个ᵣ [n̩ĩ²¹³kor³³/³] 容貌 | 寒毛ᵣ [xɔ̃³⁵mər³⁵] 汗毛 | 齿豆ᵣ [səʔ³³tʰər²¹] 谑指客啬的人 | 气性 [tɕʰi³³ɕĩ³³] 脾性、个人的复仇心

  由偏正式构成的复合词有些在泰如话和吴语中结构和意义是完全相同的，如泰如话"田鸡[tʰĩ³⁵tɕi²¹]青蛙 | 百脚[pɔʔ³³tɕia²¹/²¹³] 蜈蚣 | 肉圆[zɔʔ³⁵/¹iɔ³⁵] | 学堂[ɕiaʔ³⁵tʰã³⁵] | 天井[tʰĩ²¹tɕĩ²¹³] | 粪箕[fɔ̃³³tɕi²¹/²¹³]粪筐 | 烂泥[lɛ²¹/²¹³n̩i³⁵]泥土 | 扫帚[sɔ²¹³/³³tsɔʔ²¹³]笤帚①，苏州话"田鸡[diɪ²²³/²²tɕi⁴⁴] | 百脚[pAʔ⁵⁵tɕiAʔ⁵⁵] | 肉圆 [n̩iɔʔ²³iø²²³/⁵²] | 学堂 [oʔ²³dã²²³/²¹] | 天井 [tʰiɪ⁴⁴tɕin⁵²/²¹] | 粪箕 [fən⁵²³/⁴⁴tɕi⁴⁴/²¹] | 烂泥 [lE²³/²²n̩i²³/⁴⁴] | 扫帚 [sæ⁵²/⁴⁴tsei⁵²/²¹]。也有结构相同，但所表示的意义有所不同："百搭"在苏州话音[pAʔ⁵⁵tAʔ⁵⁵]，指样样能干的人，泰如话音[pɔʔ³³tɛ³³]，指打牌时的一种游戏规则；"讲张"上海话音[kã³⁴/³³tsã⁵³/⁴⁴]，指说话闲聊，苏州话也叫"大讲张[dəu³¹/¹³kã⁵¹/³³tsã⁵⁵/²¹]"，泰如话音[kã²¹sã²¹]，指互相吵架。构词语素不同，形成了方言之间内部复合

---

① 泰如话的"扫帚"和"笤帚"不完全相同，扫帚一般是竹制的，形体较大，使用时身体可直立，清扫的范围比较大；笤帚大多用高粱杆或稻、麦等的秸秆制成，使用时须弯着腰，所扫范围相对较小。

词的差异，如"天"在泰如话中可组成"一天[iɪʔ³³tʰɪ²¹]｜天天[tʰɪ²¹tʰɪ²¹]｜整天[tsɤ̃²¹³tʰɪ²¹]｜上半天[sã²¹põ³³/¹tʰɪ²¹]｜下半天[ɕia²¹põ³³/¹tʰɪ²¹]｜日天[zjiɪ³⁵tʰɪ²¹]白天｜夜天[ia²¹tʰɪ²¹]夜间"，上海话则分别说成"一日[iɪʔ⁵⁵/³³ȵiɪʔ¹²/⁴⁴]｜每日[mE⁵³/⁵⁵ȵiɪʔ¹²/²¹]｜整日[tsən³⁴/³³ȵiɪʔ¹²/⁴⁴]｜上半日[zã²³/²²pø³⁴/⁵⁵ȵiɪʔ¹²/²¹]｜下半日[ɦɤ²³/²²pø³⁴/⁵⁵ȵiɪʔ¹²/²¹]｜白天[bAʔ¹²/¹¹tʰi⁴⁴]｜夜朝[ɦiA²³/²²tɔ³⁴/⁴⁴]"；上海话"前日[zi²³/²²ȵiɪʔ¹²/⁴⁴]｜昨日[zoʔ¹²/²³ȵiɪʔ¹²/⁴⁴]｜后日（仔）[ɦɤ²³/²²ȵiɪʔ¹²/⁴⁴（tsɿ³⁴/²¹）]｜大后日[du²³/²²ɦɤ²³/⁵⁵ȵiɪʔ¹²/²¹]｜今朝（仔）[tɕin⁵⁵/⁵⁵tsɔ⁵³/³³（tsɿ³⁴/²¹）]｜明朝（仔）[min²³/²²tsɔ⁵³/³³（tsɿ³⁴/²¹）]"，泰如话是"前朝儿[tɕʰi³⁵tɔr²¹/³⁵]｜昨朝[tsʰa²³⁵tɔ²¹/³⁵]｜后朝[xɤi²¹tɔ²¹]｜弯弯儿后朝[vɛ̃²¹vɛr²¹xɤi²¹tɔ²¹]｜今朝[kɤ̃²¹tɔ²¹]｜明朝[mɤ̃³⁵tɔ²¹/³⁵]"，说明泰如话中的"天"、"朝"，上海话的"日"分别属于各自比较活跃的构词语素，当然，由于受北方话的影响，上海话也有了"一天[iɪʔ⁵⁵/³³tʰi⁵³/⁴⁴]｜每天[mE⁵³/⁵⁵tʰi⁵³/²¹]｜整天[tsən³⁴/³³tʰi⁵³/⁴⁴]｜上半天[zã²³/²²pø³⁴/⁵⁵tʰi⁵³/²¹]｜下半天[ɦio²³/²²pø³⁴/⁵⁵tʰi⁵³/²¹]｜前天[zi²³/²²tʰi⁵³/⁴⁴]｜昨天[zoʔ¹²/²²tʰi⁵³/⁴⁴]｜后天[ɦɤ²³/²²tʰi⁵³/⁴⁴]"等的说法，随着外来人口的增多，这种说法的人将会变得越来越多；相比之下，南部吴语温州的说法则相对比较单一，只说"一日[ʔji³²³/⁰ne²¹²]｜每日[mai³⁴ne²¹²]｜成日[zeŋ³¹/³⁵ne²¹²]｜上半日[ji¹¹/⁴pø⁴²/³⁵ne²¹²/¹³]｜下半日[ɦio³⁴/⁴³pø⁴²/³⁵ne²¹²/¹³]｜前日[ji³¹/³⁵ne²¹²/¹³]｜昨夜[zo¹¹ji¹¹/⁵³]｜后日[ɦau³⁴ne²¹²/⁵]①，这从一个侧面反映了北部吴语受官话的影响较南部吴语为甚。同属偏正式，在构成成分上有差异，如"金鱼眼"在苏州话叫"水泡眼[sɿ⁵¹pʰæ⁵⁵/³³ŋE³¹/²¹]"，泰如话叫"掇泡儿眼[tɔ²³pʰɔr²¹/³³ŋɛ̃²¹³]"，"掇"本是动词，指水开后水泡的腾起，这里用作形容词；"货郎担"上海话叫"叮咚担[tin⁵³/⁵⁵toŋ⁵³/⁵⁵tE³⁴/²¹]"，着眼于走路时叮叮咚咚发出的声首；泰如话叫"糖担儿[tʰã³⁵ter³³]"，因为过去大凡货郎担都有糖块儿卖；苏州"落水鬼[loʔ³³sɿ⁵¹/³³tɕy⁵¹/²¹]"，泰如话叫"淹煞鬼[ŋɛ̃²¹sɛʔ³³/¹kuɤi²¹³]"，充当偏的部分一为动宾结构，一为动补组合；苏州地处江南水乡，把店铺所处的地段称为"水口[sɿ⁵¹kʰɤ⁵¹/²¹]"，泰如话则用"市口[sɿ²¹kʰɤi²¹³]"一词，如"这个落地市口好，好做生意"。"市口"指市镇或市集的出入处，也泛指人多的街头。下面是泰如话和吴语（以苏州话为例）部分偏正式名词构成差异的比较。

---

① 参照郑张尚芳的记音，载《温州方言志》，中华书局2008年版。

表2—1　泰如话与吴语部分偏正式词语的构成比较

普通话	泰如话	苏州话
压岁钱	守岁钱[sɤi²¹³(ɕ) y³³/³tɕʰɿ³⁵]	压岁钿[aʔ⁵⁵sE⁵¹³/³³diɿ¹³/²¹]
雷阵雨	阵势雨[tsʰɔ̃²¹sɿ³³/¹y²¹³]	阵头雨[zən³¹dəu¹³/³³ɦy³¹/²¹]
冷冻肉	冻肉[tɔ̃³³zɔʔ³⁵]	冷气货[lã³¹/¹³tɕʰi⁵¹³/³³həu⁵¹³/²¹]
新鲜肉	鲜肉[ɕi²¹zɔʔ³⁵]	热气货[ȵiəʔ³³tɕʰi⁵¹³/³³həu⁵¹³/²¹]
死结	呆结[ŋe³⁵tɕiɿʔ³³]	死结[sɿ⁵¹tɕiəʔ⁵⁵/³³]
工钱	工钱[kɔ̃²¹tɕʰɿ³⁵]	工钿[koŋ⁵⁵diɿ¹³/²¹]
本钱	本钱[pɔ̃²¹tɕʰɿ³⁵]	本钿[pən⁵¹diɿ¹³/²¹]
腊肉	咸肉[xẽ³⁵zɔʔ³⁵]	腊肉[laʔ³³ȵioʔ³³]
冬肥	冬肥[tɔ̃²¹fɤi³⁵]	腊肥[laʔ³³vi¹³/²¹]
冬雪	冬雪[tɔ̃²¹ɕioʔ³³]	腊雪[laʔ³³siəʔ⁵⁵]
半天	半天[põ³³tʰi²¹]	半日天[pø⁵¹³/⁵¹ȵiəʔ³³/³³tʰiɿ⁵⁵/²¹]
较宽的面条	宽面[kʰɔ̃²¹mi²¹]	阔面[kʰuəʔ⁵⁵mɿ²¹]
家里	家的[ka²¹tiɿʔ³³/¹]	屋里向[oʔ⁵⁵li¹³/³³ɕiã²¹]
母老虎	母老虎[mo²¹³lɔ²¹³fu²¹³]	雌老虎[tsʰɿ⁵⁵læ²¹/³³həu⁵¹/²¹]
雄猫	公猫儿[kɔ̃²¹mɔr³⁵]	雄猫[ɦioŋ¹³mæ¹³/³³]
继父	晚老子[vẽ²¹³lɔ²¹³tsɿ³]	继爷[tɕi⁵¹³/⁵⁵ɦia¹³/²¹]/晚爷[mE³¹/¹³ɦia¹³/³³]
松紧带	松紧带儿[sɔ̃²¹tɕi²¹³ter³³]	宽紧带[kʰø⁵⁵tɕin⁵¹/⁵⁵ta⁵¹³/³³]
稀饭	烫粥[tʰã³³tsɔʔ³³]	米烧粥[mi³¹/¹³sæ⁵⁵tsoʔ⁵⁵/³³]
精肉	瘦肉[sɤi³³zɔʔ³⁵]	腈肉[tsin⁵⁵ȵioʔ³/³³]
干面	抈面[tsʰa²¹mĩ²¹]①	阳春面[ɦiã¹³tsʰən⁵⁵/³³miɿ³¹/²¹]

泰如话属于北方官话，所组成的词语在韵律上一般遵循两个音节为一个音步，偏正型复合词中常见的为两音节；吴语的语音系统跟北方话差别较大，偏正型的复合词语有两音节也有三音节的，而三音节的这些词语在泰如话中多说成两音节，以下是泰如话和吴语（上海、苏州）部分偏正结构词语的音节构成对比表。

---

① "抈面"有动词和名词两种意义。

表 2—2　泰如话与吴语部分偏正式词语音节构成比较

普通话	泰如话	吴语（苏州、上海）
书房	书房[su²¹fã³⁵]	书房间[sɿ⁵⁵vã¹³/³³kE⁵⁵/²¹]
稗子	稗子[pʰe²¹tsɿ¹]	稗草子[ba³¹/¹³tsʰæ⁵¹/³³tsɿ³]
渡口	渡口[tʰu²¹kʰɤi²¹³]	摆渡口[pa⁵¹dəu³¹/³³kʰɤ⁵¹/²¹]
渡船	渡船[tʰu²¹tsʰõ³⁵]	摆渡船[pa⁵¹dəu³¹/³³zø¹³/¹³]
鱼鳔	鱼泡[y³⁵pʰɔ³³]	鱼泡泡[ɦy²³/²²pʰo³⁴/⁵⁵pʰo³⁴/²¹]
芋头	芋头[y²¹tʰɤi³⁵/²¹³]	芋艿头[ɦy²³/²²nA²³/⁵⁵dɤ²³/²¹]
夜宵	夜伙儿[ia²¹xor²¹³]	半夜饭[pø³⁴/³³ɦiA²³/⁵⁵vE²³/²¹]
锅巴	锅巴[ko²¹paʔ²¹/²¹³]	焦饭糍[tɕiɔ⁵³/⁵⁵vE²³/³³ɿ²³/²¹]
米粥	米粥[mi²¹³tsɔʔ³³]	米烧粥[mi²³/²²sɔ⁵³/⁵⁵tsoʔ⁵⁵/²¹]
泡饭	烫粥[tʰã³³tsɔʔ³³]	饭泡粥[vE²³/²²pʰo³⁴/⁵⁵tsoʔ⁵⁵/²¹]
脆饼	脆饼儿[tɕʰy³³piər²¹³]	香脆饼[ɕiã⁵³/⁵⁵tsʰø³⁴/³³pin³⁴/⁵⁵]
端午粽子	端午粽子[tõ²¹vu²¹³/¹tsõ³³tsɿ³]	端午粽[tø⁵³/⁵⁵ɦn²³/³³tsoŋ³⁴/²¹]
豆浆	豆儿浆[tʰər²¹tɕiã²¹]	豆腐浆[dɤ²³/²²fiu²³/⁵⁵tɕiã⁵³/²¹]
菜刀	菜刀[tsʰe³³tɔ²¹]	切菜刀[tɕʰiʔ⁵⁵/³³tsʰE³⁴/⁵⁵tɔ⁵³/²¹]
手杖	拐棒[kue²¹³pʰã²¹]	撑矮棒[tsʰã³⁴/³³A³⁴/⁵⁵bã²³/²²]
烟袋	烟袋儿[i²¹tʰer²¹/²¹³]	烟袋袋[i⁵³/⁵⁵dE²³/³³dE²³/²¹]
狐臭	狐臊[fu³⁵tsɔ²¹]	猪狗臭[tsɿ⁵³/⁵⁵kɤ²³/³³tsʰɤ³⁴/⁵⁵]
灵车	灵车儿[ni³⁵tsʰar²¹]	棺材车[kuø⁵³/⁵⁵zE²³/³³tsʰo⁵³/²¹]
男人	男的[lõ³⁵tiɿʔ]/男人家[lõ²⁵ʒ²⁵kaə¹/³³]	男人家[nø²³/²²ȵin²³/⁵⁵kA⁵³/²¹]
化肥	化肥[xua³³fɤi³⁵]	肥田粉[vi¹³dii¹³/³³fən⁵¹/²¹]
灰尘	堂灰[tʰã³⁵xuɤi²¹]	泥垆尘[ɯi²³/²²boŋ²³/³³zən²³/²¹]
顶针	针箍儿[tsə²¹kor²¹/²¹³]	顶针箍[tin³⁴/³³tsən⁵³/⁵⁵ku⁵³/²¹]
住户	住家儿[tsʰu²¹kar²¹]	住家户[z²³/²²kA⁵³/⁵⁵fiu²³/²¹]
夜里	夜的[ia²¹tiɿʔ]	夜里向[ɦiA²³/²²li²³/³³ɕiã³⁴/²¹]
雕刻匠	雕匠[tiɔ²¹tɕʰiã²¹]	雕花所[tiæ⁵⁵ho⁵⁵/³³ziã³¹]
妖精	妖精[iɔ²¹tɕi²¹]	妖怪精[iæ⁵⁵kua⁵¹³/³³tsin⁵⁵/²¹]
涎水	涎水儿[sɛ̃³⁵ɕyər²¹³]	涎唾水[zE²³/²²tʰu³⁴/⁵⁵sɿ³⁴/²¹]
眼皮	眼皮儿[ŋɛ̃²¹³pʰiər³⁵]	眼泡皮[ŋœ³¹/¹³pʰa⁵⁵bi¹³/²¹]
正好	正好[tsə³³xɔ²¹³]	眼眼调[ŋE³¹/¹³ŋE³¹/³³diæ¹³/²¹]
眼睛	眼睛[ŋɛ̃²¹³tɕi²¹]	眼乌珠[ŋE³¹/¹³u⁵⁵/⁵⁵tsɿ⁵⁵/²¹]

续表

普通话	泰如话	吴语（苏州、上海）
渔网	渔网[y³⁵uã²¹³]	捉渔网[tsoʔ⁵⁵ŋ̍¹³/³³mã³¹/²¹]
偷冷	偷冷[tʰɤi²¹lɔ̃²¹³]	捉冷刺[tsoʔ⁵⁵lã³¹tsʰʅ⁵¹³/²¹]
身体	身子[sɔ̃²¹tsʅ¹]	身向里[sən⁵⁵ɕiã⁵¹/³³li³]
蚊香	蚊香[vɔ̃³⁵ɕiã²¹]	蚊虫香[mən¹³zoŋ¹³/³³ɕiã⁵⁵/²¹]
耳光	耳光[ər²¹³kuã³³]	夹耳光[kaʔ⁵⁵n̩.i³¹kuã⁵¹/²¹]
茶罐	茶筒儿[tsʰa³⁵tʰɔr²¹³]	茶叶瓶[zo¹³ɦiəʔ³³bin¹³/²¹]
眼泪	眼泪[ŋɛ̃²¹³i²¹³]	眼泪水[ŋE²³/²²li²³/⁵⁵sʅ³⁴/²¹]
粗皮肤	糙皮[tsʰɔ³³pʰi³⁵]	鸡皮肤[tɕi⁵⁵bi¹³/³³fu⁵⁵/²¹]
癫痫病	羊儿疯[iar³⁵fɔ̃²¹]	羊癫疯[ɦiã¹³tiɪ⁵⁵/³³foŋ⁵⁵/²¹]
雨水	天水[tʰi²¹ɕyɤi²¹³]老	天落水[tʰiɪ⁵⁵loʔ³/³³sʅ⁵¹/²¹]

从音节构成的角度看，泰如话中的这些词语更接近普通话，而与吴语不同。有些表面相同的结构分属于不同组合类型，如苏州话的"索粉[soʔ⁵⁵fən⁵²]"、"下脚[o²³¹/²²tɕiʌʔ⁵⁵]"分别指"湿粉丝"和"下水"，属偏正型，泰如话的"索粉[saʔ³³fɔ̃²¹³]"、"下脚[ɕia³³tɕia³³]"则分别指"制作粉丝"、"踩上脚"，属动宾型，"下脚"在如皋还指"损耗、脚料"，意义上接近苏州话，也是偏正型；"半桌[pø⁵¹³/⁵⁵tsoʔ⁵⁵]"在苏州话中指一种长方形的条案，相当于方桌的一半，是一个复合词，泰如话的"半桌[põ³³tɕyaʔ³³]"指"桌子的一半"，是个偏正型短语；"热粥[ziɪ³⁵tsoʔ³³]"、"热饭[ziɪ³⁵fɛ̃²¹]"、"烫粥[tʰã³³tsoʔ³³]"在泰如话中既可以理解为一个动宾短语，也可以是一个偏正型的复合词，指"滚烫的热粥、热饭"或"将干饭烫成的粥"，读音上没有什么不同，只在使用时有不同；上海话的"饭泡粥[vE²³/²²pʰɔ³⁴/⁵⁵tsoʔ⁵⁵/²¹]"，指"用饭泡成的粥"，是一个偏正型复合词，作动词短语理解时，"饭泡粥"则是一个主谓结构。泰如话的"变天[pi³³tʰi²¹]"作动宾短语理解时，指"天气转阴"，作偏正型复合词理解，指"阴天"、"雨天"，所表达意义的不同主要靠在句中不同的句法位置而相互区别，如"这些天天气嫌好，明朝恐怕要变天"。上海话有"变天[pi³⁴/³³tʰi⁵³/⁴⁴]"、还有"天变[tʰi⁵³/⁵⁵pi²⁴/²¹]"，都指阴天，"天变"在泰如话中不成词，要说"天作变"，是一个主谓短语。类似的还如"流星"、"火柴"，泰如话分别叫"拉屎星[la³⁵sʅ²¹³/⁵ɕi²¹]"、洋火[ia³⁵xo²¹³]"，上海话"流星"又叫"搬场星[pø⁵³/⁵⁵zã²³/³³ɕin⁵³/²¹]"，是偏正结构，苏州、温州还有"星移场[sin⁵⁵ɦi¹³/³³zã¹³/²¹]"、"星过渡[seŋ³³ku⁴²/⁴³døy¹¹]"，

属主谓结构,"火柴"在吴语许多地方叫"自来火",也是偏正结构。"好日"在泰如话指"好的日子",是一个偏正型短语,而在苏州话老派,则可以作动词,指"结婚":俚已经好日[hæ⁵¹n̠iə³/³³]哉。

吴方言有残存的正偏式合成词,如温州话的"闹热[nuɔ¹¹/³⁴n̠i²¹²/¹³]│菜咸[tsʰe⁴²/¹¹ɦia³¹/¹²]│针金[tsaŋ³³/¹¹tɕaŋ³³]黄花菜│楼阁ᵣ[lau³¹/³ko³²³/⁴⁵ŋ³¹/⁵]│膀蹄[pʰuɔ⁴⁵/⁴²dei³¹/²¹]│饭焦[va²²/⁴³tɕie³¹/²¹]锅巴│鞋拖[ɦia³¹/¹¹tʰa³³]拖鞋│墙围[ji³¹/¹¹vu³¹/¹²]围墙",北部吴语老派上海话中的"人客[n̠in²³/²²kʰAʔ⁵⁵/⁴⁴]│菜干[tsʰE³⁴/³³kø⁵³/⁴⁴]│肉松[n̠ioʔ¹²/¹soŋ⁵³/²⁴]│鱼鲜[ɦiŋ²³/²²ɕi⁵³/⁴⁴]│虾干[hø⁵³/⁵⁵kø⁵³/²¹]│汤三鲜[tʰã⁵³/⁵⁵sE⁵³/³³ɕi⁵³/²¹]│汤年糕[tʰã⁵³/⁵⁵n̠i²³/²¹kɔ⁵³/²¹]",是古代百越语的底层遗留。上海话中除"肉松"已成为一个通用词语而流行外,"人客"和"客人"、"菜干"和"干菜"、"鲜鱼"和"鱼鲜"两种形式并存,"汤三鲜"、"汤年糕"的说法渐趋消失,说成"三鲜汤"、"年糕汤"。泰如话中,这些词语一般只有一种形式:客人[kʰəʔ³³zə³⁵/³]│咸菜干ᵣ[xɛ³⁵tsʰe³³/⁵kor²¹]│肉松[zɔʔ³⁵sɔ²¹]│鲜鱼[ɕi²¹y³⁵]│三鲜汤[sɛ̃²¹ɕi²¹tʰã²¹]│年糕汤[n̠i³⁵kɔ²¹/⁵tʰã²¹]。至于一些带有洋味的偏正式复合名词,如"泡立水源自英语polish,一种木器涂料│克罗米源自英语chromium,涂铬│司必灵锁源自英语spring"等则指限于在吴语(主要是上海话)一定范围内流行过,泰如话基本上没有吸收。

2. 偏正式动词

小产[ɕiɔ²¹³tsʰɛ̃²¹³/³]自然流产│大铲[ta²¹tsʰɛ̃²¹³]打牌时以大王应牌│小吊[ɕiɔ²¹³tiɔ³³]打牌时出一个小一点的王牌│生怕[sə̃²¹pʰa³³]十分担心│活说[oʔ³⁵soʔ³³]胡说

3. 偏正式形容词

灵光[n̠ĩ³⁵kua²¹]│热火[ziɪʔ³⁵xo²¹³/⁵]①│恨心[xə̃²¹ɕi²¹]贪心不足│和性[xo³⁵ɕi³³/⁵]│闲落[ɕiɛ̃³⁵la³³/⁵]│平班[pʰĩ³⁵pɛ̃²¹]平辈│人相[ta³³ɕia³³]容貌端正,多指男性│勤力[tɕʰĩ³⁵n̠iɪʔ³³/⁵]勤快│瞎性[xɛʔ³³ɕĩ³³]狠毒│促掐[tsʰɔʔ²³³kʰuɛʔ³³]刁钻│嫩气[lə̃²¹tɕʰi³³/¹]年轻│一绕[iɪʔ³³zɔ²¹]时间流逝│大气[tʰe²¹tɕʰi²¹]│至恭[tsŋ³³kɔ̃²¹/³]人品高尚、笃诚│无些[vu³⁵ɕia³³/³]许多│饿食[ŋo²¹sə²³⁵]禽兽肚中无食│饱食[pɔ²¹³sə²³⁵]禽兽肚中吃饱│野汤[ia²¹³tʰã²¹]锅中汤量偏大│嚼蛆[tɕʰia?³⁵tɕʰy²¹]喻说话无根无据

4. 偏正式状态词

活嚼[oʔ³⁵tɕʰia³⁵]胡说│飞烫[fɪi²¹tʰã³³]非常烫│穴青[ɕyəʔ³³tɕʰĩ²¹]│煞亮[sa²¹/²¹³n̠iã²¹]非常明亮│多远[to²¹iõ²¹³]老远│无大[vu³⁵ta²¹]很大│煞白[sa²¹pʰɔʔ³⁵]非常洁白

---

① 指天气热,和偏正式名词"热火"读音不同。

5. 偏正式副词

先朝儿[ɕĩ²¹tɔr²¹]刚才｜常时[tsʰã³⁵sɿ³⁵/¹]经常①｜莽道[mã²¹³tɔ³³/³]马上｜寡如[kua²¹³zu³⁵/³]为何,多用于表示反诘语气｜直叫[tsəʔ³³tɕio³³/³]很、十分②｜直抢[tsəʔ³³tɕʰia³³/³]一个劲儿地｜一顶[iɪʔ³³fi²¹³]最｜一上[iɪʔ³³sã²¹/²¹³]原先｜紧旺[tɕi²¹³uã³³/³]正在｜一脚[iɪʔ³³tɕiaʔ³³]直接｜特为[tʰəʔ³³vʏi³⁵/³]特地｜无外[vu³⁵ve²¹]出乎意料地｜呆定[ŋe³⁵fi²¹³]一定｜假马儿[tɕia²¹³mar²¹³]｜反如[fɛ²¹³zu³⁵/³]反而｜还是[xa³⁵sɿ²¹]难道｜所在[so²¹³tse³]反正｜亦就[iɪʔ³³/³⁵tɕʰio²¹]正因为｜一的[iɪʔ³³tiɪʔ³]表强调的语气副词｜还就[xa³⁵tɕʰio²¹]很、非常

（二）述宾式

述宾式复合方式所构成的词，主要有动词、形容词、名词。

1. 述宾式动词

泰如话和吴语有些述宾式动词是相同的，如"搭界"，在泰如话中有两种读法，一念"搭界[tɛʔ³³ke³³]"，表"地界相接"，如"两个人家的田搭界"；一念"搭界[tɛʔ³³ka³³]"，表示"与……相关"，如"这件事同他不搭界"，后者的读音接近吴语，如苏州话念[tAʔ⁵⁵kɒ⁵²³/²³]；表示"合拢无隙"在泰如话叫"胭缝[mĩ²¹³fɔ²¹]"，苏州话[min⁵²voŋ⁵²/²¹]，读音也非常近似。两地的述宾式也存在一些不同，有词语内部语素不同所造成的差异，如"起风"在苏州又叫"吹风[tsʰu⁵⁵foŋ⁵⁵]"，泰如话"吹风"是个动宾短语，"起风"跟"吹风"意义不同；"打闪"在吴语及泰如话多地都叫"霍闪"，上海话叫"打闪"，但温州叫"龙烁起"，是一个主谓结构的固定短语；也有词和短语的结构不同所造成的差异："落雨"、"响雷"、"切面"都是述宾式结构，是泰如话中的常用词，除了"落雨"，泰如话还说"下雨"，吴语多说"落雨"，"下雨"一般认为带官话特征；"响雷"在泰如话中是动宾结构，上海说"雷响"，是主谓结构，泰如话还有"天上雷轰雷轰的"说法，"雷轰雷轰"是描摹响雷时的状态，但"雷轰"不能单说，不是一个复合词；"切面"在泰如话和上海话中都可指"用刀切面条"，是一个动宾短语，上海话还可念作[tɕʰiɪʔ⁵⁵/³³mi²³/⁴⁴]，是一个偏正型复合词，相当于"面条"；"尿床"在苏州叫"出尿[tsʰəʔ⁵⁵/³sɿ⁵⁵]"，也叫"尿出[sɿ⁵⁵tsʰəʔ⁵⁵/³]"，分属动宾式和主谓式复合词，泰如话叫"拉尿[la³⁵ɕy²¹]"，属动宾式短语，可说"拉啊场尿"、"拉啊趟尿"；"脚踏"泰如话念"脚踏儿[tɕiaʔ³³tʰer²¹]"，是主谓式复合词、苏州话叫"踏脚[da²³tɕiaʔ⁵⁵]"，是动宾式复合词；"到家[tæ⁵¹³/⁵⁵kɒ⁵⁵/²¹]"在苏州话中已经凝固成一个复合词，表示"达到相当标

---
① 《金瓶梅》第53回："他母舅金修义，就是金次福的儿子，常时带两个大老官到他家走走。"
② 不同于同音的"执较"，"执较"指计较、较量，是一个动词。

准"，泰如话中"到家"指"到家里"，并没有凝固成词，与苏州话的"到家"相应的是"到功"，如"粽子□[ŋɤi²¹]啊到功指用文火较长时间烧煮才好吃"；苏州话有"放饭学[fã⁵¹³/⁵⁵vE⁵¹/³³ɦoʔ³³]"、"放夜学[fã⁵¹³/⁵⁵ia⁵¹³/⁵⁵ɦoʔ³³]"，泰如话缺乏相对应的复合词，一般说"日的放学"、"下晚ⱼ放学"。以下是泰如话中的一些述宾式复合构词：

灭朝[miɪʔ³⁵tsʰɔ³⁵]发生地震、洪水等足以毁灭人类大的自然灾害 | 起风[tɕʰi²¹³fɔ̃²¹] | 上冻[sã²¹tõ³³]结冻 | 烧霞[sɔ²¹xa³⁵] | 回潮[xuɤi³⁵tsʰɔ³⁵]东西变得潮湿 | 打场[ta²¹³tsʰã³⁵] | 合绳[koʔ³³sə̃³⁵] | 车水[tsʰa²¹ɕyɤi²¹³] | 掼稻[kʰuɛ̃²¹tʰɔ²¹] | 打麦[ta²¹³mɔʔ³⁵] | 间菜[kɛ̃³³tsʰe³³] | 趵芽[pɔ³³ŋa³⁵] | 带伢ⱼ[te³³ŋar³⁵] | 搭头ⱼ[tɛʔ³³tʰər³⁵] | 誂祸[tʰiɔ²¹³xɔ²¹]挑拨离间 | 打伙ⱼ[ta²¹³xor²¹³]一起 | 作死[tsaʔ³³sᴊ²¹³]找死 | 请人[tɕʰi²¹³zə̃³⁵]请客 | 谢枕[tɕʰia²¹tsə²¹³]落枕 | 打底[ta²¹³tɕi²¹³]烧玉米或大麦稀饭等时放少许的米 | 点红[fi²¹³xə̃³⁵]燕馒头、糕时点上红点；杀猪时刺破猪的喉咙 | 间口[kɛ̃³³kʰɤi²¹³]换口味 | 抢食[tɕʰiã²¹³səʔ³³/³⁵]争食 | 讨信[tʰɔ²¹³ɕĩ³³]人死后亲友持锡箔、纸钱至死者灵前叩拜 | 满坟[mõ²¹³/²¹və̃³⁵]民间人死后三年举行的祭奠活动 | 揭孝[tɕiɪʔ³³ɕiɔ³³]送孝布 | 看夜[kʰõ²¹ia²¹]守灵 | 拱井[kə̃³³tɕi²¹³]打井 | 出田[tɕʰyə²¹³tʰĩ³⁵]出殡，章炳麟《新方言·释言》："扬州谓棺柩属引发途为出田。田即引也。或说为奠，非也。" | 送三[sɔ̃³³sɛ̃²¹]人死后第三天，孝子、孝孙到丧家吊唁 | 拽材[iɪ³⁵tsʰe³⁵]出殡时抬灵柩到墓地，子孙披麻执杖，在灵前引路，走向墓地 | 通话[tʰɔ̃²¹xua²¹]男方请媒人与女方家商定婚期 | 为事[vɤi³⁵sᴊ²¹]男方办婚事 | 害伢ⱼ[xe²¹ŋar³⁵]妇女怀孕期间出现的恶心、呕吐、喜酸等生理症状 | 催肚[tɕʰy²¹tʰu²¹]临盆 | 踏生[tʰɛ²¹sã²¹]胎儿初生，适来不速之客，称"踏生"，相传小儿长大以后的习性与踏身者相似 | 妨法[fã²¹fɛʔ³³]犯法 | 掸尘[tɛ̃²¹³tsʰə̃³⁵] | 败毒[pʰe²¹tʰɔʔ³⁵]去毒 | 过宿[koʔ³³sɔʔ³³]住宿 | 挺尸[tʰi²¹³sᴊ²¹]睡觉的俚语，有贬义 | 失晓[səʔ³³ɕiɔ²¹³]早上睡过了头 | 对节[tɕy³³tɕiɪʔ³³]未婚女婿结婚前每逢重要节日到女方家送礼 | 搭疆[tɛʔ³³kã²¹]搭讪、交往 | 去货[tɕʰy³³xɔ³³]贬指死 | 道激[tɔ³³tɕiɪʔ³³]感激 | 催钱[tɕʰy²¹tɕʰĩ³⁵]借钱 | 偷冷[tʰɤi²¹lə̃²¹³]偷袭 | 讲经[kɑ̃²¹tɕi²¹]喻闲聊 | 惹厌[za²¹³lĩ³⁵]小孩调皮、引指做不正经的事 | 倒世[tɔ³³sᴊ³³]冷嘲热讽 | 谐意[tɕʰia³⁵i³³]注意 | 依断[i²¹tʰu²¹]作罢 | 罢市[pʰa²¹sᴊ²¹]① | 犯忌[fɛ̃³³tɕi²¹]犯规 | 捣鬼[tɔ²¹³kuɤi²¹³]在耳边嘀咕 | 挨搅[ŋe³⁵kɔ²¹³]受累 | 做事[tsɔ³³sᴊ²¹]操办红白喜事 | 跟人[kə̃²¹zə̃³⁵]女性非婚随男性生活 | 共事[kʰõ²¹sᴊ²¹]搭理、交往 | 贺寿[xɔ²¹sɤi²¹]庆祝生日 | 煠茶[xɔ²¹tsʰa³⁵]招待客人时蒸馒头及准备吃点心等 | 破狱[pʰɔ³³iɔʔ³⁵]超度亡人的一种佛教法事 | 打墙[ta²¹³tɕʰiã³⁵]湿土夯实后拍打成土墙 | 赞酒[tsɛ̃³³tɕio²¹³]下酒 | 断顿[tʰõ²¹tõ³³]断炊 | 抄斜

---

① 指市场停止销售或物品不再流行。《泰县方言志》："现在梨已败市了"，疑有误，应为"罢市"。《汉语大词典》："1. 市上停止买卖以表示悼念。《晋书·羊祜传》："南州人征市日闻祜丧，莫不号恸罢市。" 2. 宋人为实现某种要求或表示抗议而联合起来停止营业。宋叶适《舒彦升墓志铭》："绍熙初，铁钱法弊，商贾顿亏折，所至皆皇惑罢市。"泰如话这一用法可补词典释义之不足。苏州话叫"落市"，如"黄瓜已经落市则，南瓜刚刚上市"、"落市"是词，"罢市"是短语，如："街卜茄ⱼ吃啊罢啊市"。

[tsʰɔ²¹tɕʰia³⁵]走捷径｜入泊[zə？³⁵pʰa？³³]①｜来气[le³⁵tɕʰi³³]生气｜作气[tsa？³⁵tɕʰi³³]赌气、斗气｜搂事[lɤi²¹³sŋ²¹]闹事｜疑心[i³⁵ɕĩ²¹]怀疑｜把光[pa²¹³kuã²¹]赏光｜叫人[tɕiɔ³³zɤ̃³⁵]小孩跟大人打招呼｜淘气[tʰɔ³⁵tɕʰi³³]吵架｜踩水[tsʰe²¹³ɕyɤi²¹³]踏水，今罕见｜受窠[sɤi²¹kʰɔ²¹]猪、羊等兽类的交配｜踏雄[tʰɛ？³⁵ɕiɔ̃³⁵]禽类交配②｜游草[io³⁵tsʰɔ²¹³]狗交尾｜打汪[ta²¹³uã²¹]夏季水牛入水散温｜做劲[tsɔ³³tɕĩ³³]使劲｜愿心[iɔ̃²¹ɕĩ²¹]愿意｜犯怪[fɛ̃³³kue³³]反常｜站店[tsẽ³³tĩ³³]做营业员｜习时[ɕii³⁵sŋ³⁵/⁵]流行｜捉蚕儿[tɕya？³³tsʰɔr³⁵]指蚕户将蚕放上结茧的地方｜扛榜[kʰã³⁵pã²¹³]指考试时做最后一名｜支食[tsŋ²¹sə？³⁵]小孩跟在大人后面去人家蹭饭｜送套儿[sõ³³tʰɔr³³]接吻｜跟路[kɔ̃²¹lu²¹]小孩和动物尾随大人或主人｜吃茶[tɕʰiə³⁵tsʰa³⁵]正餐前吃点心｜失着[sə？³³tsa？³³]失算｜上冒[sã²¹mɔ²¹]发霉｜做香[tsɔ³³ɕiã²¹]接吻，也喻简单做某事，"同水做个香"，指在水里简单地泡洗一下｜卖呆[me²¹te²¹]发呆｜为叫[vɤi³⁵tɕiɔ³³/⁵]算｜打合[ta²¹³kɔ？³³]撮揽、劝诱｜来尿[le³⁵ɕy²¹]尿床｜拉巴[la³⁵pa²¹/²¹³]大便失禁｜扬糁[iã³⁵tsʰer²¹³]播扬玉米和大小麦粉，制作粥饭｜寻事[tɕʰĩ³⁵sŋ²¹/⁵]故意挑起事端｜捉朒 [tɕya？³³ya²¹]欺骗，常说成"把……捉朒"③

和偏正式动词相似，泰如话和吴语的部分动宾型复合词也形成了双音节和三音节之间的对应，泰如话比吴语更近于普通话的结构。

表2—3　　　　泰如话与吴语部分动宾式词语音节构成比较

普通话	泰如话	苏州话
自杀	寻死[tɕʰĩ³⁵sŋ²¹³]	寻死路[zin¹³sŋ⁵¹/³³lou³¹/²¹]
吵架	淘气[tʰɔ³⁵tɕʰi³³]	吵相骂 [tsʰæ⁵¹siã⁵⁵mo³¹/²¹]
乘凉	乘凉[tsʰə̃³⁵n.iã³⁵]	乘风凉[zən¹³foŋ⁵⁵liã¹³/²¹] /吹风凉[tsʰɿ⁵⁵foŋ⁵⁵liã¹³/²¹]
打架	打架[ta²¹³tɕia³³]	打相打[tã⁵¹ɕiã⁵⁵/³³tã⁵¹/²¹]
讨嫌	讨嫌[tʰɔ²¹³ɕĩ³⁵]	讨惹厌[tʰæ⁵¹za³¹/³³ii⁵¹³/²¹]
接吻	做香[tsɔ³³ɕiã²¹]/送套儿[sõ³³tʰɔr³³]	香面孔[ɕiã⁵⁵miɪ³¹/³³kʰoŋ⁵¹³/²¹]
大便失禁	拉屎[la³⁵sŋ²¹³]	拆污出[tsʰa？⁵⁵ou⁵¹³/²¹tsʰə？⁵⁵]
小便失禁	拉尿[la³⁵ɕy²¹]	拆尿出[tsʰa？⁵⁵sʅ⁵⁵/⁵⁵tsʰə？⁵⁵]
开头	开头[kʰe²¹tʰɤi³⁵]	头起头[dʏ¹³tɕʰi⁵¹³/³³dʏ¹³/²¹]

---

① 说大话。也叫"说泊"，孙锦标《南通方言疏证》卷二："通俗喜听宋江故事，或云说《水浒》，或云说《梁山泊》。因以凡说故事者皆谓之说泊"。上海话指"道白"，海安话中"说泊"指说大话，或谈论荒诞不经的事情，也叫"入泊[zə？³⁵pʰa？³³]"，姜堰"洋泊子"指"说假话的人"，另有"摆泊[pe²¹³pʰa？³³]、查泊[ta？³³pʰa？³³]"都是相近的动词。"泊的泊打[pʰa？³³ tiɪ？³ pha？³ ta²¹³]、泊的泊气[pʰa？³³ tiɪ？³ pʰa？³tɕʰi³³/¹]"是形容词。"说白扯谎"在西南官话中是"撒谎"的意思，如成都话"他是个爱说白[so²¹pe²¹]的孩子"，清光绪辛巳年《宜阳县志》："人丢谎曰说白话"。

② 《上海市区方言志》第187页："打孕[tã⁴⁵/³³ɦioŋ²³/⁴⁴/tã⁴⁵/⁴⁴ɦioŋ²³]"，疑有误，似为"打雄"。

③ 朒 [ya²¹]，是一种手足曲病，引申指做事不力、能力不足、易受人欺负，如皋有胒角儿，义同。

普通话	泰如话	苏州话
中午放学	日的放学[zɤi²¹tiɪʔ¹fã³³xaʔ³⁵]	放饭学[fã⁵¹³/⁵⁵vE³¹/³³ɦoʔ³/³³]
晚上放学	晚上放学[vẽ²¹³sã³fã³³xaʔ³⁵]	放夜学[fã⁵¹³/⁵⁵ia⁵¹³/³³ɦoʔ³/³²]
挣钱	寻钱[tɕʰɪ³⁵tɕʰi³⁵]	寻铜钿[zin¹³³³doŋ¹³/³³diɪ¹³/²¹]
骂人	骂人[ma²¹zə̃³⁵]	骂山门[mo³¹/¹³sE⁵⁵mən¹³/²¹]
下露水	下露[ɕia²¹lu³³]	起迷露[tɕʰi⁵¹mi¹³ləu³¹/²¹]
沿着马路	沿路儿[ĩ³⁵luɪ²¹]	沿马路[ɦiɪ¹³mo³¹/¹³ləu¹³/²¹]
散场	散场[sẽ³³tsʰã³⁵]	散戏场[sE⁵¹³/⁵¹ɕi⁵¹³/³³zã¹³/²¹]
黄昏	下晚儿[ɕia²¹vɤɪ²¹³]	垂夜快[zE¹³ia⁵¹³/³³kʰua⁵¹³/²¹]
有时	有的时候[io²¹³tiɪʔ¹ʂɤ³⁵xɤi³³/⁵]	有常时[ɦiɤ³¹zã¹³/³³zɿ¹³/²¹]
许愿	许愿[ɕy²¹³iõ²¹]	喊愿心[hE⁵¹³/⁵¹ɲiø³¹/¹³sin⁵⁵/²¹]
踏板	踏板[tʰɛʔ³⁵pẽ²¹³]	踏脚板[daʔ³tɕiaʔ⁵⁵pE⁵¹]
起早	起早[tɕʰi²¹³tsɔ²¹³]	起早起[tɕʰi⁵¹tsæ⁵¹/³³tɕʰi⁵¹/²¹]

2. 述宾式形容词

治事[tsʰɤʔ²¹sɿ²¹]顶用｜爱小[ŋɛ³³ɕio²¹³]贪小便宜｜上圆[sã²¹iõ³⁵]事情井然有序｜发禄[fɛʔ³³lɔʔ³³]经济、庄稼等有起色｜借意[tɕia³³i³³]包容、包涵｜现世[ɕi³³ʂɤ³³]丢人现眼｜晒人[se³³zə̃³⁵]推板[tɕʰy²¹pẽ²¹³/¹]差｜合群[xoʔ³⁵tɕʰyə̃³⁵]跟其他人相处得好｜待心[tʰe²¹ɕi²¹]放心｜麻人[ma³⁵zə̃³⁵]让人感到麻辣｜药人[iaʔ³⁵/²¹³zə̃³⁵]有毒性、使人毒死｜淘人[ĩ³³zə̃³⁵]寒气逼人｜阵人[tsʰə̃³³zə̃³⁵]水、冰等令人寒冷｜拉人[lɛʔ³³zə̃³⁵]心里有灼热感、难受｜翻腔[fẽ²¹tɕʰia²¹]不驯服｜过人[ko³³zə̃³⁵]传染｜少债[sɔ²¹³tsɛ³³]年轻人少不更事，常指对父母不孝｜做晕[tso³³yə̃²¹]犯糊涂、常用于感叹｜讨汉[tʰɔ²¹³xõ³³]骂女人的俚词｜无畏[vu³⁵vɤɪ³³]不知羞耻｜遭罪[tsʰɔ²¹tɕʰy²¹]受罪，常用于感叹｜丢怪[tɤi²¹kuɛ³³]作态｜做推[tso³³tɕʰy²¹/³³]礼让｜拿节[la³⁵tɕiɪʔ³³]乘机要挟｜值事[tsʰɤʔ³⁵sɿ²¹]重视｜顺缰[ɕyə̃²¹kã²¹]用隐讳的语言表达意图｜作意[tsaʔ³³i³]包涵｜拽心[iɪʔ³⁵ɕi²¹]翻箱倒柜地寻找东西，有贬义｜做诡[tso³³kuɤi²¹³]不大方、假装｜装真[tɕyã²¹tsə̃³⁵]做客时拘谨或过于守礼节｜拙绪[tsʰoʔ³⁵ɕy³³/⁵]繁杂、烦人｜拘礼[tɕy²¹ɲi²¹³]过于讲礼节，拘谨｜阔穷[kʰoʔ³⁵tɕʰiõ³⁵]炭穷｜惬意[ɕia³³i³³]舒服、舒心｜缠事[tɕʰɪ²¹sɿ²¹]纠缠不清｜秀吃[ɕio³³tɕʰiʔ³³]吃东西不太泼辣、东挑西拣｜活血[oʔ³⁵ɕioʔ³³/⁵]食物疏松、喻人灵活｜献好[ɕi³³xɔ²¹³]拍马、献媚｜磨人[mo³⁵zə̃³⁵]小孩调皮缠人｜合趟[xo³⁵tʰã³³]原指鸡鸭等家禽合群，喻人在群体中与别人合得来｜养肉[iã²¹zɔʔ³⁵]对身体有益｜卖刁[me²¹tio³³]不卖力、投机取巧｜定神[tʰi²¹sə̃³⁵]安心、回过神来｜打讷[ta²¹³ləʔ³³/⁵]说话、读书时不流畅、结巴｜犯嫌[fɛ³³ɕi³⁵]招人讨厌｜发禄[fɛʔ³³lɔʔ³³]兴旺｜犯怪[fɛ³³kuɛ³³]矫揉造作｜熜火

[lẽ²¹³xo²¹³]易燃 | 巴家[pa²¹tɕia²¹]勤俭持家 | 除疑[tsʰu³⁵i³⁵/⁵]放心 | 过身[ko³³sə̃²¹]过得去① | 没皮[məʔ³⁵pʰi³⁵]喻不知羞耻 | 丧形[sã²¹/³³ɕi³⁵]丢人 | 分门儿[fə̃²¹mər³⁵]有希望 | 为奇[vʐi³⁵tɕʰi³⁵]了不起 | 咬脚[ŋɔ²¹³tɕia²¹³³/³]咀嚼力 | 认生[zə̃²¹sə̃²¹]怕见生人 | 惹笑[za²¹³ɕiɔ³³]可笑 | 糙手[tsʰɔ³³sʐi²¹³]手摸上去粗糙的感觉 | 扒滑[pa²¹xuɛʔ³⁵]防滑

吴语的"惬意"、"推板"、"巴家"等偏正型形容词在泰如话仍保留着，如：

（4）夏天蹲啊空调房间的蛮惬意的。夏天在空调房间里很舒服。

（5）头天的夜饭还可以，第二天的早饭嫌推板点儿。第一天的晚饭还可以，第二天的早饭差了些。

（6）他整天在外的流浪，一点儿不巴家。他整天在外面流浪，一点儿不顾家。

两地偏正型形容词之间也存在着差异，苏州话"惹气[za²³¹/²³tɕʰi⁵²/²¹]"指"讨厌"，泰如话[za²¹³tɕʰi³³]指"惹人生气"，前者是词，后者是短语；上海话"上路[zã²³/²²lu²³/⁴⁴]"指"做事对头"，引申指"够朋友"，泰如话中"上路"指"走上路"，没有引申用法，"做事对头"一般说"上路子"，"上路"在上海话中是词，在泰如话中是短语。苏州话"插蜡烛[tsʰaʔ⁵⁵laʔ³³tsoʔ⁵⁵]"喻因地方拥挤、人只能站着："游泳池里人忒多，游匣勿好游，侪勒海插蜡烛"，也喻指轮船机器等发生故障，不能开行："今朝轮船脱班，亦是插蜡烛唲"。泰如话不用"插蜡烛"来比喻人因拥挤而站着，一般说"人挤人"、"人碰人"。

3. 述宾式名词

结暴[tɕiʔ³³pɔ³³]骤冷 | 落地[laʔ³⁵tɕʰi²¹/⁵]地方 | 蹬脚儿[tõ²¹tɕiar³³]台阶 | 掩眼[õ²¹³ŋɛ̃²¹³]牛罩眼 | 晒场[se³³tsʰã³⁵]打谷场 | 催青[tɕʰy²¹tɕʰi²¹] | 上山[sã²¹sɛ̃²¹]蚕四眠过后不再进食被放置在草蓬或其他东西上准备结茧 | 掼把[kʰuɛ²¹pa²¹³]打麦，现罕用 | 招耙[tsɔ²¹pa³⁵/²¹³] | 搓板[tsʰɔ²¹pẽ²¹³] | 惹瘟[za²¹³və̃²¹]骂动物的俚语 | 靠山[kʰɔ³³sɛ̃²¹]依正屋盖的小房子 | 滴水[tiʔ³³ɕyʐi²¹³] | 敬宅[tɕi³³tsɔʔ³³]房子落成后的贺仪 | 绞关[kɔ²¹³kuɛ̃²¹]一种灌水的农具，现罕用 | 抛灰[pʰɔ²¹xuʐi²¹/²¹³]灶下出的草木灰 | 挂桨[kua²¹tɕiã²¹³] | 淘箩儿[tʰɔ³⁵lor³⁵/²¹³] | 烘缸儿[xɔ̃²¹kar²¹/²¹³]取暖的火炉 | 听锅[tʰi³³kɔ²¹]烧火 | 摇风[iɔ³⁵fɔ̃²¹]手动的鼓风机 | 跳码儿[tʰiɔ³³mar²¹³]架在河边供洗濯用的器具 | 揞布[tɕi²¹³pu³³]抹布 | 搁铺儿[kaʔ³³pʰur²¹]一种简易的床 | 倒心[tɔ²¹³ɕi²¹]骂器物的俚语 | 讨汉[tʰɔ²¹³xõ³³] | 养媳[iã²¹³ɕiiʔ³³]童养媳 | 携锹儿[kʰuɛ²¹tɕiɔr²¹]喻指身上背锹葬自己，俚语 | 吃性[tɕʰiə³³ɕi³³]贪心 | 妨人[fã²¹zə̃³⁵]本指禽兽得传染病，演变为动物的俚语 | 送死[sə̃³³sɿ²¹³]衣裳的贬称 | 围腰儿[y³⁵ior²¹]围裙 | 靸靸儿[tɛʔ³³ter³³/²¹³]拖鞋的俗称 | 犯胃[fɛ̃³³vʐi³³]食物相克 | 作相[tsa³³ɕiã³³]菜肴 | 吃作[tɕʰiə³³tsaʔ³³]吃的东西 | 手面[sʐi²¹³mĩ²¹]用手和水弄成团团 | 扠面[tsʰa²¹mĩ²¹] | 饮汤[i²¹³tʰã²¹] | 煎枣[tɕi²¹tsɔ²¹³]点

---

① 张建民《泰县方言志》"他偷人家的东西，这回不得过身了"释为"进退两难"，不很准确。

第二章　构词法

心之一｜抶炮儿[səʔ³³pʰɔr³³]鞭炮的一种｜摊饼[tʰɛ²¹pĩ²¹³]泰如当地一种面制品｜斫糖[tsaʔ³³tʰã³⁵]麦芽糖｜看夜[kʰõ²¹ia²¹]护夜，特指守灵｜踏步[tʰɛ³⁵pʰu²¹]①｜斫刀[tsaʔ³³tɔ²¹]一种刀具，常用以砍竹子、树枝等｜开怀[kʰe²¹ve³⁵]有过生育｜隔奶[kʰə²¹ne²¹³]断奶｜霍泡儿[xuaʔ³³pʰɔr³³]皮肤起泡｜躲猫儿[to²¹³mɔr³⁵]捉迷藏｜挑河[tʰiɔ²¹xo³⁵]踢毽子的花样｜撕鸡[sɿ²¹tɕi²¹]踢毽子的花样｜教文[tɕiɔ³³mə̃³³]教养｜梳桌[su²¹tɕya³³]旧时房间内的长桌、供梳妆用｜踏车[tʰɛ³⁵tsʰa²¹]人力踏动提水灌溉的水车，现罕用｜携笿儿[kʰue²¹³lar³⁵/²¹]一种竹篮、可手提或臂挎｜渗菜儿[sə̃³³tsʰer³⁵]地耳，常在雨后出现在河滩等地，可食｜拿乔[la³⁵tɕʰiɔ³⁵]摆架子｜转枪[tsõ³³tɕʰiã²¹]拴羊颈用的器具｜打响儿[ta²¹³ɕiar²¹³]儿童以铜钞玩的一种游戏｜挤油[tɕi²¹³io³⁵]冬天靠墙互挤取暖｜包馅[pɔʔ²¹ĩ²¹]饺子、包子等的馅儿｜荡油[tʰã²¹io³⁵]一种游戏，两人握住一人的手脚，悬空后左右荡动｜开声[kʰei²¹sə̃²¹]敲击声音清脆，质量好；也指新生儿的第一啼哭，结构不同。｜脱单[tʰɔʔ³³tẽ²¹]春末夏初时脱去棉衣换上夹衣｜叫窠[tɕiɔ³³kʰɔ²¹]动物发情｜拉宝儿[la³⁵pɔr²¹³]骂小孩的俚语｜起水[tɕʰi²¹³ɕɤɿ²¹³]发大水｜扯吆儿[tsʰa²¹³iɔr²¹/²¹³]空竹

4. 述宾式副词

作兴[tsaʔ³³ɕi³³]｜当世[ta³³sɿ³³]很早｜通天[tʰõ³³tʰĩ²¹]｜到地[tʰɔ²¹tɕi²¹]｜添道儿[tʰi²¹tɔr³³/²¹³]故意｜就他[tɕʰio²¹ta²¹]迁就他、算了

（三）联合式

1. 联合式名词

墒沟儿[sã²¹kər²¹/²¹³]田墒｜铧锹[ua³⁵tɕʰiɔ²¹]一种长形的铁锹，多用于挖土｜碓臼儿[tɕy³³tɕʰiɔr²¹]舂具｜粮饭[ɲiã³⁵fẽ²¹/²¹³]粮食｜橱柜[tsʰu³⁵kʰuɤi²¹]｜槽桶[tsʰɔ³⁵tʰõ²¹³]｜窗棚[tɕʰyã²¹pʰõ³⁵/²¹³]窗户｜火叉[xo²¹³tsʰa²¹]｜藤榻[tʰõ³⁵tʰɛ²¹³³]｜风箱[fõ²¹tɕʰiã²¹/²¹³]｜输赢[suʔ²¹ĩ³⁵]②｜罩儿灯[tsɔr³³tə̃³³]｜年鸡[ɲĩ³⁵tɕi²¹]周岁｜锅脚儿[ko²¹tɕiar³³/²¹³]｜包被[pɔʔ²¹pʰi²¹/²¹³]｜裁缝[tsʰe³⁵fõ⁵]｜肉饭[zɔʔ³⁵fẽ²¹]带肉的饭菜｜釜冠[fu²¹³kõ³³]锅盖｜汤罐[tʰã²¹kõ²¹]灶边焐水的铁罐｜排堂[pʰe³⁵tʰã³⁵]排场｜茶饭[tsʰa³⁵fẽ²¹]泛指饭食｜桃枣儿[tʰɔ³⁵tsɔr²¹³]果核｜勾刀儿[kɤi²¹tɔr²¹/²¹³]一种收割用的刀具｜茶食[tsʰa³⁵səʔ³³/⁵]点心｜脂油[tsɿ²¹³io³⁵]猪油｜肚肺[tʰu²¹fɤi³³]猪肺｜花鱼[xua²¹y³⁵]鲤鱼｜蛋茶[tʰɛ²¹tsʰa³⁵]水煮的带壳蛋｜尸首[sɿ²¹sʅ²¹³/¹]尸体｜铜钞[tʰõ³⁵tsʰɔ³⁵]铜钱｜靡绞[mi³⁵tɕiɔ²¹³]开销、花费｜白大[pʰə³⁵ta³³/³]白食｜血汤儿[ɕiɔʔ³³tʰar²¹]雨的贬称｜日脚[zɿʔ³⁵tɕia²¹³/⁵]太阳的光柱，喻时间｜影信[i²¹³ɕi³³/³]音信｜堤槽儿[tɕʰi³⁵tsʰɔr²¹]｜活计[oʔ³⁵tɕʰi³³/⁵]活儿｜槽坊[tsʰɔ³⁵fã²¹]酒坊｜绍喻[sɔ³³/³⁵y³⁵/⁵]手势｜爷娘[ia³⁵ɲiã³⁵/⁵]娘家父母｜讲究[tɕiã²¹³tɕiɔ³³/³]疾病的讳称｜阴阳[ĩ²¹iã³⁵/⁵]风水先生｜颈项[tɕi²¹³kã²¹]脖子｜荸荠[pʰəʔ²¹tɕi²¹]③

---

①"踏步"指在原地踏着步时，是动宾短语；指台阶时，是动宾复合词。
②"输赢"还读[suʔ²¹/²¹³ĩ³⁵/³]，义"反正"。
③"荸荠"在泰如话中还读[pʰu³⁵tɕi²¹]，"荸"的不同读音可能反映了不同的语音层次。据郑张尚芳（2008：115）的研究，"荸荠"温州读[bøy²zei²]，第一字音同"蒲"，是"凫"的白读，"荸荠"本作"凫茈"，见于《尔雅》，泰如话"荸荠"读[pʰu³⁵tɕi²¹]，同温州话一样，本字即"凫茈"；读[pʰəʔ³⁵tɕi²¹]，是后来的读音层次，普通话入声消失，"荸"则读 bí 了。

2. 联合式动词

作变[tsaʔ³³pi³³]天气晴转多云到阴 | 窖育[kɔ³³iɔʔ³³]哺育、哺养植物、动物等 | 放躺[fã³³tʰã²¹³]蚕四眠过后不再进食 | 画招[ua²¹tsɔ³³]招认 | 扯豁[tsʰa²¹³kua²¹³]闲聊 | 讲张[kã²¹sã²¹³]吵架 | 宝偎[pɔ²¹³vʅi³³/³]珍爱 | 说骗[sɔ³³pʰi³³]撒谎 | 告作[kɔ³³tsaʔ³³]浪费 | 扯劝[tsʰa²¹³tɕʰiõ³³]劝架，也叫拉劝 | 皮脸[pʰi³⁵ni²¹³]小孩跟大人顽皮、没大没小 | 打抢[ta²¹³tɕʰiã²¹³]争抢 | 打搅[ta²¹³kɔ²¹³]已婚男女间的私通 | 打上[ta²¹³sã³³/³]打理、料理 | 执较[tsəʔ³³tɕiɔ³³]计较 | 嘘惑[ɕy²¹xo²¹]炫耀 | 憔虑[tɕʰiɔ³⁵y³³/⁵]担心 | 合煞[kɔʔ³³sɛʔ³³]① | 伏降[fɔʔ³⁵ɕiã³⁵]服输 | 合适[xoʔ³⁵sɔʔ³³]喜欢 | 落葬[laʔ³⁵tsã³³]棺木入土 | 作哇[tsaʔ³³uaʔ³³]呕吐 | 欲着[iɔʔ³⁵tsʰaʔ³⁵]心里非常想 | 招呼[tsɔ²¹fu²¹]道歉、问候 | 叫争[tɕiɔ³³tsəʔ²¹]猫交尾，事前对叫，事后追亲 | 寻搅[tɕʰi³⁵kɔ²¹³]小孩之间的寻衅打闹 | 打等[ta²¹³tɔ̃²¹³]短暂的滞留、停留 | 措办[tsʰu³³pẽ³³]准备 | 倒躁[tɔ²¹³tsɔ³³]埋怨 | 习时[ɕiɪ²¹sʅ³⁵/⁵]流行 | 愿心[iõ²¹ɕi²¹]希望 | 派到[pʰe³³tɔ³³]轮流、应该 | 觉察[kaʔ³³tsʰe³³]感觉 | 以到[i²¹³tɔ³³/³]以为、认为

3. 联合式形容词

沤燥[vu³³tsɔ³³]天气闷热难受 | 精巧[tɕi²¹tɕʰiɔ²¹³/¹]聪明 | 叔伯[sɔʔ³³pɔʔ³³]非嫡亲 | 缠蛮[tɕʰʅ²¹mẽ³⁵]纠缠不清，多指老人 | 软熟[zõ²¹³sɔʔ³⁵/³]米饭等软糯可口 | 掳掠[lo²¹³nia²³³]粗鲁 | 兜馊[tɤi²¹sɤi²¹]啰嗦 | 架杈[ka³³tsʰa³³]指不切实际的需求 | 哦算[o³³sõ³³]脏乱、嘈杂不堪 | 趑少[tɕyəʔ³³sɔ³³]动作灵敏 | 武叉[vu²¹³tsʰa²¹/³]粗鲁，常指睡姿难看 | 搭是[tɛʔ³³sʅ³³]理睬、交往 | 死沉[sʅ²¹³tsʰə̃³⁵/³]性格不灵活 | 堕落[tɔ³³laʔ³³]性格懦弱 | 直当[tsʰɔʔ³⁵tã³³/⁵]爽直、口无遮拦 | 格局[kəʔ³³tɕiɔʔ³³]摆场面、装腔作态 | 扎实[tsɛʔ³³sɔʔ³⁵/³]牢固、引申指厉害 | 阴毒[i²¹tʰɔʔ³³]歹毒 | 刁乔[tiɔ²¹tɕʰiɔ³⁵]做事挑三拣四 | 宰执[tse²¹³tsəʔ³³]固执② | 单枵[tẽ²¹ɕiɔ²¹]身体单薄 | 活祟[oʔ³⁵ɕyəʔ³⁵/⁵]物品灵活、喻人圆滑 | 热嘈[ziɪ²¹tsʰo³⁵]热闹 | 勒执[ləʔ³⁵tsəʔ³⁵]固执 | 白枵[pʰɔʔ³⁵ɕiɔ²¹]脸色苍白 | 惶恐[xuã³⁵kʰə̃²¹³] | 老成[lo²¹³tsʰə̃³⁵/³]随心吃用，多用于请客时劝客人的话 | 一当[iɪʔ³³tã³³]确定、稳妥 | 蛮野[mẽ³⁵ia²¹³]蛮不讲理 | 木促[mɔʔ³⁵tsʰɔʔ³³/⁵]反应迟钝 | 开染[kʰe²¹zʅ²¹³]视野开阔 | 客气[kʰəʔ³³tɕʰi³³/³]考究 | 快当[kue³³tã³³]③ | 黄落 xua³⁵lɔʔ⁵]/黄六[fiuã¹³lo³/³³]落空 | 一发[iɪʔ³³fɛʔ³³]许多 | 武蛮[vu²¹³mẽ³⁵/³]小孩粗鲁、放肆 | 拉侉[la²¹kʰua²¹³/¹]邋遢、不修边幅 | 辍絮[tsʰoʔ³⁵ɕy³⁵/⁵]不利索、烦人 | 精算[tɕi²¹sõ³³/¹]聪明 | 醒睡[ɕi²¹³ɕyɤi³]睡觉时警觉 | 脆刮[tɕʰy³³kuɛʔ³³]东西易脆 | 顺遂[ɕyə³²¹ɕy³³/¹]吉利 | 干慢[kẽ³³mẽ³³]优雅 | 叽掐[tɕi²¹kʰɛʔ³³/¹]做事、说话等不爽快、别扭 | 气力[tɕʰi³³niɪʔ³⁵/³]吃力 | 招报[tsɔ²¹pɔ³³]胡说 | 奶块[le²¹³kʰue³³/³]身材粗大、臃肿 | 老疆[lɔ²¹³tɕiã³³/³]容貌显老 | 亲厮[tɕʰi²¹sʅ²¹]动物对人做出亲昵的动作 | 懊恨[o³³xə̃³]后悔 | 躲懒[tɔ²¹³lẽ²¹³]偷懒 | 娇泱[tɕiɔ²¹iã²¹]

---

① 指"舍得"，绍兴有"割舍[keʔ⁴⁵/³ so³³⁵/⁵⁵]"。郭沫若《蔡文姬》第二幕："不过她和左贤王是十二年的夫妻了，又有了儿女，一时难于割舍，也是人情之常呵！"

② 《清波杂志》："更休与他宰执理会，但自安排着。"

③ 速度快，《古今小说》第二卷："客人道：'便折十来两，也说不得，只要快当，轻松了身子，好走路。'"《钱秀才错占凤凰传》："合得我意，一言两决，可不快当。"也说"快大"。

娇气｜淡薄[tʰẽ²¹pʰaʔ³⁵ᐟ¹]关系疏远｜同照[tʰɔ̃³⁵tsɔ³³]一样｜厚实[xɤi²¹səʔ³⁵ᐟ¹]家具质量好或家底殷实｜讹络[o³⁵ᐟ²¹laʔ³³ᐟ¹]说话结巴，口齿不清｜厥扫[tɕyəʔ³³sɔ³³]老年人动作敏捷｜暴躁[pɔ³³tsɔ³³]老人有活力｜摸索[maʔ³⁵saʔ³³ᐟ⁵]做事慢吞吞的样子｜调适[tʰiɔ³⁵səʔ³³ᐟ⁵]舒适、心安｜闲落[ɕiẽ³⁵laʔ²¹ᐟ⁵]空闲｜讹稽[o³⁵ᐟ³³tɕi²¹]不守规则、反悔｜安逸[õ²¹iiʔ³³ᐟ¹]舒适｜粘和[nĩ³⁵xo³⁵ᐟ⁵]粘稠｜富足[fu³³tsɔʔ³³]东西结实、牢靠｜脆粉[tɕʰy³³pɔ̃²¹³ᐟ³]东西脆性强｜少大[sɔ³³ta³³]速度快

4. 联合式副词

横竖[ɔ̃³⁵su²¹]｜容者[iɔ̃³⁵tsɛ²¹³]平常｜共总ᵣ[kɔ̃³³tsɔɹ²¹³]｜拢总ᵣ[lɔ̃³⁵tsɔɹ²¹³]｜早晚[tsɔ²¹³vẽ²¹³]/早晏[tsæ⁵²E⁵²³ᐟ²¹]｜好丑[xɔ²¹³tsʰɤi²¹³]好歹｜赅派[ke²¹pʰe³³]应该。

（四）述补式

1. 述补式动词

拿稳[na³⁵və̃²¹³]以为｜作死[tsaʔ³³sɿ²¹³]｜看破[kʰõ³³pʰo³³]

2. 述补式形容词

验细[i²¹ɕi³³]仔细｜占强[tɕi²¹ᐟ³³tɕʰia³⁵]好胜、倔强

3. 述补式副词

少点ᵣ[sɔ³³tiəɹ²¹³]赶快｜掼掉[kʰuẽ²¹tiɔ¹]

（五）主谓式

1. 主谓式名词

肖属[sɔ³³sɔʔ³³]属相｜笊漏ᵣ[tsɔ²¹³ləɹ²¹]笊篱｜血照[ɕioʔ³³tsɔ³³]胶卷儿底片｜膀拐ᵣ[pã²¹³kueɹ²¹³]胳膊肘｜家生[ka²¹sã²¹]①

2. 主谓式动词

大夜[tʰi²¹ia²¹]天黑｜家来[ka²¹le³⁵ᐟ¹]回家｜家去[ka²¹tɕʰy³³ᐟ¹]回去｜醋叹[tsʰu³³tʰẽ³³]忌讳｜猴急[xɤi³⁵tɕiiʔ³³ᐟ⁵]内心愧惜、舍不得｜欲着[iɔ³⁵ tsʰa³⁵]

"眼黑"在泰如话中是一个主谓式短语，苏州话的"眼黑[ŋE³¹ᐟ¹³ həʔ⁵⁵]"指"黑眼珠ᵣ"，是偏正型复合词。

3. 主谓式形容词

臆怪[i³³kue³³ᐟ³]｜眼热[ŋẽ²¹³ziiʔ³⁵ᐟ³]｜心焦[ɕi²¹tɕiɔ²¹]孤独｜肉嘟[zɔʔ³⁵toʔ³³ᐟ⁵]肉丰满、饱满｜脸短[nĩ²¹³tõ²¹³]心眼小，放不下面子｜汤野[tʰã²¹ia²¹³]锅中汤量偏大｜肉疼[zɔʔ³⁵tʰə̃³⁵]内心愧惜、舍不得｜锋快[fɔ̃²¹kʰue³³]锋利｜木足[mɔʔ³⁵tsɔʔ³³ᐟ⁵]思想麻木｜觉睡[kɔ³³ɕyɤi³³ᐟ³]睡眠足、嗜睡｜风凉[fɔ̃²¹nia³⁵ᐟ¹]凉快｜神精[sə̃³⁵tɕi²¹]小孩聪明伶俐

---

① "器具的总称"，一般见于老年人的口语中，同上海话的发音，是近代汉语的遗留，（宋）吴自牧《梦梁录·诸色杂货》："家生动事，如桌、凳、凉床、交椅。"《古今小说·沈小官一鸟害七命》："二人收了，作别回家，便造房屋，买农具家生。"

二 多重组合的复合词

(一) 首层为偏正式的多重复合词

1. 偏正/偏正式

汽锅儿水[tɕhi33kor21/33ɕyɣi213]水蒸气 | 满心菜儿[mõ213/21ɕi21tshɚ33] | 韭菜芽[tɕio213tshe33ŋa35] | 私塾馆儿[sɿ21sɔʔ33/1kor213]私塾先生 | 牛屌筋[ŋɣi35tio213tɕi21]过于固执、不通情理的人 | 邻宅家[n̴i35tshaʔ35kaʔ1/5]邻居 | 蜡壳儿球[lɛʔ35khar33/5tɕhio35]乒乓球 | 雀卵儿斑[tɕiaʔ33lor213/3pẽ21]雀斑 | 三十夜[sẽ21sɔʔ35/1ia21]除夕 | 豁耙齿[xɔʔ33pha35/5tshɿ213]豁门牙 | 零头儿食[n̴i35thɚ35sɔʔ35]零食 | 钢丝车儿[kã21sɿ21tshar21]自行车 | 膏药糍[kɔ21iaʔ35/1tshɿ21]膏药 | 阴丝天[i21sɿ21thĩ21]极阴的天气 | 温汤烟儿[mõ21hã21iər21]水微温 | 宝卵灯[pɔ213lõ213/3tɚ21]心肝宝贝,有嘲谑义 | 软黄蛋[zõ213xuã35/5thɛ21]表壳尚未成形的蛋 | 新趟市[ɕi21hã33/1sɿ21]新上市的稀奇物品 | 薄皮材儿[phaʔ35phi35tshɚ35]老派称棺材 | 黑板擦儿[xəʔ33pẽ213/33thɚ33]/揩粉板[kha55fən51/33pE51/21] | 肉馒手[zɔʔ35/1mõ35/1sɿi213]肉多丰满的手 | 名分讲[mĩ35õ35tɕiã213]名头 | 亲家母[tɕhi21/33kaʔ1/3mo213/1] | 酱水肉[tɕiã21ɕyɣi213/3zɔʔ35] | 多日个[tɔ21(z̩)ɿɿʔ33/213kɔ33/3]什么时候 | 这日个[tsa33(z̩)ɿɿʔ33/3kɔ33/3]这时 | 白日撞[phɔʔ35/21ziʔ33/1tɕhyã33]白天行窃的人 | 少年人[sɔ33n̴i35/3zõ35]年轻人 | 老实墩儿[lɔ213səʔ35/3tər21]老实可欺的人 | 这条号[tsa33thio35/33xɔ21]这件事 | 砖茅草[tsõ21mɔ35/1tshɔ213]过去半瓦半草的一种房屋样式 | 瘦半档儿[sɿi33põ33tar21]身材太瘦的小孩儿 | 阴八监[i21pɛʔ33tɕiɛ21]极其阴险的人 | 毛地鳖[mɔ35tɕhi21piɿ33]蝎蛇的一种 | 麻苍蝇[ma35tshã21ɿ213] | 三池蛙[sɛ21tshɿ35/1ve21]一种大肚的蛙类 | 老古板[lɔ213ku213pẽ213]固执、保守的人 | 簇崭新[tshɔʔ33tsɛ213/3ɕi213] | 臭瘟贼[tshɣi33vã21ə21/35]骂男人的俚语 | 臭狐臊[tshɣi35fu35sɔ21]骂有狐臭人的俚语 | 不好过[pəʔ33xɔ213kɔ33]生病 | 猛一瞪[mõ213iʔ35/21ɿ35]乍一看 | 猴儿把戏[xər35pa213ɕi33/3]猴子表演的杂技 | 野牲事[ia213sɚ21sɿ21]野兽 | 麻胡椒[ma35fu35tɕio21]辣椒 | 大老口[ta21lɔ213xue35]体型硕大的物体 | 没相干[məʔ35ɕiã21/35kõ21/213]捕风捉影的事

2. 偏正/述宾

牛掩眼[ŋɣi35õ213ɿ̃213]牛眼睛 | 蛮搅草[mɛ35kɔ213tshɔ213]纠缠、不讲理的人,多指女人 | 不少债[pəʔ33sɔ213tse33]贬指只顾自己、不顾家庭、挥霍无度的人或行为,佛教称此人今生不用还债,因为前生不少债 | 家织布[kaʔ1tsɔʔ33/1pu33] | 不值事[pəʔ33tshəʔ33/1sɿ21]不当一回事 | 冰阵人[pĩ21sh̃21zõ35]刺骨的寒冷 | 前夹心[tɕhi35kɛʔ33/5ɕi21]猪的夹心肉 | 不分门儿[pəʔ33fɚ21mər35]不分明 | 不谐意[pəʔ33tɕhiaʔ35i33]不小心 | 不过意[pəʔ33kɔ33i33]心里过不去 | 活遭罪[oʔ35tsɔ21tɕhy21] | 不出趟[pəʔ33tɕhyəʔ33thã33]不大方 | 呆入口[te21zəʔ35xɣi35]傻瓜,有时作昵称 | 细拉宝儿[ɕi33la35pɔr213]骂小孩的俚语,有时有亲昵义 | 不爱好[pəʔ33ŋe33xɔ21]不注意爱惜身体或保持卫生 | 活招口[oʔ35tsɔ21pɔ33]喻胡说八道 | 放屁虫儿[fã33phi33tshɔr35] | 丝鱼网[sɿ21y35/1uã213] | 拉尿宝儿

[la³⁵ɕʅ²¹/⁵pɔr²¹³]｜支食宝儿[tsʅ²¹sə?³⁵/¹pɔr²¹³]｜讨债鬼[tʰɔ²¹³tse³³kuɤi²¹³]｜催生婆儿[tɕʰy²¹sɒ̃²¹pʰor³⁵]过去接生的妇人｜对头星[tɕy³³tʰɤi³⁵/³ɕĩ²¹]死对头｜秀顶光[ɕio³⁵fĩ²¹³kuã²¹]秃顶｜扠鱼鳖儿[tsʰa²¹y³⁵/¹uar³³]鸬鹚｜交门亲[tɕio²¹mɒ̃³⁵/¹tɕʰĩ²¹]换亲｜留级宝儿[lɤi³⁵tɕiʅ³³/⁵pɔr²¹³]谑指留级的学生｜摇头儿瘟[io³⁵tʰər³⁵vɒ̃²¹]老派指脑膜炎｜烧锅草[sɔ²¹kɔ²¹tsʰɔ²¹³]柴禾｜拉屎星[la³⁵sʅ²¹³/⁵ɕĩ²¹]流星｜抬头纹[tʰe³⁵tʰɤi³⁵/³vɒ̃³⁵]额上的皱纹｜落雨天[la³⁵/y²¹³/¹tʰĩ²¹]｜作气胎[tsa?³³tɕʰi³³tʰe²¹]生气的根源，常用于指家庭内部某成员行为不端，惹人生气。｜守岁钱[sɤi²¹³（ɕ）y³³/tɕʰĩ³⁵]压岁钱｜掉人牛[tio²¹zɒ̃³⁵/¹ŋɤi³⁵]｜无事忙[vu³⁵sʅ²¹/⁵mã³⁵]谑指整日忙个不停但又没有多少结果｜没价还[mə?³⁵tɕia³³xuɛ̃²¹]一定、不说二话｜偷人精[tʰɤi²¹zɒ̃³⁵/¹tɕĩ²¹]淫荡的女人｜漾油蛋[ia³³/²¹³io³⁵/³tʰɛ̃²¹]水铺蛋｜踏脚裤儿[tʰɛ²¹/³⁵tɕia?³⁵/¹kʰur³³]踩脚裤｜开门封[kʰe²¹mɒ̃³⁵/¹fɒ̃²¹]旧俗男方到女方迎娶时，女家紧闭大门，男方须给女方封好的钱，也叫开门探帘。

3. 偏正/联合

冒碌公[mɔ²¹lɔ?³³/¹kɔ̃²¹]平时寡言少语、但常出其不意地做出让人咋舌的事情的人｜爷娘家[ia³⁵ȵiã³³ka²¹/⁵]娘家｜这早晚[tsa³³tsɔ²¹/³vɛ̃²¹³/²¹]这一时辰｜装颈项[tɕya²¹³tɕĩ²¹³kã²¹³]人脖子病｜嗄喉咙[sa³³xɤi³⁵/²¹³lɒ̃³⁵/²¹³]嘶哑的喉咙｜白老大[pʰɔ?³⁵/¹lɔ²¹³/¹ta²¹/³³]白食｜净大光[tɕʰĩ²¹ta²¹kuã²¹]喻空空如也｜没答撒[mə?³⁵tɛ?³³sɛ?³³]没出息｜洋咳嗽[iã³⁵kʰɔ?³³sɤi³³]假装咳嗽｜前后屋[tɕʰĩ³⁵xɤi²¹?³³]｜安乐菜[õ²¹la³³/¹tsʰe³³]豌豆苗｜烧腊雀儿[sɔ²¹lɛ?³⁵/¹tɕiar³³]｜不安逸[pə?³³õ²¹ii²¹/³³/¹]指生病

4. 偏正/主谓

风扳柳[fɒ̃²¹pɛ̃²¹lɤi²¹³]喻女性似风中柳丝摇摆不定,举止不庄重｜人来疯[zɒ̃³⁵le³⁵fɒ̃²¹]小孩在家里有外人来后表现得异常兴奋，不守规矩｜油炸干儿[io³⁵sɛ?³³kor²¹]油豆腐干｜脚踏车[tɕia?³³tʰɛ?³³tsʰa²¹]自行车｜麦干雀儿[mɔ?³⁵kõ²¹/⁵tɕiar³³]布谷鸟

5. 偏正/附加

亮月子[lɛ?³⁵ɥʅ³³/¹tsʅ²¹³]月亮｜新娘子[ɕĩ²¹ȵiã³⁵/¹tsʅ²¹³/¹]新娘｜好耍子[xɔ²¹³ɕya²¹³tsʅ³]好玩儿｜肉胖了[zu?³⁵pʰã³³tsʅ³]｜老酵饼儿[lɔ²¹³kɔ³³piər²¹³]｜膝头盘儿[tɕʰii?³³tʰɤi³⁵/³pʰor³⁵]膝盖

6. 偏正/联合

心口塘儿[ɕĩ²¹kʰɤi²¹³/¹tʰar³⁵]心口｜沟岸草[kɤi²¹õ²¹tsʰɔ²¹³]固岸草｜松紧带儿[sɒ̃²¹tɕĩ²¹³/¹ter³³]｜半大天[põ³³ta²¹/³¹tʰĩ²¹]指时间长久，有不耐烦之义。｜焦口气[tɕiɔ²¹ŋa²¹tɕʰi³³/¹]焦味

（二）首层为非偏正式的多重复合词

1. 述宾/偏正

看人家[kʰõ³³zɒ̃³⁵ka²¹/⁵]女家暗访之后，正式有媒人陪同到男家看望｜烧撞月[sɔ²¹tɕʰya²¹io?³⁵/¹]人死后三年孝期内，每个月逢忌日祭祀｜起天色[tɕʰi²¹³tʰĩ²¹sə?³³]夏天天空由晴转阴｜赶乡期[kõ²¹³ɕiã²¹tɕʰi²¹]赶集｜把人家[pa²¹³zɒ̃³⁵ka²¹/⁵]嫁人｜吃现成[tɕʰiə?³³ɕĩ²¹tsʰɒ̃³⁵]｜卖

痴眼儿[me²¹tsʰ¹²¹ŋer²¹³]无目的地看｜丢惶相[tɤi²¹xuã³⁵ɕiã⁵⁵]丢面子｜绝后代[tɕʰioʔ³⁵xɤi²¹ʔ⁵/tʰe²¹]贬指无后代的人｜丢少怪[tɤi²¹sɔ²¹³/¹kue³³]少见多怪｜霍热闪[uaʔ³⁵zjiʔ³⁵ɕĩ²¹³]盛夏闷热的夜晚天空不时出现的闪电｜放烧火儿[fã³³sɔ²¹xor²¹³]过去元宵习俗之一｜打莲花[ta²¹³lɤi³⁵xua²¹]打莲花落｜吃大劲 [tɕʰiəʔ³³ta²¹tɕĩ³³]费很大劲｜露天杠[lu²¹tʰĩ²¹kã³³]彩虹｜机细食[tɕiɕi³³sɔʔ³⁵/²¹³]加工猪饲料｜夯工夫[xã²¹kɔ²¹fu²¹]浪费时间｜看门口[kʰɔ̃²¹mə̃³⁵kʰɤi²¹³]看门｜丧马叉[sã²¹ma²¹³tsʰa²¹]骂男人的俚语｜耷淡话[ta²¹³tʰẽ²¹xua²¹]漫谈、常指说三不四的话。同说淡话。｜屙倒圈[oʔ²¹tɔ³³tɕʰiõ²¹]猪在睡觉的地方拉撒｜拉呆话[lɛʔ³⁵teʔ²¹xua²¹]讲与色情有关的话｜送财神[sɔ̃³³tsʰe³⁵sə̃³⁵/⁵]正月里一些人捧着财神像到人家门上供奉、说些吉利话以求得施舍。｜短斤两[tɔ̃²¹³tɕĩ²¹ɲiã²¹³]短少两｜倒困仓[tɔ³³kʰuã²¹³tsʰã²¹]同屙倒圈，猪在睡觉的地方拉撒｜过时候[kɔ³³sɿ³⁵xɤi³³/⁵]过节日｜没多刻儿[məʔ³⁵tɔ²¹kʰər²¹/²¹³]没多长时间｜难为情[nẽ³⁵vɤi³⁵tɕʰĩ³⁵]害羞｜折人情[tɕii³³zə̃³⁵tɕʰĩ³⁵]送礼金｜惹韶刀[za²¹sɔ³⁵tɔ²¹]惹纠纷｜说浊话[sɔʔ³³tɕʰya³⁵xua²¹]说狠话｜吃血色[tɕʰiəʔ³³ɕioʔ³⁵sə̃²¹]喻受贿｜扠蛆卵儿[tsʰa²¹tɕʰy²¹lor²¹³]骂鸡鸭等的俚语｜入死泊[zəʔ³⁵sɿ²¹³pʰaʔ³³]说大话｜做夜作[tsɔ³³ia²¹tsaʔ³³]/磨夜作[mo¹³ia⁵¹³/⁵⁵tsɔʔ⁵⁵/³³]｜作天性[tsaʔ³³tʰĩ²¹ɕĩ³³]由于自然的原因，动物发生异常的行为｜有心事[io²¹³ɕi²¹sɿ²¹]担心/上心事[zã³¹/¹³sin⁵⁵/³³zɿ³¹/²¹]｜说淡话[sɔʔ³³tʰẽ²¹xua²¹]/夹嘴舌[ka⁵⁵tsy⁵¹zə̃³³/³]｜交生日[tɕiɔ²¹sã²¹zjiʔ³³/²¹]婚后第一年女方向男方交代生日｜吃活食[tɕʰiəʔ³³oʔ³⁵sə̃²¹]捞外块｜化血汤儿[xua³³ɕioʔ³⁵tʰar²¹]便血，也作骂人的俚语｜惹麻雀儿[za²¹³ma³⁵tɕiar³³/²¹³]染霍乱｜除夜啼[tsʰu⁵³ia²¹tɕʰi³⁵]｜拾小皮儿[səʔ³⁵ɕio²¹³pʰiər³⁵]贪小便宜｜化家堂[xua³³ka²¹tʰã³⁵/¹]七期中，丧家以纸、柴扎成家堂焚化｜站水碗[tsẽ³³ɕyɤi²¹³õ²¹³]一种驱鬼求安的旧俗，以筷子在水中倒立以卜吉凶。｜吵混汤[tsʰɔ²¹³xuã³⁵tʰã²¹]乱作一团｜说古言[sɔʔ³³kuʔ²¹³ĩ³⁵]谈论陈年旧事

2. 述宾/附加

裹鸭子[kɔ²¹³ɛʔ³³tsɿ³]如皋喻裹挟别人的东西｜翻把头[fẽ²¹pa³³tʰɤi³⁵/³]过分追求新奇，常喻出风头｜骂泊头[ma²¹pʰaʔ³³tʰɤi³]骂人，也指赌咒｜嫖妈妈儿[pʰe³⁵ma²¹/²¹³mar²¹/³]①｜说合子[sɔʔ³³kɔʔ³³tsɿ³]也叫说富贵，指说顺口溜式的吉祥话｜带身上[te³³sə̃²¹sã²¹]/拖身体[tʰəu⁵⁵sən⁵⁵/³³tʰi⁵¹/²¹]怀孕｜泻肚子[ɕia³³tu²¹³tsɿ³]/肚皮惹[dəu³¹/¹³bi¹³/³³za³¹/²¹]｜搭肩头[tɛʔ³³tɕĩ²¹tʰɤi³⁵/²¹³]勾肩搭背

3. 述宾/主谓

打虎跳[ta²¹³fu²¹³tʰio³³]｜趁脚跷[tsʰə̃³³tɕia²¹³tɕʰio²¹]顺势、趁便｜打枪毙[ta²¹³tɕʰiã²¹pɤi³³]骂男人的俚语｜鬼画符[kuɤi²¹³xua²¹fu³⁵]喻写字潦草难懂｜没监坐[məʔ³⁵tɕiẽ²¹tsʰo²¹]喻浪费时间、白费劲｜失火烧[səʔ³³xo²¹³sɔ²¹]失火

4. 述宾/联合

跑采购[pʰɔ³⁵tsʰe²¹³kɤi³³]指经济改革之初从事的商业活动｜作嚎啕[tsaʔ³³xɔ³⁵tʰɔ³⁵/⁵]小孩撒

---

① 在海安方言中，"嫖妈妈儿"常说成"排妈妈儿"，大概因为"嫖"是个不太好听的字眼，因而就用音近的"排"来替代，属委婉的一种修辞手法。

泼、闹别扭 | 捉王二[tɕyaʔ33uã35ər21]欺骗、蒙骗 | 兜少怪[tʂɿ21sɔ213/1kue33]少见多怪 | 打嚎号儿[ta213xɔ35xɔr21/213]鼓噪 | 打去便[ta213tɕʰy33pĩ33]打喷嚏 | 做圆安[tsɔ33iõ35ɛ̃21]打圆场 | 有门户[io213mə̃35fu21/5]狐臭的讳称 | 打绍喻[ta213sɔ35y33/5]打手势

5. 动补/动补
睡住头[xɤi35sə33/5tʰʂɿ35/213]睡一头 | 住住块儿[tsʰu21saʔ33/1kʰuer33/213]住一块儿

6. 动补/动宾
气煞猫儿[tɕʰi33sɛʔ33mɔr35]一种有盖子的细篾竹篮

7. 述宾/述宾
到临了[tɔ33nĩ35liɔ213]到最后

8. 述补/偏正
惶不起[xuã35pəʔ33tɕʰi213]拒绝不了 | 做不攀[tsɔ33pəʔ33pʰɛ̃21]来不及做

9. 主谓/述宾
吃心大[tɕʰiə33ɕĩ21/3ta21]贪心不足 | 清大清[tɕʰi21ta21tɕʰi21]全部计算在内 | 油煤干儿[io35sɛʔ35kɔr21] | 先不先[ɕi21pəʔ33ɕi21]首先/先勿先[sɿ55fəʔ55sɿ55/21] | 笃定笃[tɔʔ33fi21tɔʔ33]非常笃定 | 精高精[tɕi21kɔ21tɕi21/3]很有兴趣 | 人见人[zə̃35tɕĩ33zə̃35]做人不胆怯、大方 | 空大空[kʰɔ̃21ta21kʰɔ̃21]空空如也

10. 主谓/附加
上头全[sã21tʰʂɿ35/1tɕʰiõ35]开面礼中所必备的胭脂、花粉、红绳、金花等

三 语音变调与复合词的结构差异

语音与复合词的语法结构之间存在着非常密切的关系，语音的停顿、高低、强弱等的不同会直接影响到对词语语法结构的切分。吴语的连读变调现象非常突出，不光是后字变，前字也经常发生变化，在区别复音词的过程中发挥着重要的作用，有些字组读紧式变调与松式变调意义不同，如苏州话"过分"读松式变调[kəu523/51vən731]时是短语："做事体勿过分"；读紧式变调[kəu523/51vən523]是副词："吃得过分饱弗好"；苏州话的"盖头"，采用单字本调[kɛ523dei23]时是动宾短语；采用连调式[kɛ523/44dei23/21]时是词，相当于"盖儿"。吴语中的轻声完全按声调连读的组合规律出现，带有一定的强迫性。语音词的声调有延伸性，即二音节、三音节、四音节的语音词，只要格式相同，它们的声调曲线也基本一致，扩展为多音节的语音词时一般第二个音节要重读，轻声推移到后头的音节上去，同时音高也有逐步下降的趋势。泰如话的轻声模式与吴语类似，即前字决定后字的音高，轻声语音词中前字的重读声调已超越了音节间的界限，把轻声后字也包容在其声调曲线的范围内，因而轻声只是这一曲线的一个组成部分，其音高当然也就是这一曲线的末尾音高。轻声音节失去了独立性，附着在前一个重读的音节上，两者

结合得非常紧密，如语法性的后附"的"在泰如话中的读音：

后 的 [xɣi²¹tiɪʔ‾³³/¹] ｜ 前 的 [tɕʰi³⁵tiɪʔ‾³³/⁵] ｜ 我 的 [ŋo²¹³ tiɪʔ‾³³/³] ｜ 做 的 [tso³³tiɪʔ‾³³/³] ｜吃的[tɕʰiəʔ³³tiɪʔ‾³³/³]｜绿的[loʔ³⁵tiɪʔ‾³³/⁵]

对比苏州话的"我葛"，不采用单字调[ŋou²³¹kə⁵⁵]，而采用连调式 [ŋou²³¹/²³kə⁵⁵/²¹]。

语音上的这种连读有时会打破语法结构的限制：泰如话中"毛仓纸[mɔ³⁵ tsʰã²¹/⁵ tsɿ²¹³]草纸"与"白米粥[pʰɔʔ‾³⁵/¹mi²¹³/¹tsɔʔ‾³³]"都是三音节复合词，但内部结构不同，"毛仓[mɔ³⁵tsʰã²¹]"是一个词，"米粥[mi²¹³tsɔʔ‾³³]"是一个词，"白米粥"不是"白米"煮的粥，而是里面不添加菜、豆子之类杂粮煮成的大米粥，"米"、"仓"受前字的影响一律变调为轻声，姜堰有一地名"白米"，念[pʰɔʔ‾³⁵/¹mi²¹³]，用来区别颜色的"白米"、"黑米"中的"白米"在口语中不变调，念"[pʰɔʔ‾³⁵mi²¹³]"，也说"白的米"，前者是词，后者是短语。"老大"、"指甲"，作为双音节词分别读[lɔ²¹³ta²¹/³]、[tsɿ²¹³kʰɛʔ‾³³/²¹³]，在"白老大白大"、"指甲白子指甲白"中则分别念[pʰɔʔ‾³⁵/¹lɔ²¹³/¹ta²¹/³³]、[tsɿ²¹³kʰɛʔ‾²¹³/³pʰɔʔ‾³⁵tsɿ⁵]，"老"、"甲"都随前字而变读轻声，与吴语变调规则有相同处，进一步的例子还如：

苍蝇拍子[tsʰã²¹/¹pʰɔʔ‾³³tsɿ³]｜萝卜干儿[lo³⁵pɔʔ‾³³/⁵koɹ²¹]｜芋头牙子[y²¹tʰɣi³⁵/¹ ŋa³⁵tsɿ⁵]｜大麦粥[ta²¹mɔʔ²¹tsɔʔ‾³³]｜扁食皮子[pĩ²¹³səʔ³⁵/³pʰi³⁵tsɿ⁵]｜麻雀儿窠[ma³⁵tɕiaɹ³³/⁵kʰo²¹]｜癞膊儿丫头[lɛʔ³⁵paɹ²¹³/⁵ŋa²¹tʰɣi¹]

连读变调是一个十分复杂的问题，在南方方言中显得尤为突出，泰如话的连读变调尚没有进行全面彻底的研究。本节重点描述轻声和213变调在泰如话复合构词中的作用，就泰如话和吴语中存在的复合词前轻声现象作一对比。

（一）轻声在泰如话复合构词中的作用

北京话中，轻声音高可看作声调终点的延伸，泰如方言有阴平、阳平、上声、去声、阴入、阳入六个声调，轻声的实际读音受前字调的影响较大，一般也可以看作前字声调的延伸，但据王韫佳（1998），海安话的轻声时长"可能达到非轻声的70%左右"，严格说来谈不上是"轻声"了，我们还是按五度制的标音，把泰如话轻声标为低[1]、中[3]、高[5]三个点音高。以下先就海安点的情形，分类列举一些例子：

1. 前字为阴平、阳平，本字调为阴平、阳平、去声、阴入、阳入时，轻声字读低轻调[1]。

11[21 21/1]阴家[ĩka]看阴阳的人｜乡期[ɕiãtɕʰi]农村的集市｜公家[kõtɕia]｜机匠[tɕitɕʰiã]过去指专门织布的人｜庄稼[tɕyãka]｜自家[sɿka]

12[21 35/1]姑娘[kuɲiã]｜家来[kale]｜招牌[tsɔpʰe]｜伤寒[sã²¹xõ]｜棺材[kõtsʰe]｜周年[tsɣiɲĩ]｜跟前[kõtɕʰi]｜上来[sãle]｜丈人[tsʰãzə̃]｜大娘

[taȵiã]大姑母、大姊

13[21　213/1]尸首[sʅsʏi]尸体｜欢喜[xoɕi]喜欢｜丈母[tsʰɑmo]

14[21　33/1]家去[katɕʰy]｜商议[sāi]｜西境[ɕitɕī]｜用处[iɔtsʰu]｜腥气[ɕĩtɕʰi]｜方便[fãpī]｜精算[tɕīsɔ̃]聪明｜嫩气[lɔ̃tɕʰi]年轻｜寿器[sʏitɕʰi]棺材的褒称｜干净[kɔ̃tɕī]｜道士[tʰɔsʅ]｜下去[xatɕʰy]｜妹婿[miɕy]

15[21　ʔ33/1]阴历[iȵiɪ]｜兜答[tʏitɛ]｜认得[zə̃tə]｜方法[fãfɛ]｜资格[tsʅkə]亲戚[tɕʰitɕʰi]｜安逸[õiɪ]｜利息[ȵiɕiɪ]

16[21　ʔ35/1]中学[tsɔ̃ɕia]｜三十[sẽsə]｜收拾[sʏisə]｜厚实[xʏisə]｜葱叶儿[tsʰɔ̃ iər]

[33/21　ʔ35/1]正月[tsɔ̃io]

22[35　35/1]田螺[tʰĩlo]｜常时[tsʰãsʅ]｜鳑鲏儿[pʰãpʰiər]

32[213　35/1]晚茶[vẽtʰa]下午茶

2. 前字调为上声、去声、阴入，本字调为阴平、阳平、上声、阴入、阳入时，读中降调[3]。

31[213　21/3]补丁[pufi]｜舞叉[vutsʰa]睡觉姿势不好｜小乖[ɕiɔkuɛ]｜姊妹[tsʅmi]｜表兄[piɔɕiɔ̃]｜喜欢[ɕixɔ̃]｜祖宗[tsutsɔ̃]｜讲究[tɕiãtɕio]｜早曦[tsɔɕi]｜保煨[pɔvʏi]

32[213　35/3]老婆[lɔpʰo]｜本钱[pɔ̃tɕʰi]｜死沉[sʅtsʰɔ̃]｜倒头[tɔtʰʏi]｜野蛮[iamẽ]

33[213　213/3]小伙[ɕiɔxo]｜耳朵[ətə]｜敞慨[tsʰãkʰe]大方｜点把[fipa]

34[213　33/3]打算[tasɔ̃]｜女将[ȵyiã]｜反正[tetsə̃]｜爽快[ɕyãkʰue]｜访到[fã tɔ]｜伙计[xo²¹³tɕi³³/³]｜脸个儿[ȵikor]五官、长相

35[213　ʔ33/3]喜鹊[ɕitɕia]①｜晓得[ɕiotə]｜眼角[ŋẽka]｜祖国[tsukɔ]｜往日[uãziɪ]

36[213　ʔ35/3]伙食[xosə]｜软熟[zɔ̃so]软而恰到好处｜眼热[ŋẽziɪ]喻眼红、嫉妒｜理拾[ȵisə]料理｜小学[ɕiɔɕia]｜扁食[pĩsə]

41[33　21/3]意思[isʅ]｜店面[fĩmĩ]｜漂亮[pʰiɔȵiã]｜相公[ɕiãkɔ̃]/[ɕiãkɔ̃²¹³]｜晃荡[xuãtã]｜化尚[xuãsã]整天拈花惹草、不务正业的人

42[33　35/3]犯人[fẽzə̃]｜应酬[itsʰʏi]｜赛如[sezu]如同｜倒词[tɔsʅ]倒过来数落｜较量[tɕiɔȵiã]｜这头[tsatʰʏi]这边｜算盘[sɔpʰɔ̃]｜少年[sɔȵi]｜兆头[tsɔtʰʏi]

43[33　213/3]计较[tɕitɕiɔ]｜焰口[ikʰʏi]

44[33　33/3]犯气[fẽtɕʰi]能干、争气

45[33　ʔ33/3]秘密[pimiɪ]｜著作[tsutsa]｜创业[tɕʰyãiɪ]｜练习[ȵiɕiɪ]｜告作[kɔtsa]

---

① "喜鹊"的"鹊"也有人读作送气，即[ɕitɕʰiaʔ³³]，或变调读"[ɕi²¹³tɕiaʔ³³/²¹³]"。

46[ʔ33　ʔ35/3]倒熟[tɔsɔ]重复过去的旧话
52[ʔ33　35/3]祟头ㄦ[ɕyətʰər]老谋深算的人
54[ʔ33　21/3]作用[tsaiɔ̃] | 作兴[tsaɕĩ] | 畜牲[tsʰɔsə̃] | 识相[səɕiã] | 作料[tsa liɔ] | 一当[iɪtã]
55[ʔ33　ʔ33/3]赤膊[tsʰəpa] | 格局[kətɕiɔ]衣着、举止非同一般 | 剥削[paɕiɔ] | 答撒[tɛsɛ] | 出息[tɕʰyəɕiɪ] | 压迫[ŋɛpʰɔ]
56[ʔ33　ʔ35/3]百日[pɔzɪɪ] | 血肉[ɕiozɔ] | 出席[tɕʰyəɕiɪ] | 吃食[tɕʰiəsə] | 一十[iɪsə] | 一直[iɪtsʰə]

3. 前字调为阳平、阳入，本字调为阴平、阳平、上声，去声、阳入时，读高调[5]。

21[35　21/5]婆家[pʰoka] | 人家[zə̃ka] | 韶刀[sɔtɔ]啰嗦，常比喻麻烦的事情，如"惹韶刀"。 | 郎中[lãtsɔ̃]民间中医 | 奴婢[nopʰi] | 门户[mɔ̃fu]
22[35　35/5]年载[n̪ĩtsʰe]年数 | 裁缝[tsʰefɔ̃35/5]从事缝纫工作的人 | 爷爷[iaia]叔叔 | 孃孃[n̪iãn̪iã]姑母、婶娘 | 粘和[n̪ixo]黏黏的恰到好处
23[35　213/5]朋友[pʰɔ̃io] | 房子[fãtsɿ] | 年把[n̪ipa] | 瘸子[tɕʰyatsɿ] | 牙子[ŋatsɿ]
24[35　33/5]情况[tɕʰikʰuã] | 惬意[ɕiai] | 嚎啕[xɔtʰɔ] | 除疑[tsʰui] | 盘程[pʰɔ̃tsʰə̃] | 和尚[xosã] | 勤力[tɕʰin̪iɪ] | 凉快[n̪iãkʰue] | 群众[tɕʰyɔ̃tsɔ̃] | 容易[iɔi] | 程度[tsʰə̃tu] | 讹错[otsʰo] | 头绪[tʰʁiɕy]①
25[35　ʔ33/5]颜色[ŋɛ̃sə] | 菩萨[pʰusɛ] | 时节[sɿtɕiɪ] | 回禄[xuʁilɔ]火灾的讳称 | 猴急[xʁitɕiɪ]惋惜、忧虑 | 麻木[mamɔ] | 形式[ɕisə] | 时刻[sɿkʰə] | 黄历[xuãn̪iɪ] | 闲落[xɛ̃laʔ]悠闲、空闲 | 荣业[iɔ̃iɪ]职业 | 调适[tʰiɔsə]身体舒适
61[ʔ35　21/5]学生[ɕiasə̃] | 昨朝[tsʰatɔ] | 落地[latɕʰi] | 学问[ɕiavə̃]
62[ʔ35　35/5]热嘈[ziɪtsʰɔ]热闹 | 习时[ɕiɪsɿ]流行 | 热情[ziɪtɕʰĩ]
63[ʔ35　213/5]袜子[vɛtsɿ] | 热火[ziɪxo]天气热 | 笛子[tʰiɪtsɿ] | 膜子[matsɿ]
64[ʔ35　33/5]力气[n̪iɪtɕʰi] | 局气[tɕʰiɔtɕʰi]运气 | 拙絮[tsʰoɕy]繁杂 | 实在[sətse] | 活计[otɕʰi]活儿
65[ʔ35　ʔ33/5]活泼[xopʰo] | 直接[tsʰətɕiɪ] | 值得[tsʰətə] | 活祟[oɕyə]指人灵活，也指食物有筋道。 | 邋遢[lɛtʰɛ] | 勒执[lətsə]固执
66[ʔ35　ʔ35/5]学学[ɕiaɕia] | 欲着[iɔtsʰa]渴望、有欲望。

4. 泰如话轻声与非轻声词语的结构比较

轻声可以区别意义，也能显示词语结构的不同，如"孤老[ku²¹lɔ²¹³]孤独年老之人"，是联合型复合词，"孤老[ku²¹lɔ²¹³/¹]男性姘头"，则是偏正型名词；"早晚"

---

① "头绪"一指事情的前因后果，如"不清头绪"；一指内容复杂多样，常指花费、消费等，如"现在养个伢ㄦ头绪大呢"。

指早上和晚上，是一个联合式的短语，也可以虚化为副词，如"他早晚要家来"，"早晚"音[tsɔ²¹³vɛ̃²¹³]；在"这早晚[tsa³³tsɔ²¹³/³vɛ̃²¹³/¹]"、"那早晚[lɔ³³tsɔ²¹³/³vɛ̃²¹³/¹]"中"晚"读轻声，指"这个时候"、"那个时候"，"早晚"成为一个复合词；"䭾肉[tsɛ̃²¹zɔʔ³⁵]剁肉"是动宾式短语，"䭾肉[tsɛ̃²¹zɔʔ³⁵/¹]肉元"是偏正式复合词，同样的如"老人[lɔ²¹³zɔ̃³⁵]人死的总讳说法"和"老人[lɔ²¹³zɔ̃³⁵/³]"，以下是类似语例的对比。

表 2—4　泰如话轻声与非轻声的读音差异对语法结构的影响比较

主谓型短语	主谓型复合词
眼热[ŋɛ̃²¹³zɿʔ³⁵]眼睛发热	眼热[ŋɛ̃²¹³zɿʔ³⁵/³]羡慕、嫉妒
肉嘟[zɔʔ³⁵tɔʔ³³]肉表面鼓起、肿胀	肉嘟[zɔʔ³⁵tɔʔ³³/³]肉乎乎的样子
偏正型短语	偏正型复合词
东家[tɔ̃²¹ka²¹]/东家的[tɔ̃²¹ka²¹/³tir¹/³]东邻人家	东家[tɔ̃²¹ka²¹/¹]股东、过去伙计对老板的称呼
热火[zɿʔ³⁵xo²¹³]热的火	热火[zɿʔ³⁵xo²¹³/⁵]天气炎热
黑心[xəʔ³³ɕĩ²¹]心脏的颜色，名词	黑心[xəʔ³³ɕĩ²¹/³]心地残忍，形容词
人事[zɔ̃³⁵sɿ²¹]人事义移	人事[zɔ̃³⁵sɿ²¹/¹]人情世故
大气[ta²¹tɕhi³⁴]空气	大气[ta²¹tɕhi³³/¹]慷慨大方
胎气[thɛ²¹tɕhi³³]	胎气[thɛ²¹tɕhi³³/¹]对人和善
死神[sɿ²¹³sɔ̃³⁵]	死神[sɿ²¹³sɔ̃³⁵]呆板
铜墙[thɔ̃³⁵tɕhiã³⁵]	铜匠[thɔ̃³⁵tɕhiã³⁵/⁵]
精子[tɕĩ²¹tsɿ²¹³]	金子[tɕĩ²¹tsɿ²¹³/¹]
老娘[lɔ²¹³niã³⁵]老母亲	老娘[lɔ²¹³niã³⁵/³]老婆的俚称
家事[tɕia²¹sɿ²¹]家中的事情	家私[tɕia²¹sɿ²¹/¹]家产
小火[ɕiɔ²¹³xo²¹³]小的火	小伙[ɕiɔ²¹³xo²¹³/³]男孩儿
假父[tɕia²¹³fu²¹]假的父亲	姐大[tɕia²¹³fu²¹/³]
这□①[tsaʔ³³ɕiã³⁵]这种样子	作相[tsaʔ³³ɕiã³⁵/³]饭菜、菜肴的种类
男将[nõ³⁵tɕiã³⁵]男性将军	男将[nõ³⁵ (tɕ) iã³⁵/⁵]男人
女将[n̠y¹³tɕiã³⁵]女性将军	女将[n̠y²¹³ (tɕ) ia³³/³]女人
老陈[lɔ²¹³tshɔ̃³⁵]	老成[lɔ²¹³tshɔ̃³⁵]大方、成熟
倒头[tɔ²¹³thɤi³⁵]头倒下　临断气	倒头[tɔ²¹³thɤi³⁵/³]饭之贬称
浇头[tɕiɔ²¹thɤi³⁵]拿水往头上倒	浇头[tɕiɔ²¹thɤi³⁵/¹]浇在面条上的菜肴油酱
落地[laʔ³⁵tɕhi²¹]落到地面	落地[laʔ³⁵tɕhi²¹/⁵]地方
吃脚[tɕhiə³³tɕia³³]	吃脚[tɕhiə³³tɕia³³/³]如皋指贪吃、爱吃的人
贩人[fɛ³³zɔ̃³⁵]贩卖人口	犯人[fɛ³³zɔ̃³⁵/³]
吓人[xəʔ³³zɔ̃³⁵]	黑人[xəʔ³³zɔ̃³⁵/³]
用人[iɔ̃²¹zɔ̃³⁵]	佣人[iɔ̃²¹zɔ̃³⁵/¹]
发绿[fɛʔ³³lɔʔ³⁵]	发禄[fɛʔ³³lɔʔ³³/³]生意兴旺
吃头[tɕhiə³³thɤi³⁵]	吃头[tɕhiə³³thɤi³⁵/³]吃的价值
复席[fɔʔ³³ɕii²¹]婚丧大事请两次各	复习[fɔʔ³³ɕii²¹/³]
上人[sã²¹zɔ̃³⁵]增加人手	上人[sã²¹zɔ̃³⁵/¹]家族长辈

---

① 疑为"这形象"的合音．

续表

动宾型短语	动宾型复合词
蹬脚[tə̃²¹tɕiaʔ³³]	登脚儿[tə̃²¹tɕiar³³]台阶
捣心[tɔ²¹³ɕi²¹]捣击心脏	倒心[tɔ²¹³ɕi²¹]骂东西的俚语
死人[sɿ²¹³zə̃³⁵]死了人或死的人	死人[sɿ²¹³zə̃³⁵/³]口头俚语
小铲[ɕiɔ²¹³tsʰɛ̃²¹³]打牌时的术语	小产[ɕiɔ²¹³tsʰɛ̃²¹³/³]流产
吃食[tɕʰiə³³sɔʔ³⁵]动物吃东西	吃食[tɕʰiə³³sɔʔ³⁵/⁵]吃的东西
做法[tso³³fɛʔ³³]巫师、道士等施行法术	做法[tso³³fɛʔ³³/³]做的方法
解职[tse²¹³tsəʔ³³]解除职务	宰执[tse²¹³tsəʔ³³/³]固执
裁缝[tsʰe³⁵fɔ³⁵]动词,指裁剪和缝纫	裁缝[tsʰe³⁵fɔ³⁵/³]从事缝纫工作的人

偏正型复合词	附加型复合词
天子[tʰɿ²¹tsɿ²¹³]皇帝	天子[tʰɿ²¹tsɿ²¹³/¹]同一天

联合型复合词	后附型复合词
多少[tɔ²¹sɔ²¹³]很多	多少[tɔ²¹sɔ²¹³/¹]询问数量、价格等
原子[iõ³⁵tsɿ²¹³]	圆子[iõ³⁵tsɿ²¹³/¹]汤圆
难过[lɛ̃³⁵ko³³]心里难受	拦过[lɛ̃³⁵ko³³/⁵]我帮他拦过车子的
富仁[fu³³zə̃³⁵]人名	富人[fu³³zə̃³⁵/³]
时刻[sɿ³⁵kʰəʔ³³]时时刻刻	时刻[sɿ³⁵kʰəʔ³⁵/⁵]时候
周年[tsɤi²¹nɯ̃³⁵]人名	周年[tsɤi²¹nɯ̃³⁵/¹]过周年
安乐[o²¹laʔ³³]安逸快乐	安乐[o²¹laʔ³³/¹]舌头结巴

动补型复合词	偏正型复合词
查实[tsʰa³⁵səʔ³⁵]	茶食[tsʰa³⁵səʔ³⁵/⁵]糖果点心

再如：同样是"～气"的结构，"煞气[sɛʔ³⁵tɕʰi³³]出气｜来气[le³⁵tɕʰi³³]生气｜哈气[xa³⁵tɕʰi³³]｜作气[tsaʔ³³tɕʰi³³]"是动宾短语，"暖气[nõ²¹³tɕʰi³³]｜热气[ziɪʔ³⁵tɕʰi³³]｜冷气[lə̃²¹³tɕʰi³³]｜浊气[tɕʰya³⁵tɕʰi³³]｜潮气[tsʰɔ³⁵tɕʰi³³]"是偏正型复合词，"力气[niʔ³⁵tɕʰi³³/⁵]｜局气[tɕʰiɔʔ³⁵tɕʰi³³/⁵]运气｜骚气[sɔ²¹tɕʰi³³/¹]｜爽气[ɕyã²¹³tɕʰi³³/³]｜硬气[ŋã²¹³tɕʰi³³/³]｜汗气[xõ²¹tɕʰi³³/¹]是附加型复合词。

（二）泰如话和吴语前轻声现象的语法分析

吴语的苏州话、温州话都有前轻声的现象（汪平 1996；郑张尚芳 1980、2003）：苏州话如"交差[kæ⁴⁴/³tsʰa⁴⁴]｜皮厚[bi²²³/³ɤY²³¹]｜捏牢[niɑ²³/³læ²²³]｜裁来哉[zE²²³/³lɛtsE²³]｜张纸头破脱哉[tsã⁴⁴/³tsɿdɤY⁵²³pʰvtʰəʔtsE⁵²³⁰]"。郑张尚芳早在 20 世纪 80 年代早期就报告温州方言的轻声形式有前重后轻、前轻后重两类，后一类的前字为入声的语音词，前字一般轻而短，是低调轻声，重音在后面[①]。温州话的自变轻声的前轻式主要分布在名词、动词、形容词、副词、量词的重叠式，词头"阿、老、第、以、可、唔（无）、哈（代词强

[①] 郑张尚芳：《温州方言儿尾词的语音变化（一）》，《方言》1980 年第 4 期。

调式)"、"舅舅、早早、以早、以上、第二、阿妹、点灯、寻人"等首字自行读低调 1 或 21，"电灯、电话、电池、电筒"的"电"、数词"一"、介宾式、动宾式、动补式前字（用刀切/照书讲｜洗头｜打针｜打破/走遍），副词"不、新（才）、蛮（很）、最、大"等。

泰如话两字组的连读变调，据笔者（2006）对海安点的研究，可根据前后字的变调情况分为四类：（1）三十五组字前后字都不变调；（2）十一组字前字变调；（3）五十组字后字变调；（4）四组字前后字都变调。变调的组合中有合并，共有三十五种连调方式。王韫佳（1998）主要根据后字的读音类型归为三类，结论不无可商榷处。如第一式"后字不变、前字变"举了"数钱、主食、马桶"，认为前字分别由 213 调变读为 21 调及 13 调，这与海安话的实际不太符合。在语流中，前字并未发生这样的变调，只要将下列两组词语加以比较就可以看出来了。

数钱[sʋ²¹³tɕʰi³⁵]≠输钱[sʋ²¹tɕʰi³⁵]
主食[ʋ²¹³sə²³⁵]≠猪食 tsʋ²¹sə²³⁵]

后字不变、前字变调的情形，据笔者的调查，见于下列几组。

21/33+21：经用[tɕĩiõ]｜空荡[kʰɔ̃tʰã]
21/33+ʔ33：交索[kɔsa]
ʔ35/1+35/35ʔ：熟人[sɔzə̃]｜肉圆[zɔiõ]｜肉麻[zɔma]｜肉油[zɔiɔ]｜石棉[səmĩ]｜毒药[tʰɔia]｜腊月[lɛio]｜白药[pʰiɛʔ]｜白鲢[pʰɔnĩ] 鳞鱼的一种｜熟泥[sɔn̩i]｜月月[ioioʔ]/｜六虞[lɔy] 六七

35/1+213：落雨[lay]｜白米[pʰɔmi]｜十五[səvu]｜物理[vən̩i]

三音节词中，前字入声变读轻声例：

白日撞[pʰɔʔ³⁵/¹zin̩ʔ³³/¹tɕʰyã²¹³/¹] 白天行窃的人｜白老大[pʰɔʔ³⁵/¹lɔ²¹³/¹ta²¹/³³ 白拿｜白日梦[pʰɔʔ³⁵/¹zin̩ʔ³³/¹mɔ̃²¹]｜十来个[səʔ³⁵/¹lɛ³⁵/¹kɔ³³/¹]｜肉老鼠[zɔʔ³⁵/¹lɔ²¹³su²¹³]｜肉案子[zɔʔ³⁵/¹õ³³tsɿ³]｜腊月底[lɛʔ³³/¹ioʔ³⁵/¹tɕi²¹³]

非入声字读轻声的：

腾工夫[tʰə̃³⁵/¹kɔ̃²¹fu²¹] 腾出时间｜正月半[tsə̃³³/¹ioʔ³⁵/¹põ³³]｜顺便饭[ɕyə̃³³/¹pĩ³³/¹fɛ̃²¹]｜幼儿园[io³³/¹ər³³/¹iõ³⁵]/[io³³ər³⁵/³³iõ³⁵]

前字为阳入变读 1 调，喉塞韵尾也相应弱化，但并未完全消失，这一现象也见于如皋、泰州。鲁国尧（2003）认为这不是连读变调，他把这种阳入字在某个别词里读低调现象假设为吴语的底层。

上海话中的前字阳入（ʔ12）在双音节字组中也有前字变读为 ʔ11 的情况，如许宝华、汤珍珠（1988）：

肉汤[n̩ioʔ¹²/¹¹tʰã⁵³/²⁴]｜贼偷[zəʔ¹²/¹¹tʰʁi⁵³/²⁴]｜俗气[zoʔ¹²/¹¹tɕʰi³⁴/²³]｜月半[ɦyɪʔ¹²/¹¹pø³⁴/²³]｜肉麻[n̩ioʔ¹²/¹¹mo²³]｜着重[zAʔ¹²/¹¹zoŋ²³]｜邋遢[lAʔ¹²/¹¹tʰAʔ²³]｜

腊月[lAʔ¹²/¹¹ɦyɪʔ¹²/²³]

苏州话中，阳入字处于双音节前字时不变调，快读时，也读如轻声，如叶祥苓（1988）：

肉丝 [ȵioʔ³sɿ⁵⁵/²¹] ｜ 药渣 [ɦiaʔ³tso⁵⁵/²¹] ｜ 白糖 [baʔ³dã¹³/²¹] ｜ 食堂 [zəʔ³dã¹³/²¹] ｜ 石板[zaʔ³pE⁵¹/²¹] ｜ 十九[zəʔ³tɕiY⁵¹/²¹] ｜ 绿豆[loʔ³dY³¹/²¹] ｜ 热度[ȵiəʔ³dəu³¹/²¹] ｜ 月半[ŋəʔ³pø⁵¹³//²¹] ｜ 肉店[ȵioʔ³tiɪ⁵¹³/²¹] ｜ 垃圾[ləʔ³səʔ⁵] ｜ 邋遢[laʔ³tʰaʔ⁵] ｜ 熟食[zoʔ³zəʔ³] ｜ 白药[baʔ³ɦiaʔ³]

上举吴语及泰如话中前字为阳入的双音节词语绝大多数是偏正式的名词，当阳入字处于后一音节时，就没有这样的变调。泰如话两字组的前字为阳入字读作ʔ¹调，反映了阳入字连读时的一种变化，其特点是喉塞尾弱化，音高随之变低，恰与上海话阳入字的变调情形相似。变调后，这些词语的轻重位置发生了变化，即都属于后重（中重）型的双音节结构；而苏州话的相应结构后字则普遍读轻，仍属于前重型结构。平山久雄（1992）认为，汉祖语中偏正等结构的字组一定要采用前重格式，动宾等结构的字组一定要采用后重格式。"北京话和吴语的祖方言到北京话的演变过程中间，前重格式两字组里不带重音的后字像吴语那样发生了声调的合并的趋向，这趋向发展到一定程度，就给人带来了听辨上的困难。""为让听话人免除这一阶段，来提高语言传达的效率和正确性，说话人就把前重格式两字组读成后重格式了。"苏州方言比较保守，仍然保留着前重格式的读音，上海话受到北方话的影响比苏州大，已经发生了重音向后字的转移，如阳入首字由ʔ¹²读作ʔ²¹，但总体的变化不是那么剧烈；泰如方言处于吴语与北方官话之间，阳入比阴入高，前字由ʔ³⁵（或ʔ⁵）读作ʔ¹，弱化得非常厉害，重音自然偏向后字，形成前轻后重的重音格局①。阳入的情形如此，其他类型双音节词语的重音情形恐怕也是如此，后字变上，音长延长，听辨自然变得非常清楚。当这种变调频繁出现在某种词语结构中时，这种变调有时就具有强迫性了，如"蚂蚁"、"旮旯ᵣ"是两个单纯词，普通话中前一词的末字读上声，后一词的末字读阳平，并不是强迫性的，而海安话一律要读上声。当然，并不是所有偏正结构双音词的后字都要变上，这跟这些词语所处的层次有关，就"头"尾词来说，海安话中既有"额头｜拳头｜石头｜指头｜舌头｜镯头｜钵头｜山头"等"头"读作 213 调型的（参见下文 213 的变调构词及"头"尾构词），也有"癞头｜插头｜说头｜看头｜耍头｜问头｜忙头"等词语，"头"读 35 不变调的，还有"尿头｜强头ₐ强盗｜码头｜罐头｜泊头"等"头"读轻声的，音高点随前字而变化，"头"在最后

---

① 吴语变调和北京话轻声的不同还可参见李小凡《也谈吴语变调和北京话轻声关系》一文，《吴语研究》第六辑，第 44—49 页。

第二章　构词法

一类情形中才可以看作是真正意义上的词缀。因此，我们可以把海安话双音节"头"类词的不同读音分为："额头"类的变上连读型、"癞头"类的一般组合型，"强头"类的轻声连读型。所谓"一般组合型"指这类结构的词语不发生变调，这与词语内部凝固性较弱、词语形成时间不长或使用频次不高有关，"癞头"甚至可以看作是短语。在泰如方言其他点，这三种形式的读音并不是完全一样的，一般底层连读型接近于吴语的连读变调格式，轻声型则是与普通话最接近的读音类型，泰如方言区从如皋、海安到泰兴、姜堰，最后到泰州，底层连读型的格式逐渐减少，而轻声型的读法逐渐增多，海安和泰州可以看作是两种读法不同表现的两极！当然，这种两极的读音表现并不是绝对的，海安话中的一些底层连读型词语所出现的两读甚至多读现象，就是普通话轻声读法直接影响的结果，而泰兴话中也残留着儿化重叠变上的读法，读音总体上都在迅速向普通话靠拢，泰州变得更快，这与泰州受扬州话的直接影响有关。拿轻声的读音来说，本来"轻声获得前字底层声调终点音高特征"这一吴语的连读规律是可以一直管到扬州的，如《江苏省志·方言志》（1998）"扬州话里轻声的高低可以说是前字调值的延长"：

前字调值　阴平 21　阳平 34　上声 42　去声 55　入声 4
轻声　　　　　　1　　　　4　　　　2　　　　5　　　　4

扬州、泰州则不会因这种不同的组合而发生变读，说明轻声的格局更接近北京话。主观推测，底层连读型应该反映较早层次的读音，轻声连读型的层次则应相对较晚，但又不能一概而论，海安地名中有"北夏"一词，是雅周镇下属一村，一般读[pɔ³³ɕia²¹³]，但在"北夏庄"一词中却读[pɔ³³ha³tɕyā²¹]，[ha³]"读作轻声，读音层次并不一定比[ɕia²¹³]晚。

（三）213 变调的复合构词

鲍明炜、王均（2002）及吴凤山（2006）记录了如皋话的音变"二字组的变调"，一是一般名词、动词、形容词儿化之后，第二字改读上声[①]：

1+1——1+3 尖尖儿｜扇扇儿
2+2——2+3 盘盘儿 轮盘之类｜揪揪儿 特指鸡脚｜凉凉儿 凉一凉
5+5——5+3 转转儿｜睡睡儿｜泛泛儿 会翻新的人｜怪怪儿 爱装扮的人
7+7——7+3 歇歇儿｜豁豁儿 缺口｜拙拙儿 脚料
8+8——8+3 [tsʊʔ⁸tsʰʊʔ⁸]儿——[tsʰʊʔ⁸tsʰʊʔ³]儿 心慌着忙的人、个性

二是其他一些词语：
1+1——1+3 钩刀儿｜被单｜中饭｜蜗螺儿

---

① 鲍明炜、王均：《南通地区方言研究》，江苏教育出版社 2002 年版，第 83 页；吴凤山：《如皋方言研究》，中国文联出版社 2006 年版，第 69—71 页。

1+2——1+3 书房｜箸笼筷笼｜灯台儿｜芋头

2+2——2+3 虾蟆蟾蜍｜笸篮｜葫芦儿

张建民（1991）记录了姜堰话的例子①：

皮皂[pʰɿ⁴⁵tsɔ²¹³]肥皂｜炮口[pʰɔ⁴⁴tsaŋ²¹³]爆竹，按：口似为仗｜盘揽[pʰõ⁴⁵nɛ̃²¹³]大圆圈｜旁比儿[pʰaŋ³⁵pʰɿ²¹³ɚ⁰]即鳑鲏儿｜妈妈儿[ma²¹³ma²¹³ɚ⁰]｜桥桥儿[tɕʰiɔ³⁵ tɕʰiɔ²¹³ɚ⁰]一草｜单头儿[tẽ²¹tʰɯ²¹³ɚ⁰]｜打绍语[ta²¹³sɔ⁴⁵zy²¹³]｜老壮[lɔ²¹³tɕyaŋ²¹³]老大，鲁国尧（2001）记录了泰州话的情形②：

薄薄儿[pʰaʔ⁴⁵pʰaʔ²¹³ɚ³reˡ]较薄｜狭狭儿[xɛʔ⁴⁵xɛʔ²¹³ɚ³reˡ]较狭｜蛐蛐儿[tɕʰyə⁴³tɕʰyə²¹³ɚ³reˡ]蟋蟀｜疙瘩儿[kə⁴³tɛʔ²¹³ɚ³reˡ]｜瑚叶蝶儿[xu⁴⁵iɿʔ⁴⁵tʰiɿ²¹³ɚ³reˡ]

倪志佳（2015）收集到了如皋桃园话的约 150 个末字变调词，如"树棒儿[su³¹pʰɐɿ³¹/²¹³]小树枝"、"包包儿[pɔ³¹pɔɿ³¹/²¹³]包袱、锄头儿[tsʰu³⁵tʰə³⁵/²¹³]"，重叠儿尾词的结构最有特色。③

王韫佳（1998）认为海安话中有三种连读变调，其中第二种变调是一些名词的末字变为与上声同调值的 213 调，这种变调与前字声调和后字单字调都无关，如"风箱"、"粮饭粮食"、"斗篷儿"、"炮仗鞭炮"、"百叶"、"舌头"。我们搜集到了海安话中更多的一些例子，按照结构类型进行了分类，有些词语的读音不止一种，以"/"号相隔开一并标出：

1. 偏正型双音节名词

锅巴 [ko²¹paʔ²¹/²¹³]｜苍蝇 [tsʰã²ɿ²¹/²¹³]｜外快 [ve²¹kʰue³³/²¹³]｜山芋[sɛ²¹y²¹/²¹³]/番芋[fɛ²¹y²¹/²¹³]｜喉咙[xɤi³⁵lɔ³⁵/²¹³]｜头发[tʰɤi³⁵fɛʔ³³/²¹³]｜笤帚[tʰiɔ³⁵tsɔʔ³³/²¹³]｜扫帚[sɔ²¹³/³³tsɔʔ³³/²¹³]｜萝卜[lo³⁵poʔ²¹³]｜指甲[tsɿ²¹³kʰɛʔ³³/²¹³]｜算盘 [sõ³³pʰõ³⁵/³]/[sõ³³pʰõ³⁵/²¹³]｜太阳 [tʰe³³iã³⁵/²¹³]｜相公 [ɕiã³³kõ²¹/²¹³]/[ɕiã³³kõ²¹/³]｜碌碡[lɔʔ³⁵tsʰɔʔ³⁵/²¹³]｜芝麻[tsɿ²¹ma³⁵/²¹³]｜石榴[sə³⁵/¹lɤi³⁵]｜衣裳 [i²¹sã²¹/¹]/ [i²¹sã²¹/²¹³]｜下巴 [xa²¹pa²¹/²¹³]｜风筝 [fõ²¹tsə²¹/²¹³]｜屁股 [pʰi³³ko²¹³]｜荫凉 [i²¹ȵiã³³/²¹³]/ [i²¹ȵiã³³/¹]④

这些词语在普通话中后字一般读轻声。

---

① 张建民：《泰县方言志》，华东师范大学出版社 1991 年版。

② 鲁国尧：《泰州方音史与通泰方言史研究》，《鲁国尧语言学论文集》，江苏教育出版社 2003 年版，第 52 页。

③ 倪志佳：《通泰方言的小称变调残迹》，《语言科学》2015 年第 4 期，第 394—404 页。

④ 泰如话中"荫凉[i²¹ȵiã³⁵/²¹³]"和"淘凉[i³³ȵiã³⁵/³]"不同。《说文》："荫，草阴也"，於禁切，表"遮蔽"义，动词，《荀子·劝学》："树成荫而众鸟息焉"，泰如话是名词，《庄子》"山木"："一蝉方得美荫而忘其身。""淘凉"是形容词，指"凉快"。《世说新语·排调》13："刘真长始见王丞相（导），时盛暑之月，丞相以腹熨弹棋局，曰：'何乃淘？'刘既出，人问：'见王公云何？'刘：'未见他异，惟闻作吴语耳！'""淘"《集韵》去声映韵，冷也。

面筋 [mĩ²¹tɕi²¹/²¹³] ｜ 后跟 [xɤi²¹kə̃²¹/²¹³] ｜ 皂角 [tsʰɔ²¹kaʔ³³/²¹³] ｜ 厨房 [tsʰu³⁵fã³⁵/²¹³] ｜ 茶叶 [tsʰa³⁵iɪʔ³⁵/²¹³] ｜ 桑叶 [sã²¹iɪʔ³⁵/²¹³] ｜ 桑树 [sã²¹su²¹/²¹³] ｜ 小麦 [ɕiɔ²¹³mɔʔ³⁵/²¹³] ｜ 大麦 [ta²¹mɔʔ³⁵/²¹³] ｜ 荞麦 [tɕʰiɔ³⁵mɔʔ³⁵/²¹³] ｜ 元麦 [iõ³⁵mɔʔ³⁵/²¹³] ｜ 花生 [xua²¹sã²¹/²¹³] ｜ 豆食 [tʰɤi²¹səʔ³⁵/²¹³]豆豉 ｜ 喜鹊 [ɕi²¹³tɕia²¹/³³/²¹³] ｜ 眼泪 [ŋɛ̃²¹³i³³/²¹³] ｜ 大妈 [ta³³ma²¹/²¹³]/[ta³³ma²¹/³] ｜ 百页 [pɔʔ³³iɪʔ³⁵/²¹³] ｜ 竹园 [tsɔʔ³³iõ³⁵/²¹³] ｜ 铁叉 [tʰiɪʔ³³tsʰa²¹/²¹³] ｜ 枇杷 [pʰiɪʔ³³pʰa²¹/²¹³] ｜ 砚台 [ɲĩ²¹tʰə̃³⁵/²¹³] ｜ 涵洞 [xõ³⁵tʰɔ̃²¹/²¹³]｜灰堆 [xuɤi²¹tɕy²¹/²¹³] ｜ 包被 [pɔ²¹pʰi²¹/²¹³] ｜ 山头 [sɛ̃²¹tʰɤi³⁵/²¹³] ｜ 生姜 [sã²¹tɕiã²¹/²¹³] ｜ 黑墨 [xəʔ³³mɔʔ³⁵/²¹³] ｜ 背脊 [pɤi³³tɕiɪʔ³³/²¹³] ｜ 膏药 [kɔ²¹ia³⁵/²¹³] ｜ 脚印 [tɕiaʔ³³i³³/³]/[tɕiaʔ³³i³³/²¹³] ｜ 被单 [pʰi²¹lɛ̃²¹/²¹³]被子｜山药 [sɛ̃²¹iaʔ³⁵/²¹³] ｜ 中饭 [tsɔ̃²¹fɛ̃²¹/²¹³] ｜ 夜饭 [ia²¹fɛ̃²¹/²¹³] ｜ 猪圈 [tsu²¹tɕʰiõ²¹/²¹³]/ [tsu²¹tɕʰiõ²¹] ｜ 廊檐 [lã³⁵iɪ³⁵/²¹³] ｜ 招耙 [tsɔ²¹pʰa³⁵/²¹³] ｜ 钉耙 [ti²¹pʰa³⁵/²¹³] ｜ 衣裳 [i²¹sã²¹/²¹³] ｜ 引线 [i²¹³ɕi³³/²¹³]/ [i²¹³ɕi³³]缝衣针｜ 蝙蝠 [piɪʔ³³fɔʔ³³/²¹³] ｜ 薄荷 [paʔ³³xoʔ³⁵/²¹³] ｜ 坟园 [fə̃³⁵iõ³⁵/²¹³]坟墓｜ 姑嫜 [ku²¹tsa²¹/²¹³]姑父｜ 风箱 [fɔ̃²¹tɕʰiã²¹/²¹³] ｜ 丸药 [o³⁵iaʔ³⁵/²¹³] ｜ 当中 [ta²¹tsɔ̃²¹/²¹³]/ [ta²¹tsɔ̃²¹] ｜ 中间 [tsɔ̃²¹tɕiɛ̃²¹/²¹³]/ [tsɔ̃²¹tɕiɛ̃²¹]｜中枢 [tsɔ̃²¹su²¹/²¹³]柱子，这些词语的后一音节在普通话中一般不读轻声。

百脚 [pɔʔ³³tɕiaʔ³³/²¹³]/ [pɔʔ³³tɕia²¹/³]蜈蚣｜ 焦屑 [tɕiɔ²¹ioʔ³³/²¹³]炒面｜ 荒荡 [xuã²¹tʰã²¹/²¹³]荒坟｜ 粮饭 [niã³⁵fɛ̃²¹/²¹³] ｜ 娘舅 [niã³⁵tɕʰiɤu²¹/²¹³]/[niã³⁵tɕʰiɤu²¹/⁵] ｜ 扁食 [pĩ²¹³səʔ³⁵/²¹³]/[pĩ²¹³səʔ³⁵/³] ｜ 稜稜 [lə̃²¹³lə̃²¹/²¹³]指用麦穗儿做成、临时用以充饥的东西 ｜ 炮仗 [pʰɔ³³tsã³³/²¹³]鞭炮① ｜ 蒲鞋 [pʰu³⁵xe³⁵/²¹³]草鞋 ｜ 花庄 [xua²¹tɕyã²¹/²¹³]/[xua²¹tɕyuã²¹/¹]海安地名 ｜ 北夏 [pɔʔ³³ɕia²¹/²¹³]海安地名 ｜ 加力 [tɕia²¹lɤi²¹/²¹³]如皋一地名 ｜ 细食 [ɕi³³səʔ³⁵/²¹³]精饲料 ｜ 镯头 [tɕʰya³⁵tʰɤi²¹/²¹³]手镯 ｜ 箸笼 [tsʰu²¹lɔ̃³⁵/²¹³]筷篓 ｜ 笸箩 [pʰo³⁵lə̃²¹/²¹³] ｜ 汪塘 [uã²¹tʰã²¹/²¹³]夏日牛打汪的池塘 ｜ 粪箕 [fə̃³³tɕi²¹/²¹³] ｜ 园圃 [iõ³⁵pʰu³³/²¹³]菜园 ｜ 茅缸 [mɔ³⁵kã²¹/²¹³]粪坑 ｜ 猪窠 [tsu²¹kʰo²¹/²¹³]猪圈 ｜ 料勺 [liɔ²¹saʔ³⁵/²¹³] ｜ 拉呱 [la²¹kua²¹/²¹³]闲聊 ｜ 窗棚 [tɕyã²¹pɔ̃³⁵/²¹³] ｜ 烟洞 [i²¹tʰɔ̃²¹/²¹³]烟囱 ｜ 抛灰 [pʰɔ²¹xuɤi²¹/²¹³]草木灰 ｜ 囗跃 [tsɔ̃³³iɔ³³/²¹³]蒸馒头时围在锅周围的草绞成的粗绳 ｜ 挂桨 [kua³³tɕiã²¹/²¹³]｜ 得木 [təʔ³³mɔʔ³⁵/²¹³]磕头虫儿 ｜ 裤窿 [kʰuə²¹lɔʔ³³/²¹³]裤裆 ｜ 夹巷 [kɛʔ³³xã²¹/²¹³]海安一地名，这些双音节词一般不见于普通话，有些也很少见于吴语。

三音节词语中读213变调的例子：

杀猪匠 [sɛʔ³³tsu²¹/³³tɕʰiã²¹/²¹³] ｜ 盖屋匠 [kɛ³³ɔʔ³³tɕʰiã²¹/²¹³] ｜ 打磨匠

---

① "炮仗"在明代就可能已经轻声化了，明沈宣《蝶恋花·除夕》词："炮仗满街惊耗鬼，松柴烧在乌盆里。"《金瓶梅词话》第二十四回："（小铁棍儿）拉着经济问：'姑夫要买炮燀放？'《红楼梦》第五十四回："外头炮张历害，甾禈大上书下火纸老烧着。""仗"的写法都不一样。

[ta²¹³mo²¹/³³ tɕʰiã²¹/²¹³] | 支锅匠[tsʅ²¹ko²¹tɕʰiã²¹/²¹³] | 亲家公[tɕʰĩ²¹/³³ka²¹/³kɔ̃²¹]/[tɕʰĩ²¹/³³ka²¹/³kɔ̃²¹]_{亲家中男方之间彼此互称} | 麦蔷花儿[mɔʔ³⁵tɕʰiã³⁵uar²¹/²¹³]_{蔷薇花} | 凤仙花儿[pʰɔ̃²¹tɕʰã²¹uar²¹/²¹³] | 脚后跟[tɕia³³xɤi²¹kɔ̃²¹/²¹³]

2. 附加型"头"类名词

砖头[tsɔ̃²¹tʰɤi³⁵/²¹³] | 棒头[pʰã²¹tʰɤi³⁵/²¹³]_{木棒} | 拳头[tɕʰiõ³⁵tʰɤi³⁵/²¹³] | 芋头[y²¹tʰɤi³⁵/²¹³] | 指头[tsəʔ³³tʰɤi³⁵/²¹³]_{手、脚指头} | 石头[səʔ³⁵tʰɤi³⁵/²¹³] | 骨头[kuəʔ³³tʰɤi³⁵/²¹³] | 舌头[ɕiɪʔ³⁵tʰɤi³⁵/²¹³] | 馒头[mõ³⁵tʰɤi³⁵/²¹³] | 木头[mɔʔ³⁵tʰɤi³⁵/²¹³] | 额头[ŋəʔ³⁵tʰɤi³⁵/²¹³] | 钵头[poʔ³³tʰɤi³⁵/²¹³] | 枕头[tsə̃²¹³tʰɤi³⁵/²¹³]/[tsə̃²¹tʰɤi³⁵/³]/[tsə̃²¹tʰɤi³⁵/¹] | 榔头[lã³⁵tʰɤi³⁵/²¹³] | 单头[tɛ̃²¹tʰɤi³⁵/²¹³]_{七八十斤重的猪} | 肩头[tɕĩ²¹tʰɤi³⁵/²¹³] | 镯头[tɕʰya²ʔ³⁵tʰɤi³⁵/²¹³]_{手镯}

3. 重叠型名词

大大[ta²¹/³³ta²¹/²¹³]/大儿[tar³³] | 妈妈[ma²¹ma²¹/²¹³]/[ma²¹ma²¹/¹] | 爹爹[tia²¹tia²¹/¹]/[tia²¹tia²¹/²¹³] | 舅舅[tɕʰiɤɯ²¹tɕʰiɤɯ²¹/¹]/[tɕʰiɤɯ²¹tɕʰiɤɯ²¹/²¹³]

这类名词往往不止一种读法。

4. 儿化型名词

这一类变调例子较多，读音有规律性，根据儿化词结构的不同，又可分为以下几类。

a. 双音节词语后字儿化读 213 变调

刀[tɔ²¹]：弯刀儿[vɛ̃²¹tɔr²¹/²¹³]/钩刀儿[kɤi²¹lɔr²¹/²¹³] | 缸[kã²¹]：烘缸儿[xɔ̃²¹kar²¹/²¹³] | 窠[kʰo²¹]：鸡窠儿[tɕi²¹kʰor²¹/²¹³]/竹窠儿[tsɔʔ³³kʰor²¹/²¹³]_{竹园，又雅周镇下一地名}。 | 沟[kɤi²¹]：墒沟儿[sã²¹kər²¹/²¹³] | 箍[ku²¹]：针箍儿[tsə̃²¹kur²¹/²¹³]_{顶针} | 豆[tʰɤi²¹]：豌豆儿[õ²¹tʰər²¹/²¹³]/豇豆儿[kã²¹tʰər²¹/²¹³] | 心[ɕĩ²¹]：背心儿[pɤi³³ɕiər²¹/²¹³] | 边[pĩ²¹]：边边儿[pĩ²¹piər²¹/²¹³]_{近边处} | 箩[lo³⁵]：淘箩儿[tʰo³⁵lor³⁵/²¹³]_{淘箩}/窠箩儿[kʰo²¹lor³⁵/²¹³]_{摇篮} | 瓜[kua²¹]：香瓜儿[ɕiã²¹kuar²¹/²¹³]/茭瓜儿[ko²¹kuar²¹/²¹³] | 巴[pa²¹]：丫巴儿[ŋa²¹par²¹/²¹³]_{枝杈} | 胞[po²¹]：双胞儿[ɕya²¹por²¹/²¹³]_{双胞胎} | 螺[lo³⁵]：蜗螺儿[o²¹lor³⁵/²¹³] | 洞[tʰɔ̃²¹]：涵洞儿[xõ³⁵tʰor²¹/²¹³]_{小的涵洞}/罐洞儿[kõ³³tʰor²¹/²¹³]_{吸管} | 芦[lu³⁵]：葫芦儿[fu³⁵lur³⁵/²¹³] | 糊[fu³⁵]：面糊儿[mĩ²¹fur³⁵/²¹³] | 头[tʰɤi³⁵]：零头儿[nĩ³⁵tʰər³⁵/²¹³]/畚头儿[pɔ̃²¹tʰər³⁵/²¹³]_{畚箕}/墙头儿[tɕʰiã³⁵tʰər³⁵/²¹³]/门头儿[mõ³⁵tʰər³⁵/²¹³]_{院门的上部}/棒头儿[pʰã²¹tʰər³⁵/²¹³]_{玉米棒}/码头儿[ma²¹³tʰər³⁵/²¹³]_{河堤，不同于"码头"}。 | 蛉[li³⁵]：星蛉儿[ɕĩ²¹lər³⁵/²¹³]_{蜻蜓} | 台[tʰe³⁵]：烟台儿[i²¹tʰer³⁵/²¹³]_{烟袋}/灯台儿[tə̃²¹tʰer³⁵/²¹³]_{灯盏} | 袖[ɕio³³]：衣袖儿[i²¹（ɕ）ior³³/²¹³] | 脚[tɕia³³]：锅脚儿[ko²¹tɕiar³³/²¹³]_{在灶台边砌的临时小锅灶}/[ko²¹tɕiar³³]_{又泄水} | 膊[paʔ³³]：节膊儿[tɕiɪʔ³³par³³/²¹³]_{关节}/癞膊儿[lɛ³⁵par³³/²¹³]_{排行最末者}/胳膊儿[kəʔ³³par³³/²¹³] | 鉴[pʰiɪʔ³³]：鉴鉴儿[pʰiɪʔ³³pʰiər³³/²¹³]_{一种器皿} | 络[laʔ³³]：货络儿[xuo³³/²¹lar³³/²¹³]_{担东西用的一种绳袋} | 瘩[tɛʔ³³]：疙瘩儿[kəʔ³³ter³³/²¹³] | 壳[kʰaʔ³³]：壳壳儿[kʰaʔ³³kʰar³³/²¹³]_{坏壳}

壳儿，对东西不牢固的贬称 | 髓[ɕyʴi³⁵]：骨髓儿[kuə?³³ɕyər³⁵/²¹³] | 篷[pʰɔ̃³⁵]：斗篷儿 [tʴi²¹³pʰɔr³⁵/²¹³] | 垃[lɛ?³³]：块垃儿[kʰue³³ler³³/²¹³]块状泥巴或疙瘩等物 | 落[la?³³]：角落 儿[ka?³³lar³³/²¹³] | 雀[tɕia?³³]：麻雀儿[ma³⁵tɕiar³³]/[ma³⁵tɕiar³³/²¹³] | 轧[kʰɛ?³⁵]： 鲫轧儿[tɕiʴ?³³kʰer³⁵/²¹³]鲫鱼，比一般鱼体短 | 镲[tsʰa?³³]：拍镲儿[pʰɔ?³³tsʰar³⁵/²¹³]小钹 | 衫 [sɛ̃²¹]： 膊衫儿[pa?³³ser²¹/²¹³]背心/汗衫儿[xo²¹ser²¹/²¹³] | 渣[tsa²¹]：酵渣儿 [kɔ³³tsar²¹/²¹³]酵引子 | 蟆[ma³⁵]：哈蟆儿[xa³⁵mar³⁵/²¹³]蝌蚪 | 答[la?³⁵]：方答儿 [fa?²¹lar³⁵/²¹³]一种细眼的菜篮子 | 锨[ɕi?²¹]：驳锨儿[pa?³³ɕiər²¹/²¹³]一种铲具，前面稍扁。| 就 [tɕʰio²¹]：俯就[fu²¹³tɕʰior²¹/²¹³] | 胞[pɔ²¹]：衣胞儿[i²¹pɔr²¹/²¹³]

b. 双音节重叠型儿化词

蟋蟋儿[ɕyə?³³ɕyər³³/²¹³]蟋蟀 | 儿儿儿[ɚ³⁵ɚ³⁵/²¹³]布娃娃或泥塑娃娃 | 点点儿 [ti̋²¹tiər²¹/²¹³] | 浅浅儿[tɕʰi²¹³tɕʰiər²¹³]浅底的一种小碟子 | 杠杠儿[kã³³kar³³/²¹³]横杠 | 抽抽 儿[tsʰʴi²¹tsʰər²¹/²¹³]抽屉 | 棒棒[pʰã²¹pʰar²¹/²¹³]玉米棒 | 方方[fa?²¹far²¹/²¹³]四方形 | 勾 勾儿[kʴi²¹kər²¹/²¹³]勾 | 叉叉儿[tsʰa²¹tsʰar²¹/²¹³]叉 | 弯弯儿[vɛ̃²¹ver²¹/²¹³]弯状的东西 | 边 边[pi̋²¹piər²¹/²¹³]边线 | 断断儿[tʰõ²¹tʰor²¹/²¹³]线等的一段 | 招招儿[tsɔ²¹tsɔr²¹/²¹³]帽扣扣儿，帽 檐 | 包包儿[pɔ²¹pɔr²¹/²¹³]小包裹 | 穗穗儿[ɕy²¹ɕyər²¹/²¹³]稻、麦穗或饰物得流苏 | 巴巴 [pa²¹par²¹/²¹³]泥巴 | 横横[ɔ̃³⁵ɔ̃r³⁵/²¹³]笔画的横线 | 爬爬[pʰa³⁵pʰar³⁵/²¹³]小板凳 | 圆圆儿 [iõ³⁵ior³⁵/²¹³]小圆圈儿 | 团团[tʰõ³⁵tʰor³⁵/²¹³]周围 | 摇摇儿[iɔ³⁵ior³⁵/²¹³]一种摇动后发出声音的玩具 | 河 河儿[xo³⁵xor³⁵/²¹³]河沿 | 头头[tʰʴi³⁵tʰər³⁵/²¹³]单位的头儿 | 才才儿[tsʰe³⁵tsʰer³⁵/²¹³]刚才 | 条条[tʰiɔ³⁵tʰior³⁵/²¹³]条状的纸或布 | 奶奶儿[ne²¹³ner²¹³]搔奶奶，仰泳 | 拱拱[kõ²¹³kor²¹³] 平面隆起的部分 | 浅浅儿[tɕʰi²¹³tɕʰiər²¹³]一种浅底的小碟 | 了了儿[liɔ²¹³lior²¹³]中赛或考试的最后一名 | 喜喜儿[ɕi²¹³ɕiər²¹³]喜信，春节或有婚嫁事时贴在门楣上 | 络络[la?³³/²¹³lar³³/²¹³]布络儿，布条条 | 叫 叫儿[tɕiɔ³³tɕior³³/²¹³]哨子 | 角角儿[ka?³³kar³³/²¹³]三角形 | 鞔鞔儿[tɛ?³³ter³³/²¹³]拖鞋的俗称 | 拍 拍儿[pʰa?³³pʰar³³/²¹³]打拍拍儿，双腿击水 | 塌塌[tʰɛ?³³tʰer³³/²¹³]馒头之贬称 | 结结儿 [tɕiʴ?³³tɕiər³³/²¹³]结巴 | 刻刻[kʰə?³³/²¹³kʰər³³/²¹³]很短暂的时间 | 歇歇儿[ɕi?³³ɕiər³³/²¹³]/ [ɕi?³³ɕiər³³/¹]。

这些重叠形式原词为名、动、形容词或语素，重叠儿化后一律成为名词，在实际使用时，一般要跟相应词语形成固定搭配，如：

矮爬爬儿[ŋɛ²¹³pʰa³⁵pʰar³⁵/²¹³]小矮凳，贬指矮小的人 | 细尖尖儿[ɕi³³tɕi̋²¹tɕiər²¹/²¹³] | 横杠杠儿[ɔ̃³⁵kã³³kar³³/²¹³] | 四边边儿[sʴ³³pi̋²¹piər²¹/²¹³] | 细豁豁儿 [ɕi³³xo?²¹xor³³/²¹³]碎布条 | 布络络儿[pu³³la?³³lar³³/²¹³]碎布条 | 稻穗穗儿[tʰɔ²¹ɕy²¹ɕyər²¹/²¹³] | 麦穗穗儿[mɔ?³⁵ɕy²¹ɕyər²¹/²¹³] | 猪拱拱儿[tsu²¹kõ²¹³kor²¹³]猪嘴，也指猪 | 四团团儿 [sʴ³³tʰõ³⁵tʰor³⁵/²¹³] | 四方方儿[sʴ³³fa?²¹far²¹/²¹³] | 三角角儿[sɛ̃²¹ka?³³kar³³/²¹³] | 抶 圈圈儿[sə?³³tɕʰiõ²¹tɕʰior²¹/²¹³]转圈 | 蹓稍稍[lʴi²¹sɔ³³sor³³/²¹³]指快跑 | 抶转转儿 [sə?³³tsɔ³³tsor³³/²¹³]绕圈子 | 吹叫叫儿[tɕʰyʴi²¹tɕiɔ³³tɕior³³/²¹³]吹哨子 | 棉鞔鞔儿 [mi̋³⁵tɛ?³³ter³³/²¹³]棉拖鞋 | 打拍拍儿[ta²¹³pʰa?³³pʰar³³/²¹³]游泳时双脚击水 | 帽招招儿

[mo²¹tsɔ²¹tsɔr²¹/²¹³]帽檐 | 碎断断儿[ɕy³³tʰo²¹tʰor²¹/²¹³]碎断的线 | 短䋻䋻儿[to²¹tɕyʔ³³tɕyər³³/²¹³]贬称低矮的人或物 | 细矮矮儿[ɕi³³ŋe²¹³ŋer²¹³]指低矮的人。

一些词语的读音在实际语流中有声韵方面的音变，如"锅巴"的"巴"韵母促音化，念[paʔ]，和"巴望"的"巴[pa]"不同；"焦屑"，"屑"念[ioʔ]，丢失声母，海安口语中有"屑子（馒头屑、头皮屑等）"一词，"屑"读ɕioʔ³³。一些词语有上声和轻声两读的情形：如表示亲属称谓的"妈妈"、"爹爹"、"舅舅"，后字可以变上，也可以读轻声，如皋话则只有轻声一读。"算盘"、"相公"、"衣裳"、"扁食"等的后一音节在海安有变上和轻声两读，"枕头"甚至有三读。相比而言，泰兴、姜堰、泰州相应结构的词语变上的情形则要少很多，可以比较一些词语在这些点的读音：

泰兴①：

驳锹[paʔ⁴ɕiĩ⁴⁴]铁铲 | 泡灰[pʰɔ²¹xuei²¹]草木灰 | 单头[tẽ²¹tʰəi³] | 夜饭[ia²¹fɛ²¹] | □□[ʋʔ⁴sʋʔ⁴]垃圾 | 勾刀[kəi²¹tɔ²¹]镰刀

姜堰②：

爬爬儿[pʰa⁴⁵pʰa⁴⁵ɚ⁰] | 麻罗白[ma⁴⁵no⁴⁵pʰɔʔ⁴]萝卜 | 茅缸[mɔ⁴⁵kaŋ²¹]粪缸 | 俯就[fu²¹³tɕiɣɯ⁴⁴] | 大大[ta⁴⁴ta⁰] | 叫叫儿[tɕiɔ⁴⁴tɕiɔ⁴⁴ɚ⁰] | 爹爹[tia²¹tia⁰] | 滴滴儿[tiɿʔ⁴tiɿʔ⁵ɚ⁰] | 搭煞儿[tæʔ⁴sæʔ⁴ɚ⁰] | 料勺[niɔ²¹saʔ⁴]

泰州③：

蚂蚁[ma²¹³i³] | 喇叭[na²¹³pa³] | 虼蚤[kəʔ³³tsɔ³] | 眼泪[ɛ̃²¹³nuəi³] | 衣裳[i²¹sã¹] | 喉咙[xɣɯ³⁵noŋ⁵] | 眼睛[ɛ̃²¹³tɕiŋ³] | 苍蝇[tsʰaŋ²¹iŋ¹] | 碌碡[nɔʔ³tsʰɔʔ³] | □蝶儿[iɿʔ³tʰiɿʔ³/²¹³ɚ³reˀ³] | □□[ʋʔ³sʋʔ³]垃圾

这些双音词的第二音节在海安话中一般都变读为上声 213 调。由于泰如方言内部交流的频繁，某些词语的读音常不止一种，如"苍蝇｜喉咙｜茅缸｜衣裳｜眼泪"等第二音节的读音，同为海安人恐怕也有变上和轻声的不同，变上显得更土、更地道；而在泰州人看来，除双音节儿尾的"薄薄儿｜蝴叶蝶儿｜狭狭儿｜疙瘩儿｜蛐蛐儿"等少数几个词变上外，其余的词语一般都作轻声，或把读上看作是海安、如皋等东乡一带的腔调④。

5."都"、"光"、"下子"、"这/那世的"、"索啊"等作副词时读 213 变调

泰如话中的"都"、"光"作实词用时，读作 21 本调；作副词时，可读作 21 调，如皋、海安也可读 213 调表示强调：

国都[kɔʔ³³tu²¹] | 首都[sɣi²¹³tu²¹] | 都市[tu²¹ʂ²¹] | 沾光[tɕi²¹kuã²¹] | 光彩

---

① 据顾黔《通泰方言音韵研究》的记音，南京大学出版社 2001 年版。
② 据张建民《泰县方言志》的记音，华东师范大学出版社 1991 年版。
③ 据俞扬《泰州方音同音字汇》的记音，《方言》1991 年第 4 期。
④ 海安、如皋历史上曾属于泰州管辖。

[kuã²¹tsʰe²¹³] | 豪光[xɔ³⁵kuã²¹]①

（7）他在家的连油瓶倒啊都[to²¹/²¹³]不扶。他在家油瓶倒了都不扶一下。

（8）吃啊饭的，人即刻散掉啊，都[to²¹/²¹³]。吃完饭，人马上就散了，都。

（9）他一天到晚光[kuã²¹/kuã²¹³]晓得耍子。他成天只知道玩耍。

（10）光[kuã²¹/kuã²¹³]田的活计就重得不得了。单田里的活儿就重得不得了。

和普通话一样，表示动作的次数，泰如话说"一下子"，前接动词时，"一"常常也可省略，如"去下子"、"走下子"，"下子"在语流中一般读作轻声，音高随前字而变，一般出现在动词后面，表达动作具体的次数：

去下子｜来下子｜走下子｜看下子｜接下子｜打听下子｜比较下子｜改动下子｜家来下子｜就他下子 迁就他一下｜让他下子｜骗他下子｜走那海下子 从那里走一下｜出来下子

"一下子"还可指动作的速度："一下子扑上去"、"头一下子懵啊"，"一下子"充当状语，相当于"一下"，《北齐书·陆法和传》："又有人以牛试刀，一下而头断。"指"突然"，《朱子语类》卷九四："忽然一下春来，各自发越条畅。"用于动词之后，表示略微之义，如"看一下、听一下、走一下"。泰如话不说"一下"，要说"一下子"。在此基础上"下子"再次虚化，读[xa²¹³tsɿ³]"，意义也大相径庭，指"长时间地、永远地"，多用于表示未来时态的否定句中：

（11）他下子不得家来。他很久不能回来。

（12）你不问他要，他下子没得把你。你不向他要，他永远不会给你。

（13）你这刻儿不走，下子走不掉。你现在不走，以后一时就走不了。

（14）毕业就结婚啊？下子！毕业就结婚？想得美！

（15）迟朝[tsa³³lɔ²¹/²³]下子不来啊。以后很久不来了。

"这世的"、"那世的"中"世"读[sɿ²¹³]，指"这一生、这一辈子"，多与表示否定的副词"曾[tsʰɤ²¹³]"连用．

（16）他这世的曾看到过。他这辈子没见过。

（17）像那世的曾用过。好像一辈子没用过。

"这世的"、"那世的"逐渐凝固化为一个词，表示否定，主观上认为事情缥缈迷茫、难以实现，多用于对话之中：

（18）他可肯借点钱把你啊？他肯借点钱给你吗？——这世的！别想！

（19）你等他打电话把你啊？你等他打电话给你啊？——那世的！别想了！

"索啊[saʔ³³kaʔ³]"中的"索"是个入声字，海安话读[saʔ³³]，如"索子"、"索儿"、"索性"、"索粉"，还有"摸索"，音[maʔ³⁵saʔ⁵]，指动作慢吞吞的样

---

① 容光、豪气。

子,明顾起元《客座赘语·方言》:"南都方言……作事之不果决,曰摸索。"海安话中使用得比较多的还有"索啊[saʔ³³kaʔ³]",也读[saʔ²¹³kaʔ³]","索啊[saʔ³³kaʔ³]"一般用在动词、形容词之前,具有较强的主观评价性,表示某动作行为距离自己的心理预期有较大的距离,多表示消极意义:

(20)九点钟去索啊嫌早。<small>九点去太早了。</small>
(21)你这啊做索啊没道理。<small>你这么做太没道理。</small>
(22)舅母的腰索啊驼下去啊。<small>舅母的腰弯得十分厉害。</small>

"索啊[saʔ²¹³kaʔ³]"相当于"索性、干脆":

(23)衣裳已经潮啊,索啊做块ㄦ洗下子。<small>衣服已经湿了,干脆一起洗一下吧。</small>
(24)他肯定要等你,索啊不打电话也就罢掉。<small>他肯定要等你的,干脆不打电话也就算了。</small>

6."可不VP"句式中"可"读213调

普通话的是非问"VP吗",泰如话中有两种格式与其相当:

VP啊?|可VP啊?

两者都是是非问,有疑信程度的不同:"VP啊"是信大于疑,心中可能已经知道对方的动作,发问是进一步加以求证;"可VP啊"属真性发问,是疑大于信。从读音上看,"可VP"中"可"泰如话中的实际读音为[ko³³](同"个"),所以,把这种句式记作"个VP"似更为合适,VP是动词或形容词,也可以是名词或代词,如"可明朝啊?""可他啦?",可看作是省略了动词"是"。泰如话"可VP"句式的具体情形可参照第五章的相关章节,此外,还有"可不VP"句式,即否定词"不"用在VP之前,又有两种情况:

一是表示对VP的否定,带有推测性的语气,或带有感叹的语气,"可"读[ko³³]:

(25)他可不来啊。<small>别可能是他不来吧?</small>
(26)他可不来啊!<small>怎么说他不来呢?他不是已经到了么。</small>
(27)花可不红啊?<small>花不红吗?花怎么说不红呢?</small>

《窦娥冤》中也有类似的句式:"这等三伏天,道你便有冲天的怨气,也召得一片雪来,可不胡说。"

二是"可"变读为213调,VP为形容词,整个句式表示感叹的语气:

(28)那是可不早的事啊!<small>那是很早的事情呀!</small>
(29)伢ㄦ年纪可不细!<small>孩子年纪很小啊!</small>
(30)家的吃的稿子可不多!<small>家里吃的东西很多啊!</small>

泰如话的"可不VP"格式大概是"可VP"和"VP不VP"相杂糅的产物,前者是本身固有的问句形式,显得比较地道,后者可能是受普通话影响的产物。"不VP"格式是对事物的动作或性质加以否定,因而"否定"

成了句子的表达焦点，在跟"可 VP"句式相互杂糅后，"可 VP"的疑问功能就要大打折扣了，所以"可不 VP"一般是表示反问，疑问语气相对比较弱。形容词是表示事物性质的，前加否定词后也是对事物的"定性"，"可 VP"格式的传疑功能降到最低，句子因而具有了感叹的语气。为了跟其他句子形式相区别，"可"变读成了 213 调。

7. 量名结构中，量词变读为 213 调

在海安话中，"仅仅一个人"可以变读成"个人[ko²¹³ zə̃³]"，相应的其他一些语例，如：

张纸[tsã²¹/²¹³ tsʅ²¹³] ｜ 勺ㄦ油[sar²¹/²¹³ io³⁵] ｜ 排桌子[pʰe³⁵/²¹³ tɕyaʔ³³ tsʅ³] ｜ 坛ㄦ醋[tʰor³⁵/²¹³ tsʰu³³] ｜ 捧茼蒿[pʰɔ̃²¹³ tʰɔ̃³⁵ xɔ²¹] ｜ 把ㄦ韭菜[par²¹³ tɕio²¹³ tsʰe³³] ｜ 块钱[kʰue²¹³ tɕʰ³⁵] ｜ 筷ㄦ疙瘩ㄦ[kʰuer²¹³ kə³³ ter³³/²¹³] ｜ 家老小[kar²¹/²¹³ lɔ²¹³ ɕiɔ²¹³]

"些"单念[ɕia²¹]，一般用在指示代词或动词之后读轻声，音高随前字：

这些[tsa³³ ɕia³] ｜ 那些[lo³³ ɕia³] ｜ 哪些[la²¹³ ɕia³] ｜ 有些[io²¹³ ɕia³] ｜ 说些[soʔ³³ ɕia³] ｜ 无些[vu³⁵ ɕia⁵]许多

"这些"、"那些"中的"些"可用来表示指代，所代名词的数量往往是多数，一般相当于中性指代：

（31）些人上啊南京。人们去了南京。
（32）家的些人哎？家里些人呢？——家的些人上田的去啊。家里人去地里了。
（33）家的来啊些亲戚。家里来了些亲戚。
（34）锅的放啊些汤。锅里放了些汤。
（35）些瘟还不曾上窠。该死的鸡、鸭等还没回窝。

"些"变读为 213 调，表示"数量多"：

（36）要么不煮，一煮煮起米这些[tsa³³ ɕia²¹/²¹³]！要么不煮，一煮就煮了这么多！
（37）家的来啊那些[lo³³ ɕia²¹/²¹³]伢ㄦ。家里来了那么多孩子。
（38）杂七杂八的稿子弄啊那些[lo³³ ɕia²¹/²¹³]。杂七杂八的东西弄了那么多。

"些"是一个指代性的标记，通过变调，逐渐取得类似于英语定冠词的用法，但并没有完全取代"这"和"那"。

第二节　附加法

一　名词的语缀

（一）子

"子"充当词尾，在汉语中很早就存在了，《世说新语·惑溺》："妻尝

妒，乃骂秀为貉子。"①《朱子语类》卷 111："不若禁行在会子不许过江，只专令用交子。"②两例中的"貉子"、"交子"都是子尾词。泰如话的子尾词既有官话方言的典型特征，又保留有吴方言的某些底层，构词上有些跟普通话或吴语是一样的，如"镜子｜塞子｜房子｜嫂子｜车子｜腰子｜瘪子｜席子"，也有普通话及吴语所没有的，如"肉子｜血子｜光子｜合子｜稿子东西｜臭子狐臭｜耍子｜跃子｜天子（那天子那天/做天子同一天/哪天子哪天）｜年子（今年子/明年子/后年子/前年子/做年子同一年/有年子有一年/来年子来年）｜皮调子顽皮的孩子｜大人子｜淀人子"等。单念或作词根语素时，读作[tsʅ²¹³]，在"蚕ㄦ子蚕的幼子｜鱼子｜菜子"及"枪子ㄦ｜石子ㄦ｜铅子ㄦ硬币｜稻子ㄦ"等儿化词中，"子（子ㄦ）有具体的"表小"义，如"卵子[lõ²¹³tsʅ³]"，指阴囊及睾丸，"子"是词尾；而"卵子ㄦ[lõ²¹³tsər²¹³]"，仅指睾丸，"子ㄦ"不是词尾。泰如话子尾词中的"子"也是从"表小"义的"子"虚化而来的，作为子尾，一些词中的词汇意义已没那么明显，如"凳子"、"篮子"中的"子"主要起统称构词作用，读轻声[·tsʅ]或[·tse]。海安南乡、东乡及如皋、泰兴、如东等地读[·tsʅ]；海安北乡及东台、姜堰等地读[·tse]，子尾词大多为名词，少数为形容词。

本小节先分类列举这些子尾词，就其小称意义跟相应的儿化词进行比较。第三部分重点分析比较有代表性的"稿子"一词，指出其跟普通话的"东西"、吴语的"物事"之间不同的语法化特征。

1. 泰如话与吴语子尾词的构成差异

子尾和儿化（尾），在泰如话中可能是使用频率最高、分布范围最广的名词后缀。相比之下，吴语的"子"尾虽然也是重要的名词后缀，但"头"后缀构成的词似乎更多，而儿化（尾）词则要比泰如话少许多。当然，各自方言内部的子尾词又有构词上的细微差异，如吴语上海话有"时间词+子"：

今年子｜明年子｜昨日子｜前日子｜伊日子｜前年子｜旧年子

这些词也可以不加子尾，相应的泰如话"子"则必须要出现，如说"今年｜明年｜前年"则有普通话的味道。再如"今朝（子）｜明朝（子）｜后朝（子）｜昨朝（子）｜前朝（子）"在如皋可加"子"也可不加，海安一般不加"子"，但有些词要读儿化：前朝ㄦ｜先朝ㄦ

a. 一般只见于吴方言的子尾词：码子身材｜胚子上海话指体架和模型，也指坏家伙｜前日子｜后日子｜西瓜子｜番瓜子｜油墩子上海一种面粉做的食品｜团子｜吊子上海指放在炉上烧水的水壶｜面架子脸庞｜阿胡子连鬓胡须｜连档码子上海话中指同党、同伙｜寿头码子上海话指朴

---

① （南朝宋）刘义庆撰，（梁）刘孝标注，杨勇校笺：《〈世说新语〉校笺》，中华书局 2007 年版。
② （宋）黎靖德：《朱子语类》，中华书局 1986 年版。

实、迟钝、容易上当的人│舿档码子 上海话中指这号人、这种人│出老码子 上海话骂人如鬼│学生子。

b. 一般只见于泰如方言的子尾词：天子 一天│牛子│梨子│瓢子 瓜瓢│屌子│豻子 雄性的仔猪│豚子 雌性的仔猪│猪子│狗子│筿子 竹篾│羊子│屑子 饼屑│幕子 银幕│衔子 鳌爪│像子 人像│皮调子 调皮的孩子│地窨子 地窖│元宝屯子 除夕以石灰贮小包印地。

2. 下列子尾词作为变义标记，可以附加在名词性成词语素后面，构成普通名词或抽象名词

a. 同时见于两地方言，一些词在意义上有差异：角子 硬币│皮子│牙子│头子①│底子│心子│痧子│框子│条子②│纽子│窗子 泰如话也叫"窗棚"│壳子 姜堰"奶壳子"指喂奶的妇女│腰子│半吊子③│路子│帐子│狮子│杏子。

b. 只见于泰如方言的子尾词。

名词性成分是非独立词根语素，"子"尾充当构词后缀，且必须有"子"尾才能独立成词，子尾词词义和非词根语素义基本相同：

猴子 吴语猢狲，尖嘴猴子，姜堰指嘴厉害的人│匣子 如皋也叫函子，未成年及小孩儿用的棺材│椀子│帮子│膀子│黄子 蛋黄│杠子│膜子│猪子│羊子 如皋迷羊子，指对手下放任不管│鸡子│鸭子│狗子 起草狗子姜堰指惹是生非的人，瘪嘴狗子如皋形容人生气无话可说│跃子 草绞成的绳│屌子│稿子 东西，详见下文论述│屑子 饼屑│箬子 箬叶│椋子 水桶│笘子 一种手持的竹篮│篮子│额子 份额│畈子 田畈│勺子│蛆子 嘴的淡蛆子，如皋指吃什么都没有滋味，食欲差│腿子│鑾[ŋɛȵ³⁵]子 碗边的缺口│颜子 帐颜子：帐沿；窗颜子：窗帘│像子│幕子│瓢子│箔子 篱笆│橙子 棉橙子：棉袄；夹橙子：马夹│光子 泛指利益、实在的好处│衲子 尿布│紧阵子 原指产妇临盆前的阵痛，喻关键时刻│野牲子 野兽│米子 诱饵│芒子 用表芯纸搓成的长纸卷，供吸水烟点火用│单子│担子│毯子│戒子[kɛ³³tsɿ³] 戒指│盘子│段子│橡子│口[tsʰo²¹³]子 稻田里的一类杂草│串子│管子│疤子│把子│坝子│麻子│马子│架子│卡子│帖子│丝瓜子 丝瓜│蛾子│油子│摆子│败子│牌子│筷子│甩子 办事邪可靠的人│肺子│漏子│簏子│池子│媒子 诱饵、中间人，有贬义│几子 打牌时间什么样的牌│旗子│梨子│麸子│蔽子 鱼篓│胡子│姑子│锤子│锥子│桔子 豆秸│袍子│轿子│冎子 屁股儿子，屁儿儿 屁儿│围子 据点│铲子│墩子│坛子│圈子 圆圈，也指蘑菇│院子│镜子│钎子│钳子│蚬子│影子│粉子 泰如话中"粉"指吃的东西，如山芋粉、糊粉；"粉子"指药粉子、痱子粉之类的粉状物│墩子│戳子│凳子│楞子│轮子│疹子│浆子④│口

---

① 苏州指"脑筋"，泰如话指"米中掺入的麦粒或未碾开的稻谷"，如"小麦头子"、"大麦头子"；也指芋头、山芋等块茎较大者，植物纤维相对较粗，芋头头子就不如芽子好吃，由此组成的词语也多带贬义，如"屄儿头子、偢头子、倒心头子"，成为骂东西的俚语。

② 上海话中一指"金条"、一指"便条"，泰如话只指"便条"，如皋话"晃条子"状人瘦而高。

③ 上海话中指"搬弄是非、当面为人背后为鬼的人"，泰如话指"凡事一知半解、办事不牢靠的人"。

④ 水泥浆，张建民记姜堰话为"用破布一层一层铺平糊成，专用于缝制布鞋底的东西"。疑有误，此意当为"糨子"。元睢景臣《哨遍·高祖还乡》："新刷来的头巾，恰糨来的绸衫，畅好是妆么大户。"指用粉浆或米汤浸纱、布或衣服，使干燥后坚挺。

[tɕʰiã³³]子遮盖物｜□[kuã³³]子好processes或比较实在的内容｜状子状纸｜粽子｜蛹子｜□[xuɛʔ³³]子纸漏｜钵子｜席[tɕʰiʔ³⁵]子｜叶子｜格子｜骨子玉米骨子，玉米棒芯｜驳子驳船｜鹤子｜桌子｜竹子｜轴子｜铫子姜堰指烧水用的水壶｜椅子跳跳椅子，姜堰指沙发｜捻子｜孙子灰灰孙子，姜堰指辈分最小的人｜涵子姜堰指涵洞｜□[xuɛʔ⁵]子姜堰指疙瘩｜昨阿子姜堰指昨天｜嘴子姜堰指说话不饶人的人｜褂子姜堰指罩衫，海安说加褂儿｜阵子原指阵痛，喻关键时刻｜瓠子姜堰指葫芦、不熟的西瓜，头脑不清、糊里糊涂的人｜尾子尾巴，二尾子姜堰指有权势人的走卒，长尾子指过生日、沙尾子指说话不注意，漏底了｜篙子船篙，硬头篙子，姜堰指迎着困难上的人｜套子水套子，如皋指河道纵横的水荡地区｜末子｜板子挠糙板子，如皋指一种木制的糙磨皮肤以止痒的像板锉的用具，喻会纠缠的人｜胎子气胎子，指经常引起家人生气的人｜倭子倭寇｜妹子妹妹｜弟子如皋指弟弟｜桩子半桩子，如皋指青春发育期｜掌子如皋脚掌子指趾根后着力处｜稳子小麦等脱粒后的芒壳；

名词性成分是词，"子"尾充当构词后缀，子尾词和原名词意义不同，具有变义作用：

奶奶水：奶子乳房｜血血液：血子猪、鸭等的血凝固成的血块｜肉：肉子蛤蜊、河蚌等的肉｜疤伤疤：疤子眼角有疤的人｜天天空：天子某天｜芽：芽子芋头新生的块茎，味道较好，与头子相对｜米：米子诱饵｜粉粉丝、凉粉：粉子粉末｜牛：牛子一种黑色的粮虫｜心心脏：心子同"芯子"｜圈圆圈：圈子圆圈、野生的蘑菇、来回的数量｜药：药子鞭炮里的火药｜角牛、羊等动物的角：角子硬币｜牌扑克：牌子广告牌、指示牌｜箔锡箔：箔子芦苇杆编成的篱笆｜皮皮肤、皮毛：皮子面皮｜面面条、面粉：面子布面、脸面｜盘车盘：盘子餐具。

3. 下列子尾作为转类标记

a. 见于两地方言，一般也见于普通话。

附加在量词之后，转类成名词：条子｜卷子｜个子｜对子｜套子｜片子；

附加在单音节动词之后，转类成普通名词：锯子｜罩子｜骗子｜贩子｜起子｜扳子｜凿子｜夹子｜塞子｜插子｜戳子｜拍子；

附加在单音节形容词之后，转类成普通名词或抽象名词：胖子｜疯子｜麻子｜空子｜乱子｜豁子①｜瞎子｜猛子｜聋子｜哑子｜驼子｜痴子｜癞[lɛʔ³⁵]子｜蛮子｜傻子｜瘫子｜败子败家子｜矮子｜侉子｜洼子凹陷的地方｜呆子。

b. 只见于泰如方言的子尾词。

附加在数词之后，转类成名词：一子｜二子｜三子……十子，指扑克牌中的 A、2、3……10。二子、三子还是排行第二、第三的昵称，相当于"二小、三小"。 由数字+子组成的结构，一是表示家中兄弟姊妹的排行，相当于"老二、老三、老四……"，海安一些地方也叫"二小、三小、四小……"或"二头、三头、四头……"，排行第一一般叫"老大"。二是表示扑克牌不同花色的名称，如"红桃ᵣ三子、方块ᵣ四子"。如皋话中有"四十子、六十子"指晚夏和秋天出产的萝卜，"百日子"指冬季出产的萝卜，也叫捏颈

---

① "豁"有两个读音，[xuɛʔ³³]子，纸漏，如出[xuɛʔ³³]子；[xoʔ³³]子，豁口，也叫豁豁儿。

儿，而"打百日子"则指发疟疾，姜堰话把酒叫"三六子"，"子"在这些结构中都表示转称。

附加在单音节动词之后，转类成名词：舀子｜对子｜托子｜折子｜塞子｜岔子｜探子｜扳子｜绊子｜夹子｜拐子｜插子｜转子姜堰：随机应变的本领｜蘸子"蘸"在口语中读 tõ21，是动词。常写作"端"：酒端子，漕酒勺油的量器｜捻子灯捻子｜囤子｜捂子热水捂子：热水袋｜搭子门搭子｜衔子蟹螯｜撑子｜□[kʰuɛʔ35]子某处凸出钩扯东西的物件｜合子①｜拔子｜围子据点｜刮子｜嚼子｜纽子纽扣儿｜缺子缺口｜滚子姜堰，丸药｜响子姜堰，锣｜学子跟在别人后面鹦鹉学舌的人｜耍子②｜捂子热水袋｜捆子｜钩子｜□[kʰuɛʔ35]子凸出钩扯东西的物件｜镊子｜嚷子爱吵嚷、生事的人，也叫嚷嚷儿。

动宾短语+子

和上面名词性结构不同的是，这里的"动宾短语+子尾"属于形容词性结构，表示身体或心理感受，多有消极色彩：

大人子情理上说不过去：把饭倒啊厕所的，有点儿大人子。《泰县方言志》记作："大仁子，违反伦理。"｜淀人子食物在肠胃中引起下沉的不适感：山芋吃啊多啊淀人子。｜阵人子觉得冷｜赤人子冷气透入肌肤｜淘人子石头淘人｜念经人子令人同情、可怜｜号麻人子令人嘴发涩、发麻，一般肉类的食品过期变质

如皋话中还有"噎人子噎人的感觉｜肥得□iã33人子腻人｜挂人子肿胀感｜热气佘人子水气骤涌｜夯人子吃重｜天气□[kuən33]人子闷人｜心的□[nəʔ33]人子内脏紧迫｜□[kʊʔ33]人子胃酸过多而难受｜太阳蒸人子｜净[tsʰən21]人子冷的感觉｜□tsʰəʔ33人子寒冷透入肌肤的感觉｜当人子人猜尿，狗屙屎，当人子啊，指自然之事｜利巴子常受欺负而吃亏的人｜尖老王子贬指如鸟嘴一样只吃好的、护食的人｜荐头子好出头与人相争者｜祭报子体弱多病的幼儿，姜堰有"离母子姜堰指越轨"、"死阿身子姜堰指被事情缠住，不能走动"、"子"都是直接附加在前面的动宾短语之上③。山西文水话（胡双宝，1984）中也有这种自感结构的"V+人"，V 是表示外界刺激人体而引起受动者的某种感受。吴语中这种结构相对较少，吴语小说中有"怕人子"：

（39）把这小葫芦里洒出豆大一个小孩子来，到地上跳几跳，变成四五

---

① "合"音[koʔ33]，"说合子"，一般指盖屋、结婚、打家具、拢喜材（人活着时做的棺材）等由工匠说的吉利话，主家则发"红封"，姜堰有"打口鸽子"指争执，"合"在泰如话中有两个读音[koʔ33]和[xoʔ35]，前者保留了吴语的底层读音，如：两个人合[koʔ33]把伞。比较苏州话：京片店张三搭李四合开葛、坐得正、立得正，那怕和尚师姑合板凳（见《苏州方言词典》第 275 页），苏州话音[kəʔ]。

② "耍"在泰如方言中是个粘着型语素，不能单说，但可以单独充当句子成分，如"耍啊半天"、"我上他家的耍过的"，"耍"要说[ɕya213]，重叠时说成"耍耍[ɕya213ɕya213/3]"，泰州一带有首顺口溜："亮月儿粑粑，照进家家。他家驴儿，吃我家豆儿。拿棒打它，告诵姐姐。姐姐在家的耍耍"。"耍子"兼有名、动两种词性，作动词使用时如"在耍子"、"去耍子"，也说"耍子啊半天"、"我上他家的耍子过的"，《渔樵记》："三个一攒，五个一簇，都耍子哩。"

③ "大人子"难以对内部结构进行分析，暂看做动宾结构。

尺长一个人，且是怪相，生得怕人子。(《警世阴阳梦》第10卷第10回)

（40）那司户吏道："好怕人子！这等大鱼，可有十多斤重？"(《醒世恒言》第20卷）

《儒林外史》有"不当人子"：

（41）我们都是烟火邻居，遇着这样大事理该效劳。却又还破费老师父，不当人子。我们众人心里都不安，老师父怎的反说这话？(《儒林外史》第20回）

泰如话中的这类结构有些还可接受其他程度副词的修饰，中间可以插入补语性的成分"煞"，如可说"冰阵人像冰一样使人感到寒冷｜阵煞人喻水非常冷｜淘煞人"，加"子"尾后使动宾结构形容词化。

附加在单音节形容词之后，转类成名词：臭子狐臭｜癞子癞痢头｜黄子｜白子蛋白｜洼子凹陷的地方｜甩子办事不可靠的人｜驼子驼背｜对子对联、扑克牌同一花色成对的牌｜豁子｜黑子｜塌子如果指淤浅的河段｜□子[xɛ̃²¹tseˡ]姜堰指很长的时间｜渣子如果打渣子指提出无理要求，不达目的就捣乱。

附加在双音节动词之后，转类成名词：讨饭子要饭的乞丐。

4."子"可以附在某些双音节词语后面，构成普通话所没有的词

a. 作为衍音成分附加在时间词后面，衍生出一个音节，构成三音节词，这在两地方言都存在。表2—5是结构及读音对比：

表2—5　　泰如话与吴语三音节"子"尾词结构差异比较

普通话词语	泰如话	苏州话
去年	去年子[tɕʰy³³n̩i³⁵/¹tsɿ²¹³/³]	旧年子[dziø²³¹/²²n̩ir²²³/⁴⁴tsɿ⁵²/²¹]
今年	今年子[kə²¹n̩i³⁵/¹tsɿ²¹³/¹]	今年子[tɕin⁴⁴nir²²³/⁴⁴tsɿ⁵²/²¹]
明年	明年子[mə̃³⁵n̩i³⁵/⁵tsɿ²¹³/⁵]	明年子[min²²³/²²nir²²³/⁴⁴tsɿ⁵²/²¹]
前年	前年子[tɕʰĩ³⁵n̩i³⁵/⁵tsɿ²¹³/⁵]	前年子[zir²²³/²²nir²²³/⁴⁴tsɿ⁵²/²¹]
昨天	昨朝（子）[tsʰaʔ³⁵tɔ²¹/⁵（tsɿ⁵）]	昨日子[zoʔ²³nir̩²³/⁵⁵tsɿ⁵²/²¹]
今天	今朝（子）[kə²¹tɔ²¹（tsɿ¹）]	今朝子[tɕin⁴⁴tsæ⁴⁴tsɿ⁵²/²¹]
明天	明朝（子）[mə̃³⁵tɔ²¹/⁵（tsɿ⁵）]	明朝子[mən²²³/²²tsæ⁴⁴tsɿ⁵²/²¹]
后天	后朝（子）[xɣi²¹tɔ²¹/¹（tsɿ¹）]	后日子[ei²³¹/²³nir̩²³/⁵⁵tsɿ⁵²/²¹]
那天	那天子[lo³³tʰi²¹/³tsɿ²¹³/³]	辫日子[kə?²³/²¹nir̩²³/⁵⁵tsɿ⁵²/²¹]

从读音分析，泰如话的"朝"、"今"声母分别读 t、k，应是保留了更早层次读音。苏州、上海受普通话的影响比较大，"前年、今年、后日、昨天"等普通话词语已进入了当地的时间词系统，子尾词的使用正遭到挤压，

今后可能会逐渐从新派口里消失。再如，泰如话中的"普通名词+子"结构的词："丝瓜子、贼子_{小偷}、屋脊子"，与苏州话的情形相似，应是吴语底层的遗留。"丝瓜"、"贼"、"屋脊"在泰如话中可以单说，但习惯上加"子"，是一个衍音成分。泰如话从目前的情形看，受普通话影响的速度相对要滞后一些，普通话的这些词语当地人都能听懂，但在表达时还是用地道的方言词，习惯上加"子"尾。

b. 作为变义标记，吴方言可以在某些双音节名词后面附加子尾，构成带爱称的三音节名词

苏州话"蝴蝶子｜学生子｜头脑子｜蝙蝠子"，泰如话有"头脑子"，但没有爱称的意思。

c. 作为成词标记，"子"附加在不成词的词根后面，构成普通名词只见于吴方言的子尾词：门堂子_{门户}｜汤婆子｜石卵子｜面架子｜一干子_{一个人}｜独干子_{孤独的一个人}；

只见于泰如方言的子尾词：偢头子｜黑塔子_{皮肤黝黑的人}｜夹橙子_{棉袄}｜亮月子_{月亮}｜山芊腊子_{灰喜鹊}｜夜摸子_{姜堰指喜欢夜间干事的人}｜香附子_{如皋指莎草}｜鹌虱子_{如皋指野胡萝卜}｜丝翁子_{姜堰指二胡}。

5. 泰如话的子尾词和儿化（尾）词

子尾和儿化（或儿尾）在普通话及不少方言中都存在，如上所述，"子"尾一般具有成词、转类、变义等构词功能，儿化也有这样的作用。"子"在一些词中仍有比较实在的意义，"儿"也不完全都表示小称，如"猫_儿｜鹅_儿｜蚕_儿｜茄_儿"必须儿化才能称说，其小称是前附加形容词"细"，而在上海话中"猫、鹅"可以单说，"蚕、茄子"一般称"蚕宝宝、茄子"，少有泰如话那样的儿化说法。以下对泰如话中同一词语的子尾和儿尾（化）情形做一对比分析，可作下列分类：

a. 一些字不能单独成词，有些可以复合成词，加上子尾能成词称说，一般是其总称，儿化是小称形式，可前加修饰成分"细"。

篮：篮子/篮_儿｜钉_{执钉}①｜铆钉：钉子/钉_儿 细钉儿、图钉儿、螺丝钉儿｜屉_{毛扇、屉偢}：屉子/屉_{儿儿语}｜椅：椅子/椅_儿 藤椅儿、轮椅儿、转椅儿、躺椅儿｜墩_{桥墩}：墩子/墩_儿 水泥墩子/墩_儿 拳头墩儿；人名｜答_{抠答}：答子/答_儿 细米筛答儿、抠答儿｜腿：腿子/腿_儿 细腿儿、鸡腿儿｜口_{口的家的}：堂屋；量词：口棺材；口子/口_儿 细黪口儿｜轮_{轮船}：轮子/轮_儿 车轮儿、飞轮儿、砂轮儿｜车_{动词；车水；名词；搦车；大车；火车}：车子/车_儿 三车儿、平平车儿、钢丝车儿；自行车｜鸡_{母鸡，雄鸡[i335 tɕi21]，鸡头鸡脚}：鸡子/鸡_儿 细鸡儿、细雄鸡儿、罗斯鸡儿、三黄鸡儿、草鸡儿、细老母鸡儿｜鸭_{雄鸭，烤鸭，板鸭}：鸭子/鸭_儿 新鸭儿、细鸭儿｜格：格子/格_儿 方格儿｜尾：尾子/猪尾子、狗尾子/尾_儿 猪尾儿；狗尾儿；代指小米儿｜猴：猴子/孙猴子/猴_儿 孙猴儿、猴儿把戏、

---

① 丧葬习俗，入殓时由尊长之人授斧匠人响钉封棺。

猿猴儿、细猴儿｜筷：筷子/筷儿 碗筷儿、木头筷儿｜叶：叶子/叶儿 蒜叶儿、萝卜叶儿｜爿屁爿：爿子 屁股爿子、老屁爿子/爿儿 屁爿儿｜勺[saʔ³⁵]作勺：勺子 盛饭用/勺儿[sarʔ²¹]细勺儿，调羹｜趹：趹子 绳儿趹子；草绳/趹儿[kʰɘ³³]趹儿，洗澡时身上搓下来的条状的灰｜索：索子 车链条/索儿 项链｜坎：坎子 堡坎子，体积较大/坎儿 河坎儿，体积较小｜槽：槽子/槽儿｜盘：盘子/盘儿 车盘儿｜钩：钩子/钩儿

b. 一些字单独不能成词或能复合成词，子尾表示总称，小称是子尾词前附加"细"，没有对应的儿化词。

梨梨花、梨树：梨子/细梨子｜箬：箬子 芦柴箬子、竹箬子、玉米箬子/细箬子｜膜薄膜、角膜：膜子 粥膜子｜疖：疖子/细疖子｜鲲：鲲子 青鱼/细鲲子｜癞：癞子/细癞子｜粽：粽子 肉粽子、端午粽子/细粽子｜药 动词；药人①、药老鼠 名词：一般吃的药 药子 鞭炮里的火药｜月：月子 坐月子｜粉 凉粉、砣粉、山芋粉：粉子 药粉子｜合 打合、合得好：合子 说合子｜畈 畈田：畈子/细畈子｜蚬：蚬子/细蚬子｜媒 做媒：媒子 中间人，有贬义

c. 一些字单独不能成词或能复合成词，儿化后能单说，小称是前附加"细"，没有相应的子尾词。

猫 米猫、公猫：猫儿 白猫儿/细猫儿｜枣 蜜枣：枣儿 蜜枣儿/细枣儿｜蚕 林蚕场、蚕桑：蚕儿/细蚕儿｜鹅 天鹅儿、白鹅儿、细鹅儿｜茄儿 紫茄儿、番茄儿/细茄儿｜伢儿 男伢儿、女伢儿/细伢儿｜茧儿/细茧儿｜雀 麻雀儿/细雀儿｜麨 谷物磨成的粗粉：玉米麨儿、大麦麨儿/细麨儿

d. 一些字能成词或复合成词，儿化是其小称，没有相应的子尾词。

缸 名词：水缸、茅缸；粪坑：缸儿 细缸儿、恶水缸儿、锅灶边的泔脚缸｜秧 名词：插秧、起秧 动词：秧油菜：秧儿 小秧儿，植物的苗，转义｜官 名词：当官、做官：官儿 细官儿、做官儿；见于口语；人名｜豆 名词：豆食：豆儿 黄豆儿、蚕豆儿、豌豆儿、细黄豆儿｜叉 动词：拿笔叉掉：叉儿 叉叉儿｜勾 动词：拿笔勾掉：勾儿 勾勾儿｜瘤 肿瘤：瘤儿 细瘤儿｜笋：淘笋儿｜膊 赤膊、肉赤膊：膊儿 胳膊儿、赤膊儿、肉赤膊儿

e. 一些字单独能成词，加上子尾后发生转类或变义，儿化词一般是原词或子尾词的小称，但不尽然。

弯 动词：弯啊好几圈：弯子 绕啊几个弯子/弯弯[vẽ²¹ver²¹/²¹³]弯状物件｜圈 名词：猪圈；动词：圈落地：圈子/圈儿｜刨 动词：刨木头：刨子 木工用的工具，形体较大者/刨儿 木工用的工具，形体较小者｜钩 动词：你不理他，他来钩你：钩子 钓鱼钩子、铁钩子/钩儿 秤钩儿、檐头钩儿｜铲 动词：铲子 饭铲子/铲儿 铲子｜鬼 名词：鬼神；形容词：含啬：那伢儿不晓得多鬼：鬼子 日本鬼子/鬼儿 细鬼儿、讨债鬼儿｜牌 扑克牌：牌子 广告牌，一般形体较大/牌儿 牌照，一般形体较小｜渣 形容词指蛮横、霸道，那个人渣煞啊：渣子 泔脚，多喻品行恶劣的人/渣儿 肉渣儿、脂油渣儿｜马：马子 马桶/马儿 小便桶｜侉：侉子 总称/侉儿 某侉儿，指某位性格比较粗犷的人｜拐 动词：拐骗：拐子 拐杖/拐儿 手拐儿、脚拐儿｜剪 动词：剪子/剪儿 指甲剪儿、细剪儿｜管 动词：管子/管儿 嗓管儿、针管儿、气管儿｜单 形容词：单子 成绩单子、菜单子/单儿 成绩单儿、菜单儿、药单儿｜把 动词、介词：把子 稻把子/把儿 稻把儿、草把儿、洗锅把

---

① "药"当名词，指一般吃的药，音[iaʔ³⁵]。"药"还可当动词，"药老鼠"、"药牲事（牲口）"、"拿药药人（用毒药害人）"，音也是[iaʔ³⁵]。"药人"作形容词，指对人有毒害作用，音[iaʔ³⁵/²¹³ zɿ³⁵]，如"这个稿子吃起来不药人"，还是自感动词，表示"使人感到有毒"。

第二章　构词法　　　　　　　　　　73

儿｜头强头、枕头：头子小麦头子、芋头头子、骚偬头子、尻儿头子、大肠头子/头儿 头头儿、脓头儿、蜡烛头儿｜掸动词：掸尘 掸子鸡毛掸子/掸儿 鸡毛掸儿｜盘名词：车盘；动词：把稿子拿啊手上盘啊耍子 盘子盛菜的器皿/盘儿 车盘儿｜尖形容词：尖子尖子学生/尖尖儿[tɕi²¹tɕiər²¹/²¹³]尖状器物的顶端｜套动词：外的套件衣裳；量词：套子/套儿 衣袖套儿、笔套儿、送套儿；接吻｜牛牛的总称：牛子粮食之中的一种小黑虫/牛儿 细牛儿：牛犊；天牛儿：即天牛，一种昆虫｜角牛角、羊角：角子硬币/角儿 豆角儿、馒头角儿、水糕角儿｜爪动词：落天走路脚爪啊紧啊：爪子鸡爪子、乌龟爪子/爪儿 鸡脚爪儿、猪脚爪儿：喻电线插头的部件｜米：米子诱饵/米儿 花生米儿、狗米儿、小米儿｜对动词：对得上、对起来：对子对联、扑克牌中花色成双的牌、姊妹对子/对儿 扑克牌中花色成双的牌、姊妹对儿｜秸豆秸：秸子/秸儿 玉米秸儿、麦秸儿｜花棉花、开花：花子讨饭花子/花儿 扑克牌的花色：草花儿、梅花儿｜黄黄色、米黄：黄子蛋黄子、蛋黄，"黄"读uã35/黄儿 蛋黄儿、蛋黄、鸡黄儿、烂鸡屎｜刀朴刀、镰刀、铡刀、闸刀 刀子/刀儿 铅笔刀儿、钩刀儿｜段一路段：段子/段儿 木头段儿、鱼段儿｜凳大凳、条凳：凳子/凳儿 小凳儿、方凳儿｜板木板、黑板、楼板：板子/板儿 瓦板儿、脚板儿｜蛮形容词：蛮不讲理、蛮得不得了：蛮子｜点：点子/点儿｜皮肉皮｜牛皮：皮子扁食皮十/皮儿 麸皮儿、头发皮儿、蛋皮儿

f. 一些字单独能成词，加上子尾后发生转类，没有直接对应的儿化词，有些可重叠儿化，以前附加形式"细"表小称。

疯形容词：疯子/细疯子｜呆形容词：呆子/细呆子｜痴形容词：痴子/细痴子｜败形容词：败子/细败子｜胖形容词：胖子/细胖子｜圆形容词：圆子汤圆、麻圆儿一种点心/圆圆儿 圆状的小型器具｜矮形容词：矮子/矮矮儿贬指身材矮小的人｜顺形容词：顺子扑克牌中成对的统一花色的牌/细顺子指成顺子的点数比较小的牌｜锥动词：锥子/细锥子｜舀动词：舀子/细舀子｜夹动词：夹子/细夹子

对比中可以发现，大多情况下泰如话的"子"一般是成词称说，或表示总称，"儿化词"是其小称形式。不管是子尾还是儿化，表小称时不少词都可前附加"细"。由于两者虚化程度不一，子尾词和儿尾（化）词又呈现出比较复杂的情况，有些"了尾"或"儿尾（化）"是衍音成分，如"贼子/丝瓜子｜肉赤膊儿/尻只儿"；有些是完全等值的，如"稻把子/稻把儿｜孙猴子/孙猴儿｜对子/对儿｜菜单子/菜单儿｜鸡毛掸子/鸡毛掸儿"，"驼背"既说"驼子"，也说"驼腰儿"，"罩衫"姜堰叫"加袺子"、海安叫"加袺儿"；"粪筐"姜堰叫"屎笤子"，海安叫"屎笤儿"；"鸡皮"如皋叫"鸡皮子"，海安叫"鸡皮儿"，"子"、"儿"都是成词标记。普通话的"铲子"在海安话中特指"饭铲子"，"铲儿"相当于普通话的"铲子"，"铲儿"不是"铲子"的小称。"斧子"在泰如话中是无词尾类别，要说成"大斧[tʰe²¹fu²¹³]"；"屋"和"房子"在泰如话中都说，"盖屋、起屋"也说"盖房子、起房子"，前者是方言固有表达，后者则来自普通话，在一些复合词中，还能看出两者与其他词语搭配时的不同："盖屋匠"不说"盖房子匠"、"屋檐头"不说"房檐头"、"屋山头"不说"房山头"、"堂屋"不说"堂房"；反过来"买房子"也不说"买屋"，"装修房子"不说"装修屋"。可见尽管泰如方言属于官话体系，受普

通话的影响较大，但方言内部要素体系并没有发生紊乱。

6. 泰如话"稿子"与"物事"、"东西"的虚化对比分析

普通话的"东西"，在吴语中相对应的是"物事"，泰如话则是"稿子[kɔ²¹³tsɿ³]"，是个典型的子尾词。清代泰州学者赵瑜的《海陵竹枝词》中写道："东路人来买'稿子'，南路人邀过'瓦家'_{我家}。忽逢西北乡农到，醒得_{晓得}连称笑语哗。"①说明泰州城的东乡方言有"稿子"，而城南、城西北乡没有。"稿子"至今通行于泰如片的大部分地区，在口语中使用频繁，可以看作泰如话的一个特征词。顾黔（2001）、汪如东（2006）分别记作"杲子"、"搞子"。本书对其用法作进一步的描述，就目前比较流行的"杲昃"本字说提出质疑，结合吴语的"物事"、普通话的"东西"，考察其在虚化过程中所表现出的共同特征。

a. "稿子"溯源。

泰如片方言表示"东西"的"稿子"，一种流行的看法，认为其本字为"杲昃"。东台著名报人戈公振认为，《诗经·卫风》中有"杲杲日出"的诗句，在《说文解字》中，"杲"被训释为"明也"，《淮南子·天文训》："日登于扶桑，是谓出明。故杲字日在木上。"段玉裁的《说文解字注》："杲杲然日复出矣。从日在木上。读若藁。"《易·离卦》有"日昃之离"、《丰卦》有"日中则昃"的记载，《周礼·地官·司市》有记载："大市日昃而市"，《书·无逸》："自朝至于日中昃"，《左传·定十五年》："日昃乃克葬"，"昃"乃"日偏西"之义，《说文解字》"日在西方时侧也。"②戈先生对"杲"、"昃"各自的解释并没有错，但认为"杲昃"就是"东西"的本字却显得牵强，对此，笔者（2006）提出不同的看法。方位名词"东""西"凝固成词泛指各种事物的语源，历来说法不一。《辞源》的解释是："物产于四方，约言之曰东西，犹记四季而约言春秋。《南齐书》豫章王嶷传：上曰：'百年复何可得，止得东西一百，于事亦济。'唐大中二年正月制：'所在逃户见在桑田屋宇等，多是暂时东西，便被邻人与所由等计会推去代纳税钱，悉将伐折毁。'（《文献通考》），皆指产业而言，后来泛指物件为东西。"宋代用"东西"指具体的事物，如王炎《和尧章九日送菊》之一："对花懒举玉东西，孤负金钱绿满枝。"周紫芝《南柯子》词："殷勤犹劝玉东西，不道使君，肠断已多时。"两例中的"东西"分别指酒杯或酒。但拿中古出现的"东西"，推出上古有个"杲昃"，这在逻辑上是说不通的，古代文献上并没有"杲昃"一词。该词在海安方言点的发音为[kɔ²¹³tsɿ³]，这里的[tsɿ³]，我们认

---

① 转引自鲁国尧《泰州方音史与通泰方言史研究》一文，《海陵竹枝词》为清赵瑜著，1864年问世。
② 王分年：《通泰方言中的"杲昃"》，载《神州民俗》2008年第10期。

第二章　构词法

为其实就是常见的词缀"子"。查《汉语大词典》，"昃"一指日西斜，一指倾斜，后义显然是由前义引申而来。"昃"在海安方言中读[tsəʔ³³]，在口语中有"倾斜"义，如：

（42）地图挂啊昃啊下。_{地图挂斜了。}

（43）车子昃过来啊。_{车子斜着倒下来了。}

（44）他是个昃头儿[tsəʔ³³tʰər³⁵]。_{他是个歪脖子。}

泰如片方言子尾的韵母，除了读作ɿ，在一些地方还读作e、ə，如兴化、泰州的"儿子｜孙子｜篮子｜凳子"等词中，后面的"子"都读成"哉"或"仄"，大概因常读作轻声，读音也变得模糊的缘故。读作ə后，就跟"昃"同音了，难怪有人会记作"呆昃"。在泰如片方言中，古效摄见组字往往有两读，在口语中读[k、kʰ]，书面语中读[tɕ、tɕʰ]，如"教书"、"敲钟"中的"教"、"敲"。"睡觉 [xyi³⁵kɔ³³]"、"挨搅 [ŋe³⁵kɔ²¹³]_{受苦劳累}"、"绞肉机 [kɔ²¹³zɔʔ³⁵tɕi²¹] "中的"觉"、"搅"、"绞"的读音也是如此，而"挨搅"只有口头的表达形式①。我们推测，泰如片方言"稿子"的"稿"的本字大概也是类似的古见母效摄字。"稿子"（稿）在其他方言或近代汉语中也见使用，如在浙江仙居话中有记载，"稿"记作"呆"②：

无呆：没事｜有呆做：有事情做｜有呆吃：有东西吃｜呆配或呆过：配饭的东西｜无呆做：没事情做｜无呆讲：没东西讲。

山东寿光方言中有"稿儿"（据研究生田丽娜告知），表示"东西"，"稿儿"不是小称。

浙江绍兴话有"袋袋里一些唔交子"、"屋里头唔交子"，"交"音"告"。③

再看近代汉语：

（45）你写与我告于，各处桥上角头们贴去。（《朴通事》）

（46）有一个曾同笑，待想像生描着，再消详邈（描）入其中妙，则女孩家怕漏泄风情稿。（《牡丹亭·写真》）

（47）我看见哥儿的这个形容身段，言谈举动，怎么就和当日国公爷一个稿子！（《红楼梦》第二十九回）

《汉语大词典》把后两例中的"稿"、"稿子"解释为"模样、样子"。这与泰如片方言中的"稿子"存在着什么联系，值得进一步加以研究。郑张尚芳也觉得泰如话的"东西"一词与"呆昃"无关，没有什么意义上的联系，觉得大概是"搅（搞）子"，相当"玩意儿"，或者深求一下，也可

---

① 《泰县志》第710页："害得老百姓，挨了多少伤心肉头桔"中的"桔"也当为"搅"，"桔"于声调不合。
② 引自《仙居虚拟城》，2009年9月21日发帖。
③ 胡文炜：《从"交子"说起》，载中国柯桥网2008年3月7日。

记为"盩",《说文》：器也，从皿汹声，古巧切，在泰如白读音同稿，姑且记为"稿子"。①

b."稿子"的语音、语义特点。

海安话中的"稿子[kɔ²¹³tsɿ³]"另有两个变体："稿[kɔʔ²¹³]"和"稿儿[kɔr²¹³]"，使用时有一定的条件，不能互相替代：前者可以看作是"稿子"在语流中丢失了子尾，变读为入声，一般与"的"一起连用；后者是"稿"的儿化，见于儿语。如：

买稿的[me²¹³kɔʔ²¹³tiɿʔ³]（＝买东西的人/买了东西的）｜吃啊稿的[tɕʰiə³⁵ka³kɔʔ²¹³tiɿʔ³]（＝吃饭之类的/吃了东西的）｜听话才买好稿儿你吃（哄孩子时）（＝听话才买好东西你吃）

泰如话中的"稿子"相当于普通话中的"东西"，泛指各种具体或抽象的事物，在下列几组例子中，它们的意义是对等的：

买稿子=买东西｜甚的稿子=什么东西｜搬[pʰoʔ³⁵]稿子= 搬东西｜稿子崭新的=东西崭新的｜好稿子人人都欢喜=好东西人人都喜欢｜他不是个稿子！=他不是个东西！

但在不少场合它们又不是对等的，"稿子"不能用相应的"东西"来替换，或替换后所表示的意义不同，有感情色彩方面的差异。以下分类举例说明：

"做稿子"表示"干活儿"，"做甚的稿（子）的"引申为对所从事职业的询问：

（48）他一天到晚忙啊做稿子寻[tɕʰi³⁵]钱。他从早到晚忙着干活儿挣钱。

（49）天热，做稿的人还在歇。天热，干活儿的人还在休息。

（50）你是做甚的稿（子）的啊？你是干什么工作的呀？

泰如方言中，"稿子"一词常与"甚的"连用，共同充当疑问代词，表示特指或泛指，"甚的稿子"相当于普通话的"什么东西"，也成为泰如话特征性的表达。

"说稿子"表示"埋怨、责备"：

（51）老奶奶在田的说稿子。老奶奶在地头数落别人。

（52）不好好学习要挨老师说稿子。不好好学习要被老师批评。

（53）不要说没相干[məʔ³⁵ɕiã²¹/³⁵kõ²¹/²¹³]的稿子。不要捕风捉影说些不相干的话！

"说稿子"中的"稿子"指"不中听的话"，普通话不说"说东西"，但可说"说了些东西"，没有泰如话"说稿子"的凝固性那么强。

"写稿子"表示订立婚约：

---

① gem_cc《郑张尚芳谈"杲昃"》，2013年4月17日，海安话吧。

第二章　构词法

泰如话中有"替报纸写稿子﹝稿儿、稿件﹞"、"写稿子告他"，这里"稿子"的使用同普通话，"写稿子"还特指"订立婚约"：

（54）今朝他写稿子。今天他订婚。

（55）两个人不曾写稿子就结啊婚。两个人没订婚就结婚了。

（56）稿子写啊就不好离婚啊？订了婚就不能离婚吗？

颇疑惑这里的"稿子"就是其本字，但苦于文献无凭，姑录此以存疑。

"看稿子"中"看"有阴平和去声两种不同的读法，表示的意义也不同。《广韵》一为苦寒切，一为苦旰切，分别表示"看护、守护"和"探望、观察"，泰如话保留着中古这种"看"的两种不同读音。

"看"为阴平时，"看稿子[$k^hõ^{21}kɔ^{213}tsɿ^3$]"指"看护东西"：

（57）他在厂的负责看稿子。他在厂里负责看护东西。

（58）过年的档儿，我帮他看啊两天稿子。春节期间，我帮他看护了两天东西。

"看"为去声时，"看稿子[$k^hõ^{33}kɔ^{213}tsɿ^3$]"，除指一般意义上的"看东西"、"看书稿"外，还特指"看演出、看表演"：

（59）他喜欢看稿子。他喜欢看演出。

（60）晚上大会堂的有稿子（稿）看。晚上大礼堂里有演出看。

"好稿子"不仅指"好东西"，常用来比喻人聪明、才能突出，有时也用作反语：

（61）好稿子到啊他手上马上就没得啊。好东西到了他手上马上就没了。

（62）那伢儿好稿子，成绩经常考第一。那孩子好样的，成绩经常考第一。

（63）他眼睛直睖，好稿子啊！他眼睛骨碌直转，厉害的角色啊！

普通话用"东西"特指人或动物时也多含厌恶或喜爱的感情色彩，如"老东西"用来骂不喜欢的老人，"小东西"可以用来指喜爱的小动物，但一般不用"好东西"来比喻人聪明能干。上例中的"眼睛直睖"，语含贬义，"好稿子"也是反语，这种反语用法同时见于吴语的"物事"，如上海话有"一票物事"，"物事"是货色的统称，借喻为说话者所鄙视的人，相当于普通话的"这号人"。

"稿（子）的"表示同类的事物，相当于"……等之类"、"……之类的东西"，意义变得虚化。

（64）书啊稿（子）的放啊包的。书之类的放到包里。

（65）带点钱身上，防备买菜啊稿（子）的。带上点钱，以防买菜之类。

（66）吃啊稿（子）的不要担心，有人准备。不要担心吃饭之类的，有人准备。

（67）大家掌平均，省得算啊稿（子）的。大家平均分配，省得算之类的。

"稿子"后面甚至还可再接"稿的"，这里"稿的"虚化的含义更显而易见了：

（68）路上带的稿子啊稿的小心点儿！ 路上带着的东西之类要小心！
（69）你先走，他还要买稿子啊稿的。 你先走，他还要买东西之类。

c. "稿子"与"东西"、"物事"虚化过程的比较。

"稿子"、"物事"分别是泰如话和吴语的特征词，由于受普通话的影响，"东西"一词在两地方言中都讲，特别是以东西借喻指人时，如：

（70）他不是个东西！（泰如方言）
（71）笑嘻嘻勿是好东西。（上海谚语）

随着普通话影响的加强，"东西"会越来越多地占据"稿子"、"物事"的地盘，但要完全取代它们却是一个漫长的过程，正如上文所述，它们在意义、搭配及用法上都有差异，不能完全替代。值得注意的是，在同属江淮方言的扬州话中，"东西"被称作"东子"，是一个子尾词，似乎是泰如方言的"稿子"和普通话的"东西"糅合的产物！扬州话属于洪巢片，比泰如片更近于普通话，但普通话的"东西"一词也没有完全在该方言中扎下根来。

目前关于词语的语法化（grammaticalization）是一个研究的热点，即通常指语言中意义实在的词转变为无实在意义、表语法功能的成分这样一种过程或现象。但实词虚化的程度和速度是相对而言的，就词类而言，动词虚化的情况最多，名词和代词则相对少些，且虚化的程度和速度都不如动词，普通话的"东西"、泰如话的"稿子"、上海话的"物事"给我们提供了研究该类实词虚化的一个视角。

"东方"由表示方位的"东方与西方"，引申为近旁、旁侧：

（72）念花意厚何以报？惟有醉倒花东西。（宋欧阳修《四月九日幽谷见绯桃盛开》）

泛指四方：

（73）我里百余家，世乱各东西。（唐杜甫《无家别》）

"物产于四方，约言称之为东西"中的"东西"由表示方位到表示物产，是指称方面发生的变化，"那人不是个好东西。"由指物到指人，"东西"的方位义已消失殆尽，"他买了钢笔、本子、橡皮、水果、玩具等东西。"中"东西"具有总括所列各类物品的功能，可以省去而句子意思不变，但"等"却不能省去，说明"东西"在这类表示省略或列举的句子结构中语法意义进一步大于其词汇意义。泰如话"稿子"的意义比较实在，但不同义项之间仍能看出由实到虚演变发展的轨迹："买稿子、做稿子、看稿子、写稿子"中"稿子"的意义最为实在，跟动词的搭配也比较固定。"他不是个稿子"中"稿子"表示对他人的评价，意义相对就要虚些，"你先走，他还要买稿子稿的"句中"稿的"相当于"……等之类"，词义显得更虚。吴语中的"物

事"也有这种由实到虚的变化轨迹:

"物事"一般表示具体的某个东西:

(74) 笙末,有种人恐怕勿晓得,有点象佛手能介一只物事,叫笙。(上海话)

(75) "这包的是什么东西?"陆婆道:"是一件要紧物事,你看不得的。"(《醒世恒言》第16卷)

(76) 你搭自弗小心,吃个白日撞子物事。(《山歌》第9卷)

也表示对他人的评价,意义要虚化些:

(77) 小王勿是物事,倷勿搭俚轧淘_{交朋友}。(苏州话)

用于表示名词列举,"物事"具有连接词的功用,词汇性意义显得更虚:

(78) 拉菜场买仔辣椒、黄瓜、肉、鱼咾啥物事。(上海话)

"东西"、"稿子"、"物事"分别是普通话、泰如话和吴语中带有指称性质的名词,在词义的引申上具有由实到虚共同的演变特征,由指具体的客观事物到指人,可认为是语法化机制中从一个概念到另一个概念的投射,即隐喻的共同作用,但这并不表示它们在跟其他词语的搭配上完全相同,如表示疑问时,普通话是"什么",泰如方言是"甚的",吴语是"啥",彼此毫不相混,泰如片方言不说"什么稿子",吴语也不说"甚的物事"。由物指人时,一般是往坏的方面说:他不是个东西(稿子、物事)!泰如片中的"好稿子"可指人:"他好稿子!""那伢_儿是个好稿子!"字面虽为称赞,一般多含贬义。

"东西"、"稿子"、"物事"在读音上都带有轻声,一般承担构词的责任,意义趋于虚化。这种虚化的特征表现在它们在一定语言环境下所出现的一些变体:

(79) 同志,这个东西叫铜圆,就是钱啦!钱!你懂吗?你可以用这个东东买东东,买小熊饼干呀,买棒棒糖和羊肉串呀。(网络)

(80) "你个臭东东!打你去!"苓欢喜的时候,"东西"便是"东东"。(网络)

采用"东"的叠音形式来指东西,"东东"一般出现在网络语言、儿语及关系密切的年轻人之间,以口语形式为主。

如前所述,泰如方言中的"稿子"在表示列举同类事物时,"子"在语流中一般可以省去,前面常出现"啊",后面必须要带"的",兹再列举数例:

(81) 他在街上买啊黄瓜、茄_儿、豇豆_儿啊稿的。_{他在街上买了黄瓜、茄子、豇豆之类的东西。}

(82) 我还同他买啊衣裳啊稿的。_{我还给他买了衣服之类的东西。}

(83) 他腿子不好,上楼啊稿的吃力得不得了。_{他腿不好,上楼之类的非常吃力。}

可见，"稿子"中"子"的意义变得十分虚化，还可以从以下两组短语的对比中看出"子"的性质：

看稿子_{看演出}≠看稿（子）的_{看演出的人/看演出了}
说稿子_{埋怨}≠说稿（子）的_{埋怨的人/埋怨了}

"看稿子"、"说稿子"中的"子"不能省去，作定语时"子"在语流中则可以省去。下面这些句中的"这稿子"、"那稿子"相当于"这"、"那"：

（84）这稿子怎啊弄法？_{这可该怎么办呢？}

（85）这稿子倒好玩儿呢！_{这倒好玩呢！}

（86）上人家去不带稿子，那稿子像话呢！_{去人家家里不带东西，那哪像话呢！}

"稿子"在表义上已经是可有可无，只是形式上还存在罢了。

吴语中的"物事"从读音到写法也有几种形式。在近代一些反映吴语特点的小说中也写作"末事"、"没事"：

（87）本来要唱两句来列公听听个，但是文章个件末事懂个人少，只好表个子罢。（《合欢图》第21回）

（88）杨奶奶，我里师父送个没事来里。（《缀白裘》第3集第2卷）

不管是"末事"、"没事"还是"物事"，"事"一般都读作轻声。当然吴方言的"物事"还没有像普通话的"东西"、泰如话的"稿子"那样的语法化情形，说明不同方言中词义相近的实词虽然都可能虚化，但未必有着相同的语法化途径。

（二）儿化（尾）

儿化和儿尾是两个不同概念，在语音发展史上，从儿尾到儿化经过了一个相当长的历史过程，泰如方言区的南通、泰兴、海安、如皋、如东等地以儿化形式为主，其他点则以儿尾形式常见；前者表现为[ɚ]与前面的音节合为一体，后者则是自成音节，读轻声。吴语区常见的是儿尾形式，但读音形式不同，一般是 ŋ和ɲ，且分布不均。南部吴语比北部吴语丰富，如温州的儿尾词有二三千条（郑张尚芳，2008），北部吴语在苏州话中只有四个词（李小凡，1998）：囡件[nø$^{223/22}$ŋ$^{223/44}$] | 小干件[ɕiæ^{52}kø$^{44/23}$ŋ$^{223/21}$]_{小孩儿} | 小娘件[ɕiæ^{52}niã$^{223/23}$ŋ$^{223/21}$]_{小姑娘} | 筷件[kʰuA$^{523/44}$ŋ$^{223/21}$]，除第一例为成词标记外，其余三例都是羡余成分。在吴语的早期白话文献《山歌》中，"件"写作"儿"，构词能力比现在强，如：筷儿 | 男儿 | 酒儿 | 脚儿 | 口儿 | 台儿 | 月儿，"件"很可能也是历史上儿化后缀的残迹。关于泰如方言的"儿"何时读为[ɚ]，清李汝珍《李氏音鉴》中写道："即如儿字，古皆瓢移切，以近时南北方音辩之，读昂移切，吴音或读娘移切，惟泰州方音读瓢移切，音与古同"，怀恕轩主人（江苏泰州人）《字音集义通考》，却未将"儿"、"二"、"而"等置于支部，却独立为而部，说明其时它们已经变为[ɚ]了，《李氏音鉴》刊

印于嘉庆十五年(1810年),《字音集义通考》作于同治年间(1862—1874),鲁国尧(2003)据此认为泰州方言儿化的产生当在其间。

1. 泰如话儿化的音变

平舌韵字跟"儿"拼合而成,在拼音的过程中原来的韵母会发生一些改变:

表 2—6　　　　　　　泰如话儿化韵与儿化词例

泰如方言平舌韵母	泰如方言儿化韵母	儿化例词
a ã aʔ	ar	耙儿｜康儿｜索儿
ia iã iaʔ	iar	霞儿｜箱儿｜脚儿
ua uã uaʔ	uar	香瓜儿｜光儿｜咕哇儿①
ya yã yaʔ	yar	耍耍儿｜桩儿｜桌儿
o õ oʔ	or	鹅儿｜罐儿｜洋火盒儿
io iõ	ior	衣袖儿｜圈儿
ɿ ɤɿ ə̃ ʔɿ	ər	池儿｜杯儿｜根儿｜格儿
i ĩ iʔ	iər	旗儿｜眼镜儿｜帖儿
u	ur	细老鼠儿
y	yr	嘴儿
ɛ̃ ɛ	er	板儿｜细鸭儿
uɛ̃ ue	uer	锦怀儿｜筷儿
uɤɿ uə̃ uəʔ	uər	柜儿｜木棍儿｜脆骨儿
yɤɿ yə̃	yər	锤儿｜军儿
ɔ ɔ̃ ʔɔ	ɔr	稿儿｜洞儿｜细竹儿
iɔ iɔ̃ ʔiɔ	iɔr	袁桥儿｜雄儿｜旭儿

表 2—6 中有些儿化词例是泰如当地的人名,如"康儿｜霞儿｜光儿｜军儿｜雄儿｜旭儿｜根儿｜锦怀儿",有些是地名,如"袁桥儿(但"仁桥"不儿化)",都是地道的当地方言儿化词,海安有"姜桥儿｜鸭儿湾｜双楼儿"等地名。"二"表示排行读快时常粘附于前一音节而儿化,如"小二爹｜小二奶奶｜王二麻子｜张二爹"分别发音为[ɕiɔr²¹³tia²¹/²¹³]｜[ɕiɔr²¹³ne²¹³ne³]｜[uar³⁵ma³⁵tsʅ⁵]｜[tsar²¹tia²¹/²¹³]。

儿化前后一些词有声调方面的变化:

芦[lu³⁵]:葫芦儿[fu³⁵lur³⁵/²¹³]｜哥[ko²¹]:八哥儿[pɛʔ³³kor²¹/⁵]｜箩[lo³⁵]:

---

① 一种水鸟,叫声似"苦啊苦啊"。

淘箩儿[tʰɔ³⁵lor³⁵/²¹³] | 袖[ɕio³³]：衣袖儿[i²¹ior³³/²¹³] | 头[tʰɤi³⁵]：畚头儿[põ²¹tʰər³⁵/²¹³]/零头儿[nĩ³⁵tʰər³⁵/²¹³]/码头儿[ma²¹³tʰər³⁵/²¹³]河中间的堤坝 | 胞[pɔ²¹]：双胞儿[ɕyã²¹pɔr²¹/²¹³] | 洞[tʰɔ̃²¹]：灌洞儿[kõ³³tʰɔr²¹/²¹³]吸管/涵洞儿[xɔ̃³⁵tʰɔr²¹/²¹³] | 缸[kã²¹]：烘缸儿[xɔ̃²¹kar²¹/²¹³]一种简便的火炉 | 结[tɕiʔ³³]：结结儿[tɕiʔ³³tɕiər³³/²¹³]说话结巴或具有该特征的人 | 刻[kʰəʔ³³]：刻儿[kʰər²¹]一会儿时间/这刻儿[tsa³³kʰər³³/²¹]/那刻儿[lo³³kʰər³³/²¹] | 齁[xɤi³⁵]：齁齁儿[xɤi³⁵xər³⁵/²¹³]哮喘病患者 | 蟆[maʔ³⁵]：蛤蟆儿[xa³⁵mar³⁵/²¹³]蝌蚪 | 块[kʰue³³]：做块儿[tsɔ³³kʰuer³³/²¹³] | 赤[tsʰɔʔ³³]：肉赤膊儿[zɔʔ³⁵səʔ³³/³⁵par³³] | 妈[ma²¹]：妈儿[mar³³]婶婶 | 大[ta²¹]：大儿[tar³³]伯伯，儿语 | 泡[pʰɔ³³]：泡儿[pʰɔr²¹] | 系[ɕi³³]：系儿[ɕiər²¹]系绳 | 盒[xoʔ³⁵]：洋火盒儿[iã³⁵xo²¹³/⁵xor²¹]火柴盒 | 踏[tʰɛʔ³⁵]：脚踏儿[tɕiaʔ³³tʰer²¹]脚踏 | 笞[laʔ³⁵]：笞儿[lar²¹] | 勺[saʔ³⁵]：勺儿[sar²¹] | 叶[iɪʔ³⁵]：蒜叶儿[sɔ̃³³iər²¹]/萝卜叶儿[lo³⁵pɔ²⁵iər²¹]

也有些词儿化与不儿化皆可：如"伴-伴儿（做伴[tsɔ³³pʰɔ̃²¹]=做伴儿[tsɔ³³pʰor²¹]）","朝-朝儿（前朝[tɕʰi³⁵tɔ²¹/⁵]=前朝儿[tɕʰi³⁵tɔr²¹/⁵]）",在泰如内部不同点的读音也不完全一致，一般没有表义或感情色彩方面的差异。

2. 儿化词的意义类型

a. 称呼人。

妈妈儿 女人、老婆 | 爷儿 叔叔 | 细尻儿 骂女孩子的话 | 讨债鬼儿 | 细俽儿 骂男人的话 | 伢儿 | 细拉宝儿 骂小孩的话 | 矮佬儿 贬指个子矮的人 | 老相鬼儿 贬指装大的孩子 | 背锹儿 骂男孩子的话 | 细丫头儿 | 光光塘儿 光棍儿

b. 称呼小名。

泰如话人名的称呼一般有大名和小名两种，在比较正式的场合称呼名和姓或只称呼名，在非正式场合一般是名字的儿化，有单音节也有双音节：

忠儿 | 跃儿 | 强儿 | 梅儿 | 芳儿 | 林忠儿 | 克跃儿 | 锦强儿 | 红梅儿 | 何芳儿

随着普通话影响的加深，用叠音形式称呼孩子乳名的情形逐步变得普遍，如"彬彬 | 文文 | 芳芳 | 红红"，但一般成人的小名还是以儿化形式较为常见。

c. 称呼时间。

即刻儿 | 前朝儿 前天 | 先朝儿 刚才 | 移小儿 小时候 | 带插儿 忙里偷闲 | 饭档儿 吃饭的时候

这些时间名词所表示的时间一般都较为短暂，"前朝儿"、"先朝儿"分别指"前些天"、"刚才"，距离说话当时的时间都较近。

d. 当地地名。

鸭儿湾 | 兔儿塘 | 四汊港儿 | 姜桥儿 | 双楼儿 | 朱楼儿 | 秦楼儿 | 俞楼儿 | 降儿桥

e. 称呼游戏。

草花儿 | 方块儿 | 红桃儿 | 假钩儿（扑克牌花色名）

第二章 构词法

小套儿｜大套儿｜跳儿｜花档儿｜人脸儿（踢毽子名）
抶响儿｜捉狗儿｜跳绳儿｜躲猫儿｜扯吆儿｜骑架马儿 小孩骑大人脖子上（游戏名）

游戏在人们的生活中具有轻松随意的感情色彩，称呼常儿化。

f. 称呼动物。

鹅儿｜蚕儿｜猫儿｜土狗儿 蟋蟀｜蓑衣虫儿 花蚰蜒｜细鸡儿｜细羊儿｜细猪儿｜细鸭儿｜细狗儿｜细牛儿｜细鳑鲏儿｜八哥儿[pɛʔ³³kor²¹/³⁵] 鹦鹉

g. 称呼植物。

茄儿｜黄豆儿｜豇豆儿｜细竹儿｜白果儿｜番茄儿｜香瓜儿｜细菜｜棒头儿 苞谷｜破破烂儿 草名｜巴油丝儿 草名｜伢儿拳头 草名｜奶奖儿草 蒲公英

h. 称呼人体器官。

肉脚儿｜细拇指头儿｜黄毛儿｜细腿儿｜肚儿①｜细骨头儿｜手丫儿 手指间，喻手头｜嘴丫儿 嘴唇间

i. 称呼器具、自然事物。

细碗儿｜勺儿｜厢屋儿｜细桌儿｜爬爬儿 小矮凳｜细钵头儿｜细面桶儿｜丝鱼桶儿 一种专供丝网捕鱼的小船｜袈儿｜麻绳儿｜金项链儿｜雪花儿｜雪花儿膏｜油花儿｜冻冻钉儿

j. 习惯短语。

细声儿细气｜不则声儿不则气｜淡话儿搭酱 搬弄是非｜滥意儿搭空 喻老好人性格｜格崩儿兹亮 穿着光鲜｜尖头儿细爪 喻精瘦的人｜画符儿揭浆 涂鸦｜信啊意儿 随便｜讹儿六三 喻男女间关系暧昧｜邪儿八刮[kʰua³⁵] 霸道、蛮横｜癞杂花儿 凑合、将就｜雅儿[iar³⁵]适之 文雅、彬彬有礼｜醉儿麻哄 醉醺醺｜的溜儿圆 圆的程度｜买买儿三 如今：伎俩｜冷冷儿干 微干｜流儿大滑 咋咋呼呼、流里流气的样子｜吊儿郎当②｜锅不动，瓢不响 比喻没有任何动静｜阵儿风、阵儿雨 喻喜怒无常｜嘴如蜜罐儿，心如辣罐儿 喻言行不一｜巴巴掌，打到个二月二，挑蒿儿，洘饼儿，带女儿。不带女儿，穷鬼；女儿不来，烂腿儿。（海安民谣）

k. 实义词"子"的儿化。

弹子儿｜石子儿｜桃子儿｜卵子儿 睾丸｜棉花子儿｜葵花子儿｜西瓜子儿｜箆麻子儿｜铅子儿 硬币

这些例中的"子"具有实实在在的"小"义，称不上严格意义上的词尾，加上"儿"后变得可以称说。

l. 构成叠音形容词。

酸溜溜儿｜壮塌塌儿｜红贯贯儿｜黄色色儿｜咸得得儿｜潮湿湿儿｜厚顿顿

---

① 海安话中称呼人体的"肚儿[tɯ²¹³]"用于儿语，一般叫"肚子[tu²¹³tsɿ³]"或"肚的[tʰu²¹tiiʔ²¹]"，动物的胃也叫"肚儿[tur²¹³]"。

② 泰如话中"吊儿郎当"和"屌儿郎当"意思不同，后者谓一丝不挂，《魏建功文集》（叁）第 80 页：以郎当状光滑貌，实含有孤零之意，吾皋往往状人赤体寸丝不挂曰鸟儿郎当。郎当与光头浪荡之浪荡意同。

儿｜长条条儿｜短骔骔儿

叠音部分多为同音字，没有字面意义。泰如话中这类重叠式形容词有数量和程度上的"微小"义，与此形成对照的是表示数量大、程度深的形容词，一般都不儿化：

酸吧拉叽｜无壮不壮｜红吧拉叽｜黄吧拉撒｜无咸不咸｜潮吧拉撒｜厚驳驳｜碜吧拉撒 菜中有泥沙碜牙

m. 构成副词。

假马儿 假装｜添道儿 故意｜一上儿 原来｜俯就儿 暂且｜才才儿 刚才

n. 单音动词重叠后儿化，表示动作所经历的时间小量，由动词一般重叠形式语法化而来：

来来儿｜去去儿｜等等儿｜看看儿｜讲讲儿｜说说儿｜冷冷儿

o. 数词为"一"的量名结构中，"一"省去，儿化名词充当临时量词，与后面一般名词搭配，儿化词一般变读为213调：

勺儿油｜筷儿肉｜块儿疙瘩｜畚头儿抛灰｜家儿住宅地｜暂儿工夫

a. 至 m. 是词法范畴的儿化，n、o 是短语层面的儿化。

3. 泰如方言儿化词的构成

a. 有些字不能单独成词，只有儿化才成词，在当地方言中自由使用。

鹅儿｜猫儿 在"米猫"（母猫）一词中不儿化｜刻儿｜包儿 包子｜勺儿｜老儿 爹｜披儿 过去依正房搭成的小房子｜雀儿｜虾儿 如果"虾儿çia¹ər²"，指虾仁｜猴儿 正猴儿，又大猴儿，扑克中的大王、细猴儿，又副猴儿，扑克中的小王｜浅儿 一种浅底的小盘子｜把儿 用稻草、麦秸扎成的用具，可以刷洗东西｜袋儿 如方便袋儿、洋面袋儿、塑料袋儿、裤袋儿、钱袋儿、热水袋儿；痨袋儿：个子长不高的人。姜堰"痨将儿"，指矮瘦的人。比较：麻袋｜凳儿 比较：大凳｜坛儿｜筷儿｜棒儿 比较：棒头｜茧儿 蚕茧｜蚕儿"蚕"作为名词出现时，一般必须儿化，组成的词语如"养蚕儿、蚕儿蛹子、蚕儿沙子、春蚕儿、蚕儿种"，但在"蚕桑、林蚕场"（地名）两词中，"蚕"不儿化｜铲儿 对比：铲子｜梗儿｜弯儿 膀弯儿、手弯儿、腿弯儿、脚弯儿｜豆儿 黄豆儿、小豆儿、细黄豆儿、蚕豆儿｜茄儿 番茄儿｜朵儿 花苞｜袈儿 小孩的涎布｜块儿 一起，上声，比较"一块儿"的"块儿"，去声，声调不同，词义有别｜伢儿 小孩｜母儿 拾母儿，一种游戏｜瓢儿｜秸儿｜糁[tsʰer²¹³]儿《广韵》桑感切，米粒、饭粒。泰如话指大麦、玉米等磨制的面，常用于烧稀饭，又叫"糁儿粥"，是当地人过去的主食｜缝[pɔr³³]｜饺儿｜妈儿 叔母｜娘儿 娘舅｜姑儿 刘海｜铃儿｜□[ve²¹]儿 蛙、蛤类｜镘儿 如果：硬币有图案的一面｜瓣儿｜丝儿｜阵儿 极短的时间｜夫儿 对人的贬称：那夫儿没出息

b. 有些多字组不加儿也不成词。

酒杯儿｜油壶儿｜酒盅儿｜雪珠儿｜下晚儿 黄昏｜天狗儿 天狗儿吃太阳，日食｜血汤儿 雨的詈词｜结结儿 说话结巴的人｜搭头儿 已婚男女不正当的性关系｜送套儿 接吻｜盖塘儿 将上好粪的土壅上｜阴沟儿｜裤头儿｜凉鞋儿｜麻饼儿｜药饼儿 药片｜脆饼儿 泰如当地的一种特产面点｜先朝儿｜前朝儿 比较：今朝|昨朝|后朝｜糖果儿 泰如当地一种特色面点｜夜心儿 深夜｜饭档儿 吃饭时辰｜移小儿 小时候｜杨柳儿｜麦桩儿｜红枣儿｜八哥儿｜鱼秧儿 鱼苗｜蛤蟆儿 蝌蚪｜蜜蜂儿｜洋拉刺蛾儿｜鳑鲏儿｜肉鳅儿｜鲫轧儿 鲫鱼｜乌拉儿 乌鱼｜稻子儿｜脚爪儿 猪、鸡等的脚｜围腰儿 围

裙｜毛窝儿 芦柴花和稻草编成的鞋子,现已少见｜箔棒儿 箔子,竹篱笆｜登脚儿 台阶｜面糊儿｜碓臼儿｜对床儿 一种简易的床｜搁铺儿 用凳子临时搭成的简易的铺｜凹坎儿 河坡在水面以下的凹处｜摇床儿 摇篮｜尿马儿｜三车儿｜跑车儿｜提亮儿 一种手提的水桶,比较"亮子"｜针箍儿｜别针儿｜痰盂儿｜跳（水）码儿 河中立梯,架板至水边的设施,以便洗濯｜趋马儿 梯子｜屎窖儿 粪篓｜钩刀儿 一种割草用的农具｜草把儿 草把｜墒沟儿｜货络儿 担东西的绳子｜驳锹儿 一种铲形农具,形体较宽｜麸皮儿｜黄花儿｜狗米儿｜香瓜儿 老香瓜儿,对年纪大的老人的谑称｜白果儿 银杏｜单墙儿 室内用于隔开的墙｜旮旯儿 墙角落｜草棚儿｜小瓦儿｜扶手儿｜院墙儿 围墙｜厢屋儿｜凉匾儿 一种竹器｜锅壳儿 锅台下凹陷进去的地方｜锅脚儿 [ko21tɕiar33/213],指临时搭成的灶台,比较"锅脚儿[ko21tɕiar33]",指汗水)｜躲猫儿 捉迷藏｜石袋儿 石卵,常用作馒头之贬称｜结把儿 关节｜癞膊儿｜瘪嘴儿｜肉渣儿｜翘嘴儿｜豁嘴儿｜手心儿｜嗓管儿｜野种儿｜水口[tshɔr33]办事喜欢冒险、不可信任的人,多指男人｜贼偷儿 小偷｜细尿儿｜括符儿｜小钱儿 铜钱｜假钩儿 扑克牌中的j｜草花儿 扑克牌中的梅花｜红桃儿 扑克牌中的红桃｜方块儿 扑克牌中的方块,也可不儿化｜零头儿｜合卷儿[koʔ333tɕior213]发髻｜拢总儿｜共总儿｜黄猫儿｜□□[lɛ21sɛʔ33]花儿 将就、勉强｜汽锅儿 水蒸气｜羊儿 疯癫癫｜肚脐眼儿｜催生婆儿 接生婆｜萝卜干儿｜生姜米儿 切碎的生姜｜头发干儿 刘海｜咸菜干儿｜水芹菜儿｜大蒜头儿｜树丫把儿｜毛桃脚儿｜算盘珠儿｜玉米籽儿｜玉米糁儿｜芋头子儿｜麦干雀儿｜鼻涕虫儿｜钢丝车儿｜骨灰箱儿｜米筛答儿｜点儿眼 指微小的东西及地方｜枕头套儿 枕套｜钢精锅儿｜鸡毛掸儿｜满心菜儿｜番瓜子儿｜住场墩儿 住宅地｜砖头卵儿 碎砖｜檐头脚儿 屋檐｜石灰脚儿 石灰沤泡后剩下的脚料｜膝头盘儿 膝盖｜光光塘儿 光棍｜眨眨眼儿 对眼睛眨个不停的人的谑称｜吊吊儿灰｜锥洞儿挖眼儿 喻想尽一切办法｜现儿风现儿雨 原指天气变化不定,引申指人变化莫测,也叫"阵儿风阵儿雨"｜指头爪儿 手指｜贴顺遂条儿 姜堰专说好话｜屙屎捅节节儿 如果肿指在压力下慢慢前进

这些词的儿化不可少,否则词或短语就不能称说,说明儿化在这里起着重要的构词作用。

c. 有些单音字本身不能儿化,前加修饰成分时,有些词儿化,有些词不儿化,前加"细"词头后大都儿化。

表2—7　　　　　泰如话儿化词与非儿化词比较（一）

非儿化单音字	儿化词	非儿化词	前加"细"词头例
鞋	凉鞋儿	皮鞋/套鞋/走鞋 布鞋	细凉鞋儿/细皮鞋儿
朝	前朝儿	昨朝/今朝/明朝/几朝	
虫	鼻涕虫儿/蠓虫儿/火萤虫儿	吸血虫/蛔虫	细蠓虫儿
尿	尿儿头子/尿儿丫头	老尿/臭尿	细尿儿
菜	小菜儿/细菜儿	青菜/黄洋（芽）菜	细青菜儿
骨	脆骨儿/下巴骨儿	肋什骨/排骨	

续表

非儿化单音字	儿化词	非儿化词	前加"细"词头例
墙	单墙儿/院墙儿	围墙	细围墙儿
汤	血汤儿	饮汤/鸡汤/菜汤	
钱	小钱儿	铜钱/价钱	
床	对床儿/摇床儿	宁波床/帐搁床	细摇床儿
锅	炒锅儿/钢精锅儿	口锅/里锅	细铅锅儿
针	别针儿/芒针儿	吊针/防疫针	细别针儿
盒	洋火盒儿		细洋火盒儿
瓦	小瓦儿	洋瓦/本瓦	
佟	细佟儿	呆佟/忽佟/佟头子/邋遢佟	细佟儿
膀	独膀儿—只膀子残疾		
车	平平车儿/钢丝车儿	火车/汽车/卡车/脚踏车	细钢丝车儿/细汽车
膊	赤膊儿/胳膊儿/癞膊儿	赤膊	细癞膊儿
蝶	叶蝶儿/蝴蝶儿		
篮	菜篮儿	笸篮	细竹篮儿
个	脸个儿 相貌		
螺	蜗螺儿 螺蛳	田螺/海螺	细蜗螺儿
瓜	荛瓜儿/香瓜儿	冬瓜/西瓜/黄瓜/番瓜	细香瓜儿
花	栀卮花儿 栀卮花/凤仙花儿/麦蕾花儿	桃花/梨花/红花	
窠	窠儿 摇篮/鸡窠儿 鸡窝	猪窠/鸭窠/羊窠/叫窠/受窠	

这些单音字，有些能单用，如"屎｜菜｜墙｜汤｜钱｜床｜花｜针｜瓦｜佟"，有些可以后附其他词缀形式，如"鞋子｜虫子｜骨头｜锅子｜盒子｜膀子｜车子｜篮子"，所组成的名词，有些必须以儿化形式出现，有些则不能儿化，例如上所示。

d. 有些单音字必须以儿化形式才能称说，有些前加修饰限定成分时带儿不带儿两可，有些不用儿化。

第二章　构词法

表 2—8　　　　　泰如话儿化词与非儿化词比较（二）

儿化单音字	儿化可有可无	不需儿化
虾儿	草虾儿/草虾	对虾
枣儿	红枣儿/红枣	蜜枣/煎枣/雪枣（当地点心）
袋儿		麻袋
蚕儿		蚕桑｜林蚕场
鸡儿	肉鸡儿/肉鸡	老母鸡｜公鸡
歌儿		歌舞｜歌曲
谱儿		
猫儿	公猫儿/公猫	
茄儿		

4. 区分词义

一些儿化名词，不儿化时是能独立单说的名词，儿化后不但词形不同，词义也不一样，具有派生新词、分化词义的作用：

头 头部：头儿 单位的领导/引线头儿 针线头/头儿 二十一、二十｜脚 下肢：水脚儿 泔脚/肉脚儿 光脚｜心 心脏：心 物体中心部分/菜心/背心儿｜牌 扑克：牌儿 牌子｜嘴 嘴巴：嘴儿 物体突出的部分/茶壶嘴/气嘴儿/草嘴 草鱼｜布 布料：布儿 破布儿｜刀 铡刀：刀儿/刨刀儿/尖脚刀儿 如皋贬指小气、吝啬、过于精明的人｜线 电线：线儿 针线｜巾 毛巾：手巾儿 指毛巾，多见于口头｜棒 木棒：棒儿｜桃 桃子：桃儿 婴幼儿的一种发式，在前后囟门外或顶角留心形胎毛儿，其余剃掉。｜瓜 瓜果：瓜儿 姜堰指牛腿上的精肉

5. 变换词性

儿化词的基词以名词为主，但也有不是名词的，儿化后转化为名词，不但词义变了，词性也发生了改变。

a. 动词+儿→名词。

叫：叫儿 哨子｜包：包儿 包子①｜摊：摊儿｜糊 涂敷：糊儿 面糊｜把 把家：把儿 草把｜绞：绞儿 铅笔刨｜拐：拐儿 脚拐儿｜跳：跳儿 跳板｜钩：钩儿｜戳：戳儿 图章｜带：带儿｜相 看：相儿 姜堰指不干实事的人｜扯：扯儿 如皋指事多、不负责任的人｜梭 滚动：梭梭儿 甩小轮子｜招：招招儿 帽檐｜勾：勾儿 也叫"勾勾儿"｜叉：叉儿 也叫"叉叉儿"｜簸 颠簸：糖簸儿 一种较小的笆篮，做糖果时使用｜炒：炒儿｜铲：铲儿｜等：等儿 姜堰：差不多｜盖：盖儿

b. 形容词+儿→名词。

宝——惯宝儿 宝贝｜浅：浅儿 一种浅底的小碟子｜老相 装大、不懂装懂：细老相儿 贬指冒充大人

---

① 泰如一带的"馒头"是有馅儿的，但外表又跟北方的馒头相似，过去多以素馅儿为主，年俗"做馒头"是过年重要的事情之一。"包儿"过去多指"肉包"，现在也包括素馅儿的。受普通话的影响，"包子"一词也进来了，与"包儿"同义，但比喻人土气的"土包子"不说"土包儿"。

样的小孩 | 大：大儿 伯伯的儿语 | 老：老儿 梦 | 晚：下晚儿 黄昏

c. 量+儿→名词。

刻儿 很短的时间 | 块儿

d. 形+助+儿→名词。

细的儿 大的细的儿，指大人和孩子

e. 儿化除了有让别的词类名词化外，还可使实词虚化，即名、动、形、数量等转化为副词，各词例具体的用法可参见副词部分的举例，这里仅举代表性的例子：

名词→副词：假马（名词，指假的马）→假马儿（形容词：他有病是假马儿的）→假马儿（副词：你也假马儿啊去看看）①

动词→副词：俯就（动词：俯就他下子）——俯就儿（暂且、姑且：你俯就儿吃点儿饭）

6. 复合儿化词的内部结构分析

单音节儿化词的总体结构比较简单，这里着重对复合儿化词的内部结构进行分析。"儿化"有时能直接将短语和词区别开，如"摇手——摇手儿 拖拉机的摇手儿 | 打手——打手儿 | 扶手——扶手儿 楼梯的护栏 | 蹬脚——蹬脚儿 台阶 | 搁铺——搁铺儿"，横线左边是动宾短语，右边是复合名词。儿化时，有些声调也会发生变化，如上举例中的"蹬脚"作动宾短语时念[tə²¹tɕia ʔ³³]，作复合词时念[tə²¹tɕiar³³]或[tə²¹tɕiar²¹³]，作动宾短语时后字不会发生 213 那样的上声变读。再如"脚踏"念[tɕia ʔ³³tʰɛʔ³⁵]是主谓型的短语结构，指"用脚踩踏"，念"脚踏儿[tɕia ʔ³³tʰer¹]"，指"自行车的脚踏"，是个复合名词。以下根据复合词内部语素组合的情形进行分析：

a. 并列结构。

并列名词+儿：草-火-儿 篝火 | 货-络-儿 捆东西的 种绳子 | 糖-果-儿 | 手-巾-儿 | 毛-窝-儿 | 嗓-管-儿 | 针-箍-儿 | 田-岸-儿 | 车-盘-儿 | 脸-个-儿 | 蜗-螺-儿 | 面-糊-儿 | 笊-篱-儿 | 天-牛-儿 | 皮-圈-儿 橡皮筋 | 祖宗-亡-儿

两个儿化结构也可以合成一个复合词或短语：饼儿-疤儿 指糕点之类 | 妈妈儿-伢儿 指家属之类的人 | 点儿-眼儿 | 傻儿-马儿 指大大咧咧 | 冲儿-蹦儿[tsʰɔr³³pɔr³³] 做事莽撞、冒失

b. 偏正结构。

偏正结构名词+儿，如果不儿化的话，基词的中心成分也能单说，是最简单的结构。

---

① 民间传说明末扬州城破，遭清兵屠城，只剩贾姓与马姓两家，成了唯一正宗的扬州人。后外地人迁入，贾家马家喜欢在他们面前摆谱拿大。外地人讨厌他们："你别跟我们贾家马家的！"，"贾家马家"就成了一个不识时务乱充老大的代名词，泰如话的"假（贾）马儿啊（家）"的意思也可能与此有关联，估录于此，待考。

第二章　构词法

名+名儿：碗-底儿｜麦-桩儿｜草-棒儿｜桃-花儿｜锅-脚儿｜咸菜-干儿｜麻-饼儿｜纸-炮儿｜草-棚儿｜枕-套儿｜粮-票儿｜嘴-边儿｜钩-刀儿｜星-蛉儿 蜻蜓｜草-嘴儿 草鱼｜狗-米儿｜雪-花儿｜糖-担儿｜车-拐儿 姜堰指水车上的登脚｜盘香-角儿 姜堰：豇豆荚｜酒-塘儿 酒窝｜心口-塘儿 心口｜膀-拐儿 胳膊肘｜手-弯儿 手腕｜夜-伙儿 夜宵｜塑料-袋儿｜茄儿-饼儿

形+名儿：细-鱼｜红-桃儿｜戾-头儿 歪脖子｜小-钱儿｜酋-豆儿 喻吝啬的人｜香-瓜儿｜膼[ya²¹]-手儿｜翘-嘴儿｜野-种儿｜祟-头儿｜驼-腰儿｜谢-头儿 歪脖子｜野-火儿｜零-头儿｜小-菜儿 菜肴｜滋-水儿 如皋：伤口流出的黄黏水｜癞-皮儿 癞皮｜野-菜儿｜[xue²¹]-嘴儿 歪嘴｜冗-角儿 如皋：庸才｜弯-刀儿 镰刀｜单-头儿 阉过的未成熟的一百斤左右的猪｜薄-脆儿 姜堰：脆饼｜凉-床儿 姜堰：幼儿睡的竹床｜酋-豆儿 吝啬的人｜虬-毛儿 卷发｜痒-疮儿 疥疮｜䀚䀚-眼儿 近视眼｜跶-脚儿 平脚板｜短-马儿 短袖衬衫｜□[pia²¹³]-腰儿 腰椎变形、向一边倾斜的形体｜老实-头儿｜薄皮-材儿｜温汤-烟儿

数+名儿：三-车儿｜六-指儿｜三-角角儿｜四-团团儿｜五-码儿｜头-毫儿 如皋：秤纽

动+名儿：哭-宝儿｜别-针儿｜摇-床儿｜登-脚儿｜搁-铺儿｜扶-手儿｜笑-话儿｜跳-码儿｜合-卷儿｜对-户儿｜淘-箩儿｜锁-边儿｜瞟-偷儿｜刨-花儿｜收-条儿｜扶-炮儿｜帮-手儿｜落-脚儿｜送-套儿 接吻｜围-腰儿｜禅-暗儿 黄昏｜瞟-天儿 眼球上斜的畸形病人｜说-讲儿 如皋：讲民间故事｜打□[tsʰeʔ³³]儿 如皋：嵌布｜沿-路儿 一路上｜抖-抖边儿 姜堰：不稳重的人｜卖-痴眼儿 发呆｜骑-架马 小孩骑在大人的肩上

声+名儿：锡-锣儿 较小的铜锣，声音响亮，敲击时发出锡、锡的声音｜崩咚-鼓儿

偏止结构名词+儿，基词必须儿化才能一起称说，和上面的情形有所不同：

名+名儿：油-壶儿｜香-茄儿｜皋-花儿｜鲫-轧儿｜药-罐儿｜手-心儿｜杨-柳儿｜沙-码儿 饭食里的小子儿｜刀-豇儿｜兔-笼儿｜肉-渣儿｜蛆-蠃儿｜葫-芦儿｜蛤蟆-乌儿 蝌蚪｜嘴-巴儿 腮帮｜手-爪儿 手指头｜衣-袖儿｜桌[tsʰ³³]儿 木制家具的竖料｜木-柿儿 碎木片｜拳头-墩儿 拳头｜土-狗儿 蟋蟀｜泥-猴儿 浑身是泥的人｜坝-爪儿 小土坝｜水-鸡儿 如皋：蛙肉

形+名儿：黄-猫儿｜细-鸡儿｜凉-鞋儿｜长-马儿｜白-果儿｜圆-桌儿｜痨-㾾儿 瘦矮的人｜方便-袋儿｜灰-鸭儿｜空-档儿｜寡-卵儿｜狭-条儿｜花-档儿｜翘-绪儿 如皋：高髻｜麻木-神儿 胆大妄为的人｜半-剥-坎儿 姜堰：河坎｜凹-坎儿 垂直或斜面卜的凹塘

数+名儿：三-爷儿｜八-哥儿

动+名儿：提-椋儿｜纺-车儿｜押-帖儿｜拍-镲儿｜画-签儿 如皋：木工竹笔｜打-胞儿 姜堰：坏蛋｜倒-肚儿 姜堰：翻陈账｜倒-篓儿 姜堰：盗墓，喻全部取尽｜躲-野猫儿 姜堰：捉迷藏

名+量儿：纸-条儿｜树-枝

儿化名词作为偏正结构中偏的部分来修饰后面的名词性成分：

双棱儿-碗｜眨眨儿 觉 很短时间内眼睛合起来睡一下｜筒-墙 用砖头直接垒砌而成的墙｜猫儿-尿 喻眼

泪,有贬义│头儿-钱 姜堰:赌博提成到的钱│哈儿-糊 糊涂│花雀儿-疯 因失恋而患上的痴呆症│麻雀儿-瘟 霍乱│摇头儿-瘟 脑膜炎│画儿-书 连环画儿│童儿-痨 姜堰:小死鬼│钉儿-椒│屎儿-伢儿│把儿-面 挂面│零头儿-食 零食│短短儿-青 一种青菜│雀蹓儿-奔 陀螺

c. 动宾结构。

动宾结构的儿化主要构成动词,可以认为是短语,但相对比较固定,中间不能拆开,或拆开后意思不同,如"害伢儿",一般指一种妊娠反应,而"这啊做是害啊伢儿 这么做是害了孩子","害啊伢儿"指对孩子有危害,意思完全不同。

基词不儿化仍可以单说：配-嘴儿│则-声儿│分-门儿│信-意儿│抽-头 如皋:打丝线的绕线工具,为木制四棱框架,串铁轴兼摇柄,安在"抽桩儿"上│抽-桩儿 如皋:打丝线的绕线工具,有二木柱的立架,上接"抽头儿"│架-泡儿 如皋:安装在丝线架子横担上的一排弓形篾,相邻间供挂丝线及线砣们│跑-小路儿 姜堰:男人不正派

基词不儿化不能单说：害-伢儿│躲-猫儿│讹-险险│扯-吆儿 空竹│嗒-淡话儿 如皋:闲扯│眠-牛儿 如皋:脚踏式水车车轴轴承,用桑树根做托底,以托住横轴的轴头│吊-花狗儿 姜堰:儿童玩老鹰抓小鸡的游戏│看-西厢记儿 看笑话│带-插儿 抽空

d. 名谓结构。

名词在谓语前不都表示主语,有的按其意义说是受事,这里称名谓结构。名词担任主语,是真正的主谓结构：

脚-踏儿│奶-唤-伢儿 吃奶的幼儿│耳-扒儿│泥-搨 过去盖草房用的一种工具,如皋叫"耳子搨儿│油-炸-烩儿

常用儿化后缀："宝儿"、"干儿"、"佬儿"、"头儿"、"子儿"、"脚儿"等：

宝儿：拉涎宝儿│支食宝儿│留级宝儿│哭宝儿 俗语有哭宝儿、笑宝儿,两头吹叫叫儿,讥尿床的孩子│拉尿宝儿│惯宝儿 过分溺爱的子女│精算宝儿 姜堰指聪明过分的人│呆宝儿 呆子│麻癞宝儿 癞蛤蟆,也指一种油煎的面食,形似蛤蟆,"宝儿"后缀的词常指某一类型的人,多有贬义。

干儿：茶干儿│豆腐干儿│罗卜干儿│头发干儿 刘海│咸菜干儿│油煠干儿│饼干儿,除"头发干儿",多指食品。

佬儿：庄稼佬儿│农民佬儿│浙江佬儿│矮佬儿│美国佬儿│窗门佬儿 姜堰指春节时贴在窗外的一种神像│舅佬儿 姜堰指内兄弟│牛佬儿 姜堰指乡下人│霞佬儿 如皋:见识少的人│落巴佬儿 如皋指经常大便失禁的孩子│酒佬儿 如皋指酒徒│寿星佬儿 寿星│扒灰佬儿│沙宝佬儿 姜堰称该县南乡人,"佬儿"后缀的词常有贬义。

头儿：祟头儿│畚头儿│洋碱头儿│喷头儿│奶头儿│山芋头儿│黄豆头儿│桑树头儿│花生头儿│晟头儿│笔头儿│烟头儿│线头儿│裤头儿│门头儿│蒜头儿│萝卜头儿│头头儿│草字头儿│榆树头儿│老实头儿│码头儿│泊头儿 [pʰaʔ³³tʰər³³]│芒头儿 姜堰:脾气暴烈的人│竹字头儿│蜡烛头儿│钉耙头儿│湖桑头儿

|剪子头儿|宝盖头儿|翻花头儿

"头儿"类词,有些是构词成分,还表示相应的意义,如"湖桑头儿"指湖桑枝条末端桑叶较嫩的部分;"泊头儿"指骂人的话,"头"完全是一个构形成分。

子儿:弹子儿|石子儿|桃子儿|棉花子儿|葵花子儿|西瓜子儿|篦麻子儿|铅子儿 硬币

脚儿:锅脚儿|恶脚儿|次脚儿|水脚儿|套脚儿 姜堰:木制雨鞋|裤脚儿|墙脚儿|肉脚儿 光脚|登脚儿|跛脚儿|细脚儿|毛桃脚儿|石灰脚儿|落脚儿 姜堰:落脚儿灯,最后一名

饼儿:米饼儿|油饼儿|麻饼儿|脆饼儿|药饼儿|肉饼儿|杠饼儿|茄儿饼儿|藕饼儿|玉米饼儿|山芋饼儿|高粱饼儿|饼儿花 如皋:蜀黍

瓜儿:海蜇瓜儿 如皋:笋瓜的一种|香瓜儿|茭瓜儿

瓶:墨水瓶儿|酱油瓶儿|油瓶儿|药水瓶儿|酒瓶儿|牛奶瓶儿|塑料瓶儿|玻璃瓶儿

把:草把儿|稻把儿|麦把儿

7. 泰如话中的重叠儿化构词

a. 单叠。

泰如话里的重叠既是一种构词手段,也是一种句法手段,如"唱"可以重叠为"唱唱",表示一种短暂、轻松,跟北京话及不少方言所表示的语法意义差不多,语音上遵循一般动词重叠的模式。"唱唱"还可儿化为"唱唱儿",表示唱了一会儿,后面往往表示出现某种新情况,重叠部分在语音上一般都变读为213调:

(89)他唱唱儿就不愿意唱啊。他唱了一会儿就不愿意唱了。

(90)你氽氽儿走。姜堰:你慢慢走。

(91)你站站儿就可能站不动啊。你站一会儿就可能站不动了。

(92)坐坐儿就习惯啊。坐一会儿就习惯了。

(93)说说儿就认得啊了。说说就认识了。

一般单音节动词都可以进入这种格式,这也属于句法层次上的重叠。构词形式的重叠式数目也不少,可分为以下几类:

动+儿→名词:唱唱儿[tsʰa³³tsʰar³³] 泰如农村中过去走村串户的民间艺人|眨眨儿[tsɛʔ³³tsɛr³³/²¹³] 眨指眼睛眨个不停的人|勾勾儿[kɤi²¹kər²¹/²¹³]|叉叉儿[tsʰa²¹tsʰar²¹/²¹³]|扯扯儿[tsʰa²¹³tsʰar²¹³] 姜堰:乱七八糟的东西,海安指东拉西扯的人。|□□儿[tsʰaʔ³³tsʰaʔ³³/²¹³] 羌墟、白食|叫叫儿[tɕi⁰³³tɕiɔr³³/²¹³] 哨子|靸靸儿[tɛʔ³³tɛr³³/²¹³]/[tɛʔ³³ sɛr³³/²¹³] 拖鞋|抽抽儿[tsʰɤi²¹tsʰər²¹] 抽屉|勾勾儿[kɤi²¹kər²¹/²¹³] 勾儿|转转儿[tsõ³³tsor³³] 一种可以旋转的玩具|摇摇儿[iɔ³⁵iɔr³⁵/²¹³] 一种因摇动而作响的玩具|爬爬儿[pʰa³⁵pʰar³⁵/²¹³]|梭梭儿[so²¹sor²¹/²¹³] 甩

小轮子 | 朐朐儿[xɤi²¹xər²¹/²¹³] | 拍拍儿[pʰa ʔ³³pʰar³³]游泳时双腿击水 | 招招儿[tsɔ²¹tsɔr²¹/²¹³]帽檐 | 拱拱儿[kɔ̃²¹³kɔr²¹³]凸起状器物 | 学学儿[xaʔ³⁵xar³⁵/²¹³]贬指专门模仿别人说话的人 | 搨搨儿[tʰɛʔ³³tʰer³³/²¹³]泥搨儿 | 团团儿[tʰõ³⁵tʰor³⁵/²¹³]四周

除"唱唱儿"的语音模式跟一般动词重叠格式相同外，其余重叠的部分都要变读为213调，其他单叠儿化构词形式也是如此：

名+儿→名词：儿儿儿[ɚ³⁵ɚ³⁵/²¹³]人偶 | 壳壳儿[kʰaʔ³³kʰar³³] | 家家儿[ka²¹kar²¹/²¹³]如皋：扮家家儿，过家家 | 蟀蟀儿[ɕyəʔ³³ɕyər³³]蟋蟀 | 棒棒儿[pʰã²¹pʰar²¹/²¹³]苞谷 | 河河儿[xo³⁵xor³⁵/²¹³]河沿或河边凹陷的地方 | 头头儿[tʰɤi³⁵tʰər³⁵/²¹³]单位或部门的第一把手 | 穗穗儿[ɕy²¹ɕyər²¹/²¹³]稻穗、麦穗和帽子上的流苏 | 圈圈儿[tɕʰiõ²¹tɕʰior²¹/²¹³]圆圈 | 边边儿[pĩ²¹piər²¹/²¹³]边沿 | 角角儿[kaʔ³³kar³³/²¹³]三角形 | 杠杠儿[kã³³kar³³/²¹³]横线 | 络络儿[laʔ³³/²¹³lar³³/²¹³]布条

形+儿→名词：薄薄儿[pʰaʔ³⁵pʰar³⁵/²¹³]/ [pʰaʔ³⁵pʰar³⁵/¹]薄粥的贬称 | 鉴鉴儿[pʰiɪʔ³³pʰiər³³/²¹³]浅盘型器皿 | 怪怪儿[kue³³kuer³³/²¹³]如皋：爱妆扮的人 | 豁豁儿[xoʔ³³xor³³/²¹³]缺口 | 惙惙儿[tsʰoʔ³⁵tsʰor³⁵/²¹³]性急或遇事大惊小怪的人 | 弯弯儿[vɛ̃²¹ver²¹/²¹³]弯形器物 | [xɔʔ³³xor³³/²¹³]虚张声势、到处鼓动人的人 | 了了儿[lio²¹³lior²¹³]最末等 | 尖尖儿[tɕi²¹tɕiər²¹/²¹³]尖状的物件 | 圆圆儿[io³⁵ior³⁵/²¹³]圆的物件 | 方方儿[fã²¹far²¹/²¹³]四方形的图形或物件 | 断断儿[tʰõ²¹tʰor²¹/²¹³]长形物件切成的一段 | 结结儿[tɕiʔ³³tɕiər³³/²¹³]说话结结巴巴的人 | 喜喜儿[ɕi²¹³ɕiər²¹³] | 稍稍儿[so³³sor³³/²¹³]蹓稍稍儿，跑得很快，有贬义 | 快快儿[kʰue³³kʰuer³³/²¹³]蹓快快儿，跑得很快，有贬义 | 浅浅儿[tɕʰi²¹³tɕʰiər²¹³]小碟子 | 扁扁儿[pĩ²¹³piər²¹³]扁形的器具 | 矮矮儿[ŋe²¹³ŋer²¹³]矮个的贬称 | 塌塌儿[tʰɛʔ³³tʰer³³/²¹³]贬指馒头 | 腲腲儿[tɕyəʔ³³tɕyər³³/²¹³]腲,《字汇补》其切切，短衣。《后汉书·光武帝纪上》："时三辅吏士东迎更始，见诸过过，皆冠帧而服妇人衣，诸于绣腲，莫不笑之。" | 奋奋儿[pʰaʔ³³pʰar³³/²¹³]肥奋奋儿，肥肉之贬称

量+儿→名词：条条儿[tʰio³⁵tʰior³⁵/²¹³]

声+儿→名词：镲镲儿[tsʰaʔ³³tsʰar³³/²¹³]如皋：铙

单叠式的儿化词还包括副词，前面曾经讨论过的"慢慢儿"、"轻轻儿"就是两例，在使用时可加衬字复化，如"慢慢儿啊"、"轻轻儿啊"。

b. 前叠。

前叠式是指基词本身是一个儿化形式，以一个重叠词做构词成分，分为附注式和偏正式：

儿化名词前叠：冻-冻钉儿 冬天屋檐下悬挂的冰锥 | 蛮-蛮拉儿 说得不成话或唱得不成调的歌曲，多对小孩而言，也喻蛮不讲理的人。| 光-光塘儿 光棍儿

儿化名词后附：花花-笼儿 萤火虫的别称 | 眨眨-眼儿 谑指眼睛眨眨不停的人。

c. 后叠。

红贯贯儿 | 蓝莹莹儿 | 黄色色儿 | 脏遢遢儿 | 笑嘻嘻儿 | 短腲腲儿 | 碎曼曼儿

d. 间叠。

并列重叠式的形容词：细声儿细气｜不则声儿不则气｜滥意儿搭空｜信啊意儿邪儿无二无法无天｜塘儿陷[xεʔ³³]二坑坑洼洼

偏正重叠式的名词：变变儿天｜瓜瓜儿亲姜堰：远亲｜连连儿顿一顿没吃完的饭下顿接着吃｜短短儿青青菜的一种

偏正重叠式的形容词：冷冷儿干

8. 与吴方言儿尾词构词的比较

吴方言内部儿化（尾）的情形不一，南部吴语保存了较多的儿尾，北部吴语保存的儿尾相对较少，一般是"儿"（ŋ）粘附于前一音节的韵母，使韵母带上了鼻化音。许宝华、汤珍珠（1988）认为，上海话用后缀"儿"构成的词只有一个：囡儿，另外，"麻将"[mo²³/²²tɕiã³⁴/⁴⁴]可能是从"麻雀儿"[mo²³/²²tɕʰiaʔ⁵⁵ɦŋ²³/²¹]变音而来，"虾"可能是从"虾儿"[ho⁵³/⁵⁵ɦŋ²³/²¹]音变而来，再如"凌泽儿（挂在檐前的冰锥儿）"读"凌溏"都是儿化的遗留。"道勃儿"是 double 的音译，没有任何字面意义，"儿"不被视为儿尾。与泰如话相比，上海话的儿尾词要少许多，可分为以下几类：

a. 无尾标记，即在上海话中一般不用儿尾，而在泰如话中一般要儿化（尾）。

名词类

雪珠/雪珠儿｜水塘/水塘/水塘儿｜水泡/水泡儿｜汉港/汉港儿｜缲边/缲边儿｜滚边/滚边儿｜顶针箍/针箍儿｜削发剪/剃头刀儿｜墒沟/墒沟儿｜脚匾/凉匾儿｜小秧/小秧/小秧儿｜蚕宝宝/蚕儿｜落脚货/落脚儿货｜收条/条子/条儿｜秤钩/秤钩儿｜自行车/钢丝车儿｜轮盘/车轮儿｜粮/粮票儿｜信封/信封儿｜小鸡/小鸡儿/细鸡儿｜鹅/鹅儿｜小猪/细猪儿/小猪儿｜狗/狗子/狗儿①｜羊/羊子/细羊儿｜猫咪/猫儿｜麻雀/麻雀儿｜猢狲/猴子/猴儿｜黄鼠狼/黄猫儿｜鸟窠/雀儿窠｜游火虫/萤火虫儿｜蜜蜂/蜜蜂儿｜蜘蛛网/蜘蛛网儿｜壁蟢/蟢蟢儿｜刺毛虫/洋拉儿｜蚕沙/蚕沙子/沙子儿｜河鲫鱼/鲫轧儿｜花鲢鱼/鲢鱼/鲢头儿｜鱼苗/鱼秧儿｜虾/虾儿｜螺蛳/蜗螺儿[o²¹lor³⁵/²¹³]｜泥鳅/肉鳅儿｜豆/豆儿｜臭豆腐干/臭豆腐干儿｜花生米/花生米儿｜芹菜/药芹/芹菜儿｜茭白/茭瓜儿｜树秧/树秧儿｜树丫杈/树丫把儿｜白果树/白果儿树｜饼/饼儿｜菜干/咸菜干儿｜葱花/葱叶儿｜腰花/腰花儿｜小菜/小菜儿｜风凉鞋/凉鞋儿｜手镯/手镯/镯头儿｜披屋/披儿｜厢房/厢屋儿｜拉手/拉手儿｜扶手/扶手儿｜墙脚跟/墙脚儿｜酱菜/酱菜儿｜纽扣/纽扣儿｜耳朵套/耳朵套儿｜眼镜/眼镜儿｜阴沟/阴沟儿｜圆桌/圆桌儿｜抽屉/抽抽儿｜枕头套/枕头套儿

---

① "小狗"叫"细狗儿"，上海儿语"汪汪狗"，模拟狗的声音来命名；泰如话的"细儿狗"、"细草狗儿"相当于上海话的"小雄狗"、"小雌狗"。"狮子狗"、"哈巴狗"在泰如话中都可儿化。

｜筷/筷子/筷ₙ｜酒盅/酒盅ₙ｜茶杯/茶杯ₙ｜热水袋/热水袋ₙ｜淘箩/淘箩ₙ[tʰɔ³⁵lor³⁵/²¹³]｜掸帚/掸ₙ｜畚斗/畚斗ₙ｜痰盂/痰盂ₙ｜太阳穴/太阳塘ₙ｜双眼皮/双眼皮ₙ｜酒窝/酒塘ₙ｜黑眼乌珠/黑眼珠ₙ｜瘪嘴/瘪嘴ₙ｜歪嘴/□[xue²¹]嘴ₙ｜豁嘴/豁嘴ₙ｜手心/手心ₙ｜算盘珠/算盘珠ₙ｜饼干/饼干ₙ[pĩ²¹³ker²¹]/[pĩ²¹³kor²¹]｜肚脐眼/肚脐眼ₙ｜屁眼/屁眼ₙ｜汗毛/寒毛ₙ｜连刀块/连刀ₙ｜泡泡纱/泡泡ₙ纱｜汗背心/汗衫ₙ｜短裤/短裤ₙ/三角裤ₙ/裤头ₙ｜围涎/袈ₙ｜裤脚管/裤脚ₙ｜门帘/门帘ₙ｜赤膊/赤膊/赤膊ₙ｜疙瘩/疙瘩ₙ[kəʔ³³ter³³/²¹³]①｜羊气疯/羊ₙ疯｜药方/药方ₙ｜双胞胎/双胞[ɕyã²¹pɔr²¹/²¹³]｜胞衣/衣胞ₙ[i²¹pɔr²¹/²¹³]｜骨灰箱/骨灰箱ₙ/骨灰盒｜光棍/光光塘ₙ｜小囡/伢ₙ｜野种/野种ₙ｜黑板揩/黑板擦ₙ｜后门/后门ₙ｜鼻尖/鼻尖ₙ｜宝盖头/宝盖头ₙ｜草字头/草字头ₙ｜捉野猫/躲猫ₙ｜堂锣/堂锣ₙ｜掼炮/抶炮ₙ｜凤仙花/凤仙花ₙ｜□[tsʅ⁴⁴]水/[tsʅ²¹]水ₙ 皮肤发炎时分泌的淋巴液

形容词类

黏搭搭/黏得得ₙ｜冷飕飕/冷色色ₙ｜黄亨亨/黄色色ₙ｜红稀稀/红贯贯ₙ｜灰扑扑/灰色色ₙ｜蓝莹莹/蓝莹莹ₙ｜黑塔塔/黑塔塔ₙ｜胖笃笃/胖墩墩ₙ｜矮墩墩/矮墩墩ₙ｜甜津津/添津津ₙ｜咸塔塔/咸顿顿ₙ｜白沓沓/白沓沓、白沓沓ₙ｜酸尖尖/ 酸溜溜ₙ｜扁塌塌/扁塌塌ₙ｜干净净ₙ｜麻辣辣ₙ｜齐扎扎ₙ｜瘦塌塌｜绿荫荫ₙ｜白骚骚ₙ｜齐扎扎｜枵码码ₙ｜袜的的ₙ｜红嘤嘤ₙ｜暗色色ₙ｜痒色色ₙ｜壮塔塔ₙ｜肥得得ₙ｜胖䐔䐔②｜厚笃笃ₙ｜绒笃笃ₙ｜凉[taʔ³³/³⁵ tar³³]｜长腰腰ₙ长而圆的形状｜胖嘟嘟ₙ｜绿莹莹ₙ｜袜的的ₙ｜

㼮凉㾎㾎[i³³ȵiã³⁵/³³taʔ³³tar³]凉快｜黏和得得ₙ[nĩ³⁵xo³⁵təʔ³³tər³]粥等黏稠的样子

动词类

捆耳光/擂嘴巴ₙ｜搭头/搭头ₙ[tɛʔ³³tʰər³⁵]③

b. 上海话是头尾，泰如话是儿化（尾）。

河滩头/河边ₙ/岸边ₙ｜浜头/码头ₙ｜烂泥块头/泥块垃ₙ[lɛr²¹³]｜田头/田边边ₙ｜角落头/角落ₙ[kaʔ³³lar³³/²¹³]｜引线头/以线头ₙ｜秧把头/秧把ₙ｜稻穗头/稻穗穗ₙ[tʰɔ²¹ɕy²¹ɕyər²¹/²¹³]｜零头/零头ₙ[nĩ³⁵tʰər³⁵/²¹³]｜零头布/零头ₙ布｜蕊头/蕊ₙ[lur²¹³]｜海蜇头/海蜇头ₙ｜墙角落头/墙角落ₙ[tɕʰiã³⁵kaʔ³³lar³³/²¹³]｜六节头/六指ₙ｜轧姘头/嫖妈妈ₙ｜老实头/老实墩ₙ｜工头/工头ₙ｜爷叔/爷ₙ｜笸头/戾头ₙ｜药罐头/药罐ₙ

---

① 吴语中的"疙瘩"还可以是形容词，如"辩个人真疙瘩"，"脾气疙瘩"。
② 《左传·庄公六年传》："吾牲牷肥䐔。"
③ 苏州话的"搭头[taʔ⁵⁵dɤ¹³/³³]"和泰如话的"搭头ₙ"意义不同，"搭头"指把开始的时间和结束的时间都算上，如"初二去上海，初五回来，勒上海搭头四日"；泰如话的"搭头ₙ"指不正当男女关系的双方。

c. 上海话是子尾，泰如话是儿化（尾）。

雨点子/雨点儿｜石子/石子儿｜茧子/茧儿｜小米子/小米儿｜香（西、番）瓜子/瓜子儿｜茄子/茄儿｜枣子/枣儿｜猪肚子/猪肚儿｜筹子/筹儿｜虾子酱油/虾儿酱｜被面子/被单面儿｜老头子/老头儿

d. 上海话是语素重叠构词，泰如话是儿化（尾）。

洞洞眼/眼儿｜珠珠/珠儿｜草棚棚/草棚儿｜烟袋袋/烟袋儿｜奶奶头/奶头儿｜娘娘腔/娘儿腔｜豁豁/豁豁儿｜角角/角角儿｜脚脚头/脚儿｜变天/变天/变变儿天｜蒙蒙儿过/闪过①

9. 儿化词的小称及其他功能

和大多数方言及普通话的情形相同，泰如话的儿化词具有小称作用，即与基词相比，形体上更为细小或数量上更为稀少。也有的指在地位、人品方面的卑下，对小的事物有喜爱、亲昵的感情色彩，所以，儿化词又有一定的修辞意味。"卵儿"是"卵子"的小称，"寡卵儿"表示数量上的"零、一个也没有"；"单层"的儿化"单层儿"指单衣，强调衣服之微薄。"腿"、"脚"、"赤膊"在泰如话中分别叫"腿子"、"脚"、"赤膊（儿）"，表示不穿衣服、袜子的"光腿"、"光脚"、"光着上身"，分别说成"肉腿儿"、"肉脚儿"、"肉赤膊儿"，不穿衣服也可理解成穿着的数量少。

a. 表细小。

这里的细小必须是跟同类事物相比。若以"鹅儿"、"猫儿"、"蚕儿"这三者相比较，从形体上看有大、中、小之别，都必须要儿化后才能称说，如果要表示细小，必须在前面加上"细"："细鹅儿"、"细猫儿"、"细蚕儿"。非儿化词与儿化词之间一般有这样的大小之别：

表 2—9　　　　泰如话儿化词与非儿化词比较（三）

基本词（能单说）	儿化词
墙：围墙｜城墙	单墙儿｜院墙儿
绳：麻绳｜担绳	绳儿｜细麻绳儿
刀：铡刀｜斫刀	刀儿｜细刀儿｜笔刀儿
雨：暴雨｜大雨	毛毛雨儿｜□[pʰ5²¹]毛雨儿②
碗：饭碗	茶碗儿｜（细）洋碗儿
缸：水缸	缸儿｜恶水缸儿｜茶缸儿
脚：手脚	肉脚儿 光脚

---

① 从门前一闪而过。

② 下毛毛雨。

续表

基本词（能单说）	儿化词
牛	细牛儿
片：一片｜两片	黄猫儿片｜山芋片儿
谎：说谎	谎儿｜谎儿三
饼：酵饼｜豆饼	茄儿饼儿｜黏饼儿｜药饼儿
角：牛角｜角色	豆角｜角儿酵饼｜主角儿
笋	淘笋儿
锹：铁锹｜铧锹	小锹儿
棒：木棒	棒儿 竹竿
耙	耙儿
桩：桥桩｜打桩	桩儿｜草桩儿
岸	岸儿｜田岸儿
塘	塘儿｜水塘儿
疤：伤疤	疤儿 小伤子
号：口号｜号召	号儿｜口号儿，口头禅
段：一段路	段儿 鱼段儿
票：电影票｜车票	饭票儿｜粮票儿
基本词（不能单说）	儿化词
铲 一般说铲子，用作动词可单说	铲儿
刨 一般说刨子，用作动词可单说	电刨儿
雀 喜雀｜喜鹊	麻雀儿
凳 凳子｜大凳	凳儿｜矮凳儿
觍	觍儿 觍子中较细的

上面这些儿化词，有些并不是与基词直接形成对应，而是往往和它的扩展形式相对应，常常是限制成分和"儿"同时起作用，如限制成分"细"在儿化词中使用比较多。

b. 表微少。

与基本词相比，儿化词还可以表示数量的少或程度的轻。如"点"的儿化"点儿"，既可以是名词，如"圆点儿｜墨水点儿｜细点儿"，是一个偏正结构的合成词；"细点儿"还可以是"细一点儿"的省称，"细"和"点儿"之间停顿的时间更长一些，是一个补充结构的短语。"点儿"也可以是形容词，如"伢儿才点儿"，甚至可以二叠、三叠：

（94）伢儿才点点儿[ti²¹³tiər²¹]/[ti²¹³tiər²¹/³⁵]。孩子才一点大。

（95）伢儿才点点点儿[ti²¹³tiər²¹/³⁵tiər²¹³]。孩子才一点点大。

在儿化重叠式"点点儿"中韵母失去鼻音，再如：

（96）那个稿子细点点儿[ti²¹³tiər²¹³/³⁵]。那个东西很小。

（97）点点儿斤两都没得。一点儿重量都没有。

（98）他点点儿就把人家抱。他从小就给人家抱养。

（99）他讹错点点儿就挨车子轧到。他差一点儿就被车子撞到。

（100）那伢儿点点儿都不蛮。那孩子一点儿也不调皮。

"慢慢儿、轻轻儿"表动作程度的轻，也可两叠或三叠：

慢慢儿啊走/慢慢慢儿走｜轻轻儿啊擦/轻轻轻儿擦

重叠后，基词声调保持不变，两叠词的重叠部分一律变调为35调，三叠词的重叠和再叠一律变调为35或213调，这种读35的高升调或213的曲折调与儿化的表达存在着密切的关系，可以比较形容词重叠时两种不同的变调形式：

慢慢[mẽ²¹mẽ¹]　　　　　　慢慢儿[mẽ²¹mer³⁵]

轻轻[tɕʰi²¹tɕʰi¹]　　　　　　轻轻儿[tɕʰi²¹tɕʰiər³⁵]

　　　　　　　　　　　　　讹险险儿[ɕi²¹³ɕiər³⁵⁽²¹³⁾]差一点点

干净[kõ²¹tɕʰi¹]　　　　　　干干净净儿[kõ²¹kõ²¹tɕʰi²¹/³⁵tɕʰiər⁵]

形容词重叠的两种读法中，口语中以儿化形式为常见，非儿化形式可以看作是普通话影响的结果。如可以说"慢慢儿啊走、轻轻儿啊擦"，显得很地道，而"慢慢走、轻轻擦"虽也能明白，但不自然，因为这更像是普通话。

再看名词，"奶"，单说表示喝的奶水，加子尾表示乳房，重叠儿化后表示数量少，如"饭吃啊剩啊奶奶儿[ne²¹³ner²¹³]"，"细奶奶儿[ɕi³³ne²¹³ner²¹³]"、"点点儿奶奶儿[ti²¹³tiər²¹³/³⁵nc²¹³ner²¹³/³⁵]"都表示数量微小；"眼"的儿化"眼儿"与"点儿"组成"点儿眼儿[tiər²¹³ŋer²¹³]"：

（101）田的点儿眼儿的都收上来啊。（"点儿眼儿"表示细小的东西。）

（102）他把家的事点儿眼儿的都告诉啊别人。（"点儿眼儿"指方方面面，由指数量引申为范围。）

一些名词重叠儿化后读成高升调，或意义有不同，或有感情色彩方面的差异，可以看作是一种语用层面的小称变调。

表 2—10　　　　　　　　　　名词重叠儿化词例

名词重叠	名词重叠儿化
姐姐[tɕia²¹³tɕia³] / [tɕia²¹³tɕia¹]	姐姐儿[tɕia²¹³tɕiar⁵] 表亲密
哥哥[ko²¹/²¹³ko³] / [ko²¹ko¹]	哥哥儿[ko²¹/²¹³kor⁵] 表亲密
点点[ti²¹³ti²¹³]	点点儿[ti²¹³tiər²¹³] / [ti²¹³tiər⁵]
奶奶[ne²¹³ne³] / [ne²¹³ne¹] 祖母	奶奶儿[ne²¹³ner²¹³] / [ne²¹³ner⁵] 微小的东西
刻刻[kʰəʔ³³kʰəʔ³³] 时时刻刻	刻刻儿[kʰəʔ³³/²¹³kʰər²¹³] / [kʰəʔ³³/¹kʰər⁵] 短暂的时间

名词重叠儿化词一般用于孩子之间或大人对孩子之间，应是一种小称变调。

c. 表轻视。

有些儿化词相比起基本词而言不是形体上的细小或数量程度方面的微小，而是地位的低微卑下或表达说话人的轻视、不满的态度，如：

唱唱儿｜小偷儿｜狗脚班儿 姜堰：指学习不好或识字不多的人｜农民佬儿｜矮佬儿｜拉尿宝｜哭宝儿 讥指爱哭的人｜驼腰儿 驼背｜坏嘴儿 歪嘴｜戾头儿｜跛脚儿｜结结儿｜矮爬爬儿 讽喻个子矮的人｜冲儿蹦 喻莽撞的人｜老茄儿 喻老油条式的人物｜谈话罐儿 姜堰：指好说闲话的人

d. 表亲切。

儿化词不少具有亲切、喜爱的感情色彩。前面讲过，泰如话人名的小称一般是在名后加"儿"，这让人听起来感到特别亲切。有些似乎是骂人的儿化词，在一定的使用场合也有亲昵的感情色彩，如"细㑒儿"、"背锹儿"、"讨债鬼儿"、"携锹儿"。这类儿化词特别表现在儿语或游戏之中：

鬼屄儿 儿语，指奋齿的人｜□道[kuaʔ³³tər²¹³]儿 儿语，小玩意儿｜好稿儿 儿语，好东西｜捉狗儿 抓子儿，一种儿童游戏｜抶炮儿 儿童玩的纸炮｜躲猫儿 捉迷藏｜走五码儿 下五码棋｜无儿八鬼 让人意想不到的游戏或恶作剧｜布儿儿 布娃娃｜八十分儿 扑克牌的一种游戏方法｜印肚卤儿 扑克牌的一种游戏方法｜正（副）猴儿 扑克牌中的大（小）王｜大套儿 踢毽子的花样之一｜人脸儿 踢毽子的花样之一｜花档儿 踢毽子的花样之一

（三）的

泰如话中，"的"用在名词之间或名代之间表示所属，如"书的封面儿"、"他的那份儿"；也可以用在句末，表示对已然事态的陈述或疑问："他吃啊去的。"、"你又不来的？"；还用在如"挑鲜的"①、"年纪大的老人"这种动词或形容词结构后表示职业或称谓。这些用法在其他方言中也不鲜见。"的"

---

① 泰如东部沿海地区海产丰富，过去遇到渔汛，挑鲜鱼的人往往成群结队地将鱼贩往四周乡镇和县城，为防止缺氧，挑鲜者既要把水挑得漾起来，又要让水不外溢，因而行走速度极快，常将跑得快的人称作"挑鲜的"，旧时李堡一带有"挑鲜挑鲜，一夜赚九千"的说法。

还广泛使用于时间词和方位词中，对应于吴语的"上"、"里"、"里向"、"头"等，"上"在上海话口语中也读作"浪"，是"上"进一步虚化的产物。

1."的"所构成的方位词

表2—11　　　　　泰如话"的"后缀方位词与吴语对照

泰如话	吴语
里的	里｜里向
上的	上面｜上头
横的	横里向
竖的	直里向
家的	屋里向
学堂里的	学堂里向
头脑肚的	脑子里向

"上的"引申指上面，如"上的来啊人"。"肚"在泰如话有两个读音，遇合一上姥端的"肚"念[tu²¹³]，如"肚子、肚儿"，指人或动物的胃，泛指腹腔；遇合一上姥定的"肚"念[tʰu²¹]，"肚的"指肚子里面，如"肚肚的[tu²¹³tʰu²¹tiiʔ¹]"，引申指容器或器具的里面，如"锅子肚的、抽抽儿肚的_{抽屉里面}、笔肚的_{笔里面}"等，进一步引申可表示较为抽象的"某某地带"、"某方面"等，如"这肚的"、"那肚的"：

（103）夏天这肚的不晓得多热！_{夏天这一带不知有多热！}

（104）那肚的风气不大好得很。_{那一带风气不怎么好。}

（105）这肚的可有甚的说法？_{这里头有没有什么说法？}

表示"里面"义时，泰如话一般都可以在名词后附着"的"来构成方位词，名词是个开放的词类：

水的｜缸的｜田的｜河的｜沟的｜庄的｜街的｜船的｜海的｜杯儿的｜袋儿的｜屋檐的｜嘴的｜头的｜锅的｜县的｜省的｜中央的｜学堂的｜宿舍家的｜外的｜张家里的

吴语表示方位时，在"东、南、西、北"等表示方位的词后，可在单纯的方位词后附加"头"合成方位词，如苏州话的"东头、西头、南头、北头"，又可附加"海"表示方向，如上海话。泰如话可以附加"头"，所指的距离一般比较近，如"东头、西头、南头、北头"，与"海"相应的是"境"，一般读轻声，不止限于"东、南、西、北"四个方位词：

东境[tɔ̃²¹tɕĩ¹]｜南境[lõ³⁵tɕĩ⁵]｜西境[ɕi²¹tɕĩ¹]｜北境[pɔʔ³³tɕĩ³]｜这境[tsa³³tɕĩ³]｜那境[lo³³tɕĩ³]｜口的境[kʰɤ²¹³tiiʔ³³tɕĩ²¹³]_{靠外面的一侧}｜外头境

[ve²¹tʰɻi³⁵/¹tɕĩ²¹³] | 铺里境[pʰu³³n̻i²¹³tɕĩ¹]铺里面 | 这目境[tsa³³mɔʔ³³tɕĩ¹]这边 | 那目境[lo³³mɔʔ³³tɕĩ¹]那边

这些表示方位的词，其中有些又可进一步引申指彼此不同的群体，如"这境"、"这目境"指"我方"，"那境"、"那目境"指"敌方"，具体的举例还可参见第十章节相关内容。"的"和空间名词组合后可以直接修饰其他名词，表示核心名词的空间处所："水缸的鱼昨晚上死掉啊条"、"天井的车子晚上要趟家来"，普通话要分别说成"水缸里的鱼昨晚死了一条"、"天井里的车晚上要推到家里来"，方位后置词"里"与空间名词构成后置词短语后再加"的"充当定语，在泰如话中则是由"N 的"直接充当定语。"的"最初就是在这样的句法环境中实现由指示方位到表示领属的语法化的。①泰如话"的"的虚化程度很高，如上举例中所说的可以大量出现在名词性单位的后面，位置相对固定，名词短语的范围广泛，可以表示抽象意义："心的不大高兴心里不太高兴"、"嘴的不说肚的想嘴里不说心里想"，名词的单用能力消失，强制性超过普通话，跟吴语更接近，如"他每天在图书馆看书"，泰如话更倾向于说成"他天天在图书馆的看书"，上海话多说成"伊每天勒图书馆里头看书"。

2. "的"所构成的时间词

表 2—12　　　　泰如话"的"后缀时间词与吴语对照

泰如话	吴语
日的	日里向
夜的	夜里向
日中	日中里
日中心的	日中心里
早更的	早晨头
夜更的	夜头
夜心儿的	半夜三更
老早的	老早
整天的	整天
成夜的	连夜

泰如话有些"的"字后缀词语既可表时间、也可表空间，如"前的、后的"：

（106）他爸爸在前的走，他在后的跟。他爸爸在前面走，他在后面跟着。（表空间）。

---

① 陈玉洁：《联系项原则与"里"的定语标记作用》，《语言研究》2007 年第 3 期，第 69—75 页。

（107）他爸爸前的才走，他后的就看起电视来啊。_{他爸爸前面刚走，他跟着就看起电视来了。}（表时间）。

泰如话中这种由表空间义到表时间义词语隐喻意义的映射还见于"底下"：

桌子底下｜篮子底下｜树底下｜水底下｜脚底下｜天底下（表空间）

手底下｜我在他底下做事情｜底下的人不晓得怎啊做（引申指不同的社会等级）

这个节目底下是个小品｜底下轮到你上场｜我上底下一堂课（表时间的先后顺序）

如果脱离特定的语境，单问"底下还有甚的菜"，就有歧义，一可能问容器下面还有什么菜，表方位；一是问这道菜吃完之后，下面还有什么菜，表时间。

3."的"所构成的副词

泰如话中，"的"和"地"在单念时发音不完全一样，分别念[tiɿʔ³³]和[tɕʰi²¹]，但在充当相应的语法成分时，发音却变得完成相同，如充当结构助词。泰如话中有一些[tiɿʔ]后附于其他一些单双音节的形容词后构成的词语，主要充当副词，这里也记作"的"：

a. 驳驳的[paʔ³³paʔ³³tiɿʔ³]。

泰如话中有"嫡嫡驳驳"一词，表示"真真切切"、"千真万确"：

（108）我同他是嫡嫡驳驳的堂弟兄们。_{我和他是真正的堂兄弟。}

（109）两个人家合的个老爹，那是嫡嫡驳驳的。_{两户人家的爹爹是同一人，那是真切真的。}

"驳驳的"可以单用，表示"白白的"、"无可奈何"，有惋惜和感叹的语气：

（110）他驳驳的交啊千块钱！_{他白白地交了一千块钱。}

（111）驳驳的损掉啊亩秧田。_{白白地损失了一亩稻田。}

（112）惹鸡瘟驳驳的亏掉啊把小鸡儿。_{遭鸡瘟白白地亏了一把小鸡儿。}

b. 稳的[vɔ̃²¹³tiɿʔ³]。

泰如话中表示"安稳"、"平稳"义时一般单说"稳"，比喻人做事稳当，也说"稳"，相当于一个形容词，"稳的"在泰如话中一般充当副词，增强肯定的语气：

（113）他这次考试稳的拿第一。_{他这次考试一定拿第一。}

（114）偷稿子的稳的是他。_{偷东西的一定是他。}

（115）我稳的要拿钱买家来。_{我一定要拿钱买回来。}

吴语相应的还是"稳"，句末一般出现语气词"个"，试比较：

（116）上海话：我晓得伊稳输个。

（117）泰如话：我晓得他稳的输。_{我知道他一定输。}

c. 样的[iã²¹/²¹³tiɪʔ³]。

"一样的[iɪʔ³³iã³³tiɪʔ³]"在口语中可省作"样的[iã²¹³tiɪʔ³]"，声调发生了变化，一般可充当形容词：

（118）两个稿子样的。_{两样东西一样。}

（119）这个菜同那个菜味道样的。_{这个菜跟那个菜味道一样。}

（120）三个人长得样的可则。_{三个人长得一模一样。}

"样的"充当状语，一般出现在动词前：

（121）姑娘结婚我样的出的钱。_{姑娘结婚我一样出了钱。}

（122）你把作业样的抄下子。_{你把作业照样抄写一遍。}

（123）样的照算。_{一样照算。}

d. 绷的[pɔ̃²¹³tiɪʔ³]。

泰如话中"绷[pɔ̃²¹]"可用作动词、形容词，表示用手撑开时的动作及由此所形成的"紧张"状态：

（124）手的把线绷开来。_{手里把线绷开来。}

（125）把绳子绷啊紧啊。_{把绳子绷紧了。}

（126）两个人谈啊绷掉啊。_{两个人谈崩了。}

"绷的"中"绷"要变读为213调，"绷的"表示"必定、不得不"，用作副词，有"无可奈何"义：

（127）家的过年绷的要买年货，还不如在这海买下子算事。_{家里过年肯定要买年货，不如在这儿买一下算了。}

（128）亲戚人家结婚绷的要出人情啊。_{亲戚人家结婚免不了要出礼的啊。}

（129）结婚要送礼，绷的啊。_{结婚要送礼，一定的啊。}

e. 怕的[pʰa³³tiɪʔ³]。

"怕"作形容词、动词使用时同普通话的用法，作副词使用时，表示"大概、恐怕、可能"义，可以用于句首或句中：

（130）怕的他已经走啊了。_{恐怕他已经走了吧。}

（131）怕的我打不动他！_{看我收拾不了他！}

（132）他怕的不在家的。_{他可能不在家里。}

（133）你怕的有点发热啊。_{你大概有些发热吧。}

近代汉语中有"怕不的"，表示"恐怕、也许"：

（134）娘不信只掏他的袖子，怕不的还有柑子皮儿在袖子里哩。（《金瓶梅词话》第73回）

（135）那喜溜溜水汪汪的一只眼，合你通没二样，怕不的他那鞋你也穿的。（《醒世姻缘传》第19回）

上海话相应的是"只怕[tsəʔ⁵⁵/³³pʰo³⁴/⁴⁴]"、"特怕[dəʔ¹²/¹¹pʰo³⁴/²³]"、"独怕[doʔ²³/¹¹pʰo³⁴/²³]",泰如话"怕的"也经常和其他词语一起组合使用,如"就怕的"、"单怕的","就"、"单"都表示强调。

f. 准的[tɕyə²¹³tiɪʔ³]。

泰如话中"准"单用时分别是动词、形容词,表示"准许"、"准确","准"也有"一定、必定"义,要说成"准的":

(136) 他后朝肯定来,那准的。他后天肯定来,那是一定的。

(137) 我明朝准的五点到。我明天准时五点到。

(138) 你结婚我准的去。你结婚我一定去。

(139) 他明朝准的要家来。他明天一定要回来。

上海话有"准定[tsən³⁴/³³din²³/⁴⁴]",同近代汉语:

(140) 龙华镇我准定勿去勒。

(141) 若不是倒了草厅,我准定被这厮们烧死了。(《水浒传》第10回)

泰如话"准的"的"的"有可能是由"定"弱化变读而来。

(四) 头

普通话中,"头"后缀组合的词可以分为两类:一是如:"码头｜念头｜石头｜甜头｜看头"等,"头"与前边的成分凝固成词,失去了本身的词汇意义,完全虚化成一个构词成分,读轻声;另一类如"老头｜船头｜线头｜插头｜源头｜东头｜潮头","头"与前面的成分也凝固成词,但意义并没有完全虚化,在这些词中的"头"还有"最先"、"顶端"之类的意思,不读轻声,"老头"还可儿化,表示"亲昵、可爱"之类的风格色彩。很显然,普通话"头"在这两类构词的语法化进程中属于不同的历史层次。由于这种语法化而引起的"头"由非轻声到轻声的变化跟语义层面、语法层面密切相关,而语音层面的变化给我们提供了一个了解其语法化进程的窗口,方言中的情形也是如此。前面已经涉及泰如话"头"尾构词的情形,以下按泰如方言"头"尾词的读音和意义不同作比较详细的列举,然后跟吴方言的头尾词进行比较。

1. "头"在泰如话中的读音类型

单字"头"有比较具体的音义,《广韵》度侯切,平侯,定,今一般读阳平,有些必须读儿化或闪读,所组成的词语不是附加式结构,本义指人体的最上部分或动物的最前部分,也指物体的最前面部分,《说文》:"头,首也,从页豆声。"

a. "头"是基本义或引申义,有些还有儿化的说法。

肉头(儿)光头｜癞头癞痢头｜猪头｜人头儿｜昃头儿｜大头｜剃头｜摇头｜船

头｜墙头儿[tɕʰiã³⁵ tʰər³⁵/²¹³]｜床头｜奶头儿｜谢头 歪脖子①

有些有了比喻义，"肉头"指老实可欺的人，"挨肉头搅"指吃苦受累；"点人头儿"指数人数，"摇头儿扇子"指能转动的电扇。

b. "头"失去基本意义，所组成的词语一般表示具体的事物，属于附加式结构。

根据读音可以分为三种情形：

"头（儿）"在泰如话海安、如皋、东台等点必须变读 213 调，否则不能称说，相应语例见 2.1.3.3 有关章节，而在其他点一般读轻声：

砖头｜馒头｜钵头｜芋头｜指头｜棒头｜檐头｜骨头｜榔头｜石头｜拳头｜额头｜舌头｜垡头｜单头｜枕头（也读 21 调或轻声）｜屋山头｜畚头儿｜头头儿｜零头儿

"一头"可缩略为"头"，变调为 213，在一定的语境中可以独用：

（142）头在这许，头在那许。一头在这儿，一头在那儿。（对举，做主语）

（143）吃头、摆头。吃一头，丢一头。（对举，做宾语）

也可用在动词后面，充当补语成分，表示"一起"：

（144）两个人睡着头。睡在一头，也指睡在一块儿。

（145）三个姑娘把着头。嫁在一处。

（146）几篇稿子写着头。写在一块儿。

这些结构中的"头"都必须变读为 213 调句子才能称说。

c. "头（儿）"读原调 35。

裤头儿｜结头｜臭头｜嗝头儿 嗝｜鲢头儿 鲢鱼｜钟头儿｜花头儿｜搭头儿｜蓬头儿 露天粮囤的顶篷

d. "头（儿）"读轻声，音高点一般随前字。

码头（跟"码头儿"不同）｜跟头｜罐头｜榫头｜上头｜尿头｜耍头｜胀头｜浇头｜对头｜块头｜阵头｜泊[pʰaʔ³³]头｜里头｜磨头 如皋地名｜楦头｜倒头 饭之贬称，即倒头饭｜崇头儿｜强头 强盗

2. 与吴方言的比较

吴语头尾词与泰如方言的相应词语存在着结构上的差异，数量总体上比泰如方言要多些，但泰如话在读音和意义上也有自己的特点，如部分头尾词的儿化现象。下面联系上海话的情形，从结构上作一比较分类：

a. 两地具有共同的"头"尾词，且表义基本一致。

派头｜榫头｜户头｜号头｜人头｜插头｜骨头｜门头｜滑头｜肉头｜浇头

---

① 海安俗语"看谢头儿、瞟[piɔ²¹]谢头儿"，指沉迷于某事物，有嘲讽义。

b. 上海话是头尾词，泰如话是子尾词。

鼻头/鼻子｜竹头/竹子｜牌头/牌子｜篮头/篮子｜钉头/钉子｜调头/调子/调儿｜领头/领子｜插头/插子｜肺头/肺子｜屋脊头/屋脊子｜月头/亮月子[lɛʔ³⁵iɿ³³/³⁵tsɿ²¹³]｜书喔头/书呆子｜领头/领子｜衬头/衬子｜柱头/柱子｜撑头/撑子

泰如话还有"头子"：大肠头子｜芋头头子芋头的母根｜大麦头子｜喇叭头子姜堰指广播喇叭｜命根头子如皋昵称指最疼爱的晚辈或物件｜力头子如皋指爆发力｜骚伀头子骂东西的俚语

c. 上海话是头尾词，泰如话是"的"尾词。

上底头/上的｜外底头/外的｜里向头/里的｜夜底头/夜的｜日头/日的

d. 上海话是头尾词，泰如话是儿尾（化）词。

麦穗头/麦穗穗儿｜调头/调儿｜角落头/角落儿｜绢头/手帕儿｜水桥头/水码儿｜夜快头/黄昏头/下晚｜老实头/老实头儿｜引线头/引线头儿｜头头/头头儿｜钢笔头/钢笔尖儿｜药罐头/药罐儿｜奶（奶）头/奶头儿｜大蒜头/大蒜头儿｜秧把头/秧把儿｜零头/零头儿｜角头/角票儿｜分头/铅子儿｜脚脚头/脚儿｜邪头/邪儿头①

e. 上海话是头尾词，泰如话一般不加头尾。

铁头/铁｜云头/云｜日头/太阳｜隔壁头/隔壁｜五更头/早更｜乡下头/乡下｜门口头/门口｜东风头/东风｜地下头/地下｜上风头/上风｜饭碗头/饭碗｜早晨头/早晨｜胸口头/胸门口｜脚跟头/脚后跟｜报头/报纸｜被头/被单[pʰi²¹lɛ̃²¹/²¹³]｜馅头/包馅｜东横头/东面/东境｜话头/话｜实头/实在｜班头/班｜站头/站｜冷饭头/冷饭｜灶头/灶｜一块头/一块｜一分头/一分｜一角头/一角｜一斤头/一斤｜一张头/一张

上海话中一些独有的头尾词，泰如话没有，缺少相对应的词语：

三夯头｜三吓头｜一户头｜一㙍头｜一记头｜一嚼头｜一扫头

也有相同的头尾词，但意义有所不同，如"一家头"在上海话中指"一个人"，也可以说"两家头"，表示两样东西或人：

（147）小王一家头辣做生活。

（148）伊拉小青年两家头来得要好。

（149）白兔、灰兔两家头住辣一道。

泰如话中的"一家头"、"两家头"则分别指"一家人"、"两家人"。

"人头"除共同指"人的头"外，泰如话跟普通话比较一致，如"按人头发放食品"；上海话还指"人际关系"，如"伊外头有人头"。

---

① 两地意义所指范围有不同，上海话[dziA²³/²²dʏ²³/⁴⁴]指泼妇，泰如话[tɕʰiar³⁵tʰɤi³⁵]指凶横、不服管教的人。

f. 泰如话是头尾词，相应的上海话是其他结构的词或短语。

泊头/骂人闲话｜骚偒头子/戳气物事｜屎ㄦ头子/呀呀糊｜裤头ㄦ/短裤｜老相头ㄦ/小老卵

跟上面的构词性质不同，"头"在句法中还受一定的结构限制，"动词+头"构成表示具有名词的部分句法功能的临时名词，一般只做宾语，且多出现在"有/没（得）+O"的结构中，是一种构形成分：

上海话：有/呒（没）吃头｜呒啥看头｜有啥讨论头｜呒啥白相头

泰如话：吃头｜看头｜讨论头｜耍头｜搭撒头（那个人没搭撒头）｜说头（他没说头）｜有看头｜有赚头｜没说头｜没做头｜没吃头｜没听头

上海话的"动+头"之间可以嵌入人称代词宾语：

有啥问伊头｜呒啥陪伊头｜有啥讲侬头

泰如话一般不能在动词和"头"之间嵌入人称代词"他"：

*有甚的问他头｜*没得甚的陪他头｜*有甚的说他头

更多地说成：

他有甚的问头｜他没甚的陪头｜你没得说头

3."数量词+头"结构表单一性、整体性

"头"在两地的方言中都有表"第一"义，其他方言也有类似的用法：

头天｜头回｜头位｜头排｜头等｜头名｜头锅

"头"后面如果接"两"，如"头两个人"、"头两桌"，在泰如话中理解上会有歧义，作为序数词，"头两个人"等于"一开始两个人"，"头两桌"等于"开始两桌"；作为概数时，"头两个人"指"一两个人"，"头两桌"指"一两桌"。

但"头"在充当量词后缀前接数词时，泰如话与吴语有不同，如上海话可说"八只头一盒"、"两斤头一包"，泰如话不用"头"，"一角头"、"两角头"要说"（一）角"、"二角"，也不用"头"。张其昀认为，扬州方言中，若主观认为某计量性短语所表示的数量微小，可在该短语后面附着一个"头"，表示数量微小，可称为表微标记，如"三天头"、"两站头"、"一次头"、"几句头"。文章进一步分析认为，这些句子里，"数量+头"无一不带有表示数量微小的语义倾向，"头"或相当于副词"仅"、"才"、"就"，或相当于语气词"罢了"[①]。结合周边方言及"头"词义引申的一般情形，"头"是表微标记的说法值得进一步加以探讨。

"头"本义指"人体的最上部分或动物的最前部分"，引申指时间或空间义上"最先的、最前的、第一"，也指整体中的局部或物品的残余部分：

[①] 张其昀：《扬州方言表微标记"头"》，《中国语文》2009年第5期。

"两头｜上头｜下头｜萝卜头ㄦ｜铅笔头ㄦ｜布头ㄦ"等。"头"本身并不表微小义，倒是"儿化"后有微小义。

数量词附加"头"的用法见于古代汉语：

（150）王德用所进女口，各支钱三百头。（宋苏舜钦《闻见杂录》）

（151）向来知道他常放过三头五百的账。（《儿女英雄传》第三回）

《汉语大词典》的解释是"表示约数、兼表数目不大"，似乎不很准确："三百"应该是个不小的数目，"三百头"在这里也不一定表示约数，倒可能是整三百。这种"数量词+头"的结构在今天的吴语及周边方言（包括扬州话）中还见使用，通过更多语例的比较，"头"表"整体性"的词义特点可以看得更清楚些：

上海话某些动量词前面受"一"修饰时，可以带后缀"头"，强调单一性：

一回头生意。一次性生意。｜一转头办好。一次性办好。｜一口头吃脱。一口吃掉。｜一趟头写好。一次性写好。

类似的例子还有："一家头｜一张头｜一户头｜一埭头｜三等头｜十块头｜一角头"（以上"数量+头"）；"一记头｜一嗡头｜一扫头"（以上"动量+头"）。上海话中过去有"独宅头"，表示"唯有其一"："现在拉上海，要租一独宅头房子，寻勿着个。现在在上海，要租一所独门独院的房子，找不到的。"今一般说"一宅头"。结构中数量词所表示的量一般在十以下，常有一些固定表达，如："两斤头（两斤头一包）、一转头"（都不用"二"以上的数目）、"一回头"（不用"二"以上的数目）。由这种格式造成的词组跟"数+个+人"比较，给人以整体感：

（152）㑚总共几家头？——五家头。一家五口人。

（153）两家头打相打，要离婚。

（154）两家头合吃一碗小馄饨。一碗馄饨两人吃。

刘丹青把苏州话中用"一……头"加在动词两边的结构看作一种"瞬间完成体"，表示动作一下就完成并且产生结果，特别是消失、毁坏等结果[①]：

（155）衰点酒我一呷头。

（156）俚抢过纸头一哼（撕）头。

（157）俚倒一走头，我只好搭俚揩屁股。他倒一下子走了，只好背朝着他擦屁股。

反映近代吴语作品中也有这样的结构，数量词有时不限于"十"以下：

（158）独自一个对壁嗔介，半斤头壶，竟吃了十来壶戳。（《古今小说》21卷，"半斤头壶"指"装半斤酒的壶"）

[①] 刘丹青：《苏州方言的体范畴系统与半虚化体标记》，胡明扬主编《汉语方言体貌论文集》，江苏教育出版社1996年版，第28页。

（159）可将冬暖夏凉描金彩漆拔步大凉床搬到十二间头透明楼上，等吾后来与钱玉莲做亲。(《党人碑》7 出，"十二间头透明楼"指"有十二间房间的透明楼")

（160）黄布旗上的四个头字末秃多，两个头字无得噱。(《历年记》下，"四个头字"、"两个头字"分别指"写在一起的四个字"、"写在一起的两个字")

（161）这三千头打那里来，我岂能去对华公子讲的？(《疗妒缘》第 5 回，"三千头"指"整三千钱")

（162）当时只有几样头，一式几碗，满满泛泛，勿是虚汤头个，却是六碗四碟。(《品花宝鉴》第 43 回，"几样头"不是强调数量，而是指整体，故下文说"一式几碗"。)

泰如片方言也有这样的"数量+头"结构，笔者搜集到数例：

（163）他就在家的蹲啊一宿头。他只在家住了一晚上。

（164）肉不要一顿头都吃掉。肉不要一顿都吃完。

（165）我一次头把人全喊掉啊。我一次把客都请了。

（166）我一下头就把门得开来啊。我一下就把门踹开了。

（167）他一刀头就把个鸡子杀掉啊。他一刀就把那鸡杀死了。

（168）人一桌头都请掉啊。客人一桌都请完了。

（169）饭啊、菜的一锅头端上桌。饭菜之类一锅端上桌。

泰如话还有"一色头"：

（170）田的一色头种的大蒜。田里全部种的大蒜。

（171）伢儿在家的一色头个人睡。小孩在家都是一个人睡。

（172）他店的货一色头是进的外地的。他店里的货物全部是从外地进的。

（173）昨朝打牌我一色头抓的方块。昨天打牌我全部抓的是方块儿。

"一色头"是由"一色"附加"头"而形成的。"一色"在古汉语中指"单色"：

（174）落霞与孤鹜齐飞，杨柳共春旗一色。(北周庾信《三月三日华林园马射赋》)

引申指"一种、一类"：

（175）望请命妇会于别殿；九部乐从东门入；散乐一色，伏望停省。(唐刘肃《大唐新语•极谏》)

再引申指"全部一样"：

（176）贞松劲柏四时春，霁月光风一色新。(金元好问《雪岩》诗)

泰如话的"一色头"可以看作是进一步虚化了的副词。

冯爱珍（1991）比较了闽语福清话"囡"和"头"使用的不同情形："囡"

后缀使词具有"细、小、短、少"的意义,在大多数情况下,与"头"是两个不同的后缀:

"头"后缀	"囝"后缀
山头 泛指山,不是山尖儿	山囝 小山
锁头 泛指锁	锁囝 小锁
椅头 高凳子	椅囝 小凳子
菜头 萝卜	菜囝 萝卜干儿
蒜头 蒜的鳞茎	蒜囝 青蒜苗儿
石头 泛指石	石囝 小石块儿
骸肚头 膝盖	骸肚囝 小腿肚

她还指出,福清话中"锅头"指"像小锅的瓦罐","锅锅囝"指"小铁罐",与"锅头"所指不是同一物件。"小巷"可说成"巷囝、巷巷囝",但不能说"弄囝"。"砖"单用指整块的好砖,加"头"表示损坏了的砖,不说"砖囝"。由于"锅、弄、砖"等词不能直接加"囝"后缀指"小",这几个带"头"后缀的词,似乎也就可以指小的事物了。不过,这种指小的意义,并不是由"头"后缀的功能造成的,"头"与大多数词根结合都不具备指"小"的意义[①]。"头"在扬州话、泰如话中与此相似:既然"子尾"、"儿尾(化)"等后缀形式已经承担了表微的功能,"头"就不可能承担完全一样的功能。如上所述,"数量+头"结构中"头"并不表示数量,而是表示"所述对象的整体性"。数量词原来并不限于"十"以下的数字(三百头、二千头、十二间头),附加"头"后,强调了结构整体性、一次性的特征。至于数量词后来逐渐缩小到"十"以下,并以"一 X 头"结构为多见,可能是因为数量结构成员中数目过大的话,很难把它们看作一个整体,而数目越小则越便于称说,也便于看作一个整体。上举泰如话中各例都可以把"头"去掉而句子的数量义保持不变,但却失去了"整体性"的表义特点。扬州话中"一次头"、"两站头"、"三遍头"、"几句头"等结构之所以会认为表"微小义",可能与数量词的特点相关。实际上,"头"本身是一个构形成分,所构成的结构具有"整体性"的特征,这也与"头"引申义中"唯有其一"的意义相关联。

上海话中"有"和"头"合用,表示动作持续一段时间,如"有吃头",表示"吃"的动作持续一段时间,"头"与"有啥、唔啥"等合用,表示"值得"、"不值得":

(177) 搿点钞票有啥赚头。 这点钱有什么值得赚的。

[①] 冯爱珍:《福清话名词性后缀"囝"》,《中国语文》1991年第6期,第440—444页。

（178）唔没啥高兴头。没什么值得高兴的。

（五）小 [ɕiɔ²¹³]

泰如话中"小"附于名词或形容词之后，用于称呼人，一般带有消极义或亲昵的感情色彩：

癞小[lɛʔ³⁵ɕiɔ²¹³] | 路小[lu²¹ɕiɔ²¹³]姜堰：在途中生的婴儿 | 秃寿小[tʰoʔ³³sʏi²¹ɕiɔ²¹³]姜堰：小死鬼 | 匣小[kʰɛʔ³⁵ɕiɔ²¹³]骂孩子的话 | 讨饭小[tʰɔ²¹³fɛ²¹ɕiɔ²¹³]姜堰：没出息的人 | 麻雀儿小[ma³⁵tɕiar³³/⁵ɕiɔ²¹³]姜堰：该死的东西 | 败家小[pʰe²¹ka²¹ɕiɔ²¹³]姜堰：败家子 | 刁小[tiɔ²¹ɕiɔ²¹³]姜堰：奸刁的人 | 沙宝小[sa²¹pɔ²¹³/¹ɕiɔ²¹³]姜堰：下河人称上河人 | 哑巴小[ŋa²¹³pa²¹/³ɕiɔ²¹³]姜堰指哑巴、怕跟人说话的人，海安也叫"哑小"。| 二小[ə²¹ɕiɔ²¹³]姜堰：佣人

（六）相[ɕiã³³]

吴语和泰如话中有跟普通话一样的"洋相、福相"，吴语还有"卖相 | 吃相 | 坐相 | 立相 | 睏相"等"单音节动词+相"组成的结构，泰如话的构词有：

形相[ɕi³⁵ɕiã³³]外貌 | 看相[kʰõ³³ɕiã³³]容貌 | 老相[lɔ²¹³ɕiã³³]不懂装懂，多贬指年轻人 | 放相[fã³³ɕiã³³]如皋：小孩嬉闹 | 做相[tso³³ɕiã³³]做的方法 | 说相[so²¹³ɕiã³³]说法 | 走相[tsʏi²¹³ɕiã³³]走法 | 望相[uã²¹ɕiã³³] | 把相[pa²¹³ɕiã³³]给的方法 | 出相[tɕʰyʔ³³ɕiã³³]出牌或出礼的方法 | 挂相[kua³³ɕiã³³]姜堰：下不了台 | 扶相[fu³⁵ɕiã³³]如皋：奉承、敷衍搪塞、带贬义的支持 | 作相[tsaʔ³³ɕiã³³]指饭菜

（七）形[ɕĩ³⁵]

泰如话中"形"附于形容词之后，相当于"……的样子"，多表示消极意义。

死形 [sɿ²¹³ɕĩ³⁵] | 瘟形 [vẽ²¹ɕĩ³⁵] | 讨饭形 [tʰɔ²¹³fɛ²¹/³ɕĩ³⁵] | 邋遢形 [lɛʔ³⁵tʰɛʔ³³/⁵ɕĩ³⁵] | 花形[xua²¹ɕĩ³⁵]姜堰指穿得破烂，不讲仪表 | 丧形[sã²¹/³ɕĩ³⁵]丢人 | 低形[tɕi²¹ɕĩ³⁵]姜堰指下流的样子 | 痴形[tsʰɿ²¹ɕĩ³⁵]痴呆的样子

（八）脚[tɕiaʔ³³]、脚下[tɕiaʔ³³xa³]

泰如话老派在单音节动词之后可以附加"脚"，指沉湎于某种爱好或具有某种特长的人，一般具有消极色彩。《魏建功文集》（叁）第 29 页："凡人擅长某脚者，皋语往往称之为'某某脚'：如食量兼人者曰'吃脚'，言论胜人者曰'说脚'，耽好一事一物者，皋语往往称之为'某某脚'：如'赌脚、嫖脚、睡脚、媚脚'……总之，称'脚'者多系消极方面的。"吴语"某脚"指"东西的最下部"，如"墙脚、山脚、城脚"，东西的渣滓也叫脚，如"茶脚、脚脚"，泰如话相应的后缀是"脚儿"如"墙脚儿[tɕʰia³⁵tɕiar³³] | 山脚儿[sẽ²¹tɕiar³³] | 肉脚儿[zoʔ³⁵tɕiar³³] | 锅脚儿[ko²¹tɕiar³³] | 次脚儿[tsʰɿ³³tɕiar³³] | 剩脚儿[tsʰə³³tɕiar³³]"。今泰如话中"脚"作为名词后缀已不再具有能产性，魏文中的这些语例在年轻人中间使用相对比较少。

"脚下[tɕiaʔ³³xa³]"，在泰如话中单用时指"脚"，"手脚下[sʴi²¹³tɕiaʔ³³xa³]"表示离身体近的地方，即手脚所及的范围内：

（179）手机放啊手脚下。_{手机放身边。}
（180）手脚下不能离人。_{身边不能离人。}
（181）手脚下要留点能用的活钱。_{身边要放点能随时用的钱。}

"脚下"后附于部分时间名词，表示大致的时间：

端午脚下｜月半脚下｜清明脚下｜过年脚下｜正月脚下

（九）精[tɕĩ²¹]

《魏建功文集》（叁）第87页："凡人物之消极方面躭好某事，及某种缺限专集于一人物往往谓之曰精；如'搅家精、懒王精、骂人精、好吃精、放诙精，……蟊虫精当与此同。'"上海话中有"马屁精、赖学精、碰哭精、门槛精"，苏州有"败家精、妖怪精"，这个后缀在今泰如话也不再具有能产性，使用较少。

（十）胚[pʰi²¹]、㞞[sɔ̃³⁵]

上海话中，"胚"相当于一个类后缀，所构成的词一般有贬义：

懒惰胚_{懒鬼}｜懒料胚[lɛ²³/²²liɔ²³/⁵⁵pʰɛ⁵³/²¹]｜强盗胚[dziã²³/²²dɔ²³/⁵⁵pʰɛ⁵³/⁴⁴]｜无用胚[ɦm̩²³/²²ɦioŋ²³/⁵⁵pʰɛ⁵³/²¹]_{坏胚子}｜杀胚[saʔ⁵⁵/³³pʰɛ⁵³/⁴⁴]_{体壮戆猛的人}｜下作胚[ɦo²³/²²tsoʔ⁵⁵/³³pʰɛ⁵³/⁴⁴]_{下流人}｜馋胚[zɛ²³/²²pʰɛ⁵³/⁴⁴]｜贼胚[zəʔ¹²/¹¹pʰɛ⁵³/²⁴]

泰如话中"胚"音[pʰi²¹]，所组成的词语较少，如"甚的胚料"、"□[xuəʔ³³]_坏胚料"，"胚"没有吴语那样的构词功能，与之相应的后缀是"㞞[sɔ̃³⁵]"的构词比较活跃。"㞞"本义指"男人的精液"，引申指俚语，如"没㞞用"，即骂人连男人精液那样的用处都没有，其他方言里"熊样"的"熊"大概是"㞞"避讳的说法。"㞞"在泰如话中可用于单音节动词或动宾结构后，表示对动作本身或动作结果的否定，语气显得比较强烈、果断：

吃㞞｜看㞞｜耍㞞｜用㞞｜走㞞｜考㞞｜送他㞞｜做他㞞

动词后带假性宾语"它（他）"时，可后接"入㞞[zəʔ³⁵sɔ̃³⁵]"，"V它（他）入㞞"结构表示对动词意义的否定、或表示否定性的意志：

吃它入㞞_{不吃}｜看它入㞞_{不看}｜用它入㞞_{不用}｜走他入㞞_{不走}｜做它入㞞_{不做}

对不如意的人或事物，泰如话也可在这些词语之前冠以"㞞"而称呼之，以表达心中的不满，有时也带有亲昵的色彩：

㞞天｜㞞落地｜㞞伢_儿｜㞞携锹_儿[sɔ̃³⁵kʰue²¹tɕʰiɚ²¹]①｜㞞钢丝车_儿 _{骂自行车}｜㞞讨债鬼_儿 _{骂孩子}｜㞞倒马叉_{骂男孩儿}

"㞞"用于称呼人时，前面可用带有指称的词语"这、那、个"等：

---

① 骂男孩的俚语，指背锹挖塘葬自己。

（182）这佝不晓得天高地厚啊！_{这家伙不知天高地厚啊！}
（183）那佝哪日个走的啊？_{那家伙什么时候走的？}
（184）个佝哉，那啊简单的题目都不会！_{这家伙，那么简单的题也不会！}
（185）个佝不晓得上哪下去啊。_{那家伙不知去哪儿了。}

"佝"用在部分带有贬义色彩的形容词后面构成名词，可以用于面称，带有类后缀的作用：

呆佝_{傻乎乎的人}｜□[xuə?³³]佝_{品性、成绩等不好的人}｜臭佝_{对人态度不好、常怒形于色的人}｜死佝_{性格古板、不灵活的人}｜馋佝_{嘴馋的人}｜邋遢佝_{邋里邋遢的人}

（十一）上[sã²¹]

"上"在吴语和泰如话中都可以后附于名词，指物体的顶部或表面，如"山上｜脸上｜桌子上｜墙上｜门上"，虚化指"范围、方面"，如"事实上｜工作上｜问题上｜思想上｜领导上"。泰如话中，还有"春上｜秋上｜中上_{中午}"指时间，如皋、海安一带旧派有"坟上[fã³⁵sã⁵]"，指卖给坟地并代为看坟的人，"上"与"匠、子、先生"等同为人的一类品位标志，又如"船上、轿上、窑上"，姜堰有俗语："好朋友不在吃上，好夫妻不在宿上"，但新派这种用法已经比较少了。

"浪"是"上"在吴语中进一步虚化的产物，从读音上来看，也可以看作是"上"流音化的结果，表示"在表面"的意思，也可以指某种范围，"浪（向）"不能单用，一般须附着在一些名词后面：

台子浪｜窗盘浪｜边头浪向｜床浪向｜工作浪向｜生活浪向｜科学浪向

也可以表示时间：

中浪｜早浪向｜日脚浪｜初头浪｜月头浪｜年头浪

（十二）拉[lA⁵³]、辣[le³³]

上海话中处所词"拉[lA⁵³]"常用在物主名词之后，使该名词带有表示处所的意念，如：

娘舅拉｜张先生拉｜张家拉｜小毛拉｜老太婆拉

泰如话中相应用在名词之后的类后缀是"辣[le³³]"，不光用在物主名词、也可以用在其他名词之后：

舅舅辣｜张华儿辣｜书桌辣｜垫子辣｜手辣｜膀子辣

从读音上来说，表示处所义的"辣"在语流中一般读去声，不读轻声；表示人称代词的"佗"一般附着于前面的名词后读轻声，详情可参见第三章和第十章节的内容。

（十三）眼[ŋẽ²¹³]、点儿[tiər²¹³]

吴语中"某眼"构成的量词有一定的能产性，"眼"有小义，是一个类后缀；泰如话相应的是"点ㄦ"：

眼眼/点点ㄦ｜快眼/快点ㄦ｜早眼/早点ㄦ｜吃眼/吃点ㄦ｜长眼起来勒/长点ㄦ起来啊

（十四）洋[iã³⁵]

"洋"也常是见于其他方言的构词前缀，泰如话中有如下构词：

洋油｜洋钉ㄦ｜洋布｜洋伞｜洋盘洋玩意ㄦ｜洋碗ㄦ｜洋气｜洋拉ㄦ[iã³⁵lɛr³³]刺蛾｜洋机旧称缝纫机｜洋钱铜钱｜洋碱｜洋火火柴｜洋相

"洋"是全粘着前缀，具有变义功能，除"洋气"有相对应的"土气"，"洋布"有相对应的"土布"，其他词语没有对应的"土 X"式。这些词语从现在的角度看大都显得比较陈旧，一般多出现在老派的口中，有些有相应的替代词，如"煤油/火油｜铁钉ㄦ｜缝纫机｜铜钱｜肥皂｜火柴"可分别替代"洋油｜洋钉ㄦ｜洋机｜洋钱｜洋碱｜洋火"，而有些则作为构词的一部分，仍有一定的词汇意义，如"洋盘"、"洋相"、"洋气"，至于"洋拉ㄦ"是来源于国外的"洋"昆虫，还是与"杨树"的"杨"同音则要考证后才能下结论了。

二 动词的语缀

（一）打[ta²¹³]

"打"是汉语中使用频率较高的动词，泰如话中比较有特色的"打"类动词短语如：

打药买中药｜打洋机做缝纫｜打莲花[ta²¹³lɤi³⁵xua²¹]打莲花落｜打去便[ta²¹³tɕʰy³³pĩ³³]打喷嚏｜打虎跳翻车轮ㄦ跟斗｜打嚎嚎ㄦ[ta²¹³xɔ³⁵xɔr³⁵/²¹³]鼓噪、怂恿｜打摆子[ta²¹³pɔ²¹³tsʅ³]喻没事找事

作为复合词词头出现的有：

打野①｜打搅[ta²¹³kɔ²¹³]②｜打上[ta²¹³sã²¹/³]料理、清理｜打合[ta²¹³kɔʔ³³]怂恿、撺掇｜打等短暂停留｜打讲[ta²¹³kã²¹³]造舆论，但常不见行动｜打食[ta²¹³sәʔ³⁵]禽类动物野外觅食｜打伙ㄦ

---

① 古代也叫"打野呵"，谓艺人在街头卖艺，宋章渊《槁简赘笔》："如今之艺人，于市肆作场谓之打野，皆谓不着所，今人谓之打野呵。"宋周密《武林旧事·瓦子勾栏》："或有路歧，不入勾栏，只在耍闹阔之处做场者，谓之打野呵，此又艺之次者。"方言中"打野"还有"东张西望"、"捞外快"之义，泰如话中"打野"指狗、猫之类的家畜离家外出寻找异性交合，多喻男人长期外出不归，乱搞两性关系。

② "打搅"在近代汉语中义指"干扰"，元杨显之《酷寒亭》第二折："我如今洗剥了，慢慢的打你，待我关上门，省的有人来打搅。"引申为受人招待或请人帮助时表示感谢的谦词，元乔吉《扬州梦》楔子："多有打搅，小生不敢久留，就此告辞长行去也。"表"搅动"，明吕坤《呻吟语·天地》："譬之一盆水，打搅起来，大小浮沤以千万计，原是假借成的，少安静时，还化为一盆水"，泰如话中"打搅"指已婚男女之间不正当的性关系。

[ta²¹³xoɤ²¹³]旧时孤男寡女不办手续而同居│打汪[ta²¹³uã²¹]夏季水牛入水散温│打闹火[ta²¹³nɔ²¹xo²¹³]如皋指捣乱、阻挠│打墙[ta²¹³tɕʰiã³⁵]如皋喻不与人相处│打翘[ta²¹³tɕʰiɔ²¹]如皋喻作梗、阻挠

2.2.2.2 顿[tõ³³]

泰如话中"顿"一般用在动词前面，表示"V了一会儿"：

顿抱[tõ³³/²¹³pʰɔ²¹]│顿耍子[tõ³³/²¹³ɕya²¹³tsɿ³]│顿看[tõ³³/²¹³kʰõ³³]│顿尝[tõ³³/²¹³sã³⁵]│顿算[tõ³³/²¹³sõ³³]│顿劝[tõ³³/²¹³tɕʰiõ³³]│顿煮[tõ³³/²¹³tsu²¹³]│顿想[tõ³³/²¹³ɕiã²¹³]

在这种格式中，"顿"要变读为[tõ²¹³]，可以理解为前面省略了"一"，动作所表示的时间量比"VV"和"V啊V"稍长些，"抱"、"耍子"之类的动词所表示的动作时间不能太短，一般具有持续义。

三 形容词的语缀

（一）前缀

1. 没

泰如话中"没"不能单说，"没有"要说"没得"，后接宾语时，"得"有时可省去，如"没得事"说"没事"，但"没得人"不说"没人"，"没得用"也不说"没用"。"没"跟后面的词语之间有些凝固性较强，起着类前缀的构词作用：

没答撒│没怂/屌用│没监坐│没事做│没价还│没说头│没说相│没相干│没头绪│没话说│没魂

吴语中"没"可以单说，后接其他词语时，有跟泰如话相同的构词，如"没答撒"，更多是不一样的类前缀构词：

没巴臂没根据│没骨髓千方百计│没脊骨不正经│没脚蟹喻毫无能力或无依无靠的人│没收煞没完没了│没口子满口

2. "不"与"勿"

"不"在泰如话中主要用于动词或形容词前面，表示否定，可以单用，更多是和动词、形容词在一起连用，有些结构内部凝固性较强，在普通话中不见使用，有些则与吴语相应的词语有关：

不就他不巧│不碍│不宰宰拘不一定│不为奇不稀奇│不□[tʰe²¹]心心里不安│不少债喻孩子不成材、惹父母担心│不安逸喻不舒服、生病│不推板│不一当不实在、不确定│不谐意不小心│不合煞[pəʔ³³koʔ³³sɐʔ³⁵]心里舍不得│不及似不如│不快活[pəʔ³³kʰueʔ³³]不高兴│不上路子不地道│不好过喻生病│不作兴│不则声儿[pəʔ³³tsəʔ³³sər²¹/³⁵]│不发言喻人听话、温驯│不怎啊济不怎么样

吴语中与泰如话"不"相应表示否定的词是"勿"，如"勿推板│勿作兴│勿上路│勿好过│勿及似"等与泰如话的一样，但更多一些反映吴语

特点的形容词：

勿派用场_不顶事_｜勿碍｜勿要好_不和_｜勿来事｜勿连牵_不成_｜勿受用_不舒服_｜勿适意｜勿色头_倒霉_｜勿入调｜勿壳张

（二）后缀

1. 人

"人"前为单音节的形容词，"A人"结构表示"A"对人体感觉器官造成不舒服的感觉，表示"使……A"，前面可以加"有点"，后面不接其他成分：

麻人_胡椒等对人有刺激_｜呛人｜害人｜药人｜烫人｜惶人_拒绝别人、让人下不了台_｜塞人｜眯人｜衔人_螃蟹用螯夹人_｜气人｜□[tsʰɚ̃²¹]人_指水和铁器等金属表面寒彻骨头_｜□[tsʰɚ̃³³]人_指冬天水泥地面寒冷彻骨_｜照人_太阳光灼人_｜晒人_太阳光刺眼灼人_｜漾人_姜堰指过分油腻，使人厌食_｜腌人_伤口因流汗或有盐分而有疼痛、刺激的感觉_｜[xã³³]人_地面或房间夏天蒸人_｜嘈人_胃里因饥饿难受的感觉_｜簇[tsʰɚ̃³⁵]人_缠人_｜扰人[zɔ̃²¹³]人_谦词，指吃别人的东西_｜拉[lɛʔ³³]人_心里有灼热感、难受_｜淘人_非常寒冷、凉及骨头_｜证人[tsʰɚ̃³³zɚ̃³⁵]_斥责人_｜冲人[tsʰɚ̃³³zɚ̃³⁵]_大声斥责别人_｜拿人_让人受不了：那块肥肉吃下去有点拿_｜妨人_木指禽兽得传染病，引申指骂动物的俚词_｜抽人_心悸、难受_｜够人_累人_

2. 拉撒[lɛʔ³³sɛʔ³]

"拉撒"在泰如话中是一个非叠音的双音节后缀，前接单音节形容词，也有少数名词，类似于普通话"A乎乎"结构的意义，一般表示消极性的意义：

白拉撒｜油拉撒｜雪拉撒｜黑拉撒｜肥拉撒｜灰拉撒｜病拉撒｜泥拉撒｜汁拉撒｜水拉撒｜毛拉撒｜补丁拉撒

这里的"拉撒"等于吴语的"垃圾"、"拉飒"、"拉杂"、"拉闸"。上海话"垃圾"白读[ləʔ¹³/¹¹səʔ⁵⁵/¹³]，义读[la¹³/¹¹si⁵⁵]。《乾隆昆山新阳合志》1卷："柴余曰拉撒"，民国│九年（1930年）《嘉定县续志》："擸搋，俗谓尘土秽积也，读若勒飒。"《梦粱录》有"诸河载垃圾粪上之船。"《通俗编》二十四卷："太元末，京口谣云：'黄雌鸡，莫作雄父啼，一旦去毛衣，衣被拉飒栖'，拉飒，言秽杂也。"《山歌》七卷："吃樱桃，话樱桃，嫌奴奴拉闸手鏖糟。""垃圾"在泰如话口语中读[oʔ³³sor²¹³]，疑为"齷齪儿"。

吴语中"拉撒"作形容词后缀的情形不多见，但有"搭撒（或"的搭"）"附于形容词双音节之后的情形，如上海：

戆大搭撒/的搭｜背时搭撒/的搭｜外行搭撒/的搭｜厚皮搭撒/的搭

绍兴话有"厚滋纳煞_有点厚_｜有趣搭煞_有点自负_"，也是同样的情形。

泰如话的"A拉撒"也说成"A巴拉撒"、"A不拉撒"：

黑巴拉撒｜白巴拉撒｜脏吧拉撒｜湿吧拉撒｜油吧拉撒｜黏吧拉撒｜病吧拉撒｜黄不拉撒｜粗不拉撒

吴语上海话中与之相应的结构是 A 答答：

黏答答｜戆答答｜湿答答潮湿、湿润｜宽答答｜苦答答｜淡答答｜涩答答味儿带涩｜潮答答｜滑答答光滑｜寿答答傻乎乎｜卤答答｜背答答｜韧答答

3. 不剌[pəʔ³³lɛʔ³³]、巴拉[pAʔ²¹lɛʔ³³]

"不剌""巴拉"为形容词词尾，表示"……的样子"，多有贬义，在吴语中又记作"百辣[pAʔ⁵⁵lAʔ²¹]"、"八腊[pAʔ⁵⁵/³³lAʔ¹²/²¹]"，如苏州话：

冷清百辣｜小气百辣｜小气不剌｜希奇不剌｜罪过不剌

上海话如：

危险八腊｜腻心八腊｜作孽八腊｜罪过八腊｜龌龊八腊｜花里八腊｜黑黜八腊

泰如话音[pɔʔ³³lɛʔ³³]/[pAʔ²¹lɛʔ³³]，也可记作"巴拉"、"不拉（剌）"，可分为两种结构：

单音节形容词+的+不拉：黑的巴拉｜白的不拉｜脏的不拉｜红的不拉｜腥的不拉

双音节形容词+不剌（拉）：可怜不剌｜骚气不剌｜热火不剌｜麻人不剌｜无事不辣｜腥气不拉

"不剌"在近代汉语中是个语气助词，闵遇五《五剧笺疑》："不剌为北方语助词，不音铺，如怕人云'怕人不剌的'，唬人云'唬人不剌的'"，进一步的语例如：

（186）怕曲儿捻到风流处，教普天下颠不剌的浪儿每许。（金董解元《西厢记诸宫调》卷一）

（187）颠不剌的见了万千，似这般可喜娘的庞儿罕曾见。（元王实甫《西厢记》一本一折）

（188）破不剌碗内呷了些淡不淡白粥。（《举案齐眉》）

4. 报[pɔ³³]

冲报[tsʰɔ̃³³pɔ³³]到处乱转瞎逛｜嚼报[tɕʰiaʔ³⁵pɔ³³]活嚼瞎说｜招报[tsɔ²¹pɔ³³]胡说｜跑报[pʰɔ³⁵pɔ³³]怨指快跑、跑个不停｜登山报[tɔ̃²¹sɛ̃²¹pɔ³³]贬指鞋子｜矮敦报[ŋe²¹³tɔ̃²¹/³³ pɔ³³]对身材矮胖人的贬称

"报"是同音字，接在动词或动宾短语之后，所构成的词语一般为形容词，也可以为名词，一般都有贬义。有趣的是"报"和韩国语的보、日语的坊（ぼう）同音，韩国语中表示具有某种特征人的谑称，所构成的词语，如뚱뚱보（胖子）、털보（大胡子）、땅딸보（矮胖子）、꾀보（机灵鬼儿），日语的卑（いや）しん坊（ぼう）（贪吃的人）、食（く）いしん坊（ぼう）（嘴逸的人、贪吃的人）、朝寝坊（あさねぼう）（贪睡的人）、泥坊・泥棒（どろぼう）（小偷、贼），風来坊（ふうらいぼう）（流浪汉），けちん坊（ぼう）

（夯嗇鬼）。日语词典对此的解释是：ある語に添えて、親しみまたは嘲りの気持を含て、"……な人""……する人"の意を表す語，即含有亲切嘲讽的意味。查《汉语大词典》符方切的"坊"是平声阳韵奉母，有"坊子"（窑子、妓院）、"坊夫"（里坊的杂役）、"坊中语"（指俚俗语）等词语，"坊"多涉贬义，日语的"坊"的贬义色彩或与此有关，极有可能都是历史上东夷语的某个底层词语，姑记于此，以俟后来者共证之。

5. ABB、ABCC 式

泰如话和吴语都存在着大量的 ABB 形容词重叠形式，2.3.3 重叠型构词法部分分类进行了详细的比较。从构成形容词的后缀形式比较，有在两地完全相同的，不少也见于普通话中：

矮墩墩｜胖乎乎｜圆滚滚｜扁塌塌｜紧绷绷｜香喷喷｜臭烘烘｜油汪汪｜冷冰冰｜毛乎乎｜白搭搭｜烂糟糟｜娇滴滴｜水淋淋｜红通通｜灰蒙蒙｜黑洞洞｜黑缁缁｜硬梆梆｜空荡荡｜阴沉沉｜湿漉漉

有些稍有差别，泰如话的如皋、海安、东台等地以带儿化的情形为キ：

长条条（儿）｜长腰腰（儿）｜胖嘟嘟（儿）｜甜津津（儿）｜咸搭搭（儿）｜麻辣辣（儿）｜黏得得（儿）｜寒色色（儿）｜绿莹莹（儿）｜光溜溜（儿）

有些 ABB 式重叠只见于吴语：

重墩墩｜嫩几几｜薄血血｜短西西｜方笃笃｜胀别别｜辣花花｜添咪咪｜淡搭搭｜臭血血｜韧冻冻｜热洞洞｜毛纤纤｜倦搭搭｜结固固｜木乎乎｜木兴兴｜嗲溜溜｜曲团团｜肉露露

有些 ABB 重叠式只见于泰如话、较少见于吴语：

白沙沙｜白梢梢儿｜黄色色儿｜严实实｜株的的儿｜结实实｜惶巴巴｜筋暴暴｜热稠稠｜亮霍霍

泰如话和吴语都有双音形容词、名词后叠音重叠的情形，如泰如话：

淘凉夳夳儿 一般指水或稀饭之类凉快适意｜淘凉丝丝儿 一般指水凉快适意｜红肉细细 伤口开裂后带血的肉外露｜麻辣抽抽 辣味对人的刺激｜肉膊儿条条 赤身裸体的样子

吴语（上海话）：

妖怪希希｜烟冷清清｜寒毛凛凛｜火赤焰焰

进一步的比较参见第三节三形容词重叠式。

6. A 的式气式

冒的式气 [mɔ²¹tiɪʔ¹sə²³³tɕʰi³³/¹] 冒冒失失

这个结构是吴语底层的一种，在上海话和苏州话中至今仍有一定的能产性，加在名词、动词、形容词后面构成形容词，表示"像……似的"，多有贬义：

寿头式气｜戆大式气｜小囡式气｜猪头三式气｜老茄式气｜因果式气｜老卵式气_{自以为是}｜难为情式气｜十三点式气

在泰如话中只收集到这一例，一般有贬义色彩。

四　副词的语缀

（一）后缀

1. "啊"与"叫"

吴语中，"叫"是比较能产、使用比较频繁的副词后缀，前头多以形容词的重叠形式为主，如："好好叫｜明明叫｜静静叫｜弯弯叫"，动词的有"看看叫"。泰如话中，作为能产性比较强的副词后缀是"啊"，粘附于代词、形容词、动词之后一起充当状语：

这啊不懂事｜那啊没得意思｜怎啊做法的｜轻轻儿啊（擦）｜慢慢儿啊（走）｜并啊吃｜抢啊做｜俯就儿啊弄下子｜寻啊问问看｜天当啊也要去

"啊"跟其他成分连在一起使用，主要有"着啊[səʔka]和"啊下[a xa]"，附着于动词之后，一般表示动作的方式：

捏着啊灌｜照着啊抄｜站着啊看｜绕着啊说｜逼着啊承认

站啊下写｜坐啊下看｜蹲啊下屙｜嘴蜜_{紧闭双唇}啊下笑｜倒啊下打

"着啊"、"啊下"还是泰如话重要的体标记，具体参见 6.2 章节的相关内容。

2. "地"与"能/个"

"地[tiɿʔ³³]"是泰如话中除"啊"外另一比较能产的副词后缀，一般附着在副词、形容词后面，跟普通话的情形差不多：

老早地上啊铺｜热乎乎地洗啊个澡｜认真地听课｜主动地联系

"能[nən²³]"在吴语中用作副词后缀的情形比较普遍，如：

大大能｜好好能｜迭能｜哪能｜实介能｜忽声能

"能"并不与泰如话的"地"一一对应，有些跟"啊"相对应。

"个[gəʔ¹²]"在吴语中使用比较广泛，也用作副词后缀，相当于普通话副词后缀"地"：

伊老早个上床睏觉勒｜下班后热乎乎个汏个浴｜认真个听课｜主动个联系

副词表示方式修饰动词时，吴语可以插进"个"，泰如话是"地"：

一句一句个/地问｜一五一十个/地讲拨侬听/讲啊把你听｜一日到夜勿停个/地写｜乒里乓啷个/地敲门

上海话中"个"作为副词后缀和"叫、哩、能"的分工比较明确，即彼此之间不能互相代替，泰如话的"啊"和"地"有时可以互相替代使用：

认真啊/地写｜慢慢儿啊/地走｜轻轻儿啊/地擦｜老早啊/地上床睡啊｜主

动啊/地联系

但在表示方式时不能互相替代，如：

一五一十地/*啊问｜一句一句地/*啊说啊他听｜热乎乎地/*啊洗个澡

（二）类前缀

做

泰如话中"做"可以和名词一起组成双音节的副词，后面的名词性成分一般读213的变调，前面一般认为是省略了数词"一"：

做天子 [tso³³tʰi²¹/²¹³tsʅ³]同一天 ｜ 做块ㄦ [tso³³kʰuer³³/²¹³]一起 ｜ 做桌 [tso³³tɕyaʔ³³/²¹³]同一桌子｜做场[tso³³tsʰã²¹³]同场

（189）我同他做天子结的婚。我跟他同一天结的婚。

（190）做块ㄦ上上海。一起去上海。

（191）两下的人做桌请掉啊。两个地方的人并一桌请了。

（192）几场戏做场演。几场戏并做一场演完。

吴语与"做块ㄦ"类似的说法是"一道"：

（193）我得侬一道去好伐拉？

（194）伊拉两家头每日天一道上班、一道下班，实头要好。

第三节　重叠法

重叠指在语流中同一音节、语素、词、短语的重复出现，从而改变其语法功能，是汉语中一种重要的语法手段。泰如方言中的音节重叠可以构成单纯词（"叽叽掐掐 [tɕi²¹tɕi¹kʰɤʔ³³kʰɤʔ³]"）或词缀（红色色ㄦ [xɤ̃³⁵sɔʔ³³/⁵ɴor³³]），语素重叠可以构成合成词（稻穗穗ㄦ[tʰɔ²¹ɕy²¹ɕyər²¹/²¹³]）；词的重叠既可以构词，又可以构形，前者如"清清爽爽[tɕʰi²¹tɕʰi¹ɕyã²¹ɕyã¹]"，后者如"打听打听 [ta²¹³tʰĩ³ta²¹³tʰĩ³]"；短语的重叠如"猪老骚狗老骚 [tsu²¹lɔ²¹³/¹sɔ²¹kɤi²¹³lɔ²¹³/³sɔ²¹]"①。重叠型合成词的词形分为基础形式和重叠形式，前者称为基式，后者称为叠式。重叠之后，基式与叠式完全相同，称为整体重叠，一般是基式在前、叠式在后的顺向重叠；叠式与基式部分相同，称为部分重叠，有的是顺向重叠，有的是逆向重叠。本书主要就泰如话在音节、语素、词等方面的重叠式构词与吴语进行对比。

---

① 喻关系暧昧或混乱、不分等次。

一 名词重叠式

（一）名词重叠式的构成

1. 表示亲属关系的名词重叠式

同大部分北方方言一样，泰如方言表示亲属关系的词语主要是重叠格式，一般是语素重叠，如"爹爹｜奶奶｜爸爸｜妈妈｜哥哥｜姐姐"，"弟弟"、"妹妹"一般说"兄弟"（如皋也说"弟子"）、"妹子"，也有儿化等其他形式。部分表示亲属关系重叠词语的后字读音往往不止一种，意义也有所不同。吴方言表示亲属关系称谓的词语既有重叠式、也有附加式，详见表2—13。

表 2—13　泰如话与吴语亲属关系名词重叠式比较

普通话词语	泰如话	吴语
爷爷	爹爹[tia²¹tia¹/tia²¹tia²¹/²¹³]	老爹[lo²³/²²tiA⁵³/⁴⁴]/祖父[tsu³⁴/³³vu²³/⁴⁴]
奶奶	奶奶[ne²¹³ne³/奶奶 ne²¹³ne²¹³/¹]	□奶[n⁵³/⁵⁵nA²³/²¹]/祖母[tsu³⁴/³³mu⁵³/⁴⁴]
外公	婆爹爹[pʰo³⁵tia²¹tia²¹/²¹³]/婆爹[pʰo³⁵tia¹]	阿公[Aʔ⁵⁵/³³kõ⁵³/²¹]/公公[kõ⁵³/⁵⁵kõ⁵³/²¹]
外婆	婆奶奶[pʰo³⁵ne²¹³ne³]/婆[pʰo³⁵]	阿婆[Aʔ⁵⁵/³³bu²³/⁴⁴]/婆婆[bu²³/²²bu²³/⁴⁴]
爸爸	爸爸[pa³³pa³]/父[fu²¹]/[pE²¹³]/pE²¹pE²¹³]	爹爹[tiA⁵³/⁵⁵tiA⁵³/²¹]/爸爸[pA⁵³/⁵⁵pA⁵³/²¹]（新派）/父亲[vu²³/²²tɕʰin⁵³/⁴⁴]/爷[ɦiA²³]（引称）/阿伯[Aʔ⁵⁵/³³pA⁵⁵/⁴⁴]
妈妈	妈妈[ma²¹ma²¹/²¹³/ma²¹ma¹]	姆妈[ma⁵³/⁵⁵ma⁵³/²¹]/娘[n.iã²³]（引称）/母亲[mu⁵³/⁵⁵tɕʰin⁵³/²¹]
哥哥	哥哥[ko²¹ko¹/ko²¹ko²¹/²¹³]	阿哥[Aʔ⁵⁵/³³ku⁵³/⁴⁴]/哥哥[ku⁵³/⁵⁵ku⁵³/²¹]
姐姐	姐姐（儿）[tɕia²¹³tɕia³/tɕia²¹³tɕia¹/tɕia²¹³tɕiar³⁵]	阿姐[Aʔ⁵⁵/³³tɕiA³⁴/⁴⁴]/姐姐[tɕiA³⁴/³³ɕiA³⁴/⁴⁴]
弟弟	兄弟[ɕiõ²¹tɕʰi¹]/弟子[tɕʰi²¹tsɿ¹]	阿弟[Aʔ⁵⁵/³³di²³/⁴⁴]/弟弟[di²³/²²di²³/⁴⁴]
妹妹	妹子[mi²¹mɿ¹]	阿妹[Aʔ⁵⁵/³³mE²³/⁴⁴]/妹妹[mE²³/²²mE²³/⁴⁴]
叔叔	爷儿[iar³⁵]（老派）/爷爷[ia³⁵ia⁵]（新派）	爷叔[ɦia²³/²²soʔ⁵⁵/⁴⁴]/叔父[soʔ⁵⁵/⁵⁵vu²³/⁴⁴]/叔叔[soʔ⁵⁵/⁵⁵soʔ⁵⁵/²¹]
婶婶	爷爷[ia³⁵ia⁵]/娘娘[n.iã³⁵n.iã⁵]/妈儿[mar³³]	婶娘[sən³⁴/³³n.iã³⁴/⁴⁴]/婶婶[sən³⁴/³³sən³⁴/⁴⁴]
舅舅	娘娘[n.iã³⁵tɕʰio²¹/²¹³]/舅舅[tɕʰio²¹tɕʰio¹/tɕʰio²¹tɕʰio³]/娘儿[n.iar³⁵]	娘舅[n.iã²³dʑiɤ⁴⁴]/舅舅[dʑiɤ²³/²²dʑiɤ²³/⁴⁴]/舅父[dʑiɤ²³/²²vu²³/⁴⁴]
姑姑	孃孃[n.iã³⁵/n.iã¹]/姑妈[ku²¹ma²¹/²¹³]	孃孃[n.iã⁵³/⁵⁵n.iã⁵³/²¹]/姑母[ku⁵³/⁵⁵mu⁵³/²¹]

"阿"词头的前附加形式是具有吴语特征的构词形式，上海话中还有如"阿嫂_{嫂嫂}｜阿囡_{女儿}｜阿侄_{侄子}｜阿姨_{邻居妇女的统称、姨母}｜阿舅_{小舅子}，表示人名的"阿三｜阿四｜阿强｜阿庆"等，泰如话少见这种用法。

2. 表示小称的名词重叠式

吴语用语素或词的重叠表示小称，泰如话多用儿化或子尾形式；一些幼儿用语中的叠音构词形式只见于吴语，较少见于普通话或泰如方言，例见表 2—14。

表 2—14　　　　　泰如话与吴语重叠形式表示小称对照

普通话语词	泰如话	吴语
小洞	洞儿[tʰɔr²¹]	洞洞[doŋ²³/²² doŋ²³/⁵⁵]
豁口	豁豁儿[xoʔ³³ xoʔ³³/²¹³]	豁豁[huAʔ⁵⁵/³³ huAʔ⁵⁵/⁴⁴]
小眼	眼儿[ŋɛr²¹³]	眼眼[ŋE²³/⁵⁵ ŋE²³/²¹]
水泡	水泡儿[ɕyɤi²¹³ pʰɔr²¹]	水泡泡[sɿ³⁴/³³ pʰɔ³⁴/⁵⁵ pʰɔ³⁴/²¹]
小袋子	袋儿[tʰer²¹]	袋袋[dE²³/³³ dE²³/²¹]
月牙	亮月了[lɛʔ²⁵/¹¹ ʔ³³/²⁵ tsɿ²¹³]	月牙牙[ɦyiʔ¹²/¹¹ ŋA²³/²² ŋA²³/²⁴]
毒刺蛾	洋拉儿[iã³⁵ lɛr³³]	毛毛虫[mɔ²³/²² mɔ²³/⁵⁵ zoŋ²³/²¹]
槽子	槽儿[tsʰɔr³⁵]	槽槽[zɔ²³/²² zɔ²³/⁴⁴]
泡泡纱	泡泡儿纱[pʰɔ²¹ pʰɔr²¹ sa²¹]	泡泡纱[pʰɔ⁵³/⁵⁵ pʰɔ⁵³/⁵⁵ so⁵³/²¹]
草棚	草棚儿[tsʰɔ²¹³ pʰɔr³⁵]	草棚棚[tsʰɔ²⁴/³³ bã²³/⁵⁵ bã²³/²¹]
乳房	奶子[ne²¹³ tsɿ³]	奶奶[nA²³/²³ nA²³/⁴⁴]
沉渣	脚儿[tɕiar³³]	脚脚[tɕiAʔ⁵⁵ tɕiAʔ⁵⁵]
鱼鳔	鱼泡[y³⁵ pʰɔ³³]	鱼泡泡[ɦŋ²³/²² pʰɔ³⁴/⁵⁵ pʰɔ³⁴/²¹]
蚕	蚕儿[tsʰɔr³⁵]	蚕宝宝[zø²³/²² pɔ³⁴/⁵⁵ pɔ³⁴/²¹]
门框	门五框[mɜ̃³⁵ vu²¹³/³⁵ kʰuã²¹]	门框框[mən²³/²² kʰuA⁵⁵/⁵⁵ kʰuA⁵³/⁵⁵]
珠子	珠儿[tsur²¹]	珠珠[tsɿ⁵³/⁵⁵ tsɿ⁵³/²¹]
肉	—	肉肉[ȵioʔ¹²/¹¹ ȵioʔ¹²/²³]（幼儿用语）
—	—	喔喔鸡[oʔ⁵⁵/³³ oʔ⁵⁵/³³ tɕi⁵³/²¹]（幼儿用语）
—	—	汪汪狗[uã⁵³/⁵⁵ uã⁵³/³³ kɤ³⁴/²¹]（幼儿用语）

如表 2—14 中所示，这种单音节的重叠式可以用于复合词中，泰如话的姜堰方言点有下列 AAB 重叠式名词较有特色：

大大新_{草鞋}｜棒棒菱_{翻过的菱塘中浮在水面的菱}｜布布底_{毛边的布鞋底}｜罗罗网_{蜘蛛网}｜奶奶哼[nẽ²¹³ nẽ²¹³ xəŋ²¹]_{香瓜}｜拦拦水[nẽ⁴⁵ nẽ⁴⁵ ɕy²¹³]_{初入学的小孩}

用叠音表示人名的小称，是上海话重叠名词的又一重要特点，如"蓓蓓｜杨杨｜兵兵｜珍珍｜莉莉｜露露"等，这大概是受普通话影响的结果，因为吴方言的底层形式是"阿一",如"阿因｜阿王｜阿根"等。泰如方言原少用叠音形式表示人名的小称,而是用名字的儿化形式,如"明儿[miər³⁵]｜芳儿[far²¹]｜康儿[kʰar²¹]｜敏儿[miər²¹³]｜铁儿[tʰiər³³]"等,现在受普通话的影响,叠音形式慢慢变得多起来了,如"斌斌[pĩ²¹pĩ¹]｜芳芳[fã²¹fã¹]｜杨杨[iã³⁵iã¹]｜东东[tɔ²¹tɔ¹]｜珍珍[tsə̃²¹tsə̃¹]"等都是常见的小称,但只限于"小字辈",青壮年以上不管是面称还是背称,仍多用儿化形式。

吴方言 NN 头的名词重叠形式,在泰如话中一般用名词的儿化或加子尾的形式,如跟吴语苏州话的对比见表 2—15。

表 2—15　　泰如话与吴语"头"后缀名词重叠式比较

普通话词语	泰如话	吴语
小牌子	牌儿[pʰɛr³⁵]	牌牌头[bɑ²³/²²bɑ²³/⁵⁵dʏ²³/²¹]
沉渣、下脚料	脚儿[tɕiar³³]/脚子[tɕiaʔ³³tsʅ³]	脚脚头[tɕiaʔ⁵⁵tɕiaʔ⁵⁵dʏ²³/²¹]
渣子	渣儿[tsar²¹³]/渣子[tsa²¹³tsʅ³]	渣渣头[tso⁴⁴/⁵⁵tso⁴⁴/⁵⁵dʏ²³/²¹]
角落、脚料	角落儿[kaʔ³³lar³³/²¹³]	角角头[koʔ⁵⁵koʔ⁵⁵dʏ²³/²¹]
小梗枝	梗儿[kər²¹³]	梗梗头[kã⁵²/⁴¹kã⁵²/³⁴dʏ²³/²¹]
碎末	屑子[ɕioʔ³³tsʅ³]	屑屑头[ɕiiʔ⁵⁵ɕiiʔ⁵⁵dʏ²²³/⁴⁴]
乳头	奶头儿[ne²¹³tʰər³⁵]	奶奶头[nɒ²³¹/²²nɒ²³¹/⁴⁴dʏ²²³/²¹]
须子	须须儿[ɕy²¹ɕyər²¹/²¹³]/须子[ɕy²¹tsʅ¹]	苏苏头[sou⁴⁴sou⁴⁴dʏ²²³/²¹]
根儿	根儿[kər²¹]	根根头[kən⁴⁴kən⁴⁴dʏ²²³/²¹]
屙	屙子[tio²¹³tsʅ³]/屙儿[tior²¹³]	卵卵头[lø²³¹/²²lø²³¹/⁴⁴dʏ²²³/²¹]
入口	入口儿[zəʔ³³kʰər²¹³]	口口头[kʰei⁵²kʰei⁵²/²³dʏ²²³/²¹]

相比之下,双音节名词重叠式在吴语和泰如话中都比较少见,一般表示周遍义,如上海话:

角角落落[koʔ⁵⁵/³³koʔ⁵⁵loʔ¹²/³³loʔ¹²/²¹]_{每个角落}｜节节骱骱[tɕiiʔ⁵⁵/³³tɕiiʔ⁵⁵gA²³/³³gA²³/²¹]_{各个关节}｜粒粒屑屑[liiʔ¹²/¹¹liiʔ¹²/²²ɕiiʔ⁵⁵/²²ɕiiʔ⁵⁵/²³]"。这与量词重叠的格式有关,而量词有一部分本来就来自名词。吴语和泰如话中有普通话所不大常用的"块块｜日日｜天天｜顿顿｜张张｜片片｜段段"等名量词的重叠,同时正如本章部分 213 变调的复合词构词现象部分中所说的,泰如话中还有这样一种重叠形式,即不管基式的声调如何,重叠的基式和重叠式一律变调为 213 的上声,表示"每一、逐一"之意:

家儿家[kar²¹/²¹³kar²¹/²¹³]的去找。_{挨家挨户地去找。}｜张张[tsã²¹/²¹³tsã²¹/²¹³]的翻。_{一张张地翻。}｜题目条条[tʰiɔ³⁵/²¹³tʰiɔ³⁵/²¹³]_{一条一条地、逐条逐条地}的同我再抄一遍。｜苹果

代我个个[ko²¹/²¹³ko²¹/²¹³]的拣，不要烂的。｜你块块[kʰue³³/²¹³kʰue³³/²¹³]的挖，总能挖到。｜猪脚爪儿上的毛刀刀[to²¹/²¹³to²¹/²¹³]的刮啊干净啊。

这种量词重叠组合的 213 变调主要表示对数量的强调，内部组合不是非常凝固，如中间可以加"啊"来连接：

（纸）张啊张的翻。｜（题目）条啊条的抄。｜（猪毛）刀啊刀的削掉。｜他在家儿啊家儿的找伢儿。｜块啊块的剔掉啊。

一般在动词之前使用，属于短语形式的重叠。

（二）表义特点的比较

正如上面例中所示，名词重叠形式普遍存在于吴语和泰如话中，但结构形式有区别，表义也就有不同。表示亲属关系称呼的形式，吴方言以"阿"词头的构形为主，也有重叠形式；泰如方言则主要以重叠式为主，结构上具有不同于普通话的共同特点。如"叔叔"一词，在泰如话和上海话的称呼中都有共同的语素"爷"，而表示"爷爷(祖父)"义的称呼里又都有共同的语素"爹"，上海话表祖父的"老爹"在泰如话中指高祖，"爹"作为一个尊称词尾，在泰如方言中有较强的构词功能，除以上用于亲属称谓，还可用于数字之后，表示亲属称谓的排行，如"大爹、二爹、六爹"；也可用于非亲属之间表示昵称，一般附加在名字后，如"有爹、明爹、文爹"。上海话"父亲"可单称"爷[ɦiA²³]"，泰如话叫"父[fu²¹]"，在如皋、海安农村也有人叫"□[pE²¹³]、□□[pE²¹pE²¹/²¹³]"；在表示感叹时，普通话"我的妈呀！"泰如话要说成[ma²¹mE²¹³]，用于感叹；晋语"入娘的！"，泰如话说成"认妈[mE²¹]来的！""认"即"入"，是一个婉辞，以下是笔者搜集到的两例：

（195）我认妈去加油，随我加多少！我他妈的去加油，随我加多少！

（196）嘴上认妈认妈的，要挨人家攉嘴巴儿。嘴上"他妈的、他妈的"，要被人家打耳光呀。

句中的"妈"都念[mE²¹]，颇疑这里的[pE]、[mE]是"爸[pa]"、"妈[ma]"更早层次的读音。苏州话称"伯母"为[m⁵⁵mE⁵⁵/³³]，"婶婶"为[sən⁵¹mE⁵⁵/³³]，"母亲的姐姐"为[ɲiã¹³ɦi¹³/³³mE⁵⁵mE⁵⁵/²¹]，意义上都指年长的女性，苏州话的[mE]和泰如话的[mE]很可能是同一层次的东西。此外，盐城话中"父亲"老派又叫"伯伯"[pe³¹pe⁰]，山西平遥话媳妇背称婆婆为[pei¹³]，这些读音相近的词语反映了一个什么样的读音层次，值得进一步加以研究。

吴方言中，重叠式名词主要表示小称，如重叠式"洞洞"对基式"洞"而言有同类而较小的含义，苏州话还可以说"洞洞眼"[doŋ³¹/²²doŋ³¹/⁵⁵ŋE³¹/²¹]，"洞洞"用于复合词中；上海话的"娘娘腔"[ɲiã²³/²²ɲiã²³/⁵⁵tɕʰiã⁵³/²¹]喻男人的言行举动女性化，有轻视的指小义，已进入普通话的词汇系统。

吴语中重叠式和附加式在指称同一对象时有时会有区别：前者只用于

确指说话者或某个确定的人物的亲属,后者还可用作泛指,苏州话中小孩称与父亲同辈的男性为"叔叔",而不称"阿叔","爷葛兄弟是叔叔[iɒ²³kə?⁵⁵ɕioŋ⁴⁴di²³¹/⁴⁴zɿ²³¹so?⁵⁵so?⁵⁵]"(父亲的兄弟是叔叔),不说"爷葛兄弟是阿叔"[iɒ²³kə?⁵⁵ɕioŋ⁴⁴di²³¹/⁴⁴zɿ²³¹A?⁵⁵so?⁵⁵]"。泰如话的"爷爷"和"爷ㄦ",只是使用者的身份不同而已,一般中老年人多倾向于用"爷ㄦ",青年人多倾向于用"爷爷"。再如"舅舅"有人称"娘ㄦ[ȵiar³⁵]",在一般城镇可能都已经很少听到,多见于农村或中老年人之口,一般人多说"舅舅"或"娘舅"。

(三)语法功能的比较

泰如方言和吴方言中的名词重叠形式,在句中可作主语、宾语,还可接受定语等成分的修饰。同类词语在与其他词语的组合能力方面存在一些差异,如泰如话中的"穗穗ㄦ"可组成"稻穗穗ㄦ│麦穗穗ㄦ│帽子穗穗ㄦ","靸靸ㄦ拖鞋"有"棉靸靸│毛靸靸ㄦ│塑料靸靸ㄦ";而"角角ㄦ"一般只说"三角角ㄦ","方方ㄦ"通常指"四方方ㄦ","团团"指"四团团ㄦ"。苏州话的"脚脚头│牌牌头│角角头"等前面一般不接修饰成分,如"*汤脚脚头│*纸牌牌头│*衣裳角角头",相应泰如话的儿化词前接修饰成分却很常见:锅脚ㄦ泔水│纸牌ㄦ│肉渣ㄦ│墙角落ㄦ│芋头梗ㄦ。苏州话的"角角头│口口头"可以直接用在"勒│到│从"等介词后,如"坐勒角角头│从口口头出来","头"后面还可以再加方位后缀或方位词,如"坐勒角角头里│到口口头浪向去"。泰如话的名词重叠式除了由名词或名词性语素构成之外,还有动词、形容词性的,与前面的动词之间形成比较固定的搭配:

蹓稍稍ㄦ[lɤi²¹sɔ³³sɔr³³/²¹³]│打拍拍ㄦ[ta²¹³pʰa?³³pʰar³³/²¹³]│猜谜谜[tsʰe²¹mi³⁵/²¹mi³⁵/¹]│拾拐拐[sə?³⁵kue²¹³kue²¹³/¹]单脚跳着前行│搔奶奶ㄦ[sɔ²¹ne²¹³nɛr²¹³]│做想想[tso³³ɕiã²¹³ɕiã²¹³/³]姜堰指做梦①

这是泰如方言中为数不多的几个重叠例,除"猜谜谜"(我说个谜谜你猜下子、猜个谜谜),其余几例都不能拆开,或拆开就不能单说,所以"打拍拍ㄦ"、"搔奶奶ㄦ"又可以看作是指游泳动作的两个名词。

二 动词重叠式

(一)构成差异

1. "VV"式及相关结构

泰如话中 VV 式动词重叠式跟普通话差不多,基式一般是单音节动词,重叠式所表示的语法意义也差不多,都有"时间短暂、动作相对显得轻松、

---

① 海安点"做想想"要儿化,说成[tso³³ɕiã²¹³ɕiar²¹³]。

悠闲"等之类的语法意义，重叠部分一般标作点音高，与前字的末尾音高相一致。例如：

下下[ɕia²¹ɕia¹] | 护护[lu³⁵lu⁵] | 走走[tsɤi²¹³tsɤi³] | 看看[kʰõ³³kʰõ³] | 歇歇[ɕiɿʔ³³ɕiɿʔ³] | 学学[xaʔ³⁵xaʔ⁵]

下列这些句子中的 VV 不在一个组合层次，不能看作是动词的重叠式：

一走走到学堂门口_{走一下，就到了学校门前}。| 往河的一瞟瞟见两个伢儿突啊在河中间_{往河里一看，看见两个孩子掉在河中心}。| 在教室的问数学，一问问到太阳落山_{在教室里请教数学问题，一问就问到了太阳下山}。| 一考考啊出啊国。| 一病病啊半年_{一病就病了半年}。

这是两个句子的糅合，可以拆开而不影响意义的表达：

一走的，走到学堂门口_{走一下，就到了学校门前}。| 往河的一瞟的，瞟见两个伢儿突啊在河中间_{往河里一看，看见两个孩子掉在河中心}。| 在教室的问数学，一问的，问到太阳落啊山_{在教室里问数学，一问，问到太阳下山}。| 一考的，考啊出啊国_{一考，考出国了}。| 一病的，病啊半年。_{一病，病了半年。}

动词重叠形式也可儿化，显得更为口语化，但声调会发生变化：

下下儿[ɕia²¹ɕiar¹] | 护护儿[lu³⁵lur³⁵/¹] | 走走儿[tsɤi²¹³tsər¹] | 看看儿[kʰõ³³kʰor¹] | 歇歇[ɕiɿʔ³³ɕiər¹] | 学学儿[xaʔ³⁵xar¹] | 伢儿摇摇儿[io³⁵ior¹]就睡着啊了 | 纸团团儿[tʰõ³⁵tʰor¹]就团啊没得啊 | 敲敲儿[kʰɔ²¹kʰor¹] | 涨涨儿[tsã²¹³tsar¹] | 看看儿[kʰõ³³kʰor¹]

儿化后的声调一律变为低降的 21 调（标作 1），动词重叠形式有共同的语法意义，重叠部分有相同的变调格式。从读音看，儿化形式中的基式动词和重叠动词之间可以有意延长但不影响意义的表达，近似一个动量结构，而非儿化的单音重叠则无法延长，也不表示动作量的意思。"摇摇儿"、"团团儿"还是一个名词性结构，变调格式分别为[io³⁵ior²¹³]、[tʰõ³⁵tʰor²¹³]，常见的搭配如"手摇摇儿"、"四团团儿"，重叠音节的时长与基词相比显得更为明显、重音比较突出，属于后重格式。一般重叠形式重叠部分一般读轻声，音高随前字而定，有轻微短暂的意思，儿化重叠则形成一种短时体，这是动词重叠长期语法化的产物：有比较固定的轻声（1），音高点的高低不受前字的限制；一般重叠表示的时间是短暂的，但可以是一种常态，表示轻松、悠闲的语气，儿化重叠则表示某一次动作的时间，主要出现在未来时态中，没有这种轻松、悠闲的语气：

单音动词重叠　　　　　　　　　儿化重叠

（197）a. 星期天在家的下下棋、看看电视。　b. 作业做啊好啊看看儿电视。
（198）a. 吃啊饭到外的走走。　　　　　　b. 路走走儿就认得。
（199）a. 在家的歇歇，喝喝茶。　　　　　b. 我要歇歇儿，你先走。

吴语中这种基式动词的重叠形式也很普遍，在功能和语法意义上与泰如片基本相同，如"想想看、尝尝看"都表示"尝试"义，都没有在语法意义上与之相近的"V—V"格式，如"想一想"、"尝一尝"；这种 VV 式重叠结构在两地的凝固性都不强，可以插进各自固有的表示动作实现的体标记形式，表示相同的语法意义：

泰如方言：想啊想｜走啊走｜尝啊尝｜看啊看｜算啊算｜试啊试｜劝啊劝
上海话： 想勒想｜走勒走｜尝勒尝｜看勒看｜算勒算｜试勒试｜劝勒劝

"啊"、"勒"在各自的方言中都表示动作的实现，因此上面这些结构形式都是表示已然动作的短时义，在各自的方言中，这种格式所表现的反复频率最低，常用来表示一种缓慢的动作状态。

吴语中与泰如话"VV"式相应的还有"V 个 V"式：

扇个扇｜等个等｜摇个摇｜坐个坐｜先要汏个汏，再晒晒伊｜要让我去争个争看

当 V 为及物动词时，VV 重叠后可带宾语，形成 VVO 结构，多表示时量短及慢悠悠的语气，这种结构在两地方言中普遍存在：

看看书｜打打牌｜写写字｜吃吃烟｜汏汏面孔/洗洗脸｜散散心｜浴浴浴/洗洗澡

上海话中还有"VV+伊"的动宾结构重叠式，一般表示祈使或缓和的命令语气：

台子揩揩伊｜瓜子炒炒伊｜衣裳晒晒伊｜瓣眼物事汏汏伊｜吃吃伊（老酒）

"伊"表第三人称单数的意义已经虚化，在句中一直处于连读变调组末字的位置上，读音也随之变得轻而模糊。"伊"在上海话中一般被用来复指话题，如：

（200）旧书卖脱伊。

（201）侬个朋友叫伊明朝再来。

新派倾向于在说话时不用"伊"共指。泰如方言没有这种"VV+伊"的动宾结构重叠式，但在表示祈使及缓和的命令语气时，有"S+代/同我+V 掉它"格式，"它"复指句中主位上的 S：

（202）鸡子代我杀掉它！_{鸡给我杀了！}

（203）信同我寄掉它！_{信给我寄了！}

（204）菜同我都炒掉它！_{菜给我全炒了！}

（205）稿子代我都烧掉它！_{稿子给我都烧了！}

这些例中的"它"也可以省去，但有了"它"句子的祈使语气显得较为温和些。

上海话中还有"吃吃我_{欺负我}｜要要命_{把人急死，表示程度}｜排排坐｜驮驮背｜团

团转｜刮刮抖｜孛孛跳｜好吃吃_{因老实而易被人欺负}"等与 VV 相关的动词重叠式，泰如话中没有这种重叠形式。

2."$V_1V_1V_2V_2$"式

V_1、V_2 是单音节的动词，两地都有 $V_1V_1V_2V_2$ 的重叠形式：

上海话：炖炖煤煤｜上上落落_{走上走下、升上升下}｜停停留留｜吃吃讲讲｜脱脱着着_{一会儿脱下一会儿穿上}｜讲讲笑笑｜啼啼哭哭｜点点触触

泰如话：烧烧煮煮[sɔ²¹sɔ²¹/¹tsu²¹³tsu²¹³/³]｜连连补补[nĩ³⁵nĩ³⁵/⁵pu²¹³pu²¹³/³]｜匡匡着着[kʰuaŋ²¹kʰuaŋ²¹tsaʔ⁴tsaʔ⁴]_{姜堰指估算}｜吃吃喝喝[tɕʰiə³³tɕʰiə³³xoʔ³³xoʔ³³]｜做做歇歇[tso³³tso³³/³ɕiɪʔ³³ɕiɪʔ³³]｜走走停停[tsʁi²¹³tsʁi²¹³/³tʰĩ³⁵tʰĩ³⁵/⁵]｜跌跌撞撞[tiɪʔ³³tiɪʔ³³tɕʏã³³tɕʏã³³]_{跟跄跄}｜说说笑笑[soʔ³³soʔ³³ɕiɔ³³ɕiɔ³³/³]

这种 $V_1V_1V_2V_2$ 式并不是 V_1、V_2 简单的连用，而是一种独立的形态模式，表示一种综合性的事态，如"烧烧煮煮"指烧饭，"连连补补"指修补，"吃吃喝喝"指吃喝，"吃吃讲讲"、"走走停停"则分别指边吃边谈及一会儿走、一会儿停的动作形态。重叠的语序一般比较固定，如不说"补补连连"、"喝喝吃吃"或"着着脱脱"、"落落上上"；V_1V_1 和 V_2V_2 式连用不一定去掉停顿变成 $V_1V_1V_2V_2$，如苏州话"耐转去想想、寻寻_{你回去想想、找找}"，不能说"想想寻寻"，同样泰如话也没有"想想找找"的重叠。

3."V 啊 V 的"式

泰如话中"V 啊 V 的"是一种比较常见的重叠结构，V 是一般的动作动词，整个结构表示动作轻微的反复、时量短暂的延长：

相啊相的[ɕiã³³ŋa³ɕiã³³tiɪʔ³]_{东张西望}｜转啊转的[tsõ³³ŋa³tsõ³³tiɪʔ³]_{转来转去}｜直听啊他说啊说的[soʔ³³kaʔ³³soʔ³³tiɪʔ³]一点不歇_{一直说个不停}｜只看啊他写啊写的[ɕia²¹³a³ɕia²¹³tiɪʔ³]_{写个不停}，刻儿_儿上天就写啊满啊

"V 啊 V 的"结构还表示一个动作正在持续时，另一个动作发生了，原来的动作也因此而停止，有不知不觉的意味：

说啊说的[soʔ³³kaʔ³³soʔ³³tiɪʔ³]，哭起来啊｜唱啊唱的[tsʰã³³ŋa³tsʰã³³tiɪʔ³]，词_儿忘掉啊｜他走啊走的[tsʁi²¹³a³tsʁi²¹³tiɪʔ³]，肚子疼起来啊

"V 啊 V 的"常用来描写人的神态，一般具有消极色彩：

脚跐啊跐的[ʨi³³ŋa³ʨi³³tiɪʔ³]_{脚一瘸一拐的样子}｜嘴的哼啊哼的[xə̃²¹ŋa¹xə̃²¹tiɪʔ¹]_{嘴里发出呻吟的声音}｜手摸啊摸的[maʔ³⁵kaʔ⁵maʔ³⁵tiɪʔ⁵]_{手到处摸来摸去}

《西游记》中有这种在动词前附加"V 啊 V 的"形容这种动作的活动情状，"啊"一般记作"呀"如：

（206）猴王纵身跳起，拐呀拐的走了两遍。（第一回）

（207）那山上都是些窊踏不平之路；况他又是个圈盘腿，拐呀拐的走着，摇的那葫芦里潺潺索索，响声不绝。（第三十五回）

（208）那呆子有些怕他，又不敢明明的见他；却往草崖边，溜呀溜的，溜在那一千二三百猴子当中挤着，也跟那些猴子磕头。（第三十回）

（209）行者心中暗想："这泼怪不知在哪里，只管叫呀叫的；等我老孙送他一个'卯酉星法'，叫他两不见面"。（第四十回）

普通话中与泰如话"V 啊 V 的"相对应的格式不止一种，还有"V 来 V 去"式：

看来看去｜转来转去｜摸来摸去

"V 着 V 着"式：

说着说着｜走着走着｜写着写着｜唱着唱着

也有其他格式：

一瘸一拐｜哼哼唧唧

就动作本身而言，泰如话的"V 啊 V 的"式表示动作前后相连、反复进行，重叠式比动词原形明显具有形象性，整个行为强调一种动作持续的状态，吴语中的"V 咾/勒 V"、"V 法 V 法"也有这样的功能，如上海话：

动咾动｜讲咾讲｜笑咾笑｜看勒看｜问勒问

兜法兜法 兜来兜去 ｜摸法摸法 摸来摸去 ｜摇发摇发 摇来摇去

苏州话中，"法"偶尔也可以用"搭"来代替，如"甩搭甩搭"。这说明吴语的"V 咾 V"既对应于泰如话的"V 啊 V"，也对应于"V 啊 V 的"，这种重叠格式的反复频率适中。

4."V_1 啊 V_2 的"式

泰如话的 V_1、V_2 分别是意义相近的单音节动词，"V_1 啊 V_2 的"相当于普通话 V_1、V_2 的重叠格式：上啊下的 上上下下 ｜打啊骂的 打打骂骂 ｜推啊搡的 推推搡搡 ｜吃啊喝的 吃吃喝喝 ｜接啊送的 迎来送往 ｜吃啊用的 吃的和用的 ｜洗啊抹的 洗和抹 ｜说啊笑的 说说笑笑

吴语相应的是 V_1 咾/勒 V_2：

买咾烧｜吃咾喝｜接咾送｜相打咾做闹｜梳头勒打扮

"啊"和"咾/勒"都起连接前后词语的作用。这类重叠式的基词虽为动词，整体重叠格式具有名词性，"上啊下"、"吃啊喝"分别指"上下"和"吃喝"之事，"啊"和"咾"也都具有连接名词性语素和词语的功能：

饭啊粥｜家的啊外的｜肉咾菜｜北京咾上海

5."$V_1V_2V_1V_2$"式

V_1V_2 为双音节复合词，泰如话中的重叠形式跟普通话近似：

收拾收拾[sɤi²¹sə$\underline{^{35/1}}$sɤi²¹sə$\underline{^{35/1}}$]｜介绍介绍[ke³³so³³/³ke³³so³³/³]｜打扮打扮 [ta²¹³pẽ³³/³ta²¹³pẽ³³/³]｜商 量 商 量 [sã²¹ɲiã²¹/¹sã²¹ɲiã²¹/¹]｜打听打听 [ta²¹³tʰĩ³³/³ta²¹³tʰĩ³³/³]｜肉拱肉拱[zoʔ$\underline{^{35}}$kɔ̃²¹³zoʔ$\underline{^{35}}$kɔ̃²¹³] 喻心中不满

这种重叠格式在吴语中也有，如上海话：

晓得晓得｜攀谈攀谈｜麻烦麻烦

苏州话的同类格式有自己的特色：

摸索摸索摸这摸那｜弓松弓松反复挤动或扭动｜闷吃闷吃低着头一个劲儿地吃｜瞎讲瞎讲瞎说一通

这类重叠形式与泰如话虽然在形式上相似，但在内部组合的成分性质上有所不同："摸索、弓松"在苏州话中不成词，不能单说；"闷吃、瞎讲"能单说，整个重叠式更接近于形态模式。泰如方言中的"肉拱"也不能单说，"晓得、麻烦、摸索、瞎说"能单说，"晓得"、"麻烦"在一定条件下可以重叠：

（210）我要让他晓得晓得。

（211）这件事不如麻烦麻烦老板。

而"摸索、瞎说"则在任何时候都不可以重叠，说明泰如话没有苏州话这种形态的重叠格式丰富。

6. "直V直V的"式

"直"在泰如话中一般读阳入、送气，音[tsʰəʔ³⁵]，如"笔直"、"直来直去"，在一些词语中有文白两读，如"直接"中的"直"，还可读[tsəʔ³³]，是其文读。"直V直V的"重叠结构中的"直"就读[tsəʔ³³]。例如：

直吃直吃的 [tsəʔ³³tɕʰiəʔ³³tsəʔ³³tɕʰiəʔ³³tiɪʔ³]｜直划直划的[tsəʔ³³ua³⁵tsəʔ³³ua³⁵tiɪʔ³]｜直写直写的[tsəʔ³³ɕia²¹³tsəʔ³³ɕia²¹³tiɪʔ³]｜直挖直挖的[tsəʔ³³vɤʔ³³tsəʔ³³vɤʔ³³tiɪʔ³]｜直掼直掼的[tsəʔ³³kʰuẽ²¹tsəʔ³³kʰuẽ²¹tiɪʔ³]

V为单音节动词，"直V直V的"格式表示动作频率之高及相同动作的前后相续，所表示的语法意义跟上面苏州话中的"闷吃闷吃、瞎讲瞎讲"相似。

7. "V啊C啊"式

吃啊伤啊｜汰啊净啊汰洗干净了｜冻啊伤寒啊｜说啊没上去啊｜吃啊落啊点儿｜弄啊伧啊毛生气｜烫啊[xuaʔ³³]起啊泡｜弄啊突掉啊单掉队｜跑啊跌啊走摔交了｜扫啊干净啊｜搅挨啊定[tʰɪʔ²¹]厉害啊｜吃啊饱啊｜腌啊酸啊｜走啊慢啊｜打啊昏啊头｜说啊呛啊风｜睡啊失啊晓睡过了头｜说啊伤啊心｜走啊老远｜忘啊干干净净儿｜走啊满头大汗｜吃啊越来越胖（表示结果）。

拣啊很啊过于挑拣｜笑啊轧起来啊"轧"是笑的拟声词，措笑的程度｜锅的掇[toʔ³³]啊起啊烟啊指锅里水翻滚的程度｜淘气淘啊翻啊天啊吵架的程度｜挨搅挨啊世啊受累了一辈子｜一天到晚吃面吃啊怨啊一天到晚吃面吃腻了｜埋家的埋啊够啊它在家里厌烦了（表示程度）

走啊来啊｜开啊去啊｜爬啊上去啊｜寄啊家来啊｜送啊家去啊｜跑啊转啊弯 （表示趋向）

吴语相应的结构与泰如话差别较大，如表示动作和结果，上海话一般是VVC：

扎扎牢｜摆摆平｜讲讲好｜敲敲碎｜讲讲清爽

上海话动词和补语之间不像泰如话那样可以插进"啊"，老上海话后面常带宾语，形成VCO格式，跟泰如话迥异，试比较：

吃饱饭/吃啊饱啊饭｜吃足苦头/苦吃啊足啊｜用惯刀叉/用啊惯啊刀叉｜装满货色/装啊满啊货色

另一种补语是使用比较虚化的唯补词，如"好、罢、脱"等在吴语中使用频率较高：

做好仔作业｜吃罢仔夜饭｜汰脱仔脏格物事

吴语中表示相应程度的结构是V勒/得C式：

热勒气也吃勿消｜俚痛得哇哇叫｜俚凶得要死｜俚讲得来大家侪笑起来哉

"得来"常作为后附程度词语，表示程度极高，如"好得来勿得了"可说"好得来"，再如：好吃得来｜俚现在有铜钿得来｜发财发得来，具体还可参见第九章第二节程度副词有关章节的内容。

吴语动词和趋向补语之间也不能像泰如话那样插进"啊"，如"走进去"、"爬上来"，但有自身比较有特色的趋向动词，如上海话的"落"、"转"、"拢"：

日脚过得落｜吃勿落｜缩转去｜别转仔屁股就跑｜等船开转来就跑

8. "V₁啊V₂V₂"式

煮啊吃吃｜吃啊耍耍｜做啊玩玩｜开啊看看｜上啊试试｜开啊闻闻

表示动作带有尝试的意味，词语结构的后面可以加上"看"，吴语"看"使用时动词一般也要重叠：

用用看｜打打看｜写写看｜看看中医看｜问问伊看

或用在趋向短语之后：

走下去看｜听起来看｜吃落去看｜倒进来看

泰如话动词重叠不重叠两可，如"用用看"可以说"用看"，"打打看"可以说"打看"，读音入化，"用"读成[ioʔ²¹]，"打"读成[taʔ²¹³]，后面带宾语时动词必须重叠，如吴语的"看看中医看"、"问问伊看"不能说成"*看中医看"、"*问他看"，泰如话的单音动词后附"啊"后仍可以用"看"

你吃啊看！｜进去瞟啊看！｜望里头去啊看！｜电话打啊瞟啊看

（二）动词重叠式表义特点的比较

刘丹青（1986）把苏州话中的单纯重叠式统称为轻指式，具有委婉地表达祈使意愿的功能，泰如话中的同类重叠式也具有这样的功能，更多的情形是表祈使和短暂反复的意义兼而有之，如"你去看看书"、"钱放放好"。

苏州话的这种单纯重叠式还有表示行为的伴随性或从属性的特点，泰如话有些格式一般也具有这样的特点，但不完全相同：

     苏州话   泰如话
（212）a. 我打打球，小王来喊哉。 b. 我打球的/打球的刻儿，小王来喊。
（213）a. 俚吃吃饭睏着哉。   b. 他吃饭的/吃吃的，睡着啊。
（214）a. 臭豆腐闻闻臭，吃吃蛮香。b. 臭豆腐闻闻/闻起来臭，吃吃/
               吃起来蛮香。

  苏州话的"VVO"在表示动作的伴随或从属义时，相应的泰如话 VO 后面常附有助词"的"，表明后一语句出现了新的情形；"VVA"在泰如话中也可以说，同时也说"V 起来 A"，体现了吴语和官话综合的影响。

  苏州话"哀种病，饿饿肚皮痛，吃吃肚皮胀"，重叠式"饿饿"、"吃吃"表示条件假设关系，泰如话不用重叠式，而用"啊、呗"之类的提顿语气词来表示条件假设关系：

  （215）这种病，饿啊/呗肚子疼，吃啊/呗肚子胀。

  条件假设和时间背景密切相关，苏州话"鞋子着着会得松葛"既可理解为"鞋子穿的时候就会变松"，也可以理解为"鞋子如果穿了就会变松"，"着"是松的条件；泰如话一般只有后一种意思。

  吴语"V 勒 V"、"V 法 V 法"、泰如话和吴语的"V₁V₁V₂V₂"、泰如话的"V 啊 V 的"、"直 V 直 V 的"等除了表示动作的行为，更主要表现一种持续的状态，尤其是泰如话的这些格式中必须后附助词"的"，强调对这种状态的描述。

  （三）动词重叠式语法功能的比较

  1."VV"式

  泰如话和吴语的"VV"式一般情况下充当句子的谓语，都可以带单双音节的结果补语，可以称为"VV+A"式，A 为形容词，单、双音节不限，一般是动词所表示动作的结果，是一种结果补语形式，这种重叠形式早在元曲中就有了：

  （216）我脱了这衣服，我自家扭扭干。(《潇湘雨》第四折，解子云)

  普通话一般没有这类结构形式，泰如话如：

  扎扎齐[tsɛʔ³³tsɛʔ³³ᐟ³tɕʰi³⁵] | 煮煮熟[tsu²¹³tsu²¹³ᐟ³sɔʔ³⁵] | 夯夯碎[xã²¹xã²¹ᐟ¹ɕy³³] | 放放整齐[fã³³fã³³ᐟ³tsə̃²¹³tɕʰi³⁵] | 擦擦干净[tsʰɛʔ³³tsʰɛʔ³³ᐟ³kõ²¹tɕi²¹] | 收收好[sʏi²¹sʏi²¹ᐟ¹xɔ²¹³] | 牌娭娭齐[tɕyã²¹³tɕyã²¹³ᐟ³tɕʰi³⁵]把牌整理好 | （毛巾）挤挤干[tɕi²¹³tɕi²¹³ᐟ³kõ²¹] | （衣裳）叠叠整齐[tiɪʔ³³tiɪʔ³³ᐟ³tsə̃²¹³tɕʰi³⁵]

  上海话例如：

  笃笃齐 | 烧烧烂 | 讲讲好 | 讲讲清爽 | 揩揩干净

吴语 VV 式后可以带介词宾语，如：

（217）送送到我屋里向。

（218）蹲蹲勒房间里向。

泰如话的 VV 式重叠式后一般不能接介词宾语，相应的表达是：

（219）送到我家的。/送啊到我家的。

（220）蹲啊家的。/蹲啊在家的。

表示谈论和说明的句子，如苏州话"俚一年到头着着棋、京戏我会唱唱葛"，泰如话不用重叠式：

（221）他一年到头下棋。

（222）京剧我会唱。

吴语的"说、讲"等个别重叠词可表让步意义：

（223）俚说说要去，其实骨子里勿想去。

（224）伊讲讲要来葛，到现在辰光人影没看见。

（225）讲讲蛮会讲，做做勿来事。

相应的泰如话不用重叠式：

（226）他嘴上说要去，其实骨子里的不想去。

（227）他说要来的，到现在连个人影都曾看见。

（228）说蛮会说的，做不行。

"V 勒 V"和"V 啊 V"在充当具体的句子成分时，表面相似的结构显示出不同：

      上海话   泰如话

（229）a. 我撞勒撞侬就掼下来勒？ b. 我撞啊下子你就倒下来啊了？

（230）a. 我必过瞄勒瞄，哪能看得清爽？ b. 我不过瞄啊下子，怎啊看得清楚哉？

"V 勒 V"和"V 啊 V"分别出现在从句中，表示由于动作的量小数少，不能产生后一句动作的结果（"倒下来"和"看得清楚"），泰如话动词之后必须出现表示动作的数量词，句子才能成立，上海话可以不出现。这似乎表明，上海话中的"V 勒 V"既可以表示动作低频次的反复，也可以是表示最低一次的动作，泰如话的"V 啊 V"只表示动作低频次的反复，不能表示最低一次性的动作。

2."V 啊 V 的"与"V 法 V 法"式

泰如话"V 啊 V 的"和吴语"V 法 V 法"后都不能带宾语、补语，一般做谓语，表示动作持续的状态。"V 法 V 法"可以在重叠式后再重复一个动词：

（231）椅子摇法摇法摇断脱勒。

（232）翻法翻法翻出一本书。

（233）摸法摸法摸出张钞票。

泰如话"V 啊 V 的"后 V 也可以再重复出现：

（234）椅子摇啊摇的摇啊断掉啊。

（235）翻啊翻的翻出本书。

（236）摸啊摸的摸到张钞票。

3. "V₁ 啊 V₂ 的"与"V₁ 咾 V₂"式

泰如话"V₁ 啊 V₂ 的"和吴语的"V₁ 咾 V₂"是动词性重叠式，可以充当谓语：

（237）过年家家吃啊喝的。

（238）过年家家吃咾喝。

也可以做主语、宾语：

（239）吃啊喝的全靠他。

（240）吃咾喝物事侪靠伊。

（241）他一天到晚就忙吃啊喝的。

（242）伊一天到晚忙吃咾喝葛物事。

泰如话这种重叠结构中的"的"用在动词之后时，可以表示动作所及的对象，如"吃的"、"喝的"分别指"吃的东西、喝的东西"，"吃啊喝的"指"吃喝之类的东西"，当"吃啊喝的"处于谓语位置上时，"的"主要表示对"吃、喝"这种状态的陈述。"哪同你说啊笑的？""说啊笑"即开玩笑，"的"兼表反问、感叹的语气。

4. "V 啊 C 啊"与"VVC"式

泰如话的"V 啊 C 啊"主要表示动词和补语之间的结构关系，在句中充当谓语，也可以作为连动结构的一部分：

（243）吃啊饱啊去上课。

（244）走啊老远来看你。

（245）吃啊伤啊上医院。

（246）跌啊倒啊爬起来。

上海话的 VVC 一般用于祈使句中：

（247）衣裳汰汰清爽。

（248）时间讲讲好。

（249）骨头敲敲碎。

（250）桌子摆摆平。

泰如话的"V 啊 C 啊"可以用于祈使句，也可以用于叙述句，如"吃啊饱啊"，在"我吃啊饱啊"一句中，表示对"我吃饱了"这一事实的陈述；

"你吃啊饱啊"或"你吃啊饱啊啦"中,"吃啊饱啊"表祈使语气。

三 形容词重叠式

(一) 格式构成的差异

形容词重叠形式在泰如话和吴语中都非常丰富,是该词类一种非常重要的构词手段,关于泰如话形容词的重叠形式,魏建功很早就进行过描述,据《魏建功文集》(叁)第81页:

形容颜色之词,多为"汤汤"、"沈沈"、"腾腾"、"支支"、"霜霜"、"油油"、"溜溜"、"洞洞""莹莹"、"精精"、"达达"、"煌煌"一类重言连绵词,因其连绵词之所表示,往往有特殊的意义。此类字所表示之颜色的色性与其声音往往颇有关系;故"白"则多用 a 韵,"黄""红"通多用附 ŋ 之韵,"黑"通多用 i 韵。白曰白拓拓,黄曰黄沈沈,红曰红汤汤,黑曰黑叽叽。黑通通,指其空虚之色幽黑然也;若言笃笃者,则指其物厚而浓黑也;若言塌塌者,则指其物黑而无美感也;若言叽叽或吱吱者,则指其黑色浅浅也。

他的描写和对比是十分细致和准确的。形容词的重叠式可以从实语素的重叠和词缀的重叠两个方面去进行比较分析。

1. AA 式

AA 式重叠时停顿和轻重的不同,往往表示不同的语法意义,如泰如话中的下列句子:

(251)个子高高,就是不苗条。

(252)做起来快快,活计嫌粗拉。

(253)收音机响响,声音有点儿杂。

(254)粽子黏黏,味道不大香。

AA 相当于"A 是 A,可是……"的意思,AA 的时长要长于一般的重叠形式,都要重读,之间可有短暂的停顿,前一个 A 类似于话题性质,后一个 A 是对其进行的陈述和评判,相当于"A 是 A"。AA 后面可以有语气词"啊",连接前后两个分句之间的这种转折关系:

(255)个子高高啊,就是不苗条。_{个子高是高,就是不苗条。}

(256)做起来快快啊,活计嫌粗拉。_{做起来快是快,干的活儿太粗拉。}

(257)粽子黏黏啊,味道不太香。_{粽子粘是粘,味道不太香。}

A 是单音节的形容词,AA 式一般不直接修饰名词,在谓语和补语位置上,吴语常说成"AA+个(格)",如台州话:

(258)伊写字写勒慢慢格。

(259)渠屋里阔阔格。

"慢慢格"、"阔阔格"指"写字写得很慢"、"家里地方很大",表示形容词程度的增加，兼有描写性。北部吴语的上海新派受书面语的影响，也有"AA+个"，但一般说成"程度副词+形容词+个"，相应的泰如话有两种形式："AA+的"、"蛮A的"：

上海话 　　　　　　　　　　　　泰如话
（260）房间蛮大个。　　　　　房间大大的。/房间蛮大的。
（261）裤子咾长个。　　　　　裤子长长的。/裤子蛮长的。
（262）吃得蛮饱个。　　　　　吃得饱饱的。/吃得蛮饱的。
（263）切得咾短个。　　　　　切得短短的。/切得蛮短的。

泰如话中的"AA的"主要表示描写，"蛮A的"主要表示程度。吴语的"AA+个"兼表程度与描写，上海话"蛮A个"格式可能是受普通话影响后产生的，跟泰如话不同的是句末语气词用"个"。

重叠作为前加成分修饰形容词，在吴语中可以有二叠、三叠、甚至四叠：
（264）伊吃得老老胖格。他吃得很胖了。（上海）
（265）今朝夜头呆呆呆闹热唻。今天晚上非常热闹。（绍兴）
（266）格碗菜突突突突咸。这碗菜非常非常咸。（玉环）
（267）格条路直直直直哉。（玉环）
（268）格格物事重重重重奥的。（玉环）①

泰如话中表示形容词的极度义，一般不用重叠形式，而采用前加副词型或后补型短语结构来表达：
（269）这条路荡/笔直的。
（270）这条路直得不得了。
（271）个稿子重得不得了。
（272）个稿子重啊没得魂。
（273）碗菜咸啊通啊天。
（274）碗菜咸啊买啊命。

也可采用当地方言的"无A不A"式结构来表示这种极性程度义：

无饱不饱｜无快不快｜无大不大｜无慢不慢｜无巧不巧｜无长不长｜无脏不脏

（275）这条路无直不直的。
（276）个稿子无重不重的。
（277）他吃得无胖不胖的。
（278）碗菜无咸不咸的。

---

① 吴语玉环点的例子参见吴子慧《吴方言形容词表示程度的语法手段》，《浙江教育学院学报》2010年第6期，第71—75页。

2. "AA 叫"与"AA 儿啊"

前面说过,"叫"是吴语常见的副词后缀,尤其多见于上海、苏州等北部吴语中,如苏州话:

慢慢叫 [mE$^{31/22}$mE$^{31/55}$tɕiæ^{21}] | 少少叫 [sæ$^{52/41}$sæ$^{52/34}$tɕiæ^{21}] | 好好叫 [hæ$^{52/41}$hæ$^{52/34}$tɕiæ^{21}] | 毛毛叫[mæ$^{23/22}$mæ$^{23/55}$tɕiæ^{21}]

上海话中还有:

扣扣叫[kʰɤ$^{34/33}$kʰɤ$^{34/55}$tɕiɔ$^{34/21}$] | 静静叫[zin$^{23/22}$zin$^{23/55}$tɕiɔ$^{23/21}$] | 定定叫[din$^{23/22}$din$^{23/55}$tɕiɔ$^{23/21}$] | 笃笃叫[toʔ$^{55/33}$toʔ$^{55/55}$tɕiɔ$^{23/21}$] | 险险叫[ɕi$^{34/33}$ɕi$^{34/55}$tɕiɔ$^{34/21}$] | 弯弯叫[uE$^{53/55}$uE$^{53/33}$tɕiɔ$^{34/21}$]

可以单独成句表示祈使的语气:

（279）慢慢叫!

（280）少少叫!

（281）好好叫!

（282）轻轻叫!

一般认为这里的"叫"是状语的标志,相当于普通话的"地"。刘丹青（1986）认为"叫"是"AA 叫"式结构里不可分割的一个语素,并不能跟普通话的"叫"划等号,"AA 叫"后多数情况要加"葛/个"[①]:

（283）慢慢叫葛走。_{慢慢儿地走。}

（284）种人少少叫葛。_{这种人真少有。}

（285）轻轻教个放。

（286）好好教个活。[②]

"慢慢叫葛走"是描写性的,描写走得不快,"慢慢叫走"是祈使句,相当于"慢慢儿走"。泰如方言与"AA 叫"相应的结构是"AA 儿啊":

慢慢儿啊[mɛ̃^{21}mɛr$^{21/35}$a^5] | 轻轻儿啊[tɕʰi^{21}tɕʰiər$^{21/35}$a^5]

跟苏州话"AA 叫"结构相同的是它们都可以单独成句表示祈使语气,不同的是可以直接放在动词之前充当状语,既可以是表示祈使性的,也可以是表示描写性的:

（287）慢慢儿啊走!

（288）轻轻儿啊擦!

以上两句表示祈使性。

（289）他在路上慢慢儿啊走。

（290）我轻轻儿啊同他把书拿掉啊。

[①] 刘丹青:《苏州方言重叠式研究》,《语言研究》1986 年第 1 期,第 7—28 页。

[②] 戴丽霞:《浅谈吴方言的特殊词缀"叫"》,《牡丹江教育学院学报》2009 年第 6 期。

以上两句表示描写性。

和苏州话的"叫"比起来,"啊"跟 AA 儿的凝固性没有那么紧密,上两例都可以去掉而意思基本不变,只是在语气的委婉性上稍有不同,有了"啊"显得更为委婉。"叫"又写作"教",是吴语中保留至今的带描写性状语的唯一语缀,相应的泰如话一般用完全虚化的"啊",相关例句还可参见本章附加型构词法部分。

3. AABB 式

吴方言、泰如方言和普通话一样,AABB 式的重叠都比较普遍。AB 是双音节的形容词,重叠后的意义和基式的词汇意义基本相同,但在语法意义上有别,如"漂亮"的重叠"漂漂亮亮",可以说"她漂亮",不说"她漂漂亮亮",要说"她漂漂亮亮的";可以说"她真漂亮",不说"她真漂漂亮亮";可以说"这一仗打得真漂亮",不说"这一仗打得真漂漂亮亮"。一些 AABB 式的重叠共同见于吴语和泰如方言,如泰如话:

清清爽爽[tɕʰi²¹tɕʰi²¹/¹ɕyã²¹ɕyã²¹/¹] | 跌跌冲冲[tiʔ³³tiʔ³³/³tsʰɔ̃³³tsʰɔ̃³³/³] | 躲躲掖掖[to²¹³to²¹³/³iʔ³³iʔ³³/³] | 顺顺当当[ɕyã²¹/³³ɕyã²¹/³tã³³tã³³/³] | 太太平平[tʰe³³tʰe³³/³pʰi³⁵/³³pʰi³⁵/³] | 白白胖胖[pʰɔʔ³⁵pʰɔʔ³⁵/⁵pʰã³³pʰã³³/³] | 挤挤轧轧[tɕi²¹³tɕi²¹³/³kʰɛʔ³⁵kʰɛʔ³⁵/⁵]

这些重叠式中的基式"清爽、顺当、太平"在泰如话中能单用,"躲掖、白胖、挤轧"不能单用。有些重叠式只见于吴方言,如:

长长远远 | 造造反反 许许多多 | 胆胆大大 大胆地 | 活活络络 | 舒舒齐齐 | 龌龌龊龊 | 密密棚棚 | 快快活活 | 交交关关 | 正正好好 | 笃笃定定(上海话)

眼眼热热(温州话)

难难得得(苏州话)

这些重叠式中的基式"长远、造反、胆大、活络、快活、正好、笃定"在吴语和泰如话中都能单用。

一些重叠式只见于泰如方言:

厚厚驳驳[xɤi²¹xɤi²¹/¹paʔ³³paʔ³³/³]粥很稠的样子 | 白白耷耷[pʰɔʔ³⁵pʰɔʔ³⁵/⁵taʔ³³taʔ³³/³]白白的,白得好看 | 弯弯匀匀[vẽ²¹vẽ²¹/¹saʔ³⁵saʔ³⁵/⁵]弯弯斜斜的样子 | 波波折折[po²¹po²¹/¹tɕiʔ³³tɕiʔ³³/³]一波三折 | 满满托托[mõ²¹³mõ²¹³/³tʰaʔ³⁵tʰaʔ³⁵/⁵]满满的样子 | 高高郎郎[kɔ²¹kɔ²¹/¹lã²¹³lã²¹³]指建筑或个头较高 | 单单枵枵[tẽ²¹tẽ²¹/¹ɕiɔ²¹ɕiɔ²¹/¹]身材瘦长 | 大大市市[ta²¹ta²¹/¹sɿ²¹sɿ²¹/¹]般化、凑合 | 钉钉拄拄[fi²¹fi²¹/¹kua³³kua³³/³]姜堰指牢连 | 嫡嫡驳驳[tiʔ³³tiʔ³³/³paʔ³³paʔ³³/³]嫡亲,喻千真万确 | 估估作作[ku²¹³ku²¹³/³tsaʔ³³tsaʔ³³/³]姜堰指大约 | 挤挤挦挦[tɕi²¹³tɕi²¹³/³kʰɛʔ³⁵ kʰɛʔ³⁵/⁵]指非常拥挤 | 起起悄悄[tsʰɿ²¹³tsʰɿ²¹³/³tɕʰiɔ²¹tɕʰiɔ²¹/¹]姜堰指干脆利索

这些重叠式,有些还可以是 ABB 式的重叠形式,如"厚驳驳"、"白耷

耷"、"波折折"，意思上没有什么不同，AABB 式有对描述对象的状态进一步强调的意味。

4. ZZA 式

ZZA 式是吴方言中比较有特色的一种形容词重叠式，ZA 是个状心组合，能单用，如"血红｜碧绿｜腊黄｜墨黑｜煞白"，形容色彩的一般程度；"血血红｜碧碧绿｜腊腊黄｜墨墨黑｜煞煞白"所表示的程度进一步加深。此外上海话中还有：

笔笔直｜煞煞齐｜粉粉碎｜老老大｜眯眯小｜精精光（形容状态）

绷绷硬｜呼呼热｜石石老｜冰冰冷｜独独煎｜习习嫩（形容感觉）

泰如话有 ZA 的状心组合，如"雪白[ɕio$\mathrm{ʔ}^{33}$pʰoʔ$\underline{^{35}}$]｜煞白[sa^{21}pʰoʔ$\underline{^{35}}$]｜煞黄[sa^{21}xuã^{35}]｜雪青[ɕioʔ^{33}tɕʰĩ^{21}]｜乌黑[vu^{21}xəʔ$\underline{^{22}}$]｜通红[tʰɔ̃^{21}xɔ̃^{35}]"，同义的结构是 ZAZA 式：

雪白雪白｜煞白煞白｜煞黄煞黄｜雪青雪青｜乌黑乌黑｜迪红迪红

或后缀重叠的 ABB 格式，详见下文 2.3.3.1.6 详细的列举。相应的 ZZA 式结构较少：

苍苍白[tsʰã^{21}tsʰã$^{21/1}$pʰoʔ$\underline{^{35}}$]状满头白发｜冷冷儿干[lɔ̃^{213}lər$^{213/3}$kɔ̃^{21}]微干｜宰宰拘[tse^{213}tse$^{213/3}$tɕy^{21}]指拘泥于某事①

ZZ 和 A 往往有固定的搭配关系，如吴语的"笔笔、绷绷"只能分别用在"直、硬"之前，泰如话的"冷冷儿、宰宰"只能分别用在"干、拘"之前。

5. AAN 式

AA 重叠式修饰名词或名词性语素，整个结构是一个名词。

乖乖儿肉[kue^{21}kue^{21}zoʔ$\underline{^{35}}$]称呼宝贝｜伧伧鬼[tsʰã^{21}tsʰã^{21}kuɣi^{213}]贬称高个子的人②｜光光塘儿[kuã^{21}kuã^{21}tʰar^{35}]老年单身男人｜冻冻青[tɔ̃^{33}tɔ̃^{33}tɕʰĩ^{21}]植物名｜睇睇眼儿[tɕʰi^{21}tɕʰi^{21}ŋer^{213}]眼睛近视｜平平车儿[pʰi^{35}pʰi^{35}tsʰar^{21}]｜蛮蛮浪儿[mẽ^{35}mẽ^{35}lar^{21}]不成调的曲子，喻没有意义的话语，也指不讲道理的人｜冻冻钉儿[tɔ̃^{33}tɔ̃^{33}tiər^{21}]冬天屋檐下的冰锥｜短短儿青[tõ^{213}tor$^{213/33}$tɕʰĩ^{21}]青菜的品种之一

6. ABB 式

泰如片方言和吴方言中都存在着 ABB 形容词重叠格式，根据 B 的不同性质，又可以分为语素的重叠和音节的重叠两种。前者有一定的意义，从结构本身能分析出构词的理据；后者没有具体的意义，只起构词的作用。

---

① 有人记作"不哉居"，张建民《泰县方言志》：不一定：我不哉居上泰州。

② 晋南北朝时，南人轻侮北人为"伧"。伧鬼，犹言北方之鬼。《晋书·陆玩传》："玩尝诣导食酪，因而得疾。与导牋曰：'仆虽吴人，几为伧鬼。'"其轻易权贵如此。

如泰如话中的"白净净"、"暖和和"、"怕色色",上海话中的"瘦骨骨"、"气鼓鼓",重叠部分除了参与构词,本身的语素义也是整体词义的一部分;而泰如话的"红色色儿"、"咸得得儿",上海话中的"青奇奇"、"红稀稀"中重叠部分的词义已经难以索解,近似于词缀性质。前文已经就吴语和泰如话中 ABB 形容词的重叠式进行过对比,鉴于不能对每个重叠形式一一进行考证,除非有特别需要,下面在比较时不再对这两种类别的 ABB 重叠式加以区别。以下分六组进行列举分析:

表 2—16　泰如话与吴语表示色彩的 ABB 形容词重叠式比较

基式词	泰如话	吴语	意义
红	红彤彤[xɔ³⁵tʰã²¹/³⁵tʰã³⁵/²¹]	红彤彤[ɦoŋ²³/²²doŋ²³/⁵⁵doŋ²³/²¹]	通红
	红贯贯儿[xɔ³⁵kõ³³/³⁵kor³³]	红稀稀[ɦoŋ²³/²²ɕi⁵³/⁵⁵ɕi⁵³/²¹]	微红
	红莹莹儿[xɔ³⁵ĩ³⁵/³³iər³⁵/³³]		
	红色色儿[xɔ³⁵sə⁷³³/³⁵sər³³]		
白	白耷耷[pʰɔʔ³⁵taʔ³³/³⁵taʔ³³]	白塔塔[bAʔ¹²/¹¹tʰAʔ⁵⁵tʰAʔ⁵⁵/²³]	指皮肤等物体表面的白
	白稍稍儿[pʰɔʔ³⁵sɔ²¹/³⁵sər²¹]		指衣服等的微白
	白渣渣[pʰɔʔ³⁵tsa²¹/³⁵tsa²¹]	白醭醭[bAʔ¹²/¹¹lio²³/²²lio²³]	上海话形容脸色白无血色
		白呼呼[bAʔ¹²/¹¹hu⁵³/²²hu⁵³/²³]	上海话指物体表面的白色粉末
		白茫茫[bAʔ¹²/¹¹mã²³/²²mã²³]	一望无际的白
	白花花[pʰɔʔ³⁵xua²¹/⁵xua²¹]		泰如话指雪的白
黑	黑乎乎[xəʔ³³fu³³fu¹]	黑出出[həʔ³³tsʰəʔ³³tsʰəʔ³³]	地方黑暗
	黑塔塔[xəʔ³³tʰɛʔ³³tʰɛʔ³³]	黑塔塔[həʔ⁵⁵/³³tʰAʔ⁵⁵tʰAʔ⁵⁵/²¹]	指东西发黑,也可指人皮肤黑
	黑洞洞[xəʔ³³tʰɔ̃²¹/³³tʰɔ̃³³]	黑洞洞[həʔ⁵⁵/³³doŋ²³/⁵⁵doŋ²³/²¹]	指地方黑暗
	黑甾甾[xəʔ³³tsɿ³³tsɿ³³/²¹]	黑甾甾[həʔ⁵⁵/³³tsɿ⁵³/⁵⁵tsɿ⁵³/²¹]①	皮肤黑
	黑暗暗儿[xəʔ³³õ³³or³³]		泰如话指天色微暗
黄	黄色色儿[xuã³⁵sə⁷³³/³⁵sər³³]	黄糯糯[huã²³/²²nu²³/⁵⁵nu²³/²¹]	微黄
		黄哈哈[huã²³/²²ha⁵³/⁵⁵ha⁵³/²¹]	黄得不好看
		黄亨亨[huã²³/²²hã⁵³/⁵⁵hã⁵³/²¹]	颜色有些黄

---

① 《左传·哀公八年》:"何故使吾水兹?"《释文》引《字林》:"兹,黑也。"《玉篇》同,字亦作"滋"。"鹚",《说文》四上鸟部:"鹚,鸬鹚也,从鸟兹声。"桂馥《说文义证》:"兹声者,《尔雅翼》云,卢与兹皆黑,故名。"

续表

基式词	泰如话	吴语	意义
蓝	蓝色色儿[lẽ³⁵sə?³³/⁵sər³³]	蓝亨亨[lE²³/²²hã⁵³/⁵⁵hã⁵³/²¹]	微蓝
	蓝莹莹儿[lẽ³⁵ĩ³⁵/⁵iər³⁵/¹]		微蓝
		蓝亨亨[lE²³/²²hã⁵³/⁵⁵hã⁵³/²¹]	
	蓝霍霍[nẽ⁴⁵xua⁴xua⁴]		蓝闪闪
青	青滴滴[tɕʰĩ²¹tir?³³/²¹tir?³³]		蔬菜等非常青
	青恩恩[tɕʰĩ²¹ŋə̃²¹ŋə̃²¹/³]		水发青发臭
	青色色儿[tɕʰĩ²¹sə?³³sər³³/³]	青奇奇[tɕʰĩ⁵³/⁵⁵dzi²³/³³dzi²³/²¹]	带有青色
灰	灰色色儿[xuɤi²¹sə?³³/²¹sər³³]	灰托托[huE⁵³/⁵⁵tʰo?⁵⁵/³tʰo?⁵⁵/²¹]	衣服的颜色稍带灰色
	灰赖赖儿[xuɤi²¹lẽ²¹lẽr²¹/³³]		
	灰蒙蒙[xuɤi²¹mɔ̃³⁵/¹mɔ̃³⁵]	灰蒙蒙[huE⁵³/⁵⁵mɔŋ²³/³³mɔŋ²³/²¹]	形容天空灰暗

表2—17　泰如话与吴语表示味觉感受的ABB形容词重叠式比较

基式词	泰如话	吴语	意义
甜	甜津津儿[tʰĩ³⁵tɕĩ³³tɕiər³³]	甜津津[di²³/²²tɕin⁵³/⁵⁵tɕin⁵³/²¹]	甜甜的
		甜咪咪[di²³/²²mi²³/⁵⁵mi²³/²¹]	味儿带甜
		甜滋滋[di²³/²²tsʅ⁵³/⁵⁵tsʅ⁵³/²¹]	甜而有味
	甜叽叽[tʰĩ³⁵tɕi²¹/⁵tɕi²¹]		甜得发腻
苦	苦叽叽[kʰu²¹³tɕi²¹/³tɕi²¹]	苦搭搭[kʰu³⁴/³³tA?⁵⁵/³tA?⁵⁵/²¹]	很苦
	苦莹莹儿[kʰu²¹³ĩ³⁵/³ir³⁵/²¹]		微苦
咸	咸得得儿[xẽ³⁵tə?³³/⁵tər³³]	咸塔塔[ɦiE²³/²²tʰA?⁵⁵/⁵tʰA?⁵⁵/²¹]	味儿带咸
	咸站站儿[xẽ³⁵tsẽ³³/³⁵tsẽr³³]	咸几几[ɦiE²³/²²tɕi⁵⁵/⁵⁵tɕi⁵³/²¹]	菜味儿咸咸的
淡		淡塔塔[dE²³/²²tA?⁵⁵/⁵tA?⁵⁵/²¹]	淡而无味
		淡滋滋[dE²³/²²tsʅ²³/⁵⁵tsʅ⁵³/²¹]	形容味淡
		淡咪咪[dE²³/²²mi²³/⁵⁵mi²³/²¹]	味儿较淡
黏	黏得得儿[nĩ³⁵tə?³³/⁵tər³³]	黏搭搭[ni⁵³/⁵⁵tA?⁵⁵tA?⁵⁵/²¹]	黏而沾物
		黏格格[ni⁵³/⁵⁵kA?⁵⁵kA?⁵⁵/²¹]	黏而沾齿
	黏和和[nĩ³⁵xo³⁵xo³⁵/¹]		粥等黏稠
酸	酸溜溜儿[sõ²¹lɤi²¹lər²¹]	酸滋滋[sø⁵³/⁵⁵tsʅ⁵³/⁵⁵tsʅ⁵³/²¹]	酸的感觉
		酸几几[sø⁵³/⁵⁵tɕi⁵³/³³tɕi⁵³/²¹]	酸溜溜的

第二章　构词法

续表

基式词	泰如话	吴语	意义
麻/辣	麻辣辣儿[ma³⁵lɛʔ³⁵lɛr³⁵/³³]	麻辣辣[mo²³/²²lAʔ²¹/⁵⁵lAʔ¹²/²¹]	辣的感觉
		辣霍霍[lAʔ¹²/¹¹huA²⁵⁵/³³huAʔ⁵⁵/²³]	辣而舌麻
		辣蓬蓬[lAʔ¹²/¹¹boŋ²³/¹¹boŋ²³]	形容有点儿辣味
		辣花花[lAʔ¹²/¹¹ho⁵³/²²ho⁵³/²³]	形容微辣
香	香喷喷[ɕiã²¹pʰɔ̃²¹pʰɔ̃²¹/³³]	香喷喷[ɕiã⁵³/⁵⁵pʰɔ̃⁵³/³³pʰɔ̃⁵³/²¹]	香味浓厚
臭	臭烘烘[tsʰɤi³³xɔ̃²¹/³³xɔ̃²¹]	臭烘烘[tsʰɤ³⁴/³³hɔ̃⁵³/⁵⁵xɔ̃⁵³/²¹]	臭气难闻
	臭熏熏[tsʰɤi³³ɕyɔ̃²¹/³ɕyɔ̃¹]	臭朋朋[tsʰɤ³⁴/³³bã²³/⁵⁵bã²³/²¹]	臭气难闻
		臭血血[tsʰɤ³⁴/³³ɕyɪʔ⁵⁵ɕyɪʔ⁵⁵/²¹]	有臭味
沙	沙糯糯[sa²¹lo²¹³/¹lo²¹/²¹³]		沙、糯的感觉
嫩	嫩撅撅儿[lɔ̃²¹tɕyʔ³³tɕyər³³/²¹³]	嫩几几[nən²³/²²tɕi⁵³/⁵⁵tɕi⁵³/²¹]	花苞等粉嫩时的状态
饪/韧	饪纠纠[zən²¹tɕio³³tɕio³]		咀嚼时有韧劲
		韧滋滋[n.in²³/²²tsɿ⁵³/⁵⁵tsɿ⁵³/²¹]	软而黏连不断
		韧冻冻[n.in²³/²²toŋ³⁴/⁵⁵toŋ³⁴/²¹]	软黏的固体或冻结起来的液体

表 2—18　　泰如话与吴语除颜色以外的视觉状态 ABB 形容词重叠式比较

基式词	泰如话	吴语	意义
油	油江江[io³⁵uã²¹/³³uã²¹/³³]	油汪汪[ɦiɤ²³/²²uã⁵³/⁵⁵uã⁵³/²¹]	油很多的样子
	油抹抹[io³⁵mɛʔ³⁵mɛʔ³⁵]	油卤卤[ɦiɤ²³/²²lu²³/⁵⁵lu²³/²¹]	沾满油水
	油拉拉[io³⁵la³⁵la³⁵/²¹]	油落落[ɦiɤ²³/²²loʔ¹²/⁵⁵loʔ¹²/²¹]	油下滴的样子
		油滋滋[ɦiɤ²³/²²tsɿ⁵³/⁵⁵tsɿ⁵³/²¹]	渗出油来的样子
暗	暗所所儿[ɔ̃²¹so³³sor²¹]		天色微暗
	暗色色儿[ɔ̃²¹səʔ³³sər³³]		色彩不太明亮
		暗洞洞[ø³⁴/³³doŋ²³/⁵⁵doŋ²³/²¹]	地方黑暗
		暗黢黢[ø³⁴/³³tsʰəʔ⁵⁵tsʰəʔ⁵⁵/²¹]	黑暗、背地里做坏事

续表

基式词	泰如话	吴语	意义
亮	亮堂堂[liã²¹tʰã³⁵/²¹tʰã³⁵]	亮堂堂[n̠iã²³/²²dã³⁵/⁵⁵dã²³/²¹]	明亮的光彩，泰如话可说：家的油漆得亮堂堂的
	亮霍霍[liã²¹uaʔ³⁵/²¹uaʔ³⁵]	亮光光[liã²³/²²kuã⁵³/⁵⁵kua⁵³/²¹]	太阳、电灯等的明亮
		亮赤赤[liã²³/²²tsʰʌʔ⁵⁵tsʰʌʔ⁵⁵/²¹]	
	亮光光[liã²¹kuã²¹kuã²¹/³³]		泰如话指"光亮"：家具漆得亮光光的
混	混浊浊[xuã³⁵tɔʔ³³/⁵tɔʔ³]		浑浊不清
光	光溜溜ᵣ[kuã²¹lɤi²¹lər²¹]		指物体表面光滑
	光秃秃[kuã²¹tʰɔʔ³³/tʰɔʔ³³]		山体表面无东西遮盖
		光油油[kuã⁵³/⁵⁵ɦiɤ³⁴/³³ɦiɤ³⁴/²¹]	色彩的光亮。上海话说"书房刷得光油油的"
直	直笔笔[tsʰəʔ³⁵piʔ³³/⁵piʔ³³/³]		路笔直
		直挺挺[zəʔ¹²/¹tʰin³⁴/²²tʰin³⁴/²³]	挺直
		直笃笃[zəʔ¹²/¹toʔ⁵⁵/³³toʔ⁵⁵/²³]	直立
		直梗梗[zəʔ¹²/¹kã³⁴/²²kã³⁴/²³]	直而硬
	直爽爽[tsʰəʔ³⁵ɕyã²¹³/³⁵ɕyã²¹³/³⁵]		说话坦率、不绕弯子
	直荡荡[tsʰəʔ³⁵tʰã²¹/³⁵tʰã²¹]		路笔直
汗	汗冒冒[xõ²¹mɔ²¹mɔ²¹/¹]		汗淋淋的样子
松	松壳壳[sõ²¹kʰaʔ³³/²¹kʰaʔ³³]	松壳壳[sõ⁵³/⁵⁵kʰoʔ⁵⁵/³³kʰoʔ⁵⁵/²¹]	松垮垮的样子
大	大势势[ta²¹sʅ²¹sʅ²¹/¹]		将就、凑合
细	细点点ᵣ[ɕi³³fi²¹³tiər²¹³]		微小
齐	齐卓卓[tɕʰi³⁵tɕyaʔ³³/⁵tɕyaʔ³³]		整整齐齐
四	四方方[sʅ³³fã²¹/³³fã²¹]		方方正正的样子
空	空荡荡[kʰõ²¹tã²¹tã³³]	空荡荡[kʰoŋ⁵³/⁵⁵dã²³/³³dã²³/²¹]	（房间）空而无物
		空落落[kʰoŋ⁵³/⁵⁵loʔ¹²/³loʔ¹²/³]	空而冷清
瘪		瘪塌塌[piʔ⁵⁵/³tʰʌʔ⁵⁵/⁵tʰʌʔ⁵⁵/²¹]	（面孔）扁瘪、（内容）空虚
		瘪呼呼[piʔ⁵⁵/³hu⁵³/⁵⁵hu⁵³/²¹]	（谷物）干瘪
宽		宽搭搭[kʰuø⁵³/⁵⁵tʌʔ⁵⁵/³tʌʔ⁵⁵/²¹]	形容宽而松

表 2—19　　泰如话与吴语表示触觉、感受的 ABB 形容词重叠式比较

基式词	泰如话	吴语	意义
硬	硬橛橛[ŋã²¹tɕyə{33} tɕyəʔ³³/²¹³]	硬橛橛[ŋã²³/²²dzyɪʔ²³/⁵⁵dzyɪʔ²³/²¹]	东西硬而直的样子
	硬帮帮[ŋã²¹pã²¹pã²¹/³³]		物品软硬适度
		硬正正[ŋə²¹tsəŋ⁴⁴tsəŋ⁴⁴]	
软	软耷耷[ȵõ²¹³taʔ³³/²³³]		柔软得快塌下来
	软绵绵[ȵõ²¹³mĩ³⁵/³³mĩ³⁵]	软冬冬[ȵyø²³/²²toŋ⁵³/⁵⁵toŋ⁵³/²¹]	软而没有力气
干	干驳驳[kõ²¹paʔ³³/²¹ paʔ³³]	干绷绷[kø⁵³/⁵⁵pã⁵³/³³pã⁵³/²¹]	干而硬结的东西
		干乎乎[kø⁵³/⁵⁵hu⁵³/³³hu⁵³/²¹]	不湿润
		干纤纤[kø⁵³/⁵⁵tɕʰi⁵³/³³tɕʰi⁵³/²¹]	干而带毛
	干净净ⁿ[kõ²¹tɕʰi²¹tɕʰiər²¹/³⁵]		干干净净
潮	潮湿湿ⁿ[tsʰɔ³⁵səʔ³³/⁵ sər³³]	潮搭搭[zɔ²³/²²taʔ⁵⁵taʔ⁵⁵/²¹]	形容有些潮湿
	潮兮兮[tsʰɔ³⁵ɕi²¹/⁵ɕi²¹]		泰如话指湿的感觉
	潮漤漤ⁿ[tsʰɔ³⁵ĩ³³/⁵iər³³]		微湿
湿	湿漉漉[səʔ³³/³³lɔʔ³³ lɔʔ³]	湿漉漉[səʔ³³/³³lɔʔ²³/⁵⁵lɔʔ²³/²¹]	潮湿不好的感觉
		湿扎扎[səʔ³³/³³ tsaʔ⁵⁵ tsaʔ⁵⁵/²¹]	形容湿有水滴
		湿几几[səʔ²³/²²tɕi⁵³/³³tɕi³⁵/²¹]	形容含水的样子，多用作贬义
		湿淋淋[səʔ³³/³³lin²³/⁵⁵lin²³/²¹]	水潮湿得快往下滴
厚	厚嘟嘟[xɤi²¹ toʔ³³/²¹ toʔ³³]/厚嘟嘟ⁿ[xɤi²¹toʔ³³/²¹tor³³]		棉被或衣服较厚
	厚顿顿ⁿ[xɤi²¹tã³³/²¹tər³³]		粥饮等黏稠
枹/薄	枹码码ⁿ[ɕiɔ²¹ma²¹³mar²¹³]	薄血血[boʔ¹²/¹ɕyɪʔ⁵⁵/³ɕyɪʔ⁵⁵/²³]	衣服或纸张非常单薄
		薄枹枹[boʔ¹²/¹ɕiɔ⁵³/³³ɕiɔ⁵³/²³]	
		薄叶叶[boʔ¹²/¹fiɪʔ¹²/²²fiɪʔ¹²/²³]	薄成片状
毛	毛糙糙[mɔ³⁵tsʰɔ³³/³³ tsʰɔ³³]	毛糙糙[mɔ²³/²²tsʰɔ³⁴/⁵⁵tsʰɔ³⁴/²¹]	表面粗糙、脾气急躁
		毛纤纤[mɔ²³/²²tɕʰi⁵³/⁵⁵tɕʰi⁵³/²¹]	毛刺皮肤的感觉
		毛柴柴[mɔ²³/²²ZA²³/⁵⁵ZA²³/²¹]	物体表面粗糙，也指做事不周到
	毛乎乎[mɔ³⁵fu²¹/³⁵fu²¹]	毛乎乎[mɔ²³/²²hu⁵³/⁵⁵hu⁵³/²¹]	泰如话指毛多，上海话指不光滑、性格毛糙

续表

基式词	泰如话	吴语	意义
糙	糙色色儿[tsʰɔ³³sə?³³/³³sər³³]		糙手的感觉
碎	碎末末[ɕy³³mõ³³mõ³³/²¹]		蔬菜等切得很碎
碎	碎渣渣儿[ɕy³³tsa²¹³/³³tsar²¹³]	碎粉粉[sE³⁴/³³fən⁵³/⁵⁵ fən⁵³/²¹]	碎如渣子、碎末
脆	脆崩崩[tɕʰy³³ pɔ̃²¹/³³ pɔ̃²¹/²¹³]		萝卜、黄瓜等较脆
脆	脆辣辣儿[tɕʰy³³ lɛ?³⁵/³³lɛr³³]		脆而带辣味
结	结实实[tɕiɪ?³³sə?³⁵/³³sə?³⁵]	实结结[zə?¹²/¹tɕiɪ?⁵⁵/³ tɕiɪ?⁵⁵/²³]	
结		结绷绷[tɕiɪ?⁵⁵/³³pã⁵⁵/⁵⁵pã⁵³/²¹]	
结		结固固[tɕiɪ?⁵⁵/³³ku³⁴/⁵⁵ku³⁴/²¹]	
实	饱库库[pɔ²¹³kʰu³³kʰu³³/³⁵]	实别别[zə?¹²/¹biɪ?¹²/²²biɪ?¹²/²³]	包、袋内充实
滑	滑溜溜儿[xuɛ?³⁵lɤi²¹/³⁵lər²¹]	滑溜溜[ɦuA?²¹/¹¹liɤ²³/²² liɤ²³/²⁴]	很滑
滑		滑笃笃[ɦuA?¹²/²¹to⁵⁵/⁵⁵to⁵⁵/²¹]	较滑
滑		滑搭搭[ɦuA?¹²/²¹ tA⁵⁵/⁵⁵tA⁵⁵/²¹]	光滑、摩擦力小
重		重墩墩[zoŋ²³/²²tən⁵³/⁵⁵tən⁵³/²¹]	重量重或做事重手重脚
轻	轻飘飘儿[tɕʰĩ²¹pʰiɔ²¹pʰiɔr²¹]		
烂		烂糟糟[lE²³/²²tsɔ⁵³/⁵⁵tsɔ⁵³/²¹]	
烂		烂洷洷[lE²³/²²to⁵⁵/⁵to⁵⁵/²¹]	
袜	袜的的儿[vɛ?³⁵tiɪ?³³/⁵tiɪr³³]		细碎、光滑
糊		糊搭搭[ɦu²³/²²tA?⁵⁵/⁵tA?⁵⁵/²¹]	
糊		糊读读[ɦu²³/²²do?¹²/⁵⁵do?¹²/²¹]	
混	浑笃笃[xuə̃³⁵tɔ?³³/⁵tɔ?³³]	浑浊浊[ɦuən²³/²²zo?²³/⁵zo?¹²/²¹]	水浑浊不清
混		混淘淘[ɦuən²³/²²dɔ²³/⁵⁵dɔ²³/²¹]	
卤		卤搭搭[lu²³/²²tA?⁵⁵/⁵tA?⁵⁵/²¹]	食物汁水较多

表 2—20 泰如话与吴语表示身体感受的 ABB 形容词重叠式比较

基式词	泰如话	吴语	意义
热	热项项[zjiɪ?³⁵xã³³/⁵ xã³³/²¹]	热洞洞[ȵiɪ?¹²/¹¹doŋ²³/²²doŋ²³/²⁴]	天气炎热
热	热稠稠[zjiɪ?³⁵tsʰɤi³⁵ tsʰɤi³⁵]		内心极想做某事
热		热辣辣[ȵiɪ?¹²/²²lA?¹²/²² lA?¹²/²⁴]	热而烫舌
热	热呼呼[zjiɪ?³⁵ fu²¹/³⁵fu²¹]		
热	热烘烘[zjiɪ?³⁵xɔ̃²¹/⁵ xɔ̃²¹]	热吼吼[ȵiɪ?¹²/²²hɤ³⁴/²² hɤ³⁴/²³]	运动后体热

续表

基式词	泰如话	吴语	意义
冷	冷丝丝[lə²¹³sʅ²¹/³sʅ²¹]	冷丝丝[lã²³/²²sʅ⁵³/⁵sʅ⁵³/²¹]	寒冷的感觉
	冷色色ㄦ[lə²¹³sə?³³sər³³]		冷得发抖的样子
	冷冰冰[lə²¹³pī²¹/³pī²¹]	冷冰冰[lã²³/²²pin⁵³/⁵⁵pin⁵³/²¹]	天气寒冷,也形容态度冷淡之极
暖	暖洋洋[lõ²¹³iã³⁵/³iã³⁵]		暖呼呼的感觉
	暖和和[lõ²¹³xo³⁵/³xo³⁵]	暖悠悠[nø²³/²²iɤ⁵³/⁵⁵iɤ⁵³/²¹]	温暖的感觉
寒	寒唠唠[xõ³⁵lɔ³⁵ lɔ³⁵/²¹]/寒叽叽[xõ³⁵tɕi²¹/⁵tɕi²¹]	寒飕飕[fiø²³/²²sɤ⁵³/⁵⁵sɤ⁵³/²¹]/寒丝丝[fiø²³/²²sʅ⁵³/⁵⁵sʅ⁵³/²¹]	天气变冷的感觉或生病时体寒的感觉
阴	阴丝丝[ĩ²¹sʅ²¹sʅ²¹]	阴森森[in³³/⁵⁵sən⁵³/³³sən⁵³/²¹]	泰如话指说话阴沉,上海话指天气阴沉
		阴沉沉[in⁵³/⁵⁵zən²³/³³zən²³/²¹]	天阴沉
痒	痒丝丝[iã²¹³sʅ²¹/³sʅ²¹]	痒叽叽[ɦiã²³/²²tɕi⁵³/⁵⁵tɕi⁵³/²¹]	小刺致痒的感觉
	痒色色ㄦ[iã²¹³sə?³³sər³³]	痒纤纤[ɦiã²³/²²tɕʰi⁵³/⁵⁵tɕʰi⁵³/²¹]	
疼	疼叽叽[tʰə³⁵ tɕi²¹/⁵tɕi²¹]		
晕	晕乎乎[yə²¹fu²¹fu²¹]	昏冬冬[huən⁵³/⁵⁵toŋ²³/³³toŋ²³/²¹]	
疲		疲塔塔[bi²³/²²tʰa?⁵⁵/⁵tʰa?⁵⁵/²¹]	形容疲乏不思动或吊儿郎当不听劝说
倦		倦迷迷[dzyø²³/²²mi²³/⁵⁵mi²³/²¹]	
面		面团团[mi²³/²²dø²³/⁵⁵dø²³/²¹]	胖脸笑容和蔼
的		的溜溜[tiI?⁵⁵/³liɤ⁵⁵/⁵⁵liɤ²³/²¹]	转动的样子;圆滑的样子
风		风漏漏[foŋ⁵³/⁵⁵lɤ²³/³³lɤ²³/²¹]	丝丝小风
野		野豁豁[ɦiA²³/²²huA?⁵⁵/⁵huA?⁵⁵/²¹]	距离遥远、说话不着边际
吓		吓咾咾[hA?⁵⁵/³lɔ²³/⁵⁵lɔ²³/²¹]/吓丝丝[hA?⁵⁵/³sʅ⁵⁵/⁵⁵sʅ⁵³/²¹]	心中有些恐惧的感觉

表 2—21 泰如话与吴语表示人物状态的 ABB 形容词重叠式比较

基式词	泰如话	吴语	意义
急	急乎乎[tɕiI?³³fu²¹/³fu²¹]		
	急吼吼[tɕiI?³³xɤ²¹³/³xɤ²¹³]	急响响[dziI²³/¹xɤ⁵³/²²hɤ⁵³/²³]	急乎乎的样子,有贬义
晖	晖拖拖[xɛ²¹tʰo²¹tʰo²¹]		慢吞吞的样子,有贬义
	晖丝丝[xɛ²¹sʅ²¹sʅ²¹]		

续表

基式词	泰如话	吴语	意义
老	老□□[lɔ²¹³kʰa³⁵/³ kʰa³⁵]	老茄茄[lɔ²³/²²gA²³/⁵⁵gA²³/²¹]	摆老资格或不懂装懂
	老屄屄[lɔ²¹³ pi²¹/³ pi²¹]		
	老板板[lɔ²¹³pẽ²¹³ pẽ²¹³]		不灵活、死板（姜堰）
肉	肉乎乎[zɔʔ³⁵fu²¹/³ fu²¹]		
	肉嘟嘟[zɔʔ³⁵toʔ³³/³⁵ toʔ³³]		丰满可爱
	肉馒馒[zɔʔ³⁵/¹ mõ³⁵/²¹ mõ³⁵]		手等丰满有肉感
	肉滚滚[zɔʔ³⁵kuã²¹³/⁵ kuã²¹³]		肥胖、肉多，有贬义
	肉条条[zɔʔ³⁵ tʰiɔ³⁵tʰiɔ³⁵]		一丝不挂
	肉橛橛[zɔʔ³⁵tɕyəʔ³³/⁵ tɕyəʔ³³]		肥壮、有弹性
		肉露露[ȵioʔ¹²/¹lu²³/²²lu²³]	衣衫褴褛而体肤外露
胖	胖乎乎[pʰã³³fu²¹/³fu²¹]	胖乎乎[pʰã³⁴/³³hu⁵³/⁵⁵hu⁵³/²¹]	胖胖的样子，有褒义
	胖嘟嘟ɹ[pʰã³³ toʔ³³tor³³]	胖笃笃[pʰã³⁴/³³toʔ⁵⁵/⁵toʔ⁵⁵/²¹]	胖而可爱
		胖鼓鼓[pʰã³⁴/³³ku³⁴/⁵⁵ku³⁴/²¹]	胖而饱满
	胖墩墩ɹ[pʰã³³tə̃²¹/³tər³³]	胖墩墩[pʰã³⁴/³³tən⁵³/⁴⁴tən⁵³/²¹]	矮胖、结实
呆	呆巴巴[ŋe³⁵pa²¹/⁵pa²¹]		指人不灵活
		呆仔仔[ŋE²³/²²tsɿ³⁴/⁵⁵tsɿ³⁴/²¹]	形容痴呆的样子
		呆瞪瞪[ŋE²³/²²tən⁵³/⁵⁵tən⁵³/²¹]	睁大眼睛呆看
瘦	瘦色色ɹ[sɤi³³səʔ³³/³sər³³]	瘦节节[sɤ³⁴/⁵⁵tɕiiʔ⁵⁵/⁵tɕiəɹʔ⁵⁵/²¹]	身体消瘦
	瘦巴巴[sɤi³³pa²¹/³ pa²¹]	瘦刮刮[sɤ³⁴/³³kuAʔ⁵⁵/⁵kuAʔ⁵⁵/²¹]	
筋	勍暴暴[tɕʰɪ²¹pɔ³³/¹ pɔ³³]		青筋暴起
嘘	嘘暴暴[ɕy²¹ pɔ³³/¹ pɔ³³]		老年人行动敏捷、动作迅速
长	长腰腰ɹ[tsʰã³⁵iɔ²¹/³⁵ iəɹ²¹]	长悠悠[zã²³/²²iɤ⁵³/⁵⁵iɤ⁵³/²¹]	长而圆的样子
	长条条ɹ[tsʰã³⁵ tʰiɔ³⁵ tʰiəɹ³⁵/²¹³]	长条条[zã²³/²²diɔ²³/⁵⁵diɔ²³/²¹]	长形条状的物件
		长端端[zã²³/²²tø⁵³/⁵⁵tø⁵³/²¹]	身材或物体较长
短	短橛橛ɹ[tõ²¹³tɕyəʔ³³ tɕyəɹ³³/²¹³]	短橛橛ɹ[tø³⁴/³³dzyɪʔ¹²/⁵⁵ dzyɪʔ¹²/²¹]	身体或条形物体很短
		短悠悠[tø³⁴/³³iɤ⁵³/³³iɤ⁵³/²¹]	
高	高朗朗[kɔ²¹lã²¹lã²¹/²¹³]		个子或建筑高高大大
矮	矮墩墩[ŋe²¹³tə̃²¹/³ tə̃²¹]	矮墩墩[A³⁴/³³tən⁵³/⁵⁵tən⁵³/²¹]	形容个子矮
		矮笃笃[A³⁴/³³toʔ⁵⁵/⁵toʔ⁵⁵/²¹]	
		矮短短[A³⁴/³³tø³⁴/⁵⁵tø³⁴/²¹]	

续表

基式词	泰如话	吴语	意义
壮	壮塔塔儿[tɕya³³tʰɛʔ³³tʰer³³]		
饱	饱鼓鼓[pɔ²¹³kʰu²¹³/³³kʰu²¹³/³⁵]		谷穗饱满或肚子吃得饱
木		木乎乎[moʔ¹²/¹ɦu⁵³/²²ɦu⁵³/²³]	形容麻木、失去感觉
		木啯啯[moʔ¹²/¹goʔ¹²/²goʔ¹²/²³]	人做事迟钝、东西粗笨
		木兴兴[moʔ¹²/¹ɕin³⁴/²ɕin³⁴/²³]	人呆愚不灵活
慢	慢吞吞[mẽ²¹tʰɔ̃²¹tʰɔ̃²¹]	慢吞吞[mE²³/²²tʰən⁵³/⁵⁵tʰən⁵³/²¹]	
		慢笃笃[mE²³/²²toʔ⁵⁵/⁵toʔ⁵⁵/²¹]	
嗲		嗲溜溜[tia³⁴/³³liɤ²³/⁵⁵liɤ²³/²¹]	
		嗲里里[tia³⁴/⁵⁵li²³/⁵⁵li²³/²¹]	
戆		戆搭搭[gã²³/²²tAʔ⁵⁵/⁵tAʔ⁵⁵/²¹]	傻乎乎
		戆血血[gã²³/²²ɕyɪʔ⁵⁵/⁵ɕyɪʔ⁵⁵/²¹]	
静		静幽幽[zin²³/²²iɤ⁵³/⁵⁵iɤ⁵³/²¹]	环境幽静、悠然自得
孤		孤独独[ku⁵⁵/⁵⁵doʔ²³/³³doʔ¹²/²¹]/孤单单[ku⁵⁵/⁵⁵tE⁵³/³³tE⁵³/²¹]	孤单
馋	馋唠唠[sẽ³⁵lɔ³⁵lɔ³⁵/²¹]		

7. "A 里 AB"与"A 的 AB/A 的 BC"式

吴语的"A 里 AB"与普通话的重叠情形差不多，基式是双音节形容词，可以单说，如上海话：

糊里糊涂[ɦu²³/²²li²³/⁵⁵ɦu²³/³³du²³/²¹] | 冒里冒失[mɔ⁵³/⁵⁵li²³/³³mɔ⁵³/³³səʔ⁵⁵/²¹] | 肮里肮三[ã⁵³/⁵⁵li²³/³³ã⁵³/³³sE⁵³/²¹]很差 | 龌里龌龊[oʔ⁵⁵/³³li²³/⁵⁵oʔ⁵⁵/³³tsʰoʔ⁵⁵/²¹]很脏 | 怪里怪气[kuʌ³⁴/³³li²³/⁵⁵kuʌ²³/³³tɕʰi³⁴/²¹]很怪

泰如话相应的是"A 的 AB"和"A 的 BC"：

着的着忙[tsaʔ³³tiɿ³³tsaʔ³³mã³⁵]急急忙忙的样子 | 拉的拉侉[la²¹tiɿ³³/¹la²¹kʰua²¹]穿着不整洁 | 鬼的鬼祟[kuɤi²¹³tiɿ³³kuɤi²¹³ɕyə³³]鬼鬼祟祟的样子 | 罗的罗嗦[lo²¹tiɿ³³/¹lo²¹so²¹]啰啰嗦嗦的样子 | 流的流气[lɤi³⁵tiɿ³³/⁵lɤi³⁵tɕʰi³³] | 怪的怪气[kue³³tiɿ³³kue³³tɕʰi³³/³³] | 痴的□□[tsʰɿʰ²¹tiɿ³³/²¹xə²¹tɔ̃²¹]呆痴的样子 | 呆的傻咚[te²¹tiɿ³³/²¹sa²¹³tɔ̃²¹] | 薄的拐咚[pʰa²³⁵tiɿ³³/³⁵kue²¹³tɔ̃²¹]汤、稀饭很稀薄的样子,有贬义

重叠式一般都具有消极色彩。

8. ABXX 式

按 AB 性质可分为：

a. 谓词性 AB。

泰如话：热火哄哄[zɿɪʔ³⁵xo²¹³/³⁵xɔ̃²¹xɔ̃²¹] | 麻辣抽抽[ma³⁵lɛʔ³⁵tsʰɤɪ²¹tsʰɤɪ²¹] | 溲凉嗒嗒ㄦ[i³³n̩iã³⁵/³taʔ³³tar³³] | 神气谷谷[sə̃³⁵tɕʰi³³/³⁵kɔʔ³³kɔʔ³³] | 细腻耷耷[ɕi³³n̩i³taʔ³³taʔ³³]

苏州话：暖热焖焖[nø³¹/²²niəʔ²³/⁵⁵doŋ⁴⁴doŋ²¹] | 风凉陶陶[foŋ⁵⁵liã²³/³³dæ¹²/³³dæ²³/²¹]

b. 名词性 AB。

泰如话：红肉细细[xɔ̃³⁵zɔʔ³⁵ɕi³³ɕi³³]伤口血肉模糊

苏州话：贼骨牵牵[zəʔ²³/²²kuəʔ⁵⁵tɕʰiɪ⁴⁴tɕʰiɪ²¹]好动而样子滑稽 | 寒毛凛凛[ɦø²³/²²mæ²³/⁵⁵lin⁴⁴lin²¹]毛骨悚然

c. 主谓式 AB。

泰如话：天暗蓬蓬[tʰɿ²¹õ³³pʰɔ̃³⁵pʰɔ̃³⁵/⁵]如果指天色暗而浑浊

苏州话：口轻飘飘[kʰɤ⁵²/⁴¹tɕʰin⁴⁴/³⁴pʰiæ⁴⁴pʰiæ⁴⁴/²¹]说得轻巧 | 雨湿满满[jy³¹/²²səʔ⁵⁵mø⁴⁴mø²¹]

9. "A 声 A/B 气"与"A 的 A/B 气"式

泰如话：浊声浊气[tɕʰyaʔ³⁵sə̃²¹/⁵tɕʰyaʔ³⁵tɕʰi³³]粗声粗气 | 慢声细气[mẽ²¹sə̃²¹ɕi³³tɕʰi³³]同细声细气 | 低声下气[tɕi²¹sə̃²¹ɕia²¹tɕʰi³³] | 细声细气[ɕi³³sə̃²¹ɕi³³tɕʰi³³] | 能的能气[lə̃³⁵tiɪʔ³³/⁵lə̃³⁵tɕʰi³³/¹]逞能或不懂装懂 | 臭的臭气[tsʰɤɪ³³tiɪʔ³³/³tsʰɤɪ³³tɕʰi³³/¹]臭声臭气 | 泊的泊气[pʰaʔ³³tiɪʔ³³/³pʰaʔ³³tɕʰi³³/¹]说大话 | 冲的冲气[tsʰɔ̃³³tiɪʔ³³/³tsʰɔ̃³³tɕʰi³³/¹]言行莽撞冒失 | 傻的傻气[sa²¹³tiɪʔ³³/³sa²¹³tɕʰi³³/³] | 水的水气[ɕyɤi²¹³tiɪʔ³³/³ɕyɤi²¹³tɕʰi³³/³]言行不稳重、大来大去 | 臭的烘气[tsʰɤɪ³³tiɪʔ³³/³xɔ̃²¹tɕʰi³³/¹]臭烘烘 | 疯的傻气[fɔ̃²¹tiɪʔ³³/¹saʔ³³tɕʰi³³/¹] | 能的口气[lə̃³⁵tiɪʔ³³/⁵kʰuɛʔ³³tɕʰi³³/¹]逞能的样子 | 蓬头煞气[pʰɔ̃³⁵tʰɤɪ³⁵/⁵sɛʔ³³tɕʰi³³/¹]蓬头散发、仪容不整的样子 | 冒的式气[mɔ²¹tiɪʔ³³/¹səʔ³³tɕʰi³³/¹]冒冒失失 | 软的耷气[zɔ̃²¹³tiɪʔ³³/⁵taʔ³³tɕʰi³³/¹]浑身软弱无力 | 冷的口气[lə̃²¹³tiɪʔ³³/⁵vɛʔ³³tɕʰi³³/¹]食物冰凉

上海话：好声好气[hɔ³⁴/³³sã⁵³/⁵⁵hɔ³⁴/³³tɕʰi³⁴/²¹]

泰如话的该类重叠式大多具有消极色彩，吴语相类似的结构较少。

10. ABAC 式

泰如话：邋伊邋遢[lɛʔ³⁵/²¹i²¹lɛʔ³⁵tʰɛʔ³³] | 懒意懒眯[lɛ̃²¹³i³³lɛ̃²¹³tsʰe²¹³]慵懒、不愿理睬 | 急忙急乎[tɕiɪʔ³³mã³⁵/⁵tɕiɪʔ³³fu²¹]急乎乎

上海话：恶行恶状 | 木知木觉[moʔ¹²/¹¹tsɿ³⁴/²²moʔ¹²/²²koʔ⁵⁵/²³] | 有心有想

一般用来摹状人的举止形态，大都具有消极色彩。

11. "A 的 A/B 巴"式

嗇的嗇巴[səʔ³³tiɪʔ³səʔ³³paʔ²¹]形容吝啬 | 瞎的瞎巴[xɛʔ³³tiɪʔ³xɛʔ³³paʔ²¹]形容眼瞎，下两例同 | 闭的闭巴[pi³³tiɪʔ³pi³³paʔ²¹] | 瞎的闭巴[xɛʔ³³tiɪʔ³pi³³paʔ²¹]

描摹人的举止形态，具有消极色彩。

12. "A 巴拉撒、A 巴拉叽、A 巴 B 碌"式

黑巴拉撒[xəʔ^{33}pa$^{21/3}$lɛʔ^{33}sɛʔ^{33}]｜黄巴拉撒[xuã^{35}pa$^{21/5}$lɛʔ^{33}sɛʔ^{33}]｜白巴拉撒 [pʰɔʔ^{35}pa$^{21/5}$lɛʔ^{33}sɛʔ^{33}]｜灰巴拉撒 [xuɤi^{21}pa$^{21/1}$lɛʔ^{33}sɛʔ^{33}]｜软巴拉叽 [zõ^{213}pa$^{21/3}$la^{35}tɕi^{21}]｜黄巴拉叽 [xuã^{35}pa$^{21/5}$la^{35}tɕi^{21}]｜硬巴粗碌 [ŋə̃^{21}pa^{21}tsʰu^{21}lɔʔ^{33}]｜粗巴糙碌[tsʰu^{21}pa^{21}tsʰɔ^{33}lɔʔ^{33}]

"A 巴拉撒"主要用来描摹色彩、"A 巴拉叽"可以用来描摹状态或色彩、"A 巴 B 碌"是描摹对象的软硬和粗细情况，一般具有消极色彩。

13. "A₁ 啊 A₂ 啊、A 啊 A 的"式

冷啊死啊｜馊啊懂啊[tɔ̃^{213}]粥完全馊了｜烫啊不得了啊｜热潮啊没得魂啊热闹得很｜（头）缩啊缩的[sɔʔ^{33} ka^3 sɔʔ^{33} tiɿʔ^3]头缩缩的样子了｜（眼睛）眍啊眍的[kʰɤi^{35} a^5 kʰɤi^{35} tiɿʔ^5]眼睛倒眍的样子｜僵啊僵的[tɕiã^{213}ŋa^3 tɕiã^{213} tiɿʔ^3]病歪歪的样子

这是两类性质不同的形容词重叠式，"A₁ 啊 A₂ 啊"式中 A₂ 是 A₁ 的程度或结果，"A 啊 A 的"则是对 A 所呈现状态的描摹，一般具有消极色彩。

14. "A 头 A/B 脑"式

花头花脑｜木头木脑｜戆头戆脑很傻｜踱头踱脑｜土头土脑很土｜油头滑脑｜犟头倔脑，一般都有贬义，泰如话也有"A 头 A 脑"式，如"缩头缩脑"、"呆头呆脑"，一般表示描述，不表示程度。

15. "AB 劳碌"式

遭罪劳碌 [tsʰɔ^{21}tɕy^{21}lɔ^{35}lɔʔ^{33}]到处费心费神、辛苦奔走的样子｜翻心劳碌 [fɪ̃^{21}ɕĩ^{21}lɔ^{35}lɔʔ^{33}]翻箱倒柜、东找西寻的样子｜操心劳碌[tsʰɔ^{21}ɕĩ^{21}lɔ^{35}lɔʔ^{33}]操心忙碌的样子

形容人忙忙碌碌的样子，一般具有消极色彩。

（二）形容词重叠式的表义差异

1. 适用对象的差异

泰如话和吴语在形容词重叠形式的构成上有相同之处，但采用叠音形式所构成的词并不完全一样，如泰如话的叠音后缀"嘟嘟ᵎ[tɔʔ^{33}tɔɻ$^{33/3}$]"，吴语相应的是"笃笃[tɔʔ^{55}tɔʔ$^{55/21}$]"，构成的重叠式一般都有"可爱"义，泰如话所构成的重叠式如：胖嘟嘟ᵎ 一般指孩子胖得可爱｜肉嘟嘟ᵎ 肉乎乎的样子｜绒嘟嘟ᵎ 表面毛茸茸的很可爱｜粉嘟嘟ᵎ 一般指食物等较粉较嫩｜厚嘟嘟ᵎ 多指被子、棉袄等暖呼呼，吴语如：胖笃笃｜滑笃笃｜嫩笃笃｜方笃笃｜慢笃笃｜直笃笃｜矮笃笃，除"胖嘟嘟ᵎ/胖笃笃"两词基本相同外，其余的构词都不同。再比如泰如话的"得得ᵎ[tə̞ʔ^{33}tɚ$^{33/3}$]"，相应的吴语是[taʔ$^{55/22}$taʔ$^{55/21}$]或[tʰaʔ^{55}tʰaʔ$^{55/21}$]，泰如话的"厚得得ᵎ｜黏得得ᵎ｜肥得得ᵎ｜咸得得ᵎ｜肉得得ᵎ"，"得得ᵎ"有黏稠、可爱的意思，如"粥

煮得厚得得儿的｜糕黏得得儿的｜菜粥咸得得儿的｜手摸上去肉得得儿的"；吴语的"咸搭搭｜苦搭搭 有苦味儿｜淡搭搭 淡而无味｜宽搭搭 宽松的样子｜黏搭搭｜瘪搭搭 空虚、扁瘪｜湿搭搭 状潮湿｜糊搭搭 烂乎乎｜滑搭搭 光滑｜戆搭搭 傻乎乎｜寿搭搭 不聪明、傻乎乎｜屈搭搭 状人不识相｜□[gaʔ²³/²²]搭搭 冷漠、懒于行动｜□[ɕi⁵³/⁵⁵]搭搭 喜欢抛头露面、轻浮状｜疲搭搭 疲乏的样子｜卤搭搭 形容食物汁水较多"，所组成词语的数量比泰如话多很多，有与泰如话基本一致的，如"咸搭搭｜黏搭搭"，海安、如皋等地要儿化，可用于表可爱义，但其余大多数用于表消极义。"阴丝丝[i²¹sʅ²¹sʅ²¹/¹]"在泰如话中可用来指人，与"阴丝八腊"意义相近：说话阴丝丝的；吴语"阴丝丝[in⁵³/⁵⁵sʅ⁵³/³³sʅ⁵³/²¹]"一般指天气：阴丝丝个天！也指阴森森、令人感到害怕；"毛乎乎"在泰如话和吴语中都可以表示不光滑，泰如话还指毛茸茸的感觉，上海话可以形容人脾气急躁。

适用对象的差异，也包括在表示相同对象时，吴语和泰如话使用不同的叠音。如表示天气炎热，吴语是"热烔烔"，泰如话是"热项项"；运动后身体发热，吴语是"热吼吼"，泰如话是"热乎乎"或"暖和和"。形容皮肤、馒头等的"白"，泰如话用"白耷耷[pʰɔ³⁵taʔ³³/⁵taʔ³³]"，如"姑娘长得白耷耷的"，上海话也有"白塔塔[baʔ¹²/¹¹tʰaʔ⁵⁵/²²tʰaʔ⁵⁵/²³]"形容近似白色，"雪雪白"才表示"极白、白而有光"；形容大声说话，泰如话是"呱啦呱啦[kua²¹la¹kua²¹la¹]"或"哇啦哇啦[ua²¹la¹ua²¹la¹]"，上海话是"叽呱叽呱[tɕi⁵³/⁵⁵kua⁵³/³³tɕi⁵³/⁵⁵kua⁵³/²¹]"或"叽里呱啦[tɕi⁵³/⁵⁵li²³/³³kua⁵³/³³la⁵³/²¹]"；表示"淡而无味"，泰如话是"淡吧拉撒"，上海话是"淡洁刮拉"或"淡嘴疙瘩"，形容词后面的叠音成分不同。

2. 形象色彩的差异

重叠式都带有明显的形象色彩，能直接诉诸听话人的大脑，引起视、听及味觉触觉等方面的印象，但不同的方言，相同的重叠形式所唤起的色彩形象并不是完全相同的，如"紧巴巴"在泰如话中跟普通话差不多，一般指手头不宽裕，日子过得紧张；上海话的"紧巴巴"形容东西绷得紧，当然受普通话的影响，现在也有日子过得紧张的意思，但泰如话"紧巴巴"没有给人东西绷得紧紧的形象；"酸滋滋""甜滋滋"在上海人听来，可能会联想起未熟透的杏子和糖水罐头的味道，泰如话区的人则不一定有这样的联想，因为同样的意思要说成"酸溜溜儿"和"甜津津儿"；同样，泰如话的"痴的□□[xɔʔ³⁵tɔ̃²¹]呆痴的样子、呆的傻咚"如果不经解释，上海人也不会把它们跟本地方言中的"戆搭搭、戆大的搭、寿头式气"等所表示的形象挂起钩来。

3. 词义程度的差异

吴语中重叠式所表示的词义程度，按实语素位置的不同，可以分为"弱化"和"强化"两种。实语素在开头的都是弱化式，如"红希希、白乎乎"：

（291）葛衣裳葛颜色有眼红希希，年纪大葛人着勿出葛。

（292）衣领浪白乎乎，霉脱勒。

凡是实语素在后的都是强化式，如"血血红｜雪雪白｜墨墨黑｜呼呼烫"：

（293）地震前葛夜朝天边血血红。

（294）房间里头侪没，墨墨黑。

（295）儿子寒热高，额角头呼呼烫。

再如，苏州话中"硬绷绷"是有点儿硬和还硬的意思，比单用一个"硬"字语义要弱一些，而"绷绷硬"是非常硬的意思，比单用一个硬语义要强很多。泰如话也有这种实语素位置的不同表示词义的"弱化"和"强化"的例子：

凉色色儿：冰冰凉｜白稍稍儿：苍苍白

"凉色色儿"表示微凉，如"大热天凉风吹过来，身上凉色色儿的，蛮舒服的"、"空调房间凉色色儿的"，"冰冰凉"则指非常凉，如"两只手冰冰凉"指手凉的程度，也叫冰冰冷。"白稍稍儿"一般指衣服颜色的微白，"苍苍白"则形容满头银发。这样成对的例子在泰如话中整体较少，不像吴语那样有成系统性的对应。表示程度加深，泰如话是通过其他重叠式，如 ABAB 的重叠：

通红：通红通红｜碧绿： 碧绿碧绿｜煞白： 煞白煞白｜滚壮：滚壮滚壮｜冰冷：冰冷冰冷

吴语还有形容词加中缀式，表示程度的增加，可以是单音节，也可以是双音节：

A 显 A 式（温州）：快显快快极了｜凉显凉凉极了｜闹热显闹热热闹极了

A 里 A 式（苏州）：好里好好极了｜短里短短极了｜红里红红极了

A 去 A 来式（上海）：旺去旺来旺到极点｜齷齪去齷齪来齷齪到极点

泰如话也有为数不多的中缀式表示程度增加的例子：

A 高 A 式：精高精兴致很高｜A 定 A 式：笃定笃十分确定

在形容词的后面跟上一个或两个补语来强化形容词程度，表示"到极点"的意思，吴语中用得较多的是"恶"、"险"、"大"、"完"、"显"，可称为后补法：

热险｜热恶｜热猛温州话"很热"｜大显温州话"很大"｜勤力显温州话"很勤力"｜省快猛嵊州话"很舒服"｜会做猛嵊州话"很能干"。

台州话可以用形容词重叠后再加补语：

（296）天黑黑完_{天很黑}，走路小心滴。

（297）即日的饭香香完 _{很香}。

后补式中的补语成分可以在使用中隐去成为隐含式，吴语有"A 得来"、"A 勿过"两种形式，如上海：

快得来｜小得来｜有劲得来｜讨厌得来

（298）今朝我实在开心勿过。_{今天我真是很开心。}

泰如话中，"得来"一般出现在"V 得来"的结构中，"划得来"指合算，"起得来"指能起来，"合得来"指能合作共处、"过得来"指能在一起过日子，"得来"不读轻声。与吴语这种相应的"A 得来"结构相应的泰如话是在形容词前添加程度副词，如"蛮"：

蛮快的｜蛮细的｜蛮开心的｜蛮好耍子的

也可以后附语气词"呢"来表示程度：

快呢｜细呢｜有劲呢｜讨厌呢

"A 勿过"泰如话相应的是"A 不过"，A 可以是单、双音节：

好不过啊｜冷不过啊｜热潮不过啊｜开心不过啊

上海话还可以说"重勿过｜酸勿过｜热勿过｜臭勿过｜吵勿过｜龌龊勿过"，相比较而言，泰如话的"A 勿过"结构要少一些。

表示程度减弱的语法标记，吴语如"有眼"，泰如话对应的是"有点儿"：

有眼旧/有点儿旧｜有眼两样/有点儿不同｜有眼勿高兴/有点儿不高兴｜有眼大/有点儿大｜有眼坏/有点儿坏｜有眼冷清/有点儿冷清

跟吴语一样，泰如话中不同的重叠形式表示不同的词义程度及感情色彩，如形容"白"，"白稍稍儿"比"白茸茸"的词义程度低，"白茸茸"又不如"煞白煞白"或"穴白穴白"所表示的程度；"白茸茸"一般表示皮肤、馒头等表面给人赏心悦目的"白"，唤起的是美好的联想，而"白吧拉撒"、"白渣渣"则给人不太好的感觉，让人联想到没有血色的病容等。至于用词汇来表示程度义那就更多了，泰如话的"到啊地"、"买啊命"、"没得魂"等都常可以用在形容词后表示极性的程度义。

（三）形容词重叠式的语法功能差异

1. 充当句子成分的同异

泰如话和吴语的各类形容词重叠式主要是描述事物的状态，语法上具备一般状态形容词的功能特点，主要做谓语：

泰如话：

（299）被单潮湿湿儿的。

（300）衣裳白吧拉撒的。

第二章 构词法 153

（301）那个人啬的啬巴的。
（302）眼睛白眦白眦的。
上海话：
（303）葛件衣裳小绷绷个。
（304）葛眼浆糊稀溜溜个。
（305）夜里向一家头勒路浪，危险八腊个。
（306）湿面团黏搭搭。
可以做补语：
泰如话：
（307）肚子吃得饱鼓鼓（的）。
（308）衣袖儿裁得无长不长（的）。
（309）被单晒得干驳驳（的）。
（310）家的收拾得清清爽爽（的）。
上海话：
（311）行李打勒结绷绷。
（312）玻璃敲得碎粉粉。
（313）伊衣裳着得龌龊八腊。
（314）冷得寒毛凛凛。
可以做定语：
泰如话：
（315）馒楼楼儿的碗饭。_{满满的一碗饭。}
（316）老老实实的个人。
（317）尖尖□□[$tʰaʔ^{35}tʰaʔ^{25}$]的一卜寸。_{满满尖尖的一下子。}
（318）高朗朗的个子。
上海话：
（319）红通通葛面孔。
（320）冷冰冰葛态度。
（321）勿三勿四葛人覅睬伊。
可以做状语：
泰如话：
（322）轻轻儿啊放。
（323）慢慢儿啊煮。
（324）冒的式气的喊。_{冷不防地大叫一声。}
（325）呱啦呱啦的说。
上海话：

（326）排排坐。

（327）脚酸溜溜葛痛。

（328）贼头贼脑葛跑进来。

吴语弱化式的重叠排除一般的程度修饰，可以带程度副词"有点"、"有眼"或程度补语"点"，泰如话相应的重叠式可带程度补语"有点儿"，做状语时重叠式后附"啊"，做补语时后附"的"：

苏州话：

（329）有点结绷绷。

（330）有点淡滋刮搭。

（331）轻同同点走过去。

（332）焐得热焖焖点。

泰如话：

（333）有点儿结实实的。

（334）有点儿气鼓牢糟的。 气鼓鼓的样子。

（335）轻轻儿啊走过去。

（336）焐得热乎乎的。

2. 语气助词"葛"和"啊"的隐显差异

从以上举例可以看出，泰如话和吴语形容词的重叠式在充当各类句子成分时，句末语气助词"葛"和"啊"有隐显的差异。作单句谓语时，吴语的弱化式经常带"葛"，强化式一般不加：

（337）菜嫩笃笃葛。

（338）面孔白搭搭葛。

（339）木鱼声音木涩涩葛。

（340）钢珠子的粒滚圆葛。

以上是弱化式形容词的重叠。

（341）皮肤雪雪白。

（342）天气冰冰瀴。

（343）玻璃窗铿铿亮。

（344）辰光勿到，伊拉勿会来得葛，笃笃定。

以上是强化式形容词的重叠。

吴语弱化式和强化式的语法对立反映了二者述谓性的强弱，强化式的述谓性强，所以常作谓语、补语，不需要语气助词"葛"和程度修饰，泰如话的弱化式一般也作谓语、补语，句末一般出现语气助词"的"（见上举例），相应强化式的重叠比吴语少，我们只记录到"冰冰冷"一个，表示句子述谓性的特点。"冰冰冷"的后面不加"的"：

（345）伢ⱼ的手冰冰冷。
（346）冰箱的菜冰冰冷。
（347）冬天半夜外的冰冰冷。

作状语时，吴语弱化式的"葛"可加可不加（见上举例），强化式通常要加结构助词"葛"来取消其谓语性，取得从属身份地位：

（348）探照灯锃锃亮葛照过来。
（349）车子笔笔直葛往前开。

泰如话的弱化式作状语时，一般后附"啊"和"的"（例详上）

弱化式作补语时，吴语句末一般不出现"葛"；泰如话句末可用"的"，也可不用，意义上没有大的不同，用"的"时，句子的描述性色彩增强，语气上也显得更为舒缓些。

第四节　本章小结

从以上泰如话和吴语构词法的比较中可以发现，复合法是两种方言中最主要的构词法，其中泰如方言中构词数量相对较多的有偏正式的名词类、形容词类，述宾式的动词类、名词类、形容词类，联合式的形容词类；构词数量相对较少的有述宾式的副词类、联合式的副词类、述补式的各类，主谓式结构的各类构词在五种复合法中能产性最低。多重复合词的构词中，以首层为偏正式、述宾式的构词数量较多。跟吴语相比，有结构相同，但所表示的意义有所不同的，如"百搭"在苏州指样样能干的人，泰如话则指打牌时的一种游戏规则；有构词语素的不同所形成的差异，如上海话的"一日、每日、整日、白天"，泰如话的"一天、每天、整天、日的"；泰如话属于北方官话，所组成的词语在韵律上一般遵循两个音节为一个音步，偏正型、述宾型复合词中常见的为两音节；吴语的语音系统跟北方话差别较大，偏正型的复合词语有两音节、也有三音节的，而三音节的这些词语在泰如话中多说成两音节，如苏州话的"书房间"、"米烧粥"、"寻死路"、"乘风凉"，泰如话分别说成"书房"、"米粥"、"寻死"、"乘凉"，同普通话的说法；吴语中有残余的正偏式复合词，如上海话中的"人客"、"闹热"、"虾干"、"鱼鲜"，一般限于老派，泰如话只有偏正式一种，即"客人、热潮、干虾ⱼ、鲜鱼"；泰如话中的轻声有区别复合词和短语的重要作用，也存在着前字变读轻声的情形，复合后字的 213 变调是海安、如皋、东台等地方言点的重要特色，在周围其他点有数量不同的分布，具有语法、语用等多方面的功能。附加型构词法中，泰如话的"儿"化（尾）构词、吴语的"头"尾构词各自具有自己的特点，彼此在数量上存在较大差异。常见的"子"尾构词也存在着一些差异，泰如话的"稿子"、吴语的"物事"及普通话的"东西"，具有不同的语法化特征。泰如话的各类附加式复合词与吴语之间既有相同之处，也有细微的差别，文中一一进行了细致的比较。重叠型构词法在泰如话和吴语中使用都非常普遍，名词重叠式表示亲属称谓时，吴语还有泰如话所没有的前附加词头"阿"格式，如"阿爹"、"阿哥"、"阿福"、"阿庆"；用重叠形式表示名词的小称，如上海话的"袋袋"、"洞洞"，泰如话则多用儿化（尾）形式，如"袋儿"、"洞儿"；吴语的"头"后缀重叠式相对比较丰富，如苏州话的"脚脚头"、"渣渣头"、"根根头"，泰如话则多为子尾、儿化（尾）形式：脚儿/脚子、渣儿/渣子、根儿；"头"在泰如话和吴语中在表示序数和概数时，都可以表示第一，如"头天"、"头回"，也都可以充当数量短语的后缀成分，泰如话没有吴语"头"频繁性的使用，如上海话的"一角头"、"八只头"、"一回头"等结构在泰如话中都不带"头"，但有"一桌头"、"一色头"、"一站头"、"两下头"等说法，"头"不是表示事物数量的大小（表微标记），而是表示"所述对象的整体性"。动词重叠式中 VV 式重叠结构在两地的凝固性都不强，可以插进各自固有的表示动作实现的体标记形式，表示相同的语法意义，如泰如方言的"想啊想、劝啊劝"，上海话的"试勒试、走勒走"，表示已然动作的短时义，都用来表示一种缓慢的动作状态。吴语还有"V 个 V"式："扇个扇、等个等"，当 V 为及物动词时，VV 重叠后可带宾语，形成 VVO 结构，表示时量短及慢悠悠的语气，这一结构在两地方言中都普遍存在，如"看看书、打打牌、写写字、吃吃烟"，吴语中还有"VV+伊"的动宾结构重叠式，一般表示祈使或缓和的命令语气，如上海话老派：台子揩揩伊、瓜子炒炒伊、辫眼物事汰汰伊"，"伊"被用来复指话题，新派倾向于在说话时不用"伊"共指。泰如方言没有这种"VV+伊"的动宾结构重叠式，但在表示祈使及缓和的命令语气时，有"S+代/同我+V 掉它"格式，"它"复指句中主位上的 S："鸡子代我杀掉它、信同我寄掉它！"，"它"使句子的祈使语气显得较为温和些。

　　泰如话的"V 啊 V 的"、"V₁ 啊 V₂ 的"、"V₁V₂V₁V₂"与吴语的"V 咾 V"、"V 法 V 法"、"V₁V₂V₁V₂"都表示一种动作的前后相连、反复进行，有较强的描摹事物状态的特征，但在重复的成分上两地存在差异；表示动作和结果、程度、趋向之间的述补式重叠"V 啊 C 啊"在泰如话中比较丰富，如"吃啊伤啊、汰啊净啊汰洗干净了、拣啊很啊过于挑拣、吃啊怨啊一天到晚吃面吃腻了、走啊来啊、送啊家去啊"，吴语相应的结构与泰如话差别较大，如表示动作和结果，上海话一般是 VVC："扎扎牢、摆摆平、讲讲好"，上海话动词和补语之间不像泰如话那样可以插进"啊"。形容词重叠式，泰如话的"AA

的（胖胖的）"主要表示描写，"蛮A的（蛮胖的）"主要表示程度。吴语的"AA+个（胖胖个）"兼表程度与描写；"AA叫"式重叠形式在上海、苏州等北部吴语中普遍使用，如："慢慢叫、少少叫、好好叫、险险叫"，"叫"是状语的标志，泰如话中较少使用，相应结构是"啊"后缀，所构成的词语也相对较少，如"轻轻儿啊、慢慢儿啊、讹险险儿啊"；ZZA式是吴方言中比较有特色的一种形容词结构，表示的程度进一步的加深，如"血血红、碧碧绿、腊腊黄、墨墨黑、煞煞白"，泰如话有ZA的状心组合，如"雪白、煞白、煞黄、雪青"，表示程度加深是ZAZA式："雪白雪白、煞黄煞黄、雪青雪青、乌黑乌黑、通红通红"，或后缀重叠的ABB及其他重叠格式，如"血拉撒、毛拉撒、红吧拉叽、白吧拉撒"等；ABB式在两地都是比较常见的形容词重叠形式，但所构成的词语在表义、适用的对象和语法功能上存在一定的差异。

第三章 代词

泰如话的代词分为人称代词、指示代词和疑问代词三类。本章从形式与功能方面描述泰如话的这三类代词、所保存的吴语底层及介于南北方言之间过渡性的特征。

第一节 概述

泰如方言位于官话和吴语的交界，代词系统的复杂性充分反映了其过渡性的方言特点。人称代词的单数是"我、你、他"，复数一般是附加后缀，南通点有两套读法[①]：

第一人称：我伲[ŋʋ⁵⁵·nɛ̃]、我□[ŋʋ⁵⁵·la]；
第二人称：你伲[ni⁵⁵·nɛ̃]、你□[ni⁵⁵·la]；
第三人称：他伲[tʰo²¹·nɛ̃]、他□[tʰo²¹·la]；

"我伲"、"你伲"中"伲"的读音跟吴语海门、无锡一带的"我俚"、"你俚"中的"俚"相一致，但整体韵类系统的读音不同。"他伲"中"伲"的读音是由第一、二人称的类化而来。"我□[ŋʋ⁵⁵·la]"、"你□[ni⁵⁵·la]"、"他□[tʰo²¹·la]"是"我家"、"你家"、"他家"的合音（详下）。到了如皋、泰兴、海安点人称代词的复数形式是"我侎"、"你侎"、"他侎"：

第一人称：我侎[ŋo²¹³le³/ŋ²¹³le³]
第二人称：你侎[ni²¹³ le³]
第三人称：他侎[tʰa²¹le¹]

还可以说"学生侎[ɕiaʔ³⁵sə̃²¹/⁵le⁵]""伢ᵣ侎[ŋar³⁵le⁵]"，"康ᵣ侎[kʰar²¹le¹]"，"侎"类似于普通话的后缀"们"，但又不完全一样，主要表示类别，如"康ᵣ侎"中"侎"用于人名，"们"不具备这样的用法。

洪巢片的扬州是"我们[o⁴²·mən]、你们[lir⁴²·mən]、他们[tʰa²¹·mən]"，盐城据蔡华祥（2011）的记音是"我侎[ŋ³³le⁰]"、"你侎[nɪ³³le⁰]"、"他侎

[①] 江苏省地方志编纂委员会：《江苏省志·方言志》，南京大学出版社 1998 年版。

[tʰɒ³³le⁰]"①,《江苏省志·方言志》(1998)的记音是"我们[ŋ⁵⁵·nə]"、"你们[ni⁵⁵·mə]"、"他们[tʰa³¹·mə]",可能是因记音点的不同而出现记音的差误,也说明"我俫"、"你俫"、"他俫"与"我们"、"你们"、"他们"在盐城开始出现了过渡地带。

表示近指的指示代词"个"(书面也记作"介"、"格"、"葛"、"箇"、"该"等),在南方方言中广泛出现,吴语如苏州话的[kɛ⁵⁵]/[ɛ⁵⁵]、宁波话的[kɿʔ³⁵]、上海话的[gəʔ¹],可以简作 k-近指代词。吕叔湘在《近代汉语指代词》中指出,"渠"字跟"其"字应该是同源。南方某些方言的"渠",发音跟"其"相混,使书面语中的"其"字有了"主格"、"宾格"的用法。唐宋时代的"箇"在文学中大量出现,这也是南方方言侵入的结果,但在北方,也许还有南方的"之"、"是"、"底"、"诸"等 t/d 系指代词足以抵挡南方 k/g 系指代词的渗透,那些既有"迭个"、又有"箇个"的方言区就是南北方言的交汇地带②。上海话表示近指的代词除了"辫[gəʔ¹²]"还有"迭[diɪʔ¹²]",老派读[kiɪʔ⁵⁵]的,反映了移民中宁波人的来源,"迭[diɪʔ¹²]"在语流中常是[dəʔ¹²],反映了上海话中北方话的影响。在泰如方言片,迭[diɪʔ¹²]系指代词清化读[t-]或[ts-],如[ta]/[tsa]/[tsəʔ],但 k-系近指代词的读法并没有在泰如话中戛然而止,如南通、泰兴等地还有近指读 k 的:

南通:格[kɛʔ⁴²]:格个这个|格个人这个人|格里这儿|格下子这下子|格歇个这时候|格刻儿这时|格能弄相怎么办

泰兴:格[kəʔ³³]:格个这个|格歇个这个时候|格喳好来这样好了|格喳怎丫弄这个事情怎么办|格个事情怎丫弄这个事情怎么办

ts/k 系近指代词在吴语与泰如话的交接地带也已经出现,如江阴的[tɕi⁵²dɛi³³]、靖江[tsɿ⁵³laŋ³¹],泰兴点,文读的是[tsəʔ⁴³](这),白读的是[kəʔ⁴³](格)③;如皋点(吴凤山,2006)、海安点(汪如东,2006)、泰州点④,文读是[tsəʔ³³],白读是[tsa³³];到扬州、盐城这种近指代词文白读的现象就不复存在,都念[tsəʔ]。

在吴语中,k-系指示词除表示近指,也表示远指,如表地点苏州话的"归葛[kuɛ⁵⁵kəʔ³³]"、无锡话的"过搭[kʌɣ⁵⁵taʔ³¹]",上海话老派的"故面"、"故歇"、"故面搭"。在南通,表示远指的是[kʊʔ⁴²]。"那"在泰兴、如皋、海安白读[lo³³],文读[la³³],泰州、姜堰白读[nʊ³³]、文读[na³³]。表示地点的"这里、那里、哪里"在如皋、海安说成"这海、那海、哪海",这里的"海"

---

① 蔡华祥:《盐城方言研究》,中华书局 2011 年版,第 187 页。
② 董为光:《"那哼"溯源》,《语言研究》1988 年第 1 期,第 143—151 页。
③ 顾黔:《通泰方言音韵研究》,南京大学出版社 2001 年版,第 540 页。
④ 俞扬:《泰州方言同音字汇》,《方言》1991 年第 4 期,第 259—274 页。

当是"许",再往北边的东台还说"这块、那块、哪块",跟盐城说法接近。

吴方言中,可以在指示代词、疑问代词、人称代词后面加"搭"构成地点,如苏州话的"哀搭这里|弯搭那里|倷搭你处|吾搭我处","搭"本字为"堶",《集韵》入声盍韵德盍切:"地之区处。"俗写为"搭"。

第二节 人称代词

一 人称代词系统的内部差异

(一)读音差异的比较

北部吴语和泰如话人称代词系统之间存在着不小的差别,充分体现了吴语和作为官话次方言的泰如片方言之间的本质区别。表 3—1 是泰如话跟苏州、上海话人称代词的对比。

表 3—1　　　　　　泰如话与吴语人称代词比较

人称代词	地点	海安	上海	苏州
第一人称	单数	我[ŋo²¹³]	我[ŋu²³]	我[ŋəu³¹]
	复数	我侎[ŋo²¹³le³]	阿拉[Aʔ⁵⁵/³³lAʔ⁵⁵/³³] 伲[n̩i²³] 我伲[ŋu²³/²²n̩i²³/⁴⁴]	伲[n̩i³¹]
第二人称	单数	你[ni²¹³]	侬[noŋ²³]	倷/耐[nE³¹]
	复数	你侎[ni²¹³le³]	㑚[nA²³]	唔笃[n²⁴toʔ¹]
第三人称	单数	他[tʰa²¹]	伊[ɦi²³]	俚[li⁴⁴]/唔耐[n⁵⁵nE¹]/ 俚耐[li⁵⁵nE¹]
	复数	他侎[tʰa²¹le¹]	伊拉[ɦi²³/²²lA⁵³/⁴⁴]	俚笃[li⁵⁵toʔ¹]/唔笃[n⁵⁵toʔ¹]
自指		自家[sɿ²¹a¹]	自[zɿ²³]、 自家[zɿ²³/²²kA⁵³/⁴⁴]	自家[zɿ²²ka⁴⁴]
他指		人家[zə̃³⁵ka⁵] 别人家[pʰiʔ³⁵/¹zə̃³⁵/¹ka²¹] 其他[tɕʰi³⁵tʰa²¹] 各是[kaʔ²³sɿ²¹/³]	人家[n̩in²³ka²²] 别人家[bəʔ¹²n̩in²³/²²ka⁵³/²⁴]	人家[n̩in²²ka⁴⁴] 别人家[bəʔ²³n̩in⁵²ka¹]
统指			大家[dA²³/²²kA⁵³/⁴⁴]	大家[da²²ka⁴⁴]

从表 3—1 中可以看出,泰如话和吴语单数第一人称基本相同,只是具体的读音有差异;第二人称和第三人称单数差别比较大,"侬"在吴语中是比较有代表性的第二人称代词,在泰如话中不见使用,但在黄桥、七圩一

第三章 代词

带的方言中仍保留了"侬"，读音为[nəŋ²¹³]，主要元音从[o]变成了[ə]。第三人称代词在吴语中是"伲/俚"，泰如话分别是"你"和"他"，是典型的北方话读法。上海话表示复数的第一人称"我伲"、第三人称"伊拉"中的"伲、拉"，苏州话第二人称的"唔笃"、第三人称"俚笃/唔笃"中的"笃"，与泰如话的"俫"性质相同，都属于后缀性质的构词成分。人称代词在泰如方言内部各点发音不完全相同，但体系基本一致，表3—2是如皋、海安、姜堰、泰兴、泰州几点的具体读音表。

表3—2　　　　　泰如话内部几点人称代词读音比较

地点＼人称	第一人称 单数	第一人称 复数	第二人称 单数	第二人称 复数	第三人称 单数	第三人称 复数
如皋	ŋʊ²¹³	ŋʊ²¹³lɛ	nei²¹³	nei²¹³ lɛ	tʰa²¹	tʰa²¹ lɛ
海安	ŋo²¹³	ŋo²¹³ ɛ	ni²¹³	ni²¹³ lɛ	tʰa²¹	tʰa²¹ lɛ
姜堰	ŋ²¹³	ŋ²¹³nɛ	nĩ²¹³	nĩ²¹³ nɛ	tʰa²¹	tʰa²¹ nɛ
泰兴	ŋɤɯ²¹³	ŋɤɯ²¹³lɛ/ŋɤɯ²¹³tɕiɔ³	ni²¹³	ni²¹³ lɛ/ni²¹³ tɕiɔ³	tʰa²¹	tʰa²¹lɛ/tʰa²¹tɕiɔ³
泰州	ŋ²¹³	ŋ²¹³nɛ	nĩ²¹³	nĩ²¹³ nɛ	tʰa²¹	tʰa²¹ nɛ

从表3—2中不难看出，泰如土语群内部，三称代词的声韵调高度一致，单数分别是"我、你、他"，复数是"我俫、你俫、他俫"，泰兴点有些地方还有一套"我交、你交、他交"。姜堰、泰州点的第二人称读鼻化韵，与如皋、海安的读音有所区别。那么，泰如话中的人称代词果真如表3—2中所说的这么整齐划一？问题不是这么简单。由于临近吴语，在不同点代词有受吴语影响所形成层次不同的读音。大致泰兴、如皋等靠南的点，第一人称还读"瓦[ua²¹³]"，海安、姜堰等偏北地区读"哑[ŋa²¹³]"，另还有读[va³³]、[ŋa³³]的。吴凤山《如皋方言研究》的记载更为详尽[①]：

如皋城念ŋʊ²¹³a、nei²¹³ia/ nei²¹³ka，如皋城以外大部分乡镇念ŋua²¹³，此外还有ŋua³³（马塘、建设、浦西、九华、吴窑、戴庄、何庄、场南、场北）、ŋa³³（营房）、va²¹³（夏堡、邓园、袁桥、磨头、大明）、va³³（马塘、勇敢、石北、高井、江安、葛市、黄市、搬经、加力、高明、常青、何庄、场南、场北）。

泰兴点据何耕樵的记音，"我"有人读作[ua²¹³]，记作"佤"，如"格是

---

① 吴凤山．《如皋方言研究》，中国文联出版社2006年版，第129—130页。

佤的呆戾"①。

这里不拟对泰如话内部读音的不同进行详细的描述，我们感兴趣的是[ŋa²¹³]、[nia²¹³]类读音是如何变来的，跟[ŋo²¹³]、[ni²¹³]类人称代词的关系如何，在表达上有什么差别，泰兴话"我交、你叫、他叫"的性质是什么。

《南通地区方言研究》（2002）、《如皋方言研究》（2006）认为南通话、如皋话中的我、你与"家"构词时，"家"常失去声母，并且读成轻声：

南通：[ŋʊ⁵⁵ko²¹]→[ŋʊ⁵⁵o⁰]　　　　[ni⁵⁵ko²¹]→[ni⁵⁵ko⁰]

如皋：[ŋʊ²¹³ka⁰]→[ŋʊa²¹³]　　　　[nei²¹³ka⁰]→[nia²¹³]

从例中可以看出，如皋话中"家"已经与前字合为一个音节。海安口语中"我家"、"你家"中"家"的读音也是如此，如果把"我家"、"你家"读作[ŋo²¹³tɕia²¹]、[ni²¹³tɕia²¹]，一般会认为是海安街上普通话的读法。实际读音一般念作[ŋa²¹³ka³]、[nia²¹³ka³]，不念作[ŋo²¹³ka¹]、[ni²¹³ka¹]或[ŋo²¹³ka³]、[ni²¹³ka³]。"我家"、"你家"还有"我啊[ŋa²¹³a³]、你啊[nia²¹³a³]"以及"我啦[ŋa²¹³la³]、你啦[nia²¹³la³]"两种不同的读法，都是轻声，也就是在海安话中，"我家""你家"存在着这样一个演变链：

[ŋo²¹³ka²¹][ni²¹³ka²¹]→[ŋo²¹³a³][ni²¹³a³]→[ŋa²¹³][nia²¹³]

↘[ŋo²¹³la³][ni²¹³la³]↗

具体的用法请看下面举例：

（1）[ŋa²¹³]不如[nia²¹³]。

（2）[ŋa²¹³]明朝要上学堂。

（3）姑娘要把啊[nia²¹³]。

例（1）可能指我家的房子不如你家的，也可能指家中的经济情况不如你家，还可能指我家孩子的学习成绩不如你家孩子，究竟表示哪一个意思需要一定的语境。例（2）一般指我家的孩子明天要去上学。例（3）也会有歧义，一指"姑娘愿意嫁到你家"，另一意思指"姑娘愿意嫁给你家孩子"。由于"家"意义的虚化，这些有歧义的句子究竟表示什么意义要靠一定的上下文才能确定。泰兴话中的"我交、你交、他交"也就是"我家、你家、他家"，"家"更近于吴语的发音。

（二）泰如话中"家"弱化变读的语法性质

1. "家"在表示所有格时的弱化变读

在海安点，"家"在"家长、家具、家庭、国家、成家、公家"等词语中念[tɕia²¹]，在"家去/家来回去、回来、家伙工具、家的里"中念[ka²¹]；在"主家主人家、男家男方、私家自己、庄家坐庄的人家、人家"中念[ka⁰]，声调随前字音高

---

① 《泰兴呆戾》，新浪博文《泰兴方言》（吕耕樵版），2011年9月11日。

点的高低而不同。"家"还有213变调的读法，一在"头家[tʰɤi³⁵ka²¹³]第一名、了家[liɔ²¹³ka²¹³]最后一名"两词语中，二在"家儿[kar²¹³]"中，表示"一户人家"、"一家人"，可以看作是"一家儿"的省略，如：

（4）家儿上啊四川。[kar²¹/²¹³sã²¹sŋ̍³³tsʰɔ²¹]一家人去了四川。

（5）人走啊剩啊他家儿。[zə̃³⁵tsɤi²¹³a³tsʰə³³a³tʰa²¹kar²²/²¹³]人都走了只剩下他一家。

"家"声母有[tɕ]、[k]两种不同的读音，基本上是文白读的区别，南邻的上海、苏州一带也有这种"家"读tɕ、k表示文白之别的不同读音。

"我家"、"你家"早在中古近代汉语中就存在了，"家"不一定是实指：

（6）我要修于仙果，汝须速上天宫。莫将诸女献陈，我家当知不受。（敦录，光94）

（7）粘罕笑云："……山前山后，乃是我家旧地，更说做甚？你家地土，却须割取些来，方可是省过也。"（宋徐梦莘《三朝北盟汇编》卷22）（"家"指"国家"）

"家"还可以指人：

（8）帝幸濯龙中，并召诸才人，下邳王已下皆在侧，请呼皇后。帝笑曰：'是家志不好乐，虽来无欢。'"王先谦集解引惠栋曰："是家犹云是人也。"（《后汉书·皇后纪上·明德马皇后》）

（9）贾母举酒要喝，鸳鸯道："这是姨太太掷的，还该姨太太说个曲牌名儿，下家接一句《千家诗》"（《红楼梦》第108回）

张惠英认为，吴语复数人称代词词尾"家"，是由唐宋以来的单数人称代词词尾"侬家、奴家、君家"等的"家"发展而来，并推断北方话复数人称代词词尾"们"的前身就是"门"，其他"每、懑"等是"门"的同音异写①。这里不展开讨论，泰如话的"家"体现在白读层的读音显得更为复杂，常有弱化变读，具体表现在充当人称代词的领格、接在指人名词之后、使用在地名之中，常有声母丢失、变调、合音、省音等弱化变读的情形。泰如方言[ŋa²¹³]、[nia²¹³]的用法应是由此发展而来，但这种虚化没有进行彻底，[ŋa²¹³]、[nia²¹³]没有能发展成人称代词，或如吴语的武进、宜兴、溧阳、江阴（ka）、丹阳（tɕi<tɕia）那样，发展成一个表复数的语尾，相当于北方话的"们"②。更没有如上海话的"拉"，是人称代词的复数后缀，同时兼处所后置词，表示家里。如"小张到阿拉来，小王住勒在伊拉"，"阿拉"、"伊拉"既是表示"我们、他们"的复数代词，也是表示"我家里"、"他家里"的处所题元；北京话不能说"小张到我们来，小王住在他们"，而必须

---

① 张惠英：《汉语方言代词研究》，语文出版社2001年版，第66页。
② 吕叔湘：《近代汉语指代词》，学林出版社1985年版，第89页。

在复数代词后另加处所成分（刘丹青，2003）；泰如话的[ŋa²¹³]、[nia²¹³]还可说成[ŋa²¹³la³]/[ŋa²¹³a³]、[nia²¹³la³]/[nia²¹³a³]，第三人称是[tʰa²¹la¹]/[tʰa²¹a¹]，但[la]/[a]既不是复数的后缀，也不是处所的题元，泰如话表复数和处所的标记分别是[le]/[lexe]（合音为[le]），书面上记作"俫"和"辢（海）"。上海话的"小张到陆师傅拉来，小王住勒陈老师拉"。"拉"用来标明前面的名词为指家里的处所成分，所以是典型的后置词，泰如话则是"小张上陆师傅啊来、小王住啊陈老师啊"，名词后面的"啊"是"家"的弱化读音；"小张上陆老师辢（海）来，小王住啊陈老师辢（海）"，"辢（海）"相当于"那里、那儿"，但不一定是家里。

[ŋa²¹³]、[nia²¹³]在分布上，有时虽也能出现在主宾格的位置上，但如上举诸例所显示的，意义有不确定性，不像"我"、"你"作为人称代词那么明确。出现在所有格位置上时，后接名词可以分为以下几类：

a. 表示亲属关系称呼的名词。

爹爹｜妈妈｜嫂子｜伢ₙ｜丫头

b. 人的名字，包括小名儿。

庆中ₙ｜学华ₙ｜春明ₙ｜芳ₙ

c. 跟自己关系比较密切的家禽、家畜。

狗子｜鸭子｜牛｜猪子｜鸡子｜羊子｜蚕ₙ

d. 与农事、日常生活相关的词语。

田的｜秧亩的｜缺口的｜桑叶｜烧锅草｜种子

"我、你"直接跟这些名词组合则显得不太自然，"我爹爹"、"你嫂子"、"我学华ₙ"、"你春明ₙ"一般理解为一种同位结构；"你田的"、"我桑叶"则根本不能成立。

泰如话这种领格人称代词变韵、变调的现象不是个别的，在湖北大冶①、湖南衡山②、广东客家话③中都有表现。有人认为是一种情意变调，有人看作是一种"格"。我们觉得泰如话领格位置上的这种读音有向领有格进一步发展的趋势，如《如皋方言研究》记载了两则民谣并标记了读音：

（10）鹁鸪鸪，飞过江，果曾看见我啊（ŋʊ³a⁰）小姨娘。

（11）十二支荷花采不了，双双媒人到我家（ŋʊ³ka¹）。我家（ŋʊ³ka⁰）女儿小，不会梳头戴红花。

在领格位置上分别记作"我啊（ŋʊ³a⁰）"和"我家（ŋʊ³ka⁰）"，和处于

---

① 汪国胜：《湖北大冶方言人称代词的变调》，《中国语文》2003 第 6 期，第 505—510 页。
② 彭泽润：《衡山方言研究》，湖南教育出版社 1999 年版。
③ 严修鸿：《客家人称代词单数"领格"的语源》，《代词》，暨南大学出版社 1999 年版。

宾格位置上的"我家（ŋv³ka¹）"不同，用海安话来读这两则民谣，领格位置上的"我家（啊）"还可弱读为ŋa²¹³la³，但在宾格位置上仍然读ŋa²¹³ka²¹，但据此认为它已取得领有格的地位还为时尚早。我们发现，"我家"和后面名词之间的组合不是那么紧密，大都可以插进表领属性的结构助词"的"，而意义基本不变：

（12）a. ŋa²¹³伢ᵣ= ŋa²¹³的伢ᵣ　　b. ŋa²¹³狗子=ŋa²¹³的狗子

（13）a. nia²¹³丫头= nia²¹³的丫头　　b. nia²¹³田的= nia²¹³的田的

（14）a. ŋa²¹³嫂子=ŋa²¹³的嫂子　　b. nia²¹³种子= nia²¹³的种子

后接人名时则不能插进"的"或插进后显得不太自然：

（15）a. ŋa²¹³庆忠ᵣ　　b. *ŋa²¹³的庆忠ᵣ

（16）a. nia²¹³芳ᵣ　　b. ？nia²¹³的芳ᵣ

所以，ŋa²¹³、nia²¹³只有在后接人名时才称得上是严格意义上的领格。湖南汝城第二套人称代词不能在后面加领属助词"咯"，如果一定要带上结构助词，只能使用第一套人称代词，第二套人称代词的单数形式在句子中只能作定语，复数形式叽以在句中作主语、宾语和定语，不作其他成分[①]。第一套人称代词没有第二套人称代词的感情色彩浓厚，只有亲属或较亲近的人才能使用第二套人称代词，这些跟泰如方言都有相近之处。

这种合音现象不只表现在三称人称代词，还如表示自指的"自家[sɿ²¹ka¹]"，常常合音为[sɿ²¹a¹]：

（17）你自家[sɿ²¹a¹]当心点ᵣ！

（18）自家[sɿ²¹a¹]不当心，褥子挨人家拿去啊。

按："自"在泰如话中单念及在"自己"一词中读[tsɿ³³]，也读[sɿ²¹]，在"自家"一词中念[oɿ²¹]，不读[tsɿ³³]或[tsʰɿ²¹]；在"自首"一词中念[tsʰɿ²¹]。吴语中"自"一般念[zɿ]，泰如话的[sɿ]应该是浊音清化的一个层次，读[tsʰ]、[tsɿ]是受普通话影响所形成的新的读音层次，即泰如话"自"的清化经过了这样一个过程：

吴语　……　泰如方言

[zɿ]＞　……　[sɿ]＞[tsʰɿ]＞[tsɿ]

"我"《广韵》疑母哿韵，中古拟音就是ŋa，最早可追溯到汉魏时期。泰如话"我"单念[ŋo²¹³]，作名词修饰语时一般要后附"的"；[ŋa²¹³]当名词的修饰语，中间可加"的"，也可不加"的"，不加"的"显得更地道；"我伢ᵣ、我爸爸、我王英ᵣ"、"我某某"称呼姓名，显得较为亲昵。"我啦[ŋa²¹³la³]"

[①] 曾献飞：《汝城方言的人称代词》，林华东主编《汉语方言语法新探索》，厦门大学出版社2010年版。

是连读时后字声母发生的音变：

（19）过年我家吃圆子，不吃扁食。过春节我家吃汤圆，不吃饺子。

（20）他不肯上我家来。

跟第一人称"我"的情形相似的是，"你"在海安话中也有两种读音：[ni²¹³]和[nia²¹³]，复数形式为[ni²¹³le³]。[nia²¹³]也是海安话一个较早层次的读音，上古汉语的第二人称代词"尔""汝"的拟音即为[nia]，而今普通话中的"你"一般认为是从它们发展演变而来。和"我"充当一般名词修饰语的情形相似，中间也可不加"的"，如"[nia²¹³]伢儿、[nia²¹³]爸爸"。也同样可音变为"你啦[nia²¹³la³]"，后面可再修饰"家"：

（21）你啦[nia²¹³la³]家的还有甚的人？你家里还有什么人？

（22）人家伢儿不好，只有你啦[nia²¹³la³]家的好？别人家的孩子不好，只有你家的好？

2. "家"在指人名词之后的弱化变读

上文提到在所有格位置上"家"后接人名时的弱化。泰如话中的指人名词，一是表亲属关系的，如"爹爹、奶奶、爸爸、妈妈、舅舅、姑丈、表爹、姨娘"等；二是表示各种职衔或职业的名词，如"局长、书记、科长、组长、老板、经理、卖豆腐的、杀猪匠、私塾馆儿 过去指私塾先生"；三是大大小小的各种人名，有表昵称（也叫"小名"）和正式的（也叫"大名"），如前文所说的，现在表示昵称的小名常常采用叠音，如"兵兵、珍珍、芳芳、奇奇、小小"，这是受普通话影响的结果，过去泰如话中表示昵称的常用形式是儿化（泰州、姜堰是儿尾），可以是单音节，如"宝儿"、"芳儿"、"营儿"，也可以是双音节，如"林宝儿"、"美芳儿"、"庆营儿"。这些指人名词都可以用于称呼，正式场合称呼大名及一般年长者时一般不儿化，如"丁林宝、张美芳、李庆营、林竹、庆丰"。"家"在这些表称呼的名词之后的读音是随前字读音阴声韵、阳声韵、入声韵、儿化韵性质的不同而变化的。

在阴声韵后"家"弱化为[a]，在[a]、[ia]韵后还弱读为[la]。

爹爹家[tia²¹tia²¹ka²¹]→[tia²¹tia²¹/²¹³a³]/[tia²¹tia²¹/²¹³la³]

妈妈家[ma²¹ma²¹ka²¹]→[ma²¹ma²¹/²¹³a³]/[ma²¹ma²¹/²¹³la³]→[ma²¹³la³]

哥哥家[ko²¹ko²¹ka²¹]→[ko²¹ko²¹/²¹³a³]→[ko²¹³a³]

书记家[su²¹tɕi³³ka²¹]→[su²¹tɕi³³a³]

经理家[tɕi²¹ni²¹³ka²¹]→[tɕi²¹n̩i²¹³a³]

例中的"妈妈家"、"哥哥家"在称呼时还可省读为"妈家"、"哥家"。郑张尚芳（2008）记录了温州话在人称代词和称人名词后"家"读"-赖（la⁶）"的情形，"赖"既表"家"的词汇意义，也含亲热色彩：

我赖｜渠赖｜先生赖｜同学赖｜舅舅赖｜老朱赖

在阳声韵后"家"弱化为[ŋa]。

第三章 代词

老板家[lɔ²¹³pẽ²¹³ka²¹]→[lɔ²¹³pẽ²¹³ŋa³]
处长家[tsʰu³³tsã²¹³ka²¹]→[tsʰu³³tsã²¹³ŋa³]
足山_人名_家[tsɔʔ<u>³³</u>sẽ²¹ka²¹]→[tsɔʔ<u>³³</u>sẽ²¹ŋa¹]
松俊_人名_家[sɔ̃²¹tɕyɑ̃³³ka²¹]→[sɔ̃²¹tɕyɑ̃³³ŋa³]
打磨匠_石匠_啊[ta²¹³mo²¹/³tɕʰiã²¹/²¹³ka²¹]→[ta²¹³mo²¹/³tɕʰiã²¹/²¹³ŋa³]
姨娘啊[i³⁵ɲiã³⁵ka²¹]→[i³⁵ɲiã³⁵ŋa⁵]

在入声韵后"家"弱化为轻声[ka]，或在语流中与前一音节合为一音。

表叔家[piɔ²¹³sɔʔ<u>³³</u>ka²¹]→[piɔ²¹³sɔʔ<u>³³</u>ka³]
林鹤_人名_家[nĩ³⁵xaʔ<u>³³</u>ka²¹]→[nĩ³⁵xaʔ<u>³³</u>ka³]
卖豆腐的家[me²¹tʰɤɯ²¹fu²¹³tiɿ<u>³³</u>ka²¹]→[me²¹tʰɤɯ²¹fu²¹³tia³]
修鞋的家[ɕio²¹xe³⁵tiɿʔ<u>³³</u>ka²¹]→[ɕio²¹xɛ<u>³⁵</u>tia⁵]

在儿化韵后，"家"弱化为[a]，语流中与前字的儿化合为一个音节。

王科_儿_王姓科长的昵称_家[uã³⁵kʰor²¹ka²¹]→[uã³⁵kʰor²¹ʐa¹]
私塾馆_儿_家[sɿ²¹sɔʔ<u>³³</u>kor²¹³ka²¹]→[sɿ²¹sɔʔ<u>³³/¹</u>ko²¹³ʐa³]
宝_儿 人名_家[pɔr²¹³ka²¹]→[pɔ²¹³ʐa³]
秀_儿 人名_家[ɕior³³ka²¹]→[ɕio³³ʐa³]
桩_儿 人名_家[tɕyar²¹ka²¹]→[tɕya²¹ʐa¹]
芳_儿 人名_家[far²¹ka²¹]→[fa²¹ʐa¹]
戾头_儿 歪脖子的人_家[tsəʔ<u>³³</u>tʰər³⁵ka²¹]→[tsəʔ<u>³³</u>tʰər³⁵ʐa⁵]
细俫_骂男人的俚词_家[ɕi³³sɔr³⁵ka²¹]→[ɕi³³sɔr³⁵ʐa⁵]

"家"弱化后的读音和这些名词后接语气词"啊"时的变音完全相同，如："爹爹啊？"、"打磨匠啊？"、"宝儿啊？"在表示反问时分别读为：

（23）爹爹啊[tia²¹tia²¹/²¹³a³]/[tia²¹tia²¹/²¹³la³]? （你是说）爹爹吗？
（24）打磨匠啊[ta²¹³mo²¹/³tɕʰiã²¹/²¹³ŋa³]? （你是说）石匠吗？
（25）宝_儿_啊[pɔr²¹³ʐa³]? （你是说）宝儿吗？

"家"和"啊"连在一起时，"啊"一般变读为[la]：

（26）爹爹家啊？[tia²¹tia²¹/²¹³a³la³]? （你是说）爹爹家吗？
（27）打磨匠家啊？[ta²¹³mo²¹/³tɕʰiã²¹/²¹³ŋa³la³]? （你是说）石匠家吗？
（28）宝_儿_家啊？[pɔr²¹³ʐa³la³]? （你是说）宝儿家吗？

读音上，表示反问的语气词"啊"所在的整个句子一般呈上升语调，"啊"可以稍微延长，"家"弱化后的 a，一般轻读，音高紧随前字，一般不能延长。但语流中，这种差别表现得不是那么明显。两者最大的不同是跟其他成分组合情形的不同："指人名词+家"可以用来单独回答问题，充当主语、宾语，还可以充当修饰性成分；而同样的结构成分后接语气词"啊"时，则是一个完整的句子：

（29）书记家住啊在三楼[su²¹tɕi³³a³tsʰu²¹a¹tsʰe²¹sẽ²¹lүi³⁵]。 书记家住在三楼。

（30）姑娘把啊戾头ᵣ家[ku²¹niã³⁵/¹pa²¹a³tsəʔ³³tʰər³⁵za⁵]。 姑娘嫁给了歪脖子家。

（31）哥哥家伢ᵣ上啊北京[ko²¹ko²¹/²¹³a³ŋar³⁵sã²¹ŋa¹pɔʔ³³tɕi²¹]。 哥哥的孩子去了北京。

（32）老板家舅子考上啊大学[lɔ²¹³pẽ²¹³ŋa³tɕʰio²¹tsʅ¹kʰɔ²¹³sã²¹/³ŋa³ta²¹/³ɕiaʔ³⁵/³]。 老板的舅子考上了大学。

（33）秀ᵣ家老头ᵣ死掉啊[ɕio³³zɑ³lɔ²¹³tʰər³⁵/³sʅ²¹³tiɔ³a³]。 秀的丈夫死了。

充当修饰语时，"家"相当于"的"，两者意义基本相同，如"老板家舅子"="老板的舅子"。还可以说"老板家的舅子考上啊大学"、"秀ᵣ家的老头ᵣ死掉啊"，意思没有什么大的变化，带有"家"更让人觉得亲切、地道。

3. "家"在地名中的弱化变读

王彦（2007）、王文卿（2009）先后报告了北方地名中"家"的弱化音变，这种弱化变读的情形同样见于江淮方言泰如话中。就海安县的情形而言，既有"某庄"、"某集"、"某庙"、"某园"等一般性地名，又有与自身所处的地理环境相关的特殊地名，如"某垛"、"某舍"、"某坝"、"某圩"、"某所"、"某堡"，"某桥"等，本节举例作进一步的说明，从中可见泰如话"家"在地名读音中弱化变读之一斑。

据《海安县志》，苏中地区建立民主政权之前，今海安县境分属泰县、如皋县、东台县，中华民国32（1943年）年建立紫石县，中华民国37（1948年）年更名为海安县。我们把《海安县志》（第80页）中收录的《紫石县图》上的地名与今天《海安行政图》上的部分地名作一比较，可以发现一个有趣的读音现象：《紫石县图》上标为"某家庄"、"某家舍"之类的地名特别多：

徐家庄｜莫家庄｜卢家庄｜谈家庄｜于家庄｜高家庄｜郭家庄｜孙家庄｜朱家庄｜贾家庄｜丁家庄｜陈家庄｜伍家庄｜苏家庄｜刘家庄｜薛家庄｜南丁家庄｜汪家庄｜王家庄｜范家庄｜曹家庄｜小范家庄｜周家庄｜老范家庄｜宋家庄｜缪家庄｜顾家庄｜沈家腰庄｜谢家庄｜费家庄｜韩家庄

付家舍｜杭家舍｜秦家舍｜孟家舍｜江家舍｜朱家舍｜马家舍｜北解家舍｜汪家舍｜江家舍｜北陆家舍｜宗家舍｜李家舍

其次有"某家垛、某家桥"：

江家垛｜王家垛｜朱家垛

吉家桥｜王家桥｜吴家桥｜贺家桥

今天的行政图上不少地名系沿袭过去的称呼而来，但许多已经标作了"某庄"、"某舍"。以下是部分地名的对比：

《紫石县图》（中华民国三十二年）　　　《海安行政图》（1997）

范家庄　　　　　　　　　　　　　　　　范庄

孙家庄	孙庄
许家庄	许庄
贾家庄	贾庄
曹家园	曹园
胡家集	胡集
王家垛	王垛
许家港	许港
朱家舍	朱舍
丁家所	丁所
吴家舍	吴舍
仲家洋	仲洋

现实方言中这些地名的读音显示，"家"并不是在一夜之间就突然消失，而是一个逐渐弱化的过程。上列这些海安地名在人们的口语中往往有两种读法，一是"家"弱化为 a，一是完全省去，举例如下：

孙家庄 [ɕyã²¹ŋa¹tɕyã²¹]/孙庄 [ɕyã²¹tɕyã²¹] ｜ 曹家园 [tsʰɔ³⁵a⁵iõ³⁵]/曹园 [tsʰɔ³⁵iõ³⁵]、｜ 胡家集 [pʰu³⁵a⁵tɕʰiɪʔ³⁵]/[fu³⁵a⁵tɕʰiɪʔ³⁵]/ 胡集 [pʰu³⁵tɕʰiɪʔ³⁵]/[fu³⁵tɕʰiɪʔ³⁵] ｜ 王家垛[uã³⁵ŋa⁵tʰo²¹]/王垛[uã³⁵tʰo²¹] ｜ 朱家舍[tsu²¹a¹sa³³]/朱舍[tsu²¹sa³³] ｜ 丁家所[ti²¹ŋa⁵so²¹³]/丁所[ti²¹so²¹³]

"胡集"这一地名的读音特别有意思。"胡"老派有双唇一读，"席"是入声，声母读作塞擦音，"胡集"和"铺席"谐音。所以，海安当地人常用"上啊胡集"谑指"上铺睡觉了"。同一地名两读的情形估计在《紫石县图》时期就已经存在了，我们在地图上发现有直接标作"某庄"、"某舍"：

金庄（与金家庄并存）｜小庞庄｜北邵庄｜西邵庄｜马庄｜野周庄｜梁庄｜野鹿庄｜廊头庄｜腰庄

官舍｜许舍

还有大量在地图上没有标出的地名，如今天的"钱庄、卢庄、吴舍、万舍、张垛、蒋垛、李港、仁桥"等都没有出现在《紫石县图》上，从中可以看出"家"在实际读音中早已走上弱化变读之路，而到了要把这些地名记录下来的时候，三音节的"某家庄"、"某家舍"就自然记作"某庄"、"某舍"了。

二 "侎"表复数后缀时的使用差异

泰如话的"我[ŋo²¹³]"、"你[ni²¹³]"、"他[tʰa²¹]"一般用于单说，作修饰成分时后边要加"的"。跟吴语人称代词单数形式不同的是，人称代词的复数形式不能修饰亲属称谓，即不说"我侎爸爸"、"你侎哥哥"、"他侎兄弟"，如果要这样表达，可在之间加"的"，说成"我俫的爸爸"、"你俫的哥哥"、"他俫的兄弟"，这一点跟普通话有些相似：普通话中，"我爸爸"、"你哥哥"比"我们爸爸"、"你们哥哥"自然，后者更多的时候要说成"我们的爸爸"、"你们的哥哥"。跟普通话不一样的是，在一定的语境中，泰如话的"我俫"有时包括听话方，相当于"咱们"：

（34）我俫做块儿去吃顿饭吧！我们一起去吃顿饭吧！（邀请别人时）

（35）外的风大，我俫不出去耍子吧！我们不要出去玩儿吧！（征求别人意见时）

这说明，泰如话中第一人称复数没有排除式和包括式的分别，这一点和吴语基本相同。如果必须区分，吴语使用代词并列或加上"大家"等方式，如：

苏州：

（36）我搭耐大家侪去看一趟吧。你我都去看一回吧。

泰如话有类似的说法：

（37）我同你俫大家做块儿去一趟吧。我跟你们大家一起去一趟吧。

更自然的说法是：

（38）我俫做块儿去一趟吧。我们一起去一趟吧。

三 自指与他指

（一）"自家"与"各是"

泰如话表示自指的代词"自家"，相当于北京话的"自己"，指称说话者自身和前面提到的人，一般念作[sɿ²¹（k)a²¹/¹]。[sɿ²¹ka²¹/¹]念快时，k会脱落，读成[sɿ²¹a²¹/¹]，属比较自然的说法，如：

（39）自家没本事不要怪别人。自己没本事不要怪别人。

（40）成绩考不好，自家心的也不欢喜。成绩考不好，自己心里也不高兴。

一定的上下文中，"自家"更多充当代词主语的同位语，也可作主语、宾语、定语：

（41）我自家读啊错啊。我自己读错了。

（42）你自家考试不及格，怪别人甚的？你自己考试不及格，怪别人什么呢？

（43）他自家不承认做啊错啊。他自己不承认做错了。

吴语中的"自家"也有这样的一些语法特点，同时两种方言中"自家"在用法上又有不同之处：

上海话中可以说"自家杀脱自家"、"自家骗自家"，还可以说"自管自"、"自害自"、"自骗自"，相应的泰如话动词可以是单音节，也可以是双音节，但"自家"不能简缩为"自"，即"自"在泰如话中是一个语素，而在上海话中可以当词来使用。在老派的上海话中，"自家"可代替"侬"或"侬自家"：

（44）问：侬尊姓？

答：姓张。自家尊姓？自家府上鞋里？ <small>您尊姓？府上是哪里？</small>

（45）侬自家哪能？<small>您怎么样？</small>

泰如话没有这样的用法。泰如话有他指代词"各是[kaʔ³³sʅ²¹/³]"，义同"其他"，代替一定范围以外的人和事：

（46）他各是可曾上哪海去？<small>他有没有到其他地方去？</small>

（47）他各是可想啊吃甚的？<small>他想不想吃其他东西？</small>

（48）各是共来甚的人？<small>有没有来其他人？</small>

也有"其他"，多用于修饰名词：如"其他人、其他稿子、其他办法"。"各是稿子"、"各是办法"也可说，但"各是"修饰名词的情形较"其他"少见。普通话中，"其他"修饰单音节名词时以带"的"字为常，修饰双音节名词时以不带"的"为常，泰如话中，修饰单双音节名词时带"的"不带"的"两可，"各是"带"的"后反而显得不自然，试比较：

（49）a. 其他人。/其他的人。　　b. 各是人。/*各是的人。

（50）a. 其他伢儿/其他的伢儿。　b. 各是伢儿。/*各是的伢儿。

（51）a. 其他办法。/ 其他的办法。　b. 各是办法。/*各是的办法。

（52）a. 其他稿子。/其他的稿子。　b. 各是稿子。/*各是的稿子。

"的"字充当名词后缀时也是一样，"其他的"比"各是的"自然、常见：

（53）作业先做两条题目，其他的明朝再做。

（54）其他的不要管，把要做的先做掉。

可见，"其他"是从普通话渗透进泰如话的，而"各是"是泰如话的固有词，两者在语法功能上有不同之处。

（二）"人家"与"伙家"

"人家"在泰如话中读[zɝ³⁵kaʔ²¹/⁵]，指"他人的家"，"上人家去"特指"走亲戚"。"人家"又指"住居"、"家庭"：

（55）那海住啊两个人家。<small>那里住着两户人家。</small>

（56）男将不在家，家的不算个人家。<small>男人不在家，家不像个家。</small>

"人家"也指"他人"：

（57）等人家吃啊好啊再收桌子。<small>等别人吃完了再收拾桌子。</small>

（58）人家伢儿比他啊伢儿听话。<small>别人家的孩子比他家的孩子听话。</small>

吴语中"人家"既可以指别人，又指自己：

（59）人家正好好睏辰光，拨耐吵醒哉。

泰如话"人家"一般用于指"他人"，不过"别人[pʰiɪʔ³⁵/²¹zɝ³⁵/¹]/别人家[pʰiɪʔ³⁵/²¹zɝ³⁵/¹kaʔ¹]"有类似吴语"人家"的这种既可能指称自己、又可能是指称他人的歧义用法：

（60）他自家夜的不睡，别人要睡的，他不让。

（61）他吃啊饭就要走，别人家拦都拦不住。（"别人"、"别人家"可指其他人，也可指说话者自己）

上海话中的"人家"可以前接疑问代词"啥"，相当于"啥人"，多见于无疑而问的句子：

（62）啥人家会得介早来个！

（63）啥人家得侬讲白相！

泰如话和"啥"对应的是"甚的"，但这两句中"啥人家"对应的并不是"甚的人家"，而是"哪个"，因为"甚的人家"一般是有疑而问，且"人家"相比起吴语来似乎更多指"家"，这是两地细微的不同。

泰如话称呼跟自己比较熟悉的其他人时用"伙家[xo$^{213/21}$tɕia^1]"，但一般带有不满意的色彩：

（64）伙家，离家半年连个电话都不打个啊？_{离家半年连电话也不打一个么？}

（65）伙家，钱借啊把你几年都没得还啊？_{钱借给你几年了都不还么？}

（66）伙家，你身上哪连块钱都曾带的？_{你身上难道连一块钱也没带啊？}

泰如话中"伙家"用于面称时一般是同辈或长辈对晚辈之间，如果对长辈称"伙家"，无异于犯上，会遭来训斥。扬州评话《武松》中王婆设计害死武大郎后责备潘金莲（第217页）："伙家，你这个胆子也过小了。"[①] 陆文夫《不平者》："大队书记点起了烟，对王二和那个小青年说：'伙家，你们两个也应该向小汪赔个礼。'"可见"伙家"不只是泰如一地的说法。

第三节　指示代词

从吴语到泰如方言，基本的指代词有从"个"到"这"的演变。郑张尚芳认为：温州话的基本指示词是"居[ki^7、kei^7、ke^7]"，表近指，高名凯《汉语法论》论牙音表近指时在"居"字下，举《易传·系辞》："则居可知矣"，《诗·生民》："其香始升，上帝居歆"，《诗经·小雅·十月之交》："择有车马，以居徂向。""居"本平声，但温州话有一种近指变音，即各个量词及指代词后附词素都可以用变读入声表近指，因而指词本身也在这一变音的控制下读为入声 ki^7，最常用的量词"个" kai^5 读变音是 kai^7。后附的"个、厘/佮、能、能届"等都读轻声，也可单说而改读入声表近指，即"个₇、厘/佮₇、能₇、能届₇"，相当于"这个、这些、这般、这会儿"，

[①] 王少堂口述、扬州评话研究整理小组：《武松》，江苏人民出版社1979年版。

而更带有特指此一的意味①。吴语中的"个"系指代词在古代可能有更广泛的分布,根据《広辞苑》:"是、此(こ),(空間的、時間的または心理的に)話し手の近くにあり、話し手に属すると認めたものを指し示語""彼(か),遠くにある物や人を指す",说明古代日语是用こ(此)和か(彼)来分远近指的,こ和"个"发音完全相同。在泰如话和吴语中,系列指代词都有合音、促化等多种不同形式的读音,如泰如话的"这日个"、"那日个"中"这"的发音为[tsɛʔ33],可能是受"日"入声读音的影响而促化,韵母也发生变化;在"这个、那个"中,"这"读音为[tsa33],单念音为[tsəʔ33]。

表 3—3　　　　　　　泰如话与吴语指示代词比较

地点 \ 代词		人物	处所	时间	性状
近指	海安	这[tsa33/tsəʔ33]	这海[tsa33xe3] 这块[tsa33khue3] 这下[tsa33xa3]	这刻儿[tsa33khər213] 这日个[tsa33iɿʔ3koʔ33]	这啊[tsā33ŋa3]
	上海	迭[diɿʔ12] 辩[gəʔ12]	辩搭[gəʔ12/11taʔ55/23] 迭搭[diɿʔ12/11taʔ55/23]	辩歇[gəʔ12/11ɕiɿʔ55/23] 迭歇[diɿʔ12/11ɕiɿʔ55/23]	辩能（介）[gəʔ12/11nən23/22ka34/23] 迭能（介）[diɿʔ12/11nən23/22ka34/23]
远指	海安	那[lo33]	那海[lo33xe3] 那块[lo33khue3] 那下[lo33xa3]	那刻儿[lo33khər213] 那日个[lo33iɿʔ3koʔ33]	那啊[lõ33ŋa3]
	上海	哀个[ɛ53/55gəʔ12/21] 伊个[i53/55gəʔ12/21]	哀面[ɛ53/55mi23/33] 辩面[gəʔ12/11mi23/22] 伊搭[i53/55taʔ55/33]	哀歇[ɛ53/55ɕiɿʔ55/21] 伊歇[i53/55ɕiɿʔ55/21]	伊能样子[i53/55nən23/33 ɦiã23/33tsɿ34/21]

一　表人、物的指示代词

泰如话"这"念[tsa33],"那"念[lo33],分别表示近指、远指:

（67）这是哪个?

（68）那不是他的。

（69）这些人甚的时候来的?

（70）他认不得那些人。

（71）这山望啊那山高。

"这些"、"那些"中,"些"有两种不同的变调方式,一是读轻声[tsa33ɕia3],用法同普通话,用于指示;一是变读为 213 上声调值,指"这么多"、"那么多":

---

① 郑张尚芳:《温州方言志》,中华书局 2008 年版,第 233—234 页。

（72）我吃不下这些。这么多

（73）饭不吃就不要盛那些。那么多

"这样""那样",海安话要说成[tsã³³ŋa³]、[lõ³³ŋa³],韵母变成了鼻化音,我们记作"这啊""那啊":

（74）这个伢儿这啊不懂事。

（75）我那啊劝他也不听。

关于"这"的来源问题一直有争论。泰如话中"这"单念时读[tsə?³³],是从普通话折合而来的读音,但在"这个"、"这些"、"这块"等词中,"这"都读成[tsa³³],这是海安话"这"的口头读音。吕叔湘先生认为,"这个语词的本字大概就是'者'字"①,"者"韵母在古代恰好是[a],今海安话"这"与其同音。"这"和"个"连用,说"这个"、"那个","个"变读为中调轻声。苏州话中有"那哼",董为光认为,"那哼"的简化是通过音节拼合实现的。naʔŋaŋ>naŋ怎样 zəʔgaŋ>zaŋ,拼合后成为阳去调,是因为上字为阳入时,下字平、上、入一律变降调,近于阳去。②《世说新语·巧艺》:"顾长康画人,或数年不点睛,人问其故,顾曰:'四体妍蚩,本无关于妙处,传神写照,正在阿堵中。'""阿堵"在宋元间写作"阿底"、"兀底",宋朱翌《猗觉寮杂记》:"阿堵犹言阿底。"庄绰《鸡肋篇》卷下:"前世谓'阿堵',犹今谚云'兀底'。"宋马永卿《嫩真子》:"古今之语大都相同,但其字各别耳。顾所谓'阿堵'者,乃今所谓'兀底'也。"黄朝英《靖康缃素杂记》:"'阿堵',犹今人言'这个'也。"

（一）这个[tsa³³ko³]

"这个"在泰如方言中表示指代:"这个馒头,单怕的,晒啊容易裂啊。"在话语中"这个"的指代作用减弱,与其他词语组成插入语或话语连接成分,如"这个甚的",相当于普通话的"这什么",个表疑问,也不表示什么具体意义,一般用于句中语气的停顿,或用来组织话语。

用于话题和述语之间:

（76）过年,这个甚的,共总儿做啊五十斤面。过年,这什么,总共做了五十斤面。

（77）这个甚的,杨杰原来说的也有关节炎的都看啊好啊。这什么,杨杰原来说也有关节炎都看好了。

"这个"的意义发生转移,由指代作用变为形容词,隐喻"关系亲密",多用于否定句:

（78）现在人家不这个啊。现在人家不太积极了。

---

① 吕叔湘:《近代汉语指代词》,学林出版社1985年版,第185页。
② 董为光:《"那哼"溯源》,《语言研究》1988年第1期,第143—151页。

第三章　代词

（79）自家家的不这个吧。_{自己家里不热心呢。}
（80）他同人家不这个。_{他跟别人关系不太热乎。}
（81）两个人不甚的这个得很。_{两个人关系不怎么好。}

（二）这话[tsaʔ³³xua²¹]

"这话"相当于"这种话"、"这句话"：

（82）这话怎啊说出来的？_{这种话怎么说出来的？}
（83）我不晓得这话甚的意思。_{我不知道这种话什么意思。}

"这话"还表示让步、转折的语气，起句子前后连接的作用：

（84）你门不锁也行，这话稿子没得啊别怪别人。_{你们不锁上也可以，但东西如果没了别埋怨我。}
（85）上课不好点ㄦ听，成绩不好得很，又不肯做作业，这话两个字写得达可以。_{上课不认真听，成绩不太好，又不肯做作业，但两个字写得还可以。}
（86）出去开会吃、住不要钱，这话盘缠要自家出。_{出去开会吃、住不要钱，但盘缠要自己出。}
（87）自家钱拿不几个，要吃的稿子这话甚的都舍得买。_{自己钱挣不了多少，但要吃的东西什么都舍得买。}

《儒林外史》第51回：水手道："认却认得，这话打不得官司，告不得状，有甚办法？"中"这话"也表示让步、转折的语气。

（三）这些[tsa³³ɕia³]

表示近指：

（88）这些木头是江西运家来的。_{这些木头是从江西运回来的。}
（89）这些人是从哪海来的啊？_{这些人是从哪里来的呢？}
（90）这些话以后要少说。

"这些"如果要表示"数量多"之意，"些"读213调，表示强调：

（91）种这些田，都是林柏帮啊弄。_{种这么多田，都是林柏帮助一起弄。}
（92）菜弄起这些，哪日个吃得掉！_{弄这么多菜，什么时候能吃完？}

在一定的语境中，"这些人"还可以转指"我们"：

（93）他的钱存啊银行的，这些人又不要用他的。_{他的钱存银行里，我们又不要用他的。}
（94）你的稿子放啊好啊，找不到不要怪这些人。_{你把东西放好，找不到了要怪我们。}
（95）这些人哪个晓得他心的想甚的！_{我们怎么知道他心里想什么！}

二　表处所的指示代词

（一）这海[tsa³³xe³]、那海[lo³³xe³]、这块[tsa³³kʰue³]、那块[lo³³kʰue³]、这下[tsa³³xa³]、那下[lo³³xa³]

"海"、"下"这里只是记其音，本字应为"许"。案"许"，今海安一般读[ɕy²¹³]，与普通话读音相同。查《广韵》："许，虚吕切，晓母语韵"，中古拟音正好是[xe]。"许"在古代有表示"处所"、"地方"这一义项，《墨子·非乐上》："古者圣王亦尝厚敛乎万民，以为舟车，既以成矣，曰：'吾将恶许用之？'"孙诒让《间诂》："毕云：'恶许，犹言何许。'王引之云：'言吾将何所用之也'"，《南通地区方言研究》中也用了同音的"海"来替代。今上海话中有"哀搭"、"哀面"表示"这里""这儿"，"哀"和海安、如皋一带的"海（许）"之间应有某种内在的联系。"这海""那海"在作修饰语时，后面要加"的"，如"这海的人"、"那海的风俗"。《上海市区方言志》（第422页）认为，问地点，上海话是"鞋里"或"鞋里搭"或"啥地方"，从词源考虑，"鞋[ɦA³⁴]，即是"何"，恐误，泰如话的"许"和上海话的"鞋"可能同源：

（96）住啊哪许？ 住哪里？

（97）哪许来的？ 哪里来的？

上海话中"鞋里"做定语时常后接量词再修饰名词：

（98）鞋里个地方。

（99）鞋里条裤子。

（100）鞋里支笔。

泰如话也可省略数词"一"，但要在"哪许"和量词之间加入"的"：

（101）他是哪许的个人啊？ 他是哪里的人呀？

郑张尚芳认为这里的"个"是结构助词，吴语进一步的例子：

（102）一童子洗萝卜要卖，失足坠河死，母哭之曰："我个肉耶！如何只见萝卜不见肉？"（《笑林·和头多》）

（103）尝伯尝戏谓柳君曰："我爱你乌个头发白个肉。"君曰："我爱你白个头发乌个肉。"当时传以为笑。（顾公燮《消夏闲记选存·柳如是》）

（104）才闻众人放干了东湖，都去拿团鱼，小人也要去拿个。（《雪涛谐史》）

（105）你家男个那里去了？（清游戏主人《新撰笑林广记·妻掇茶》）

泰如话"个"的前面有结构助词"的"，"个"就不能看作结构助词了，而是表示定指义。

"鞋里"和普通话及泰如话相应成分之间也不是完全对应的关系，如以下几句的对照：

上海话	泰如话	普通话
（106）侬辣辣教鞋里一门课？	你在教一门甚的课？	你正在教一门什么课？
（107）侬寻鞋里一位姓[zən³⁴]的？耳东陈，还是禾呈程？	你找哪个姓[tsʰə³⁵]的？耳东陈，还是禾呈程？	找哪位姓[tsʰən³⁵]的？耳东陈还是禾呈程？

"这块"、"那块"是扬州、镇江一带的典型说法，海安、东台、泰州、兴化一带受其影响都保留了这两个处所指示代词，作修饰语时，中间一般不加"的"，如"这块落地"、"那块秧田"。"这下"、"那下"相当于普通话的"这一带"、"那一带"，"下"表示处所，这里也是记其音，与表示方位意义的"上下"的"下"并无联系，有可能是"许"更早层次的读音，意义虚化的"许、所"经过重新分析，就成为领格标记，如《世说新语·汰侈》："（珊瑚树）如恺许比甚众。"[1]"许"在上古属语韵，据汪荣宝《歌戈鱼虞模古读考》在魏晋以前就读 a，因此，我们可以确定泰如话中表处所的这三组指示代词的时间层次的先后："这下"、"那下"最早，"这海"、"那海"次之，"这块"、"那块"最近。从中我们也可窥见"许"在泰如话中韵母演变的情形：

$$a \rightarrow e \rightarrow y$$

"下"在古代汉语中跟在名词、代词之后，意义虚化，不表示方位上下的"下"，只表示处所、范围，相当于"这、那里"[2]。

处所词+下：

（108）遂破骑劫于即墨下。（《史记·乐毅列传》，即墨下，指即墨那里）

（109）王陵先到标下，灌婴不来。（《敦煌变文集·王陵变文》；标下，指此前做了标记的地方）

人名+下：

（110）战由（犹）未息，追取左贤王下兵马数十万人，四面周之，一时搦取。陵下散者，可有千人。（《敦煌变文集·李陵变文》第85、93页）

（111）羽下精兵六十万。（《敦煌变文集·汉将王陵变》）

"某下"虽可释为"手下"，实际语法意义是指示某人那边、某人方面。

指示代词+下：

（112）裴郎在此，虽不治事，然识量弘淹，此下人士，大敬附之。（王旷《与东海王越书》，《全晋文》，第1579页；此下，犹此处，这里。）

（113）东边见不得，西边须见得；这下见不得，那下须见得。（《朱子语类辑略·总训门人》卷7，第200页；这下、那下，犹这里、那里）

（114）这下人全不读书。（同上卷7，第213页）

泰如话的"那海"由一般表示空间动作的存在到表示动作状态的持续：

（115）爷娘啊那海死啊没得人啊。（婶家那儿死得没人了。）

---

[1] 蒋绍愚、曹广顺：《近代汉语语法史研究》，商务印书馆2005年版，第264页。
[2] 江蓝生：《后置词"行"考辨》，《著名中青年语言学家自选集·江蓝生卷》，安徽教育出版社2002年版，第126—128页。

（116）门敞啊那海。_{门敞开着。}

（117）心的塞啊那海。_{心里边堵着。}

（118）灯亮啊那海。_{灯亮着。}

"那海"表示时间：

（119）两个人走那海就不说话啦。_{两个人从那时起就不说话了。}

（120）崇祯皇帝在煤山上吊，明朝就齐那海结啊来。_{明朝就截止到那里结束了。}

"那海"还可虚化为表示"其他方面"、"其余"：

（121）他不过是不好好做作业、不好点儿读书吧，那海都好的。_{其他方面很好}

（122）我就是血压有点儿高、脚有的时候抽筋，那海都没事。_{其他都没事儿}

（123）家的只有爹爹腿子跌啊伤啊躺啊家的，那海都好的。_{家里只有爹爹腿跌伤了，躺在家里，其他都好的。}

也可以说"那下"，指其余的人或事物：

（124）你同我把偷稿的人指出来，那下的不问。_{你给我把偷东西的人指出来，其他的不管。}

（125）把他订的货搬啊里的来，那下的装啊带啊走。_{把他订的货搬到里边来，其余的装走。}

3.3.2.2 这境[tsa³³tɕi³³/¹]、那境[lo³³tɕi³³/¹]、这目境[tsa³³mɔʔ<u>³³</u>tɕi³³/¹]、那目境[lo³³mɔʔ<u>³³</u>tɕi³³/¹]

"境"在泰如话中是个表示地点、位置的类后缀，其使用情形可参见2.2.1.3 和 10.2.4 相关章节的内容。

三 表时间的指示代词

（一）这刻儿[tsa³³kʰər³³/²¹³]、那刻儿[lo³³kʰər³³/²¹³]、这日个[tsa³³iɿʔ³³ko³]、那日个[lo³³iɿʔ³³ko³]、朝日个[tsɔ²¹(z̩)iɿʔ<u>³³/¹</u>ko²¹]

"刻儿[kʰər²¹³]"指比较短暂的一段时间，相当于普通话的"一会儿"，当然"一会儿"有时也可指不短的一段时间，要看上下文：

（126）他刻儿就做啊好啊。_{他一会儿就做好了。}

（127）我看啊刻儿书。_{我看了一会儿书。}

（128）锅的烧啊有啊刻儿。_{锅里烧着有一段时间了。}

"这刻儿"相当于"这时候"、"现在"：

（129）他到这刻儿才看啊一页。_{他到现在才看了一页。}

（130）我这刻儿肚子才有点儿饿啊。_{我现在肚子才有点儿饿了。}

"那刻儿"相当于"那时候"、"过去"：

（131）那刻儿伢儿细，不懂事。_{那时孩子小，不懂事。}

（132）那刻儿家的不晓得多困难。_{那时家里十分困难。}

"这日个""那日个"念[tsa³³iɿʔ<u>³³/³</u>ko³]、[lo³³iɿʔ<u>³³/³</u>ko³]，"日"声母失落，跟"这刻儿"、"那刻儿"意义相近，相比较而言，可表达相对较长的

第三章　代词

一段时间：

（133）他弄到这日个才从家的来啊。_{他一直到现在才从家里赶来了。}

（134）那日个，说得老实，家的也没得钱。_{那时，实话说，家里也没钱。}

（135）他九岁才上小学，不过那日个伢儿上学堂都不早得很。_{他九岁才入小学，不过那时小孩上学都不很早。}

"刻儿"表示"一会儿"时可跟"工夫"、"时间"等一起连用，如"这刻儿工夫""那刻儿时间"，"日个"不能，不能说"这日个工夫"、"那日个时间"，"刻儿"可以单说，"日个"不能。

"朝日个"指"以往、过去"：

（136）朝日个这刻儿他老早家来啊。_{以往这时候他早就回来了。}

（137）他朝日个放学要比现在早。_{他以往放学比现在早。}

（二）这/那早晚[tsã³³/lõ³³tsɔ²¹³/³vɛ̃²¹³/¹]

表示"这/那时候、这/那时节"，"早晚[tsɔ²¹³vɛ̃²¹³]"在泰如话中指"早上"和"晚上"：

（138）日的热，早晚凉快些。_{白天热，早晚要凉快些。}

（139）这刻儿还要上街，哪不分早晚的？_{现在还要上街，难道不分早晚了？}

引申指"迟早"：

（140）他早晚要家来。_{他迟早要回来。}

（141）姑娘早晚要把人家。_{姑娘迟早要嫁人。}

在"这早晚"、"那早晚"中"早晚"发生了变调，"晚"读轻声，成为内部凝固性比较强的两个时间词：

（142）后朝这早晚我已经上啊飞机啊。_{后天这时候我已经上飞机了。}

（143）那天子也是这早晚落的雨。_{那天也是这时下的雨。}

（144）弄到这早晚才去上学堂不嫌晏啊？_{弄到现在才去上学不嫌晚吗？}

（145）那早晚没得稿子吃。_{那时候没东西吃。}

（146）那早晚不像现在人这啊多。_{那时不像现在人这么多。}

四　表性状的指示代词

前面提到，普通话中的"这样"、"那样"在泰如话中是"这啊[tsã³³ŋa³]、那啊[lõ³³ŋa³]"，受后字鼻音声母的感染，前字韵母的元音也鼻音化了：

（147）早上这啊早就起来啊了？_{早上这么早就起来了？}

（148）我那啊说，他也不听。_{我那么说，他也不听。}

"这啊那啊"连在一起用时，相当于"故意找茬"、"不耐烦"之类，有贬义：

（149）这啊那啊的，一天到晚不安神。<small>又要这样，又要那样，整天不安心。</small>
（150）再这啊那啊的，寻啊挨打！<small>再这样那样的，欠揍！</small>

"这啊"、"那啊"可以看作是"这么样"、"那么样"的合音，普通话的"这样"、"那样"在泰如话中是"这样子"、"那样子"，系由普通话折合而来，远不如"这啊"、"那啊"在使用上频率高而自然。

第四节　疑问代词

表3—4　　　　　　　　泰如话与吴语疑问代词比较

疑问代词＼地点	泰如话	吴语
人	哪个[la²¹³ko³/la²¹³ko¹] 哪些人[la²¹³ɕia³³/³zɚ³⁵] 哪个人[la²¹³ko³³/³zɚ³⁵] 甚的人[sɚ²¹³tiɪʔ³³/³zɚ³⁵]	啥人[sa³⁴/³³n̩in²³/⁴⁴] 啥个人[sa³⁴/³³gəʔ¹²/³³n̩in²³]
事物	甚[sɚ²¹³tiɪʔ³³/³] 甚的稿子[sɚ²¹³tiɪʔ³³/³ko²¹³tsɹ²¹³/³]	啥物事[sa³⁴/²²məʔ¹²/⁵⁵zɹ³⁴/²¹]
指别	哪[la²¹³] 甚[sɚ²¹³]	
处所	哪下[la²¹³xa³/la²¹³xa¹] 哪海[la²¹³xe³/la²¹³xe¹] 哪块[la²¹³kʰue³/la²¹³kʰue¹]	鞋里[ɦia²³li²³/⁵⁵] 啥地方[sa³⁴/³³di²³/⁵⁵fã⁵³/²¹]
时间	多日个[to²¹iɪʔ³³/²¹³ko³³/³] 哪日个[la²¹³iɪʔ³³ko³³/³] 哪刻儿[la²¹³kʰər³³/²¹] 甚的时候[sɚ²¹³tiɪʔ³³/³sɹ³⁵xɤi³³/⁵]	啥辰光[sa³⁴/³³zən²³/⁵⁵kuã⁵³/²¹]
性状	怎啊[tsɚ²¹³ŋa³] 甚的[sɚ²¹³tiɪʔ³]	哪能[na²³/²²nən²³/⁵⁵] 哪能样子[na²³/²²nən²³/⁵⁵iã³⁴/³³tsɹ³⁴/²¹]
原因	为甚的[vɤi²¹sɚ³³/²¹³tiɪʔ³³/¹] 为甚的事[vɤi²¹sɚ³³/²¹³tiɪʔ³³/³sɹ²¹] 为的哪一家[vɤi²¹tiɪʔ³³/¹la²¹³iɪʔ³³ka²¹]	啥体[sa³⁴/⁵⁵tʰi³⁴/²¹] 啥事体[sa³⁴/³³zɹ²³/⁵⁵tʰi³⁴/²¹] 为啥[ɦiuE²³/²²sa³⁴/⁴⁴] 啥讲究[sa³⁴/³³kã³⁴/⁵⁵tɕiɤ³⁴/²¹]
数量	多少[to²¹sɔ¹] 多[to²¹] 几[tɕi²¹³]	几[tɕi³⁴] 几化[tɕi³⁴/³³ho³⁴/⁴⁴] 几多化[tɕi³⁴/³³tu⁵³/⁵⁵ho³⁴/²¹] 多少[tu⁵³/⁵⁵sɔ³⁴/²¹]

一 问地点

正如上文指示代词部分所描述的一样,泰如话有"哪海"、"哪块"、"哪下"等不同的说法,分别读作[la^{213}xe^3]、[la^{213}k^{h}ue^3]、[la^{213}xa^3]或[la^{213}xe^1]、[la^{213}k^{h}ue^1]、[la^{213}xa^1],"哪"在一些乡镇声母也读n,不区别任何意义:

(151)他住啊在哪海?

(152)你家住啊在哪块哉?

(153)他住啊在哪下?

如果细加分别的话,"哪下"询问的一般是一个大致的方位或地域。"哪海"、"哪块"则是询问具体的位置,从上面三句的答句中也可以看出这一区别:

(154)哪海有我的书啊? ——书桌上。

(155)你家住啊在那块哉? ——迥垛(地名)。

(156)他住啊在哪下? ——北境(北边)。

担任修饰语时,这三个词语的搭配不同。普通话的"什么地方"海安话说"哪块落地",但不说"哪下落地","哪海落地":

(157)哪块落地是他的? 哪块地方是他的?

(158)坟园窨啊在哪块落地上? 坟葬在什么地方?

但当后接"的"或"的+名词"时又没有什么区别了:

(159)他是哪下(哪海、哪块)的? 他是什么地方的?

(160)他买的哪下(哪海、哪块)的猪子? 他买的哪里的猪?

(161)哪下(哪海、哪块)的价钱最便宜? 哪里的价钱最便宜?

上海话的"鞋里"做定语时后常接量词再修饰名词:

(162)鞋里件衣裳?

(163)鞋里张纸头?

(164)鞋里杯茶?

(165)鞋里只船?

(166)鞋里条裤子?

相应的泰如话"哪海"、"哪块"、"哪下"做定语时除后接量词外,一般要出现结构助词"的":

(167)哪海的件衣裳?

(168)哪海的张纸?

(169)哪块的杯儿茶?

(170)哪块的条船?

(171)哪海的条裤子?

上海话的"鞋里"后还可接虚化的"浪":

(172) 侬鞋里浪对勿起伊?

(173) 伊鞋里浪勿高兴?

相应的泰如话不能在"哪海"、"哪块"后加"上"与之对应:

(174) 你哪海对不起他?

(175) 他哪块不高兴?

二 问人

泰如话用"哪个"、"甚的人"、"哪些人"等,念作[la²¹³ko³]或[la²¹³ko¹]、[sə̃²¹³tiɿʔ³zə̃³⁵]、[la²¹³ɕia³³/³zə̃³⁵]。"哪个"既问人又问物,问人时相当于"谁":

(176) 哪个是你爹爹?

(177) 他家住啊在哪个乡的?

又泛指"任何人":

(178) 他哪个都不信。

(179) 哪个劝他都没得用。

问物时相当于"哪一个":

(180) 两支笔哪个是你的?

(181) 你要哪个铅笔?

"哪些(人、稿子)"是"哪个"的复数形式:

(182) 哪些人好,哪些人坏,心的要有数。

(183) 哪些稿子是你的,哪些稿子是他的,要分得清清楚楚。

上海话中问人的是"啥人",相当于泰如话的"哪个人"。上海话还有"啥个人",是问什么样的人,相当于泰如话的"甚的人":

(184) 伊是啥个人鞋?——伊是老师。

(185) 他是甚的人啊?——是老师。

"做啥"在上海话中是问事的,也可以问原因,相应的泰如话采用不同的疑问代词:

(186) 侬屋里向做啥?/你埋家的做甚的(稿子)?

(187) 侬做啥勿来?/你怎啊不来的?

(188) 汪建平拿点名簿点名:张素英、李玉珍、赵桂英,啥、啥、啥。(泰如话:哪个、哪个)

说到人名或地名,如果其中有的音节临时想不起来,上海话可以用"啥"填空,如"张啥英"、"啥桂英"、"张桂啥",泰如话用"甚的":"张甚的英"、"甚的桂英"、"张桂甚的"。

上海话的"啥"在做描写性的定语时可以带结构助词"个":

（189）倷想买啥个菜？

（190）伊拉办个报是啥个报？

泰如话要说"甚的菜"、"甚的"。

问事或问原因，上海话是"做啥""为啥"，泰如话说"为甚的事"，快说时变为"为[sə?²¹³]事"，"甚"丢失鼻化音，变成一个促音：

（191）他为甚事不来？

（192）打啊半天电话不接，那又为甚事哉？

三 问时间

泰如话问时间一般用"多日个[to²¹iɿʔ³³/²¹³ko³³/³]、哪日个[la²¹³iɿʔ³³ko³³/³]、哪刻儿[la²¹³kʰər²¹]、甚的时候[sə̃²¹³tiɿʔ³³/³sʅ³⁵xɤi³³/⁵]"等。"多日"在泰如话指较长时间，念[to²¹ziɿʔ³³]或[to²¹ziɿʔ³⁵]，表示疑问时"日"声母脱落，且变读为213。"多日个"既可以表示某一时刻，也表示相对较长的一段时间，但后者有时并不表示疑问，试比较：

（193）他多日个来的？_{他什么时候来的？}

（194）你等啊多日个啊？_{你等了多长时间？}

（195）他等你等啊多日个。_{他等你等了好长时间。}

"哪日个[la²¹³iɿʔ³³ko³³/³]、哪刻儿[la²¹³kʰər²¹]、多刻儿[to²¹kʰər³³/²¹³]"都表示"什么时候"，句子呈上扬语调：

（196）他哪日个来的？

（197）你多刻儿遇到他的啊？

（198）你哪刻儿来的啊？

（199）哪日个去的啊？_{他什么时候去的啊？}

"哪日个"、"多刻儿"、"哪刻儿"已凝固成专门的词，加之使用频率高，在泰如话中又衍生出表示否定意义的"没有""不曾"义，疑问感减弱，句子呈下降型的语调：

（200）他哪日个吃中午饭的啊？_{他没有吃午饭。}

（201）他多刻儿做作业的啊？_{他不曾做作业。}

（202）他哪刻儿来的啊？_{他没有来。}

上海话问时间一般用"啥辰光"、"几时"，泰如话也有"几时[tɕi²¹³sʅ³⁵/¹]"[①]，一般问几号，指具体的日期：

（203）你几时家来的啊？

（204）他几时上上海啊？

[①] 《金瓶梅》第53回："你昨日可曾替我说信去，我几时好去走走？"

在答句中,"几时"也可以表示否定,句末一般附有语气词"的啊"、"啊"表示感叹:

(205) 他共带雨伞?——几时(的)啊! _{没带}

(206) 你作业做啊吧?——几时啊! _{没做}

四 问性状

"怎啊、甚的"相当于普通话的"怎么、什么",分别用于动词、名词的前面:

怎啊做│怎啊说│怎啊吃│怎啊来│甚的话│甚的梦│甚的名堂│甚的做法

"怎啊"相当于普通话的"怎么"、"怎么样",在泰如话中可说成"怎啊说"、"怎啊样子":

(207) 晚上做块儿弄杯儿酒,怎啊说? _{晚上一起喝杯酒,怎么样?}

(208) 你怎啊样子来,怎啊样子去,把个经过说啊大家听听。_{你怎样来,怎样去,把经过说给大家听听。}

跟"这样子""那样子"一样,"怎样子"是普通话"怎么样"影响的产物,也发生了语音的变化,读成[tsə̃²¹³ŋa³],"啊"本身没有任何意义,但跟"这"、"那"、"怎"形成了复音节的形式,这符合中古汉语代词充当句子成分的情形:唐、五代的"作勿生、作摩、怎么",这些表示"怎么"的疑问词都是复音词,"怎啊"正是它们在泰如话中的演化。

"甚的"是中古汉语的"甚"在泰如话中的使用和发展,不同于吴方言的"啥"和洪巢片的"甚么(什么)",根据前人研究,"甚"作为疑问代词的出现晚于"什么"。泰如话的"甚的"源于中古汉语的疑问指代词"甚底",跟如皋、泰州、南通等方言点不同的是,海安方言点的"甚的"跟"甚底"在语音上最为接近:

海安:甚的[sə̃²¹³tiɪʔ³]

如皋:甚呢[səŋ²¹³nei]

泰州:甚念[səŋ⁴⁵nĩ²¹]

南通:甚呢[sɛ̃⁵⁵ni]

受前字鼻化音韵母的影响,如皋、泰州、南通三点的"甚的"后字发生了读音的改变。"什么"至今未能进入泰如方言,跟邻近的扬州、镇江形成鲜明的对照:

扬州:甚们[sən³⁴mən]

镇江:甚们[sən³⁵mən]

跟盐城、淮阴的读音也不同:

盐城：什呢[sə⁵⁵ni]

淮阴：什里[sə⁵li²¹]

从扬州、镇江"甚们"的"们"可以看出北方话"什么"对其方言影响之一端，盐城、淮阴的"什呢""什里"中的"什"念[sə]，则表明其自身就来自"什么"。

与泰如话的"甚的"相对应的上海话有"啥"，也有"哪能"：

（209）侬做啥勿来？/你为甚的不来的？/你怎啊不来的？

（210）侬为啥咾，勿去？/你为甚的啊，不去？

（211）侬晓得伊急得来哪能？勿要急煞人啊！/你晓得他那啊急为甚的？要把人急煞啊！

但询问原因和方式时，泰如话更多的是用"怎啊"：

（212）到五角场哪能去法？/到五角场怎啊走啊？

（213）今朝伊哪能勿来勒？/今朝他怎啊不来的？

"哪能"和"怎啊"都可以重复连用，替代谓语，常用于引述别人的话：

（214）我一跑进去，伊就讲："侬为啥迟到？侬到啥地方去勒？侬哪能哪能。"/我才跑进去，他就说的："你怎啊迟到的？你上哪海去啊了？你怎啊怎啊。"

泰如话"怎啊怎啊"也可以不用于引述别人的话，相当于指事情的经过：

（215）他把他怎啊怎啊开的门、怎啊怎啊撬的锁都告送啊警察。

（216）怎啊怎啊来、怎啊怎啊去，日记里的都写得清清楚楚。

五　问原因

泰如话中常用"为甚的[vɣi²¹sə̃³³/²¹³tiɪʔ³³/¹]、为甚的事[vɣi²¹sə̃³³/²¹³tiɪʔ³³sʅ²¹]、为的哪一家[vɣi²¹tiɪʔ³³/¹la²¹³iɪ³³ka²¹]"等方式来提问：

（217）你为甚的不去上课？

（218）他为甚的事来气？你为什么事生气？

（219）两个人为的甚的事淘气的啊？两人为什么事吵架的啊？

（220）好好儿的，来气为的哪一家？好好儿的，为什么生气呀？

另外还可以用"甚的原因"、"甚的事情"来问原因，"甚的"的出现频率比较高。上海话中"啥事体"、"啥体"、"啥讲究"都是问原因的。"哪能"除了用于问性状、方式，还经常被用来问原因，跟泰如话的"怎啊"和"甚的"形成多重对应。

六　问数量

泰如话中，问数量的疑问代词是"多少"、"多"、"几"，"多少"在上海话中属于新派的说法，一般人说"几化"、"几多化"。泰如话的"几"见于"几岁"、"几钱"、"几个"等词语中，相当于普通话的"多少"，用"几"来询问数量，是受吴方言的影响，如上海话中的"几钿（多少钱）、几只、几个、几天、几化只数、几化日脚"等。

泰如话中，"多少"中的"少"一定要读轻声，读成"多少[to²¹sɔ²¹³]"就表示"许多"、"或多或少"，不再表示疑问了，试比较：

（221）打仗死掉啊多少人的啊？（问数量，"少"读轻声）
（222）打仗死掉啊多少人。（"多少"表示"许多"，"少"不读轻声）
（223）稿子不多，大家多少分点儿。（"多少"表示"或多或少"，"少"不读轻声）

"多"一般用在形容词之前，可说"多大、多忙、多快"。上海话的"几化"相当于泰如话的"多少"、"多"：

（224）十三减脱七是几化？/十三减掉七是多少？（几）
（225）迭只房间几化长？/这个房间多长？

可以用于感叹句中，泰如话相应的是"多"：

（226）葛小人几化呒没礼貌！/这个伢儿多没得礼貌啊！
（227）今朝天气几化好啊！/今朝的天多好啊！

第五节　本章小结

根据以上的对比分析，泰如方言的代词体系呈现出以下方面的特点。

1. 处于南北方言之间，具有丰富的历史层次，保留了吴语的底层及江淮官话的典型特征。如三称代词单数"我、你、他"，区别于北部吴语的"我、侬、伊"或"我、儂、俚"，但复数形式为"我倈、你倈、他倈"，泰兴点还有"我交、你交、他交"，"倈"跟吴语的"伲"形成系统的对应，与官话的"们"相区别，"交"体现出吴语底层的影响。"家"在泰如普遍存在着文白读，白读的"家"有弱化变读和变格的特点。再如表示指代的"个（葛、辩）"是具有南方（吴）方言特征的语法成分，泰如话区从南到北渐次减少，在南通口语中随时可见，如表示近指说"格个"、"格些"，表示远指"葛个"、"葛些"，"格"、"葛"声调不同；表示时间的有"什尼时候"，也有"什尼辰光"，表示近指的有"格刻儿"、"格歇个"，远指的"葛下子"、"葛刻儿"、"葛歇个"；表示处所，疑问用"哪块"、"哪里"、"哪脚下"，表示近指说"格里"、"格脚下",远指说"葛里"、"葛脚下";表示方式,表疑问用"怎啊"、"怎啊弄"、"怎啊弄相",表近指说"格能"、"格能弄相",表远指说"葛能"、"葛能弄相"。到泰兴,"格"表示近指在口语中还见使用,到如皋、海安"个(格、辩)"基本上不见使用,[tsa³³]与[tsəʔ³³]形成文白不同层次的对应在口语中被使用。表示数量,南通话表示近指的是"格能些"、"格能点ᵣ"、"格能多",表示远指的则是"葛能些"、"葛能点ᵣ"、"葛能多";到泰州等靠近洪巢片的地方,"这[tsəʔ³³]"在口语中又超过说[tsa³³],表示疑问的"甚的、哪海"在不同点也有不同的层次,北部更倾向于说"什么、哪块",南部则多说"甚的、哪海","什么"则基本不见使用。

2. 系统性强。泰如话内部各点相关的人称代词、指示代词、疑问代词之间并不完全一样,但体现出较强的系统性和功能的一致性,如人称代词单数"我、你、他"和复数"我俫、你俫、他俫"相对应;指处所的指示代词"这海、这块、这下"和询问处所的疑问指示代词"哪海、哪块、哪下"相平行;南通话中表示近指、远指的各类形式跟吴语相近,但表示疑问的各类代词又与内部其他点相统一,整体呈现出官话方言的特征,与北部吴语形成鲜明的对照。这些指代词在内部各点的分布也不平衡:指时间的"这日个、这刻ᵣ"、"那日个、那刻ᵣ"与"哪日个、多日个、多刻ᵣ、甚的时候"就存在某种不平衡;与吴语指代词也不是完全一一对应的关系:吴语的"哪能"在泰如话中既可以是问原因,也可以是问方式或性状,整个代词系统就是这种平衡和不平衡的统一。

3. 语音变异多。一是声母的失落,二是鼻音化的语音类化现象,三是声调的变化。声调变化中,又以变读轻声和213上声调值而引人注目。

4. 根据近代汉语代词的研究成果,泰如话继承了近代汉语某一阶段的一些代词,形成了不同于普通话的发展轨迹,如"哪海"、"甚的"等词在泰如话中的出现频率很高,与普通话的情形迥异。后缀"俫"、"些"是人称代词和表人称代词的复数形式的后缀,"哪"、"甚的"是人称代词和表人称的疑问代词的领格,"多少"、"几"和"怎啊"、"甚的"分别是表数量和性状的领格。

第四章 数量词

本章对比泰如话和吴语在数量词的读音和使用上的差异、泰如话数词的构词及意义的虚化、列举一部分只出现于泰如话而较少见于吴语和普通话的量词。结合吴语苏州话的情形，描述泰如话的量名结构在表定指、变调及表情方面的重要特征。

第一节 数量词的读音和使用差异

一 "一"的省略及量词的变调

量词前头省略"一"的现象在吴语和泰如话中非常普遍，如上海话的"斤半"、"丈八"、"里把路"、"万三"、"千四"，也见于闽语、粤语、侗台语等其他汉语方言和语言。在海安、如皋等地，这些省略了"一"的量词，包括临时充当量词的名词，一般情况下都要变读成213调：

场尿｜丫ㄦ西瓜｜筷ㄦ菜｜桶ㄦ面｜桶米｜携答ㄦ青菜——竹篮青菜｜剂药｜趟上海｜桌菜｜瓶酒｜盒子脆饼｜块麻饼ㄦ｜副肚肺｜张椅子｜根竹子｜筷ㄦ饭｜杯ㄦ酒｜碗疙瘩ㄦ｜锅子粥｜方土｜顿饭｜个跟头

在一定的上下文中可以单独充当句子成分：
斤够啊｜张妥啊｜我称啊斤｜我买啊张

二 "二"和"两"的读音及用法差异

吴语中"二"和"两"的读音相比起官话来显得复杂一些，如上海话"二"白读是[n̠i²³]或[liã²³]，文读是[ɦəl²³]；"两"只有[liã²³]一读。泰如话"二"不分文白，只有一读[ə²¹]，"两"也只有一读[liã²¹³]。泰如话在大多数情况下用"二"，用"两"的场合主要是后接量词的数量短语：

两个人｜两盆花｜两张车票｜两块豆腐｜两件衣裳｜两桩事情
但在"斤"、"尺"的量词结构中，"二、两"都可以说：
两斤糖/二斤糖｜两尺布/二尺布
在以"亩"为量词的结构中，多说"两"，少说"二"，如"两亩田、两亩地"；后接衡量词"两"时，多用"二"，少说"两"，如"二两水饺儿、二两胡椒"。"星期二"中的"二"一般读[ər²¹]，不用[liã²¹³]，上海话"礼拜二"一般多用[n̠i²³]或[liã²³]，一般不用[fiəl²³]。称年、月、日，泰如片一般读成[ər²¹]，上海话读成[liã²³]，表示排行时泰如一般是[ər²¹]，上海是[n̠i²³]，如"第二"、"二哥（二[n̠i²³]阿哥）"；泰如称2开头的"十位数"时常用[ər²¹]，上海用[n̠iε²³]。

"两"在吴语、泰如话中有时都不实指，虚指较少的数目，相当于"一些"：

（1）歇两日。歇几天。

（2）把两个钱他。给他些钱。

（3）做两个圆子明朝吃早饭。做些汤圆明天当早饭。

后两句中的"两个"在泰如话中可因所表示的意义不同而有不同的变调：读[liɛ²¹³ko³]，是实指"两个"；读[liɛ²¹³/³³ko³]，指"一些"。

表示超过某一数量，泰如话也可以用"朝外"：

五十朝外｜三十朝外｜五斤朝外｜五十斤朝外

还说"好几"：

四十好几｜六十好几

也说"宽点儿"，指"多点儿"：

三米宽点儿｜六尺宽点儿｜指头盅儿宽点儿｜三十个平方宽点儿｜五亩宽点儿｜两个足球场宽点儿

三 数词的构词及意义的虚化

数词一般是表示数目大小的，但当作为粘着语素用于某些词或固定短语中时，就不再表示确切的意义，这在吴语和泰如片方言中都是如此。有些词在两地是通用的，如"攥七攥八"、"三只手"、"瘪三"。更多是各自不同的使用情形，泰如话数词意义的虚化可从下面几个方面进行分析：

（一）"一"常常表示"时间上的一次性"、"全部"、"专一"、"经常"等义

一日到夜 从早到晚｜一天夜的 从早到晚｜一惹的｜一顶 最｜一连儿 如皋指接连不断｜一把连 姜堰指一条心｜一把酵 姜堰指一条心｜一抹乌 姜堰指漆黑一团，引申指没有条理｜一大头 姜堰指从前｜一塌刮子 姜堰指一共｜一气上｜一世｜一复时 一昼夜｜一是一当 指办事有条理、不忙乱，姜堰也说是二当｜一上儿 过去｜一脚 直接｜一发 许多｜一俏干 如皋指一次性晒干｜一削水 如皋指似一面坡的屋面｜一挨 姜堰指经常｜一准儿 姜堰指一定｜一钵头糊粉 如皋指臃肿的脸型｜一路气候 如皋指传染病流行｜一板一腔 举止正统、刻板｜一挂打拄 如皋指形容严肃认真，有条不紊｜一网打啊皂角树上去啊 如皋喻希望破灭｜一口咬啊个三角棱 如皋喻骑虎难下，十分为难｜一屁股八肋什 如皋贬指血厂量大

（二）"八"虚指较大数目

八更八点_{喻时间很晚}｜八败命怕个死来做_{如皋指死命干活儿}｜阴八间_{阴险的人}｜八世_{喻永远,多用于贬义}｜久已八载_{如皋指年深日久}｜耳聋缠八_{也说耳聋缠蛮}

（三）由"二"、"三"、"七"、"八"构成的词语或短语在独用或连用时大多有贬义

二太阳_{如皋指月亮}｜二寸半_{姜堰指嘴}｜二肋尖儿_{如皋喻进退两难}｜叨啊唣二_{吃饭无精打采、挑食}｜二姨妈/二姨娘_{姜堰指女性化的男人}｜二五两耽_{姜堰指耽误人或事}｜嗯二吾二_{不讲道理}｜皴二麻二_{衣服发皴}｜二不溜就_{不实在或做事不合规范}｜邀二不欲_{姜堰指不爽快、不诚实}｜捉王二_{如皋指欺骗、欺诈}｜沿二摸三_{偷偷摸摸}｜麻二扯二_{姜堰喻不正经、不规范}｜湿二溚二_{指说话不干净、不中听}｜吱二扭二_{姜堰指推三推四}｜二的不敦_{痴呆、反应迟钝}｜邪二八刮_{强横霸道、不讲道理}｜渣三渣四_{到处霸道、对人强横无理}｜鬼划三符_{姜堰指变换手法骗人}｜买买儿三伎俩｜货样三_{如皋贬指某事物}｜三不肯_{如皋指关键性的关口}｜三分三_{如皋喻相当的把握}｜三不对_{姜堰指万一不对头}｜重三倒四_{贬指重复啰嗦}｜啰啰三牵_{姜堰指颠三倒四}｜七[io²¹³]八拐｜七扯八拽｜讹二陆三_{散漫、关系暧昧}｜七拐八拐_{指拐得很弯}｜护七护八_{无原则的护short}_{指事项杂}｜七啊八项_{指事项杂}｜活嚼大三关_{指话没有根据的话}｜三毛六滚_{姜堰指非常狡猾}｜跳三丑儿_{如皋指扮演引人发笑的角色,引申指从中调解、斡旋}｜蛮七蛮八_{蛮不讲理的样子}｜七箩八笆斗_{一般指多说的话,喻费尽周折}｜刁啊耷二_{做事慢吞吞,不卖力}｜鬼话三符_{姜堰:变换手法骗人}

（四）一些数字在词或短语中仍暗含数词的本义

半世_{残疾人}｜半边人_{姜堰指寡妇}｜半间屋_{姜堰喻一只鸡}｜半桩子_{姜堰指少年人}｜连二、三的_{姜堰指连续}｜三划两划_{指吃饭速度很快,姜堰又叫三扒两咽}｜三缸油、两缸酱_{喻基本的一些家产}｜年三夜四_{旧年底}｜三步两搭桥_{如皋指架在丁字形河口的纵横两座小桥}｜唱三花脸_{姜堰喻做和事佬}｜四门店_{如皋指棺材店}｜八鲜行_{如皋商行名}｜六陈行_{如皋指粮食行}｜挑八根系儿_{如皋贬指搬运工种}｜第二、三个_{如皋泛指其他人或事物}｜三的不角_{喻事情处于尴尬之中}｜四脚白、家家熟_{猫狗自由出进别家,喻人情况熟悉}｜四方滚溜儿圆_{如皋喻善于为人处世、八面玲珑}｜四不咬六_{如皋指下不犯上}｜呆五儿/呆五年_{发育迟缓的幼儿,常至五岁才会说会走}｜五色画糕_{如皋喻各种恶毒粗鄙的话}｜起啊五更,泼掉五升_{喻得不偿失}｜五路儿_{衣刀正月初五,也叫财神日}｜五码儿_{一种棋}｜三的冒九偶尔｜三狠抵不到一熟｜斗七巧_{如皋指讥诮}｜四十五日横财,跌杀啊没得棺材_{如皋指旧时养蚕虽有利,爬高采桑也有风险}｜打百日子_{发疟疾}

（五）一些词或短语中数词性语素来历不明

三六子_{姜堰指酒}｜三妈妈_{姜堰指不大方}｜鸡毛六足_{姜堰状坐立不安}｜杂八逗儿_{姜堰指拼凑的东西}｜五点五点_{姜堰指心中忐忑不安}｜鬼五六吵_{喻男女间暧昧的关系}｜昏的六疃_{昏头昏脑}｜喝五实六_{姜堰喻说话不实}｜七寸八挡_{大约、差不多}｜皮啊耷二_{小孩调皮}｜翻头六眼_{如皋指眼神不安分的样子}｜冒六公_{表面内向、木讷但给人出其不意的袭击}｜谎三谎话｜拍马三_{拍马屁}｜无二八鬼_{出人意料的游戏或恶作剧}｜二百五_{如皋除指呆、傻还指牢骚}｜四六七八_{同二百五}｜狗巴二十五_{如皋状狼狈、倒霉}｜九子十三孙,抵不上铺头境二百文_{如皋极言前辈虽然多且富贵,然不如自己手头拥有}｜三斤的鸭子二斤半的嘴_{如皋讥嘴大、嘴呱者}｜六十二_{姜堰指男性生殖器}

上海话中有"老鬼三_{家伙}｜小鬼三｜猪头三_{猪头三牲}｜两头爿_{骂人如猪}｜弹老三

（翘老三）骂人死｜老十三｜老牛三专门吹牛的人｜瘪三｜三夯头来势凶猛、只有几下就偃旗息鼓者｜三吓头虚张声势、外强中干者"，苏州话有"脱嘴落三说话没分寸"等，大都带有贬义。

四　只见于泰如话、较少见于吴语及普通话的量词

量词在泰如话、吴语及普通话中普遍使用，有些是一样的。相比之下，泰如话和普通话中的量词在使用上更趋一致，而与吴语不同。如"个"作为量词使用都有泛化的倾向，吴语上海话口语中"只"有取代很多专用量词及"个"的趋势，使用范围显得非常广泛。下面列举只见于泰如话而较少见于吴语及普通话的量词：

（一）发[fɛʔ³³]

"发"相当于普通话的"批"，"几发"即"几批"，一般用于名词之前，也可以单用：

（4）昨朝厂的来啊几发人。昨天厂里来了几批人。

（5）厂的几发货都曾发。厂里的几批货都没发出。

（6）车站的车子走掉啊几发。车站的车走了几批。

（二）丫ᵣ[ŋar²¹]

称水果柑橘类的瓣瓣或瓜果类的一片：

一丫ᵣ橘子｜两丫ᵣ苹果｜半丫ᵣ西瓜

（三）坨[tʰo³⁵]

一般用于称数叠加成一堆的东西

一坨糕｜肉坨铅子ᵣ

（四）节[tɕiiʔ³³]

用于称呼田地的地块、也叫称呼电池，同普通话。

一节田｜三、四节田｜两节电池

（五）料[liɔ²¹]

用于称呼住宅地

一料住宅地｜一料住场墩ᵣ

（六）班[pɛ̃²¹]

指人的一伙

两班人｜这班人｜那班人

（七）沰[taʔ³³]

称液状、胶状物，一般有贬义

一沰鸡屎｜一沰黄脓鼻涕｜一沰泥巴巴ᵣ

"沰"，《集韵》当各切，入铎，端母。泰如话中，"沰"还用作动词，指"淋雨"：

（7）他感冒啊，挨沰啊雨的。他感冒了，被雨淋的。
（8）下雨沰啊路上。下雨堵在路上。

引申为"粘附于某处"：

（9）屎屙啊沰啊地下。屎拉出后沾在地上。
（10）睡啊沰啊椅子上。死沉沉地躺在椅子上。

"沰"在吴语中也见使用，一般用作量词：

（11）自己穿了包拍大红衫，打扮得一沰胭脂一沰粉的。(《何典》第4回)。

今上海话可说"一沰沰"，表示"一点儿"，"一沰一沰"表示"一点一点"。"滴沰"指雨声，清梁章鉅《农候杂占·火占》："上火不落，下火滴沰。"崔实《农家谚》："言丙日不雨，丁日必雨也。滴沰，雨声。"

（八）刻儿[kʰər³³/²¹³]

用于指短暂的时间，前面一般省去"一"，上海话类似的表达是"一歇"：

耍刻儿｜坐掉刻儿｜歇刻儿｜等刻儿｜这刻儿｜那刻儿

"刻儿"充当量词：

刻儿工夫｜刻儿时间｜刻儿空档儿

"刻儿"还可以重叠成"刻刻儿"，有两种读法：[kʰəʔ³³kʰər³³/²¹³]和[kʰəʔ³³kʰər³³/³⁵]，表示更加短暂的时间，后一读音是小称的读法。

（九）畈[vẽ³³]

两条埝沟间的田块叫"畈子"，用作量词时，只说"畈"：

一畈｜两畈｜畈黄豆儿｜畈韭菜

（十）趟[tʰã³³]

"趟"单说是"趟子"，除了指一个来回，还指"行"：

（12）天上雀儿飞啊成啊趟。天上鸟儿飞成行。
（13）秧趟子。秧行。

在"秧趟子"中，"趟"作为量词，多指秧苗的一行。

第二节 量词的定指、变调及表情功能差异

一 泰如话的"个"与吴语的"饤"

汉语方言中量词表定指的用法，最早见于石汝杰、刘丹青（1985）关于苏州方言的报告，即苏州方言的量词，除了可以跟数词、指别词一起构成数量词组或指量词组来修饰名词外，还能单独直接修饰名词或名词性词组。[①]

[①] 石汝杰、刘丹青：《苏州方言量词的定指用法及其变调》，《语言研究》1985年第1期，第160—166页。

苏州方言的指称代词有三个基本形式，日本学者小川环树（1982）认为是表近指、中指、远指[①]，赵元任（1928）认为中指"辨"是泛指[②]，潘悟云（1986）认为温州话的指称代词也有三个形式，ke⁸/kai⁸/he³，表示中指的kai⁸从量词"个[kai⁵]"转化而来，作指称代词时读入声[③]。苏州的"辨"是通过量词"个"的声母浊化来变成中指，泰如话中有量词"个"，单念时，读音是[ko³³]，去声，语流中常读为轻声，附于前一音节。在表示中指时，"个"是通过改变声调的方法，即读成21调或213调，这种声调屈折型的手段也见于南昌话[④]、长乐话[⑤]等方言中。量词"个"还转化为跟助词"的"相似的功能：

（14）买镜归，可知照你个脸儿。（《张协状元》）。

（15）肥个我不嫌，精个我最欢。

苏州话有"肚里个蛔虫"的说法，"个"读入声，温州话读轻声。

二 量名结构与定指

泰如方言的量词，除了可以跟数词、指别词一起构成数量短语或指量短语来修饰名词外，还能单独直接地修饰名词或名词性结构。如：

张桌子[tsã²¹/²¹³tɕyaʔ³³tsȵ³] | 条裤子[tʰiɔ³⁵/²¹³kʰu³³tsȵ³] | 碗粥[õ²¹³tsɔʔ³³] | 块肉[kʰue³³/²¹³zʔ³⁵] | 只脚[tsɔʔ³³/²¹³tɕia³³] | 笤ㄦ菜[lar²¹/²¹³tsʰe³³]一小篮菜

这种量名结构，一般认为是前面省去了数词"一"，主要表示数量，在不少方言中都有。但在具体的语境中，这种量词直接修饰名词或名词性短语的用法，有时并不强调数量，而是强调所指对象的有定性，除苏州话外，这种用法在广州[⑥]、涟水（南禄）[⑦]、烟台[⑧]等地的方言中都程度不同地存在着，泰如片方言未见有报告。张业军认为海安话中的量词缺乏定指功能，量词独用时，与实指数量的"一+量"功能相同，所"定指"的不是与之相

[①] [日] 小川环树：《苏州方言的指代词》，《方言》1981年第3期，第287—288页。

[②] 赵元任：《现代吴语的研究》，清华学校研究院，中华民国十七年（1928年）。

[③] 潘悟云：《吴语的指代词》，《著名中年语言学家自选集·潘悟云卷》，安徽教育出版社2002版，第240—281页。

[④] 熊正辉：《南昌方言词汇》（一）（二），《方言》1982年第4期，第314—318；《方言》1983年第1期，第59—80页。

[⑤] 钱曾怡：《嵊县长乐话语法三则》，《吴语论丛》1982年。

[⑥] 施其生：《广州方言"量+名"组合》，《方言》1996年第2期，第113—118页；周小兵：《广州话量词的定指功能》，《方言》1997年第1期，第45—47页。

[⑦] 王健、顾劲松：《涟水（南禄）话量词的特殊用法》，《中国语文》2006年第3期，第237—241页。

[⑧] 刘探宙、石定栩：《烟台话中不带指示代词或数词的量词结构》，《中国语文》2012年第1期，第38—49页。

关的名词，而是名词所表达的相关事物的数量。①问题似乎不是那么简单，泰如片方言地处南北方言之间，除南通、泰兴等地外，其他各点表示定指时一般用指示词"这（那）"，不能直接跟名词结合，中间必须有量词，如"这桌子、那孩子"要说成"这张桌子、那个伢ㄦ"，量词不可或缺。量词在表示定指时没有上述方言使用那么广泛，要完全依靠听说双方共处的语境，甚至要加上眼神、手势；在结构形式上，定指式和数量式有不同的变调格式。先看下面三例：

（16）张桌子在当中家的[tsã²¹/²¹³tɕyaʔ³³tsɿ³tsʰe²¹tã²¹tsõ²¹ka²¹tiɿʔ¹]。桌子在堂屋中间。

（17）这张桌子在当中家的[tsa³³tsã²¹/²¹³tɕyaʔ³³tsɿ³tsʰe²¹tã²¹tsõ²¹ka²¹tiɿʔ¹]。

（18）这张桌子在当中家的[tsa³³tsã²¹/³tɕyaʔ³³tsɿ³tsʰe²¹tã²¹tsõ²¹ka²¹tiɿʔ¹]。

三句中量词"张"的变调不同。头两句与省去数词"一"表示数量意义的"量名"结构共同的是量词或不变调或变读成上声 213 调，最后一句中的"张"随着前字在语流中变读为轻声。二、三两句量名结构前分别用"这"来表示定指，在表义上有所区别：前句强调所指数量为"一"，后句表示一般性的陈述，没有这种强调。第一句中的"张桌子"在脱离上下文的语境时一般认为是数量式，但在听说双方共知的语境中又可理解为定指。有时同指的有定和无定共现，无定在前，有定在后：

（19）星期天买啊张桌子，张桌子断掉啊只脚。[ɕi²¹tɕʰi²¹tʰɿ²¹me²¹³a³tsã²¹/²¹³tɕyaʔ³³tsɿ³，tsã²¹/²¹³tɕyaʔ³³tsɿ³tʰõ²¹tiɔ³³/¹a¹tsəʔ³³/²¹³tɕiaʔ³³]。

前句的"张桌子"是数量式，相当于"一张桌子"；后面的"张桌子"是定指，指上文所指的"这（那）张桌子"。

再如：

（两人在讨论一道数学题）

（20）甲（指着一条题目）：条题目做啊半天也做不出来[tʰiɔ³⁵/²¹³tɕʰi³⁵moʔ³³/⁵tso³³a³põ³³tʰɿ²¹ia²¹³tso³³pəʔ³³tɕʰyəʔ³³le³⁵/³]

乙：张卷子怎啊这啊难的啊？[tsã²¹/²¹³tɕiõ²¹³tsɿ³tsõ²¹³ŋa³tsã³³ŋa³lẽ³⁵tiɿʔ⁵a⁵?]

（21）（张三去找李四，打开房门，发现家里没人，感到奇怪，自言自语）：

哎，个人呢？不是说得好好儿的在家的嘛！[e³⁵，ko³³/²¹³zə̃³⁵ŋe⁵？pəʔ³³sɿ³³soʔ³³təʔ³xɔ²¹³xɔɿ³tiɿʔ³tsʰe²¹ka²¹tiɿʔ¹me¹！]

（22）（爸爸看到小孩调皮，吓唬要揍他一顿）：

根棒ㄦ呢！还不快点做作业！[kə̃²¹/²¹³pʰar²¹le¹！xa³⁵pəʔ³³kʰue³³tiər²¹³tso³³tsaʔ³³iɿʔ³³！]

例中的"条"、"张"、"个"、"根"也不一定相当于表示近指和远指的

---

① 张亚军：《江苏海安话的量词独用变调现象》，《中国语文》2008 年第 1 期，第 61—64 页。

"这"和"那",而是类似于陈玉洁所说的不分远近的"中性指示词"[①],其主要功能不是指示事物距离的远近,而是强调所指事物,而这一事物又是听说双方所共同知晓的,不是表示相关事物的数量。以下按量词本调的声调顺序再罗列量名结构表示定指的语例若干。

首字阴平:间屋[kɛ̃$^{21/213}$ɔʔ^{33}]｜封信[fɔ̃$^{21/213}$ɕĩ^{33}]｜剂药[tɕʰi$^{21/213}$iaʔ^{35}]｜天工夫[tʰĩ$^{21/213}$kɔ̃^{21}fu^1]｜包瓜子[pɔ$^{21/213}$kua^{21}tsər^{213}]｜杯儿茶[pər$^{21/213}$tsʰa^{35}]｜箱子书[ɕiã$^{21/213}$tsʅ$^{213/3}$su^{21}]｜面镜子[mĩ$^{21/213}$tɕĩ^{33}tsʅ^3]｜升米[sɛ̃$^{21/213}$mi^{213}]｜丫儿西瓜[ŋar$^{21/213}$ɕi^{21}kua^{21}]｜锅子粥[ko$^{21/213}$tsʅ^{3}tsɔʔ^{33}]｜圈细猪儿[tɕʰiõ$^{21/213}$ɕi^{33}tsur^{21}]｜部车子[pʰu$^{21/213}$tsʰa^{21}tsʅ^3]｜个倒心[ko$^{33/213}$tɔ^{213}ɕĩ^{21}]

首字阳平:盘菜[pʰɔ̃$^{35/213}$tsʰe^{33}]｜排位子[pʰe$^{35/213}$vʅi^{21}tsʅ^3]｜行韭菜[xã$^{35/213}$tɕio^{213}tsʰe^{33}]｜瓶水[pʰi$^{35/213}$ɕyʅi^{213}]｜层塘灰[tsʰɔ̃$^{35/213}$tʰã^{35}xuʅi^{21}]｜河河草[xo$^{35/213}$xo^{35}tsʰu^{213}]｜田棉花[tʰi$^{35/213}$mĩ^{35}xua^{21}]｜台机器[tʰe$^{35/213}$tɕi^{21}tɕʰi^{33}]

首字上声:桶水[tʰɔ̃^{213}ɕyʅi^{213}]｜口水[kʰʅi^{213}ɕyʅi^{213}]｜把儿韭菜[par^{213}tɕio^{213}tsʰe^{33}]｜捧棉花[pʰɔ̃^{213}mĩ^{35}xua^{21}]｜把扇子[pa^{213}ɕi^{33}tsʅ^3]

首字去声:罐儿蜜[kor$^{33/213}$miʅʔ^{35}]｜泡尿[pʰɔ$^{33/213}$ɕy^{21}]｜筷儿菜[kʰuer$^{33/213}$tsʰe^{33}]｜块肉[kʰue$^{33/213}$zɔʔ^{35}]｜顿饭[tɛ̃$^{33/213}$fɛ̃^{21}]｜串珍珠[tsʰõ$^{33/213}$tsɛ̃^{21}tsu^{21}]

首字阴入:滴水[tiʔ$^{33/213}$ɕyʅi^{213}]｜桌菜[tɕyaʔ$^{33/213}$tsʰe^{33}]｜沰屎[taʔ$^{33/213}$sʅ^{213}]—泡屎｜只手套儿[tsəʔ$^{33/213}$sʅi^{213}tʰor^{33}]｜宿房钱[sɔʔ$^{33/213}$fã^{35}tɕʰi^{35}]｜角铅子[kaʔ$^{33/213}$kʰɛ̃^{2}tsər^{213}]

首字阳入:鼻子灰[piʅʔ$^{35/213}$tsʅ$^{213/3}$xuʅi^{21}]｜额头汗[ŋəʔ^{35}tʰʅi$^{35/213}$xõ^{21}]｜熟粮饭[sɔʔ$^{35/213}$n̬iã^{35}fɛ̃$^{21/213}$]—熟庄稼

例中包括了一些临时量词,一般是单音节的,还有一些由子尾、头尾等双音节及儿化名词充当的临时性量词;一些动量词也可用于定指,如"沰"、"捧"在海安话中都可做动词,在上述各自的例中用作临时量词表示定指。

三 量名定指结构的语法功能

(一)包含定指意义的量名结构,一般作主语或定语

(23)封信来啊七八天。[fɔ̃$^{21/213}$ɕĩ^{33}le^{35}a^{5}tɕʰiə^{33}pɛʔ^{33}tʰĩ^{21}]那封信来了七八天。

(24)串珍珠花掉啊三千。[tsʰõ$^{33/213}$tsɛ̃^{21}tsu^{21}xua^{21}tiɔ^{21}a^{1}sɛ̃^{21}tɕʰĩ^{21}]那串珍珠花了三千。

(25)行韭菜发啊黄,不如那行。[xã$^{35/213}$tɕio^{213}tsʰe^{33}fəʔ^{33}ka^{3}xuã^{35}, pəʔ^{33}zu^{35}lo^{33}xã$^{35/213}$]这行韭菜发黄了,不如那行。

---

① 陈玉洁:《量名结构与量词的定语标记功能》,《中国语文》2007年第6期,第516—530页。

（26）个倒心稿子买家来不好用。[kɔ³³/²¹³tɔ²¹³ɕĩ²¹kɔ²¹³tsʅ³me²¹³ka²¹/³le³⁵/³pəʔ³³xɔ²¹³ĩɔ̃²¹]鬼东西买回来不好用。

（二）量名短语在谓语动词后，通常看作是省去"一"的数量名结构，一般不表定指，但也有表定指的情形

（27）石头砸啊个脚。[səʔ³⁵tʰɤi³⁵/²¹³tsaʔ³³kaʔkɔ³³/²¹⁽²¹³⁾tɕia³³]石头砸了脚。

（28）一拳头打啊个心门口。[iʔ³³tɕʰiõ³⁵tʰɤi³⁵/²¹³ta²¹³aʔkɔ³³/²¹³ɕĩ²¹mə̃³⁵/²¹kʰɤi²¹³]一拳打在胸前。

（29）气不要憋啊个肚子里的。[tɕʰi³³pəʔ³³iɔ³³piɪʔ³³kaʔkɔ³³/²¹³tu²¹³tsʅ²¹³/³n̩i²¹³tiɪʔ³]气不要憋在肚子里。

例中分别是由泛指量词"个"和部分身体名词组成的量名结构。名词的范畴还可进一步扩大，不只是一般名词，还可以是专有名词，甚至代词、数词等体词性词语，语法功能上有差异：

（30）个南非的首都叫甚的啊？[kɔ³³/²¹³lẽ³⁵fɤi²¹tiɪʔ¹sɤi²¹³tu²¹tɕiɔ³³sə̃²¹³tiɪʔ³a³]南非的首都叫什么的？

（31）个国儿家的落雨天就漏。[kɔ³³/²¹³kɔɹ³³ka²¹tiɪʔ¹laʔ³⁵/²¹y²¹³/²¹tʰĩ²¹tɕʰiɔ²¹lɤi²¹]国儿（人名）家一下雨房子就漏。

（32）他其他大学不上，只想上个南大。[tʰa²¹tɕʰi³⁵tʰa²¹ta²¹/³³ɕiaʔ³⁵/³pəʔ³³sã²¹，tsəʔ³³ɕia²¹³sã²¹kɔ³³/²¹³lẽ³⁵ta²¹/³³]他其他大学不上，一心想上南大。

例中的"个+专有名词"结构分别做定语、宾语。

（33）墙倒下来偏偏打啊个他！[tɕʰiã³⁵tɔ²¹³xa²¹/³le³⁵/³pʰi²¹pʰi²¹ta²¹³aʔkɔ³³/²¹³tʰa²¹]墙倒下偏偏砸了他。

（34）考试的刻儿老师怎啊逮个你的？[kʰɔ²¹³sʅ³³tiɪʔ³kʰəɹ³²/²¹lɔ²¹³sʅ³³tsə̃²¹³ŋa³te²¹³aʔkɔ³³/²¹³ni²¹³tiɪʔ³]考试时老师怎么抓你（不及格）呢？

（35）石头砸啊个这许。[səʔ³⁵tʰɤi³⁵/²¹³tsaʔ³³kaʔkɔ³³/²¹³tsa³³xe³]石头砸在这里了。

（36）那个女的是哪个？[lɔ³³kɔ³n̩y²¹³tiɪʔ³sʅ²¹la²¹³kɔ³³/¹]那个女人是谁？
——个他的姨娘。[kɔ³³/²¹³tʰa²¹tiɪʔ¹i³⁵n̩iã³⁵/⁵]他的一个姨娘。

例中的"个+代词"结构可以做宾语或单独回答问题。

（37）个两碗（饭）哪吃不下的？[kɔ³³/²¹³liã²¹³õ²¹³laʔtɕʰiəʔ³³pəʔ³³xa²¹tiɪʔ¹？]难道两碗饭也吃不下吗？

（38）花椒放个两钱。[xua²¹tɕiɔ²¹fã³³kɔ³³/³liã²¹³tɕʰiã³⁵]花椒放那么两钱。

（39）个2的倍数不是4嘛！[kɔ³³/²¹³əɹ²¹tiɪʔ¹pɤi³³su³³pəʔ³³sʅ²¹/³sʅ³³me³！]

例中"个+数（量）词"的结构分别出现在主语、补语、定语的位置。

（40）你看看种人哉！[ni²¹³kʰɔ³³kʰɔ̃³tsɔ̃²¹³zə̃³⁵tse⁵]你看看这种人！

（41）你算算本账看！[ni²¹³sõ³³sõ³pə̃²¹³tsã³³kʰɔ̃³]你算算这本账！

（42）你翻翻句话！[ni²¹³fẽ²¹fẽ¹tɕʰy²¹/²¹³xua²¹]你翻一下这句话！

（43）你瞛看个锅的！[ni²¹³piɔ²¹kʰõ¹ko³³/²¹³koʔ²¹tiɿʔ¹]你看住锅里！
（44）你量看个尺寸！[ni²¹³liã³⁵kʰõ⁵koʔ³³/²¹³tsʰəʔ²³tɕʰyə̃³³]你量量那尺寸！

例中分别为动词重叠式或V看的双音节动词结构，后面一般不带数量名结构的名词做宾语，上例中的"种人"、"本账"、"句话"、"个锅的"、"个尺寸"一般不会被理解为省去"一"的数量名短语。

（三）量名定指结构的功能差异

苏州话中表定指意义的量名短语在一定的语言环境中，量词可以单独使用，如做主语或定语：

（45）俫哪只脚痛？——只痛。
（46）只葛卖相蛮好葛。

泰如话的定指量词没有这种功能，一般要跟名词结合在一起充当一定的句法成分。

普通话中的感叹句的常见格式有"好A的一LN"结构，A表示形容词，L表示量词，N表示名词，如"好深的一口井！"、"好大的一棵葡萄！"、"好漂亮的一幅画儿！"，相应的吴语和泰如话的句子结构跟普通话不同，一般说成"（D）LNA呢"：D是指代词，可以不出现：

泰如话	上海话
（47）（这）口井深哎！	口井咋深！
（48）（这）棵葡萄大呢！	只葡萄咋大！
（49）（这）张画儿漂亮哎！	张画咋漂亮！

泰如话中，如果"这"个出现，量词一律要读213调，定指后面的名词。

表4—1　　　　泰如话与吴语量词定指功能比较

功能项目 \ 地点	泰如话	吴语
单独做主语	有限制：个老大，个老二。	有限制：块让俚吃脱仔吧。
单独做定语	有限制：张的脚断掉啊，张的靠背没得啊。	有限制：枝葛鼻尖坏脱哉。
作句首状语	有限制：下子弄出事情来啊。	限动量词：记弄出事体来哉。
修饰句首主语	把剪子找不到啊。	把剪刀寻勿着哉。
修饰作定语的名词	个鸡子的肉	只鸡葛肉
修饰介词"拿/把"后的名词	把条毯子卖掉	拿条毯子卖脱
修饰VV或V—V式动词的宾语	不能	听听只歌看

续表

功能项目＼地点	泰如话	吴语
用在定语和名词之间	开掉的（部）公共汽车	开脱（葛）部公共汽车
用在定语后代替省去的名词	开掉的部	开脱（葛）部
修饰带定语的名词	个绿滴滴的番茄儿	只生生青葛番茄
修饰"葛/的"字结构	个绿滴滴的	只生生青葛
修饰作同位语的名词	小王个人	小王葛人

功能项目参考了石汝杰、刘丹青对苏州话的考察。从表4—1中可以发现，十二个比较项目中，大概有八个项目在苏州和海安两地都可以说，有三个项目在两地使用，大部分受限，受限的情形不完全一样，相比起苏州话，海安话的量词定指在句中受到更多的限制。复数形式表示定指在苏州话和海安话中比较普遍，如"两（几）+量词"修饰所指的事物：

（50）两个小人吵得来，头也昏葛哉。/两个伢儿吵啊翻啊天，头都大啦。

（51）倷烧葛几只菜倒勿推板。/你烧的几个菜倒不错。

海安话的"些"单念"些"[ɕia²¹]，作为不定量词出现在"这些[tsa³³ɕia³] | 那些[lo³³ɕia³] | 哪些[la²¹³ɕia³] | 无些[vu³⁵ɕia⁵]许多"等代词、形容词后面或充当动词的后附，如"说些[so²³³ɕia³] | 来些[le³⁵ɕia³] | 写些[ɕia²¹³ɕia³]"。如前面第三章节所描述的，"些"还可以变读为213调，表示数量多的意义，如"这些[tsa³³ɕia²¹/²¹³]这么多 | 那些[lo³³ɕia²¹/²¹³]那么多 | 他锅的放啊些[ɕia²¹/²¹³]许多胡椒，麻人得不得了"，"些"也用来表示定指：

些惹瘟！这些（可恶的鸡、鸭之类的）动物！ | 些伲这些人 | 些稿子那些东西 | 些酱油那些酱油

"些"在如皋、海安一些地方也有读[ɕi²¹]的，"这么多"、"那么多"分别说"这[ɕi²¹]"、"那[ɕi²¹]"或"这[ɕi²¹³]"、"那[ɕi²¹³]"，以上表定指的[ɕia²¹]或[ɕia²¹³]也可读[ɕi²¹]或[ɕi²¹³]，这一读音可能保留了吴语某种底层的读音，如苏州话：

（52）星垃圾[sin⁴⁴la²³/²²si⁴⁴] | 星拎勿清葛人 [sin⁴⁴lin⁴⁴/⁵⁵fəʔ⁵⁵tsʰin⁴⁴kəʔ⁵⁵/²¹ɲin²³] 这(那)些不明事理的人

（53）皇封传命下来，个星亲朋朵，围牢交子二老官，要作《催妆》诗哉。（《三笑》第30回340页）

（54）即是那间个星人家，只做亲，弗作吃酒，省得多，竟要行子个嘘。弗惟主人家省净办，就是我里行户中也受用。（《缀白裘》第3集第1卷）

（55）个星入娘贼个！阿该应先挑我老爷去，然后去挑粪？"（《缀白裘》第8集第1卷）

不过，泰如话的"些"不直接用于"个"之后。

四 量名结构中量词的变调

（一）语流中量词的变调

语流中量词的声调并不是一成不变的，量名结构所处的不同句法位置、停顿、重音等语音因素都会影响到量词的声调。在主语和宾语位置上量词有着不同的变调：

（56）张桌子放啊外的。[tsã²¹/²¹³tɕyaʔ³³tsŋ³fã³³ŋa³veʔ²¹tiɪʔ¹]

（57）外的放啊张桌子。[veʔ²¹tiɪʔ¹fã³³ŋa³tsã²¹/²¹³tɕyaʔ³³tsŋ³]

（58）桌菜忙啊半天。[tɕyaʔ³³/²¹³tsʰe³³mã³⁵ŋa⁵põ³³tʰɪ²¹]

（59）有空忙桌菜。[io²¹³kʰɔ̃²¹/³³mã³⁵tɕyaʔ³³/⁵tsʰe³³]

不管是数量式还是定指式，量名结构处于主语位置上时，量词一律变读为 213 调，与上声的调值相同；在宾语位置上时，量词则随着前面动词声调的高低而变，一般随前字而变读成轻声：

（60）请人要借张桌子。[tɕʰĩ²¹³zə̃³⁵io³³tɕia³³tsã²¹/³tɕyaʔ³³tsŋ³]

（61）买张桌子不如借张桌子。[me²¹³tsã²¹/³tɕyaʔ³³tsŋ³pəʔ³³zu³⁵tɕia³³tsã²¹/³tɕyaʔ³³tsŋ³]

两例中"张"的前字分别是"借"33 调、"买"213 调，因而具有相同的音高 3，张亚军（2008）文中所举的"他借了张桌子"，海安话说成"他借啊张桌子"，如果要强调数量，则要重读"张桌子"，并且在"啊"和"张"之间有短暂的停顿：

（62）他借啊ˇ张桌子。（ˇ表停顿）

"张"读 213 变调。但在不表强调的一般自然语流中，"借啊张桌子"更多要读成"借啊张ˉ桌子"，ˉ表示自然语流中的韵律停顿，不如ˇ的停顿明显。这种语流中量词的不同变调可以出现在表示一般事物分类的量词中：

顿（本调 33）：

（63）前朝儿在他家的吃啊顿夜饭。[tɕʰĩ³⁵tɔɻ²¹/⁵tsʰe²¹tʰa²¹kaʔ²¹tiɪʔ¹tɕʰiəʔ³³ka³tɔ̃³³/²¹³iaʔ²¹fɛ̃²¹/²¹³]前天在他家吃了顿晚饭。（变读为 213 调）

（64）过去再穷过年总要吃顿肉饭。[ko³³tɕʰy³³tse³³tɕʰiɔ³⁵ko³³nĩ³³tsɔ̃²¹³iɔ³³tɕʰiəʔ³³tɔ̃³³/³ʔɻ³⁵fɛ̃²¹]过去过年再穷总要吃顿肉饭。（前字"吃"为 33，"顿"读轻声 3）

（65）再忙也要忙顿夜饭人家吃下子。[tse³³mã³⁵ia²¹³iɔ³³mã³⁵tɔ̃⁵ia²¹fɛ̃²¹/²¹³zə̃³⁵kaʔ²¹/⁵tɕʰiəʔ³³xaʔ²¹/³tsŋ³]再忙也要准备一顿晚饭招待人家一下。（前字"忙"为 35，"顿"读轻声 5）

棵（本调 21）：

（66）妈妈到田的挑啊棵青菜。[ma²¹ma²¹/²¹³tɔ³³tʰi³⁵tiɪʔ²⁵tʰiɔ²¹ˈa¹kʰo²¹/²¹³

tɕʰi²¹tsʰe³³]妈妈到田里铲了一棵青菜。（变读为213）

（67）蹲啊街上吃棵青菜也要花钱买。[tõ²¹ŋa¹ke²¹sã¹tɕʰiəʔ³³kʰo²¹/³tɕʰi²¹tsʰe³³ia²¹³iɔ³³xua²¹tɕʰi³⁵me²¹³]住街上连吃一棵青菜也要花钱买。（前字"吃"为 33，"棵"读轻声3）

（68）汤的再放棵青菜。[tʰã²¹tiɪʔ¹tse³³fã³³kʰo²¹/³tɕʰi²¹tsʰe³³]汤里再放一棵青菜。（前字"放"为33，"棵"读轻声3）

片（本调33）：

（69）早曦起来吃啊片药饼儿。[tsɔ²¹³ɕi²¹/³tɕʰi²¹³le³tɕʰiəʔ³³kaʔpʰi³³/²¹³ia³⁵piər²¹³]早晨起来吃了一片药。（变读为21或213）

（70）老头儿吃片药饼儿总要喂。[lɔ²¹³tʰər³⁵tɕʰi²¹³³³pʰi³³/³ia³⁵piər²¹³tsɔ²¹³iɔ³³y³³]老人吃片药也要别人喂。（前字"吃"为33，"片"读轻声3）

（71）心的疼就拿片药饼儿吃下子。[ɕi²¹tiɪʔ¹tʰə̃³⁵tɕʰiɔ²¹la³⁵pʰi~³³/⁵ia²¹³⁵ piər²¹³tɕʰiəʔ³³xa³tsɿ³]心里疼就吃片药。（前字"拿"为35，"片"读轻声5）

无分类作用的通用量词"个"也有类似的这种变调。"个"在"个人"（与"集体"相对）、"个子""个别"等复合词中读本调33；在"一个""二个""三个""四个"等结构中与普通话及大多数方言的读音情形相类似，即量词读轻声，音高点随着前字的高低而发生变化，前字为阴平时为1，前字是阳平和阳入时为5，前字为上声、去声和阴入时为3；在"个人"（一个人）、"个伢儿"（一个孩子）、"个作业"中变读为213。

（72）家的来啊个人。[ka²¹tiɪʔ¹le³⁵a³ko³³/²¹³zə̃³⁵]

（73）房子小，家的来个人都不方便。[fã³⁵tsɿ⁵ɕiɔ²¹³，ka²¹tiɪʔ¹le³⁵ko⁵zə̃³⁵to²¹pəʔ³³fã²¹pĩ²¹]

"家的来啊个人"指家里来了人，且数目是"一个"；"家的来个人"泛指家里来人这件事，数目上不一定限十一个人。同样"蹲啊街上吃棵青菜也要花钱买"不一定实指"一棵青菜"，而是指"在街上（城市）生活连青菜这类常见的蔬菜都要花钱买"，如果要强调"一"这一实际数量，就将量词变读为213调，同时重读后面的名词。这种不同变调不只限于表"一"的数量结构，比如：

（74）他请人弄的两个菜无咸不咸的。[tʰa²¹tɕʰi²¹³zə̃³⁵lõ²¹tiɪʔ¹liã²¹³ko³³/³tsʰe³³vu³⁵xɛ̃³⁵pəʔ³³xɛ̃³⁵tiɪʔ⁵]

（75）他请人只上啊两个菜。[tʰa²¹tɕʰi²¹³zə̃³⁵tsəʔ³³sã²¹ŋa¹liã²¹³ko³³tsʰe³³]

（76）这两天天一直比较热。[tsa³³liã²¹³/³tʰi²¹tiɪʔ³³tsʰəʔ³⁵pi²¹³tɕiɔ³³ziɪʔ³⁵]

（77）昨朝、今朝两天温度都在三十七度以上。[tsʰaʔ³⁵tɔ²¹/³⁵kə̃²¹tɔ²¹liã²¹³tʰi²¹və̃²¹tu³³to²¹tsʰe³³sɛ̃²¹səʔ³⁵/¹tɕʰiəʔ³³tu³³i²¹³sã²¹]

例中"两个菜"和"两天"重音和连读不同所表示的意思也不同。"两个菜"不重读时,语流中的"个"读轻声,意思指请客时端上桌的菜。"两个菜"重读时,"个"读本调,强调端上桌的菜只有两个。"这两天"不重读时,"两"在语流中变读为轻声,"这两天"指最近一段时间,不一定指具体的两天;"两天"重读时,"两"读本调,确指具体两天的数量。

(二)定指结构中量词的变调

量名结构的定指式和数量式在停顿、重音、变调上都有区别,故可以用来区别一些歧义句,如"个人走啊"在泰如话中就有三种不同的理解,可指"(单独)一个人走了"、"某个人走了",还可指"(这、那)个人走了"。表示前两种意思时一般说成"个人ˇ走啊"(ˇ表示语流中的自然停顿),表示不定指时又常说成"有个人走啊",这两种情形下"个人"都读作[kɔ²¹³zə̃³];表示定指义时,"个人走啊"要读成"个ˇ人走啊","个"和"人"之间有一定的停顿,"个"读成213调,"人"读成zə̃³⁵。再如:"个伢ɹ个",可以表示定指,指"这个孩子(我给他)一样(东西)";可以表示周遍义,指"每个孩子(给他)一样(东西)"。单说时,一般会把这句话中的"个伢ɹ"理解为周遍义。量词的独用也是这样,在"个个,个两个[kɔ³³/²¹³kɔ³³/²¹, kɔ³³/²¹³liã²¹³kɔ³³/³]"中,结合手势,这句话可以表示为"这个(给、是)一个,那个(给、是)两个","个"是独用表示定指而变调。张亚军(2008)文中所举的"个人喝瓶啤酒",表示"每个人喝一瓶啤酒"时,"个人"连在一起,念成[kɔ³³/²¹³zə̃³],"人"念轻声,不同于与集体相对立的"个人[kɔ³³zə̃³]"或"个人[kɔ³³zə̃³⁵]":

(78)个[kʊ³³/²¹³]人[zə̃³⁵]个人[kɔ³³/²¹³zə̃³]喝瓶啤酒。

(79)个[kʊ³³/²¹³]人[zə̃³⁵]哉,不能把瓶啤酒留你个人[kɔ³³/²¹³zə̃³]喝啊!

例(78)指"那人一个人喝一瓶啤酒",(79)相当于"你这人,不能把一瓶啤酒计你一人喝呀"!

表示最小量的"个人[kɔ³³/²¹³zə̃³]"在海安话中读音紧凑,中间不能停顿,一些例子说明了其意义虚化的轨迹:

(80)他个人过。[tʰa²¹kɔ³³/²¹³zə̃³kɔ³³]

(81)狗子个人睡啊在锅门口。[kɤi²¹³tsɿ³kɔ³³/²¹³zə̃³xɤi³⁵a⁵tsʰe²¹kɔ²¹mə̃³⁵/¹kʰɤi²¹³] _{狗独自睡在锅灶后头。}

(82)熊猫ɹ个人在吃竹子。[ɕiõ³⁵mɔr³⁵kɔ³³/²¹³zə̃³⁵/³tsʰe²¹tɕʰiə?³³tsɔ?³³tsɿ³] _{熊猫独自在吃竹子。}

例(80)指"他自己独自一个人过日子",后两句中"个人"意义进一步虚化,可以用于狗、熊猫这些动物之后,不限于指人了。

双音节名词充当的临时量词,表示定指时首字也一律变读为213调,后字随前字发生音高点的变化,以"子尾"词居多,没有类推性,兹按首字阴平、阳平、上声、去声、阴入、阳入的顺序再举例若干：

袋子花生[tʰe²¹ᐟ²¹³tsɿ³xua²¹sẽ²¹ᐟ²¹³]｜盘子韭菜[pʰõ³⁵ᐟ²¹³tsɿ³tɕio²¹³tsʰe³³]｜铲子米饭[tsʰɛ̃²¹tsɿ³mi²¹³fẽ²¹]｜趟子看病[tʰã³³ᐟ²¹³tsɿ³kʰõ³³pʰɿ̃²¹]｜钵头粥[pəʔ³³ᐟ²¹³tʰɤi³⁵ᐟ²¹³tsɔʔ³³]｜盒子月饼[xoʔ³⁵ᐟ²¹³tsɿ²¹³ᐟ³ioʔ³³ᐟ³⁵pi²¹³]

儿尾词中"儿"一般跟前面的单音节词合为一音节，并遵照单音节量词的声调变化规律：

缸儿猪食[kar²¹ᐟ²¹³tsu²¹səʔ³⁵]｜团儿毛丝[tʰor³⁵ᐟ²¹³mɔ³⁵sɿ²¹]｜板儿黏糕[per²¹³ni͂³⁵kɔ²¹]｜筷儿咸菜[kʰuer³³ᐟ²¹³xɛ̃³⁵tsʰe³³]｜角儿水糕[kar³³ᐟ²¹³ɕyɤi²¹³kɔ²¹]｜碟儿黄豆[tʰiər³⁵ᐟ²¹³uã³⁵tʰər²¹]

刘丹青（1985）报告的苏州话量词的定指用法有其独特的语音形式，不管其本调如何，一律变读为次高平调44，双音节以上的量词或"两"、"几"跟量词组合用作定指时，变调格式跟头字为阴平的多字组变调格式大致相仿。但苏州话中定指用法量词的变调跟指别词"艁"跟量词组合而成的连读字组的变调有共同之处，如"艁部汽车[gəʔ²³ᐟ²²bu²¹ᐟ⁴⁴tɕʰi⁵²³ᐟ⁵⁵tsʰo⁴⁴ᐟ²¹]｜部汽车[bu²¹ᐟ⁴⁴tɕʰi⁵²³ᐟ⁵⁵tsʰo⁴⁴ᐟ²¹]"，海安话"这部汽车"在语流中要读成[tsa³³pʰu²¹ᐟ³tɕʰi³³tsʰa²¹]，表示定指的"部汽车"读[pʰu²¹tɕʰi³³tsʰa²¹]或[pʰu²¹ᐟ²¹³tɕʰi³³tsʰa²¹]，与连读字组的变调不完全相同。

（三）量词独用时的变调

张亚军（2008）描述了海安话量词独用时的变调情形，量词独用时可以修饰名词短语、构成偏正短语充当主语、宾语，或单独成句。量名结构的数量功能与变调这种读音的不同与量词独用时所处不同的句法位置有关。上举海安话的量词有时可以单独充当某些拷贝式的话题，据我们观察，"块"、"口"、"间"独用出现在主语位置上时一律读213的变调，而当出现在宾语位置上时，则既可读成自然语流中的轻声（音高受前字的影响），也可读成213的变调，用来表示对数量的强调，如：

（83）块也要吃块。[kʰue³³ᐟ²¹³ia²¹³iɔ³³tɕʰiəʔ³³kʰue¹⁽²¹³⁾]就是一块也要吃一块。

（84）间也要分间。[kɛ̃²¹ᐟ²¹³ia²¹³iɔ³³fɔ²¹kɛ̃¹⁽²¹³⁾]就是一间也要分一间。

量词独用也可以是表示定指，充当主语、定语，对语境的依存度较高：

（85）（手指着照片上的弟兄二人，依次介绍）个老大，个老二。[ko³³ᐟ²¹³lɔ²¹³ta²¹ᐟ³³，ko³³ᐟ²¹³lɔ²¹³ər²¹]

（86）个的妈妈儿老婆是外地的，个的妈妈儿是家团团儿家周围的。[ko³³ᐟ²¹³tiʔ³ma²¹³mar³sɿ²¹veʔ²¹tɕʰi²¹tiʔ³，ko³³ᐟ²¹³tiʔ³ma²¹³mar³sɿ²¹kaʔ²¹tʰõ³⁵tʰor³⁵ᐟ²¹³tiʔ³]

（87）（指着两张椅子——说明）张高些，张矮些。[tsã²¹ᐟ²¹³kɔ²¹ɕia¹，tsã²¹ᐟ²¹³ŋe²¹³ɕia³]

（88）张的脚断掉啊，张的靠背没得啊。[tsã²¹ᐟ²¹³tiʔ³tɕiaʔ³³tʰõ²¹tiɔ²¹a¹，

tsã²¹/²¹³tiɪʔ³kʰɔ³³pɤi³³məʔ³⁵təʔ⁵ka⁵]

上例中如果把括号中表示语境的说明性文字去掉，则量词只能表示数量。事实上，海安话量词独用表示数量做主语、宾语或单独成句时都必须在一定的上下文中出现，而定指式对语境的依赖性更高。

五 "个+名"结构的表情功能

"个"在表示数量时是一个泛指量词，使用非常复杂。杉村博文认为，"个"具有用来激活一个事物不属于百科全书式知识的属性，即由对事物进行计数、分类、描绘，转向激活事物的文化属性，即语用层次上的表情功能[①]。王健描写了睢宁话的"个"跟不同的名词性成分组合时，整个语句带有指责、埋怨的语气，并进一步分析其可能是早期吴语的遗存[②]。海安话的"个+名"结构有相类似的语用特点，我们对其表情功能分类加以说明：

（一）"个+詈称名词"的指称詈骂功能

这部分名词是地道的海安土话，虽不登大雅之堂，但出现频率颇高：

个认妈妈[ko³³/²¹³zə̃²¹ma²¹ma¹]骂男人的话，"认"应是"入"的避讳字 | 个狗入的[ko³³/²¹³kɤi²¹³zə̃³⁵tiɪʔ⁵]骂男人的话，"入"读zə̃³⁵，不避讳。| 个少亡[ko³³/²¹³sɔ³³/²¹uã³⁵]骂男孩子的话 | 个细豁儿[ko³³/²¹³ɕi³³xor³³]骂女孩子的话 | 个背锹儿[ko³³/²¹³pɤi²¹tɕʰiər²¹] | 个细匣子[ko³³/²¹³ɕi³³kʰɛʔ³⁵tsɿ³]骂孩子的话，匣子这里指棺材，"个细棺材"在海安话中用于骂孩子或动物 | 个伀[ko³³/²¹³sə̃³⁵]骂男人的话 | 个讨汉[ko³³/²¹³tʰɔ³³xõ³³]骂女人的话 | 个打枪毙[ko³³/²¹³ta²¹³tɕʰiã²¹pɤi³³]骂男人的话

这些名词本来就是詈词，一般用于当面相骂。用于指称时具有一般名词的语法功能：

（89）个认妈妈不听我的话。[ko³³/²¹³zə̃²¹ma²¹ma¹pəʔ³³tʰɪ³³ŋo²¹³tiɪʔ³xua²¹]那家伙不听我的话。

（90）我认得个认妈妈。[ŋo²¹³zə̃³⁵təʔ¹ko³³/²¹³zə̃²¹ma²¹ma¹]我认识那家伙。

（91）个认妈妈的稿子没得啊。[ko³³/²¹³zə̃²¹ma²¹ma¹tiɪʔ¹kɔ²¹³tsɿ³məʔ³⁵təʔ⁵ka⁵]那家伙的东西掉了。

例中"个认妈妈"分别充当主语、宾语、定语。"个"前边可加上"这"或"那"，进一步明确所指对象的远近，"这个"、"那个"主要用来表示指称，"个"读轻声3。如果"个"变读为213，"这个"念成[tsa³³ko²¹³]、"那个"念成[lo³³ko²¹³]时，詈骂的感情色彩就得到进一步的强调：

[①] [日] 杉村博文：《量词"个"的文化属性激活功能和语义的动态理解》，《世界汉语教学》2006年第3期，第17—23页。

[②] 王健：《睢宁话中"个"的读音和用法》，《方言》2007年第1期，第60—65页。

（92）这个[tsa³³ko²¹³]认妈妈！ 这该死的家伙！

（93）这个[tsa³³ko²¹³]认妈妈不听我的话。 这该死的家伙不听我的话！

（94）那个[lo³³ko²¹³]傢！

（95）我认不得那个[lo³³ko²¹³]傢。

这不由使我们想起英语中定冠词 the 的用法。为了表示强烈的爱憎，the 也被用来形容某些人或某事物：

（96）He's stolen my parking space, the bastard!（他偷占了我的车位，这个狗娘养的！）

（97）He's won a holiday in Hawaii.——The lucky devil!（他赢得了免费到夏威夷度假的机会。——这家伙真走运！）

（98）What the hell are you doing here?（你在这里搞什么鬼名堂？）

为了强调这种感情，英语可以将 the 重读，海安话则是通过"个"213 的变调。当然，海安话中的"个"与 the 并不是完全对应的关系，这种趋同的现象，可能反映了"个"在表示定指用法时向定冠词的接近。

（二）"个+名词"结构独用时表示责备、埋怨

与上述情形相关联，"个+名"也多表消极意义，后面常用语气词"哉"表示感叹：

（99）个强生哉，非要那啊犟！[ko³³/²¹³tɕiã³⁵sɛ̃²¹tse¹, fɤi²¹iɔ³³lõ³³ŋa³tɕʰiã²¹] 强生这人，非那么犟！

（100）个小三哉，还要人拖啊？[ko³³/²¹³ɕiɔ²¹³sɛ̃²¹tse¹, xa³⁵iɔ³³/⁵zɔ̃³⁵tʰo²¹a¹] 小三啊，还要别人来拉？

（101）个小伙哉，可有点儿出息？[ko³³/²¹³ɕiɔ²¹³xo²¹³/³tse³, ko³³io²¹³tiər²¹³tɕʰyɔ³³ɕiɿʔ³³] 这小伙 有出息吧？

这里的名词一般是表示人称或人名，也可以是表示身体部位的名词：

（102）个手哉，一点儿不老实！[ko³³/²¹³sɤi²¹³tse³, iɿʔ³³tiər²¹pəʔ³³lɔ²¹³səʔ³³] 这手，一点儿不老实！

（103）个脚哉，往旁边放放！[ko³³/²¹³tɕiaʔ³³tse³, uã²¹³pʰã³⁵pi²¹fã³³fã³] 这脚，往旁边挪挪！

（104）个头发哉，像个乱草把！[ko³³/²¹³tʰɤi³⁵fɛʔ³³/²¹³tse¹, tɕʰiã²¹ko¹lõ²¹tsʰɔ²¹³pa²¹³] 这头发，像乱草把！

在一定的语言情境下，普通名词、甚至一些抽象名词也可以出现在这种结构中：

（105）个桌子哉，横啊个当中家的！[ko³³/²¹³tɕyaʔ³³tsɿ³tse³, õ³⁵ŋa⁵ko³³/²¹³tã²¹tsɔ̃²¹ka²¹tiɿʔ¹] 这桌子，横放在房子中间！

（106）个钢丝车儿哉，停啊个大门口！[ko³³/²¹³kã²¹sɿ²¹tsʰar²¹tse¹,

tʰi³⁵ŋa⁵koʔ²¹/²¹³taʔ²¹mɔ̃³⁵/¹kʰɤi²¹³]这自行车，停在大门口！

（107）个思想哉，点儿都不集中。[ko³³/²¹³sɿ²¹ɕiã²¹³tse³, tiər²¹³toʔ²¹/²¹³pəʔ³³tɕiɪʔ³³tsɔ̃²¹]这思想，一点儿都不集中。

（108）个脑筋！一点儿都不中用。[ko³³/²¹³lɔ²¹³tɕĩ²¹！iɪʔ³³tiər²¹³toʔ²¹/²¹³pəʔ³³tsɔ̃³³iɔ̃²¹]

（三）"个+名词"指称整体或个体，主观上可以往大里夸张

一般认为，普通话的"个+名"结构，有把动作行为的价值或数量往小里说的意思，如杉村博文（2006）的例子：

（109）见你和陶书记天天练书法，我也跟着偷偷儿学，越学越有意思。学点东西好啊，光开个车，没味道。（王跃文《朝夕之间》）

（110）我的车虽然说不是什么好车，怎么也能卖个七八万呀。（电视剧《重案Ⅵ组》）

后句作者认为是"往小里说"。这种往"小里说"的特点，主要还是表现在语用层面上，"个+名"结构同样也能表示"往大里说"：

（111）去年他的车就卖了个七八万呀。

七、八万在说话人的心目中是两个比较大的数字。可见，"个+名"结构主要还是表示说话人的主观评价意义，根据上下文语境的不同，既可往"大里说"，也可往"小里说"。由于人们在看到量词"个"时首先会把它理解为"一个"的省略，所以就有"个+名"结构表达往"小里说"的印象。海安话也是这样：

（112）他昨朝个晚上不曾家来。[tʰaʔ²¹tsʰaʔ³⁵tɔʔ²¹/⁵ko³³/²¹³vẽ²¹³sã³pəʔ³³tsʰɔ̃³⁵kaʔ²¹le³⁵/¹]

"个晚上"可理解为"一个晚上"，指数量小，意即"他只有昨天晚上没有回家，其他晚上都回家了"，叫说成"他就昨朝个晚上不曾家来"。这句话还可表示"他昨天整个晚上都没有回来"，这时，"个"一定要念成213，"个晚上"都要重读，动词前面可添加上"都"，说成"他昨朝个晚上都不曾家来。""个晚上"就是往"大里说"了。再如：

（113）已经七点钟啊，个天还不亮。[i²¹³tɕĩ²¹/³³tɕʰiəʔ³³fi²¹³/³³tsɔ̃²¹ŋa¹, ko³³/²¹³tʰi²¹xa³⁵pəʔ³³n̩iã²¹]

（114）窗帘儿一拉，家的亮啊个天。[tɕʰyã²¹n̩iər³⁵iɪʔ³³la²¹, ka¹tiɪʔ¹n̩iã¹ŋa¹ko³³/²¹³tʰi²¹]

（115）老子不在家，个天是他的。[lɔ²¹³tsɿ³pəʔ³³tsʰe²¹ka¹, ko³³/²¹³tʰi²¹sɿ²¹tʰa²¹tiɪʔ¹]

"天"是个体名词，例（113）中"个"只表示定指，去掉的话，所指没有什么差别，但有主观评价色彩的差异，"个天还不亮"除客观陈述事实

外，还有对这一事实感到意外和不能理解的意味。例（114）、（115）句中的"个天"所指已经虚化，"家的亮啊个天"指"家里非常明亮"，"个天是他的"比喻"他在家里没人管束，可以为所欲为"，都有夸张的意思，去掉"个"的话，句子就不能说。普通话中，"一个+N（名词）"结构也可以表示"全部"，如"他趴在一个长沙发上，把一个沙发都占严了……"，后面的一个沙发在回指前面出现的"一个长沙发时"，借助"都"的总括作用强调"全部"的意思。跟普通话不同的是，海安话的"个+N"结构不需要回指就能表示"全部"或"往大里说"，更重要的是，这里的"个+N"结构不能用"一个+N"结构来替换，"窗帘儿一拉，家的亮啊一个天。"和"老子不在家，一个天是他的。"都不讲。

第三节 本章小结

数量名结构中，数词"一"省略的情形在泰如话和吴语中都很常见，泰如话量词一般要读 213 的变调，如"斤半[tɕi²¹/²¹³põ³³]"、"丈八[tsʰã²¹/²¹³pɛʔ³³]"、"根黄瓜[kə²¹/²¹³uã³⁵kua²¹]"、"副牌[fu³³/²¹³pʰɛ³⁵]"。吴语"二"和"两"的读音比泰如话复杂，有文白之分，泰如话一般不分文白读。数词作为粘着语素用于某些词或固定短语中时，就不再表示确切的意义，有些词在两地是通用的，如"搅七搅八"、"三只手"、"瘪三"，也有不同的，泰如话中，"一"常常表示"时间上的一次性"、"全部"、"专一"、"经常"等义，如："一天夜的"、"一气上"、"一是一当"、"一发"；"八"可以虚指较大数目，如："八更八点"、"八世"、"久已八载"；由"二"、"三"、"七"、"八"构成的词语或短语在独用或连用时大多有贬义："嗯二吾二"、"皱二麻二"、"沿二摸三"、"渣二渣四"、"七扯八拽"、"护七护八"、"蛮七蛮八"、"七笤八笆斗"；如"半世"、"四门店"、"六陈行"、"三的不角"；一些词或短语中数词性语素来历不明，如"三六子"、"七寸八挡"、"皮啊耷二"、"冒六公"、"谎儿三"等，泰如话有自己特有的一些量词，如"几发[fɛʔ³³]"、"丫儿[ŋar²¹]"、"坨[tʰo³⁵]"、"节[tɕiɪ³³]"、"料[liɔ²¹]"、"班[pɛ²¹]"、"泹[taʔ³³]"、"刻儿[kʰər³³]"、"畈[vɛ³³]"、"趟[tʰã³³]"等。泰如话中表示个体的量词"个"、表示复数的"两"、"些"等也有苏州话那样表示定指的功能，一般出现在主语、定语的位置；表示个体性的量词在表示定指时也可以在其他位置上出现。定名结构不管是数量式、定指式或量词独用式，都存在着丰富的变调现象，且以变为 213 调为最常见，量词表示定指时对语境有着高度的依赖性，特别在处于同一句法位置时常据此与数量式相区别。"个+名"结构具有丰富的表情功能，一般表示詈骂、责备等消极义，在指称整体或个体

时主观上可以往小里夸张，也可以往大里夸张，具有较强的主观评价性。"个（辦、格）"表示指称在泰如话中还可见于南通、泰兴等方言点，海安、如皋一般用"这（那）"来表示指别，随着普通话影响的加深，这种指别作用日渐增强，而量词的定指功能则日渐衰微，从量词的不同变调层次也可见一斑：句话 [tɕʰy²¹/²¹³xua²¹] | 这句话 [tsa³³tɕʰy²¹/²¹³xua²¹] | 这句话 [tsa³³tɕʰy²¹/³xua²¹]，从定指到指别，对语境的依赖减弱，"句"在语流中由213变为轻声的3，成了一个一般性的量词。

第五章　问句

　　从句子构造的角度而言，疑问句具有与陈述句相区别的特定的语法形式。对疑问句的语法分析首先要立足于句式，陈述句变为疑问句的结构方式，一是采用词汇手段，在陈述句中插入表疑问的指代词或副词，或者在陈述句句末加上疑问语气词；二是采用句法手段，在陈述句的某一句法成分后插入同类短语构成并列短语；三是采用语音手段，即不改变陈述句式而改变其句调的方式，这时往往要跟相应的句末语气词一起配合使用，泰如话和吴语都不能仅凭改变语调来构成疑问句，如：

　　（1）俚去北京勒。
　　（2）他上啊北京。_{他去了北京。}

　　读作陈述句时是下降语调。表示疑问时，除语调读作上升调外，句末一般要有语气词"啊"：

　　（3）俚去勒北京啊？/他上啊北京啊？
　　（4）俚鹾去北京啊？/他可上啊北京啊？/他共上北京啊？

　　泰如话与吴语的语气词在本书第十一章有比较详细的对比，这里着重就一、二两种情形构成的问句进行比较分析。

第一节　指代词疑问句

　　在第三章，我们已经指出了吴方言与泰如话在代词方面存在着系统的差异，理所当然所构成的指代词问句也就有所不同：

苏州话	上海话	泰如话
（5）哪搭有停车场？	鞋里有停车场？	哪海有停车场啊？
（6）该只房间几花大？	迭只房间几化大？	这个房间多大啊？
（7）倷买啥物事？	侬买啥物事？	你买甚的稿子啊？

　　吴方言指代词问句句末不一定要使用疑问语气词，泰如方言句末一般有语气词"啊"[①]。也可以用"的"，表示心中一时想不起来而向他人提问

[①] 当然，泰如话句末也有不用"啊"的情形，但用"啊"显得更为自然，语气也显得比较舒缓。

或核实：

（8）哪海有停车场的？ _{哪里有停车场的？}
（9）这个房间多大的？
（10）你买甚的稿子的？ _{你买什么东西的？}

第二节　并列短语问句

所谓并列短语问句，是指陈述句的某个句法成分扩展成一个并列短语，并列成分之间用连词相连接，普通话用连词"还是"，吴语和泰如话可以用"还是"，还有各自的连接成分，如苏州话的"勒"，泰如话的"啊"：

苏州话　　　　　　　　泰如话
（11）夜饭吃饭勒吃粥？　　夜饭吃饭啊吃粥？
（12）今朝去勒明朝去？　　今朝去啊明朝去啊？

并列短语可以并列整个句子，也可以并列主、谓、宾、补等句法成分，可以是谓词性的，也可以是体词性的，经常和"还是"连在一起使用：

并列全句：
（13）去好勒勿去好？｜去好啊不去好啊？/去好啊还是不去好啊？
（14）考北京勒考上海？｜考北京啊考上海啊？/考北京啊还是考上海啊？

并列主语：
（15）理科勒文科好考点儿？｜理科啊文科好考点儿啊？/理科啊还是文科好考点儿啊？
（16）先生勒还是学生有意见？｜先生啊学生啊有意见啊？/先生啊还是学生啊有意见啊？

并列谓语：
（17）倷吃食堂勒自家烧？｜你吃食堂啊自家烧啊？/你吃食堂啊还是自家烧啊？
（18）俚去苏州勒去上海？｜他去苏州啊去上海啊？/他去苏州啊还是去上海啊？

并列宾语：
（19）俚欢喜小红勒小兰？｜他欢喜小红啊小兰啊？/他欢喜小红啊还是小兰啊？
（20）俚考北大勒复旦？｜他考北大啊复旦啊？/他考北大啊还是复旦啊？

并列补语：
（21）成绩考得好勒勿好？｜成绩考得好啊不好啊？/成绩考得好啊还是不好啊？

（22）衣裳做得长勒短？│衣裳做得长啊短啊？／衣裳做得长啊还是短啊？

普通话中并列两项的选择问若前一项为肯定式，后一项为否定式，两项之间可以省略连词"还是"，构成"VP不VP"式反复问句，苏州话和泰如话的并列短语问句也可以并列肯定项和否定项，但一般都不省略连词"勒"和"啊"，分别构成"VP勒勿VP"、"VP啊不VP"。李小凡认为，早期苏州方言很少使用并列短语问句，《海上花列传》总共才有三例并列短语的问句，他由此推测，苏州方言并列短语的并列项早先是直接黏连的，由于并列项之间语气上的短暂停顿，滋生出一个语气词，最初是"呢[nəʔ⁵⁵]"，后来，其声母由鼻音变成边音，字形也随之改写成"勒[ləʔ⁵⁵]"，渐渐具有了连词的性质[①]。泰如话看不出这种演变的过程，"啊"作为连词，可以出现在多种场合，除了以上和苏州话中的"勒"共同具有连接谓词性词语的功能外，还大量连接体词性词语（苏州啊上海│上的啊底下│前啊后│七啊八），用在状中结构（分啊吃│帮啊算│走啊去）、连动结构（吃啊去│好啊来│切啊煮）、补充结构（吃啊饱啊│站啊稳│说啊急啊），当然也有充当体貌及各种句末语气词的功能。泰如话用于并列短语问句中的"啊"也可能来自近代汉语的"也[a]"，在明清小说中，"也"可用于动词和否定词之间，表示选择语气：

（23）柴大官人在庄上也不？（《水浒传》第22回）

（24）只要嫁个读书官人，教授却是要也不？（《京本通俗小说·西山一窟鬼》）

（25）烛坐勿寐，我往视新妇来也未？（《聊斋志异·菱角》）

温州乐清方言有"V-也-neg.-V"格式，游汝杰（1993）认为是由"V-也-neg."和"V-neg.-V"格式混合而来，属于后起的：

（26）个本书用着也用否着？这本书有没有用！

（27）你俫识也否识？你们认识不认识？

泰如话没有"V-neg."与"V-neg.-V"反复问形式，所以难以说是由混合产生的。"V-neg-V"（如"来不来"）形式，在该片方言中不是绝对不可以说，但明显是普通话的说法。张敏把"ADV—VP"和"A—not—A"没有并存现象的江苏方言共归为四类，其中第三类属于交通不便、与外界联系不畅，所列举的东台、大丰点正好都位于泰如方言片内[②]。

"呢"也是泰如话一个重要的语气词，主要用于表达疑问、感叹语气，也可用于连接并列短语问句中的前后选择项：

[①] 李小凡：《苏州方言语法研究》，北京大学出版社1998年版，第129页。

[②] 张敏：《江淮官话中的句法变化：地理分布如何揭示扩散的历史》，吴福祥编《境外汉语历史语法研究文选》，上海教育出版社2013年版，第409页。

（28）你上北京呢，还是上上海？
（29）走304呢还是218？
（30）做块儿吃呢还是家去吃？
（31）把三个他呢，还是四个？

相比起"啊"，"呢"的语气显得较为舒缓，如例中所示，句末"啊、呢"之类的语气词也可以不出现，口语中，"还是"在句中也常可省略而不影响意思的表达。

第三节 泰如话与吴语的"ADV+VP"问句

"ADV+VP"问句是广泛存在于汉语方言之中的一种疑问句式，以吴语、江淮方言和西南官话为常见，又分别称之为"阿VP"、"可VP"反复问句。贺巍报告的河南获嘉方言也有这种"ADV+VP"型问句[①]，获嘉话属于中原官话，可见该句式已不局限于吴语和江淮官话。朱德熙通过对苏州、昆明、合肥三处方言的比较，认为"可VP"问句中的"可"可能本是入声，小说中写作"可"只是借用字形，跟"可"字本身不一定有联系[②]。张敏（1990）认为"阿"来源于"可"，"可"的声母脱落变成"阿"。"可VP"问句中"可"的声母在泰如话中一般读不送气，所以也有人记作"果"[③]、"个"[④]，大多数读作舒声，但在姜堰点读"格"[⑤]。"可"读作送气和促化的现象在江淮方言中多见于淮西的洪巢片，如许丽英记录的巢湖话：

[可 $k^h\vartheta\text{ʔ}$]放在动词或形容词前面表示疑问，"可x"相当于"x不（没）x"：

（32）[$k^h\vartheta\text{ʔ}$]走之？
（33）[$k^h\vartheta\text{ʔ}$]吃？
（34）树叶[$k^h\vartheta\text{ʔ}$]黄之？
（35）可的[$k^h\vartheta\text{ʔ}ti$][⑥]

---

① 贺巍：《获嘉方言的疑问句——兼论反复问句两种句型的关系》，《中国语文》1991年第5期，333—341页。

② 朱德熙：《汉语方言里的两种反复问句》，《中国语文》1985年第1期。

③ 海安县志编纂委员会：《海安县志》，上海社会科学院出版社1997年版，第901—902页；季春红《如东方言的描写研究》，南京师范大学博士学位论文，2002年；鲍明炜、王均：《南通地区方言研究》，江苏教育出版社2002年版，第479页；吴凤山：《如皋方言研究》，中国文联出版社2006年版，第55页。

④ 顾黔：《通泰方言音韵研究》，南京大学出版社2001年版，第558页；蔡华祥：《盐城方言研究》，中华书局2011年版，第357页；俞扬：《泰州方言同音字汇》，《方言》1991年第4期。

⑤ 张建民：《泰县方言志》，华东师范大学出版社1991年版，第188—189页。

⑥ "可的"在巢湖话中一是疑问语，相当于"是吗"："他不来了，可的？"二是答语，相当于"是吧"；"下午开班会，可的？"

另外,"阿"在泰如话中也有舒入两种读法:单念[a],一些比较文的词语,如"刚正不阿"、"阿谀奉迎"等也读[a],泰如话模仿吴语区人说的"阿猫阿狗"中的"阿"也读[a]。但文革中有一部样板戏《沙家浜》中的人物"阿庆嫂",一般人却念[εʔ^{33}tɕʰi^{33}sɔ^{213}],说成[a^{33}tɕʰi^{33}sɔ^{213}]时倒是普通话的说法了。

朱德熙认为,"VP 不 VP"和"阿 VP"以及"阿 V 不 VP"三种形式在安徽东流和合肥、苏州、汕头有三种形式并存的现象,说明"阿 VP"和"VP 不 VP"两种句型属于不同的层次,对扬州[①]和苏州话而言,"阿 VP"早于"VP 不 VP",但游汝杰在《吴语里的反复问句》一文中认为吴语"未然体的三种类型中,应以'V-neg'为最古层,'V-neg-V'为中间层,FVP（ADV+VP）为最新层",他进一步指出,"VP 不 VP"形式很可能是在两宋之交由北方话传入到南部吴语中去的,而"VP 不 VP"的盛行是在明代以后[②]。"阿 VP"型不见于南部吴语,只见于北部吴语,书面文献大量见于白话小说《警世通言》中,吴语文献则见于明末的《山歌》,北部吴语的"阿 VP"有可能晚至明代才出现。"ADV+VP"句型的确是吴语和江淮方言的固有句型,但其产生时间难以判断迟于"VP 不 VP"由北方传入的时间。从文献材料看,古汉语文献中最早出现的反复问句是"V-neg"句型,且是唯一的反复问句形式[③],南部吴语今仍大量使用"V-neg"形式,而泰如话和北部吴语不见使用"V-neg",而是用"ADV+VP（阿/可 VP）"作为主要的疑问句式,与"VP 不 VP（包括 VP 勒不 VP/VP 啊不 VP）"句型并存,应不属于同一层次[④]。朱琳（2011）认为泰兴话中的 ADV+VP 问句目前有一种失落 ADV 的趋势,形成 ADV+VP 问句的省略式,即"你是王老师 a？"、"你有钱 a？"之类的句式是由失落 ADV 而来[⑤],这一推论似乎难以成立,一是如前面已经说过的泰如话中"可 VP"和"VP 啊"虽然都属疑问句,但有疑信程度的不同,"可 VP"的疑问信息要大于"VP 啊",就如同吴语有"阿 VP",又有"VP 伐",但不能说"VP 伐"是由"阿"的失落变来一样。从例中的两个动词来说,"是"和"有"恰好是最不典型的"VP 不 VP"型动词,即泰如话基本上不说"是不是"、"有没有",而要说"可是"、"可

---

① 王世华:《扬州话里两种反复问句共存》,《中国语文》1985 年第 6 期。
② 游汝杰:《吴语里的反复问句》,《游汝杰自选集》,广西师范大学出版社 1999 年版,第 97—121 页。
③ 张敏:《汉语方言反复问句的类型学研究：共时分布及其历时蕴含》,北京大学博士学位论文,1990 年。
④ 究竟哪一个层次更早似乎难以确定,就泰如话的情形而言,我们倾向于认为"VP 不 VP"是后于"可 VP"的层次。
⑤ 朱琳:《泰兴话的 ADV+VP 问句》,《语言研究》2011 年第 3 期,第 113—118 页。

有",其他动词也有在"可 VP"和"VP 不 VP"型结构中不同的表现,请看表 5—1 的举例,一并与吴语的情形进行对照:

表5—1　　　　　泰如话与吴语 ADV+VP 问句结构比较

动词	可VP	VP 不 VP/V 不 VP	VP 啊不 VP	阿 VP	阿 VP 勒勿 VP
去	可去	去不去	去啊不去	阿去	阿去勒勿去
喝水	可喝水	喝水不喝水/喝不喝水	(?)喝啊不喝水	阿喝水	阿喝水勒勿喝
要吃	可要吃	要吃不要吃/要不要吃	(?)要啊不要吃	阿要吃	阿要吃勒勿吃
认得	可认得	认得不认得/认得认不得/认不认得	(?)认啊不认得/认不认得	阿认得	阿认得勿认得
欢喜	可欢喜	欢喜不欢喜/欢不欢喜	(?)欢啊不欢喜/欢不欢喜	阿喜欢	阿喜欢勿喜欢
晓得	可晓得	晓得不晓得/晓不晓得	(?)晓啊小晓得	阿晓得	阿晓得勿晓得
吃得下	可吃得下	(?)吃得下不吃得下/吃不吃得下	吃得下啊吃不下	阿吃得下	阿吃得下勿吃得下

从表 5—1 中可以看出,泰如话"ADV+VP"格式的能产性很强,而相应的"VP 不 VP"和"VP 啊不 VP"则受到不同程度的限制,这说明"ADV+VP"是表示疑问的主要格式。

一 "ADV+VP"句发问词之间的差异

刘丹青曾把苏州话中跟"阿"一样具有发问作用的词归纳为八个,总名之为"发问词"①。"阿"后的成分不成词的情况有所不同,如"阿要"、"阿是"、"阿有啥"有时分别是两个词和三个词,有时则跟"阿"凝固成一个词,"要、是、有啥"都失去原义。泰如话没有苏州话那样的发语词,但"可、共、可是、可作兴、可见得、可为叫、可说的"等在口头频繁出现,也不妨看作是发语词,尤其是"可、共"与"阿、𱁬"的使用情形相似。当然,"可见得、可为叫、可说的、可得啊"还算不上是严格意义的发问词,因为去掉"可"后,"见得"、"为叫"、"说的"、"得啊"仍然是一个词,"见得"还可以重叠成"见不见得",这里为了说明问题和进行对比,暂把它们看作发问词。"可 VP"问句是有疑而问还是无疑而问,有停顿、重音、语气词使用方面的不同,如"他可是明朝去啊?",在表达疑大于信时,整个句子要读升调,"明朝"要重读,"啊"读轻声 3;而表达信大于疑即反问时,整个句子则读降调,"可是"要重读,与"明朝"之间有短暂的停顿,"啊"读轻声 1。"可是"在可 VP 句中出现的频率比较高,"可作兴"也不时出现

---

① 刘丹青:《苏州方言的发问词与"可 VP"句式》,《中国语文》1991 年第 1 期,第 27—33 页。

在人们的口头,但在词语内部的凝固性上,相比起吴语的"阿是"、"阿作兴"来似乎要差些,试比较下列句子:

(36)你可是学生啊?

(37)你可是眼睛近视?

(38)你可单单是眼睛近视?

(39)你可就是眼睛近视?

(40)耍啊一天啊,晚上可作兴看看书? 玩儿一天了,晚上是不是也该看看书?

(41)耍啊一天啊,晚上可也作兴看看书哉? 玩儿了一天了,晚上是不是也该看看书呢?

句中的"可是"、"可作兴"都是一个词,句中加点的部分是在内部插进的其他成分,而吴方言的"阿是"、"阿作兴"内部通常一般不能插进这样的成分。泰如方言中,"可作兴"也有副词性和助动词性两种,跟苏州话"阿作兴"不同的是:作为助动词的"可作兴"可以有"作兴"、"作兴啊"之类的肯定性回答:

(42)老头儿病啊一天一夜,儿子孙子的可作兴去瞟瞟? 老头儿病了一天一夜,儿子孙子的应不应该去看看? ——作兴,也作兴啊。应该,也应该啊。

(43)几年不曾来,这下子来啊,可作兴过两天哉? 几年没有来,这次回来了,该不该过几天呢? ——作兴,也作兴啊。

既可以用于肯定类,也可以用于否定类,"可作兴"究竟表示哪一类,就要联系具体的语境了。

二 苏州话的"𠲎 [Ã⁴⁴]"和泰如话的"共[kɔ̃³³]"

以上所列举的"ADV+VP"结构基本上是当然态、将然态、仍然态的例子,如果是已然态,苏州话是将副词读作"[Ã⁴⁴]",泰如话读作"共[kɔ̃³³]",分别是"阿"、"可"与"曾"的合音,"曾"在泰如话中读[tsʰɔ̃³⁵],一般不单用,出现在"曾经"、"可曾"等复合词语中。在"可曾"中"曾"读轻声,语流中"可曾"合音为"共[kɔ̃³³]",读音可能反映了"曾"某个历史上的读音层次:泰如话口语中有"[tsʰɔ̃³³]人"、"[tsʰɔ̃³³]人"两个短语,都指"在言语上抢白、讥讽、冲撞别人",但不知道本字怎么写,笔者考证该字的本字应为"证",并引近代汉语、吴语、海安话、西南官话等方言作证,"曾"和"证"同声韵仅声调不同①。苏州话据汪平的考证,"[Ã⁴⁴]"是"曾"和

---

① 汪如东:《〈金瓶梅〉中的"證"不是"扛"的讹变》,《文教资料》1998年第6期,第105—107页,文教资料编辑部。

"阿"的合音[1]。张敏将泰如片的"ADV_K—VP"中泰州话的"下午[kəũ][kəʔ]去游水啊"作为未完成体问句的例子列出，实误，这大概是因为他不是当地人士有关，这里的[kəũ]即是"共"，应是表示完成体的，而[kəʔ]才是表示未完成体的[2]。

（一）"齁 [A̰⁴⁴]"与"共[kɔ̃³³]"都是表示已然态的主要发问词

（44）屋里/家的 齁/[A̰⁴⁴]/共装空调？ 家里装空调没？

（45）俚/他 齁 [A̰⁴⁴]/共出过国？ 他出过国吗？

（46）屋里/家的 齁 [A̰⁴⁴]/共简单装修（啊）？ 家里有没简单装修过？

（47）倷/你 齁 [A̰⁴⁴]/共偷偷叫/的搭/同俚/他讲/说过（啊）。 你有没偷偷跟他讲过？

相比之下，泰如话的句末一般要有一定的句末语气词：

（48）你共吃中饭啊？ 你没有吃午饭啊？

（49）钱共把人家啦？ 钱有没有给人家呢？

（50）老人共有八十岁呢？ 老人有没有八十岁呢？

（51）花共红哎？ 花有没有红？

"共"一般用在述语或状语前，不能加在补语前，也不能像"可"那样用在体词前。"阿曾"在上海话中还没有合为一个音节，一般问经历，限于老派：

（52）阿曾去过？

（53）阿曾看过？

（54）阿曾讲过？

新派问经历和完成一般是"V+过+哦"和"V+勒+哦"：

（55）去过/勒哦？

（56）看过/勒哦？

（57）讲过/勒哦？

"可 VP"一般情况下表未然，但在一定的语言环境中也可以是表已然体的问句。

（58）伢儿不吃粥，碗的放啊点糖。孩子不吃粥，碗里放了点糖。——放啊糖可吃粥啊？ 放糖了吃没吃粥呢？

（59）吃啊药可好点哉？ 吃了药是不是好点呢？

《西游记》也有类似的例句：

（60）贤弟，可过得日子么？（第30回）

---

[1] 汪平：《苏州话里表疑问的"阿、齁、啊"》，《中国语文》1984年第5期，第354—356页。

[2] 张敏：《江淮官话中的句法变化：地理分布如何揭示扩散的历史》，吴福祥编《境外汉语历史语法研究文选》，上海教育出版社2013年版，第394页。

（61）浑家，可是变得好么？（第30回）

例中问日子过得如何，当然是问过去；"变"也是表示已经发生的动作，因此不能一味将"可VP"问句看成是表示未然体格式的问句。

泰如话的"可"还可用在副词"就、才"等之前，吴语的"阿"一般不具备此功能：

（62）可就这啊上人家去啊？ _{是不是就这么去人家家里？}

（63）家的可就让他埋家的混日子啊？ _{家里就让他这么在家混日子吗？}

（64）他可才走家的走啊？ _{他是不是刚从家里走的啊？}

（65）你可才放的假啦？ _{你是刚放的假吗？}

吴语一般要说"阿是"，由此可见其在吴语中的凝固性比泰如话的"可是"强，更符合发语词的资格。

（二）可得啊

"得"一是动词，可表具体的"收到"、也可表抽象的"染上"义，后面附加"啊"，一般表示动作的完成，两者经常固定在一起使用：

（66）这下子得啊济，弄啊翻啊身。_{这下得到了帮助，弄翻身了（喻日子过好了）。}

（67）这学期评上啊三好生，得啊个本儿。_{这学期被评为三好生，得到一个本子。}

（68）跟啊他后头，得啊些好处。_{跟在他后面，得到些好处。}

"得啊"表示能够、可能，一般用在动词前面，包括在可VP句中使用，"啊"不表示动作的完成，只起构词的作用：

（69）不好点儿读书，得啊上大学啊？ _{不好点儿读书，能上大学吗？}

（70）哪得啊他已经走啊的？ _{难道他已经走了？}

（71）他可得啊天天这样子！ _{他有没有可能每天这样呢？}

（72）他可得啊不来？ _{他有没有可能不来？}

（三）可听啊

"听"单用时，在泰如话中是一个动词，表示"用耳朵听取"，引申为"听从"，在句末使用时可带语气词"啊"：

（73）你傢上英语课可听录音？ _{你们上英语课听不听录音？}

（74）他可听家的话？ _{他听不听家里人的话？}

（75）他上课可听啊？ _{他上课听不听啊？}

"可听啊"的使用频次逐渐增多，形成了一个相对凝固的结构，经常用在祈使句的后面：

（76）快点儿，可听啊？

（77）走啊慢啊点儿啊，可听啊？

（78）把壳儿剥掉吃，可听啊？ _{把壳儿剥了吃，知道吗？}

"可听啊"不是问听没听到，而是相当于普通话的"好吗"、"好不好"，如果要加强前一句的祈使、命令语气，或表达某种不满、不耐烦的感情，可将"可听啊"重读；相反表达委婉、柔弱的祈使语气时，"可听啊"则不能重读。

三 结构与功能方面的差异

在泰如方言和吴方言的"ADV+VP"句式中，副词一般出现在句子的述语前：

（79）侬/你阿/可上上海？ _{你去上海吗？}
（80）阿/可去白相/耍子？ _{去玩吗？}

也可以出现在补语或状语等谓词性成分前：

（81）歌唱得阿/可好？
（82）房间布置得阿/叮漂亮？
（83）屋里向/家的阿/可简单弄弄？
（84）侬/你今朝阿/可勒/在屋里/家的吃饭？

和吴方言不同的是，泰如方言的"可"除了可以用在动词、形容词等谓词性结构前，还可以用在名词、代词、数量词等体词性成分前面，可以看作是语流中省略了动词"是"：

（85）可那个伢儿考取啊北大？ _{是那个孩子考取了北大吗？}
（86）这次结婚的可她的三小啊？ _{这次结婚的是她的老三吗？}
（87）可车子挨人家偷掉啊啦？ _{是车被人家偷走了？}
（88）数数看可五十个人？ _{数一数是不是五十人？}
（89）那个戴眼镜的可学堂的先生啊？ _{那个戴眼镜的是学校的老师吗？}
（90）上次可他打你的？ _{上次是不是他打你的？}
（91）可就来啊两个人啊？ _{是不是就来了两个人啊？}

吴语和泰如话都可以在陈述句后面附加一个独立的"ADV+VP"短语，相比之下，吴语出现的频率比泰如方言更高：

（92）伲/我俫一道/做块儿去看电影，阿/可好（啊）？
（93）侬/你算错勒/啊末/呗，阿/可是（的啊）？

四 "可不VP"与"阿VP勒勿VP"句式

泰如话的"可不VP"一是表示反问，相当于普通话的"不……吗？"、"不是……吗？"：

（94）碗的放啊点儿糖，伢儿可不吃啊？ _{碗里放了点儿糖，孩子不吃吗？}
（95）数学考啊个大鹅儿蛋，可不好点儿用功啊？ _{数学考了个零分，还不好好用功么？}
（96）他尚啊又来啊，可不来啊？ _{他不是又来了，不来吗？}

这种"可不 VP"句式在元杂剧及《西游记》、《红楼梦》等明清小说中也有不少：

（97）这等三伏天，道你便有冲天的怨气，也招不得一片雪来，可不胡说？（《窦娥冤》）

（98）你这个呆根，这等胡说，可不唬了师父？（《西游记》第27回）

（99）这泼怪倒也驾得住老孙的铁棒，我已得了他三件宝贝，却这般苦苦与他厮杀，可不误了我的工夫？（《西游记》第34回）

（100）你放心罢，今儿才领了纸裱糊去了，他们该要的还等叫去呢，可不傻了？（《红楼梦》第14回）

"可不VP"的第二种格式是通过"可"的变调，"可不"趋于凝固化为一个副词，表达程度的加深，句子的疑问语气非常虚弱，感叹的意味较浓，VP大多为形容词：

（101）烧煤气可不快啊！ 烧煤气很快的呀！

（102）一百支光的灯泡儿，家的可不亮啊！ 一百支光的电灯泡儿，家里很亮堂的呀！

（103）才十八岁，结婚可不早啊！ 才十八岁，结婚早着呢！

（104）这条题目可不容易啊！ 这条题目很容易啊！

（105）人家住啊街上，家的可不干净啊！ 人家住在城里，家里很干净啊！

（106）养啊个猪子有啊百十斤还死掉啊，人家可不伤心！ 养了头猪一百多斤还死了，人家伤心得很哩！

（107）人家是会计，算盘可不懂啊！ 人家是会计，算盘懂得很哪！

"可不 VP"句式中的"可"这时读作[ko²¹³]，吴语中不见这种"阿勿VP"的句式。但苏州话有一种"阿VP勒勿VP"的副词——并列短语混合式问句，在泰如话中也不见使用：

（108）俚阿卖得起勒买勿起？

（109）俚 齆 [A⁴⁴]碰着㑚勒齆碰着㑚？ 他碰到你了还是没有碰到你？

（110）哀道题目阿难勒勿难？ 这道题目难吗？

（111）老王 齆 [A⁴⁴]来上班勒齆来上班？ 老王来没来上班？

这是一种是非问和正反问合璧而成的句子，泰如话中一般不用"可VP不VP"的疑问句式，如最后一句在泰如话中一般说成"老王可是曾来上班啊？"、"老王可曾来上班啊"，不说"老王共曾来上班啊"，因为"共"已经是"可曾"的合音。这样合璧的句子在苏州话可以出现在主语和宾语的位置：

（112）小菜阿多勒勿多勿搭界。 菜多不多没关系。

（113）问问俚夜饭阿吃面勒勿吃面。 问问他晚饭吃不吃面。

五 表示其他语气时的差异

"可 VP"问句也可以在话题后面加"呢"构成省略式：

（114）红儿走上海家来啊，兰儿（共家来）呢？_{小红从上海回来了，小兰呢？}

（115）这学期俯就儿混啊通过啊，下学期（可得啊）呢？_{这学期凑合着胡混过去了，下学期还能么？}

（116）你上海耍过的，苏州（共耍过）呢？_{你上海玩过了，苏州玩过吗？}

语气词"呗"也用于疑问句，但不能直接用于"可 VP"问句后：

（117）*可去呗？

（118）*共吃饭呗？

（119）*共来气呗？

但当"可 VP"不是表示疑问，而是充当某一句子成分的时候，后面则可以用"呗"，这里的"呗"不是表示疑问，而是表示祈使语气：

（120）问问他可去呗！_{问问他去不去呗！}

（121）问问他共吃饭呗！_{问问他有没吃饭呗！}

（122）试试他共来气呗！_{试试他有没生气呗！}

"可 VP"有些已是"无疑而问"，变成了一种祈使句或感叹句。疑问句和疑问语调有密切的关系，同样是"可 VP"形式，表示疑问时一般用升调，非疑问则用降调，比较下列 A、B 两组句子：

A．（↗）

（123）那可小兰啊？_{那是小兰吗？}

（124）包的可是衣裳啊？_{包里是不是衣服啊？}

（125）人家可曾来啊？_{人家有没来啊？}

B．（↘）

（126）那可小兰啊！_{那哪里是小兰！}

（127）包的可是衣裳啊！_{包里哪里是衣裳！}

（128）人家可曾来啊！_{人家哪里来了！}

A．类句语调上扬，表示有疑而问。B．类句语调下降，具有申明、提醒对方注意、表示否定意义，语调不同，句子所表示的语气也发生了改变。下面这些"VP 不 VP"结构在泰如话中也讲：

（129）元旦你家不家来？_{元旦你回不回来？}

（130）星期天你去不去那海？_{星期天你去不去那儿？}

（131）上北京走不走他那海？_{去北京经不经过他那儿？}

这反映出泰如话作为北方官话的特征，但总体上不如"可 VP"问句来得地道、自然：

（132）元旦你可家来？

（133）星期天你可去？

（134）上北京可走他那海？

"VP 不 VP"更多是作为某一句子成分出现，在宾语位置上可以用"可VP"来替换，在主语位置上不能替换，句子也就不一定是反复问句了：

（135）你问他吃不吃水饺儿？／你问他可吃水饺儿。

（136）我只管啊煮饭，不管他吃不吃。／我只管啊煮饭，不管他可吃。

（137）买不买由你，吃不吃随他。／*可买由你，可吃随他。

（138）电影看不看没得多大意思。／*电影可看没得多大意思。

六 泰如话"可 VP"问句的性质

汉语方言中 ADV+VP 问句的性质，一直是一个有争议的问题，朱德熙认为"阿 VP"是一种反复问句（朱德熙，1985），其他学者（赵元任，1926；汪平，1984；李小凡，1990；刘丹青，1991）则认为是是非问句。笔者（1994，2006）把泰如话中的"可 VP"问句也看作是一种是非问，但所列论据稍显单薄，今就此问题作进一步的比较和阐述。

首先，我们从下面几句话的比较入手：

（139）他来吗？｜他来不来啊？（普通话）

（140）他可来（啊）？｜他来啊？（泰如话）

（141）伊阿来（哦）？｜伊来哦？（上海话）

吴语和泰如话都不用"吗"作为疑问句的句末语气词，倒是"啊"、"哦"在疑问句末出现的频率比较高。在普通话中，作为是非问的句末语气词"吗"必不可少，如果去掉，句子除语气上显得不太自然外，还有疑信程度的变化。黄国营（1986）认为，现代普通话中的"吗"字是非问句已更多地用于无疑而问的反问，即形式上的疑问，实际上的否定[①]。但这里要注意的是这种变化是随着是非问句中语气和重音而改变的，如"他去吗？"，在表示疑问时，语调上扬，"去"是正常声调，受前字"他"同音步的影响，在语流中实际读 55 调，"吗"读轻声 5；在表示反问时，"他"和"去"之间有短暂的停延，两字不在同一音步，"去"读去声 51 调，重读，后面的"吗"读轻声 1，从表义的程度来看，反问句是信大于疑。泰如话及吴语的情形有些不同，"他来啊？"、"伊来啊？"都是信大于疑的疑问，"啊"去掉后，只是语气显得不太自然而已，但疑问句信大于疑的性质并没有发生变化。再看"他可来（啊）？"、"伊阿来（伐）？"中句末"啊"和"伐"去掉

[①] 黄国营：《"吗"字句用法初探》，《语言研究》1986 年第 2 期。

后疑问句信疑的性质没有大的变化，即还是疑大于信，语气词的使用只是使句子显得较为舒缓而已。"阿"和"可"在句中却起着至关重要的作用，去掉后疑问句疑和信的程度就不同了，试比较泰如话中下列两组句子在疑信程度上的不同：

    "可 VP 啊"句   "VP 啊"句
（142）a. 可来啊？   b. 来啊？
（143）a. 共上北京啊？   b. 上啊北京啊？
（144）a. 可为叫他不会啊？ b. 为叫他不会啊？

  两组例句都是上扬语调，都具有句末语气词"啊"，都表示疑问。区别在于："可 VP 啊"疑问句语气较强，基本上是疑大于信，而"VP 啊"疑问语气较弱，基本上是信大于疑，或半信半疑，要求对方给予进一步的证实。两类问句在答句方面也有区别，"可 VP 啊"可以直接用动词作答，否定性的回答则是在动词前面加"不"，如"可来啊？"的回答是"来"或"不来"。"VP 啊"除了可用动词直接回答外，肯定性的回答还可用"是的"，而"可 VP 啊"句只有在 VP 是"是"的时候才可以直接用"是的"来作答。

  再看看泰如话中的特指问及带有特指疑问词的"可 VP"句之间的对比情形：

    特指问句   可 VP 问句
（145）a. 甚的时候家来啊？ b. 可甚的时候家来啊？
（146）a. 在哪块歇下子啊？ b. 可在哪块歇下子啊？
（147）a. 手上拿的甚的稿子啊？ b. 手上可拿的甚的稿子啊？
（148）a. 家的来啊几个人的啊？ b. 家的共来几个人啊？

  特指问句表达疑问时，句中的特指词必须重读，否则句子就可能是祈使句了。回答时也有不同，特指问句一般要直接回答，使用诸如"明朝"、"路旁边"、"本书"、"三个"等具体表达时间、地点、事物及数量的词语，祈使句则可先用"好啊"、"好的"、"行"之类的词语来应答，后面可再用表达时间、地点、事物、数量的词语来进一步补充说明。

  丁声树等指出，普通话中的特指问如不用"呢"而用"吗"，就由特指问变成是非问[1]，泰如话的特指问同普通话，但是非问不用"吗"，一般用"啊"表示是非问，另外同苏州话一样，采用是非问和特指问合璧的形式，比较下列各句：

    苏州话   泰如话
（149）a. 俫身浪阿带点啥物事？ b. 你身上可带点儿甚的稿子？

---

[1] 丁声树等：《现代汉语语法讲话》，商务印书馆 1961 年版，第 210—211 页。

（150）a. 倷䵺到哪搭去？　　　　　b. 你共到哪海去？

刘丹青（1991）认为，苏州话这种是非问和特指问合璧的问句是一种很经济的表达，在口语中极为常见，甚至只有在特指问的场合，也习惯加"阿"。上面所举泰如话也有这样的情形，不过，这种带特指问词语的"可VP"句子疑问焦点却发生了变化，苏州话中，"倷身浪阿带点啥物事？"、"倷 䵺 到哪搭去？"，可以直接回答所带东西和所去地方的名称，泰如话则可直接用动词回答："带、不带"，"去啊的、曾去"，后面再继续补充说明要带的东西或已去的地方。

第四节　本章小结

泰如话和吴语指代词的系统不同，因而存在着不同的指代词问句，如"哪搭有停车场？/哪海有停车场啊？"、"倷买啥物事？/你买甚的稿子啊？"；并列短语可以并列整个句子，也可以并列主、谓、宾、补等句法成分，苏州话和泰如话可以并列肯定项和否定项，分别构成"VP 勒勿 VP"和"VP 啊不 VP"型结构；受普通话的影响，泰如话也有"VP 不 VP"型问句，但主流问句是"可 VP"型，与吴语的"阿 VP"型同属是非问类型，与"VP 啊"型有疑信程度的不同。泰如话的"可、共、可是、可作兴、可见得、可为叫、可说的"等在口头频繁出现，尤其是"可、共"与苏州话"阿、䵺"的使用情形相似，可以当作发问词，"可"除了可以用在动词、形容词等谓词性结构前，还可以用在名词、代词、数量词等体词性成分前面，可以看作是语流中省略了动词"是"。泰如话的"可不 VP"一是表示反问，一是通过"可"213 的变调，主要表示感叹，"可不"趋于凝固化为一个副词，表达程度的加深。苏州话有"阿 VP 勒勿 VP"的并列短语混合式问句，泰如话没有"可 VP 不 VP"的相应句式。通过比较，进一步说明了泰如话"可 VP"问句是非问的本质特点及与吴语相应结构的功能差异。

第六章 体貌类型

关于体貌,汉语语法学界的名称较多,如体、态、貌、动相、情貌、时态。所谓"体"(aspect)是指动作或事件在时间进程中的情状结构;所谓"貌"是指动作或事件的具体表现形式。吴语和泰如话普遍具有普通话所没有的存在体,如:伊勒门口头立勒海。/他在门口站啊下。_{他在门口,站着。}伊勒门口头立勒一面得。/他在门口站啊在那海。_{他在门口,站在那里。}吴语许多地方有兼表完成体和持续体的助词,如"辣海"或其简略体"勒"、"勒浪"等,泰如话中也有"辣海",但与吴语在表示体貌类型时有所不同。下面对比泰如话和吴方言在体貌类型表达上的异同。

第一节 完成体

一 "啊"与"仔"

(一)泰如话的动词后附"啊"

袁家骅等《汉语方言概要》(文字改革出版社1989年版)第52页写道:

江苏泰兴话利用动词的衍音表示各种"动态":完成、持续(静态)、结果等。这个衍音由于连音变化,在开尾或元音尾韵后面读a,在鼻尾韵后面读ŋa,在入声韵后面读ka,是个轻音节[1]。这一衍音还被记作"丫"、"吖"、"啊"等,本书用"啊"来表示。同片其他点,魏建功早在20世纪早期就曾描写了如皋话中的情形:"'偷丫'之'丫'乃皋语中一种语尾。表示'方事式'的。这个语尾,有时表示'既事式',如'跑到丫'"[2]。丁邦新[3]、

---

[1] 也见李人鉴《泰兴方言中动词的后附成分》,《中国语文》1957年5月号,16—20页。
[2]《方言标音实例》,原载《歌谣周刊》1924年11月2日第66期,又见《魏建功文集》(叁)第28页,江苏教育出版社2001年版。
[3]《如皋方言里完成貌词尾的词音位变化》,原载In Honor of Mei Tsu-lin on Chinese Historical Syntax and Morphology:241—246, eds, Alain Peyraube and Sun Chaofun, Ecole des Hautes Etudes en Science Sociales, 1999,又见《中国语言学论文集》,中华书局2008年版,409—413页。

鲍明炜、王均①后来陆续都有如皋点的描写；笔者针对海安点也进行了一系列的研究，有详略不同的报告。饶长溶报告的客家方言中有类似的体貌助词"啊"，既可以表示动作完成，也可以表示持续等多种状态，作者推测，客家话和泰如话中这个"啊"的本源可能有两种情形：一是传承的结果，即来自共同的南朝通语；二是异变的巧合，即在各自的发展过程中分别接触了相同的非汉族，把该族语言里有关"啊"这样的语言成分融合（或渗透）到各自的话语中来。②这一说法能否成立还要得到更多材料的证明。

（二）北部吴语的体标记"仔"

"仔[tsŋ]"又写作"之"、"子"、"是[zŋ]"，上海开埠初时，声母是清辅音，后来到20世纪初变为浊辅音③，据钱乃荣的研究，现在上海郊区读浊辅音，城区一般读清辅音。"仔"的韵母实际上是因弱化而读作声母的延长音。和"啊"一样，"仔"不能单说，而是和前面的字一起，组成一个统一的声调模式④。梅祖麟（1988）认为，"仔"源于动词"附着"的"着"，又写作"著"，其虚化过程在宋元以后便已经完成。"着"（著）《集韵》："附也"，"附""着"常结合使用，《汉书·赵充国传》："迫胁诸小种，附着者稍众。"《汉书·食货志》："今驱民而归之农，皆着于本，使天下各食其力。"东汉至南北朝时期，"着"可做补语，表示"附着"的对象"到达"的地方，如《世说新语·伤逝》："埋玉树著土中"，《生经》："想著妻子，而自系缚。"以后分两路发展：一路是"著"成为"在"，带方所宾语。但"在"在先秦著作中已经存在，如《论语·述而》："子在齐闻《韶》，三月不知肉味。"一路在唐代将方所宾语提到动词前，"著"附动词后表示"存续"义（存在、动作后其状态延续），进而发展出表示事情的"实现"和"完成"体意义⑤。

20世纪五六十年代以后，上海话中的"仔"逐渐被"了[ləʔ]"（"勒"）替代，直至现在新派都用"了"，如"风吹了一夜天"、"六岁读起，连今年读了五年了。"汪平认为，苏州话的"勒"，有的跟"了"有关系，但以不认作"了"为宜，有的跟"了"无关，受新派上海话的影响，现代苏州人把"哉"也说成"勒"⑥。据潘悟云的记录，南部吴语温州话表示完成体的标记词是"爻[ɦuɔ⁰]"⑦。可以说"仔"是北部吴语比较重要的一个完成体

---

① 《南通地区方言研究》，江苏教育出版社2002年版，第475—477页。
② 《关于客家方言体貌助词"啊"》，《韶关学院学报》2001年第11期，第1—4页。
③ 赵元任：《现代吴语的研究》，清华学校研究院刊行，中华民国十七年（1928）六月。
④ 《吴语中的虚词"仔"》，《北部吴语研究》，上海大学出版社2003年版，第36—56页。
⑤ 梅祖麟：《汉语方言里虚词"着"字三种用法的来源》，《中国语言学报》1988年第3期。
⑥ 汪平：《苏州话里表疑问的"阿、𠮿、啊"》，《中国语文》1984年第5期，第354—356页。
⑦ 潘悟云：《温州方言的体和貌》，《著名中年语言学家自选集·潘悟云卷》，安徽教育出版社2002年版，第181—209页。

标记，那么现代上海话中的"勒"（"了"）又是如何产生并影响周边方言的呢？这一问题似乎没有人进行过研究。通过考察近现代上海及江南一带人口流动的情况，我们认为，上海话中表示完成体体标记"勒"的产生应与一波又一波苏北人的涌入有关，或者说与母语方言是江淮方言洪巢片人的大量涌入有关[①]。

（三）"啊"与"仔"的构句条件与结构差异

苏州话的完成体表示两种语法意义：一是动作或变化在某一参照时点已经完毕，二是动作或变化在参照时点已经产生了某种结果。如"吃仔饭去"，"吃饱仔饭去"，前者只着眼于"吃"的动作已经完毕而忽视该动作是否产生"饱"的结果；后者则着眼于动作的结果"饱"已经产生而忽略该动作是否已经完毕。在形式上，表"动作已经完毕"多在动词后加"仔"，表"结果已经产生"，多在形容词后加"仔"。表示完成体的"仔"虽然用途比较广泛，但使用时还是有一些限制，不能用在句末，主要用在动宾与动补之间，必须具备三个条件中的一个才能成句[②]：

① 宾语或补语中有数量成分；
② 句末有语气助词"哉"；
③ 有后续动词短语或分句。

泰如话中的"啊"则没有这些条件的限制，可以用于动宾、动补之间，也可以出现在句末，宾语或补语可以有数量成分，也可以没有，使用时不一定要有后续动词或分句：

（1）他吃啊。 他吃了。
（2）他吃啊饭。 他吃了饭。
（3）他吃饭啊。 他已经吃饭了。
（4）他吃啊二两。 他吃了二两。
（5）他吃啊点儿饭。 他吃了点儿饭。

[①] 沈榕秋、陶芸（1992年）把150年来上海方言的发展分为三个阶段：第一阶段：1850—1920年；第二阶段：20世纪30—40年代；第三阶段：20世纪50—90年代前。在这三个阶段中，以第二阶段的发展速度为最快。尤其在20世纪30年代，上海话的更新变异速度是前无古人后无来者。1866年苏北逃难难民是定居于江南劫后各地的第一批移民之一，以后循环反复的饥荒、水灾及连年的战乱，促使大批苏北人南渡长江去南方当农民谋出路，逐渐形成了一个下层阶层。1937年流入上海的75000个难民中，来自苏北的约占总数的 $\frac{1}{3}$，是最大的单股入流，徐世英《上海战区难民临时工作报告书》的统计数字表明，在75004名登记难民中，33053人来自江苏，压倒多数人来自苏北。1946年，将近59000名苏北老乡到上海的赈济苏北难民委员会办事处登记，多数来自盐城和阜宁（《大公报》1947年9月20日）。

[②] 刘丹青：《苏州方言的体范畴系统与半虚化体标记》，胡明扬主编《汉语方言体貌论文集》，江苏教育出版社1996年版，第23页。

（6）他吃啊饱啊。他吃饱了。
（7）你吃啊饱啊！你吃饱!

例（6）、（7）两句是陈述句和祈使句的不同，表明"V 啊 A 啊"结构也可以用于祈使句中，普通话可以说"你吃饱"或"你吃饱了"，但不说"你吃了饱"，这是泰如话的"啊"与普通话"了"的又一不同之处。"吃饭啊"一是用于祈使句，相当于普通话的"吃饭吧、吃饭喽"，有时为了提醒对方注意，"啊"还可以读如上声。二是跟对方打招呼，相当于"（你现在去）吃饭呀"，"（你这是去）吃饭呀"，有加以求证的意思。"吃啊₁饭啊₂"、"我吃啊₁饭啊₂拉。"、"你吃啊₁饭啊₂吧？"、"哪倒吃啊₁饭啊₂的？"这些都讲。"啊₁"表示动作的完成，"啊₂"是对已实现动作的陈述语气。

有学者主张用"实现体"取代"完成体"，这正确地指出了以往对源自印欧语的"完成体"这一术语常偏于"动作已经完毕"，而形容词以及不少动词附加完成体标记后不能这样概括，因而试图对上述差异从语法意义上作出新的、统一的概括①，但这一来却又抹杀了"动作已经完毕"或"结果已经产生"二者的差异，而这种差异是应该加以深究的。现代苏州方言的"仔"除表体貌的意义外，已无任何词汇意义，从明代的《山歌》开始，"仔"（《山歌》中写作"子"）就是典型的语法标记。动态助词"仔"很可能是从某个经常充当结果补语的动词虚化而来，既然"仔"已经率先虚化成完成体助词，"脱"就没有必要也不可能彻底虚化为完成体助词了；同样，泰如方言的"啊"也已经彻底虚化为完成体的助词，"掉"也没有必要彻底虚化为完成体助词。泰如方言"啊"的体标记作用是如此之大，作为完成体，除了对应苏州方言的"仔"，还对应半虚化的"好"和"脱"，刘丹青认为苏州话中的"仔"和"好"在句法上的区别是"好"可以用在句末或短语末，不能用在动结式后，可以用在带"甏"没有(副词)的否定句和带"阿"的疑问句中②，相比之下，泰如方言"啊"在一、二两种情形下都可替代"好"，而在第三种情形下"啊"与"好"不对应：

苏州话　　　　　　　　　泰如话
（8）a. 我甏买好预售票。　　b. 我曾[tsʰɤ²¹³]买预售票。
（9）a. 倷阿曾吃好夜饭勒？　b. 你共吃夜饭啊？

在语义上，"好"和"仔"在苏州话中还有焦点预设、突出动作完成过程等的不同，这些区别在泰如话中都没有。泰如话的"好"在充当完成体

---

① 刘勋宁：《现代汉语词尾"了"的语法意义》，《中国语文》1988 年第 5 期，第 321—330 页。
② 刘丹青：《苏州方言的体范畴系统与半虚化体标记》，胡明扬主编《汉语方言体貌论文集》，江苏教育出版社 1996 年版，第 27 页。

的标记词时，一般是用在动结式的结构中，常以"V啊好啊"的形式出现：

（10）考啊好啊上苏州去耍子。<small>考试完了去苏州玩儿。</small>

（11）他已经吃啊好啊。<small>我已经吃完了。</small>

吴语中的"好"在表动作完成时还派生出表结果的持续：

（12）我做点事体，耐一直看好仔作啥？

（13）小张头浪戴好仔一只帽子勒海。

泰如话表示结果的持续，不用与"好"有关的体标记，上面两句要说成：

（14）我做点儿事，你一直看着啊做甚的？<small>我做点事儿，你一直看着干吗？</small>

（15）小张头上戴啊个帽子下。<small>小张头上戴着一顶帽子。</small>

两地方言中"脱"和"掉"由实到虚的语义虚化和充当结果补语的句法功能上的异同也值得进行比较，可参看相关章节的描述。

1. "V 仔 O" 与 "V 啊 O"

前面说过，苏州话中的"V 仔 O"一般是数量名结构，泰如话的"V 啊 O"则没有此限，可以是光杆儿名词。当 V 为述补性结构时，两地的结构更显示出一定的差异性来，苏州话黏合性述补结构的述语和补语结合较为紧密，而泰如话则要在述语和补语之间再插进一个"啊"更自然：

苏州话	泰如话
（16）写好仔一首诗。	写啊好啊首诗。
（17）俚学会仔电脑。	他学啊会啊电脑。

刘丹青把例中苏州话的"好"看作一种半虚化的体标记，类似的还有"脱"，泰如话相对应的是"好啊"、"掉啊"：

苏州话	泰如话
（18）忘记脱告诉伊哉。	忘掉告拼他啊。
（19）烧好饭就烧水。	烧好饭就烧水。

但泰如话更为自然的表达是在"掉"、"好"后附加上"啊"：忘掉啊告诉他啊、烧好啊饭就烧水。V 后不能直接加"啊"，表明"掉"和 V 之间的结合更为紧密：

苏州话	泰如话
（20）用脱仔三张纸。	用掉啊三张纸。
（21）吃脱仔两碗饭。	吃掉啊两碗饭。

一些普通话中凝固性比较强的联合、动宾、动补结构的复音词在泰如话中也可以插入"啊"：

合适[xoʔ^{35}səʔ^{33}]：

在泰如话中有形容词和动词两种用法，前者的用法同普通话；后者指"内心满意"，如：

（22）我合适店的那件衣裳。<small>我喜欢店里的那件衣服。</small>
（23）他不大合适那门亲事。<small>他不太满意那门亲事。</small>

"合适"可以说"合啊适"：
（24）姑娘看啊合啊适就写稿子。<small>姑娘看上了就定亲。</small>①
（25）两个人一看就合啊适。<small>两人一见面就喜欢上了。</small>

类似的例子，还如"看破"：
（26）这个人！一点儿不看破。
（27）你也看啊点儿破，不要甚的事放啊个心的。<small>你也看开点儿，不要什么事都放在心上。</small>
（28）看啊点儿破哟，哪还是二三十岁的少年人的？<small>看破点儿哟，难道还是二三十岁的年轻人呀？</small>

算事[sõ³³ sʅ²¹]：
（29）结婚不请人不算事。<small>结婚不请客不算数。</small>
（30）赔啊不少钱才算啊事。<small>赔了不少钱才了事。</small>

称心[tsʰə̃³³ ɕĩ²¹]：
（31）本钱不赢家来，他不称心。<small>本钱不赢回来他不甘心。</small>
（32）伢儿俫都结啊婚，他也称啊心。<small>孩子们都结婚了，他也满意足了。</small>

再如"合啊性"、"仰啊饱"、"信啊意儿"：
（33）两个人合啊性就没得甚的吵的了。<small>两人性格相合以后就没什么吵的了。</small>
（34）吃啊仰啊饱。<small>吃饱而心满意足了。有贬义。</small>
（35）信啊意儿的拿卖掉啊。<small>随随便便就卖了。</small>

这些结构都已经成为相对比较固定的一种说法了。

动词后面的数词为"一"时，泰如话常可省去，如"睡了一觉"，可说"睡啊觉[xɤi³⁵ a⁵ ko²¹³]"，与表示"睡觉了"的"睡啊觉[xɤi³⁵ a⁵ ko³³]"读音不同，类似的例子还如：

踢啊脚[tʰiɪʔ³³ ka³ tɕia ʔ³³/²¹³] ｜ 煮啊碗[tsu²¹³ a³ õ²¹³] ｜ 念啊遍[ni²¹ ŋa¹ pʰi²¹/²¹³] ｜ 转啊圈 [tsõ³³ ŋa¹ tɕʰio²¹/²¹³] ｜ 吃啊顿 [tɕʰiəʔ³³ ka³ tə̃³³/²¹³] ｜ 进啊个 [tɕi³³ ŋa³ ko³³/²¹³] ｜ 说啊无数回 [soʔ³³ ka³ vu³⁵ su³³ xuɤi³⁵/²¹³] ｜ 抢啊多日个 [tɕʰiã²¹³ ŋa³ to²¹ iɪʔ³³/²¹³ ko³]

这种变读上声 213 调的情形在海安、如皋两地特别突出，书中有多处提及这一语音现象。

汪平把苏州话中的"仔"前面的动词区分为 V₁ 和 V₂，主要看"仔"后有没有其他成分②：

---

① 这句话还有另一意义："看上姑娘了就定亲。"
② 汪平：《苏州话里表疑问的"阿、𠲎、啊"》，《中国语文》1984 年第 5 期，第 354—356 页。

（36）拿书卖脱仔。 _{把书卖了。}

（37）搿杯酒快点呷脱仔。 _{这杯酒快点喝了。}

相应的泰如话要说成：

（38）把书卖掉。

（39）这杯儿酒快点儿喝掉！

也可以说：

（40）把书卖掉啊！

（41）这杯儿酒快点儿喝掉啊！

这里的"啊"起舒缓语气的作用，与苏州话的"仔"作用不同：泰如话没有苏州话的言外感情色彩义，"书卖掉啊"等同于普通话的"书卖了"，是对"卖书"这一已然动作的陈述，苏州话的相应结构则有对卖书这件事不满而作的数落、埋怨。

2. "V 仔 O 哉"与"V 啊 O 啊"

"哉"在苏州话中是一个位于句末的语气词，表已然态，上海话一般读"勒"。"仔"在中老年中常用，年轻人多用"勒"。泰如话相对应的是"V 啊 O 啊"：

苏州话	上海话	泰如话
（42）买仔书哉	买仔书勒/买勒书勒	买啊书啊
（43）学好仔数学哉	学好仔数学勒/学好勒数学勒	学啊好啊数学啊

上海五方杂处、人员流动频繁，方言的变化也比泰如话快。"嘴唇发仔白哉"，"仔"读[zʅ]，在 20 世纪 70 年代老年人还用，今天一般说"嘴唇发了白了"，相应的泰如话是"嘴边儿发啊白（啊）"。和苏州话的"仔"相同的是，泰如话中动词后附的"啊"不能省去，如果省去就不表动作的完成，如"买书啊"可能表示某人"要买书了"，也可能是用于跟别人打招呼的用语，相当于"你这是夫买书啊"。"学好啊数学"在泰如话中单说一般显得不太自然，下面要接上诸如"学习其他稿子_{专面}就容易"、"高考才不怕"之类的分句。

3. "V₁ 仔₁（O₁）勒 V₂（仔₂）（O₂）"与"V₁ 啊₁（O₁）V₂（啊₂）（O₂）"

这里是比较 VP₁ 与 VP₂ 为因果关系情形时使用上的差异，括号内表示不是必有成分。"勒"是 VP₁、VP₂ 因果关系的连接词，含有"因此、所以"的意思，不能省略；泰如话相应的"啊"则可以隐现，前后句的因果关系主要靠语义上的逻辑联系来显示：

苏州话　　　　　　　　　　　　　　泰如话

（44）a. 今朝落仔雨勒风凉（仔）点。 b. 今朝落啊雨（啊）凉快（啊）些。

（45）a. 吃仔三碗饭勒肚子吃勿落哉。 b. 吃啊三碗饭（啊）肚子吃不下去啊。

4. "V₁O₁ 仔 V₂O₂" 与 "V₁O₁ 啊 V₂O₂"

V₁ 表示某种原因和假设条件，V₁ 实现之后才有 V₂ 的结果，V₁ 是完成体，V₂ 不是完成体，本式的 O₁ 是谓词性的，O₂ 没有限制，如 "外语会得讲仔就要多讲"。泰如话连接这种原因和假设关系的除了 "啊"，还有 "呗"，两者还可以连在一起使用：

（46）学啊会啊自家开车子出去。_{学会了自己开车出去。}

（47）学啊会啊呗自家开车子出去。_{学会了嘛自己开车出去。}

（48）英语会说啊呗就同外国人说英语。_{英语会说嘛就同外国人说英语。}

"呗" 在泰如话中有标示话题的作用，可参见后续章节的相关内容。

5. "VC 仔" 与 "V 啊 C 啊" 结构

C 表示动词后面的补语成分。跟苏州话不同的是，泰如话的动补结构必须在动词和补语之间加 "啊"，而苏州话则不能在 VC 之间加 "仔"：

   苏州话   泰如话

（49）a. 饭烧熟仔。   b. 饭烧啊熟啊。

（50）a. 弄坏脱仔。   b. 弄啊坏啊。

当然，方言不同，苏州话和泰如话充当补语的成分不一定完全相同。泰如话中，C 可以是动词，如 "学啊会啊"，"放啊走啊"，"跑啊跌啊"，有些还可以再接宾语；也可为形容词，表示多种语法意义（例参见 2.3.2.1 重叠部分有关章节）。

6. "以为仔" 与 "以为啊" 及相关结构

在吴语中，不说 "以为仔"，但泰如话可说 "以为啊"：

   苏州话   泰如话

（51）a. *我以为仔对格。   b. 我以为啊对的呢。

（52）a. *勿以为仔自家多了勿起。 b. 别以为啊自家多了不起。

一般而言，这两句中的 "啊" 表完成。如果不强调动作的完成，"啊" 也可以去掉而意思没有什么大的不同，有 "啊" 显得更为地道、自然些。"你以为啊" 还可以出现在句末，对前面所述内容以反问的方式加强肯定，"啊" 也就是语气词了：

（53）伢ɭ从小不教育大啊就不成人，你以为啊？_{小孩子从小不教育大了就不能成人，你认为呢？}

（54）盖个屋要得头ɭ十万哎，你以为啊？_{盖个房子要二十多万呢，你以为呢？}

相应的词语结构还如 "仅啊[tɕi²¹³ŋa³] | 信啊[ɕiɔ̃³³ŋa³] | 尚啊[sã³³ŋa³] | 假马ɭ啊[tɕia²¹³mar²¹³a³] | 定当啊[tʰi²¹tã²¹ŋa¹] | 除啊[tsʰu³⁵a⁵] | 并啊[pĩ³³ŋa³] | 寻啊[tɕʰi³⁵ŋa⁵] | 添道ɭ啊[tʰi²¹tɔr³³/²¹³a³]"，"啊" 不一定都表示完成，要么起构词作用，要么起表情作用，有些可以归于副词一类。如 "信啊" 在海安一带人们的口语中念[ɕiɔ̃³³ŋa³]，表示 "相信"：

（55）不要信啊他说。别信他鼓噪。
（56）信啊人骗。甘愿上当受骗。
（57）信啊说，把药吃啊去。听话，把药吃下去。
（58）信啊他没得好结果。信他没好结果。

仅啊 一个劲儿地、连续不断地：
（59）时间不多啊，不要仅啊拖。时间不多了，不要一个劲儿地拖延。
（60）他仅啊在哭。他一直哭个不停。
（61）有啊点儿出息！不要仅啊叹气。有出息点！不要老叹气。
（62）一天到晚仅啊耍子，甚的都不做。一天到晚贪玩，什么都不干。

尚啊 正在、正、刚刚：
（63）他尚啊说的来。他刚刚说要来。
（64）我尚啊上南京。我正准备动身去南京。
（65）可曾吃？——尚啊在吃。正在吃。
（66）门尚啊关啊。门正好关了。

并啊 争着、抢着：
（67）并啊说谎。争着说谎。
（68）并啊吃！看哪个吃得快。争着吃！看谁吃得快。
（69）妹子姐姐并啊插秧。妹妹姐姐赛着插秧。
（70）两个小偷并啊比本事。两个小偷儿争着比本领。

除啊 除去、除掉：
（71）他除啊会耍点儿小聪明，没得大本事。他除了会耍点小聪明，没什么大本领。
（72）你除啊要请他，还要请甚的人？你除了要请他，还要请什么人？

吴语中的"仔"也有类似的功能，如"脱仔"、"比仔"、"照仔"中"仔"也没有具体的词义，主要充当构词的功能：
（73）连皮夹克脱仔火车票侪拨人家偷脱。皮夹克连同火车票都被人家偷掉了。
（74）现在个开销比仔从前要省得多哉。现在的开销比从前要省多了。
（75）照仔老师讲个写。照着老师讲的写。

"照仔老师讲个写"，泰如话要说成"照啊老师说的写"或"照着啊老师说的写"，前一动作是后一动作的伴随方式。

7. "V$_1$+仔+（勒）+V$_2$"与"V$_1$+啊+V$_2$"式

这是表示两个动作行为先后发生的句式，苏州话中"仔"后可以加"勒"，也可以不加：

苏州话　　　　　　　　　　　泰如话
（76）a. 吃仔（勒）走。　　　　b. 吃啊走。
（77）a. 裤子改仔（勒）拨儿子着。b. 裤子改啊把儿子穿。

苏州话中，这类句式前后两个动词之间一般有先后关系。泰如话中 V₁ 和 V₂ 一般也有这种先后关系，如"买啊吃、骗啊吃"指"从外面买回来吃"、"靠行骗过日子"，"啊"起连接前后两个动作的作用，但这两句也可以理解为指"吃"这一动作的方式，"啊"相当于普通话的"着"，整个结构由指动态变为指事态。这样的例子还如：

炒啊吃｜泡啊吃｜剁啊吃｜摅[tɕioʔ³³]用手撕啊吃｜夹啊吃｜枫[kã³³]煎啊吃

（78）趁（着）啊有太阳，赶紧把衣裳拿出来晒晒。趁有太阳，赶紧把衣服拿出来晒晒。

（79）快点ᵣ抢啊吃，不然就没得你的份啰。快快抢着吃，不然就没你的份儿了。

（80）伢ᵣ不光会抢啊吃，还要抢啊做！小孩子不光会争着吃，还要争着做！

（81）晚上同我开啊来，可好啊？"开啊来"指"开车过来"

V₁ 一般是单音节动词，表示 V₂ 动作进行时的伴随状态，V₂ 可以是单音节，也可以是双音节：

吃啊耍子吃着玩｜转啊瞟瞟溜达溜达｜唱啊过唱着过日子，指生活适意｜并啊说谎争着撒谎

"啊"进一步虚化为连词时：

连接动词：

V₁ 啊 V₂：

吃啊睡｜煮啊吃｜□tsʰɔ̃²¹啊相站着东张西望｜拖啊拽[tɕʰiɿ³⁵]拽拉｜拖啊拉｜寻啊搅｜拾啊吃掉

（82）接到电话，不是说的快点ᵣ家去，还跛啊踱、跛啊踱的。接到电话，没有赶快回去，还一个劲儿地拖拉、拖拉。

（83）把东北上些人还带啊去啊。把东北一带的亲戚也带去了。

（84）他在外的蹓啊舞、跳啊[tɕyʔ³³]他在外头到处奔跑做事。

这些短语表面结构相似，但在具体的句子中却不同：

（85）他一天到晚只晓得吃啊睡、睡啊吃。

（86）扁食可以煮啊吃，也好枫啊吃。

（87）上课啊他还在同人家说啊笑。

"吃啊睡"、"睡啊吃"中的"啊"相当于普通话的"了"；"煮啊吃"、"枫啊吃"中的"啊"相当于普通话的"着"；"说啊笑"中的"啊"既不相当于"了"也不相当于"着"，大致相当于"和"，"说啊笑"即"说说笑笑"。

再看下面两句：

（88）他会煮啊吃。

（89）别来气ᵣ生气，同你说啊笑的。

这里的"煮啊吃"不是"煮着吃"，也不是"煮饭然后吃饭"，而是指"烧饭"（煮饭）；"说啊笑"不是指"说+笑"，而是指"说着玩ᵣ"、"开玩笑"，"啊"所组成的结构在意义上显然经过了语法的重新分析而变得跟上述同形

结构不一,这应该跟"啊"的进一步语法化相关。再如:

(90)弄啊死啊走! 快收拾一下滚开!

(91)两个人死啊走啊! 两个人滚开了!

(92)弄到这日个才死啊来。 弄到现在才来。

句中的"死啊"没有真正的死亡义,而是虚化为表示感情色彩的副词,一般表示消极不满的语气。

Vj 结构(兼语结构):让啊瞟[piɔ²¹]让看 | 放啊去让去 | 放啊歇让休息 | 寻啊骂讨骂

前后动词的动作主体不同,如"让啊瞟"既可能是"我让你瞟"、"放啊去"可能是"你放他去",在一定的语境中,用"啊"连接时动作的主体无须出现而意思自明。

连接名词(N_1、N_2 分别是两类对举的名词):

N_1 啊 N_2:伢儿啊大人小孩与大人 | 娘啊老子俗指父母 | 猫儿啊狗子猫和狗

N_1 啊 N_2 的:日啊夜的白天和黑夜 | 前(钱)啊后的前面与后面 | 饭啊粥的干饭和稀饭 | 汤啊水的热水和冷水 | 油啊盐的油和盐 | 好天啊落天的阴天晴天 | 钱啊钞的泛指钱

连接形容词

A_1 啊 A_2 的:早啊晚的 | 大啊小的 | 好啊丑的 | 重啊轻的 | 大啊细的 | 胖啊瘦的 | 对啊错的 | 咸啊淡的 | 多啊少的

连接数词

S_1 啊 S_2:七(吃)啊八项泛指吃之类的事 | 千啊八百 | 万啊八千 | 百啊八十

多表示约数。

连接选择问句的选项

(93)今朝星期二啊星期四啊?

(94)夜饭煮粥啊煮饭啊?

8. "V+仔+(个)+N"与"V+啊+(个)+N"式

N 是表示方所的名词,(个)表示可以隐现。苏州话中的 V,一般是 V_2,动词后一般附加"辣",表示"在"义;泰如话没有这样的限制,两句在附加感情色彩上也有不同:

苏州话 泰如话

(95)a. 坐辣仔(个)地浪! b. 坐啊(个)地下!

(96)a. 躲辣仔(个)房里! b. 躲啊(个)房的!

(97)a. 立辣仔(个)雨头里! b. 站啊(个)雨里头!

苏州话不管"个"的隐现,句子都有表示明显不满的感情色彩(汪平,1984)。泰如话的相应句子也有这种明显不满的感情色彩,加"个"后这种不满的感情色彩义得到加强,但这不是这种结构的本质特点,和普通话一样，一般情况下表动作的方位，是一种客观的陈述：

　　　　　普通话　　　　　　　　　　泰如话
（98）a. 站在椅子上。　　　　　　b. 站啊椅子上。
（99）a. 记在心里头。　　　　　　b. 记啊心的。
（100）a. 躺在床上。　　　　　　　b. 躺啊床上。

普通话的"在"可以进一步虚化，甚至省略："站椅子上"、"记心里头"、"躺床上"；泰如话的"啊"不能省略：

（101）种啊手的。在手头种着。
（102）撒啊路上。撒在路上。
（103）支啊家的还是支啊外的吃？在家里吃还是在外边吃？
（104）支啊桌上写。在桌上写。
（105）睡啊那海去。睡到那边去。
（106）落雨天拽啊人家去。下雨天到人家里去（表不满）。

说明泰如话中的"啊"具有引进动作处所的标记功能，并没有虚化成零标记。

9. 否定句和疑问句中"仔"与"啊"的隐现比较

表示否定和疑问，与苏州话的"朆[fən⁴⁴]"和"覅[ã⁴⁴]"相应的泰如话合音词是"曾（213）"和"共[kõ³³]"（具体使用情形详第五章第三节部分）。否定句中，苏州话的"仔"不管在句中还是句末都不出现，泰如话"啊"在句中不出现，但在句末可以出现：

　　　　　苏州话　　　　　　　　　　泰如话
（107）a. 朆吃饭哉？　　　　　　　b. 曾吃饭（啊）？
（108）a. 朆睏中觉就走哉？　　　　b. 曾睡中觉就走（啊）？
（109）a. 朆来哉？　　　　　　　　b. 曾来（啊）？
（110）a. 饭朆吃哉？　　　　　　　b. 饭曾吃（啊）？

句末的"啊"相当于普通话的"了"，主要是表示语气的，如"饭曾吃啊"，可以根据"啊"在实际语境中表达的需要，表示不同语气："没吃饭吗？"、"饭还没吃呢！"

疑问句中的情形与此相似：

　　　　　苏州话　　　　　　　　　　泰如话
（111）a. 端午覅吃粽子？　　　　　b. 端午共吃粽子（啊）？
（112）a. 信覅写勒？　　　　　　　b. 信共写（啊）？

10. "啊"见于代词系列词语中，"这啊、那啊、要啊、怎啊"，分别对应于普通话的"这么、那么、要么、怎么"，"这、那"的主要鼻音一律鼻化，分别读作[tsã³³]、[lõ³³]，"要啊"读成[iõ³³ŋa³]，有时并不跟普通话的"要么"直接对应，而是相当于承接上文、引进表结果或判断的小句连词"那么"：

（113）小丽儿已经有你这啊高啊。小丽已经有你这么高了。
（114）事情没得你说的这啊难。事情没你说的这么难。
（115）门口两棵枣儿树有碗口那啊粗。门口两棵枣树有碗口那么粗。
（116）成绩考得不好，心的不那啊欢喜。成绩考得不好，心里不那么高兴。
（117）不及格怎啊了？不及格也要进！不及格怎么了？不及格也要进！
（118）岁数不够怎啊了？照收！岁数不够怎么了？照收！
（119）心的疼，要啊可曾上医院看看？心里疼，那么有没有去医院看看？
（120）领啊结婚证，要啊甚的时候办喜事啊？领了结婚证，那什么时候办喜事啊？
（121）怎啊说？两个人一起来吧！怎么样？两人一起来吧！

"这啊""那啊"有时也相当于普通话的"这么样"、"那么样"：

（122）又要这啊，又要那啊，烦煞人。
（123）这啊那啊的，不晓得要怎啊才好。又要这样，又要那样，不知道要怎样才好。

11. "啊"与"仔"作句末语气词时的使用差异

不管是词语还是短语都必须带上一定的语调后才能变成句子，"啊"在泰如话中的使用率确实很高，句中一些细微的区别恐怕只有当地人才能加以区别：

（124）他去啊？（"啊"音高点为5，全句为上升语调，"啊"相当于一个疑问语气词。）
（125）他去啊。（"啊"音高点为3，为一般陈述句，"啊"表示动作的已经发生。）
（126）他去啊。（"啊"的音高点为1，为一般的直陈句，"啊"有回答对方提问、表示动作将然的语气。）

如果不考虑动词后附"啊"的具体发音，只是简单地把它跟普通话的"了"、"着"、"得"、"到"等进行比照，会把一些问题简单化：

"吃饭啊"，一是祈使句，相当于普通话的"吃饭吧、吃饭喽"，为了提醒对方的注意，"啊"可以读如213的上声调；二是跟对方打招呼，相当于"（你这是去）吃饭呀"、"（你现在去）吃饭呀"，"啊"带有进一步求证的意思，"吃啊饭啊"中，第二个"啊"有表达对已实现动作的陈述语气，"啊"的读音随前一音节音高而发生变化。

脚底下注意啊点儿/滑啊（啦）、跌啊（啦）、绊啊（啦）、吓啊（啦）、泼啊（啦）（相当于"别滑了、跌了……"）

吴语在表示祈使语气时，"仔"也常出现在句末，泰如话的"啊"并不与其完全对应：

（127）耐拿地址写勒海仔，省得我忘记脱仔！/你把地址写下来，省得我忘掉！

（128）我一直想拨点铜钿耐，今朝剩十块洋钿勒海，就送拨耐仔。/我一直想把点儿钱你，今朝剩啊十块钱这海，就送啊把你。

这些祈使句所表示的当然是未然体意义。"啊"和"仔"用于已然体，和完成体配合使用，既可以表示完成的新情况，也可以表示将要出现的新情况，上海话经常用"勒"，苏州话用"哉"：

（129）他老早来啊。/伊老早来哉/勒。

（130）天冷啊/哉，要多穿/着点衣裳。

（131）你/倷等一等，俚马上来啊/哉。

苏州话表示肯定已然有"个哉[kəʔtsE/tsəʔ]"，表示已经发生并完成的新情况，带有较强的肯定语气，如："俚来个哉"强调他早已来了，而"俚来哉"则可能已经来了，也可能是马上来。泰如话"他来啊"也是既可表已然，也可表未然，如果要加以区别，一般是在动词前加"已经"、"倒"之类的副词，或在句末加语气助词"的"来强调表已然：他来啊的。但形容词之后的"个哉"和"啊"有所不同，一般不用"的"来强调已然：

（132）我搭俚_{跟他}讲个哉，俚勿肯听。/我同他说啊的，他不听。

（133）茶冷个哉，再泡一杯吧。/茶冷啊，再泡一杯儿吧。

当然不是没有"茶冷啊的"这一说法，但这不是强调已然，而是表经历体了。

二 "掉"与"脱"

刘焱（2007）、王健（2010）曾就普通话和苏皖方言中"掉"及同类词的语法意义及语法化的等级进行了探讨，翁姗姗、李小凡（2013）以概念语义为纲，通过绘制语义地图，深入分析"掉"类词的多种语义功能及其内在关系和语法化历程[①]。其实，赵元任（1967）早在半个多世纪前就看到苏州话结果补语"脱"和官话"掉"之间存在着的不对称关系：吴语的"滑脱哉"跟官话的"滑掉了"相对，"死脱哉"对应于官话的"死了"，"脱"仅仅表示简单的完成，跟官话的后缀"了"相似，他特别强调"脱"是另

---

① 刘焱：《"V掉"的语义类型与"掉"的虚化》，《中国语文》2007年第2期，第133—143页；王健：《苏皖方言中"掉"类词的共时表现与语法化等级》，《语言科学》2010年第2期，第187—196页；翁姗姗、李小凡：《从语义地图看现代汉语"掉"类词的语义关联和虚化轨迹》，刘丹青主编《汉语方言语法研究的新视角——第五届汉语方言语法国际学术研讨会论文集》，上海教育出版社2013年版，第90—110页，也见《语言学论丛》第四十二辑，第61—80页。

外一个同音且同形的补语,实际上承认它经过了一个语法化演变的过程①。今天,"掉"和"脱"已经出现在了吴语当地的报纸等媒体中:

(134)僧多粥少"吃"不饱社区商铺卖得掉租不脱?《华西都市报》2008年4月8日)

(135)看病钱掉脱,司机送上门。(吴地报纸标题)

相比而言,对泰如方言相关成分的结构及应用情形的研究就要落后许多,至今尚未引起人们的注意。泰如方言表示"坠落、丢失"义的[tʰəʔ⁵⁵]和吴语的"脱"存在着紧密的联系,但作为体标记的"掉[tʰiɔ²¹/tiɔ³³]则与吴语大相径庭,在内部不同点及不同结构中读音不同,凸显了其作为官话方言的属性。据王健(2010)的报告,兴化方言点有"我忘萨特啊"、"衣裳小特啊"、"把杯子打啊碎特"等说法,"特"(脱)可以自由出现在动结式的结构中,可能是历史上移民影响的结果,不影响两片方言之间该体标记在整体上的差异。

(一)"掉"的读音和用法

查《广韵》:"掉,徒吊切,去啸,定母。又徒了切,上筱,定母。又女角切,入觉,娘",最早是作动词用的,如:

(136)拮隔鸣球,掉八列之舞。(扬雄《长扬赋》),《文选》李善注引贾逵曰:"掉,摇也。")

(137)得莺莺后便退干戈,不得后目前生祸,不共你摇嘴掉舌,不共你斗争斗合。(《董解元西厢记》卷二)

今上海话中"掉"音[diɔ²³],符合韵书的读音,但几乎不见单独作动词使用。"掉"表示"摇动"义在普通话中见于成语"尾大不掉",在今天吴语的苏州话中尚有保留:

掉龙灯 舞龙灯|掉狮了 舞狮子|掉枪花 弄虚作假

(138)倷勿要相信俚,俚亦勒海掉枪花哉。

(139)别样是唔不啥,倒是掉勿落个小人。别的没有什么,倒是丢不下这孩子。②

泰如话中,"掉"单用时音[tʰiɔ²¹³],指"调换",如:"掉钱 换钱|掉位子 调换座位|掉头 回头",引申为"某动作行为致使其他人得到好处":

(140)掉啊人家发财。让别人发财了。

(141)他不来掉啊张三做啊支书。他不来让张三做了支书。

"掉"表示"交替、更换"义见于古汉语:

---

① 赵元任在20世纪20年代对吴语作过非常出色的调查,曾于1966年4月6日在纽约亚洲研究协会的汉语方言组宣读论文《吴语对比的若干方面》,发表于1967年的 Language, 43(1)。

② 叶祥苓:《苏州方言词典》,江苏教育出版社1993年版,第65页。

（142）布有别屯在濮阳西四五十里，太祖夜袭，比明破之，未及还，会布救兵至，三面掉战。（《三国志·魏志·典韦传》）

（143）潘金莲又掉了雪娥口气儿，走到前边，向蕙莲又是一样话说。说孙雪娥怎的在后边骂你。（《金瓶梅词话》第26回）

近代汉语中"掉"在此意义上也写作"调"：

（144）烟灯罩洋货店里勿肯调。（《海上花列传》第23回）

"调"，《广韵》徒吊切，去啸，定母。泰如话中还有"调查、调适"等词，音[tʰio³⁵]，《广韵》徒聊切，平萧定母字，受此音的影响，表示"交替、更换"义的"掉"有时可以两读，如"掉位子"，既可说"[tʰio²¹³]位子"，也可说"[tʰio³⁵]位子"。近代汉语"掉"可出现在补语的位置上：

（145）流连半年，方才别去。也用掉若干银两。（《二刻拍案惊奇》）

（146）个间小房子出去是草绳子系子去个，今朝家来还系子得。解开子，甩掉子，开子门，闩好子。（《缀白裘》5卷3集）

（147）只要他会我一面，说掉两句，我立刻就走。（《官场现形记》22回）

泰如话多出现于动结式的结构中，跟"啊"一起连用：

吃掉啊｜变掉啊｜杀掉啊｜剪掉啊｜作掉啊｜忘掉啊｜把掉啊｜析掉啊｜护掉啊｜掼掉啊｜理拾掉啊_{收拾掉}｜告作掉啊_{浪费掉}｜结扎掉啊｜解决掉啊

也可以是具有一定动作性质的形容词结构：

散掉啊｜乱掉啊｜瓢掉啊_{碎了}｜污掉啊_{糟糕，常用于感叹}

或用于可能式结构中：

吃得掉/吃不掉｜擦得掉/擦不掉｜瞒得掉/瞒不掉

（二）"脱"的读音和用法

查《广韵》"脱，徒活切，入末，定母。又他括切，入末，透母"，韵母、声调完全一样，声母有清浊的不同，说明"脱"的两种读音古已有之。从意义上看，"脱"的本义是肉剥皮去骨。《礼记·内则》："肉曰脱之。"《尔雅·释器》："肉曰脱之。"郭璞注："剥其皮也。"邢昺疏："此论治择鱼肉之名也。肉剥去其皮，因名'脱之'。李巡云：'肉去其骨曰脱。"同时，"脱"很早就有了"脱落、掉下"义，如：

（148）善建者不拔，善抱者不脱。（《老子》）

（149）洞庭始波，木叶微脱。（南朝宋谢庄《月赋》）

（150）然而不剥脱，不砥厉，则不可以断绳。（《荀子·强国》）

（151）会有张良、樊哙之救，卒得免脱，遂王天下。（《论衡·吉验篇第九》）

（152）若义而得富贵，便是当得，如何掉脱得。（《朱子全书》卷十五）

吴方言中，"脱"原也是动词，《上海市区方言志》第 291 页"□dəʔ˩掉落、遗失：我个钢笔□脱勒。"《苏州方言志》第 183 页"□dəʔ˧丢掉，动词"，从发音上看，这是一个定母入声字。《上海市区方言志》第 290 页又记作"脱[tʰəʔ˥]"，并列举了上海话中更多的一些语例：

脱[tʰəʔ⁵⁵]：落掉，离开：[tʰəʔ⁵⁵]皮｜[tʰəʔ⁵⁵]节｜跑[tʰəʔ⁵⁵]勒

取下、去掉：[tʰəʔ⁵⁵]鞋子｜[tʰəʔ⁵⁵]衣裳

和：我[tʰəʔ⁵⁵]侬一道去

了：断[tʰəʔ⁵⁵]

报告中还记录了上海话中相关的一些词语和短语：

脱脱脱去｜脱力一时力竭｜脱空｜脱班晚点、迟到｜逃得脱/逃勿脱｜走得脱/走勿脱

这些词语或短语中[tʰəʔ⁵⁵]都清楚地记着"脱"，与泰如方言中表示"坠落、丢失"义的[tʰəʔ³³]音完全一样，如：

（153）他从树上[tʰəʔ³³]下来啊。

（154）地上[tʰəʔ³³]啊五块钱。

下列各句是其进一步引申的用法：

（155）[tʰəʔ³³]大卵。小肠疝气。

（156）脸[tʰəʔ³³]啊下。脸沉着、挂着脸。

（157）脸望下一[tʰəʔ³³]。脸往下一沉。

（158）脸[tʰəʔ³³]的[tʰəʔ³³]巴的。脸阴沉着的样子。

（159）话不想啊好啊从嘴的往外直[tʰəʔ³³]。话不考虑好就脱口而出。

（160）成绩[tʰəʔ³³]啊人家后头。成绩掉在人家后面。

（161）[tʰəʔ³³]啊后头。掉在后面。

（162）手机老[tʰəʔ³³]线。手机老掉线。

（163）衣裳[tʰəʔ³³]色。掉色。

彭兰玉报告的衡阳方言，有□[tʰen³³]，如："脸一□[tʰen³³]□起脸往下一沉的样子"；"□[tʰen³³]起付脸沉着脸的样子"；"脸是个□[tʰen³³]起"，相当于"掉"的意义[①]，泰如方言也有这个音，如：

（164）他从屋上□[tʰẽ³³]啊跌下来啊。

（165）河边嫌陡，你小心点，身子慢慢□[tʰẽ³³]下去。

和[tʰəʔ³³]应该是两个不同的字，一般[tʰəʔ³³]的动作是非自主性的，而□[tʰẽ³³]是自主性的。表示普通话的"脱衣服""脱鞋子"的"脱"在泰如话中

[①] 彭兰玉：《衡阳方言的体貌系统》，《汉语方言语法研究和探索》，黑龙江人民出版社 2003 年版，第 182—194 页。

念[tʰoʔ³³]，例如：

脱货[tʰoʔ³³xo³³] | 脱水[tʰoʔ³³ɕyɻi²¹³] | 虚脱[ɕy²¹tʰoʔ³³] | 脱身[tʰoʔ³³sə²¹]

书面语的色彩比较浓厚，明显是受普通话影响的读音。泰如片方言"脱"的读音情形要比吴语稍显复杂。该片方言一条重要的语音变化规律，即古全浊塞、塞擦音声母一律清化送气，因此，"徒活切"的"脱"不可能保留浊声母的读音，[tʰəʔ³³]可以看作是其清化的结果，也可能是"他括切"的读音。泰如方言中，末韵的字韵母一般都读为[oʔ]，而在苏州话中，只有"拨"的白读为[oʔ]，其他字大多为[əʔ]，说明泰如方言的"脱"在表示"掉落、丢失"义时保留了吴方言的底层读音，而在表示"脱衣服、脱鞋帽"义时，反映了官话方言的读音特点。《苏州方言志》第 216 页"苏州韵母和《广韵》韵母的比较"部分将"拨"的 oʔ韵母读音标注为白读，而将əʔ韵母的读音标注为文读，我们怀疑这里可能正好标注反了，前一读音应该是官话影响的结果，是文读，而əʔ才是它的白读[①]。

可见，苏州话和上海话中写不出本字来的字应该就是"徒活切"的"脱"，它和"他括切"的"脱"之间的读音区别至今尚在苏州话、上海话中保存着，在北部吴语的吴江、川沙等地，"脱"做动词时读[tʰœʔ]，助词读[tʰəʔ]，不过，从实际的使用情形来看，"徒活切"的"脱"比较少见，更多的是"他括切"的"脱"，而且这一情形在近代的吴方言文献中就有反映，从字形上有多种写法：

（166）突：匡二道："常恐是头浪洋绒突色仔了，阿对？"（《海上花列传》第 26 回）

（167）凸：唐兴听见说道回销，把一把扇子凸子地浪去哉，面孔野换子颜色哉。"（《三笑》第 31 回）

（168）挩：收拾起子尔身上挩通换通，革除挩子尔口里个时新吃新。"（《开卷一笑》第 2 卷）

（169）特：五骨夜头原说特脱哉，咳，个呷勿知不拉啰个拾子去。"（《文星榜》第 18 出）

（170）忒：钱百锡刚踏着桥面，桥板一忒，下有机械，棚上就落下一条软麻绳。"（《常言道》第 15 回）

"脱"在当今吴语中多作补语，表示动作的结果，常包含"去除、丢失、消失"等消极意义：

（171）小张拿屋里只鸡杀脱哉。

[①] 再如苏州话的"垃圾"读[ləʔ səʔ]，也读[la si]，前者为白读，后者为文读。

（172）耐长远勿来哉，阿是忘记脱仔我哉？

（173）花瓶打碎脱勿要紧个，我再买一只末哉。

"脱"表示结果用在动结式后面，可以看作是助词。

（三）动结式和可能式中的"掉"和"脱"

"掉"在吴语中不像泰如片方言那样可以广泛使用于动结式或可能式的语法结构中，一般将"脱"用于动词或动补短语后头，表示动作或状态的完成：

（174）烧坏脱一锅饭。

（175）两部汽车轧杀脱一个人。

这里的"脱"由动词"脱"演变而来，仍保留有用作结果补语的动词痕迹，所以它的后头可以再接表示完成的纯粹的后缀"仔"或"勒"：

（176）卖脱仔旧家生，再买新沙发。

（177）我背脊浪痒煞脱勒。

"脱"后头可以接表示情况发生变化的"勒"或旧时用的"哉"：

醉脱哉｜卖脱哉

可以将"脱"在句中功能的不同分为"脱₁"和"脱₂"，"脱₁"是表示结果的后缀，下列一类表示新情况开始出现的动宾短语不后接"脱"，只能用"勒"或旧时用的"哉"：

*放假脱/放假勒（哉）｜*落雨脱/落雨勒（哉）｜*吃饭脱/吃饭勒（哉）

"脱₂"多用于将要经历某一动作或状态：

（178）坐脱一歇！

（179）吃脱一个号头药再看看哪能。

脱₂是脱₁进一步的虚化，是纯粹的后缀，它的后头不能再接"勒"。

（180）烂桔子呢？半路上嘴干吃脱哉。

（181）汏脱烂泥，剥脱皮，轻轻塞到郎嘴里。

"脱"字动词用法，上海老派有读作[tʰœʔ]的，但虚词用法总是读[tʰəʔ]，在"除脱"中新老派都读[tʰəʔ]，"除脱"还可以后带"仔"尾，"除脱/除脱仔"相当于普通话的"除了"，泰如话是"除掉"，虚化的"啊"尾并不与其形成对应：

（182）除脱小王，大家侪晓得。/*除啊小王，其他人都晓得。

（183）除脱小一眼以外，唔没勿好个地方。/*除啊细点儿以外，没得不好的落地。

（184）除脱样子勿是哪能好以外，物事一眼勿推板。/*除啊样子不是怎啊好以外，稿子一点儿不推板。

"除勒"用法跟"除脱"有一点不同，即不可后接"仔"：

（185）除脱仔烧饭，唔没别个事体。
（186）*除勒仔烧饭，唔没别个事体。

"脱₁"用作连词，可以带"仔"，结合成"脱仔"，作用是连接两个并列的成分，相当于普通话的"和、跟、同"：

（187）我脱我兄弟从小是阿拉爷拖大个。
（188）吃仔夜饭有常时看看报纸脱仔小说咾啥。

"脱仔"常与"连"连用：

（189）连伙食费脱仔住宿费总共几化？
（190）连皮夹子脱仔火车票侪拨人家偷脱。

泰如话的"掉"没有这种连词的用法。

（四）"脱"与"掉"语义虚化轨迹的比较

吴语中"脱"的基本意义是表示消失性的结果，与动词"脱"，似乎是同一个词，但在吴江、昆山等地补语的"脱[tʰəʔ]"跟动词"脱[tʰø]"并不同音，泰如话用作补语的"掉"[tiɔ³³]和动词[tʰəʔ]、[tʰoʔ]不同音，"脱"、"掉"可以确定为"唯补词"①，在两地方言中主要是作结果补语，如"杀脱一只狗/杀掉只狗子"，"脱"（掉）的基本意义是表示消失性的结果。和普通话不同的是，苏州话中还有普通话所没有的"双重动结式"：

（191）敲杀脱一只狗。打死了一只狗。
（192）逃走脱仔一个犯人。逃走了一个犯人。

泰如话与此相应的结构是：

（193）打杀啊个狗子。
（194）逃掉啊个犯人。

"脱"后还可以再加"仔"，说明"脱"、"掉"都不是真正的完成体助词，而是一个半虚化的成分，相比之下，泰如方言的"啊"则是一个完全虚化的体标记，在很多情况下，"掉"和"啊"要连在一起使用：

1. 表"消失"

从说话人角度看，动作行为导致行为主体或受事成分消失：

   苏州话   泰如话
（195）a. 老张走脱哉。 b. 老张走啊。/老张走(蹓)掉啊。
（196）a. 俚死脱哉。   b. 他死掉啊。/他死啊。

---

① 刘丹青在《"唯补词"初探》一文中正式提出这一术语，指出动结式中的一部分结果补语，已经只能作补语，不能作谓语，似乎不宜再归入谓词，而它们在任何一家现有的词类体系中都无类可归，因此建议为这些词类中的无家可归者设立一个新的词类之家，暂且叫它"唯补词"。

2. 引申为"损坏、失效、偏离、减少"
　　　　　苏州话　　　　　　　　　　泰如话
（197）a. 苹果烂脱仔一半。　　　b. 苹果烂掉啊一半（半）。
（198）a. 菜馊脱哉。　　　　　　b. 菜馊啊。/菜馊掉啊。
（199）a. 照片印糊涂脱哉。　　　b. 照片印啊糊掉啊。/照片印啊糊啊。
（200）a. 人瘦脱仔一圈。　　　　b. 人瘦啊一圈儿。/人瘦掉啊一圈儿。

3. 再引申为"完成工作、打发时光"等更虚义
　　　　　苏州话　　　　　　　　　　泰如话
（201）a. 我电影看脱一半就出来哉。　b. 我电影看啊一半就出来啊。
（202）a. 我一日写脱五封信。　　　　b. 我一天写啊五封信。
（203）a. 氽脱仔浴再吃饭。　　　　　b. 洗啊澡再吃饭。
（204）a. 㑚等脱一歇，我马上好。　　b. 你等掉刻儿，我马上好。
（205）a. 我想到乡下去住脱一阵。　　b. 我想到乡下去住掉一阵子。

"掉"虽然不能跟吴语的"脱"形成整齐的对照，但在意义类型上主要用在动词之后，有兼表完成体的作用，经常与体标记词"啊"一起连用，说明其还不能被称为一个典型的完成体标记词。

第二节　持续体

泰如话的"啊"不是普通话"了"、"着"、"到"、"在"的一个简单的语法对应单位，它有自身的一些特点。完成体和持续体之间的关系非常密切，泰如话的"啊"和吴语的"仔"，既是完成体的体标记，也是持续体的体标记：

　　　　　苏州话　　　　　　　　　泰如话　普通话
（206）a. 门浪贴仔一副对联。　　　b. 门上贴啊副对了。
　　　c. 门上贴着一副对联。（普）
（207）a. 门口头围仔一帮小青年。　b. 门口围啊帮青年人。
　　　c. 门口围着一帮青年人。（普）
（208）a. 茶杯里倒好仔一杯茶。　　b. 茶杯儿的倒啊杯儿茶。
　　　c. 茶杯里倒着一杯茶。（普）
（209）a. 俚在凳子浪坐好仔。　　　b. 他在凳子上坐啊下。
　　　c. 他在凳子上坐着。（普）
（210）a. 俚开好仔门勒海。　　　　b. 他门开啊在下呢。
　　　c. 他开着门呢。（普）
（211）a. 灯开勒里，别关。　　　　b. 灯开啊下/灯开着啊，别关。

c. 灯开着，别关。（普）

前三组是存现句，后三组是主谓句。从例中可以看出，表示动作的持续，"仔"在存现句中完全对应于"啊"；但在主谓句式中不完全对应，苏州话与"仔"相应的词语还有"勒里"、"勒浪"、"勒海"，泰如话则用"V啊下"、"V着啊"、"V着啊下"等结构表示持续。"好"作为苏州话中一个半虚化的标记词，或独用或和"仔"合用在动宾之间或不带宾语的句末；"勒海"用在句末或不带宾语的动词后。此外，吴语还有半虚化的持续体标记"牢"，也写作"牢"（刘丹青 1996）[①]：

（212）张家搭李家门对牢门。张家和李家门对着门。

（213）俚盯牢我看。他盯着我看。

泰如话表示持续的标记词是"着啊"：

（214）张家同李家门对着啊门。

（215）他盯着啊我看。

泰如话也有表示持续的"辣海"，跟吴方言的"勒海（辣海）"之间有联系。本书重点比较泰如话和吴语在表示动作的持续体时体标记与句式之间的主要差异。

一 "著（着）"的读音层次与句式结构之间的关系

梅祖麟认为汉语中的方位介词、表示完成和持续貌的词尾都来自古代的"著（着）"，并联系方言从音韵的角度作了令人信服的说明[②]。上海话"吃仔饭哉"本字是"著"，一般写作"着"。不但完成貌词尾、持续貌词尾用"仔"，方言中表示方位的介词也来自"著"。当它出现在"V+X+NL"句型中的时候，一方面充当动词的补语，一方面介绍动作的处所，根据动词的语义和上下文语境，或相当于"在"，或相当于"到"。如：

坐著膝前（《世说·德行》）｜安著屋中（《百喻经·上》）｜埋着地中（《李陵变文》）｜坐着南厅里（《王梵志诗》）（相当于介词"在"）

玄怒，使人曳著泥中（《世说·文学》）｜送著门外（《世说·简傲》）｜将我儿去，原卖著我本国中（《变文补编》）（相当于介词"到"）

至于"仔"为什么是舒声字，他认为是入声药韵的-K尾容易丢失，"著"字变作舒声，即药韵变作御韵。刘丹青认为，吴语的"仔"不是持续体助词，因为北京话的体助词"着""既表动作进行，又表状态持续"，而吴语

[①] 刘丹青：《苏州方言的体范畴系统与半虚化体标记》，胡明扬主编《汉语方言体貌论文集》，江苏教育出版社1996年版，第44页。

[②] 梅祖麟：《汉语方言里虚词"著"字三种用法的来源》，《中国语言学报》总第3期，1988年。

"仔"仅表完成体兼"成续体"(存续体),不表"纯粹的持续体"。他认为在苏州、无锡等地,知母语韵的"著(着)"都不与"仔"同韵,"仔"不是语韵字,文献中也找不到"著"作为源头的用例①。

钱乃荣认为体助词的"着"是由表示"附着"动词意义的中古入声药韵字"着"语法化而来,作体助词时,"着"读音中性化,韵母弱化,表示简称为"实现(完成)"、"延续"、"伴随"三大类的语法意义,在吴语中,"着"倾向表示"实现"意义的发展,而在普通话中"着"向持续体发展,即"着(仔)"在南北语言中分道扬镳②。罗自群认为汉语方言中"著"的语法化过程经历了由动词(著/箸)→结果补语、方位介词(著/住)→持续意义(着/住)③,王健认为"住"来自入声表附着义的"著"④。

诸家分歧的焦点一是如何理解"著"在不同方言点中读音的不同,二是其有没有经过这样的语法化过程,这是一个尚需进一步讨论的大题目。我们发现,泰如方言中,"著(着)"在不同的场合有[tsu^{33}]、[tsʰaʔ^{35}]、[tsaʔ^{33}]、[tsəʔ^{33}]/[səʔ^{33}]等不同读音,与句法结构语法化的不同阶段相联系。

首先看[tsu^{33}],从读音来看,这是知母御韵的"著",所组成的词语如"著名"、"著作"、"著述",也见于普通话,苏州话读[tsʮ^{513}],上海话读[tsʅ^{34}],和"痄夏"的"痄"同音,是个阴去字。一般认为这个"著"与完成体体标记的"著"无关,在苏州话中并不同音,但上海话中表示完成体的"仔"却正好与之同音,虽然现在已被"勒"所替代,但苏州话仍保留着,吴语中的"仔"也有可能来自知母御韵的"著"。

"着"在泰如话中是个多音字,读[tsʰaʔ^{35}]时是个动词,有"着地[tsʰaʔ^{35}tɕi^{21}]、着实[tsʰaʔ^{35}səʔ^{35}]、着火[tsʰaʔ^{35}xo^{213}]"等说法:

(216)楼上跳下来,头先着地。从楼上跳下来,头先着地。

(217)驼子跌跟头,两头不着实。谚语:驼背跌跟头,两头不着地,指事情两头都没办好。

这些词语在古代早见使用,这里的"着"即直略切的"著",普通话读zháo:

(218)杨相曰:"非铜钱也,烧时幸勿著地。"(《北梦琐言》卷九)

(219)知识贵乎高明,践履贵乎著实。知既高明,须放低著实做去。(《朱子语类》卷七十四)

(220)渔舟上急水,猎火著高林。(唐杜甫《初冬》。王嗣奭释:"著,

---

① 刘丹青:《无锡方言的体助词"则"(仔)和"着"》,《中国语言学报》总第6期,1995年。
② 钱乃荣:《吴语中的虚词"仔"》,《北部吴语研究》,上海大学出版社2003年版,第36—56页。
③ 罗自群:《现代汉语表示持续意义的"住"》,《中国语文》2005年第2期。
④ 王健:《从苏皖方言体助词"著"的表现看方言接触后的后果和机制》,《中国语文》2008年第1期。

直略切，火炎起谓之著，俗语犹然。"）

泰如话"着火"说[tsʰaʔ³⁵xo²¹³]、"火着起来啊"[xo²¹³tsʰaʔ³⁵tɕʰie³⁵le³⁵a⁵]，说明泰如话中表示"燃烧义"的"著（着）"仍读直略切，还有些地道的泰如方言词，如[ioʔ³⁵tsʰaʔ³⁵]，可能写作"欲着"，表示"想、希望"：

（221）他欲着怎啊就怎啊。_{他想怎么着就怎么着。}

（222）伢ɻ螃蟹吃不够，顿顿欲着。_{小孩子螃蟹吃不够，每顿都愿意。}

（223）我欲着他姑娘把啊我小伙。_{我希望他闺女嫁给我儿子。}

引申指"需要"：

（224）盖间平房，哪欲着那些天数的？_{盖一间平房，难道需要那么多天？}

（225）老头ɻ欲着个人来照。_{老头儿需要人来照应。}

（226）兜少怪！衣裳欲着换啊不息啊？_{假正经！衣服要换个不停吗？}

否定的说法有"欲不着"、"不欲着"。

"著（着）"读[tsaʔ³³]出现在"着急[tsaʔ³³tɕʰiɪʔ³³]、着忙[tsaʔ³³mã³⁵]、着人[tsaʔ³³zə̃³⁵]"等词语中：

（227）路不唤君君自去，为谁著急不归休。（宋杨万里《晓行闻竹鸡》诗）

（228）日色渐晡，女奴来报："兀的夜来那个平章到来也！"师师闻之，着忙催贾奕交去不迭。（《宣和遗事》前集）

（229）姑娘那边这两年不时着人问信。（《镜花缘》第四十回）

"着"在泰如话中虚化后读[tsəʔ]/[səʔ]：

（230）爸爸逼着[səʔ]（啊）她考理科。_{爸爸硬要她考理科。}

（231）话挨人家说着[səʔ]啊。_{话被人家说中了。}

（232）托着[səʔ]（啊）他的屁股。

（233）带着[səʔ]（啊）他的手。

（234）捏着[səʔ]（啊）人的颈项脖子_{捏着人家的颈脖}

（235）一家人挤[tsəʔ³³]/[səʔ³³]块ɻ。_{一家人挤在一起。}

读音一般显得较轻，音高随前字，读音有时显得模糊，读[tsəʔ]或[səʔ]两可。如例中所示，其后还可再附加"啊[ka]"，即[tsəʔ]或[səʔ]不能单独在句末出现，必须附加语气词"啊"。苏州话中，"着"可以做动词，如"着棋[tsaʔ³³dzi¹³]、着色[tsaʔ³³səʔ⁵⁵]、着衣裳[tsaʔ³³i⁵⁵zã¹³/²¹]、着湿布衫[tsaʔ³³səʔ⁵⁵pu⁵¹³/³³sE⁵⁵/²¹]_{比喻遇到不易摆脱的麻烦和困难}。"着"在形容词中读[zaʔ³³]："着实[zaʔ³³zəʔ³³]、着肉[zaʔ³³ȵioʔ³³]_{贴心}"，但在动词后面位置上，"着"读[zaʔ³³]，如"碰着[bã²¹/¹³zaʔ³³/⁴⁴]、喝着[həʔ⁵⁵zaʔ³³]、想着[siã⁵¹zaʔ³³/¹¹]"。"着[zAʔ¹²]"用作动结式的第二个成分，含"达到某种目的、进入某种状态"的意思，如"摸着、寻着、买勿着、睏勿着、轧着一个朋友"。"着"在温州话中表示动作的完成体，如"上海他曾去过"，寿宁说"上海伊有去着"，温州有差不多的说法:"上海渠有走着","著"在温州的这种用法很明显由"触及"义发展而来,这一句含有"他的行踪触及上海"的意思,故而潘悟云认为温州话有触及貌[①]。

吴语中这些动词后面的"着"大都发生了变调,但一般不标记为轻声,说明其仍有比较实在的意义,尚没有虚化为一般的体标记词,一般吴方言的研究者,在谈到持续体的标记词时一般认为还是"仔"、"勒海",等等,不把动相结构中的这个"着"看作持续体标记。江蓝生认为,当一个音节读轻声时很容易发生跟历史音变方向相左的逆向音变现象,如清音浊化、促声舒化等,"著"由实到虚声调弱化、失去原有的调形和音高,然后进一步发生轻读音变。她列举了山西从北到南十四个方言点持续态助词的读音,从中总结出"著"字轻读音变的主要特点:一是韵母央化,二是声母由舌上变舌头,少数地方由舌上或舌头音变读为边音。在"V+着+NL"句型中,"著"已完成了动词向介词的虚化,其语音表现是读轻声,声调弱化,失去原来的调型和音高,然后进一步发生轻读音变,山西方言从·tṣuo→·tə的一系列音变可看作是词义连续渐变的语音表现[②]。

钱曾怡(1993)记录了山东博山方言中持续态助词·ə(一些也可改用"着"tṣuə·|)[③],如:"你拽ə他走、你坐ə说、他帮ə我干活、争ə不足,让ə有余",同时,博山方言"V+X+NL"的 X 成分也读ə,例如:"拴ə树上再说、跑ə北京去、别撂ə道上",用在动词后面,表示动作的完成,带宾语或数量补语(也可用"了"liɔə·|);"吃ə饭就来、去ə三回、睡ə觉哩",用在副词后面,相当于结构助词"地":"慢慢ə吃、老老实实ə说、赶快ə走",这些例句中"ə"虚化的情形和泰如话中的"啊"比较类似。

跟泰如话、山西方言相比,博山方言的"著"音变得更加厉害,已脱落了声母,只剩下一个央元音,ə还有另外多种功能:

① 名词词缀,相当于"子":麦ə|狮ə|桌ə|鼻ə|姑ə|妮ə|钻空ə|后脑勺ə;

② 在名词和指代词的后面,表示里面:家ə|心ə|大楼ə|这ə|哪ə;

③ 相当于结构助词"得":扫ə干净|改ə对|哭ə死去活来;

④ 相当于结构助词"的":我ə|吃ə|教ə|要饭ə;

⑤ 用在数词后,相当于"个":四ə|一百三十ə。

这些诸多语法成分在语法化的过程中都发生了类似的轻读音变:元音

---

① 潘悟云:《温州方言的体和貌》,《著名中年语言学家自选集》,安徽教育出版社2002年版,第205页。

② 江蓝生:《语法化程度的语音表现》,《中国语言学的新拓展》(庆祝王士元教授六十五华诞),香港城市大学出版社1999年版;《近代汉语探源》,商务印书馆2000年版,第159—160页。

③ 钱曾怡:《博山方言研究》,社会科学文献出版社1993年版。

央化，声母脱落。博山方言中这些语法成分的词义虚化程度极高，虚化到只需占据一个音节的位置就行。

泰如片相应位置上的这个"着"，读音上声母由塞擦音变成擦音，声调完全黏附于前一音节，显得比较含混，多与"啊"一起连用。从以上所举例子可以发现，"着（啊）"既可以用在"托、带、捏"等行为动词、也可以用在"说、逼"等言语动词之后，还可以说"他老想着啊那件事"、"我始终记着啊她"，说明"着"的虚化程度已经比较高，但还不及普通话中的"着"，使用时后面常有"啊"的黏附就是一个明显的例证。泰如话的这个"着"相比起"啊"来说应该是一个后起的层次，如前面例中所显示的，其出现与否与动词的性质及句式的关系更密切，如在表示动作动态的持续及主谓结构的句子中更易于出现"着"。刘丹青认为苏州话的完成体助词"仔"在无锡话中用"则"和"着"两个助词来表示，"着"只表完成不表持续，相当于普通话的"了"，"则"强调对现在的影响且隐含将继续，"着"没有这种隐含意义，黄明明则认为无锡人的语感中似乎没有这么鲜明①。我们觉得，就像泰如话中的"啊"、"着"承载体标记的功能不是截然不同一样，无锡话的"则"、"着"在表示完成和持续的体标记时似乎也没有那样截然的界限。

二 "辣海"表持续体标记时的功能差异

（一）"辣海"的读音分布

北部吴语中"辣海"和"辣"、"辣辣"、"辣该"等是常见的几种持续体形式，出现频率很高，使用也相当复杂。许宝华、汤珍珠、钱乃荣、徐烈炯、邵敬敏、杨蓓等先后进行过详细的描述和分析。徐烈炯、邵敬敏认为上海话的"辣海"是由"辣……海头"缩合而成；上海"海头"表示"那里"的意思，如"床海头、桥海头、我海头"，等，"辣辣"和"辣海"是互补的，它们各自可简化为"辣"②。"辣海"在用吴语写作的近代小说中又写作"来海"、"来化"、"来亨"、"拉合"、"来罕"等，也记作"勒海"，早在1862年的上海话词汇的著作中就出现了"垃墐"，说明当时"辣海"就存在了，直到后来受苏州话的影响，"辣海"的用法才逐渐增多。比较泰如话与它们之间的读音和意义的记录：

上海：辣海[lAʔhE]在那儿（许宝华、汤珍珠 1988：154）| 崇明：勒化[fɪləʔho]/勒酼[fɪləʔhe]（张惠英 1984：348—353）| 苏州：勒海[ləɣhE]，是"勒

---

① 黄明明：《20世纪无锡方言研究综论》，《江南大学学报》2005年第5期，第76—81页。
② 徐烈炯、邵敬敏：《上海方言"辣、辣辣、辣海"的比较研究》，《方言》1997年第2期，第97—105页。

浪[ləʔlã]"的变体，有远指和近指的对立。（叶祥苓 1993：269）｜海盐：落霍[loʔhoʔ]，也读成"勒霍[ləʔhoʔ]"，连用时[ləʔ]受[hoʔ]的影响同化为[loʔ]，和上海话的"拉海"（辣海）同源。（胡名扬 1988：52—55）｜嘉兴[ləʔho]/杭州[lʌʔha]/盛泽[ləʔho]/川沙[ləʔhɔ]（潘悟云 1999：265）｜南通：赖下[laʔxə]/如皋：那海[loxɛ]/泰州：那下[loxa]（鲍明炜、王均 2002：442）

吴语中，"勒"或"辣"一般记作入声的[ləʔ]和[lʌʔ]。泰如方言中南通点单念作"赖"记作入声，其他点已经不读入声。"辣海"在如皋、海安等地既可以念作[lɛ³³xɛ³]，也可以念作[lo³³xɛ³]，还可以念作[lo³³xa³]，在泰州点念作[lo³³xa³]。语流中合音为[lɛ³³]，如：

（236）他在[lɛ³³]看书。<small>他在那儿看书。</small>

（237）我走[lɛ³³]走下子。<small>我从那儿走一下。</small>

可以看作是"辣海"的简化。这里借用"辣"来记录[lɛ³³xɛ³]中[lɛ³³]的发音，并不很准确，因为"辣"在泰如片中单读为入声[lɛʔ³⁵]。"辣海[lɛ³³]"表示处所，相当于中性指的"那里"。[lɛ³³xɛ³]两个音节的韵母相同，反映了"辣海"读音演变的一个阶段，就像海盐话的"落霍"，"落"受后字的影响而变韵。泰如话这里的"辣"也可记成"拉"，"拉"，《广韵》庐合切，入合、来，有好几个不同层次的读音：一是同普通话，音[la²¹]，表示"用手牵引"、"拉拢"：拉伢儿起身<small>拉孩子起身</small>、拉尿<small>给小孩把尿</small>；二读[la³⁵]，《魏建功文集》（叁）第85页："皋语凡物下遗，多言拉，与北京拉屎之拉同意，小儿夜间不醒而遗溺，则读阳平声；夜间呼醒小儿小便则亦谓拉溲，但读去声（阳去与阴平同，皋音如此）。"按：普通话的"拉屎（尿）"在泰如话中一般说"厮屎（尿）"，读作阳平的"拉"指不由自主的流下，如"拉尿[la³⁵ɕy²¹]、拉屎[la³⁵sɿ²¹³]"分别指"大小便失禁"，经常尿床的小孩被谑称作"拉尿宝儿[la³⁵ɕy²¹/⁵pɔr²¹³]"（俗语：拉尿宝儿，两头吹叫叫儿）、"拉涎[la³⁵sɛ̃³⁵]"指小孩或老人不能自主地垂涎，"血育拉[ɕio³³tsɛʔ³³la³⁵]"指"血不由自主地一直往下滴"；三读[lɛʔ³³]，指"在地上拖行"，如"拖啊拉"，有引申义：成绩不行，先生硬拖啊望上拉。<small>成绩不行，老师硬拽着往上升到高一年级</small>，"拉疙瘩儿[lɛʔ³³kə³³ter³³/²¹³]"指"移动位置、将厚面浆一点一点刮进沸水煮成面疙瘩"，如皋话也叫"掠鱼儿[lɛ³⁵yr³⁵]"。以上"拉"都用作动词，[lɛʔ³³]读作入声，反映了吴语底层的读音，合韵在苏州话中今音读[əʔ]（合、鸽）和[aʔ]（搭、拉），在泰如话中读[oʔ]、[ɛʔ]，表示"在"义的苏州话的"勒浪"、"勒海"的"勒"也是合韵字。"拉"在两地方言中还可以用作构成处所结构的名词后缀，且读音都舒声化，吴语读[la⁵³]（上海）、泰如话读[lɛ³³]（海安）：

娘舅[la⁵³]/舅舅[lɛ³³]｜小毛[la⁵³]/小毛[lɛ³³]/张家[la⁵³]/张家 lɛ³³]

相比之下，吴语中的"拉"主要用在物主名词的后头，使该名词具有表示处所的意思；泰如话"拉"前面的名词则不限于物主名词：

田的[le³³] | 脸[le³³] | 北京[le³³] | 他[le³³] | 桌子[le³³]

[le³³]相当于普通话的"那儿"，后附于名词表示处所义。同样是物主名词后面附加"拉"，两地在表义上还是有一些差异：上海话"老太婆拉"、"小毛拉"表示"老太婆家里"、"小毛家里"；"老太婆拉儿子"、"小毛拉爷"相当于普通话的"老太婆家里的儿子"、"小毛家里的爸爸"，泰如话"老太婆[le³³]"、"小毛[le³³]"不一定指家里，说"老太婆[le³³]儿子"、"小毛[le³³]爸爸"则不成话，似乎后面话还没说完，只有说"老太婆[le³³]儿子已经长成人了_{老太婆那儿儿子已经长大成人了}"、"小毛[le³³]爸爸借啊五千块钱_{小毛那儿爸爸借了五千块钱}"才成话。

在吴方言点，"海"有[hɛ]、[ho]、[hɔ]、[ha]等几种读音，表处所的"辣海"有人认为其本字为"那许"（梅祖麟，2000），潘悟云（2002：262—268）认为这些读音有共同的语源，来自"许"，而"许"又来自于"所"，"几许"在更早的文献写作"几所"，残留在吴语中写作"几化"，"化"为麻韵开口；张惠英（1984：352）从音理上说明吴语中的"几化、多化、场化"的"化"，实际上就是"下"字。乾隆十二年（1747 年）序刊本《苏州府志》："谓众多曰多许，许字音若黑可切。谓所在亦曰场许。"泰如片"在下"的"下"[xa²¹]也正好是麻韵字的读音！这就启发我们，泰如片方言衍音性的动词后附"啊"其本字可能就是"许"（所）早期的白读层次，最初表示处所义，既而和"在"连用虚化为表示时体的标记词，"啊"和"下"在泰如话中连用时常合为一音。作为远指代词的"许"韵母为[a]还有今天闽方言的证据，如厦门话的远指词"赫[hiaʔ↓]"和"遐[hia↑]"其本字就是"许"（张惠英 1994：216）。当然"许"在泰如片方言中如何丢失 x 而读成零声母的"啊"，又如何从表示处所义进而虚化为时体的标记还要做进一步的研究。我们推测，可能是"许（下）"在由处所义向体标记的转变过程中，读音进一步虚化，导致声母失落所致。正如在以前章节所说的，泰如片方言指示方位的"这里"、"那里"、"哪里"可以记作"这海"[tsa³³xɛ³]、那海[lo³³xɛ³]、哪海[la²¹³xɛ³]和"这下[tsa³³xa³]、那下[lo³³xa³]、哪下[la²¹³xa³]，"海"、"下"的本字可能都是"许"，但反映了不同的读音层次。当然具体到泰如话的每个方言点，不一定都保留了这两套系统完整的读音，还会受说话人文化水平、地域因素的影响而有不同。在海安点，"这下"、"那下"中"下"有时不一定限于某一点，还可指较广泛的范围，相当于"这一带"、"那一带"，"这海"、"那海"则是指某一点的范围。

（二）"辣海"的来源分析

钱乃荣认为上海话的"辣"来自"在"，动词"在[ze：]"在上海话语法化的同时，语音含混中性化，声母流音化，读作"来[leː]"。后来韵母又中性化，读成促音韵母[leʔ]，记为"垃"。"垃"进而离开句中心位置虚化作介词用，与表示集群的"拉[la]"构成"垃……拉"的介词结构①。笔者基本同意"垃"到"垃……拉"的演变情形，但疑惑不解的是"垃（辣）"果真是从"在"变来的吗？上海话中既然已经有了[dz]音位，"在"为什么还要经历这样一系列的由舒声促化又变为舒声的语音变化呢？又有人把"辣"看作来自中古汉语的"来"，根据似乎也嫌不足。根据曹广顺的研究，事态助词"来"产生在唐代，用于指明某一事件、过程是曾经发生过的、过去完成的②。元明时期是助词"来"使用的鼎盛时期，在方言性古白话作品中广泛存在，显然不是北方或南方某一区域的特有的助词③，而"辣"做动词和介词时，主要见于南方的吴语、闽语，使用时具有明显的区域性。上海话中"辣"做动词和介词时，后多接处所名词，用在动词前后分别表示动作的进行和状态的持续时，不像"来"那样主要表事情过程的曾经发生和过去完成。潘悟云认为上海话"辣海"中的"辣"是从"着"的流音化而来，"在"也可能是"着"的训读字④，与钱乃荣的观点相似。问题是"在"在先秦著作中就有了，如《论语·述而》："子在齐闻《韶》，三月不知肉味。"而方位介词"著"最早在六朝才在江南的文献里出现。"在"在明末冯梦龙的《山歌》中可以用作动词或介词：

（238）口虽说丢心还在，荷包收口未收心。（《山歌》卷10，第442页）
（239）新生月儿似银钩，钩住嫦娥在里头。（《山歌》卷10，第441页）

在《山歌》中既有"在……上"又有"来……上"，钱乃荣认为有两种可能：一是有的时候或有的地方读"在"，有的时候或有的地方读"来"；一是当时"在"可以读成"来"，或者已经读作"来"音，在文字记录时则按其义或按早期音写作"在"字。今天"在"无论是表示方位，还是表示动作的正在进行，都没能在上海话中扎下根，口语中仍然讲"辣"、"辣海"。

我们认为，在古汉语的南方方言中，可能存在着一个跟"在"功能相类似的"辣"，声母是一个流音，其语法功能正如今天上海话所显示的一开始是作为方所介词，后又虚化为表示动作完成及动作进行和状态持续的标记，是南方汉语的一个自源词。据陈泽平的报告，福州话中"唎（lɛ）"表

---

① 钱乃荣：《苏州方言动词"勒浪"的语法化》，《北部吴语研究》，上海大学出版社2003年版，第373—383页。
② 曹广顺：《近代汉语助词》，语文出版社1995年版。
③ 俞光中：《元明白话里的助词"来"》，《中国语文》1985年第4期，第289—291页。
④ 潘悟云：《吴语的指代词》，《代词》，暨南大学出版社1999年版；《著名中年语言学家自选集·潘悟云卷》，安徽教育出版社2002年版，第240—281页。

示处所和表示动作进行和状态持续：

（240）伊只瞒吼在做什名？——伊倒床眠床吼。
（241）我吼食饭，伊吼洗手。
（242）伊赖地下坐吼，怀肯爬起去。①

杨必生、陈建民（1984：115—129）报告的海丰方言表示动作进行和持续的[loː]：

（243）你[loː]做咪个？
（244）我弯恁腰[loː]扫地。②

林连通的福建永春话③：

（245）伊白衫仔颂礼，扇子摇礼，酒仔唥礼，真爽。他穿着白汗衫儿，摇着扇儿，喝着酒，好自在。

谢留文记载的南昌（蒋巷）话④：

（246）在杪杪子上[lɛ²¹miɛu³⁵/¹¹miɛu³⁵/³tsʅ³sɔŋ²¹]在树梢或针尖儿的最顶端
（247）在尖尖子上[lɛ²¹tɕien²¹tɕien²¹/³tsʅ³sɔŋ²¹]在某物最尖端

"在"蒋巷读[lɛ²¹]是训读字。

这些字的本字不可考，声母都是流音。在汉语方言中，声母为流音的持续标记并不少见，据罗自群的报告，有晋语区和顺话的"哩"[lei⁰]，平鲁话的"哩"[li⁰]，忻州话的"哩"[liə⁰]，云南石屏话的[lo 阴平]，个旧、蒙自（大屯）、开远的[lə⁰]，苏州"对牢"[læ¹³]（对者）、杭州"扶牢"[lɔ²¹³]中的"牢"⑤，它们不一定都由"在"变来。

（三）"辣海"作为体标记的使用差异

"辣海"在上海话中主要是一个显示某种"体貌"的"功能词"，据钱乃荣的研究，19世纪末上海地区写作的小说戏曲中"垃墶"（又写作"来海"、"垃海"）都含有"在里面"的意思，如《海上花列传》"无多几个人倪两家头也来海"（第八回）。现今的上海话中，"垃海"已经虚化成与"垃拉"同义表示存续的体助词，如"侬坐垃海勿要起来"，"立垃海勿适意。"不过，有的句子还是不能用"垃拉"代之，如"茶壶里摆点茶叶垃海。"不能改为"茶壶里摆点茶叶垃拉。"因为"垃海"的"在里面"义还没有完全退尽。上海话中年龄层次的不同，人们使用的体标记也有不同：

（248）伊垃拉屋里向。（动词）

---

① 陈泽平：《闽语新探索》，上海远东出版社2003年版，第131—135页。
② 杨必胜、陈建民：《海丰方言动词的态》，《语言研究》1984第4期，第115—129页。
③ 林连通：《福建永春方言的"仔"尾》，《中国语文》1988年第2期，第121—127页。
④ 谢留文：《南昌县（蒋巷）方言的"子"尾和"里"尾》，《方言》1991年第2期，第138—142页。
⑤ 罗自群：《现代汉语方言持续标记的比较研究》，中央民族大学出版社2006年版，第100—105页。

（249）我坐垃拉床上看书。（介词）
（250）伊昨日还垃拉要走，今朝改变主意了。（介词结构）
（251）警察垃拉走过来了。（进行体）
（252）青菜侪切垃拉，等一歇烧。
（253）坐垃拉比较适意。（存续体）①

这些句中的"垃拉"，又可写作"辣辣"，都能换用单音的"垃"，现在新派几乎全部能换用"垃（辣）海"了，20世纪到七八十年代，原来"伊垃拉骱搭"、"伊垃拉哀面工作"、"伊拉常庄垃拉一道"中不用"垃海"的场合，也开始用"垃海"了，如："伊垃海哀面工作"、"伊拉常常垃海一道"。

在泰如方言区，"辣海"的使用从南通经如皋、泰兴、海安、姜堰到泰州呈现出递减的趋势，南通点记作"赖下"[la^{213}·xo]，中部几个点记作[lɛ^{33}xɛ^3]、[lo^{33}xɛ^3]，语流中合音为[lɛ^{33}]，泰州点读[nʊ^{33}xa^3]、[nʊ^{33}kʰue^3]，读音受洪巢片的影响明显。在体标记方面，南通话的"赖下[la^{213}·xo]"可以充当进行体，与吴语的用法相似，如"赖下争/辣海争"、"赖下吃饭（辣海吃饭）"，与泰如其他点不同的是表示完成的动词后附是"叨"（鲍明炜、王均，2002）。中部如皋、海安点的进行体除"在"、"在下"外，还有"在辣（海）V"，"埋辣（海）V"，"在、埋"作为具体的动词必须出现：

（254）书放啊在辣海。书放在那儿。
（255）他在辣海卖衣裳。他在那儿卖衣服。
（256）我让他埋辣海。我让他在那儿。
（257）一天到晚埋辣海弄甚的？一天到晚在那儿干什么？

"埋"也是"在"的意思。

（258）他天天埋丁哭。他每天在哭。
（259）你埋那许做甚的？你在那儿做什么？
（260）一天到晚埋啊家的不出门。一天到晚在家里不出门。
（261）你埋这许等着啊，不要离开。你在这儿等着，别离开。

《朱子语类》卷130："荆公作《字说》时，只在一禅寺中，禅房前置笔砚，掩一龛灯，人有书翰来者，拆封皮埋放一边，就倒禅床睡少时，又忽然起来写一两字，看来都不曾眠。""埋放一边"指"放在一边"。

相比起北部吴语的"辣海"，泰如话的"辣海"还称不上是一个进行体的标记词，这从跟"V啊下"结构的对比中可以看出：

V啊辣海　　　　　　　　　　　　　　　V啊下
（262）a. 他站啊辣海哭。　　　　　　　　b. 他站啊下哭。

---

① 钱乃荣：《上海语言发展史》，上海人民出版社2003年版，第250—273页。

（263）a. 他在辣海写字。　　　　　　　b. 他在啊下写字。
（264）a. 你埋辣海别动！　　　　　　　b. 你埋啊下别动！

相比起"下"而言，泰如话"辣海"的处所义比较明显，而北部吴语中的"辣海"是显示某种"体貌"的功能词，表示动作的行为已经完成，并转化为状态的持续（徐烈炯、邵敬敏，1997），所以"辣海"有时是跟泰如话表示动作完成和持续的"啊"相对应：

　　　　　　　　　上海话　　　　　　　　泰如话
（265）a. 银行里存十万块洋钿辣海。　b. 银行的存啊十万块钱辣海。
（266）a. 今朝出去辣海？　　　　　　b. 今朝出去啊？
（267）a. 余多人统统立辣海。　　　　b. 其余人统统站啊下。

上海话的"V 辣海"一般表示动作的持续，相应的泰如话要说成"V 啊辣海"、"V 啊下"。

再看"辣海"在形容词后面的情形：

　　　　　　　　　上海话　　　　　　　　泰如话
（268）a. 面孔红辣海。　　　　　　　　b. 脸红啊下。
（269）a. 伊老吃力辣海。　　　　　　　b. 他蛮吃力的。
（270）a. 衣裳还清爽辣海。　　　　　　b. 衣裳还干净的。

从例中可以看出，除了用"形容词+啊下"，泰如话还在形容词后加"的"来表示状态的持续。

上海话的"辣辣海"、"有辣海"中，"辣"、"有"都是表示存在意义的动词，"辣海"的"处所"义相对显得较虚；表示持续体标记时也是如此，"书辣辣海"，"书有辣海"，"辣海"主要表示动作持续的状态；上海话还说"香辣海螺丝"、"豆豉香辣海兔子"，"辣海"表示"香"的一种状态；而泰如方言"书放啊辣海"、"书在辣海"，"辣海"主要表示动作存在的方位。"书放啊在辣海"和"书放啊辣海"意思也不完全一样，前句"放"的动作已经完成并处于静止的持续状态，后句既可表动作的已经完成并且动作处于持续之中，也表时体不明，甚至可以表示未完成的动作，如"家具买家来我放啊辣海"，家具可能还没有买回来。再看相应的其他例子：

（271）银行的十万块钱存啊辣海。　银行里十万块钱存着。
（272）阳台上摆啊盆花辣海。　阳台上摆着盆花。
（273）他头低啊辣海。　他头低着。

"辣海"还有一定的处所义，但前面可以不用加"在"。似乎可以说，泰如话中"辣海"有从表示动作的处所向表示状态、进而向虚化的持续体标记的发展趋势，或者说"辣海"作为持续体标记时是一个半虚化的语法成分，而吴语的相应词已经经历了类似的虚化途径，成了一个完全虚化的体标记成分。再看其他方面使用情形的比较：

上海话中如果动词带有结果补语，再带上"辣海"，这时"辣海"通常是说明结果补语的，泰如话在动词和结果补语之间可以插进"啊"，用"V 啊 A 啊"结构表示状态的持续：

    上海话   泰如话
（274）a. 伊吃醉辣海。   b. 他吃啊醉啊。
（275）a. 衣裳汰清爽辣海。   b. 衣裳洗啊干净啊。
（276）a. 脚骨敲伤辣海。   b. 脚拐儿撞啊伤啊。

上海话中如果动词不带补语，一般动词带"勒（仔）"，或宾语前有表数量的定语，前者表示动作已经实现，后者体现了某种具体的结果；"辣海"用在句末，显示一种"夸张"的语气。泰如话有类似的用法，不过表示动作的实现是"啊"：

    上海话   泰如话
（277）a. 伊买好仔早饭辣海。 b. 他买啊早饭辣海。
（278）a. 伊借交关物事辣海。 b. 他借啊多少稿子辣海。

"辣海"的使用在泰如片呈现不均匀的分布，到了泰州，使用日渐消失，表示动作的进行和持续除了"在、在下"，主要是"V 住（著）"，甚至还有"在（下）V 住（著）"形式，王健对此有详细的描述①。

上海话中，"辣海"可以独立做谓语，可以单独回答问题，泰如话没有这样的功能：

    上海话   泰如话
（279）a. 侬今朝辣海伐？   b. 你今朝在吧？
（280）a. 侬辣海做啥？   b. 你在辣海弄甚的稿子？
（281）a. 侬今朝辣屋里向伐？ b. 你今朝在家的吧？

上海话的"辣海（辣）"表示动作的存在，泰如话相对应的动词是"在"，表示动作或状态的持续：

（282）在拿呢[lɛ]。

（283）人还在吃呢[kɛ]！

苏州方言中，"怕、可惜、开始、来、出去"等词语可以跟"辣海"连用表示动作的进行：

（284）我勿是可惜钞票，是辣海可惜浪费脱个辰光。

（285）辣海开始辰光，灯熄脱哉。

---

① 王健：《江淮方言三种动态范畴的表现》，《语言科学》2006 年第 4 期，第 66—78 页；《从苏皖方言体助词"著"的表现看方言接触后的后果和机制》，《中国语文》2008 年第 1 期。

（286）阿姐，快点开门，阿爹勒好婆辣海进来哉。

泰如话没有这样的进行体，因为是表示动作的结果及其延续，所以一般用完成体和持续体相融合的形式来表示，即上面所述及的"啊"和"着"、"下"等相互组合的体标记。

三 "V啊下"与"V啊在下"结构

泰如方言中，"在"、"下"都读21调，"下"也有人记作"哈"①，有文白两读，文读[ɕia²¹]、白读[xa²¹]，作为体标记重要组成部分的"下"多采用白读形式，且黏附于其他词语之后，如"这下_{这一带}、那下_{那一带}、哪下_{哪里}、站啊下_{站着}、弯啊下_{弯着}。"在"是一个浊去字，清化后声母送气，调值同阴平，读作[tsʰe²¹]，"下"在语流中常丢失声母，读成"啊"。表示空间的一种存在，如：

（287）那张照片还在下/啊。

（288）那本书到现在还在下/啊。

"在下"指保存着；引申为人活着、健在：

（289）那个人十年前就得啊癌症，现在还在下。

（290）老人今年子90，还在下。

表示空间存在时"下"可以省去而意思没有大的改变，但在下列表示动作状态持续的句子中"下"就不是可有可无的，没有"下"句子就不能称说：

（291）站啊下的那个人是我哥哥。/*站啊的那个人是我哥哥。

（292）躺啊下的那个人得的是白血病。/*躺啊的那个人得的是白血病。

"下"在古代表处所，在古籍和白话小说中都能见到，例如"垓下、塞下、渠下、河下、吴下、都下、村下、家下、厨下"，其他方言中也不鲜见：重庆话"下"用在"这、那"后，表示处所，读[xɤɻ]。"这下_{这里}"读[leˠxɤɻ]，"那下_{那里}"读[laˠxɤɻ]，武汉话"边下"指旁边，"沿下"指跟前。泰如话中"下"可以表示处所，但所指并不很具体，可以说"在啊下"：

（293）他在啊下打牌。_{他在(我)家里边儿打牌。}

（294）我要在啊下看电影。_{我要在那儿看电影。}

这里的"在啊下"也可以说成"埋啊下"、"蹲啊下"，"在"的动作义较强。"V啊下"和"V啊那海"可以互相替代：

（295）不要老站啊下。/站啊那海，旁边有凳子坐坐_儿。

（296）头[tɕyẽ²¹]啊下_{低着头}。/头[tɕyẽ²¹]啊那海。

---

① 张亚军：《泰如片江淮方言中的"V+L"和"V+在L"结构》，《语言科学》2003年第4期，第45—50页。

（297）坐啊下！/坐啊那海！

（298）站啊下。/站啊那海。

（299）趴啊下。/趴啊那海。

（300）电视开啊下。/电视开啊那海。

（301）关啊下。/关啊那海。

（302）拿啊倒啊下。/拿啊倒啊那海。

（303）手弯啊下。/手弯啊那海。

"V啊下"和"V啊在下"表示动作的持续。有时"下"的有无虽然意义上没有大的区别，但在表示动作持续的状态义上有细微的不同：

（304）锅的吃啊剩啊碗粥下。/锅的吃啊剩啊碗粥。

（305）田的留啊哇菜下。/田的留啊哇菜。

（306）家的我丢啊千块钱下。/家的我丢啊千块钱。

有"下"更多时表示状态的持续，没有"下"则侧重于对状态的陈述。有时"在"也可有可无：

（307）墙上幅画儿挂啊在下。/墙上幅画儿挂啊下。<small>墙上一幅画儿挂着。</small>

（308）他在铺上躺啊在下。/他在铺上躺啊下。<small>他在铺上躺着。</small>

（309）口儿蒙啊在下。/口儿蒙啊下。<small>袋口封着。</small>

但当我们拿更多的句子来进行比较时，这两种持续体所表示状态的不同就比较明显了：

一是在比较句中。拿王健（2006）文中的例子[①]：

（310）坐啊（在）下吃比站啊（在）下吃舒服。

简单来看，"坐啊在下"和"坐啊下"都表示"坐"这一动作静态的持续，但在海安、如皋方言点，王健所举的这一例子却只能说成：

（311）坐啊下吃比站啊下吃舒服。

比较句中，用来进行的比较项只能是"V啊下"。

二是充当句子成分或接受其他成分修饰时两者的不同：

V啊下	V啊在下
（312）a. 坐啊下都舒服啊！<small>坐着很舒服啊！</small>	b. *坐啊在下都舒服啊！
（313）a. 他呆[ŋe³⁵]要坐啊下。<small>他非要坐着。</small>	b. *他呆要坐啊在下。
（314）a. 他不肯坐啊下。<small>他不肯坐着。</small>	b. *他不肯坐啊在下。
（315）a. 他要坐啊下。<small>他要坐着。</small>	b. *他要坐啊在下。

三是在祈使句中两者之间的差异。笔者（2008）在比较泰如方言中动词与处所词语所组成的A、B两式的差异时曾指出，表面上看，两式的差异

[①] 王健：《江淮方言三种动态范畴的表现》，《语言科学》2006年第4期，第66—78页。

似乎只是"在"的有无，实际上在表义和语法功能上存在差异：

A 式是一种普遍性、习惯性的事态（车子放啊天井的）；作为一般事态的评价对象，多以形容词作谓语或补语（钱存啊银行的好）；出现于比较结构中作为比较的对象（钱存啊银行的比放啊家的好）。"V 啊下"持续结构与这种 A 式有相同之处，主要表示静态的持续，可以作为事态而称说。相比之下，"V 啊在下"则更多表示某一动态的持续，在词语搭配和语法功能上与前者有所区别。当然，动态和静态两者之间的界限也不是截然分开的，这就出现了前面所说的两类持续体标记有时可以表示同一状态的情形。

四 "V 着啊"与"V 啊下"结构

普通话"台上坐着主席团"，在泰如话中一般要说成"台上坐啊主席团"或"台上坐着啊[ts^{h}o^{21}tsə^{21}/sə^{21}ka^1]主席团"，句中的"着"一般看作是表示"坐"的静态标记。陈庭珍（1957）早就指出："这类句子的动词一般可以不表示真正的动作而表示事物的静态，在这类句子中动词后面的词尾'着'正是静态的标志……这个'着'是表示状态的持续，并不是表示行为的进行。这是与一般叙述句中'着'字的用法不同的。从这里也可以说明这类句子的动词不是表示真正的行为动作而是表示存在的姿态的。"[①]这说明"着"在存现句中是一个表示静态的体标记词。其实"着"既可表示动作的进行，也表示动作状态的持续，如："台上唱着戏"，"着"既可表示"唱"这一动作的进行，也表示唱所持续的状态，普通话从形式上并不能加以区分，但在泰如方言中却有分别：

（316）台上在唱戏。

（317）台上在唱着啊戏。

（318）台上唱着啊戏。

"在 V"结构一般表示动作的进行，"V 着啊"既可表示动作的进行，也可表示持续。再如：

（319）她在穿衣裳。

（320）她身上穿着啊件羊毛衫。

前句表示动作的正在进行，后句只能表示动作状态的持续，可见表示动作的进行和持续还与动词本身的性质有关，"唱"和"穿"在表示动作进行和持续上有不同。

据袁家骅（1989）的研究，四川话中的"倒"既是方位介词，相当于普通话中的"在"，又是持续貌词尾，相当于普通话的"着"：

[①] 陈庭珍：《汉语处所词作主语的存在句》，《中国语文》1957 年 8 月号。

（321）他把杯子拿倒手上玩。

（322）坐倒吃比站倒吃好。①

尽管"倒"与"着（著）"发音相去甚远，但与"在"的语法功能相通。"台上坐着主席团"在泰如方言可说成"台上坐啊主席团"，是用动作的完成态来表示动作状态的持续，那么"台上唱啊戏"为什么不能用动词的完成态来表示状态的持续呢？这与动词不同的性质有关："唱"动作的完成就意味着状态的结束，而"坐"动作的完成并不意味着状态的结束，可以说"台上唱完了戏"或"台上戏唱结束了"，不能说"台上坐完了主席团"和"台上主席团坐结束了"。

泰如方言"台上唱着啊戏"是普通话"台上唱着戏"和泰如方言"台上唱啊戏"杂糅而成的，"啊"看似一个羡余成分，黏附于"着"后，表示动作的持续，但这个"啊"又是不可缺少的。在"V着啊"结构中，"着"在泰如话中有[tsʰaʔ³⁵]、[tsaʔ³³]、[səʔ]/[tsəʔ]等不同层次的读音，"着"虚化为[səʔ]/[tsəʔ]，主要元音发生了从a到ə的变化，发音相对模糊，但仍有喉塞收尾，所以后面的"啊"常读为[ka]。"着"的读音不定，既可念[tsəʔ]，也可念[səʔ]，都读轻声。"V着啊"结构在句中"啊"一般可以省去而意义差别不大，在句末却不能省，如"线绕着啊"、"眼睛盯着啊"不说"线绕着"、"眼睛盯着"。在东台、泰州点，表示持续的"V着啊"中的"着"又读作"住"[tsʰu]、[tsu]，跟洪巢片的情形比较接近。

先看相应泰如话的一些例子：

（323）他急着啊要去坐火车，饭也不曾吃就走啊。/他急啊要去坐火车，饭也不曾吃就走啊。 他急着要去坐火车，饭也没吃就走了。

（324）别等他，你饭先吃着啊。 别等他，你饭先吃着。

（325）我托着啊他的屁股。 我托着他的屁股。

（326）吃（着）啊碗的，看（着）啊锅的。 吃着碗里，看着锅里。

（327）骑（着）啊马找马。 骑着马找马。

"着"在有些句中可以省略而不影响意义的表达，但都不能用"V啊下"、"V啊在下"来代替，说明"V啊下"、"V啊在下"主要表示事物静态的持续，而这些句子则主要是表示动作的进行或事物动态的持续，"吃、托"类动词明显比"坐、挂"类的动作性强，可以说"坐啊下、挂啊下"，但不说"吃啊下、托啊下"，当然，"托啊下"也不是绝对不能说，如"手一直托啊下不难过嘛 手一直托着不难过吗？"，说明"托"和"吃"在表示动作持续时又有不同。"托啊下"和"托着啊"意思没有什么不同，在这里"着"跟"下"的

---

① 袁家骅：《汉语方言概要》（第二版），文字改革出版社1989年版，第53页。

性质近似，主要充当持续体标记。"V着啊"是在"V啊"结构基础上产生的新层次结构，"着"是受北方话影响的外来成分，在泰如片中部几点"着"还常常要和"啊"黏合在一起使用："毛衣穿着啊，别脱下来"、"椅子我坐着啊，你再去借张"，一定离不了"啊"。而到泰州，"着"有时则可以干脆甩掉"啊"单用了，读[tsu]：

（328）毛衣我穿着。

（329）椅子我坐着呢。

联系南通点表持续的情形，泰如片方言持续体标记由南到北呈现着这样一个发展趋势：

V 叨赖下→V 啊（在）下/V 着啊/V 啊辣（海）→V 着下呢→V 着呢

从中可以看出，从南到北吴语体标记影响的日渐衰微而北方话色彩的不断加强。

普通话中，形容词加"着"后，也转而指明状态，从而产生性质与状态的对立，如"玉米嫩着呢，桃花正红着呢"，泰如片没有这种表达式，一般用陈述式来表示状态，前加副词表示程度："玉米蛮嫩的，桃花间间红的。"

普通话中述补结构和动词重叠式因为不具备"时段特征"，不能跟"着"，但相应的泰如话有时则不是这样：

     普通话   泰如话

（330）a. *他看见着两只猴子。b. 他看见啊两只猴子。

            |*他看啊见啊两只猴子。

（331）a. *他学会着开车。 b. 他学会啊开车子。| 他学啊会啊开车子。

（332）a. *说说着认识了。 b. 说说啊认得啊。| 说说啊说啊认得啊。

一部分动补结构和动词重叠式在泰如话中可接"啊"。从上两组句子的对比中也可见"看见"的凝固性比"学会"强。

泰如话的"着啊"有时并不完全对应于普通话的"着"："他吃着饭呢"，泰如方言不能说成"他吃着啊饭呢"，仍要说成"他在吃饭呢"；普通话在动词前有时加上"在"或"正在"，表示动作的正在进行，"他正在吃着饭"，泰如方言一般说成"他正在吃饭"。泰如方言还说"饭代吃着啊顿，汤过过儿盛"、"饭先吃着啊，不要等我"，"吃着啊"不再表示动作的正在进行，"着啊"用在动词后面，表示加强命令或嘱咐的语气，这时，"着啊"相当于普通话的"着"。也就是说在泰如方言中，"吃啊"表示动作的完成，"在吃"着眼于动作的正在进行，"吃着啊"表示动作的持续，"嘴的说着啊，手的拿着啊"两种动作行为可以对举出现；也见于祈使句，如"先代吃着啊"、"看着啊锅的"，都不是着眼于动作的正在进行。《现代汉语词典》（1996年版）在对词条"着"进行解释时举了两组例子：他打着红旗在前面走。/他们正谈着话呢,"着"表示动作的持续;大门敞着。/茶几上放着一瓶花,"着"表示状态的持续,在泰如方言中要分别说成"他打(着)啊红旗在前头走""他俫在说(着啊)话呢";表示状态持续的两组句子要说成"大门敞啊(在)下"、"茶几上放啊瓶花"。"V 啊"表示状态的持续有一定的条件:"他打啊红旗在前头走"中"打啊"是"走"的伴随状态,不能说"他红旗打啊";"茶几上放啊瓶花"也不能说"茶几上瓶花放啊",再如:

走啊上班｜走啊去上班｜裹着啊油条吃｜推着啊走｜背着啊走｜边吃着啊饭边看着啊电视｜戴(着)啊眼镜儿看书｜扶着啊趋马儿梯子下去｜搂着啊手跳舞

坐啊下吃｜站啊下上课｜躺啊下想心事｜电视开啊下睡觉｜[sɔ̃³⁵]啊下蹲着屙屎

不同的句子结构,也会使持续体的体标记有所不同。普通话的"老两口儿在椅子上坐着呢、长椅上坐着一对老年夫妇",《现代汉语八百词》认为前句是表示状态的持续,后句是表示动作产生的状态[1]。马希文(1987)则认为,这只是说法不同,两个说法并没有什么区别[2]。然而,在泰如方言中,它们之间却是有区别的:

(333) 老两个人在椅子上坐啊(在)下。

(334) 长椅子上坐啊老夫妻两个。

前句是一个主谓句,表示状态的持续,必须在"啊"后添加相应的助词"(在)下"。后句是所谓存现句,"啊"对应于普通话中表动作持续状态的助词"着",再看同类其他例子的比较:

普通话	泰如话
(335) a. 钟在墙上挂着。	b. 钟在墙上挂啊(在)下。
(336) a. 电视机一天到晚,开着。	b. 电视机一天到晚开啊(在)下。
(337) a. 老师叫了他半天,他还坐着。	b. 老师喊啊他半天,他还坐啊(在)下。
(338) a. 他家的门老关着。	b. 他家的门老关啊(在)下。

从语感上分析,"V 啊下"和"V 啊在下"意思差不多,只不过后者对动词的这种持续状态有进一步强调、说明的意思,表示动作进行状态的"着",是不能用"啊"来替换的。因此,笼统地讲泰如话的"啊"跟普通话中表动作进行持续状态的"着"相对应,并不符合客观事实。普通话"他们正谈着话呢",如果着眼于动作的正在进行,泰如方言说成"他俫正在说

---

[1] 吕叔湘主编:《现代汉语八百词》,商务印书馆 1980 年版。
[2] 马希文:《北京方言里的"着"》,《方言》1987 年第 1 期。

话呢",如果表示动作状态的持续,则说成"他俫在说着啊话呢。"或"他俫说着啊话呢。"跟普通话"着"相对应的"啊"这时出现了零空位,即"在V"、"在V着"、"在V着呢"等普通话中表示动作进行的结构到了泰如方言一律是"在V",而不是"在V啊",泰如方言也有"在V啊"这样的结构,但这里的"啊"是语气词。这说明,普通话的"着"侧重于表示状态的持续,也能表示动作的进行,只要是语用上需要,都可以带"着";泰如方言一般用"V着啊",如:"他在路上开着啊车子听音乐。""开着啊车子"是听音乐的伴随状态,一般表示动作的持续。

再如:

(339)我在哄着啊伢儿睡觉。<small>我在哄孩子睡觉。</small>

(340)他在看着啊锅的。<small>他在照看着锅里。</small>

"哄着啊"、"看着啊"都表示动作持续的状态,"着啊"直接对应于普通话的"着"。在"墙上挂啊幅画儿"、"墙上一幅画儿挂啊在下"中,"啊"也对应于普通话的"着",表示状态的持续,"墙上挂啊幅画儿"还可以说成"墙上挂的幅画儿",表示陈述和说明。从这里不难发现"啊"所经历的一个语法化的历程:"啊"由表动作的完成兼表状态的持续,受普通话的影响,"着"作为表示状态的持续标记进入泰如方言,但有条件,即后面必须附有"啊","着啊"一起表示动作的持续,比较扬州、泰州、海安、南通四点的动作持续标记,扬州跟普通话最为接近,南通跟吴方言最为接近,泰州、海安处于中间,呈现出过渡性的特点。如"雪还在下着呢",四地的说法分别是:

(341)南通:雪还赖下(在)下。

(342)海安:雪还在落着啊。/雪还在落戒。

(343)泰州:雪还在落/下着厄呢。

(344)扬州:雪还下到/著哩。

海安方言的"落戒[laʔ³⁵keʔ⁵]"可以看作是"落着呢"的合音。南通话的"赖下"跟上海话的"辣辣"、"辣海"相似,用在动词前,表示动作的正在进行。泰如方言中,表示状态持续时"在"和"辣/那海"之间还可以插进其他名词,"辣/那海"附着在前面的名词之后:

(345)花盆摆啊在阳台辣海。

(346)书放啊在小明儿辣海。

(347)钱存啊在银行辣海。

上海话要分别说成:

(348)花盆摆辣海阳台浪。

(349)书放辣海小明搭。

（350）钞票存辣银行里。

句子结构也发生了一些变化，说明"辣海"在上海话中不像泰如片方言那样能直接附着在名词的后面。

再如，泰如方言中，既讲"伏啊凳子上写"，又讲"伏啊在凳子上写"，南通说"伏叨凳子上写"，俞扬认为前者"老年人普遍使用"，后者"大约是受普通话影响的结果"，并进一步得出结论：由于动词性质不同，泰如方言中存在着两种不同的述补组合，即"动+啊+处所名词（+动）"和"动+啊（+到）+处所名词+动"，前者是表示动作能造成一种绵延状态的动词（动$_1$），后者是表示动作并不造成一种绵延状态的动词（动$_2$），如"伏"是动$_1$，"搬"是动$_2$[①]。

笔者（1998）指出，泰如方言中，"伏啊凳子上"之类的句子是一个歧义句，它既可以变换成"伏啊在凳子上"，也可以变换成"伏啊到凳子上去"。也就是"伏啊凳子上"不是任何时候都可变成"伏啊在凳子上"的[②]，试看下列句子的对应：

（351）伏啊凳子上！——*伏啊在凳子上！

（352）伏啊凳子上写！——*伏啊在凳子上写！

（353）别伏啊凳子上写！——*别伏啊在凳子上写！

我们用祈使语气将左边的句子读出，并不能相应变换成右边的句子。我们知道，"祈使句的谓语只能是表示动作或行为的动词或动词性结构"，"伏啊在凳子上"表示的是动作静止的状态，当然不能用祈使语气读出。相反，却能读出下列句子：

（354）伏啊凳子上！——伏啊到凳子上去！

（355）伏啊凳子上写！——伏啊到凳子上去写！

（356）别伏啊凳子上写！——别伏啊到凳子上去写！

笔者（2008）又比较了与动词后附"啊"相关的 A、B 两种结构，其中也指出，如果不考虑句末各种语气词，单单将 A 式念出时，一般认为是祈使语气，表示命令和请求：

（357）放啊天井的！

（358）摆啊桌子上！

谓语动词表示一种动态，故能用祈使语气读出[③]。俞扬文中"搬啊天井

[①] 俞扬：《泰州方言的两种述补组合》，《中国语文》1991 年第 4 期，第 279—280 页。

[②] 汪如东：《通泰方言"啊"后附的语法构形特征》，《徐州师范大学学报》（哲学社会科学版）1998 年第 4 期，第 58—60 页。

[③] 汪如东：《泰如片方言中动词后附"啊"的两种结构》，《语言科学》2008 年第 3 期，第 329—336 页。

里吃"、"放啊天井里吃"、"站啊门口就能望见他了",句中"搬、放、站"都可表示动、静两种不同的情态,而"跳啊凳子上写"、"跑啊河边口钓鱼"中动词只能表示一种情态,故不会发生歧义。

再看它们担任句中成分的情况:

(359)站啊门口不好。—*站啊在门口不好。

(360)伏啊凳子上写也行。—*伏啊在凳子上写也行。

(361)脚踩啊水的要挨打的。—*脚踩啊在水的要挨打的。

分别担任主语,但左边的句子能成立,右边的句子不能成立,这里也可发现它们之间的一些差别:"V啊N(V代表动词,N代表名词)格式可以事物化,变成可以指称的对象,而"V啊在N"并没有事物化,而是对动作行为的陈述,在句中不能用来指称。

因此,泰如方言中"动+啊+处所名词"分别对应于普通话的"动+在+处所名词"和"动+到+处所名词+去/来",而"动+啊+到+处所名词+去/来",则只对应于普通话的"动+到+处所名词+来/去"。两种格式中的动词都可表示两种以上的不同情态,并无本质上的差别。

五 "V的"与"V啊"结构

"的"是汉语中使用相对比较复杂的一个助词,这里就与持续体相关的情形进行一个比较。如一开始例中所显示的,普通话的"杯里倒着茶呢"在泰如话既可以说"杯儿的倒啊茶"也可以说"杯儿的倒的茶",那么这两种表达究竟有什么区别呢?不妨再看一些例子:

(362)台上坐的主席团。

(363)墙上挂的幅画儿。

(364)他穿的件羊毛衫。

(365)我看的个外国电影。

前两句是存现句,后两句是主谓句。表面上看,这些句子中的"的"和"啊"意思一样,但稍作变换,两者的不同就可以看出来了:

	V 的	V 啊
(366)	a. 台上坐的是主席团。	b. *台上坐啊是主席团。
(367)	a. 墙上挂的是幅画儿。	b. *墙上挂啊是幅画儿。
(368)	a. 他穿的是件羊毛衫。	b. *他穿啊是件羊毛衫。
(369)	a. 我看的是个外国电影。	b. *我看啊是个外国电影。

加入"是",左边的能说,右边的不能说。

	V 啊	V 的
(370)	a. 主席团在台上坐啊下。	b. *主席团在台上坐的。

（371）a. 幅画儿在墙上挂啊下。　　　b. *幅画儿在墙上挂的。
（372）a. 件羊毛衫他穿啊在身上。　　b. *件羊毛衫他穿的在身上。
（373）a. 外国电影他看啊有三部。　　b. *外国电影他看的有三部。
改成主谓句，表示静态的持续，左边的能说，右边的不能说。
　　　　　　V 啊　　　　　　　　　　V 的
（374）a. 头朝啊东！　　　　　　　　b. *头朝的东！
（375）a. 站啊下，别起来！　　　　　b. *站的，别起来！
（376）a. 酒代喝着啊！ 酒先喝着！　　b. *酒代喝的！
用于祈使句中，左边的能说，右边的不能说。

由此可见，泰如片中"V 的"在表示动作持续时主要是对已然状态的陈述，这与"的"用在某些动词和宾语之间，强调已发生动作的主语、宾语、时间、地点、方式的用法是一脉相承的，如："昨朝进的城"、"乡下读的中学"，而"V 啊"的一系列持续体标记却不限于已然，这在前面的例句中就可看出了。

总之，泰如片方言持续体标记与动词后附"啊"紧密相关。"啊"本身可以表示完成，也可以表示持续，有时一身而兼二用。更多是跟其他词语组合起来充当体标记，包括与进行体同形的"在"、"在下"，两者之间使用时存在着差异。"辣（海）"在泰如片中主要表处所，但也有了虚化的趋势，可以看作是一个半虚化的持续体标记词，是吴语的底层遗留。"着"在该片方言中呈现出明显的虚化趋势，常与"啊"在一起使用，是受北方话影响的产物，属于较新层次，"的"与"啊"在表示持续的状态时各有分工，分布于不同的句型。从南到北，吴语的持续体色彩逐渐减弱而普通话影响力明显增强。

六　背景过程体

表示动作行为处在进行或持续的过程中，这一过程成为另一个行为或状态发生的时间背景，用在两个动词短语或两个分句的前一部分中，可分为两个小类。

（一）普通过程体

吴语是用简单的动词重叠式表示，与短时反复体相同；泰如话一般要在动词短语后面附加"的"：
　　　　　　苏州话　　　　　　　　　　泰如话
（377）a. 俚看看书睏着脱哉。　　　　b. 他看书的，看啊睡着啊。
（378）a. 我吃吃鱼，鲠着一根鱼骨头。　b. 我吃鱼的，鱼芒卡啊个喉咙。
（379）a. 俚笃商量商量，想着一个好办法。b. 他俫一商量的，想到啊个好办法。

（二）长时过程体

吴语用动词的两次重叠即 VVVV 表示，泰如话用 V 啊 V 的表示，一般是单音节动词，后面不能再带宾语，表示背景过程时间较长。

　　　苏州话　　　　　　　　　　　泰如话
（380）a. 我看看看看，看勿下去哉。　b. 我看啊看的，看不下去啊。
（381）a. 俚笃走走走走，落起雨来哉。　b. 我走啊走的，落起来啊。

七　持续反复体

（一）短时反复

泰如话一般用动词 VV 表示，和吴方言的用法比较近似，重在动作的轻微，可以带结合紧密的状语或结果补语。

（382）桌子揩揩干净。
（383）字写写整齐。
（384）出去散散心。
（385）肉红烧烧。
（386）钱放放好。
（387）翻翻词典看。
（388）吃啊耍耍哉。

吴方言常用这种重叠式表示委婉的祈使意愿，如苏州话：

（389）耐去杀杀鸡。
（390）请耐关关门。
（391）让我去寄寄辫封信。

泰如话除使用这种重叠式，表示委婉时还用"下子"：

（392）你去杀下子鸡子。
（393）请你关下子门。
（394）让我去寄下子那封信。

句末常接其他语气词：

（395）你去杀下子鸡子呗！
（396）请你关下子门哉！
（397）让我去寄下子那封信吧！

"下子"后附于动词时，"下"常发生音变，声母 X 失落，当前面是一个开音节字时，读[a]，如"花下子[xua²¹a²¹tsɿ]"；是阳声韵字时读[ŋa]，如"用下子[iɔ̃²¹ŋa²¹tsɿ]"；是入声韵字时读[ka]，如"吃下子[tɕʰiəʔ³³ka³tsɿ³]"。

吴语中的"仔（勒）"还可插在重叠式中间，描写已实现的动作行为，如"看仔（勒）看"、"立仔（勒）立"，泰如话有"V 啊 V"："看啊看"、"站

啊站"、"闻啊闻",一般用于句中,后接其他句子:

(398)他来看啊看就走啊。

(399)他闻啊闻,句话曾说。_{他闻了闻,一句话没说。}

从语法组合功能上看,吴语有用介词短语作补语的所谓"VV介宾"形式,如苏州话的"送送到我屋里"、"蹲蹲勒房间里向",泰如话没有这种重叠形式,一般用"V啊到+处所结构"的形式:

(400)送啊到我房间的。

(401)蹲啊房间里的。①

跟苏州话不同的是,这一句型在泰如话中是有歧义的,一是表祈使的语气,一是表一般的陈述。

重叠式表祈使义在吴语中还有一特殊句式"VV+伊"②:

(402)台了揩揩伊。

(403)瓜子炒炒伊。

(404)掰眼青菜汰汰伊。

(405)吃吃伊(老酒)。

(406)衣裳晒晒伊。

这种格式也是表示祈使或缓和命令的语气,"伊"作为第三人称单数的本义已经虚化,常处于句末的位置。泰如话没有直接对应的重叠式,表示祈使时一般在动词后用"掉":

(407)杯儿酒同我喝掉!_{给我把那杯酒喝了!}

(408)瓜子儿拿炒掉!_{把瓜子儿炒了!}

(409)桌子上的水拿擦掉!_{把桌上的水擦了!}

为了缓和这种祈使命令的语气,泰如话的句末也可以添加第三人称代词"他(它)",指称义也已消失:

(410)杯儿酒同我喝掉他(它)!

(411)瓜子儿拿炒掉他(它)!

(412)桌子上的水拿擦掉他(它)!

(二)状态反复

指动作频率的高低所形成的各种状态,刘丹青把苏州话的持续反复体除分为短时反复外,还有低频反复、中频反复、高频反复③,我们统称为状态反复,以区别于短时反复,因为短时反复重点指动作的轻微,有时甚至

---

① 刘丹青:《苏州方言重叠式研究》,《语言研究》1986年第1期,第7—28页。
② 许宝华、汤珍珠:《上海市区方言志》,上海教育出版社1988年版,第435页。
③ 刘丹青:《苏州方言的体范畴系统与半虚化体标记》,胡明扬主编《汉语方言体貌论文集》,江苏教育出版社1996年版,第29—30页。

可能指一次性的行为，并不形成反复，而状态反复类的重叠形式一般都是状态性强于动作性，即便是低频反复，只是指动作的缓慢和悠长，并不是一次性，苏州话用"V 勒[ləʔ]V"表示低频反复，泰如话相对应的是"V 啊 V 的"格式：

（413）佴天天事体勿做，勒街浪荡勒荡。/他天天不做事，在街上荡啊荡的[tʰã²¹ŋa¹tʰã²¹tiɿʔ¹]。

（414）几片云勒天浪飘勒飘。/几片云在天上飘啊飘的[pʰiɔ²¹a¹pʰiɔ²¹tiɿʔ¹]。

吴语中的"V 法（faʔ）V 法"有表动作轻微反复、时量短暂的延续义，刘丹青认为这与吴语低频反复的"V 勒[ləʔ]V"有所不同，把它归为中频反复，如"摇法摇法"、"动法动法"、"拍法拍法"，泰如话没有这种低频反复和中频反复形式上的区别，都是"V 啊 V 的"格式：

（415）说啊说的说啊哭起来啊。<small>说着说着哭起来了。</small>

（416）做啊做的肚子做啊饿起来啊。<small>做着做着肚子饿了。</small>

（417）走啊走的走啊认不得啊。<small>走着走着迷路了。</small>

（418）鱼嘴叭[paʔ³³]啊叭的就死掉啊。<small>鱼嘴巴叭拉叭拉死了。</small>

（419）题目看啊看的就会啊。<small>题目看着看着就会了。</small>

至于苏州话的高频反复，如"穷骂穷骂"、"瞎说瞎说"、"死吃死吃"是用单音节副词构成的"FVFV"（F 表副词）重叠式，泰如话没有这种形式。如要表示这种高频度或强度，一般靠动词前面的副词或后加补语成分来表达，如"死骂"、"骂啊不息"、"活嚼瞎说"、"吃啊不停"等都表示相应的意思。

正如在前面重叠式部分所描写的，泰如话表示反复体的结构还有"顿 V"，"顿"在这种格式中一律变调为 213 格式：

（420）我在他房子里的顿看。

（421）我顿问，才找到他的家。

（422）他顿想，刻儿功夫就做啊好啊。

和泰如话的重叠式相比，"顿 V"结构重点强调的是动作时间的长时貌，及在动作时间段内的反复状态，宜归为长时反复体。"顿"在古汉语中就有"逗留"、"较长时间停留"的意思：

（423）（华光）自思曰："只因文殊、普贤这两个人，一个装聋，一个作哑，将茶顿住我，才赶不着龙瑞王，去到灵山。"（《四游记·华光占清凉山》）

（424）我同他顿在一块儿这许多年，还有什么不知道的。（《官场现形记》第十二回）

第三节 开始体

泰如话和吴语开始体都用"起来",不过,泰如话表示动词义的"起来"和表示开始体的"起来"有读音上的不同:

（425）他到十点才起来[tɕʰi²¹³le³]啊。_{他到十点才起床了。}

（426）他走铺上爬起来[tɕʰi²¹³le³]开门。_{他从铺上爬起来开门。}

（427）外头落起来[laʔ³⁵tɕʰiəʔ³⁵le⁵]啊。_{外面下起雨来了。}

（428）伢ᵣ哭起来[kʰɔʔ³³tɕʰiəʔ³⁵le³]啊。_{孩子哭起来了。}

（429）吃起来[tɕʰiəʔ³³tɕʰiəʔ³³le³]要吃好的,学习曾用点ᵣ功的啊？_{吃要拣好的吃,学习怎么没有用点功啊？}

说明"起来"的意义进一步虚化,表示样态的变化,"起"在补语位置上读音弱化,韵母变读为入声,当然这种读音的改变还不是一种普遍的情形,也有"起来"不改变声韵读法,但声调一般都要读作轻声。在表示否定和可能义时,"来"有轻声和非轻声两种读法,语流较急较快时,常读轻声：

爬不/得起来[pa²¹pəʔ¹/təʔ¹tɕʰi²¹³le³/le³⁵] | 站不/得起来[tsɛ³³pəʔ³/təʔ³tɕʰi²¹³le³/le³⁵] | 学不/得起来[xaʔ³⁵pəʔ⁵/təʔ⁵tɕʰi²¹³le³/le³⁵]

吴语中"起来"用于对某个情况的发生表示意外和惊讶：

（430）这十五贯钱是老夫助他回去救兄弟熊友蕙的,怎么是游二家的起来？（《十五贯传奇》第18出）

（431）幼安等闻言笑道："怎么吃番菜把嘴凹划碎起来？"（《海上繁华梦》第2集第23回）

这种用法在今吴语中比较少见,"起来"作为趋向补语可用于TV型结构中（T为话题）,表示一种虚拟语态：

（432）伊张纸头拾起来。

（433）衣裳着起来。

还可有限地用VO式：

（434）着起衣裳来！

（435）两只脚跷到肩胛头,吃起物事来有劲头。（上海话谜语）

上海话可以说"前头头起来"、"路走起来",在祈使句中使用"起来",泰如话没有这种用法。

第四节 经历体

也叫经验体,表示动作行为的曾经发生,吴语是"过、歇、过歇、歇

过",泰如方言是"过"、"过啊"、"过……的"、"过(啊)……的":

(436) 我去过苏州。

(437) 他吃过啊早饭。

(438) 他去过(啊)北京的。

在句末还可以用"过"、"过的"对这种过去经历的语气进一步加以强调:

(439) 我看见过他妈妈儿过的。_{我见过他老娘的。}

(440) 我从来不曾说过他的闲话过。_{我从来没说过他的闲话。}

(441) 家的曾管过他的事过。_{家里没问过他的事。}

苏州话的完成体和经验体否定式都要用"朆",但完成体不再用"仔",经验体还要用"过"或"歇",下面两例,没有"歇"的是完成体,有"歇"的是经验体:

(442) 小张外国朆去勒。

(443) 俚连外国也朆去歇啦?

泰如话完成体和经验体的否定式除了可以用"不曾"表示否定外,都可以用"曾"来表示否定,完成体不用"啊",经验体后面离不了"过":

(444) 小张外国(还)曾去呢。

(445) 他哪连外国都曾去过的?

泰如话的"过"必须紧跟前面的动词,中间不能插入其他成分,苏州话的动词和助词之间可有限地插入宾语:

(446) 淳于智读点书过个,看仔条子,心里就明白哉。

(447) 我做该种事体勿是头一回哉,朆有人来管我歇过。

泰如话要说"读过书的"、"管过我过",动词和"过"之间不能插入任何成分。"的"的使用比较复杂,在表示经验体的句式中,主要起强调过去经历的语气作用。

"过"在苏州话中还有表示补偿性的重复体[①],指前一行为无效、失效或不理想而重新进行一次:

(448) 搿篇稿子俚勿称心,我只好再写过一遍。

(449) 茶淡脱哉,重新泡过一杯吧。

泰如话前一句可以说"这篇稿子他不满意,我只好再写啊一遍",但后一句是祈使句,泰如话不能说"重新泡啊一杯儿吧"或"重新泡过一杯儿吧",说明泰如话的"过"或"啊"不表示苏州话那样的表示补偿性的重复体。

---

① 刘丹青:《苏州方言的体范畴系统与半虚化标记》,胡明扬主编《汉语方言体貌论文集》,江苏教育出版社1996年版,第28页。

第五节 进行体

进行体的语法意义是表示动作或变化正在持续进行的过程中，也可称为动态的持续。普通话中，表示动作正在进行，可说"在 V""在 V 着""在 V 着呢"，如要强调动作的正在进行，还可加上"正"，说成"正在 V"、"正在 V 着"、"正在 V 着呢"。V 动词有一定的限制，像"有"、"姓"、"是"等不能表示动作进行的动词不能包括在内，"着"意义已经虚化，语音上读轻声。一般来说，普通话的"在 V 着"结构多表示动作的正在进行，而"V 着"、"V 着呢"则既表动作的进行，也表状态的持续。跟动词的性质有关，也受句子结构的影响，如"吃"可表示动作的进行，而"坐"可表动作的进行，但更多表动作状态的持续。泰如方言一般不独用"着"来表示动作的进行，如普通话"家里开着电视"、"他在家里开着电视睡觉"、"家里电视一直开着"，要分别说成"家的开着啊电视"、"他在家的开着啊电视睡觉"、"家的电视一直开啊在下"，"开着啊"、"开啊在下"都表示动作状态的持续。"开着"在普通话中可以表示动作的进行，如普通话"路上开着一辆车"、"他在路上开着车"、"一辆车在路上开着"，句子结构不同，但"开着"都表示动作的进行。这三句泰如方言要分别说成：

（450）路上有部车子在开。
（451）路上有部车子在下开。
（452）有部车子在路上在开。

也就是表示动作的进行，泰如话主要还是用"在 V"、"在下 V"结构。

一 "在 V"、"在下 V"与"辣 V""辣海 V"结构

"在下"词义进一步虚化，由表空间的存在发展到表空间兼表动作的进行：
（453）他在下哭。
（454）他在下看书。
（455）他在下打牌。
（456）他在下耍子。

上海话中表示动作正在进行时，用"辣""辣辣""辣海"等修饰动词，前头可以再加上副词"正"：
（457）伊正辣预备结婚。
（458）物事辣辣来。
（459）伊拉辣海分奖金。
（460）迭桩事体正辣辣调查当中。

"辣"独用时读[lAʔ¹²],叠用时读[lAʔ¹²/¹¹lAʔ¹²/³³]或变读为[ləʔ¹²/¹¹lAʔ¹²/³³]、[lE¹²/²²lAʔ¹²/⁴⁴],泰如方言相对应的发音是"[lɛʔ³³xɛ³]、[lo³³xɛ³]",在语流中常合音为[lɛ]:

(461)他站啊在门[lɛʔ³³xɛ³]/[lɛ³]。

(462)他站啊在门[lo³³xɛ³]/[lɛ³]。

跟"在下V"一样,"[lɛʔ³³xɛ³]/[lo³³xɛ³]"在"在[lɛʔ³³xɛ³]/[lo³³xɛ³]"结构中也表示动作的持续:

(463)他在[lɛʔ³³xɛ³]/[lo³³xɛ³]看着啊。

(464)我在[lɛʔ³³xɛ³]/[lo³³xɛ³]查资料。

比起"在下 V","[lɛʔ³³xɛ³]、[lo³³xɛ³]"结构的处所意义更明显,虚化程度不高。表面上,"在V"都可以用"在下V"来替换,如"在吃"可以说"在下吃","在打"等于"在下打","在坐"同"在下坐";"在"和"在下"前面都可以添加相应的副词,如:"他才在吃","他才在下吃";"他还在吃","他还在下吃"。相比起"在 V"结构而言,"在下 V"结构还有一种"在某空间某动作正在进行"或"即将进行"的意味,描写性的色彩更为浓厚。这种不同在否定句中表现得尤为明显:

(465)他不在吃。

(466)他不在下吃。

上句是对"吃"正在进行状态的否定,下句有两种理解:一种是对正在进行状态的否定,如"我进去的刻儿,看到他不在下吃",一种是对未来动作进行状态的否定,表示"他不准备留下来吃饭"。"在下"和"吃"之间还可以插进其他成分,如可以说"他不在下同她做块儿吃"、"他不在下一起吃",说明"在下"和V之间的凝固性没有"在"和V之间的凝固性强。再看下两句:

(467)a. *我打算/想在吃。 b. *我不打算/想在吃

(468)a. 我打算/想在下吃   b. 我不打算/想在下吃

"打算/想"后面都用表示未来的动作动词做宾语,"在下V"结构带有体词性、静态性的特征,可以说。

(469)*在吃就煮你的饭,不在吃就不煮。

(470)在下吃就煮你的饭,不在下吃就不煮。_{留下来吃就煮你的饭,不留下吃就不煮。}

同样是充当句子的主语成分,上句不能说,下句能说。因此,相比起"在V"结构而言,"在下"还可以表现动作状态的持续,主要用在"V啊在下"、"V啊下"结构中,而"在V"结构更多的是表动作的进行。

二 "在下"由表处所到表语气的虚化

吴凤山《如皋方言研究》中描写了如皋话中"在下"使用的情形：副词"在下"表进行时，有"在这儿、在那儿、着"等含义，常作状语、补语。如：

（471）同你弄啊耍子唻在下！（作状语）

（472）你在下弄什呢呀？（作状语）

（473）你不要在下不觉察！（作状语）[①]。

这几句话中的"在下"，除第二句，其余两句其实并不表示动作的进行，而是表示一种否定的语气，提醒对方注意，"同你弄啊耍子唻在下"意指"我不是和你弄着玩儿的"；"你不要在下不觉察"意指"你不要不以为然"，"在下"的意义进一步虚化。

古代汉语有句末"在里"、"在"、"里"使用的虚化现象，根据吕叔湘《释〈景德传灯录〉中在、著二助词》中的研究，唐宋时期口语中"颇普遍"使用句末"在"、"在里"表示一种"'申明有'之语气"的现象：

（474）大德正闹在，且去，别时来。

（475）他不是摆脱得开，只为立不住，便放却，忒早在里。

当时"在"和"在里"放在句末原也有具有实在意义的，如：

（476）若要商量，堂头自有一千五百老师在。

（477）岂有虑君子太多，须留几个小人在里？

吕先生认为"在里"一词是由"处所副词变而为纯语助词"，本意"在这里、于此"的意义逐渐趋于空灵[②]。曹广顺也指出"在里"连用，带有一种"在这里"的意思，实词义仍较明显[③]。这里的"在里"、"在"与现代汉语的"在"有什么关系，现在还不好确定，但至少可以说明"在里"语义虚化后比较容易省略，吴凤山所举如皋话的"在下"，在这些句中也都可以省略，不过句子的语气就变得没那么强烈了。

三 与持续体结构之间的比较

在整个吴语地区几乎都有存在词加处所词表示动作的进行体和持续体，一般是在动词前头表示进行体，在动词后面表示持续体。例如温州话的"著"[zๅ⁴]加处所词"搭[ta⁰、da⁰或la⁰]，表示"在那儿"的意思，温州

[①] 吴凤山：《如皋方言研究》，中国文联出版社 2006 年版，第 52 页。

[②] 吕叔湘：《释〈景德传灯录〉中在、著二助词》，《汉语语法论文集》，商务印书馆 1984 年版。

[③] 曹广顺：《近代汉语助词》，语文出版社 1995 年版。

话的处所词还有"里[lei⁰或tei⁰]"表近指、kau（近指代词[ka⁰]和处所词"屋"[vu²¹³]的合音词）、hau³（远指代词"许"和处所词"屋"的合音词），都可以仿此和存在词构成词组表示相同的功能，只是因处所词有远近之分，因而所表示的进行体和持续体都隐有远近的语义。如：

（478）渠[ʐɿ⁰ta⁰]睏。他在那里睡觉。（动作正在进行中）

（479）渠[ʐɿ⁰lei⁰]睏。他在这里睡觉。（动作正在进行）

（480）渠睏[ʐɿ⁰ta⁰]。他睡在那里。（动作所产生的状态一直持续着）

（481）渠睏[ʐɿ⁰lei⁰]。他睡在这里。（动作所产生的状态一直持续着）

其他吴语也都有类似的表示方法，只是所用的语素不完全相同，虚化的程度也不甚一致。跟温州"著搭"、"著里"相当的词语在上海话中是"辣海"[laʔhᴇ]和"辣辣"[laʔlaʔ]：

（482）伊辣海睏。他在那里睡觉。（表动作正在进行中）

（483）伊睏辣海。他睡在那里。（表动作所产生的状态一直持续着）

进行体和持续体表面上看来很相似，实际上并不一样，比较一下那些不能产生持续状态的动词就可以看出这种区别来，如上海话可以说"辣海笑"，但不能说"伊笑辣海"。

作补语时，吴语中也出现了"着"，形成"着仔"在一起使用的叠床架屋的情形：

（484）他想着仔儿子要来勒，心里真真开心杀。

（485）俚跌着仔一跤，脚馒头痛杀哉。

（486）鸡蛋勒车子浪颠着仔一颠，碎脱蛮好几只。

加上"仔"带有不如意的色彩。第一句中"着"的意义还比较实在，"想着仔"相当于"想到"。下面两句表示动作的瞬间发生并完成，意义较虚，泰如话与之相对应的是"啊"。

吴语中存现句典型的格式是"场所+动词+（仔）+宾语（存在的人或物）+（辣海）"，"仔"和"辣海"可以一起用，也可只用其中的一个，用"辣海"，持续的意味稍微显得强一些：

（487）门口头立仔三个人辣海。

（488）墙头浪挂仔一张地图辣海。

泰如话存现句典型的格式是"场所+动词+啊+宾语（存在的人或物）+（下）"，"啊"是必须出现的成分，"下"强调状态的持续意味，所以上面两句泰如话一般说成：

（489）门口站啊三个人下。

（490）墙上挂啊张地图下。

也可以说：

（491）门口站啊三个人辣（海）。
（492）墙上挂啊张地图辣（海）。

"辣（海）"表示动作及其状态发生的地点，表持续义主要还是靠"啊"，再次说明相比起吴语来说，泰如话的"辣海"虚化程度还不够彻底。

表6—1　　　　　　　泰如话与吴语体貌结构比较总表

体貌类型＼地点	吴语	泰如话
完成体	V勒｜V仔｜V脱｜V脱仔	V啊｜V掉｜V掉啊
持续体	V仔｜V好仔｜V辣（辣、海）	V啊在下｜V啊在辣（海）｜V着啊
存在体	V仔｜V辣（海）	在｜在下｜埋｜埋下｜在辣（海）｜V的｜V啊
进行体	V辣（辣、海）｜VV，VV｜V咾V，V咾V	在V｜在下V｜在辣（海）V
变化体	V勒	V啊｜V掉啊｜V起来啊
已然体	V仔｜V勒｜V辣（海）	V啊｜V的
延续体	V辣（辣、海）	V啊在下｜V啊在辣（海）｜V着啊
经历体	V过｜V过歇｜V歇过	V过｜V过啊
开始体	V起来	V起来
反复体	VV（O）｜V个V｜VV（C）｜V₁V₁V₂V₂	VV（O）｜V啊V｜顿V｜VV（C）

第六节　本章小结

　　泰如话的动词后附"啊"与北部吴语的"仔"是两地方言中最重要的体标记词，可以表示完成、持续和结果等多种语法意义，上海、苏州等地的吴语中表示完成体标记的"勒"逐渐取代了"仔"，泰如话的"掉"、吴语的"脱"、"好"都是半虚化的体标记词。苏州话中表示完成体的"仔"不能用在句末，主要用在动宾与动补之间，必须具备一定的条件才能成句，泰如话中的"啊"可以用于动宾、动补之间，也可以出现在句末，宾语或补语可以有数量成分，也可以没有，使用时不一定要有后续动词或分句，"啊"作为完成体，除了对应苏州方言的"仔"，还对应半虚化的"好"和"脱"。"啊"和"仔"的不同还表现在组成不同句子的结构时，苏州话黏合性述补结构的述语和补语结合较为紧密（写好仔一首诗），而泰如话则要在述语和补语之间再插进一个"啊"更自然（写啊好啊首诗）；普通话中凝固

性比较强的部分联合、动宾、动补结构的复音词在泰如话中都可以插入"啊":"合啊适"、"算啊事"、"称啊心"、"合啊性"、"仰啊饱"、"信啊意ㄦ";泰如话的动补结构必须在动词和补语之间加"啊"(饭烧啊熟啊),而苏州话则不能在VC之间加"仔"(饭烧熟仔);"啊"在"仅啊、信啊、尚啊、假马ㄦ啊、定当啊、除啊、并啊、寻啊、添道ㄦ啊"等词语中主要起构词作用,这些词语不少经过了虚化,有些可以归于副词,"啊"还具有连接名词、动词、形容词、数词及相应短语的功能;泰如话中的"啊"具有引进动作处所的标记功能,没有虚化成零标记(站啊讲台上),吴语的"仔"一般要和"辣"一起连用(站辣仔讲台浪);在否定句、疑问句中,苏州话的"仔"不管在句中还是句末都不出现(蜀吃饭哉?|蜀吃饭勒?),泰如话"啊"在句中不出现,但在句末可以出现(曾吃饭啊?|共吃饭啊?)。

"脱"和"掉"在吴语和泰如话中虚化程度不同。在泰如话中,"掉"单用时音[tʰio²¹³],表示"更替、调换"(掉钱),引申为某动作行为致使其他人得到好处(掉啊人家发财),跟"啊"一起连用,多出现在动结式(吃掉啊)或可能式(吃得掉)结构中;"脱"在泰如话中有[tʰoʔ³³]和[tʰəʔ³³]两个读音,用作动词时,分别表示"脱去"和"坠落"义,在内部个别地点(如兴化)[tʰəʔ³³]有如吴语那样虚化的现象(忘煞特);"掉"在吴语中不像泰如片方言那样可以广泛使用于动结式或可能式的语法结构中,"脱"一般用于动词或动补短语后头,表示动作或状态的完成(烧坏脱一锅饭),后头还可以再接表示完成的纯粹的后缀"仔"或"勒"(烧坏脱仔/勒一锅饭),用于将要经历某一动作或状态(吃脱一个号头药再看看哪能)时,又是进一步的虚化,变成了纯粹的后缀,后头不能再接"勒"。吴语的"脱"和泰如话的"掉"都不是真正的完成体助词,而是一个半虚化的成分,须分别和各自内部的"仔"、"啊"连在一起使用。

"啊"、"仔/勒"也分别是泰如话和吴语中表示持续体的重要的体标记成分,组成了"V啊下"、"V着啊"、"V着啊下"和"V勒里"、"V勒浪"、"V勒海"、"V勒勒"等结构。"著(着)"在泰如话中经历了意义由实到虚、声调弱化、进一步发生轻读音变的情形,与语法化不同阶段的句法结构相关联,而一般吴语中的"着"没有经过这样虚化的路径,一般也不把动相补语中的"着"视作持续体的标记。"辣海"是北部吴语中表示动作进行和持续的重要的体标记,在泰如话中也有使用,应是吴语影响的结果,可能是南方汉语的一个自源词,但在泰如话中"辣海"主要表处所义,是一个半虚化的体标记词,表示进行和持续的主要结构是"在V"、"在下V"、"V啊下"、"V啊在下"、"V的"、"V着啊"等,"在下"有由表处所到表语气的虚化;泰如话的"V啊N上"和"V啊在/到N上"、"V啊下"和"V啊在下"当使用在不同的句式中或用不同的语气读出时可看出彼此之间的不同;"V 的"表示动作持续时主要是对已然状态的陈述,"V 着啊"是在"V 啊"结构基础上产生的新层次结构,"着"是受北方话影响的外来成分;泰如话和吴语在持续体的其他形式方面也存在着不同。

第七章 语序

　　语序是一种重要的语法形式或者说一种重要的语法手段,汉语语法学界很早就重视汉语语序的研究。近些年,随着语序类型学理论在汉语研究中的运用,人们把研究的目光投向了方言,得到了许多重要的发现,如刘丹青的《语序类型学与介词理论》,从介词这个重要的语序类型参项着手,对吴语中存在着的后置介词进行了系统的研究,并借鉴"语法化"的理论和研究成果,揭示了介词的历史来源和虚化轨迹及其与汉语语序类型演变的关系。书中将介词和连词结合加以考察,深刻地揭示了支配语序的原则和理据,给人以耳目一新之感:不同词类和范畴的介词与连词之间遵循着相同的语序和谐原则!本书侧重泰如话和吴语一般比较性的描述,考虑到既往的研究,仍把语序、介词、连词分列于不同的章节。

第一节　话题句中的语序差异

一　受事成分充当次话题的 STV 式

　　吴语在很多情况下,都使用受事成分充当话题 T 的 TV 式句子,如:
（1）要端正种花,空地有哦?
（2）收条有哦?
（3）钞票咓没勒哦?
　　受事充当次话题的 STV 式、TSV 式也很常见。是非疑问句压倒性地采用受事话题结构是上海话及整个吴语的突出特点[①]。是非疑问句以外的问句,包括反意问句、特指问句等,则一律为动宾结构,完全没有 TV 结构,如:
STV 式:
（4）侬饭吃得落哦?
（5）伊作业来得及做哦?

---

① 刘丹青:《语序类型学与介词理论》,商务印书馆2003年版,第189页。

（6）侬香烟吃哦？

TSV 式：

（7）迭个事体伊搭侬话过哦？

（8）厚底鞋子，侬欢喜着个哦？

泰如话属于北方官话系统，充当话题句的受事成分当然也就没有吴语那么多，如是非疑问句在吴语一般采用 TV 式，泰如话一般采用 VO 式，如上面的 TV 式在泰如话要说成：

（9）要种点儿花，可有空落地啊？

（10）可有收条儿啊？

（11）没钱啊吧？

泰如话的"可 VP"句式可参见第五章的相关内容。我们认为泰如话的"可 VP"问句属于是非问的性质，只不过疑问副词"可"置于动词之前。当然"空地有吧？"、"收条儿有吧？"、"钱没得啊吧？"也不是不可以说，但不像吴语那样自然，要在一定的语境中才可以作为话题句出现。还有所谓正反问句，泰如话中有正反问句形式，有时不是表示真性的发问：

（12）他问你俫明朝去不去上海。

（13）打个电话问问他走不走那海。

（14）稿子随他吃不吃。

但"可 VP"的使用频率还是要高于正反问不少。吴语正反问句结构形式在是非问中出现的比例较高，在泰如话中都是"可 VP"型问句：

（15）迭个/这个裁缝手脚好勿好/可好？

（16）到底盘盘货色看，究竟缺勿缺/可缺？

（17）伊个人去过勿曾去过/共去过？

上海话中的"V 勿 V"格式今也经常出现在 VO 句中：

（18）侬倒盘盘看，到底缺勿缺货色？

（19）搿搭有勿有搿种物事？

有时 SVO 形式只能存在于短语小句中，后须加"是哦"、"好哦"、"对哦"等：

（20）侬是学生，是哦？

（21）伊住拉对马路，对哦？

相应的泰如话 SVO 形式可直接用于表示疑问，句末以"啊"煞尾为自然，后面也可用"可 VP"问句形式来表示疑问的追加：

（22）你是学生啊？/你是学生，可是的啊？

（23）他住啊马路对过啊？/他住啊马路对过，可对啊？

上海话今也有"SVO 哦"的句式：

（24）俫就是阿根哦？
（25）好下个月还拨俫哦？

由此可见官话对上海话语序的影响。但到宁波、温州等浙江吴语，这种 VO 句则不能称说，受事论元更经常用作话题。对于宾语有定的肯定句，如"我看了这部电影"，上海话倾向于说成 STV 或 TSV，但 SVO 至少还是可以接受的，而在绍兴、台州、温州等方言中，基本上只说 STV 式或 TSV 式，SVO 式是很难接受或完全不能接受，表示处所和趋向的论元也更常前置，如温州"辫阵头伊已经上海市区逃出哉。^{现在他已经逃出上海市区了。}"，宁波"有几个观众台上跳上去该。^{有几个观众跳上了台上。}"，泰如话表示处所和趋向的论元前置时一般要使用前置介词或框式介词，如"那刻儿他已经走上海逃出去啊"或"那刻儿他已经走上海那海逃出去啊"，"有几个观众走台上跳上去啊"，要么就是处于宾格的位置："那刻儿他已经逃出啊上海"、"有几个观众跳到啊台上"，即相比之下，泰如话更倾向于 VO 的类型。从上述浙江吴语的情况看，动词前的话题位置确实更加泛化，以致有时能容纳无话题性处所趋向成分的强烈前置倾向，也显示这些方言在类型上进一步疏离典型的 VO 类型而趋近 OV 类型，可以比较邻近的日语、韩语的情形：

日语：　　家族が　　　　ソウルに　　　　移っていく
韩语：　　가족이　　　　서울로　　　　　떠난다
汉语：　　家人（主格）　首尔（方向格）　去

日语、韩语是真正的 SOV 语言，多具有格的形态，以有效区分主语和宾语，吴语尚无"格"形态的任何蛛丝马迹，即便是宁波、温州等地的吴语也难以发展为真正的 SOV 类型，正如刘丹青所说的可能会长期保持话题（特别是次话题）优先及 SOV 萌芽的状态中。

二　次话题优先型话题句的语序差异

吴语不但前置的受事倾向于作次话题，还有些在吴语中特别发达而常用的话题结构也是以次话题为主。论元分裂式结构，如"俫酒少吃两杯"中的"酒"是次话题；同一性话题，如"小张聪明末聪明得勿得了"中的第一个"聪明"是次话题，上海话及吴语整体上属于话题优先语言的一个特殊的次类——次话题优先类型（详见刘丹青，2003）。这种次话题优先的类型特点也反映在泰如话的语序上：

论元分裂式结构：
（26）你饭吃得下去吧？
（27）他作业来得及做吧？
（28）你香烟吃吧？

拷贝式话题结构：

（29）他个子矮呗矮得要命！

（30）嘴馋呗馋得要死！

（31）成绩差呗差啊到啊天！

但VO型结构同样发达：

（32）你吃得下这些饭吧？

（33）他来得及做作业吧？

（34）你吃香烟吧？

吴语中，TV结构话题的常用性和强制性增加，有更多的受事成分倾向于充当话题，甚至句法上强制性地要求充当话题。从语用方面看，话题的语用限制进一步减弱，甚至按通常标准完全没有话题性的成分也占据话题位置。句法常用性和强制性越强，则越不顾及语用属性；而语用限制越小，则占据此位的成分就越多。受事性TV结构、特别是STV结构的发达，不但造成了VO结构的相对萎缩，也侵蚀了"把"字句的"地盘"，所以上海话中"拿"字句的使用频率远低于北京话的"把"字句。"把"字句表达的意思，在上海话中都是用受事话题句表达的。其中的祈使句往往在宾语位置还有一个"伊"（他）复指话题，如北京话的"你把地板拖一下"、"你先把酒喝了"，上海话通常说"侬地板拖拖伊"、"侬老酒先吃脱伊"。泰如话中"拿"字句主要见于南通、如皋、泰兴等更靠近吴方言的点，可以看作是跟吴语相同的句法形态，但在海安、东台、泰州等点"拿"字句使用已经日渐式微，而"把"字句的使用却十分常见，但正如我们在介词一章要详细讨论的，"把"在泰如话中又表示"动作的给予"（送啊把你）、"出嫁"义（把人）、处置义（可和"拿"一起使用，如"把衣裳拿收家来"，"拿"可以去掉而不影响意思的表达），"把"还表"被动"（把上的晓得）等其他功能，由此可以看出"把"字句在泰如话中由构词到句法虚化的一个序列：

出嫁>给予>"拿"、"把"杂糅使用>承担"挨"字句的部分功能>"把"字句

假如不考虑受事用作被动句主语的情况，那么泰如话和吴语中受事的句法投射(mapping)呈现出如下不同的优先选择系列，结合刘丹青所比较的北京话和吴语的情形，可以得到下面的对照表，可视为汉语内部类型差异的三种不同情形：

① 北京话受事：宾语化>状语化（"把"字句)>主话题化（TSV）>次话题化（STV）。

② 泰如话受事：宾语化>状语化（"把"字句)>状语化（"把"、"拿"杂糅）>次话题化（STV）>主话题化（TSV）。

③ 吴语受事：宾语化>次话题化（STV）>主话题化（TSV）>状语化（"拿"字句）。

第二节 双宾语句中的位置差异

一 表示授受关系的双宾语句

表示授受关系的双宾语句，泰如方言直接宾语和间接宾语的位置接近南方诸方言。例如北京话的"给我一本书"，泰如话、吴语说"把/拨本书我"。泰如话动词在表示"给予"义时，如果带双宾语，动词后的直接宾语和间接宾语的位置可以互换而不影响意思的表达，吴语也有这样的情形，试比较：

      上海话   泰如话
（35）a. 赔一本新书侬。/赔侬一本新书。 b. 赔本书你。｜赔你本书。
（36）a. 还五块洋钿伊。/还伊五块洋钿。 b. 还五块钱他。｜还他五块钱。
（37）a. 我回去商量仔咾，拨回音侬。/我 b. 我家去商量下子，把回信你。/
   回去商量仔咾，拨侬回音。   （？）我家去商量下子，把你回信。

例（37）b.中泰如话"把你回信"不如"把回信你"来得自然，说明"把"和"拨"在泰如话和吴语中与其他词语搭配及虚化的情形并不完全一致，进一步可以比较下列句子：

    上海话   泰如话
（38）a. 拨张纸头我。   b. 把张纸我。
（39）a. 拨我张纸头。   b. *把我张纸。
（40）a. 拨张纸头拨我，让我写封信。 b. *把张纸把我，让我写封信。

比较中不难发现，泰如话直接用"把"表示给予义时，一般以直接宾语在前、间接宾语在后的语序为常见，而其他动词（如"赔"、"还"）则两种语序都可以；吴语"拨"在表示给予义时，与一般动词一样，直接宾语、间接宾语前后都可以易位，而意思不变。"拨 O_1O_2"（拨伊一本新书）在上海话中是与普通话相同的句式，20 世纪 50 年代以后迅速发展，今成为常用句式，泰如话一般不说"把我本书"或"借我一本书"，而要说"把本书我"、"借本书我"，可说"把我本书弄啊没得啊"，"书"在句中表示定指，符合"把"字句的结构要求。

吴语的"拨 O_2 拨 O_1"语序在泰如片方言的南通点仍有反映，只不过表示授予的动词是"喊"，如"给他一点儿好处"，在如皋、海安、泰州都是"把点儿好处他"，在南通是"喊[xã⁵⁵]点好处喊[xã⁵⁵]他。"据钱乃荣（2003:306）的研究,老上海话中"拨 O_2O_1"在较短的句子中是一常用形式,在老上海话向新上海话转变之间的1936年,"给我一个"上海话说"拨一个我",O_2 可以是一个较长的成分,如"拨两三张吸墨水纸我好否?",这种较长的 O_2 在今天的上海话中已较少听到,一般说"VO_2 拨 O_1",如"伊个小说书,拨一本拨我"、"借一百块洋钿拨伊",但在泰如话中"VO_2O_1"仍是常用句式,如"把稿子他"、"借稿子他",也说"VO_2 把 O_1",如"把稿子把他"、"借稿子把他"。

二　表示称呼的双宾语句

吕飞(2012:22)的硕士学位论文谈到泰兴话表"称呼"义的动词可以用动词的拷贝式来表示,如:

(41)小伟喊我喊舅舅。
(42)我叫他叫大大伯伯。
(43)同事们都喊他喊老板。[①]

泰如话其他点也有这一现象,普通话一般不用动词的拷贝形式,吴语也不见这种句式。

第三节　补语位置的语序差异

一　结果补语

上海话中有"动词+宾语+结果补语"的结构,又分为两种情形,一种情形是宾语限于单音节,多为虚化的"伊":

敲伊破｜烧伊酥｜晒伊干｜钉伊牢｜戳伊破

另一情形是其中的补语是带否定词"勿"的单音补语:

打侬勿过｜话侬勿过｜关伊勿紧｜撬伊勿开｜收伊勿拢｜对伊勿起

第一种情形在泰如话中不见使用,第二种情形偶见使用,如"对他不起、打他不过"一般说"对不起他、打不过他"。

二　趋向补语

上海话中,"伊张纸头拾起来"、"衣裳着起来"是 TV 式的虚拟语态,可有限地使用 VO 式,如"着起衣裳来",泰如话一般采用"把"字句的格式:

(44)他把纸拾起来啊。
(45)把衣裳穿起来。

---

① 吕飞:《江苏泰兴方言双及物结构及相关问题研究》,上海师范大学硕士学位论文,2012年。

第四节　处置式的构成与语序差异

泰如话中表示处置的典型句式是"把"字句,"把"是动词、也是介词,还作量词使用,"把"字句中"把"由实到虚的词义虚化及与吴语"拨"字句之间的对比,详见介词相关章节,这里着重就泰如话和吴语在处置式的构成与语序的关系方面作一对比。

普通话的处置式常见的是用"把"字提前宾语,泰如话也是如此,但这不妨碍它还有跟吴语同样的用直接提前宾语的方式来表达处置：

（46）这个钉子（拿）拔掉（它）!/辣只钉子拔脱（伊）!

（47）那点儿小排（拿）吃掉（它）!/辣眼小排吃脱（伊）!

泰如话这类格式应是吴语底层的遗留。括号中的"拿"、"它"、"伊"表示在说话时可以省略而不影响意思的表达,相比较而言,吴语的"伊"比泰如话的"它"出现的频次更高。"它"也不是任何情况下都可以出现的,当吴语的"伊"出现在动词的重叠格式或动补格式后面时,泰如话的"它"一般不在这个位置上出现或说得较少：

	上海话	泰如话
（48）	a. 地板拖拖伊。	b. *地板拖拖它。
（49）	a. 台子擦擦伊。	b. *桌子擦擦它。
（50）	a. 一篇文章先写脱伊。	b. ?一篇文章先写掉它。
（51）	a. 房门锁脱伊。	b. ?房门锁掉它。

打问号的句子,表示不是绝对不能说,而是需要一定的语境,不如吴语使用得那么频繁而自然。我们在调查中还发现有人说"伢儿惹厌_{调皮},你把房门拿啊锁掉它!","把"、"拿"、"它"一个不缺。总之,表示处置义时,泰如话较多使用"把"字句,吴语更多使用"拿"字句,从吴语到泰如话"拿"字句和"把"字句呈现出一个此消彼长的过渡状态,如"把书放在桌上",吴语的吴江、常州、海门点都是"拿书放勒台子浪",到了泰如话的南通、如皋、泰兴点多说"拿书放啊桌子上",海安、东台、泰州则多说"把书放啊桌子上"。

泰如话的"把"表示"给予"义、被动义时的语序情形详见介词一章。

第五节　含兼语句子成分的语序差异

主要是比较泰如话"把"字句和吴语"拨"字句之间的语序差异。许宝华等（1988：480）认为普通话的"我给他糖吃"在上海话中有三种不同的语序，动词一般限于"拨"类：
　　① 拨+兼语+动+宾（我拨伊吃糖）；
　　② 拨+兼+宾+动（我拨伊糖吃）；
　　③ 拨+宾+兼语+动（我拨糖伊吃）。
　　泰如话相应的第一种句式是"留"或"让"：
　　（52）我留/让他吃糖。
　　（53）你留/让我家去。
　　（54）早啊点儿留/让他上铺。_{早点让他上床睡觉。}
　　第二种结构在泰如话中不讲。第三种结构在泰如话中比较普遍，同时还有不少变体：
　　（55）我拿糖他吃。
　　（56）我把糖他吃。
　　（57）我拿糖把他吃。
　　（58）我把糖拿啊把他吃。

第六节　常用插入语的语序比较

　　泰如话和吴语常用的插入语并不完全相同，泰如话我们举"说话啦"、"那个甚的"、"说的"，吴语举上海话的"叫啥、对哦（啦）、伊讲"来作一比较说明。
　　泰如话的"说话啦"一般用于句首，常用来引起对方的注意，引起话题：
　　（59）说话啦——，伲儿的事怎啊说法的？
　　（60）说话啦　　，期中考试共及格啊？
　　（61）说话啦——，月半脚下可有空啊？
　　"那个甚的"可以用于句首，用于厘清话题：
　　（62）那个甚的，杨杰也有啊关节炎。
　　（63）那个甚的，走明朝起要开始点名。
　　（64）那个甚的，考试不及格的伲儿还可以重考一次。
　　表示语意的停顿时，"那个甚的"、"说的"一般也可用于句中：
　　（65）车子，那个甚的到下晚儿_{黄昏}才到啊。
　　（66）车子怎啊说的到下晚儿才到啊。
　　（67）车子到下晚儿说的才到啊。
　　"说的"和"伊讲"的使用情形，可参见第八章节的内容。
　　"叫啥"在吴语中表示"叫什么、说什么"，又表示意外和不满，相当于"居然、竟然"，可以用于句首，也可出现在句中或句末：

（68）叫啥客人睡地板，自己睡床上？

（69）苏州来个叫啥祝枝山搭子啥个文征明，两家头勒里拜望吾里相爷，介勒叫你换子衣帽了，奔得出去端茶。（《三笑》第42回）

（70）鼎夫道："倒勿是，就是倪该转个事体，说得七七八八才定当哉，后来再说说叫啥……"鼎夫说到此句顿住口。"（《海天鸿雪记》第7回）

"对哦（啦）"在上海话中为了引起听话人注意常插入到句中，两头都有停顿，新派使用尤为频繁：

（71）学生，对哦，主要事情就是学习。

（72）葛张画，对哦啦，挂勒葛搭好哦？

第七节　本章小结

本章比较了泰如话和吴语在话题句、双宾语、补语、处置式、兼语式、插入语等结构中的语序差异。吴语受事充当话题成分的 STV 式结构非常发达，泰如话也有 STV，但充当话题句的受事成分没有吴语那么多，且受一定语境因素的制约。上海话中的"V 勿 V"格式今也经常出现在 VO 句中（侬倒盘盘看，到底缺勿缺货色？），可见官话对上海话语序的影响，而到宁波、温州等浙江吴语，这种 VO 句则不能称说，受事论元更经常用作话题。泰如话表示处所和趋向的论元前置时一般要使用前置介词或框式介词（那刻儿他已经走上海逃出去了）或处于宾格的位置（那刻儿他已经逃出啊上海），更倾向于采用 VO 的语序。"把"字句在泰如话中存在着由构词到句法虚化的一个序列：出嫁>给予>"拿"、"把"杂糅使用>承担"挨"字句的部分功能>"把"字句；双宾语结构中，泰如话的直接宾语和间接宾语的语序接近吴语，但在常见的"把"字句和"拨"字句中，存在着词语的搭配及虚化方面不一致的现象；上海话有"动词+宾语+结果补语"的结构，一种是宾语限于单音节（敲伊破），另一种补语带否定词"勿"的单音补语（打侬勿过），泰如话只有第二种情形偶见使用（对他不起）；泰如话常见的处置式是"把"字句，有跟吴语同样的用直接提前宾语的方式来表达处置的句式（这个钉子（拿）拔掉（它）！/瓣只钉子拔脱（伊）！），但"它"相对而言没有吴语的"伊"出现的频次高，从吴语到泰如话"拿"字句和"把"字句呈现出一个此消彼长的过渡状态。

第八章 连词及相应复句

本章重点讨论主要见于泰如话的连词，有些是具有连接功能的助词，结合吴语使用的情况一并加以描述，但不求面面俱到，凡与普通话用法相同者不再赘述，相关复句的关联词情形也在本章一并进行讨论。

第 节 并列关系连词及相关复句

一 "啊"与"咾"

"啊"、"咾"分别是泰如话和吴语常见的虚词，具有多方面的功能，其中都具有连接并列的词语和句子的功能。前述相关章节分别列举了泰如话中"啊"连接动词、名词、形容词、数词及选择句问项的例子，"啊"前后的词语处于并列关系，或对举，如"上啊下｜娘啊老子｜早啊晚｜轻啊重"，或类举，如"说啊笑｜猫儿啊狗子｜油啊盐｜千啊八百"。吴语中"咾"也有连接这些词语的功能，仕语音上"咾"是连在前面的名词后，与前面的名词构成一个语音词，泰如话的"啊"在读音上也是与前面的名词构成一个语音词，在实际读音中，上面这些结构都可以仕"啊"后有短暂的停顿而不影响意思的表达。

"咾[lɔ]"在语流中有时弱化为"勒[ləʔ]"，"啊"在语流中除声母会随前字发生ŋ、k之类的变读，韵母也会发生弱化，读[ə]，有人就直接用"呃"或"厄"来标记"啊"（王小龙，2007；刘璐，2009）[①]。

二 "带"与"脱"

表示并列连接成分在泰如话中还有一个"带"，"带"也充当介词，这里用吴语的"脱"来进行比较。

前曲曾提到吴语的"脱₁"用作连词，可以带"仔"，结合成"脱仔"，

[①] 王小龙：《江苏东台方言中的"呃"》，《现代语文》（语言研究版）2006年第4期；刘璐：《泰州方言中与"厄"相关的体标记研究》，上海师范大学博士学位论文，2009年。

作用是连接两个并列的成分，相当于普通话的"和、跟、同"：

（1）我脱我兄弟从小是阿拉爷拖大个。
（2）吃仔夜饭有常时看看报纸脱仔小说咋啥。

"脱仔"常与"连"连用：

（3）连伙食费脱仔住宿费总共几化？
（4）连皮夹子脱仔火车票侪拨人家偷脱。

"带"在泰如话中可以用作动词，如：

（5）大的带细点儿 _{大孩子看护小孩子}
（6）她一个人带不了那么多学生。

"（连）……带……"指一种并列结构，在连接名词性成分时，"连"可以不出现：

伢儿带大人_{小孩儿和大人}｜吃的带用的｜花生带蚕豆儿｜连说带笑｜连滚带爬

三 "同"与"搭/搭仔"

"同"是泰如话中较为常见的连词和介词，相当于普通话的"和"、"跟"、"同"：

（7）照照新娘子的手，戴的戒指同镯头。_{泰如民谣}
（8）他个人出去打工，妈妈儿同伢儿_{老婆和孩子}在家的。

吴语中比较有特色的是"搭[tɐʔ]"，也记作"脱"，对应于泰如话的"同"：

（9）菠菜搭豆腐勿好一淘烧。/菠菜同豆腐不好做块儿烧。
（10）小陈脱小李侪是廿四岁。/小陈同小李都是二十四岁。

"搭"也可以说成"搭仔"：

（11）鸡搭仔百脚是冤家。
（12）放假我想搭仔小王两家头去三亚白相。

"搭"作介词与泰如话的比较另见第十章部分章节。

四 并列关系复句

（一）带……带……

泰如话的"带……带……"相当于普通话的"一边……一边……"，表示动作的同时进行，也可说成"边……边……"：

（13）我是带跑带拴_{追赶}，把我拴啊一身汗。
（14）伢儿带说带哭。
（15）他带上班带复习，考试终于过啊。
（16）你还好带看电视带做作业啊？

吴语的"一头……一头……"与泰如话的"带……带……"结构相对应：

（17）搿个乡下人为啥咾，一头哭一头讲？
（18）迭位老先生一头看报，一头打瞌睡。
（19）大家一头走走，一头谈谈，咾开心。
（20）一头吃药，一头休养，一个号头包侬会得好。

（二）顿……顿……

"顿"念[tɤ²¹³]，相当于"一边……一边……"：

顿走顿相｜顿看顿瞟｜顿说顿写｜顿说顿哭

与"带……带……"不同的是，"顿……顿……"结构一般表示动作的前后相续，不紧不慢，如"顿走顿相"指"走一会儿停下来，看看再接着走"，而"带走带相"，则指"边走边看"，看的时候脚步并没有停下来，节奏也相应显得比较快。

（三）阵ɻ……阵ɻ……

"阵ɻ"念[tsʰər²¹³]，可连接名词、动词或形容词，一般表示相对或相反意义，指一会儿这样、一会儿那样，构式一般具有贬义色彩：

阵ɻ风阵ɻ雨｜阵ɻ人阵ɻ鬼｜阵ɻ哭阵ɻ笑｜阵ɻ好阵ɻ坏｜阵ɻ这啊阵ɻ那啊 一会儿这样、一会儿那样

第二节　因果关系及其相应复句

一　"啊"与"咾"

泰如话中"啊"也可以用于表示提顿因果关系复句，表示前后两个小句有因果关系，吴语相应的连词是"咾"：

（21）倒已经说过啊，还有甚的说头哉！/已经讲过咾，有啥再讲头。
（22）后来打起仗来啊，我搬到这海来的。/后首来打仗咾，我搬到搿搭来。
（23）你做啊甚的事啊，有点儿不快活？/倷做啥事体咾，有眼勿高兴？

"啊"和"咾"又兼语气词的性质。

二　"这咾"与"葛咾"

泰如话的"这咾[tsa³³lo³]"在《泰县方言志》第126页也记作"这到"，解释为"这一下"，不很准确，先看泰如话中的例子：

（24）这咾两个伢ɻ不要他用钱啊了。今后两个孩子不用他花钱了。
（25）你这咾就不要进这个家门啊！你以后就不要回这个家了！
（26）你这咾可蹓啊？你以后还跑吗？

（27）这咾人离啊家就要把门锁起来。以后离家要把门锁好。

例中的"这咾"都与时间相关，相当于"从此以后"、"自此以后"，疑为"这朝"的合音。"这咾"进一步虚化为表示原因和结果关系的连词：

（28）说啊没上啊，这咾人家可笑啊。说得没着落了，别人不就笑话他嘛。
（29）他来啊以后养啊个伢儿，这咾个妈妈也在这海打工。他来以后生了个孩子，然后妈妈也在这儿打工。
（30）我打电话一直不曾有人接，这咾才着起忙来啊。我打电话一直没人接，然后才着急起来了。

上海话有"葛咾[kəʔ⁵⁵⁾³³lɔ²³⁾⁴⁴]"，用于因果复句结果小句的开头，也可以跟"因为"、"为仔"连用：

（31）屋里向房子忒小，葛咾勿要伊拉来白相。
（32）为仔解决小人读书个问题，葛咾搬到辣搭来。
（33）因为是旧书，葛咾打拨侬五折。

相比而言，泰如话的"这咾"不如吴语"葛咾"的虚化程度高，上两例上海话中的"葛咾"在泰如话中直接对应的不是"这咾"，而是"这啊[tsã³³ŋa³]"，这从下列两地例句的对比中可见一斑：

（34）家的房子嫌小，这咾不要他俫来耍子。
（35）为啊解决伢儿读书，这咾搬啊到这海来的。
（36）亦就是旧书，这咾打啊个五折。

"这咾不要他俫来耍子"指"以后不要他们来玩"，"这咾搬啊到这海来的"既可指"自那以后搬到这儿来的"，也可以指"因此搬到这儿来的"，例（36）中的"这咾"才完全等于普通话的"所以、因此"。再比较"这啊"：

（37）家的房子嫌小，这啊不要他来耍子。家里房子嫌小，因此不要他们来玩儿。
（38）为啊伢儿读书，这啊搬啊到这海来的。为了孩子读书，所以搬到这儿来了。
（39）亦就是旧书，这啊打啊个五折。正因为是旧书，这样打了个五折。

例中的"这啊"相当于"这样、因此"，没有"这咾"所具有的的时间义，已经是完全表连接了。

三 亦就

"亦就[iʔ³³⁾³⁵tɕʰio²¹]"在泰如话中用于解释原因时表示强调，相当于普通话的"正由于、正因为"，常跟"才"搭配使用，后面常以语气词"的"煞句：

（40）亦就就着啊人家在家的才去的。正是就着人家在家里才去的。
（41）他亦就不懂才去问你的。他正因为不懂才去问你的。
（42）他亦就认不得才叫你带他去的。正由于他不认识才叫你带他去的。

(43) 亦就想啊躲懒才不交作业的。_{正是想偷懒才不交作业的。}
(44) 亦就奶不够吃，他才买啊包奶粉的。_{正因为奶不够吃，他才买了包奶粉的。}
(45) 亦就家的没得吃，他才去讨饭的。_{正因为家里没吃的，他才去要饭的。}

也说成"亦就是[iɿʔ³⁵tɕʰio²¹sɿ²¹]"，相当于"正由于、正因为"。

(46) 亦就是不懂他才来问你的。
(47) 亦就是肚的饿啊我才吃两块饼干的。
(48) 亦就是家的大忙他才家去的。

第三节　连词与假设复句

泰如话中，表示假设关系时有普通话常用的"如果"、"假如"、"……的话"之类的常用关联词。有时依靠上下文的逻辑联系，这些关联词不必或很少出现：

(49) 好在他还能拿到两个钱的，分钱不拿，大的细点儿喝西北风啊？_{好在他还能拿到几个钱，一分钱不拿，全家老小喝西北风啊？}
(50) 这是我认得路的，认不得路的话还不晓得要摸到甚的时候呢！_{好在我认识路，不认路的话还不知道要摸到什么时候呢！}
(51) 这（是）遇到他好说话的，遇到个不讲理的，还不晓得多难缠呢！
(52) 这（是）看啊他老子面上的，一般人哪个买他的账啊？
(53) 这是不曾同他计较的，计较起来他那点儿钱哪够啊！

首句中的句末语气词"的"不可缺少，在文中表示陈述、判断，又起连接下文的作用。跟上海话的"仔"、"末"、"仔末"等的使用相似，泰如话的"啊"、"呗"也能表示前后分句之间的假设关系：

(54) 伊来仔，叫我一声。/他来啊，喊我下子。_{他来了，叫我一下。}
(55) 日脚到仔末，请侬关照关照。/日期到啊呗，请你关照关照。_{日期到了，请你关照关照。}

第四节　连词与条件复句

一　"呗"与"末"

上海话中的"末[məʔ²³]"用于提顿条件小句，表示前后两个小句之间有假设—结果关系；泰如话一般依靠小句之间语义上的逻辑联系，或用"呗[pe²¹]"来作为提顿条件小句的连接词，但没有"末"使用那么频繁，有些

句中不一定要用"呗",多用"……的话":

（56）叫侬去买票子末,定规买勿着。/让你去买票（呗）,肯定买不到。

（57）小人读书用功末,爷娘心里交关高兴。/伢ɹ读书用功呗,娘啊老子心的也欢喜得不得了啊。

（58）有客人来末,叫人家坐辣啥地方?/来啊人的话,让人家坐啊哪海呢?

"呗"作为语气词的各项功能另参见第十一章相关内容。

泰如话中"说的"也可用于提顿条件小句,详见下文。

二 "概么ɹ/要啊"与"葛末/耐末"

吴语中"葛末[kəʔ$^{55/33}$məʔ$^{23/4}$]"又记作"介末"、"盖嚜"、"盖末",在近代吴语小说中常见:

（59）啐!勿色头,真正活个来。介末阿要拖伊出来。（《珍珠塔》第 6 回第 47 页）

（60）故介末就叫狗咬吕洞宾,勿识好人心。（《描金凤》第 10 回第 97 页）

（61）介末大爷,比方世界浪,有子个宗秃好老,大爷看见子味那哼呢?（《三笑》第 2 回第 11 页）。

（62）吓!无得花椒?盖嚜多放点子生姜哉。（《缀白裘》第 10 集第 3 卷,第 132 页）

上海话中"葛么"是"既然如此……那么……"的意思（许宝华 1988:462）:

（63）要做生意末。底盘吭没个,葛么哪能弄法?

（64）有辰光夜到汏好浴,再拿衣裳汏脱弄好。弄好仔,葛末再看看报纸。

语流中也可只说"葛":

（65）既然侬钞票够勒,葛我就勿借拨侬勒。

（66）侬勿欢喜吃大饼,葛我拨侬吃油条。

"葛末"表示连接时可用于语段之中,所引出的成分大于句子:

（67）伊从小勿蹲辣自家屋里个。
——葛末伊阿是吭没爷娘呢?

有时在一段话中,"葛末"起连接前后句子的作用,在使用频率上比普通话的"那么"要高:

（68）比方有一趟哟,我正辣辣汏衣裳,葛末王家呢,匆匆忙忙个回来勒,讲有急事体啊,要提早吃饭到外面去个,葛末我就停下来勒,让伊先淘米汰菜。葛末我让勒伊呢，伊也照顾我个。

泰如话中，与吴方言的"葛末"相对应的词语是"概么ᴿ"，音[ke³³merʳ]，但在意义、用法上都有不同：

一是表示选择，相当于"要啊[iɔ̃³³ŋa³]要么"：

（69）你概么ᴿ坐下午的车子来。你要么坐下午的车来。

（70）他在开会，概么ᴿ你等刻ᴿ来。他在开会，要么你等一会ᴿ来。

（71）你概么ᴿ明朝再来一趟吧。你要么明天再来一趟吧。

（72）概么ᴿ你吃啊再走吧。要么你吃完再走吧。

二是表示否定性的假设，相当于"如果不是这样的话"、"否则的话"：

（73）就是等他的回信，概么ᴿ我老早家去啊。正是等他的回信，否则我早就回去了。

（74）家的伢ᴿ篏住啊，概末ᴿ我不早来啊。家里被孩子缠住了，否则我早就来了。

"耐末[nᴇ²³/²²məʔ¹²/⁴⁴]"在上海话中是顺着上义的语意，引出表示应有的结果，可以是小句，也可以是大于句子的语段，语流中也说成"耐"：

（75）旁边个大块头生意人本生看勿起伊，耐末乘机嘲笑伊嘞。

（76）伊到北京去嘞。——耐哪能办法？

泰如话中，没有一个与吴语的"耐末"完全对应的词，意义上相近的是"要啊"：

（77）他上啊北京——要啊怎啊弄法呢？他去北京了，——那怎么办呢？

有些则不要加"要啊"：

（78）旁边的个胖子本来就看不起他，就乘机笑他。

吴语在述说两件或几件先后发生的事项时，用"耐末"引出最后一个事项，表示前后的连贯关系：

（79）顶早辰光蹲辣杨树浦一带，后首来住辣平凉路、花园桥、蓬莱路迭只角里，耐末最后末搬拉五角场。早先住在杨树浦一带，后来住在平凉路、花园桥、蓬莱路这些地方，最后搬到五角场。

泰如话中没有这样的连接词。刘丹青（2007）说，在北部吴语中，没有带"X么/末"方式的/状态指示词，但有"X么"连词，写成"末"是跟从吴语文献习惯，与普通话话题标记"么"同源，都来自否定词变成的疑问语气词"无/么"，义近普通话的"那么"，刘文认为，这些"X么"连词与样态指示词毫无关系，是由"指示词+话题标记"词汇化而成①。"葛"是"弆"相对的清音形式，应是"弆"的早期形式，作为指示代词现已被"弆"取代。吴语中的很多虚词经历了类似的声母浊化的过程，苏州的体助词"仔"

---

① 刘丹青：《话题标记走向何处？——兼谈广义历时语法化的三个领域》，沈家煊、吴福祥、李宗江主编《语法化与语法研究》（三），商务印书馆 2007 年版，第 111 页。

[tsʅ]在吴江是[zʅ]，苏州话和上海话早期的句末语气词"哉"[tsE]在后来上海一带的方言中浊化为[zE]，杭州话和绍兴的"来东"[lɛ toŋ]（在这儿）在绍兴新派浊化为"来同"[lɛ doŋ]，而"葛末"可以不随之浊化为"孬末"，显示其已凝固为一词，其中的"葛"已与指示词"孬（葛）"脱钩。泰如话的指代词如第三章所描述的，"格（葛）"主要在南通，到泰兴还见到零星使用的踪影，到如皋、海安就基本是"这[tsa³³]（白读）"和"这[tsə?²³]（文读）"了，但"概么儿"作为一个词在泰如话中使用，这也可以看作是吴语"X 么/末"的底层在泰如话中的演变和发展。

第五节 连词语法化例举隅——以海安话中"说的"为例

一 "说的"与"说"

"说的"和"说"在海安话中都表示言说义，前者表示言及的对象，后者表示言说动作本身，如"说的话"不等于"说话"、"说的事情"不等于"说事情"、"说的比唱的好听"也不等于"说话比唱歌好听"，这在其他方言里也是如此。但有时"说的"又相当于"说"：

（80）他说明朝家来。他说明天回来。=他说的明朝家来。
（81）哪说他要结婚的呢？谁说他要结婚的啊？=哪说的他要结婚的呢？

用于句首或句末时，两者表示的意义也完全一样：

（82）说（——，）他明朝家来。据说他明天回来。=说的（——，）他明朝家来。
（83）说（——，）他要结婚啊？据说他要结婚？=说的（——，）他要结婚啊？
（84）他明朝家来（，）说。他据说明天回来。=他明朝家来（，）说的。
（85）他要结婚啊（，）说？他据说要结婚？=他要结婚啊（，）说的？

用于句首时，"说（的）"和相邻成分之间可以有停顿，表示强调时还可以拉长语调。用于句末时，"说（的）"在语音上要轻读，和前面的成分之间也有短暂的停顿，音高点因前字而变，句子的主观性色彩相对比较浓厚。如果"说（的）"读作原调，和前面的成分之间没有这种停顿的话，则句子显得不自然：如例（85）会被理解为一个连动句，但说什么的宾语突然没有了，显得非常突兀；相应的句子会被理解为专门回来说"的"，意思令人费解，且前后两句都没有了"据说"义。这些似乎说明海安话中的"说的"的"的"已经虚化，"说的"在功能上等同于"说"了。

但在下列情形下，"说的"和"说"又不能互相替换，试比较下列各句（句前加*号者表示不能说）。

（86）a. 你一说的下子容易，别人忙半天。_{你说一下容易，别人忙半天。}
　　　b. *你一说下子容易，别人忙半天。
（87）a. 公务员百个人里头也取不到个，你考也是白考，就我说的。
　　　b. *公务员百个人里头也取不到个，你考也是白考，就我说。
（88）a. 我说的呢——，曾考得取吧？_{正如我说的——，没考取吧？}
　　　b. *我说呢——，曾考得取吧？

例（86）"一说的下子"指"说这一动作一次性的量"，跟下句的"忙半天"形成对应，"的"是个结构助词；b.不能说，因为"一"和"下子（一下）"形成重复，可以说"你一说容易"或"你说下子容易"。句（87）a.句中的"的"表明自己态度，起加强语气的作用；b.缺少这个语气词，句子不能说。例（88）a."我说的呢——"用于句首，强调自己预测行为的准确性。b."我说呢——，"相当于普通话的"依我说呢——"，一般用于引起话题，所涉及的动作大多为未然，句子不能说。

可见，尽管海安方言中"说"和"说的"在使用时有交叉的地方，但还存在着结构、意义等方面的不同。"说"作为一个言说义动词，最近几年得到了比较充分的研究，不少结论也符合海安方言"说的"的情形，其语法化的序列为传闻标记、传情标记、标句词、话题标记。

二 "说的$_1$"：传闻标记

（一）"说的$_1$"的话语功能

"说的$_1$"在海安方言的句首、句中、句末出现时都有充当传闻标记的功能，相当于"据说"：

（89）a. 说的$_1$他后朝上北京。_{据说他后天上北京。}
　　　b. 他后朝说的$_1$上北京。_{他后天据说上北京。}
（90）a. 说的$_1$结婚的天子来啊多少人。_{据说结婚的那天来了许多人。}
　　　b. 结婚的天子说的$_1$来啊多少人。_{结婚那天据说来了许多人。}
（91）a. 他后朝上北京说的$_1$。
　　　b. 结婚的天子来啊多少人说的$_1$。
（92）老早八早，我来这个落地啊长的稻子，舂出来的米都是那个藕色的。古书上就有说相，说的是隋唐那个时候啊，这一带出的桃花米，不要多说哎，桃花米呗，这个名字就详得出来啊，颜色是红的啊。[①]

"说的$_1$"用于句首和句中都要重读，用于句末时不必重读，读音随前字声调的音高而变化。用于句末除担当传闻标记，还表达传情功能，详见

[①] 引自《泰县志》，江苏古籍出版社1993年版，第840页。

下文论述。

（二）传闻标记"说的₁"与言说义动词"说的"之间的差异

1. 言说义动词"说的"后能出现所修饰的名词，"说的₁"不能出现这样的成分

（93）a. 说的话。/说的事情。
　　　b. *说的₁他后朝上北京。/*结婚的天子说的₁话来啊多少人。

2. 言说义动词"说的"中间可以插入"啊"、"过"之类的体助词，"说的₁"之间不能插入这样的成分

（94）a. 说啊的话不要再重复。说过的话不要再重复。
　　　b. 说过的事情就不要再提。

（95）a. *说啊的₁他后朝上北京。
　　　b. *结婚的天子说过的₁来啊多少人。

"说啊的他后朝上北京"在海安话中也能说，但意思指"说过他后天上北京"，句子不表示传闻了。

3. "说的₁"省去后其余部分仍然能成句，只是没有了传闻义；而言说义的"说的"去掉后结构、意义都有不同

（96）a.（说的）他后朝上北京。
　　　b.（说的）结婚的天子来啊多少人。

但"说的话"（偏正结构）不等于"话"（名词）

4. 言说义的"说的"可以充当句法成分，作主语、谓语、定语、宾语

（97）说的不如唱的。（作主语）
（98）我说的他。（作谓语）
（99）说的话要记啊心的。（作定语）
（100）唱的不同于说的。（作宾语）

"说的₁"不充当任何句法成分，两者在语法功能上存在差异。

三 "说的₂"：传情标记

Lyons（1977：42）认为，情态是句中命题之外的成分，也是句中的非事实性成分，是说话人主观态度的语法化，表达说话人对句子命题和情景的观点和态度[1]。话语标记具有主观性（subjectivity）（沈家煊，2001），反映了说话人对话语单位之间的关系或话语单位与语境之间关系的主观认识[2]。

---

[1] Lyons，J.1977　Semantics. Cambridge University Press.
[2] 沈家煊：《语言的主观性和主观化》，《外语教学与研究》2001年第4期。

第八章 连词及相应复句

（一）对既成事实或行为表示吃惊和不满

（101）说的八点到的，又到十点才来啊。

（102）说的下棋不带犯规的呢！不是说好下棋不准犯规的么！

（103）接到电话曾说的快点儿起来，反而又上铺睡啊。接到电话没快点儿起来，反而又上铺睡了。

（104）晓得啊不曾说的去瞟瞟。没去看看。

（105）考得不好，不是说的自家找原因，还怪卷子出得难。

例（101）、（102）中"说的"用于句首，后面不一定是原语的引述，而是表示原语的内容与事实的矛盾，"说的"重读，表示对这种矛盾的不满。例（103）中"曾"必须读作 213 的变调，相当于"没有"，表明对接到电话后对方没快点儿起来，反而又上铺睡觉这一行为的不满。例（105）句中考得不好，不从自身找原因，反而怪卷子出得难，说者对这种行为持否定的态度。"说的 $_2$"都不表示具体的言说义，主要是加强不满的情感，可以去掉而不影响意思的表达。

（106）走的时候连句人情话都曾说说的！说走的时候连句客气话都没有说！

（107）来啊几个人啊？——才来啊两个说的！说才来了两个！

两例中"说的"位于句末，兼表传闻与传情，在表达消极的吃惊、不满等感情时，"说的 $_2$"必须要重读，上例中"说"和"说的"之间有明显的停顿；如果把"说说的"看作重叠，则不需要停顿，句子也不再表示传闻，而是表示反问的语气。由此可见，作为传情标记的"说的 $_2$"的虚化程度不太高，需要借助于具体的语境与传闻标记相区别，如"曾（213 变调）"、"不曾"、"不是"都表示否定，"连……都"、"才"等固定结构和副词的使用增强了这种情态色彩的表达。这种用法在北京话中也存在，据刘一之（2006：337）：

（108）姥姥说："你二舅说：'他拳头大的字认不了半箩筐，还腆着脸当校长'说。就这样儿，他得得着好儿？"

（109）老王说："她跟我哭：'我再也不去了'说。那哪儿行啊，不去谁给钱呀？"[①]

林华勇、马喆（2007：155）引用这两例来说明北方方言中言说义动词演化为句末传信情态助词[②]，我们觉得同样是传情的，即表示对所引述内容的否定态度。

[①] 刘一之：《北京话中的"（说）：'……'说"句式》，《语言学论丛》第三十三辑，商务印书馆 2006 年版。

[②] 林华勇、马喆：《廉江方言言说义动词"讲"的语法化》，《中国语文》2007 年第 2 期，第 151—159 页。

（二）对既成事实表示确认，进一步申明说者原有的观点

（110）我说的呢——，他曾考得取吧？ <small>正如我所认为的，他没考取吧？</small>

（111）我说的呢——，他一早上就到啊吧？ <small>正如我认为的，他一大早就赶到了吧。</small>

"我说的呢——"也可以用在后一句：

（112）他曾考得取吧？我说的呢——。

（113）他一早上就到啊吧？我说的呢——。

"说的$_2$"并不一定表示真实的言说义，也可以是看法、观点。"我说的呢"不管在前在后，都要重读，且语调一般延长。跟第一人称使用时直接表达对既成事实的确认、申明说者原有的观点不同，第二、三人称的"你、他"和疑问代词"哪"在使用时先要引述相关论据，为下文进一步的议论作铺垫：

（114）你说的呢，是药三分毒，我现在也不大吃药啊。

（115）他说的呢，从小曾用到家的分钱，过去的难日子过啊忘掉啊。

（116）哪说的呢，谋事在人成事在天，我能做到哪一步算哪一步。

"是药三分毒"、"从小曾用到家的分钱"、"谋事在人成事在天"可能是原语的引述，可能是与之相近的看法，说者表达的重点是后面的内容，"的呢"在句中无须重读，也不要延长。

（三）了解事实真相后恍然大悟的感叹语气，一般与第一人称搭配使用，出现在句首，也说成"我说"

（117）我说的怎啊到现在还不家来的哉！原来单位要加班。

（118）我说的怎啊打电话没得人接的呢！原来手机曾带。

四 "说的$_3$"：标句词

标句词（complementizer）指引导一个小句的关系词，刘丹青（2004）认为是补足语句的标记。汕头话的"呾"（施其生，1990）、廉州话的"讲"（林华勇、马喆，2007）都有言说义动词虚化为标句词的现象，海安话中的"说的"也有类似标记词的功能，从中还能看出语法化的不同层次：

（119）打电话问他，说的，我明朝有事，来不了。

（120）皇帝一听的，啊，还真有这事啊，等下子就叫这个太监把这个米拿来，说的，去，去，弄阿看，单看可是真的。

例（119）中"说的"是言说义，表已然，后面的内容属于原语的直接引述；（120）句中的"让太监去拿米"和"去看看是不是真的"动作在时间上有先后，"说的"在句中起连接前后句子成分的作用，如果去掉它，（119）句中的第一人称"我"要改为"他"，（120）句中的"去，去，弄阿看，单看可是真的。"要改为"去弄阿看，单看可是真的。"更为自然，说明在这

两例中的"说的"是比较典型的言说义动词。

（121）他甚的事这啊高兴啊？原来说的他过去吃的都是阿红米，今朝还是头一回看见这个白米煮的饭。

（122）这个甚的，杨杰原来也有关节炎的，说的都看啊好啊。

这两例中的"说的"，可以看作是表示传闻的标记。与上两例不同的是"说的"可以去掉而不影响意思的表达，也无须句中所涉人称的变化，说明后面的内容不一定是原语直接的引述，"说的"也起前后成分的连接作用，但语法化程度比前两句高。

（123）兄弟多少就两个，还是说的钱不够用？又来甚的气哉！_{弟兄至多就两个人，难道说钱不够？又生什么气啊！}

（124）这啊大的人，不是说的放啊勤力啊点儿，反而要人一天到晚锥啊后头的？_{这么大的人，没有放勤快点，反而要人一天到晚在后头盯着？}

这两例中，"说的"用于"是"（还是、不是）和它后面的宾语成分之间，"说的"既不表示传闻，也不是直接或间接的言语引述，言语动作行为上看不出已然或未然，主要起引导复句中一个分句的作用，同时带有作者一定的主观意图：弟兄不多，钱应该够用；已经这么大了，该放勤快点儿；"说的"语法化程度最高。

王芳、刘丹青报告河南光山方言中"的"可以作标句词，加在其前谓语之上，与普通话书面语中的"道"类似，"的"是非强制性的，不出现时句子的意思不受影响，但用了"的"更加自然①。泰如话中作为标句词的"说的"中的"的"性质与此相似。

五 "说的₄"：话题标记

（一）所谓话语标记，就是指序列上划分言语单位的依附成分，其主要功能是表达说话人对语流中话语单位之间的关系或者言谈事件中受话人角色的态度、视角和情感②。海安方言的"说的"可以充当假设/转折及引入话题的功能，相当于普通话的"可是，如果……的话"、"但是，至于说……"，可记作"说的₄"，一般用于句首：

（125）a. 人家工资又不高，说的让他一下子捧个三五十万出来，要他命啊？

---

① 王芳、刘丹青：《河南光山方言来自"里"的多功能虚词"的"——共时描写与语义演变分析》，《汉语方言语法研究的新视角——第五届汉语方言语法国际学术研讨会论文集》，上海教育出版社2013年版，第111—131页。

② 董秀芳：《词汇化与汉语标记的形成》，《世界汉语教学》2007年第1期。

b. 两个伢ᵣ是有点ᵣ意思，说的今年子就让他俫结婚，怕的嫌早啊。

也可以用于句中、句末，句子前面可加上一个主语"你"，表示同样的标记功能：

（126）a. 人家工资又不高，你说的让他一下子捧个三五十万出来，要他命啊？

b. 两个伢ᵣ是有点意思，你说的今年子他俫就结婚，怕的嫌早啊。

（127）a. 人家工资又不高，让他说的一下子捧个三五十万出来，要他命啊？

b. 两个伢ᵣ是有点ᵣ意思，今年子让他俫就说的结婚，怕的嫌早啊。

（128）a. 人家工资又不高，你让他一下子捧个三五十万出来说的，要他命啊？

b. 两个伢ᵣ是有点ᵣ意思，今年子他俫就结婚说的，怕的嫌早啊。

第一例中的"你"不一定是表示真正的面称，而是跟"说的"一起使用，表示假设和引入话题。这些句子一般都表示对现在或未来情形的假设，也可以是表示对过去情形的假设：

（129）a. 人家工资又不高，那刻ᵣ那时候说的让他一下子捧个三五十万出来，要他命啊？

b. 两个伢ᵣ是有点ᵣ意思，那年子就说的结婚，有点ᵣ嫌早啊。

和廉江方言（林华勇、马喆，2007）话题成分的多样性（可以是动词性，也可以是代词或名词性）不同，海安方言一般是动词性的成分，如上面例中的"让他俫一下子捧个三五十万出来"、"今年子他俫就结婚"；廉江方言担当假设/虚拟的话题标记"讲"一般出现在句末，海安方言的"说的₄"既可以出现在句首，也可以出现在句中、句末。

（二）担当话题标记的"说的"在实际话语中常与其他成分一起，起篇章连接的作用。语调上可以延宕、拖长，语气上与下文相连接，如"说的——"、"一说的——"、"说的句话啦——"、"说的个老实话——"、"说的句梦话呢——"、"说的个认娘话呢——"：

（130）说的——，我俫家的可能要地震。说呀，我们这一带可能要地震。

（131）这一说的——，没得命啊，家去也要买车子。这一下，不得了了，回去也要买车。

（132）说的句话啦——，暑假作业曾做啊？说话呀，暑假作业做了吗？

（133）说的个老实话——，那刻ᵣ家的确实穷，没得钱读书。说句实话，那时家里确实穷，没钱读书。

（134）说的句梦话呢，那刻ᵣ不是家的成分不好，我不也能上个大学。

（135）说的个认娘话呢，那刻ᵣ不是家的成分不好，我也能弄个大学上上。

例（130）中"说的——"表消息的来源，兼表连接下文的功能。例（131）

"这一说的"直接引起下文,例(132)"说的句话啦——"不是说要跟对方说一句话,而是向对方挑起话头或引起注意,也可以说"说句话啦——"。例(134)、(135)中的"梦话"、"认娘话"本指不切实际的话,通过语言形式上的自贬表示让步,达到强化下文主观情态表达的目的,整个结构的意义发生了虚化,功能也因而改变。

六 结语

从以上分析可以发现,海安方言的"说的"经历了传闻、传情、标句词、话语标记的语法化过程,可以出现在句首、句中和句末,是语流中高频连用成分的并合与规约化的结果(Traugott &Dasher,2002;Brinton&Traugott,2005)[①]。"说的"的虚化是词汇化发展的产物,在这一过程中,"说"表言说的语素义变得更加模糊,"的"与整个结构的特定语义联系也变得比较松弛,"说的"与"说"在使用上有交叉的现象。"说的"从表达命题到表达情态进而纯粹组织话语的功能,具有一定的共性,但虚化对象的结构不一定是一样的,如本来表示言说义的上海话的"伊讲"也有这样一个语法化的相似路径:

(136)伊讲:"阿拉明朝去学校。"(上海话语料)

(137)银月停了一会,才说是:"伊讲后巷路的阿启伯,偷摘我们的菜瓜——",银城变脸道:"坏瓜多籽,坏人多言语;你们莫听伊学嘴学舌。"(上海话语料)

(138)在上海过马路都靠红绿灯的,而厦门的红绿灯却不多,这次由于没有红绿灯,我居然不会过马路了伊讲。(上海话语料)

(139)上午家中电话铃大响,来电显示一看,乖乖隆地动021-110伊讲。平常只有阿拉老百姓打110,从来没收到过110打阿拉电话。(上海话语料)

例(136)中的"伊讲"不是一个词,"阿拉明朝去学校"是直接的引述;(137)中"伊讲"是间接的引述,可以理解为一个词,相当于"据说",也可认为是一个主谓短语。例(138)、(139)中"伊讲"用于句末,主要是表达相应的情态兼起连接前后句子的语气。陶寰、李佳樑(2009)认为,上海话中的"伊讲"从"不知"到"未料"和"惊讶",实词义逐渐虚化,作为追补性的成分,补出消息的来源,又通过别人之口知道某事态,形成一个以转喻为基础的认知过程。

---

① Traugott,E. &R.Dasher, *Regularity in Semantic Change*, Cambridge:Cambridge Press, Briton, 2002; L&E.C.Traugott, *Lexicalization and Language Change*, New York:Cambride University Press, 2005.

第六节　本章小结

本章比较了泰如话和吴语中表示并列关系、因果关系、假设关系、条件关系时连接词方面的主要差异，可归纳为表 8—1：

表 8—1　　　　泰如话与吴语连接词使用的差异比较

复句关系＼地点	泰如话	吴语
并列关系	啊｜带｜同 带……带｜顿……顿｜阵儿……阵儿	咾｜脱/脱仔｜搭/搭仔 一头……一头
因果关系	啊｜这咾｜这啊	咾｜葛咾
假设关系	啊｜呗	仔｜仔末｜末
条件关系	呗｜概末儿｜要啊	末｜葛末｜耐末

泰如话中的"啊"具有连接动词、名词、形容词、数词及选择句问项的各种功能，也可以充当表示并列、提顿因果、假设等复句关系的关联词。"（连）……带……"指一种并列结构，在连接名词性成分时，"连"可以不出现。"同"是泰如话中较为常见的连词和介词，相当于普通话的"和"、"跟"、"同"，吴语相应的连词是"搭"和"搭仔"。泰如话的"这咾"和吴语的"葛咾"都可以表示因果关系的连接，而"葛咾"的虚化程度更高，泰如话是"这啊[tsã³³ŋa³]"与之相对应。吴方言的"葛末"在泰如话中读作"概么儿"，主要表示选择或否定性的假设，但总体没有吴语使用频繁，可视为吴语底层的语法成分在泰如话中进一步的演变，"呗"表示假设与条件关系，在泰如话中使用频繁；以海安话中"说的"为个案的研究对象，分析其由表示言说义的动词到表示传闻、传情、标句词、话题标记的语法化路径及语句篇章的连接功能，与上海话中的"伊讲"作了初步的对比。

第九章 副词

副词是修饰或限制性的虚词，一般附加在动词、形容词或作谓语的其他成分之前，有时也附加在整个句子之前，说明动作行为或性质状态等在时间、频率、程度、范围、情状、语气、肯定、否定等方面的情况。吕叔湘曾经指出，"副词内部需要分类，可是不容易分得干净利索，因为副词本来就是个大杂烩"[①]。本章按通行分法，将副词分为时间、范围、程度、情态、语气、否定等六类，各类中 A 类是跟普通话使用相同者，文中只是分类列出，不再举例说明，B 类是要重点描述的泰如话中跟普通话相异的各类副词，为吴语所共有的副词则结合吴语使用的情形一并进行讨论和比较。

第一节 时间副词

时间副词用在谓词性词语之前，表示事件发生的时长先后、频率变化、次序重复等，泰如方言的时间副词大致也可以分为表时性、表频性、表序性等三个次类[②]。

一 表时性时间副词

是指事件在时轴中的长短先后与过程状态。

A. 在｜先｜才｜赶紧｜快｜要｜又｜再｜还｜本来｜已经｜就｜趁早｜马上

B. 莽道｜即啊｜当世｜才才儿｜先朝儿｜几朝｜下子｜一气上｜刻儿｜刻刻儿｜一上啊｜一上儿啊｜站啊下｜上来｜早晚

（一）莽道[mã²¹³tɔ³]马上

（1）不要着急，我莽道就来。<small>别着急，我马上就来。</small>

（2）他莽道写啊封信寄出去啊。<small>他马上写了封信寄出去了。</small>

（3）我喊啊声的，他莽道就出来开啊门。<small>我叫了一声，他马上就出来开了门。</small>

[①] 吕叔湘：《汉语语法分析问题》，《吕叔湘文集》卷二，商务印书馆1990年版，第512页。
[②] 张谊生：《现代汉语副词》，华东师范大学出版社2000年版，第60页。

"莽道"一般用于动词前,表示动作先后的间隔时间之短。"莽道"和"马上"在使用时有相合的地方,但"莽道"显得更地道,在回答问题时,"马上"可以单说,"莽道"一般不单说。

(二)即啊[tɕiɪʔ³³kaˀ³]

"即啊"本指"急不可待",形容词,一般有贬义:

(4)那伢儿吃起饭来赛如即啊。贬指吃相难看。
(5)你怎啊这啊即啊的啊。怎么这么急不可待啊。

虚化指"时间的短暂",可以用在动词之前,也可以用在句子之前:

(6)他即啊打电话把人喊到来啊。他马上打电话把人叫来了。
(7)即啊一年过掉啊。很快一年过去了。

"即啊一年过掉啊"等于"一年即啊过掉啊","即啊"后面还可以有其他副词:

(8)他即啊就把人喊到来啊。他很快就把人叫来了。
(9)家的即啊也盖啊楼房。家里也马上盖起了楼房。

"即啊"用于连接前后两个不同的句子时,一般强调前句对后句所产生影响的迅捷:

(10)一点火即啊着起来啊。一点火马上就燃起来了。
(11)说啊你两句即啊不得过身啊?说了你两句我就有罪了?

上海话中表示时间之短的时间副词有"当即"、"当下"、"顿时立刻"、"立时三刻"、"临时豁脚"等。

(三)当世[tã²¹/³³sɿ³³]老早

"当世"指"很早以前、老早",一般用于动词之前:

(12)他当世家去啊,还到这日个!他老早回去了,怎么可能到现在!
(13)那个人当世死掉啊。那个人早死了。
(14)他当世有啊伢儿。他老早就有孩子了。
(15)他当世结啊婚。他老早结婚了。
(16)我当是吃啊。我早吃了。

(四)才才儿[tsʰe³⁵tsʰer³⁵/¹]

表示距离说话时间很近的过去时刻,泰如话一般说"才",不大说"刚":

(17)他才走大学的家来啊。
(18)他才走啊。

上海话一般说"刚刚":

(19)伊刚刚到我屋里来过。
(20)走过去看,刚刚晓得是伊个儿子。

泰如话的"才才儿"与"才"意义相近,相当于普通话的"刚才",是一个时间名词，可以用在句中动词之前，也可以出现在句子之前：

（21）他才才儿走外的家来啊。<small>他刚刚从外面回来了。</small>

（22）他才才儿还在这海的。<small>他刚刚还在这儿的。</small>

（23）才才儿我侎还谈到他的。<small>刚才我们还谈论到他的。</small>

（五）先朝儿[ɕi²¹tɔɻ¹]

也相当于普通话"刚才"的意思，跟"才才儿"相比，指距离说话时间相对较远的时刻：

（24）他先朝儿走外的家来啊。

（25）他先朝儿还在这海的。

（26）先朝儿我侎还谈到他的。

"才才儿"和"先朝儿"都是表示时间的名词充当副词，它们后面还可以再接"才"、"就"等时间性的副词：

（27）a. 他才才儿才走外的家来啊。
　　　b. 他先朝儿才走外的家来啊。

（28）他才才儿就走墙头儿上爬进来的。<small>他刚刚就从墙头上爬进来的。</small>

（29）他先朝儿就来啊。

（六）几朝[tɕi²¹³tɔ²¹/³]

"几朝"是表示将来性质的时间名词：

（30）几朝结啊婚再慢慢儿想这个事。

（31）几朝年纪大了，要个人照应都找不到。

（32）你几朝有空来耍子。

"几朝"与"将来"意义相近，上述例句中的"几朝"也可以用"将来"来替代，但后者的书面语色彩稍浓。

（七）下子[xa²¹/²¹³tsɻ³]

正如第二章中例句所示，"一下子"用在动词前，表示动作的时间很短，跟普通话用法相同，"一下子"不能省略为"下子"：

（33）拿到题目，他一下子就做出来啊。

（34）我一下子就把他认出来啊。

（35）天一下子就热起来啊。

"下子"还表示"未来很长时间、永远"，常用在否定句中，表示对未来事态的否定，"下子"一般变读为[xa²¹/²¹³tsɻ³]：

（36）你不走，他下子不睡。<small>你不走，他一直不睡。</small>

（37）病不看啊好啊，身体下子好不起来。<small>病不看好，身体长时间很难好起来。</small>

（38）这一走，几朝下子难得啊家来。<small>这一走，将来很久难再回来。</small>

在一定的上下文中，"下子"还可以单独表示否定：

（39）你让他还钱？下子！ 你让他还钱？早着呢！
（40）他哪日个家来啊？ 他什么时候回来啊？ ——家来？下子！ 回来？早着呢！

（八）一气上[i⁷³³tɕʰi³³sã³³/¹]

指"一鼓作气"，相当于普通话的"一下子"：

（41）做啊两个馒头，挨他一气上都吃掉啊。 做了两个馒头，被他一气上都吃完了。
（42）先朝儿车子一部没得，现在一气上来啊两部。 刚才车一部没有，现在一气来了两部。
（43）我一气上把作业都做掉啊。 我一气把作业全做完了。

"一气上"后面的动词也可以省略，一般用在陈述句中，有夸张、强调的语气：

（44）碗肉不够他一气上。
（45）买啊几个烧饼只够他一气上。

两句中的"一气上"的后面省略了诸如"吃完、吃掉"之类的动词。古代汉语中有"一上"来表示时间短暂，如《水浒》第三十九回："戴宗正饥又渴，一上把酒和豆腐都吃了。"

（九）刻儿[kʰər³³/²¹³]、刻刻儿[kʰə³³/²¹³kʰər³³/⁵]

表示时间的短暂，可说"刻儿工夫"、"刻刻儿时间"，也用在表示时间性的动补结构中：

歇刻儿｜耍刻儿｜等刻刻儿｜看刻刻儿

"刻刻儿"相比"刻儿"而言，时间显得更为短促。上海话中表示时间短的时间副词有"一歇"、"一歇歇"：

（46）拿刀放辣辣盐水里向泡一歇。
（47）吃勒饭出门走一歇。
（48）勿多一歇，警察侪来勒。
（49）饭吃勒真真一歇歇辰光，伊来勒。

钱乃荣（2003：24）认为上海话中韵母带鼻音的"铅铅"是上海话中最早表示"刚刚"的读法，如"第只船铅铅抛锚。"20世纪初读"刻刻[kʰak kʰak]"："个个小姑娘，刻刻走过个，勿晓得是啥人家个。"这里的"刻刻"不能用泰如话的"刻刻儿"来代替，而要用"先朝儿"或"才才儿"，可见"刻刻儿"主要是表示时段，"先朝儿"、"才才儿"则是表示过去的某一时点，上海话的"刻刻"也是表示过去某一时点，但不能用在动补结构中。

（十）一上啊[i⁷³³sã²¹/²¹³ŋa³]/一儿啊[i⁷³³sar²¹³a³]

表示"过去、从前"：

（50）他一上啊不住啊这海。 他过去不住在这儿。
（51）他一上啊就不大甚的同人说话。 他过去就不大跟别人讲话。
（52）一上啊两个人合得蛮好的，现在不行啊。 过去两个人关系挺好的，现在不行了。

（53）一上儿啊门口有条沟。

《魏建功文集》（叁）中记作"以上"：以上未坊全家伙，日夜我想心血干（以上：以前、之前）；以上除夕我一人①。今如皋音"月上"[yʊʔ³⁵sã²¹³]：我月上吖就是不欢喜吹的人②。

（十一）站啊下[tsẽ³³ŋa³xa²¹]

泰如话中"站啊下"本指站着的状态：

（54）站啊下吃。站着吃。

（55）老师叫他坐下来，他硬要站啊下。老师让他坐下来，他硬要站着。

"站啊下"虚化为副词，表示"马上、立刻"：

（56）听到妈妈不好过，他站啊下就买票家去啊。一听到妈妈生病了，他马上就买票回去了。

（57）接到电话，他眼泪站啊下就下来啊。接到电话，他眼泪马上就流下来了。

（十二）上来[sã²¹le³⁵]

泰如话"上来"和普通话一样，可以单用及出现在"V上来"结构中，"来"读轻声：

（58）走底下上来两个伢儿。从下面上来两个孩子。

（59）走水的上来。从水里上来。

（60）走上来。

由空间的位移可转喻指时间，"上来"指事情刚开始的阶段，"上来"音[sã²¹le³⁵]：

（61）你上来就要打招呼。你刚开始就要打招呼。

（62）我上来还认不得他，以后慢慢儿说啊认得啊。我一开始还不认识他，后来慢慢说着就认识了。

也说"一上来"、"头上来"。

（63）他一上来不喝酒，后来喝啊几杯儿。他刚开始不喝酒，后来喝了几杯。

（64）狗子我一上来不曾看见。狗我开始没看见。

（65）头上来我就要走，你硬是不肯。一开始我就要走，你硬不肯。

苏州话有"一上来"，也有"上上来"：

（66）我一上来听勿懂，后首来总算懂哉。

（67）上上来弄勿清爽，后首来才懂哉。

（68）吾上上来学英文，后首来改读日文。

（十三）早晚[tsɔ²¹³vẽ²¹³]

"早晚"在泰如话中指"早晨和晚上"：

---

① 魏建功：《魏建功文集》（叁），江苏教育出版社2001年版，第246—247页。
② 吴凤山：《如皋方言研究》，中国文联出版社2005年版，第472页。

（69）立啊秋就要分早晚凉。_{立秋后早上和晚上要凉爽些。}
（70）药早晚各吃一片。
（71）他早晚都家来吃。_{他早饭和晚饭都回家吃。}

"早晚"还表示"迟早"义：
（72）弟兄们多，早晚要分开来过。
（73）他早晚要晓得这件事的。
（74）我早晚要把这件事告送家的。

上海话中表示"迟早"义的是"早晏[tsɔ$^{34/33}$E$^{34/44}$]"：
（75）我早晏要批评伊。

泰如话中也有"早晏"，音[tsɔ^{213}ŋɛ̃^{33}]，相当于"早晚"：
（76）他一定来，早晏点儿吧！
（77）早点儿晏点儿都无所谓。

"早晏"相当于"早点儿迟点儿"，表示时间的"早上和晚上"不说"早晏"，"早晏"也没有虚化为"迟早"。

二 表频性时间副词

A. 经常｜常常｜从来｜随时｜一直
B. 容者啊｜容者不到｜只是｜直抢｜一歹的｜歹歹的｜一胆的｜一惹的｜常时｜暂时不到｜兴旺啊

（一）容者啊[iɔ̃^{35}tse^{213}a^3]、容者不到[iɔ̃^{35}tse^{213}pə^{33}tɔ^{35}]

"容者啊"指"平时"：
（78）他容者啊就喜欢看小说书。
（79）他容者啊也家来。

多用于否定句中：
（80）他容者啊不来。_{他平时不怎么来。}
（81）我容者啊不上他家的去。_{我平时不怎么去他家。}

"容者不到"一般指"事情的发生频率相对较低"：
（82）他家的容者不到不包扁食吃。_{他家里不经常包饺子吃。}
（83）你容者不到的也打个电话家去问问。_{你有时也打个电话回去问问。}

（二）只是[tsəʔ^{33}sʅ$^{21/3}$]

表示单位时间内动作反复的频率高，相当于普通话"一个劲儿地"，后可接单音节动词或动宾结构：
（84）只是吃。
（85）只是淌眼泪。
（86）只是吃饭，一点儿不吃菜。

还可用在介词结构的前面：

（87）他只是同我眨眼睛。他一直对我眨眼睛。

（88）他只是埋啊下笑。他一直笑着。

（89）他只是往前走。他一直往前走着。

如果是要强调动作不断持续的状态，一般说"只是啊"：

（90）他只是啊说稿子。他絮絮叨叨地批评不停。

（91）他只是啊摇头。他一个劲儿地摇头。

（三）直抢[tsəʔ³³tɕʰiã²¹³/³]

"直抢"用于动词前，指"动作不停地"、"一个劲儿地"：

（92）他直抢说嫌少、嫌少。他一个劲儿地说太少了、太少了。

（93）他直抢同我眨眼睛。他一个劲儿地跟我眨眼睛。

（94）你直抢把稿子往家的拿。你一个劲儿地把东西往家里拿。

（95）他车子直抢往前的开。他一个劲儿地向前开着车。

强调动作状态的持续时，一般说"直抢啊"：

（96）他直抢啊哭。他一个劲儿地哭。

（97）他车子直抢啊往前的开。

（98）他直抢啊摇头。他一个劲儿地摇头。

（99）放啊假不要直抢啊耍子，要稍微看点儿书。放假了不要一个劲儿玩，要稍微看点儿书。

（四）一歹的[iɿʔ³³te²¹³tiɿʔ³]、歹歹的[te²¹³te²¹³tiɿʔ³]、一胆（的）[iɿʔ³³tẽ²¹³（tiɿʔ³）]、一惹的[iɿʔ³³za²¹³tiɿʔ³]

表示"经常、常常"，多有贬义色彩：

（100）他一歹的上姑娘家去过几天。他常常去姑娘家过几天。

（101）她一歹的欢喜用人家的稿子。她老喜欢用人家的东西。

（102）他脚贱，一歹的往人家家的跑。他脚贱，老往别人家跑。

（103）姑奶奶一歹的说他小的时候多聪明爹爹。姑奶奶老说他小时候多聪明吧。

（104）他歹歹的偷啊去赌钱。他常常偷着去赌钱。

（105）他歹歹的拿公家的稿子。他经常拿公家的东西。

句中"歹歹的"往往指"经常偷偷摸摸地做（某些不光彩的事情）"。

（106）他一胆上姑娘家去过好几天。

（107）星期天他一胆的上街买稿子吃。

（108）过年他家的一胆的买半个猪子吃。

"一惹的"指表示经常发生的动作或行为，可以指不好的事情，或主观上认为不太好的事情，用在动词之前：

（109）他一惹的发病，几个月没得精神。

（110）没钱的时候，一惹的偷稿子去卖。

（111）他一惹的上街耍子。

（112）一惹的把伢儿骂啊哭起来。_{经常把孩子骂哭起来。}

（113）他一惹的就待惹啊鬼似的。_{他常常就像惹鬼了一样。}

也可以用在形容词之前，表示人或事物的某种动作及状态，多指不好的方面：

（114）嘴的一惹的屁屁来来的。_{嘴里经常不干不净地骂人。}

（115）房子里的一惹的臊气巴剌的。_{房间里常常臊气哄哄的。}

（五）常时[tsʰã³⁵sɿ³⁵/¹]

泰如话中"常时"指"事情经常发生"：

（116）那时候停电是常时。

（117）几年不家来也是常时。

"常时"用在动词前面，表示动作发生的相对频繁：

（118）他常时不来上课。

（119）他家的常时秤肉吃。_{他家里经常买肉吃。}

（120）我常时看不到他人。_{我经常看不到他。}

"常时"在吴语中也作为副词使用，如：

（121）肉庄浪常时有瘟猪猡肉买。①

上海话中也说"有常时"：

（122）伊有常时要迟到。

苏州话说"常庄[zã¹³tsã⁵⁵/²¹]"，上海老派也说"常庄"，新派一般用"常常"：

（123）吾常庄住勒囡囡屋里。

（124）一个网结来忒希，小鱼常庄要漏脱。

上海话用"有常时"指"有时候"：

（125）伊有常时来有常时勿来，吮没定规个。

（126）伊有常时要迟到。

年轻人则多用"有辰光"。泰如话没有"有常时"的说法，"常时"也不等于"有时候"。

（六）暂时不到[tsʰẽ²¹sɿ³⁵pəʔ³³to³³]

表"隔三差五、偶尔、不定期"，动作或事件发生频率相对较低：

（127）暂时不到弄点儿吃下子。_{隔三差五弄点吃一下。}

（128）暂时不到去瞭瞭。_{不定期去看看。}

（129）暂时不到地去检查检查。_{不定期去检查检查。}

---

① 引自钱乃荣《上海语言发展史》，上海人民出版社 2003 年版，第 213 页。

"暂时不到"可独立成句，连接前后不同的句子：

（130）我经常同他打电话，暂时不到，也开车子去看看他。

（131）他天天买点儿萝卜、番茄儿、豇豆儿啊稿的，暂时不到，也买点儿排骨、鱼。

（七）兴旺啊[ɕi³³uã³³ŋa³]

表示事物处于正在进行或持续的状态之中：

（132）秧兴旺啊（在）长。<small>秧正在生长之中。</small>

（133）蚕儿这两天兴旺啊（在）吃桑叶。<small>蚕这些天正是吃桑叶正欢的时候。</small>

（134）锅的兴旺啊（在）着。<small>锅膛里的火正在燃烧着。</small>

虚化为"随意"、"任意"：

（135）有的人姑娘兴旺啊拣。<small>有些人（找对象时）姑娘随意挑。</small>

（136）大学生你兴旺啊挑。<small>大学生随你挑。</small>

三　表序性时间副词

表序性时间副词表示一个单位时间内事件之间的相互关系与呈现方式，包括表次序与表重复两小类。泰如话中量词的重叠形式常用作表序副词，读音上一般变读为 213 调：

（137）他勺儿勺儿[sar²¹/²¹³sar²¹/²¹³]地喂。

（138）我行行[xã³⁵/²¹³xã³⁵/²¹³]地拾。

（139）你句句[tɕʰy²¹³tɕʰy²¹³]地念。

喂饭时，一勺一勺有先后不同的顺序；行行地拾，拾完这行再拾那行；句句地念，念完这句再念那句，既可以看做是表次序，也可以理解为表重复。

A. 还 | 又 | 也 | 重新 | 反复

B. 接二 | 代

（一）接二[tɕiɿʔ³³ər²¹]

（140）田的青菜接二拔点儿。<small>田里的青菜分别拔一点。</small>

（141）过年的稿子接二买点儿。<small>过年的东西分别买一点。</small>

（142）缸的油我接二舀点儿。<small>缸里的油我分别舀一点。</small>

"接二"指动作所涉对象的分散性，强调"分别"，即不是一次性取得或来自同一处，顺序自然有先后的不同。

（二）代[te³³]

（143）你代吃，我等掉刻儿。<small>你先吃，我等一会儿。</small>

（144）你先代跑，他还要洗个澡。<small>你先走，他还要洗个澡。</small>

（145）你先代读着啊，老师马上到。<small>你先读着，老师马上到。</small>

"代"表示"首先"，也可和"先"在一起连用，如例中所示。

表 9—1　　　　　　　　泰如话与吴语时间副词比较

泰如话	吴语
莽道｜即啊｜当世｜才儿｜先朝｜几朝｜下子｜一气上｜刻儿｜刻刻儿｜一上啊｜一上儿啊｜站啊下｜上来｜容者啊｜容者不到｜只是｜直抢｜一歹的｜歹歹的｜一胆的｜一惹的｜常时｜暂时不到｜兴旺啊｜接二｜代	常庄｜难扳｜顿时立刻｜立时三刻｜临时豁脚｜暴暴来个眼光｜夷乂

第二节　程度副词

程度副词通常按照是否有明确的对象分为相对程度副词和绝对程度副词，前者是通过比较来显示程度，后者是一般、独立地表示程度。

一　表程度深

A. 太｜最｜还

B. 蛮｜没得命｜买啊命｜没魂｜要死｜得｜没数｜不得了｜穴｜煞个｜煞日个｜粉｜叽｜瘟｜不过｜不能过｜不晓得都｜扎实｜通啊天（地）｜到啊天（地）｜嫌｜飞｜贴贴｜一鼎｜多｜还就

（一）蛮[mẽ³³/mẽ²¹]

"蛮"在泰如话中有两个读音，一读[mẽ³⁵]，是形容词，如"蛮子"、"说话蛮"，指说话不是当地口音，引申为"性格、品行顽劣、不合常情"，"他的个新妇蛮啊到啊天_{蛮不讲理}"，作副词时，表示程度义，音[mẽ³³]或[mẽ²¹]，泰如话一般多用在表积极意义的性质形容词之前，表示程度，后面一般有"的"，也可用在少数表消极意义的形容词前。如：

A. 蛮大的｜蛮快的｜蛮红的｜蛮好的｜蛮热的｜蛮和气的｜蛮漂亮的｜蛮干曼的_{举止优雅得体}｜蛮听话的｜蛮懂事的｜蛮白净的｜蛮晓稿子的

B. 蛮疼的｜蛮难过的｜蛮操心的｜蛮烦神的

和吴语在使用上有不少重合的地方，可以视作吴语底层的语法成分。表示的程度较高，略低于普通话的"很"，又略高于适中的程度。"蛮"后面也可以修饰动词，主要限于部分心理感受动词，前加程度副词"蛮"以后表示心理感受达到较高的程度，吴语中的"蛮"可直接和这些性质形容词组合，后面一般不要"的"，可用"格（葛）"。单音节的心理感受动词在吴语里可与表示感受主体的"人"结合成"V人"式述宾合成词，表示"使人感到V"，然后接受"蛮"的修饰，表示这种程度达到较高的程度：

蛮吓人｜蛮嘈人｜蛮烫人｜蛮伤人｜蛮叮人｜蛮呛人｜蛮馋人｜蛮气人[1]

泰如话也有这种自感动词结构，但一般不接受"蛮"的修饰。

上海话中，表示程度加深的副词还有"邪气"、"老"，泰如话相对应的一般是"蛮"。"钞票交关"泰如话说"钱蛮多的"，如果要说"很多"或"多得不得了"，则要用其他表示更高或极性义的程度副词了。

（二）没得命[məʔ³⁵təʔ³³/⁵mĩ²¹]、买啊命[me²¹³a³mĩ²¹]、没魂[məʔ³⁵xuə̃³⁵]、要死[iɔ³³sʅ²¹³]

这是与"生命、灵魂"有关的几个词或短语，单用时，"没得命"、"没魂"、"要死"都可用于表示感叹，"没得命"可以用于表示积极方面，也可以表示消极方面：

（146）没得命！火窜啊到屋顶上啊。

（147）没得命！他又扒啊个五红星。（打牌时）不得了，他又摸了张红桃五。

（148）没得命哎！家的几个伢ᵣ都上啊北大。不得了了！家里几个孩子都上了北大。

表示程度时，一般用在形容词之后，表示极性的程度：

（149）看的人多啊没得命。看的人多得不得了。

（150）山高啊没得命。山高得不得了。

（151）家的穷啊没得命。家里穷得不得了。

"买啊命"本身不能单说，一般用在形容词后面表示程度，多表示消极意义：

（152）家的冷啊买啊命。家里非常冷。

（153）脏啊买啊命。非常脏。

（154）穷啊买啊命。穷得不得了。

"要死"一般用于形容词之后，表示消极程度义：

（155）他家的穷得要死。

（156）那个人臭得要死。那个人态度太坏了！

（157）汤咸得要死。

吴语绍兴话中的"断命"、"要死命"，在表示程度最深的同时往往表示一种极端的不如意：

（158）衣裳末要死命个小，穿也穿勿进。

（159）天断命个黑，看也看勿出。天非常黑，看也看不到。

泰如话中，"把人魂吓啊脱[tʰəʔ³³]掉呢"和单说"魂脱[tʰəʔ³³]掉呢"意思有时不一样，前者多指受惊吓的程度之深，用于感叹；后者则多是骂对方失去理智，并不是受到惊吓。"没魂"一般是对数量、状况等出乎人之所

---

[1] 王洪钟：《海门方言语法专题研究》，南京师范大学博士学位论文，2008年，第44页。

料而由衷发出的感叹，在表示程度时一般用在形容词的后面：

（160）"五一"放假，外的人多得没魂。

（161）成绩差得没魂。

（162）价钱贵得没魂。

（163）姑娘跟人家蹓掉啊，他气啊没魂。姑娘跟别人跑了，他气得不得了。

（三）得[tə?³³]、得来[tə?³³le³]

吴语的"得来"本是引出程度补语的助词，如"好得来勿得了"，泰如话一般说"好得不得了"，吴语因程度补语经常省去而使"得来"本身成为程度词语，一般用在动词或形容词之后表示程度极高并有感叹语气：好得来｜痛得来｜好吃得来｜有铜钿得来｜做得来｜笑得来；近代汉语中"V得来"后面一般有表示结果的补语：

（164）女孩儿吓得来一团儿颤。（金董解元《西厢记诸宫调》）

（165）这些时把一个俊潘安老得来兀兀腾腾，瘦沈约害得来涎涎瞪瞪。（明朱有燉《一枝花·秋兴》套曲）

泰如话在一些动词后也可以加"得"表示程度：

（166）他家的有得。他家里富裕。

（167）那伢儿吃得。那孩子能吃很多。

进一步的详情可参见 11.1.2"得"字句。

（四）没数[mə?³⁵su³³]

"没数"中的"数"指数字、数量，"有数、没数"指"心里有（没）底、有（没）分寸"：

（168）他能喝多少酒，心的有数。

（169）哪没数的，锅的放啊这啊多的水？

"没数"词义虚化，一般用于形容词后，表示程度之深，形容词可以是单音节、也可以是双音节，一般用"啊"相连接：

难啊没数｜多啊没数｜好啊没数｜简单啊没数｜稀奇啊没数｜好玩儿啊没数｜有意思啊没数

（五）不得了[pə?³³tə?³³lio²¹³]

"不得了"在泰如话中原是一个短语，指因做错了某事而得不到好的结果：

（170）偷人家稿子寻啊不得了。偷人家东西是自寻死路。

（171）挨公安局抓到啊，这下子不得了啊。被公安局抓住，这次倒大霉了。

用在形容词之后，表示程度之深，同普通话的用法：

快活得不得了｜瘦得不得了｜简单得不得了｜难得不得了｜急得不得了｜脏得不得了｜滑得不得了

吴语一般说"勿得了"：

（172）伊个人烦勒勿得了。
（173）开车个辰光紧张得勿得了。
（174）伊买个小菜好吃得勿得了。

（六）穴[ɕyəʔ³³]

在泰如片中一般表示程度之深，多用于表示颜色、光亮的词语之前。如皋点可见第一章第二节魏建功的举例。今海安点"穴"所修饰的表示色彩的词语已经没有那么多了，以修饰"青、紫"两种色彩为最多，"穴"还可以修饰动词，表示所涉对象的"单一"性：

（175）田的穴是些草。田里全是些草。
（176）锅的穴剩啊萝卜。锅里单剩下萝卜。
（177）车子上穴装的红木家具。车上全装的红木家具。
（178）他日的穴吃的些瘦肉。他白天全吃的瘦肉。

"穴"作为表示程度的副词在其他点也可记作"雪"，在方言中仍较为普遍，《汉语方言大词典》："雪，非常。松江有'雪爽、雪亮'，宁波话称很平为'雪平'，味道很淡为'雪淡'，东台有'雪红、雪黑、雪青'"，清夏敬渠《野叟曝言》："刚到原处，又领着那一队三人自北而进，从南而出，轰雷掣电的搅得贼队里雪乱。"也作"趣"，《红楼梦》80回："贾母因同邢、王二夫人进房来看，只见奶子抱着小姐儿，用桃红绫子小绵被儿裹着，脸皮趣青，眉梢眉翅微有动意。"①

（七）煞（啊）[sɛʔ³³（kaʔ³）]、煞日个[sɛʔ³³iʔ³³koʔ³]、粉[pɔ̃²¹³]、叽[tɕi²¹]、瘟[vɔ̃²¹]

古汉语中，"煞"同"杀"，作为单音动词出现时，相当于"杀死、弄死"：

（179）与其杀不辜，宁失不经。（《书·大禹谟》）
（180）十四年，春，卫杀其大夫孔达。（《春秋公羊传》）
（181）比干、子胥好忠谏，而不知其主之煞之也。（《鹖冠子·备知》）
（182）取鸟卵之未生羽毛者，以真丹和牛肉以吞之；至长，其毛羽皆斥，乃煞之。（葛洪《抱朴之·金丹》）

"杀"还用于动词、形容词前，表示动作和性质的程度：

（183）西月凭轻照，东风莫杀吹。（唐白居易《玩半开花赠皇甫郎中》）
（184）桂老犹全在，蟾深未煞忙。（唐卢延让《八月十六夜月》）
（185）这个煞容易。（元马致远《汉宫秋》第一折）

---

① 许宝华、[日]宫田一郎主编：《汉语方言大词典》，中华书局1999年版，第5331页。

吴方言中，拼命地吃称"杀吃头"，拼命地做为"杀做头"；在"吃杀脱哉"、"做杀脱哉"中，"杀"都表示"太甚""过甚"义。

"煞"与动词连用，渐渐发展成动补结构：

（186）所打煞者，乃有万计。（葛洪《抱朴子》）

（187）如此倒见贼，打煞无人护。（王梵志诗）

吴语和泰如话都有"煞"用在动补结构中，表示"死亡"义，吴语句末一般不用语气词，泰如话中"煞"一般要和语气词"啊"一起连用，一并举例如下。

A. 吊煞（啊）｜药煞（啊）｜跌煞啊｜轧煞（啊）｜捂煞（啊）｜打煞（啊）｜病煞（啊）

B. 冻煞（啊）｜饿煞（啊）｜热煞（啊）｜撑煞（啊）｜簇煞（啊）｜耍煞（啊）

A 类中的"药"、"病"在结构中用作动词。B 类的"冻煞啊"、"饿煞啊"、"热煞啊"、"撑煞啊"、"簇煞啊"、"耍煞啊"除表示死亡义，还可以表示程度义，"煞"的死亡义虚化乃至消失，泰如话进一步的例子如：

（188）挨煞啊。_{指干活儿十分辛苦。}

（189）说煞啊。_{议论得很厉害。}

（190）到时候不来要把人等煞啊。_{等得急死了。}

（191）那个人臭煞啊。_{那人待人很不友好。}

（192）（俗语）忙的忙煞啊，闲的闲煞啊；做的做煞啊，歇的歇煞啊。_{喻忙闲不均。}

上海话中动补结构中的"煞"引申为"固定、死板、不活动、不能通过"之类的意思：

（193）摆煞辣海。_{摆固定在那儿。}

（194）勿话煞。_{不说定。}

（195）勿要包煞，要露出一只眼。

（196）勿要遮煞。

这在泰如话中不见使用，如"勿话煞"的"话"是动词，泰如话相应的是"说"，"不说煞啊"中的"说煞啊"表示"说"这一言语动作的程度之极。泰如话动补结构中与该引申义相应的补语成分是"死"：

（197）同他把话说啊死啊。_{跟他把话说死了。}

（198）不要包啊死啊，要露出一只眼睛。

（199）稿子固定啊死啊。_{东西固定死。}

上海话中还有"像煞、像煞是……"

（200）掰块地方我像煞来过歇。

（201）掰丬天冷得来像煞要落雪。
（202）迭家人家像煞是暴发户。
（203）伊个毛病像煞是神经官能症。

泰如话没有"像煞、像煞是"，相应表达是用前置性的"就像"、"就待"：

（204）这个落地我就像来过的。
（205）天这啊冷就像要落雪。
（206）这个人家就待个暴发户儿样的。
（207）他的毛病就像是神经官能症。

上海话的句末不一定非要语气词不可，如"V死[ɕi³⁴]V煞[saʔ⁵⁵]"表示动作程度之极：

（208）我做死做煞，做得实在吃勿消勒。<small>我横做竖做，做得实在吃不消了。</small>

今泰如话有"煞亮[sa²¹³n̠ia²¹]"，指"非常亮"，"煞"舒化且读213调，上海话中也有"煞亮"。上海话中还有"煞快[saʔ⁵⁵/³³kʰua³⁴/⁴⁴]"，表动作程度之极：

（209）我恨煞快。
（210）伊做煞快。

泰如话中没有这种用法。席晶把泰兴方言中与副词"煞"相关的结构分为的"煞a"、"煞b"、"煞c"，认为"煞a"自两汉就存在于通语中，西晋末传入古吴语中，泰兴话使用至今；"煞b"中不带宾语的源于唐代出现的表程度的"煞"，经历了从方言到通语再到方言的过程，与吴语有密切的联系；带宾语的则源于"V/A 煞 O"式，是通语性质的口语形式，在形式上和古代保持一致，并非和"煞个"同时出现在泰兴话中。"煞c"也源自表程度的"煞"，是吴语的底层[①]。文中所讲的"煞a"就是"煞"用作"死亡"的本义，"煞b"和"煞c"只是担任句子成分的不同，性质上是一样的，都是"煞a"引申义的使用。

在海安方言中，"这日个"、"那日个"、"哪日个"分别表示"这时候"、"那时候"、"什么时候"，还有"煞日个"一词，相当于一个副词，表时间长或次数频繁，后面的动词必须要重叠：

（211）肉煞日个煮煮。<small>肉多煮煮。</small>
（212）衣裳煞日个汰汰。<small>衣服多汰洗几遍。</small>
（213）煞日个在水的洗洗。<small>多在水里洗洗。</small>
（214）米煞日个淘淘。<small>米多淘淘。</small>

后面可以出现表示结果的补语：

[①] 席晶：《泰兴方言"煞"研究》，吉林大学硕士学位论文，2009年。

（215）肉煞日个煮煮熟。_{肉多煮一煮，煮熟了。}
（216）衣裳煞日个汰汰干净。_{衣服多洗洗，洗干净了。}
（217）身上煞日个擦擦干。_{身上多擦擦，擦干净了。}

也可以用于陈述句中：

（218）衣裳煞日个汰啊几遍。_{衣服多汰洗了几遍。}
（219）肉煞日个煮过的。_{肉煮过很长时间了。}
（220）米煞日个多淘啊两遍。_{米多淘洗了几遍。}

语流中，"煞日个"也发展成"煞个[sɛʔ³³koʔ³]"，"日"被省略掉了。

"粉"[pɔ̃²¹³]用于单音节形容词"干、脆"之前，指程度之深：

（221）衣裳晒得粉干的。_{衣服晒得干干的。}
（222）稻子儿粉干的。
（223）花生米儿粉脆的。

"叽[tɕi²¹]"用于单音节形容词"潮、湿"之前，表示程度：

（224）裤子上叽潮的。
（225）被单上屙得叽潮的。_{被子被尿得潮叽叽的。}
（226）衣袖口儿叽湿的。

"瘟[vɔ̃²¹]"用于单音节形容词"脏、臭"之前，表示程度：

（227）领子上瘟脏的。_{衣领上脏得不得了。}
（228）脸上瘟脏的。
（229）放的屁瘟臭的。
（230）茅缸的瘟臭的。_{厕所里臭得不得了。}

（八）不过[pəʔ³³koʔ³³]、不能过[pəʔ³³lɔ̃³⁵koʔ³³]、（不）晓得多[（pəʔ³³）ɕio²¹³təʔ³³/³to²¹]

"过"在泰如话中一般作动词，常见搭配如"过年、过节、过生日"，"不过啊"指"不准备活下去"。"不过"虚化后一般用作连词，同普通话的用法。表示程度义的副词，同吴语的用法：

（231）他气不过，把瓶药水都喝掉啊。_{他气不过，将一瓶农药全喝了。}
（232）家的热潮啊不过啊。_{家里十分热闹。}
（233）熟人见到面开心不过啊。_{熟人见面十分开心。}

"不能过"作短语时，表示"日子过不下去"：

（234）星期天去做甚的活计啊，日子又不是不能过！_{星期天干什么活儿呢，日子又不是不能过！}
（235）同媳妇做块儿不能过，同儿子做块儿哪不能过的？_{跟媳妇一起过不下去，跟儿子一起难道也过不下去？}

引申指"不能控制住自己、忘乎所以"：

（236）手上有两个钱即刻不能过啊。
（237）赢啊两盘的不能过啊。
"不能过"用来表示程度，一般用于动词或形容词之后：
（238）肚肚的胀啊不能过啊。肚子里面胀得很厉害。
（239）拖啊缠[tɕʰiɿʔ³⁵]啊不能过啊。拖呀、拉个没停。
（240）犟[tɕʰiã²¹]啊不能过啊。一个劲儿地犟、不服从。
（241）热潮啊不能过啊。非常热闹。

泰如话中，"（不）晓得"是一个动词，相当于普通话的"（不）知道"义：
（242）我（不）晓得那个人。
（243）这件事不能把他晓得。

后接形容词，构成"（不）晓得多 A"结构，表示程度之深，"晓得"具体的动词义虚化，"（不）晓得多"逐渐凝固化，多修饰形容词，整句表示感叹。
（244）你晓得多漂亮啊！
（245）不晓得多热潮！
（246）火车不晓得多快！
（247）他走得不晓得多慢！

（九）扎实[tseʔ³³ səʔ³⁵ʳ³]

泰如话中，"扎实"是一个多义词，当形容词用时，和普通话情形一致，如：
（248）基本功扎实。
（249）基础扎实。

"扎实"还可用于动词或形容词后面，表示动作或状态的程度之深：
病得扎实｜咳得扎实｜疼得扎实｜臭得扎实｜冷得扎实｜像他像得扎实哎。非常像他

"扎实"可以单用，表示感叹，常和语气词"哎"连用，"哎"读作[keʳ⁵]：
（250）冬天穿那点ⱼ衣裳，扎实哎！
（251）扎实哎，一顿能吃一碗肉！

在一定的语境中，"扎实哎"也可以是反语，表示实际不像所说的那样，"哎"要重读且音节拖长，类似读 553 的调型：
好看得扎实哎｜热得扎实哎｜细得扎实哎｜香得扎实哎
是表示感叹还是反语，要依靠说话时具体上下文的语境。

（十）通啊天[tʰɔ³³ ŋa³ tʰiɿ²¹]、到啊天/地[tʰɔ²¹ a¹ tʰiɿ²¹/tɕʰiɿ²¹]

"通"和"到"在泰如话中有文白两种不同的读音。一般分别读作[tʰɔ²¹]、[tɔ³³]，出现在"南通、想得通、来到、到这海"等词语中，属文读；但在下列例句中，"通"音[tʰɔ³³]，与"通啊天"中"通"的读音相一致，属白读：
（252）两个人通啊个家的。两个人是本家。

（253）做衣裳的钱没处通。没着落。
（254）马路通啊他家门口。马路通到他家门口。
（255）伢儿不晓得哪海通啊哪海。小孩子不懂事。

"到"都导切，去声号韵，端母，正常念[tɔ³³]，属文读；在下列例句中，声调同阴平，是定母清化后送气音的读法，属白读：

（256）成绩[xuəʔ³³]啊到[tʰɔ²¹]啊天。成绩差得不得了。
（257）人懒啊到[tʰɔ²¹]啊地。人懒得不得了。

"到"显然是另一层次的读音，"通啊天"和"到啊天/地"一般用于形容词之后，多表示比较消极的极性程度：

（258）过年块块缠[tɕʰiɿʔ³⁵]啊通啊天。过年到处迎来送往忙得不得了。
（259）茅缸的臭啊通啊天。茅厕里臭不可闻。
（260）成绩□[xuəʔ³³]啊到啊天（地）。成绩差得不得了。
（261）个子矮啊到啊地。个头矮得不得了。

上海话表示消极极性程度的副词如"极"（我真是伤心极）、"透"（我恨透勒），"一塌糊涂"等可表示积极、消极两方面的极性程度义。"番瓜野大"、"门槛贼精"、"头子绝尖"中的"野"、"贼"、"绝"也是上海话中表极性义的程度副词，这些在泰如话中都不见使用。

（十一）嫌[ɕi³⁵]

"嫌"在泰如话中常用作动词和副词，作动词用时同普通话，表示"嫌弃、厌烦"之义：

（262）那个人个个嫌。人人讨厌。
（263）嫌啊不能过。非常讨厌。
（264）次饭剩饭他也不嫌。
（265）他挨人家嫌啊次下来啊。被讨厌得剩下来，喻非常讨厌。

后接形容词，表示程度：

嫌饱｜嫌快｜嫌蛮｜嫌大｜嫌红｜嫌调皮｜嫌宰执固执｜嫌小气｜嫌没答撒没出息

"嫌A"结构可以做谓语：

车子嫌慢｜伢儿嫌蛮｜颜色嫌红｜脾气嫌宰执固执｜做事嫌叽掐做事不大方

也可以做补语：

吃啊嫌饱｜走啊嫌慢｜涂啊嫌红｜买啊嫌大｜扫得嫌干净｜过啊嫌快活

"不要过啊嫌快活啊"、"不要嫌好看啊"有时是用作反语，相当于上海话的"勿要忒……哟"，也是表示程度的：

（266）一个人住辫咔大个房子，勿要太适意！
（267）侬看伊穿辫件衣裳，勿要忒潇洒哟！

（十二）飞[fɤi²¹]

一般用在"快、透水沸腾、烫"等性质形容词之前，表示程度之高，可以充当谓语：

刀飞快的刀刃非常锋利｜车子飞快的｜水（粥、汤）飞透的刚沸腾不久｜额头飞烫的温度特别高

也可以做补语：

刀磨得飞快（的）｜车子开得飞快（的）｜水（粥、汤）烧得飞透（的）｜额头（手心儿）摸上去飞烫（的）

（十三）贴贴[tʰiʔ³³tʰiʔ³³ᐟ³]

相当于普通话的"最"，多用于表示方位、距离等的双音节名词前，泰兴方言也记作"特特"：

贴贴顶上｜贴贴底下｜贴贴边上｜贴贴旁边｜贴贴东边

所组成的结构可以做主语：

贴贴顶上放吃的｜贴贴底下是用的｜贴贴东边是他家的房子

可以做定语：

贴贴顶上的稿子｜贴贴东边的人家｜贴贴边上的棋

可以做补语：

站啊（在）贴贴顶上｜放啊贴贴中间｜贴啊贴贴边上

可以做宾语

房子在贴贴底下｜他埋贴贴后头｜瞄准啊贴贴上头

（十四）一鼎[iʔ³³ti²¹³]

表示对程度意义的强调，相当于普通话"最"，但在用法上有所区别：

（268）他家的一鼎老二有出息。他家里数老二最有出息。

（269）今年子一鼎夏天那几天日子难过。今年数夏天那几天日子最难熬。

（270）他的几门课一鼎数学学得好。他的几门课数数学学得好。

这种格式一般是引出所比较的范围："他家的"、"今年子"、"他的几门课"，然后对该范围内所涉及的人和事进行叙述或评价，强调程度的最高，后面可以再加"最"：

（271）他家的一鼎老二最有出息。

（272）今年子一鼎夏大那几天日子最难过。

（273）他的几门课一鼎数学学得最好。

也可以指消极意义的极性程度：

（274）弟兄几个一鼎他穷。

（275）班上一鼎他穿得最破。

（276）几个人一鼎他来得最晏晚。

有时也可视为是反语：

（277）一鼎他伢儿好，爹爹①！ 哎哟，他家的孩子最好！

（278）一鼎他有理，爹爹！ 哎哟，他最有理！

和"最"在语法功能分布上的不同是，"一鼎"多出现在体词（包括名词、代词）或小句之前，"最"多出现在谓词（形容词、动词）之前。"最"不能在体词之前出现（不能说"最他"、"最夏天那几天"），"一鼎"也可在谓词前出现（用作反语的情形除外）：

（279）他家的老二一鼎有出息。

（280）他的几门课数学一鼎学得最好。

句子的话题和强调的重点也就跟着发生变化了。

吴语中有"一只鼎"的说法，指"处在第一位，最厉害的人"：

（281）因从前有几位朋友，由申回来，说及宝玉怎样的标致，怎样的时髦，要算上海一只鼎，为姊妹花中之冠。（《九尾狐》第33回）

泰如话中"一鼎"也可说成"一等"：

（282）三个伢儿一等老二最有出息。

（283）一等他考得最好。

（284）家的一等老头儿要人服侍。 家里老头儿最要人照应。

指所指若干对象之"极"者。

（十五）多[to²¹³]

"多"在泰如话中一般用作形容词，音[to²¹]，可以强调程度较深，念作[to²¹³]，多用于感叹句中：

（285）那稿子多不讲理啊！ 那么不讲道理啊！

（286）落雨蹲啊家的多快活啊！ 下雨呆在屋里多舒服啊！

（287）坐飞机去多快啊！

"多"还可跟形容词一起修饰名词，也可以充当补语，"多"是副词：

（288）多厚的纱布也抵不上一层棉。 再厚的纱布也不抵一层棉衣。

（289）他比过去长啊多高。 他比过去高了许多。

（290）雪落啊多厚。 雪下了很厚。

（十六）还就[xa³⁵tɕʰio²¹]

泰如话中，"还"、"就"作副词时分别可以单用，还可以合成一个词，表示程度的加深：

（291）那伢儿成绩还就不丑不差！

---

① 这里和下例的"爹爹"只有轻声一种读法，不读213调型，"爹爹"相当于一个感词。"妈妈"用于表示感叹时也只读轻声，不读213调型，但后字变韵为[ɛ]时，仍可读213调，即[ma²¹mɛ²¹³]可表感叹。

（292）电影还就好看呢！
（293）食堂的菜还就香呢！

也可用于一些表示心理或认知活动的动词之前，后面可带宾语，"还就"起强调动词的作用，可以用于否定句格式之中：

（294）我还就欢喜他二姑娘呢！ <small>我真喜欢他二丫头！</small>
（295）我还就不习惯那下喝酒的风俗呢！ <small>我真不习惯那一带的喝酒习俗呢！</small>
（296）那天子我还就曾把他认出来！ <small>那天我还就没认出他来！</small>

二 表程度轻微

A. 有点儿｜有些｜稍微｜渐渐儿
B. 俯就儿｜不大｜不大……很｜不甚的｜不这（那、怎）啊｜假马儿啊

（一）俯就儿[fu²¹³tɕʰior²¹/²¹³]：

海安话中有"俯就[fu²¹³tɕʰio²¹/³]"一词，义谓"纵容、迁就"：

（297）伢儿不听话，该教育的要教育，不要俯就他。
（298）条件不好，请你稍微俯就下子。

兴化也说"俯就就"，表"将就"的意思，如：

（299）这门亲事就俯就就订了算事。

海安也说"俯就就儿[fu²¹³tɕʰio²¹/³³tɕʰior²¹/²¹³]"，指勉强凑合。"俯就"在古汉语中指"降格以求、屈尊下从"：

（300）夫圣人之制礼也，事有其制，曲有其防……贤者俯就，不肖跂及。（汉·应劭《风俗通·怨礼》）
（301）诸伶竞拜曰："俗眼不识神仙，乞降清重，俯就筵席。"（唐薛用弱《集异记·干焕之》）
（302）只不知周相公可肯俯就？（《儒林外史》第三回）

也指"屈己就人、讨好对方"：

（303）宝玉也自悔言语冒撞，前去俯就。（《红楼梦》第五回）

泰如话中"俯就"儿化后发生了变调，充当副词，相当于"简单地、凑合地"，意义变得虚化：

（304）他俯就儿啊会啊。 <small>他凑合着学会了。</small>
（305）我俯就儿吃啊点儿。 <small>我稍稍吃了点儿。</small>
（306）家的俯就儿啊弄啊下子。 <small>指家里简单地办了一下事，或家里简单地装潢了一下。</small>
（307）过年俯就儿结个婚就算。 <small>过年简单地结个婚就算。</small>
（308）学堂的你俯就儿啊去应个到。 <small>学校那儿敷衍着去点个到。</small>

（二）不大[pəʔ³³ta²¹/³]、不大……很[pəʔ³³ta²¹/³……xə²¹³]

"大"作形容词使用时音[ta²¹]，表示空间或时间的数量多：

（309）他家的房子不大。

（310）他走的时辰不大。

"不大"虚化为副词时音[pəʔ³³ta²¹/³]，表示程度之轻，用于动词或形容词之前：

不大说话｜不大管事｜不大白｜不大欢喜｜不大方便

跟普通话的情形差不多，都表示修饰对象的程度浅或次数少。泰如话中的"不大 V/A"结构后还可再接"很"，"很"在泰如话中可以用作形容词：

（311）天好啊嫌很。天气过分好。

（312）姑娘不能拣啊很啊。姑娘不能过分挑拣。

（313）家伙用得太很。东西使用得太过度。

"很"指"过分、厉害"。但"不大 V/A 得很"并不是表示程度的加深，而是和前面的结构相配合，表示量的程度较浅，语气上显得相对比较委婉，语音上读轻声：

（314）灯不大亮得很。灯不太亮。

（315）她把的个人家不大好得很。她嫁的那户人家条件不怎么好。

（316）那个人呆[ŋe³⁵]，不大睬人得很。那个人死板，不太愿意搭理别人。

（317）他不大管事得很。他不怎么管事。

（318）那伢儿长得不大漂亮得很。那孩子长得不太漂亮。

（319）日的烧的菜不大好吃得很。中午烧的菜不怎么好吃。

（三）不甚的[pəʔ³³sə̃³³/²¹³tiɿʔ³]、不这（那、怎）啊[pəʔ³³（tsa³³｜lo³³｜tsə̃²¹³）ŋa³]

相当于普通话的"不怎么"，表示范围之小或数量之少：

（320）他家的不甚的吃油。他家里吃油较少。

（321）做活计不甚的挨搅。干活儿不怎么累。

"不甚的"也表示频次之少、程度之浅或关系之疏：

（322）他不甚的上上海去。他不怎么去上海。

（323）他家的不甚的吃肉。他家里不怎么吃肉。

（324）两个人不甚的这个得很。两个人关系不怎么好。

（325）对人家不甚的那个。对别人不太热情。

"这啊"、"那啊"、"怎啊"三个表示样态的代词可以以否定的形式来表示程度：

（326）他为人不那啊热情。他为人不那么热情。

（327）花不怎啊红。花不怎么红。

（328）成绩不怎啊好。成绩不怎么好。

（329）成绩不怎啊济。成绩不怎么样。

（330）他不怎啊济就考啊上啊北大。_{他没费多大劲儿就考上了北大。}
（331）他不这啊积极的吧，姑娘对他还是有意思的。_{他不太积极，姑娘对他还是有意思的。}

（四）假马儿啊[tɕia²¹³mar²¹³a³]

"假马儿"是"假马"的儿化。"假"在古代有"暂且、权宜"义：

（332）自河以北，百姓穷困，宜假绝内务，以救时急。（《晋书·宣帝纪》）

"假马"在扬州话中也有使用，相当于"假装"：

（333）包兴趴到外面站起来："大人有何吩咐？"假马从外面进来，好象走外头才来的："大人。""尔可知道，范仲华的母亲，就是我的母亲。"（扬州评话《天齐庙包公断太后》，原注："假马，假装"）。

泰如话中"假马儿"也有"假装"之意：

（334）我假马儿啊认不得他。
（335）他假马儿啊说不会喝酒，实际上喝得比哪个都多。
（336）他肚子疼是假马儿啊的。
（337）他假马儿不肯来。

但泰如话中的"假马儿"不完全对应于扬州话的"假马"，已经发生了虚化，如"你也假马儿家去看看啊"中"假马儿"的意义就不是"假装"，主要表示说话者一种主观的评价，在句中含有"建议、劝诱"的意思。相关的例子还如下面这两句。

（338）他结婚还假马儿啊放啊电影的。_{他结婚还放电影了。}
（339）你也假马儿啊说句人情话哉！_{你也该说句客气话呀！}

前例中的"放电影"是一个事实，前面加上"假马儿啊"就融进了说话人的主观态度：羡慕、惊奇、不以为然……。后例中"假马儿啊"相当于"应该"。

表9—2　　　　　泰如话与吴语程度副词比较

泰如话	吴语
前置词：蛮｜要死｜得｜没数｜不得了｜穴｜煞个｜煞用个｜粉｜叽｜瘟｜不过｜不能过｜不晓得都｜嫌｜飞｜贴贴｜一鼎｜俯就｜不大｜不大……很｜不甚的｜不这(那、怎)啊｜假马儿啊	前置词：顶｜顶顶｜邪｜瞎｜非常之｜老｜来得｜忒｜加二｜穷｜野
后置词：没得命｜买啊命｜没魂｜要死｜得｜得来｜没数｜不得了｜不能过｜通啊天｜到啊地｜不过｜扎实	后置词：极｜得极｜来死（西）｜吓煞人｜热昏｜要死｜要命｜勿过｜畅｜一塌糊涂
	前后置词：邪气｜交关

第三节　情态副词

情态副词主要描摹动作行为进行的方式、情状，词义一般比较实在，可分为意志类、方式类等次类。

一 意志类情态副词

A. 有意 | 成心 | 故意

B. 添道儿 | 定为

（一）添道儿[tʰi²¹tɔr³³/²¹³]

相当于"故意"、"有意"：

（340）你不要添道儿啊□[tɕʰio²¹³]他。你不要故意要弄他。

（341）你添道儿惹他作躁做甚的！你故意让他着急干什么！

（二）定为（啊）[tʰi²¹vɤi³⁵]

"定为"作短语使用时，表示"专门、特地"之义：

（342）他定[tʰi²¹]为[vɤi²¹/vɤi³⁵]我买啊件衣裳。他专为我买了件衣服。

（343）家的过节也要秤肉买肉，不定为啊你。不是专为你。

词语内部进一步凝固，虚化为"有意、特地"，"定为"读[tʰi²¹vɤi³⁵]：

（344）在下吃个顺便中饭，又不是定为啊的。在这儿顺便吃个午饭，又不是专为你做的。

（345）我定为啊煮啊两个鸡蛋留他路上吃。我专门煮了几个鸡蛋给他路上吃的。

（346）家的定为啊同他买啊张床。家里专门给他买了张床。

（347）早晚冷，我定为啊带啊件外套。早晚冷，我专门带了一件外套。

二 方式类情态副词

A：瞎 | 乱 | 亲自 | 亲眼 | 当场 | 分头

B：横竖 | 就住啊 | 就他 | 一脚

（一）横竖[ɔ̃³⁵su²¹]

"横"和"竖"在泰如话和吴语中使用时不是完全对等的，吴语中常用否定格式，表示"怎么也不能"，或用来表示相同动作的反复：

（348）横弗中渠个意，竖弗像渠个心，一射射我来门阁落里，累子我满身个蓬尘。（《山歌》第8卷）

（349）唔笃格先生凶得来，拿倪横伊勿好竖伊勿好，倒直头利害哞。

（350）竟拿子介一把刀得来，拉面上横一刀，竖一刀，割得血破狼藉，嘴眼歪邪。

泰如话中"横"和"竖"在一起表示相同重复动作的情形不多，相应的说法是"左……，右……"，或"这啊……，那啊……"：

（351）左看不合适，右看不合适，不晓得要挑个甚的样的。

（352）他这啊一划，那啊一划，刻儿工夫就划啊没得啊。

"横竖"在两地都有虚化为副词的用法，跟普通话的"死活"、成都话的"高矮"相近似：

（353）他死活不同意。（普通话）

（354）他高矮不答应。① （成都话）

泰如话的"横竖"一般用在形容词或动词之前，表示否定语气：

（355）心的横竖不快活。心里一直不高兴。

（356）他横竖不肯还钱。他一直不肯还钱。

（357）心的横竖不安逸。心里一直不舒服。

（358）他横竖不同意。他始终不同意。

苏州话"横竖"音[ɦuã¹³sɿ⁵¹/³³]，有俗语"横竖横，拆牛棚"，喻已经做了，就不顾后果做到底。作副词时，泰如话和苏州话在意义上有所区别：

（359）哎，出哉！弗关碍：白家铺盖；横竖棉花胎，晒晒干，再好盖。（《吴歌甲集》）

（360）阿好委屈点耐，请耐到后房去坐歇，横竖耐是倪搭格老客人哉，总呒啥勿好商量格。（《九尾龟》第132回）

（361）耐再睏歇末哉，横竖今朝勿上班。

吴语中"横竖"作副词时表示"反正"，后可接名词或小句，可视为省略了"是"；泰如话"横竖"后面的动词或形容词，一般用于否定，常表示消极的否定意义。赵元任在讨论语法音变时，曾把"横竖"作为一个例子，即"横"跟"竖"是两个形容词，可是"竖"变轻声了，并且元音改变了，读成"是"，这样子从"横竖"由音变成了副词"横是"了。如在哈尔滨：

横竖ʂu⁵³>横竖·ʂu>横是·ʂɿ

从短语"横竖"到副词"横竖"，"横"和"竖"的结合越来越紧密，声调进一步弱化，元音随之发生改变。宁波、杭州、上海、崇明等四个吴方言点，"横竖"的读音有从u>ɿ的演变，尾调都是平调和低降调。②

（二）就住啊[tɕʰio²¹səʔ²¹ka¹]

"就"单念音[tɕʰio²¹]，如"就巧[tɕʰio²¹tɕʰio²¹³]"、"不就[pəʔ³⁵tɕʰio²¹]"分别指"刚巧"、"不巧"；"住"单念音[tsʰu²¹]，出现在动补结构补语位置上时，意义虚化，读音也发生变化，读[səʔ]。"就住啊"、"就他"指"仿照、迁就"：

（362）就住啊原来的样子，我又画啊幅画儿。

---

① 张一舟、张清源、邓英树：《成都方言语法研究》，巴蜀书社2001年版，第15页。

② 赵元任：《语言问题》，商务印书馆1980年版，第54页。

（363）就他下子，人家来趟不容易。

引申指"借……之机、趁……之便"：

（364）就住啊人家在家的，去打声招呼。

（365）就住啊他的空 _{依他的空闲}，做块儿吃顿饭。

（366）不就他 _{不巧}，你前脚走，他后脚就来啊，不曾碰到。

（367）来啊几个同学，就他啊请啊下子。_{来了几个同学，顺便请了一下客。}

（368）你就他啊我，晚上一起来下子。_{你给我行个方便，晚上一起来一下。}

（三）就他[tɕʰio²¹tʰa²¹]

"就"可用作动词，"就他"指"迁就他"、"顺从他的安排"：

（369）你就他下子。_{你迁就他一下。}

（370）就这啊他在家的把人请下子。_{就着他在家把客请一下。}

（371）我就他的功夫。_{我迁就他的空闲。}

"就他"逐渐凝固作谓语，相当于"凑巧"、"巧合"：

（372）那下子不就他，曾碰见人。_{那次不巧，没遇到人。}

（373）两个人不就他，一直不曾见过面。_{两个人不巧，一直没见过面。}

"就他"用于动词前，表示"顺手、顺便"，相当于一个副词，也可以用于句首：

（374）你就他把房子修下子。_{你顺便把房子修一下。}

（375）去商店的就他买包盐。_{去商店顺便买包盐。}

（376）就他走家的拾啊两个鸭蛋。_{顺便从家里拿了几个鸭蛋。}

"就他"和"吧"、"喽"等一起连用，相当于"算了"、"罢了"，感叹语气词的色彩比较明显：

（377）就他喽！年纪一大把还离甚的婚哉？_{算了吧，年纪一大把还离什么婚呢！}

（378）七老八十的去跳舞？就他吧！

（四）一脚[iɪʔ³³tɕiaʔ³³]

泰如话中"一脚"指"一个脚步"：

（379）他走上去就是一脚。

（380）我一脚把稿子踢啊飞掉啊。

也指"合脚、正好"，也可说成"一脚头"：

（381）鞋子不大不小，正好一脚！

（382）脚伸进去，大小合适，正好一脚头！

用于动词前，指"径直、直接"：

（383）他一脚上啊南京。_{他直接去了南京。}

（384）我一脚就奔啊你这海。_{我直接就奔你这儿来了。}

上海话中也有"一脚"表示"直接"的用法：

（385）我看伲勿如一脚到汽车站坐车子。

（386）我一脚要伲到学校来，伲为啥勿来？

泰如话中"一脚"不能用在助动词之前，"我一脚要你到学堂的来"要说成"我要你一脚到学堂的来"。

表9—3　　　　　　　泰如话与吴语情态副词比较

泰如话	吴语
添道儿｜定为｜横竖｜就住啊｜就他｜一脚	板｜定规｜板定｜呆板｜怪勿得｜作兴｜笃定｜特为｜亏得｜齐巧｜偏生｜本生｜啥叫啥｜阿有啥｜懒得｜横竖

第四节　语气副词

语气副词是表示推断、确定、逆反、疑问等语气的副词（邢福义2002：90），基本功用是对整个句子或谓语部分进行主观评注。我们也从这几个方面对泰如话的语气副词作一分类描述。

一　推断性语气副词

A. 说不定｜恐怕｜怪道

B. 怕的｜可想｜作兴

（一）怕的[pʰa³³tiɻʔ³]

泰如话中"怕（的）"指害怕：

（387）你怕甚的事？ 你害怕什么呢？

（388）你怕的甚的？ 你怕什么呢？

进一步虚化为表示揣测、测度等的语气：

（389）怕的他上午就来啊。他大概上午就来了。

（390）我怕的上午就要去哟？ 我恐怕上午就要去吧？

（391）数学考试怕的不及格。数学考试恐怕不及格。

也可以说"单怕的"、"恐怕的"：

（392）单怕的称到四五十斤呢！ 可能称到四五十斤呢！

（393）恐怕的那天子他不曾来哟！ 可能那天他没来哟！

有时不纯粹是表示揣度，而是近似于肯定，多见于感叹句：

（394）怕的我打不动他啰！ 怕我揍不了他！

（395）单怕的他不来啊！ 恐怕他不来哟！

（396）一家儿都家去？单怕的路费不要花钱哟！ 一家都回去？难道路费就不要钱吗？

（二）可想[kʰo²¹³ɕiã²¹³]

泰如话中表示"推测、揣度"语气的副词：

（397）他可想不愿意来啊。他大概不愿意来吧。

（398）可想家的教他这样子做的。可能是家里教他这样做的。

（399）可想心的不合适那门亲事。可能心里不满意那门亲事。

"可想"是基于对方的立场所作出的推断，也可以单独回答问题，表示对对方意见的认同或附和，后常接语气词"啊"：

（400）他单怕的不来啊啰？——可想啊。大概是吧。

（401）他不高兴大概是考试曾及格哟！——可想啊。恐怕是那样吧。

（三）作兴[tsaʔ³³ɕi³³]

"作兴"是同时存在于吴语和泰如话中的方言词语，泰如话中的用法应该也是吴语底层的反映。泰如话中跟吴语"勿作兴"相应的词语是"不作兴"，也有跟"勿（弗）作"相应的"不作"，指"情理上不可以、不允许"。《缀白裘》3集1卷："即是那间个星人家，只做亲，弗作吃酒，省得多，竟要行子个嗫。弗惟主人家省净办，就是我里行户中也受用。"泰如话如"过年不作扫落地"。"作兴"在近代汉语中表"重视、抬举"：

（402）自晋人作兴那五石散、寒石散之后，不知多少聪明的人被此坏了性命。（《二刻拍案惊奇》第18卷）

（403）贾昌的老婆一向被老婆在家作兴石小姐和养娘，心下好生不乐。（《醒世恒言》第1卷）

引申为"习惯、习惯允许"：

（404）外国人不作兴磕头的，就是你朝他磕头，他也不还礼的。（《官场现形记》第55回）

表"情理上可以"：

（405）倪朋友淘里，间架辰光也作兴通融通融，耐做仔个娘舅倒勿管账，该号娘舅就勿认得俚也无啥要紧。（《官场现形记》第8回）。

进一步虚化为表示"一定是"、"一直是"，常用否定的形式来表示：

（406）一封信念到完，一直顺流水泻，从不作兴有一个隔顿。（《官场现形记》第42回）

作副词，表示"可能、允许"：

（407）俚倈作兴到上海，倪末作兴到北京，两家头仍旧碰头哉啘，哭俚作啥呢？（《九尾狐》第17回）

（408）能引见出来，好好的做去，作兴还有见面日子。（《后官场现形记》第4回）

苏州话"俚作兴勼收着信。""作兴"有推测、揣度的语气，在泰如话中要说成"他哪作兴曾收到信的？""他可作兴曾收到信啊？"兼有感叹的语气。

二 确定性语气副词

A. 大概｜总归｜一定｜其实｜毕竟
B. 一的｜寻啊｜呆定的｜先不先｜掼掉｜所在｜不就｜亦就

（一）一的[iɿʔ³³tiɿʔ³³]

表示对既成事实或原因的强调，多用于回答或反驳对方的观点，可以用在句中，也可出现在句首、句末：

（409）我一的让他先吃。我已经说让他先吃。
（410）他一的说不去。他已经说不去。
（411）一的明朝不家来。已经说明天不回来。
（412）一的厂的要加班，没空去吃中饭。说厂里要加班，没空去吃午饭。
（413）早饭盖啊在锅的一的。早说了早饭盖在锅里。
（414）这下的人不去一的。早说了这里的人不去。

（二）寻啊[tɕʰi³⁵ŋa⁵]

泰如方言中，"寻"音[tɕʰi³⁵]，基本义是"寻找"：

（415）我寻啊他半天。
（416）稿子寻来寻去不曾找到。
（417）家的块块寻都曾找到。

"寻"由具体义的"寻找"引申为"寻取"、"取得"：

（418）妈妈到田的寻挖取啊两个菠菜。
（419）他十八岁就出去寻钱赚钱去啊。

"寻"后面还可以接动词，中间用"啊"相连接："寻啊吃、寻啊做、寻啊问、寻啊看、寻啊搅"，"寻"的寻找义进一步虚化，"寻啊吃"指"到处找吃的东西"，"寻啊做"指"到处找活儿干"，"寻啊问"指"到处向别人打听"，"寻啊看"有歧义，"看"重读时指"出去四处看东西"或"出去四处找人看"；"看"读轻声时，表"尝试"义，指"找找看"。"寻啊搅"指"四处惹事"，进一步凝固成"寻搅"：

（420）他在学堂的只会同人寻啊搅。
（421）他在学堂的专门同人寻搅。
（422）他敢寻搅你就㨃他两巴掌。

在下面这些句子中，"寻啊"的意义更为虚化，"啊"既不表动作的完成，也不表连接，只起构词的作用。"寻啊"主要用在动词之前，表示一定的主观评价义，基本上相当于一个副词了：

（423）寻啊挨的个搅。自找苦吃。
（424）寻啊惹的个祸。自惹灾祸。
（425）寻啊不得过身。自找麻烦，不免惩罚。
（426）寻啊去瞟瞟看。索性去看看。
（三）呆定的[ŋe³⁵ti³³tiɪʔ³]必须、一定

表示"一定"、"定然"，一般用在动词之前：
（427）八月半他呆定的要到丈人家的去送礼。
（428）过年几个人呆定的要会齐。过年几个人一定要聚齐。
（429）他饭吃啊好啊呆定的要喝点儿水。他吃完饭一定要喝点水。
（430）你可呆定的要交钱把他了？你是不是一定要交钱给他呢？

（四）先不先[ɕi²¹pə³³ɕi²¹]

吴语中的"先勿先"和泰如话的"先不先"形成对应，都表示"不说别的，首先……就"的意味：
（431）吃用开销勿算，先勿先火车票已经几百块去脱则。
（432）他是个有钱的户儿，先不先房子就有几套。他是个有钱的主儿，首先房子就有几套。
（433）保研哪轮到他！先不先他功课就有好几门不及格！

"先勿（不）先"一般用于后一小句，对前一小句中表示肯定或否定的论题提出自认为有力的论据，这在近代小说中也有：
（434）别的不讲，先不先这双脚，那怕生个疔，害个疮，也不会这般的痛楚。(《黄绣球》第2回）

泰如话中的"先不先"可逐渐向表示情态并起连接前后句子的功能方向转化：
（435）钱连个子儿都不曾看见，先不先你问问公司的会计。钱连一个子儿也没看见，你不妨问问公司的会计。
（436）他一年到头连个电话都不打，先不先你问他爸爸。不相信的话，你问他爸爸。

句中的"先不先"相当于"如果不相信的话，那么……"。上海话中的"先勿先"在意义的虚化上似乎又更进一步：
（437）搿桩事体先勿先要伊来管。这件事居然要他来管。

"先勿先"相当于"竟然、居然"的意思。

（五）掼掉[kʰuɛ̃²¹tio¹]白白浪费掉

"掼"在泰如话中音[kʰuɛ̃²¹]，独用时是个动词，泰如话说"掼稻、掼麦、掼蜗螺儿"，都是与手相关的动作，"掼稻、掼麦"是过去的一种脱粒方式，指用手捧着稻、麦穗儿在门板、碌碡上使劲儿摔打，明徐光启《农政全书》卷24："掼稻簟：掼，抖擞也。簟，承所遗稻也。农家禾有早晚，次第收获……

各举稻把掼之，子粒随落，积于簟上"；"掼蜗螺儿"一般指将钢丝做成的篮子抛出，从水底捞取螺丝，由此引申出"甩、扔"义：

（438）篮子掼啊远啊点儿! _{篮子扔远点儿!}

（439）砖头卵儿不要往河的掼。_{砖砖头不要往河里扔。}

"掼掉啊"进一步形成凝固的结构，词义虚化，指人或事情没有太大的价值，白辛苦一场：

（440）这个伢儿掼掉啊。_{这个孩子不成材、可惜了。}

（441）把他吃啊掼掉。_{给他饭吃是浪费了。}

（442）搅挨啊掼掉啊。_{苦白吃了。}

（443）说啊半天说啊掼掉啊。_{说了半天白说了。}

"掼"在今苏州话中也存在，且和泰如话读音形成合理的对应。根据汪平的记音，"掼"在苏州话中读[guE^{231}]，如"用点劲掼"、"掼辣地浪"、"用劲一掼"、"掼一跤"，他认为，苏州话的"衣裳□[guE^{231}]辣交椅浪_{衣裳搭在椅子上}"中的□[guE^{231}]也是"掼"①。《汉语大词典》引《广韵》："古患切，去谏，见"，《集韵》："掼，古患切"，不见有读全浊情形的记载，可能这个字在中古就已经清化，但苏州话今仍读作全浊，泰如话的古全浊今一般清化送气，阳去读同阴平，"掼"的读音正好与之相合。

（六）所在[so^{213}tse^3]

义近"反正"，但语气没那么强烈，一般出现在后一分句中，

（444）不要打电话把他，所在他明朝也要来。

（445）你明朝不要去，所在我后朝要上他那海去。

（446）墙倒啊别管，所在今年子不盖明年子也要盖。

（447）稿子点儿也要把点儿你，所在他不好让你空手家来。_{东西多少要给你点，反正他不好让你空着手回家。}

（七）不就[pəʔ^{33}tɕʰio^{21}]

指"不巧"时，"就"还有比较实在的意义，"不就"是一个短语：

（448）两个人不就，那天子曾碰到。_{两个人不巧，那天没遇到。}

（449）我时间不就，改天子再议那件事吧。_{我时间不巧，改天再议那件事吧。}

"不就"凝固成一个副词，表示强调的语气：

（450）我不就说的这话。_{我正是这样认为的!}

（451）不就他在里的搞鬼! _{正是他在里面搞鬼!}

（452）他不就心的肉拱肉拱的! _{他就是内心不满意!}

---

① 汪平·《苏州方言语音研究》，华中理工大学出版社 1996 年版，第 111 页。

（八）亦就[iɿʔ³⁵tɕʰio²¹]

参见第八章第二节的相关内容。

三 逆合类语气副词

指实际情况与某种主观意念之间或相反或相合。

A：反而 | 倒 | 实际上 | 好在 | 还 | 反过来

B：反如 | 添当啊 | 间间

（一）反如[fɛ̃²¹³zu³⁵/³]

与普通话的"反而"义近，一般表示结果出乎意料之外，用法上也基本相同：

（453）大的学习反如不如细点儿啊。<small>大孩子的学习反而不如小孩子了。</small>

（454）反如瘫子现在快活起来啊。<small>反而瘫子现在日子过好了。</small>

（455）他反如弄啊不如兄弟。<small>他反而弄得不如弟弟了。</small>

（456）风一点儿曾停，反如更加大啊。<small>风一点儿也没停，反而更加大了。</small>

泰如话中也有"反而"，相比之下，"反而"的书面语色彩显得浓一些，一般认为是普通话的用法。

（二）添当啊[tʰi²¹tã²¹ŋa¹]

与普通话的"反正"义相近，用于说明某种情况或原因，表示某种情况的让步，"添当啊"可以用于句首，也可以用于句中，前面往往有一前提句：

（457）他不来就罢，添当啊我过两天也要去。<small>他不来就算了，反正我过两天也要去。</small>

（458）你放假不家来也行，添当啊再过些日子也有人去。<small>你放假不回来也行，反正再过些日子也有人去。</small>

（459）你不要专门儿啊等他，他添当啊要走你那海下子。<small>你不要专门等他，他反正要走你那儿一下。</small>

（三）间间[tɕiẽ²¹tɕiẽ²¹]

泰如话中表示时间上的不前不后或数量上的不多不少，即"刚好、正巧"：

（460）你晚上做块儿来，间间伢儿侇也家来啊。<small>你晚上一起来，正好孩子们也回来了。</small>

（461）不多不少，间间好！<small>不多不少，正好！</small>

（462）你来得正好，间间我也要吃中饭，做块儿吃吧！<small>你来得正好，正好我也要吃午饭，一起吃吧！</small>

（463）你侇做块儿来吧，间间我也星期。<small>你们一起来吧，正好我也星期天。</small>

为了强调这种刚好、恰巧的语气，"间间"还可读作上升调，以引起听者的注意：

（464）不多不少，间间[tɕiẽ²¹tɕiẽ²¹/³⁵]六斤四两。

（465）一个不多，一个不少，间间[tɕiẽ²¹tɕiẽ²¹/³⁵]一桌人。

《朱子语类》记作"将间",元代以后就不大用了。吴语中用得比较多的是"姜姜":

(466)姜姜伸过手拉棺材里去,个个死人一把扯牢子我。(《缀白裘》第 12 集第 4 卷)

(467)老爷,姜姜俚也要进去搭官太太谈心,老爷动气得弗得。(《文星榜第 21 出》)

吴语中另有"眼眼"表示"刚好、正巧"义,苏州、上海话一般说"眼眼调",宁波说"眼眼叫",多指不如意的事情:

(468)上海话:眼眼调拨人家看见,总归勿大好。｜眼眼调碰着眼眼调。(许宝华等 1997:94)

(469)苏州话:吾去看俚,眼眼调俚出去吃茶哉｜眼眼调碰着眼眼调。(叶祥苓 1998:96)

(470)宁波话:小娘一个人走夜路,眼眼叫碰着坏人咋弄弄。｜眼眼叫碰着眼眼叫。(汤珍珠等 1997:145)

四　疑问类语气副词

A:难道｜究竟｜到底

B:为叫｜寡如｜怎啊｜甚的｜哪｜哪倒｜当真｜哪一家｜还是

(一)为叫[vɤi³⁵tɕio³³/⁵]

对某事物做出说明或解释某种原因:

(471)稿子为叫带啊把爹爹的。东西是送给爷爷的。

(472)他送啊两个红喜蛋把我,为叫新妇儿媳养生育啊个小伙男孩。

(473)为叫大哥还不曾结婚,兄弟暂时也不谈添人结婚的事。

"为叫"还可用来表示反诘语气:

(474)他为叫力气大啦?他难道说是力气大?

(475)动手打人为叫力气大哉!动手打人难道是力气大吗?

(476)动手打人可为叫力气大啦?

(二)寡如[kua²¹³zu³⁵/³]

泰如话中的"寡如"用于加强反问语气:

(477)寡如上他家的吃甚的饭!去他家吃什么饭呢!

(478)他寡如来的个甚的气!他生什么气呢!

"寡如"也可以兼有连接前后句子的作用,一般表示转折关系:

(479)我又不曾得罪他,他寡如来的个甚的气?我又没有得罪他,他生什么气呢?

(480)你同他又不认识,寡如吃他甚的饭啊?你跟他又不认识,吃他什么饭呢?

"寡如"也可以说成"寡如啊",有缓和语气的作用。

（三）怎啊[tsɔ̃²¹³ŋa³]、怎啊说

"怎啊"对应于普通话的"怎么"，"怎啊济"[tsɔ̃²¹³ŋa³tɕi³³]、"怎啊说"[tsɔ̃²¹³ŋa³soʔ³³]对应于"怎么样"，在泰如话中出现频率比较高，"济"、"说"的词义比较虚，起一般构词的作用：

（481）那个人怎啊啦？<small>那个人怎么了？</small>

（482）他怎啊到这刻儿还不来的？<small>他怎么到现在还不来呢？</small>

（483）他学习怎啊说的啊？——不怎啊济。<small>不怎么样。</small>

"怎啊济"不一定都表示疑问，在感叹句中多表示对所谈论的人或事情表示不满：

（484）两个人这怎啊济的啊！<small>两个人怎么回事啊！</small>

（485）说来又不来，那怎啊济的啊！<small>说来又不来，那怎么回事呢！</small>

（四）甚的[sɔ̃²¹³tiʔ³]

吕叔湘认为，"甚么"在最初常常只用一个甚字，始于唐末，通行于宋元两代。"甚"字通行之后，不久就有了"甚底"的复合形式，大概是受了近代汉语语词复音化趋势的影响。他还指出"甚底（的）"在宋元时代很普通，现代只有淮扬一带的方言里还用来代什么①。今泰如话中的"甚的"既跟普通话中的"什么"相对应，也有时跟"怎么"对应："怎么（啊）"表示一定程度，略同于"很"而较轻，"怎么（啊）"减弱"不"的否定，使语气比较婉转：

（486）他才学，还不怎啊/甚的会唱。<small>他才学，还不怎么会唱。</small>

（487）今朝不怎啊/甚的快活。<small>今天不怎么高兴。</small>

（488）这些肉啊稿子的人不甚的稀奇。<small>这些肉啊之类的人们不怎么稀罕。</small>

"甚的"和吴语"啥"之间的用法比较，可参见第三章第四节的相关内容。

（五）哪[la²¹³]、哪倒[la²¹³tɔ³]

"哪"在普通话中除了可用于别择，还用来询问事理，特别用于意在否定的反诘。泰如话中用于别择是"哪海"、"哪块"，用于询问事理，用得比较多的是"哪"、"哪倒"：

（489）外的哪夜啊的？<small>外面已经黑了？</small>

（490）外的哪倒夜啊的？<small>外面已经黑了？</small>

（491）你哪倒不来的？<small>你难道不来了？</small>

（492）钱哪还曾把人家的？<small>钱难道还没有还给人家吗？</small>

"哪倒"比"哪"的反诘语气更为强烈些。"倒"在泰如话中可单用表示反诘语气，在上面例中，"哪倒"内部显得更为凝固，故当一个词来看待。

---

① 吕叔湘：《近代汉语指代词》，学林出版社1985年版，第125页。

（六）当真[tã³³tsə̃²¹]

泰如话中"当"可以作动词用，相当于"以为"：

(493) 我当他是学生的。_{我以为他是学生呢。}

(494) 他当我曾看见。_{他以为我没看见。}

(495) 没得用的稿子当啊个宝。_{没用的东西当作宝贝。}

"当啊真"指"由不真实变作真实"：

(496) 两个人谈啊当啊真。_{两个人谈得认真起来。}

(497) 开头说啊笑的，说说当啊真。_{开始说着玩儿的，说着认真起来。}

"当真"凝固为一个词，可以用于句首和句中，用于问句中时有加强语气的作用：

(498) 你当真晚上不家去的？_{你当真晚上不回去呀？}

(499) 你可当真今朝晚上不家去啊？_{你当真今晚不回家吗？}

(500) 当真借人家钱不还啊？_{当真借别人钱不还吗？}

(501) 快点儿走，当真两个人挨他吃掉呢！_{快走，真的两个人都要被他吃掉呢！}

"当真"和"真的"意义相近，上举例中"当真"可用"真的"来替换。"当真"可拆开说成"当啊真"、"当过真"，相当于一个动宾结构；"真的"一般用作形容词："那件事情是真的"，不能用"当真"来替换。

（七）哪一家[la²¹³iʔ³³tɕia²¹]

泰如话中，"哪一家"本指"哪一户人家"，可以省读为"哪家"，表示问询，"家"是白读[ka²¹]，可以儿化：

(502) 哪一家[ka²¹]是他拉_{他家}?

(503) 不晓得哪一家儿是他拉。

"哪一家"内部逐步凝固化，用在动词、形容词后以疑问的形式表示否定或感叹的语气，"哪一家"读[la²¹³iʔ³³tɕia²¹]：

(504) 走哪一家！_{走什么走！}

(505) 哭哪一家！_{哭什么哭！}

(506) 急的哪一家！_{着什么急！}

(507) [xɔʔ³³]_{鼓噪、喧闹}的哪一家！

也可以用在双音节的动词、形容词或短语结构的后面：

(508) 啰嗦的哪一家！_{啰嗦什么！}

(509) [o³³sõ³³]_{吵闹}的哪一家！_{吵什么吵！}

(510) 欢喜的哪一家！_{高兴什么呢！}

(511) 开玩笑的哪一家！_{开什么玩笑呢！}

(512) 拖啊拽的哪一家！_{推推搡搡干什么呢！}

"V/A（的）哪一家"表示"不要……"，"[xɔʔ³³]_{鼓噪、喧闹}的哪一家！"指

"不要太着急"、"欢喜的哪一家"指"不要高兴得太早"、"不值得这么高兴"。

（八）还是[xa³⁵sʅ²¹]

"还是"在泰如话中可表示反诘语气，相当于普通话的"难道"，语流中变读为"还是[xa³⁵sʅ²¹/⁵]"，一般用于对前面句子的动作行为表示否定或补充说明：

（513）又买起那些，还是家的没得？_{又买那么多，难道家里没有？}

（514）别嘘惑人，还是曾见过！_{别在别人面前炫耀，难道没见过？}

（515）弟兄多少就两个，还是钱不够用？_{弟兄总共就两个，难道钱不够用？}

表9—4　　　　　　　泰如话与吴语语气副词比较

泰如话	吴语
前置词：怕的｜可想｜作兴｜一的｜寻啊｜呆定的｜先不先｜掼掉｜所在｜不就｜亦就｜反如｜添当啊｜间间｜为叫｜寡如｜怎啊｜甚的｜哪｜哪倒｜当真｜还是 后置词：哪一家	稳｜定规｜轧辣｜必须要｜势必要｜板数｜硬劲｜保险｜总归｜到究｜索性｜齐巧｜话勿出｜偏生

第五节　范围副词

范围副词是对事物和动作进行范围限定的副词，按照概括范围的性质以及相关句法语义特征，可以分为总括类范围副词、排他类范围副词、限量性范围副词三个次类①。

一　总括类范围副词

总括性副词的限定对象是范围内的所有对象，意在揭示其同质性。

A. 一共｜总共｜通通

B. 均（是）｜灿（是）｜哼吧郎当｜都

（一）均（是）[tɕyã²¹]

"均"相当于"都（是）"，可跟"是"一起连用，一般用于名、动词之前：

（516）碗的均（是）菜，块肉都没得。_{碗里都是蔬菜，一块肉也没有。}

（517）他机的均（是）糯稻。_{他加工的都是糯稻。}

（518）他均（是）机的糯稻。_{他都是加工的糯稻。}

（519）他天天均（是）吃食堂。_{他每天都是吃食堂。}

---

① 张亚军《副词与限定描状功能》，安徽教育出版社2002年版，第68—76页。

（二）灿（是）[tsʰɛ̃33]

表示"很多、几乎都是"，一般用于名、动词之前，后面可接"是"，"是"也可省略：

（520）碗肚的灿（是）菜。_{碗里面都是菜。}

（521）他灿（是）说些没相干的话。_{他尽说些不相干的话。}

（522）他家过年灿（是）欢喜煎肉圆吃。_{他家过年一直喜欢煎肉圆吃。}

"灿（是）"也可用于小句之前：

（523）他不在家的刻儿，灿（是）我同他拿的报纸。_{他不在家的时候，都是我给他拿的报纸。}

（524）没钱啊，灿（是）姐夫寄钱他用。_{没钱了，都是姐夫寄钱给他用。}

（525）有啊病，灿（是）伢儿同他上医院去看。_{生病了，都是孩子跟他去医院看病。}

（三）哼吧郎当 [xa33pa3lã33tã33]

（526）哼吧郎当全部算进去，还不到二十个人。_{所有的全部算进去，还不到二十个人。}

（527）他把家具啊稿的，哼吧郎当都卖掉啊。_{他把家具之类所有的东西都卖了。}

在海安点，"哼吧郎当"也读作[xe213pa3lã35tã21]。

（四）"都[to213]"与"侪"

"都"在泰如话中是个常用的表示范围的副词，一般读[to21]，表示强调时读[to213]，跟普通话相同的地方较多；吴语中常见的范围副词是"侪"，上海话念作[zE23]，在近代的吴语作品中也写作"才"，大致相当于普通话的"都"，在表示总括全部时，"侪"后置于被总括的对象：

（528）吃过用过侪要钞票。／吃的用的都要花钱。

（529）一天辰光，搿许多事情侪忙完个。／一天工夫，那许多事情都忙啊好啊。

（530）厅堂才是平洋洋个砖地，房里又是光滑滑个地平。（《山歌》第9卷）

（531）看仔末十四岁，一点勿懂轻重，说得说勿得，才要说出来。（《海上花列传》第52回）

泰如话中的"都"作为副词时可表示对所指对象的强调，吴语的"侪"没有该义，要用其他词语来表示：

（532）都已经七点啊，太阳多高啊！／七点钟敲过勒，太阳老高勒。

（533）今朝点儿都不冷。／今朝一眼也勿冷。

二　排他类范围副词

排他性范围副词的限定对象是范围内的某一个体，重在揭示其异质性。泰如话中排他性范围副词主要有：

A：只 | 就
B：光 | 单 | 单单

（一）光[kuã²¹³]

泰如话中"光"作名词和形容词使用时，音[kuã²¹]，同普通话。作副词使用时，读[kua²¹]，表示强调常常读[kuã²¹³]，可用于动词之前，有时表示一种习惯性的行为：

（534）伢儿夜的光来尿。_{孩子夜里经常尿床。}
（535）他光说肚子疼。_{他老说肚子疼。}
（536）光晓得往家的要钱，不晓得自家去取钱挣钱。

用于形容词、名词之前时，一般用于限定范围：

（537）光着急没得用。
（538）光好看还不行，还要好用。
（539）光亲戚就来啊两桌。_{光亲戚就来了两桌。}
（540）光肉就划[xua³⁵]五十斤。_{光肉就有五十斤。}

（二）单[tẽ²¹³]、单单[tẽ²¹tẽ²¹]

在泰如话中，"单"一般用作形容词，读[tẽ²¹]，如"成单成双"、"一个人落啊单"。"单"用在动词前时语流中可变调为[tẽ²¹³]，相当于普通话的"只"：

（541）我不喊他，单看啊他甚的时候起来。_{我不叫他，单看他什么时候起来。}
（542）我单要问问他甚的门儿不肯来。_{我单要问他为什么不肯来。}
（543）伢儿不听话，单怕的老子打不动他！_{孩子不听话，难道老子揍不了他！}
（544）外的黑啊他单要个人走。_{外面黑了，他非要一个人走。}

例（541）中的"单看啊"相当于"旁观"，排除了"拉他起来"或"喊他起来"等其他行为动作；例（542）"单要问问"排除了"不闻不问"；例（543）中的"单"也可以去掉，"怕的老子打不动他"是用推测性的语气表达肯定性的答案，有了"单"，就排除了其他种种让步的可能性；例（544）"单要个人走"，排除了与其他人同行或不去等其他可能性。

"单"也可以用于体词性结构之前：

（545）爬上山顶的单学生就有三十个人。
（546）单他个人就拿啊千块钱出来啊。
（547）单三个包就买啊靠近万块钱。

用在体词前，往往带有举例性质，常常言在此而意在彼："单学生"排除了其他类的人，但句子的意思则是爬上山顶的其他人也很多；"单他个人"排除了其他人，句子隐含着其他人也拿出了很多钱；"单三个包"排除了其他东西，但隐含着买其他东西也花了不少钱。

"单单"一般用于体词性结构前：

（548）单单一门课的总分就抵得上人家两门。
（549）他单单房子就有好几套。

上两句中也都隐含着"他其他各门课分数都很高"、"他除了有房子外，其他方面也很有钱"。

吴语里"单"也有这样的用法，如海门话（王洪钟 2008：23）：

（550）旅游去单门票其实用勿脱何钞票个。_{去旅游光门票其实花不了什么钱的。}

（551）夷学堂里去以后单眼镜也弄脱五六副勒。_{他去学校以后光眼镜都丢掉五六副呢。}

上句字面上是"单"限制了"门票"，排除了其他，言外之意却是"门票除外的其他花钱很多"；下句字面上是"单"限制了"眼镜"，排除了其他，言外之意却是"眼镜除外的其他（丢得很多）"。

吴语还有"单单里"，指"专程、特地"，可用于动词前：

（552）打听老爷今日寿诞，单单里奔得来，鬼打混进去仔，倘然牛头不对马嘴，个个未完，阿当得起？（《珍珠塔》2 回）

泰如话中"单"还可用在含否定词的谓词性成分前，表示该否定性动作行为属于某一个范围中的例外：

（553）我单不开门，看啊他怎啊说。_{我就不开门，看他怎么说。}

（554）他其他事情都想到啊，单曾记得同伢儿买个玩具。_{他其他事情都想到了，就忘了给孩子买个玩具。}

上海话中一般用"单单"（许宝华等 1997：85）：

（555）单单佴几个人哪能打得过伊拉呢？

（556）人家作业侪交得来勒，单单伊没交。

三 限量性范围副词

限量性范围副词是与事物或动作行为相关的数量特征。

A：至少｜起码｜大概｜不过｜最多

B：拢总儿｜共总儿

（一）拢总儿[lõ³⁵tsɔr²¹³]

相当于"共计"、"一共"。

"拢总儿[lõ³⁵tsɔr²¹³]"一般多用于口语，表示对所说数目的否定或不以为然的态度：

（557）人情拢总儿能收几个钱啊！_{红包收不了几个钱！}

（558）人情拢总儿收啊万块钱。_{红包一共只收了一万块。}

（559）学费、书费拢总儿三千块钱。_{学费、书费总共才三千块钱。}

（560）拢总儿有几个人啊？

（二）共总儿[kõ³³tsɔr²¹³]

泰如话的"共总儿"相当于"共计、总共"，也说"一共总儿[iɪʔ³³kõ³³tsɔr²¹³]"：

（561）请人共总儿花啊多少钱啊。_{请客共计花多少钱啊？}

（562）他在家的一共总儿蹲啊三个月。他在家一共呆了三个月。
（563）家的共总儿来啊三个人。
（564）我共总儿吃啊两碗饭。

苏州话有"共总[goŋ³¹/¹³tsoŋ⁵¹/³³]"，进一步虚化为副词，相当于"根本、压根儿"，后面一般接否定性的词语：

（565）听仔半日天，共总呒听清出点啥来。
（566）喊俚去共总吥不用场。

泰如话"共总儿"没有这样虚化的用法，相应的否定性表达是"点儿都不曾听得出甚的"、"一点儿都没得用场"。

表9—5　　　　　泰如话与吴语范围副词比较

泰如话	吴语
均（是）｜灿（是）｜哼吧郎当｜都[to²¹³]｜拢总儿｜共总儿	亨八冷打｜一塌刮子｜一共拢总｜拢总｜共总｜总归｜独是｜专门｜侪

第六节　否定副词

泰如话中表示否定的副词主要有"不"、"曾[tsə̃²¹³]"、"没得"、"不曾[pəʔ³³tsʰə̃³⁵/³]"，口语中一般不说"没有"，下面主要通过跟吴语中相应否定副词的比较来说明其在使用上的差异。

一　"不"与"勿"

"不"与"勿"分别是泰如话和吴语用来表示否定的主要副词，用于否定动词和形容词。泰如话中"不"可以单说，但更多是和动词、形容词一起称说：

（567）你去啊？——不！
（568）他可来啊？——不。
（569）花可红啊？——不红。
（570）他不去啊了？——不去啊。

上海话中"勿"也不大单独使用，而是用"呒没"来代替"勿"，尤其以新派为常见。泰如话的"不"后面还可以接"啊"，"不啊"是表示否定的语气词，可以看作省去了动词或形容词：

（571）他还来吧？——不（来）啊。
（572）花开的吧？花开着吧？——不啊，花谢掉啊。
（573）头还疼吧？——不啊，老早好啊。

"不啊"有时相当于一个词,起连接前后句子、加强否定语气的作用,可以用在句首,也可以出现在句中:

(574)那些人都曾说个好坏,你不啊又啰嗦的个甚的? _{那些人都没说个好坏,你又啰嗦什么呢?}

(575)我又曾说他甚的稿子,他不啊又来的个甚的气哉? _{我又没说他什么,他又生什么气呢?}

(576)才吃啊中饭的,不啊又要煮甚的晚茶[vẽ²¹³tʰa³⁵/²¹]哉! _{才吃了午饭的,又要吃什么晚点呢!}

二 "曾"、"不曾"与"朆"

清朝泰州人赵瑜的《海陵竹枝词》写道:"娇儿弱女语牙牙,有客敲门访河爹。一个答应在(谐音钗)家里,一个摇头回在(谐音采)家。"以前泰州话中在(谐音采)家,意思是不在家的意思,这是"在"变读为上声表示否定,这种用法今已不存在。常见的否定副词是"曾"变读为213调,泰如话几乎用"不曾"的地方都可以用"曾",一般用于动词、形容词之前:

曾吃 | 曾来 | 曾红 | 曾熟 | 曾过几时 _{没过多长时间}

"曾"在语流中并不都读 35,受前字的影响可变读为轻声,如"可曾[ko³³tsʰɤ³⁵/³]"、"不曾[pə?³³tsʰɤ³⁵/³]"。泰如话表示"曾经"义的"曾"主要见于"可曾 vp"问句中,相应的否定形式为"不曾 vp":

(577)他可曾去?——不曾去。

(578)花可曾红?——不曾红。

也可用"曾[tsʰɤ²¹³]来回答:

(579)他可曾去?——曾去。

(580)花可曾红?——曾红。

苏州话有一个相似的合音字"朆",功能上与泰如话的"曾"类似,"朆",是"勿曾"的合音,取"勿"的声母,"曾"的韵母,合音为 fən,声调改读阴平,现今上海城区"勿曾"已经淘汰,都用"呒没"表示"未曾"义,在宜兴、常州都说成是"你吃过饭文?""文"就是"勿曾"的合音。《江苏新字母》第十二章"二字读作一音曰略音,……譬如'弗曾'读如'分'",表示对过去动作的否定,后面可以用"过"、"过歇"、"歇"等与之呼应:

(581)唔笃啥能格小家气,阿像煞朆见歇食面格。大人赏仔唔笃几化,谢才勿过来谢,呆瞪瞪立勒浪作啥介?(《九尾狐》第39回)

(582)倪今朝礼拜日到间搭来坐歇,勿壳张俚耐来起倪格花头,倪是从来朆搭别人吵过歇。(《九尾龟》第21回)

(583)吾朆去过北京。

（584）毛病齆好勒，要多困困。

（585）俚齆来哇，阿作兴生病哉。

泰如话"曾"之前可以添加"也、就、哪、怎啊"等表示疑问或加强反问的语气：

（586）你走那海也曾问下子。_{你走那儿也没问一下。}

（587）你哪曾带钱的？_{你难道没带钱吗？}

（588）你就曾顺便问他下子！_{你没有顺便问他一下！}

（589）席子哪曾拿出去晒晒的？_{席子难道没拿出去晒晒？}

（590）数学怎啊曾考得及格的？_{数学怎么没考及格呢？}

"曾"字句在一定的语境中还表示"应该……"的虚拟语气：

（591）你曾走那海下子。_{你该从那儿走一下。}

（592）桃子曾熟啊再扯。_{桃子该熟了再摘。}

可以用在句首：

（593）曾去问下子人。_{该去问一下人。}

（594）曾到医院去看看。_{该去医院看看。}

苏州话的"齆"可以单说，如《海天鸿雪记》："耐阿碰着方大少？"华生道："齆哇"，泰如话的"曾"也可以单说，后面可接语气词"呢"：

（595）吃啊吧？——曾（呢）。

（596）共把人家了？——曾（呢）。

三 "没得"与"呒没"

泰如话在表示否定时一般用"没得[mə^{35}tə$^{33/5}$]"，而认为"没有"是普通话的说法，语流中"得"有时可以省略而不影响意思的表达。"没得"一般可用于名词之前：

没（得）空｜没（得）事｜没（得）魂｜没得命｜没得人｜没（得）出息｜没（得）看头

"没得魂"、"没得命"已进一步凝固化，可以表示感叹或表示程度，见第九章节的相关语例。

"没得"也可以用在一部分动词之前，以单音节为主：

没得吃｜没得用｜没得住｜没（得）指望

"没得用"还可以说"没得俫用"，表示一点用处也没有。

近代吴语中，"没得"表示"没有"：

（597）天是要上个，没得个样长梯子。（《缀白裘》第9集第1卷）

（598）头水茶没得吃，开水原有得吃的。（《娱目醒心编》第6卷第3回）

（599）只因好嫖好赌，又要沉没人的东西，弄得鬼也没得上门了。（《一

捧雪》第1出）

今北部吴语一般说"呒没[ɦm̩²³/²²məʔ²³/⁴]/呒没[[m̩¹³pəʔ⁵⁵]"，用于名词前，否定有该人物或事情：

（600）今夜头呒没月亮。

（601）教室里呒没伊。

（602）呒没一样值铜钿个，侪是垃圾货。

（603）要铜钿末呒没，要命末有一条。

"呒没"后接动词时，表示动作并未发生或完成，泰如话相应的结构是"不曾/曾"：

呒没/不曾/曾来过｜呒没/不曾/曾吃过｜呒没/不曾/曾白相/耍子｜呒没/不曾/曾回来/家来

"呒没"可以单独回答是非问：

（604）伊夜里向出去白相呒没回来是伐？——呒没啊，伊白相到三点才回来个。

泰如话不能用"没得"来回答，一般用"不的"、"不是的"或"不曾"等来作答：

（605）你昨朝晚上看电视看到11点吧？——不的/不是的/不曾，九点就睡啊。

在表示将来发生的事和一般用"是"作谓语判断问句后作答时，吴语只能用"勿是"、不能用"呒没"来表示否定性的回答，泰如话一般用"不是的、不的"等来作答：

（606）侬是大学老师哦？——勿是个，阿拉中学老师。/不（是）的哟，我中学老师。

（607）侬吃过饭再走是哦？——勿是哟。/不的哟，我现在就走。

"呒没"在虚拟表示意愿的句子里，可以表示"不可以"或"不给"的意思：

（608）个点山楂，侬有得吃，伊拉呒没吃！

（609）啥人讲拨侬看个？呒没看！

泰如话的"他没得吃"、"没得看"也有"他不可以吃"或"不给他吃"及"不可以看""不给看"的意思。

表9—6　　　　　　　　泰如话与吴语否定副词比较

泰如话	吴语
前置词：不｜不曾｜曾｜没得	前置词：勿｜勿曾｜呒没 后置词：末哎

第七节　本章小结

　　从以上举例及跟吴语的对比分析中可以发现，泰如话由于邻近吴语，部分保留了一些和吴语相同或相近的一些副词，如"蛮"、"要死"、"常时"、"共总（儿）"、"（不）作兴"、"有得"、但由于各自属于不同的方言，彼此之间担任副词的词语呈现出更多不同的面貌，以上所列举泰如话中的副词大多不见于吴语，同样吴语中不少副词同样也不见在泰如话中使用。拿吴语代表性的方言上海话来跟泰如话相比，副词大概呈现出下面几个方面的特点。

　　一是吴语的副词兼收并蓄、变化速度快；泰如话的副词则相对比较单一，但比较稳定、细致。如表示"一共、总共"义的范围副词，上海话另有"共总、拢共、统共、拢总、一共拢总、一塌刮子"等不同说法，泰如片的海安话口语中一般说"共总儿"、"拢总儿"，也说"一共"、"总共"，后者是明显受到普通话影响的说法。上海话中原也有"拢总"一词，如"第只船有几化旧板拢总要换脱？""旧百叶窗拢总要更脱仔咾要做新个。"后来"拢总"的各义项分别被"一道"、"侪"、"总之"、"统统"等代替，"拢总"的使用也就没那么频繁了，而泰如话中"拢总儿"、"共总儿"等在口语中频繁出现，"统统"、"总之"等不能替代它们各自所表达的意义。再如，表示时间的"当即"，上海话还有"即刻、立刻、当下、随即、顿时立刻、立时三刻、临时豁脚"，海安话一般说"即啊、马上、莽道"，上海话五方杂处，方言之间的交流多，同义副词自然会保留不少；泰如话僻处海曲一隅，人员流动相对较少，与其他方言之间的交流也少很多，同类副词在数量上没有上海话那么丰富。但这不是说泰如话的副词系统就显得粗糙简单、表达不细致！只不过各自构词的着眼点不同。如上海话中表示"一起、一块儿"的"一道"，泰如话用"做块儿[tso³³kʰuer³³/²¹³]"，"做块儿"作动词用时指"在一起"：

　　（610）同儿子不做块儿。_{跟儿子不在一起居住。}

　　（611）出去的时候你要同他做块儿。

　　"做块儿"作为副词修饰后面的动词，"做块儿"相当于"一起"：

　　（612）两个人做块儿上啊学堂。

　　（613）我同他做块儿上北京。

　　再如"他曾怎啊济就把活计做啊好啊"、"他不则声儿不则气的上铺睡[xɤi³⁵]啊"，前句表示"没费多大劲儿就把活儿干完了"，"曾怎啊济"也表时间之短；"不则声儿不则气"指"不发出任何声响"，表示上铺睡觉时的一种情态方式，副词分别是用否定的形式所构成的短语结构来充当的；反映吴语的小说《何典》第9回："不多一个眼闪，只见催命鬼领了一群伤司，呼幺喝六的拥进门来。"《海上花列传》第53回："俚咑用勿着媒人，自家勿声勿响就房间里点仔对大蜡烛拜个堂。"用"眼闪"、"勿声勿响"分别表示动作时间之短及情态方式。

二是在泰如话和吴语中都有一定数量的后置副词。以上列举的泰如话中比较有特色的副词作为后置词的有："刻刻儿、没得命、买啊命、没魂、要死、不过、哪一家、掼掉"，吴语中的后置副词有"煞、来、得来、勿过、畅、死、吓煞人、热昏、一塌糊涂、海威、几化老派"等，既可以前置也可以后置的副词，吴语的"邪、邪气、交关"，泰如话的"刻儿、煞、不大……很"等，普通话中只有"不过、透、很、极"等后置词，相比起吴语和泰如话要少很多。

三是表示同一意义但在形式和用法上存在着差异。泰如话和吴语都用"死"来表示程度加深，如泰如话的"死做、死挨、死耍子、死没皮、死惹厌、死调皮"，"冷得要死、急得要死、闲得要死、做得要死、忙得要死"，一般表示消极的程度义，吴语的"要死"也可表示程度之极，但不一定用于消极意义：

（614）只要主客做熟仔，便当来要死。

（615）两家头要好得来臭要死。

还可说"来死"，一般用于形容词后表示程度，"来死"在口语中白读为"来西"，显现出较高的虚化程度，且不都是表示消极的程度义的：

（616）伊屋里向个房间大来西。

（617）我要衷面一只淡来西个颜色。

（618）吃起物事来做人家来西。

"煞"作为一个程度副词，如文中举例所显示的，在两地一般是后置，也可以前置，如"煞亮"，但泰如话仅限于这一个词，吴语中还有"煞尖"、"煞是"、"煞快"、"煞末"等组合而成的其他词语。

第十章 介词

本章借鉴语序类型学的相关理论，重点考察和比较泰如话和吴语中重要的前置类和后置类介词，指出其中一些词语由实到虚的语法化情形。

第一节 泰如话的前置类介词

泰如话的主要前置类介词有些与普通话同源或用法对应，如"往｜从｜为/为啊_{为了}｜到｜朝｜在"等；有些部分相同或形成对应，如"拿｜把｜同｜替"；有些则完全不一样，如"埋｜挨｜代｜喊｜走"。下面结合吴语研究的成果，对泰如话前置词的系统作一描述和比较。

一 表示基本方所的前置词"在"、"埋"

"勒[ləʔ]"是吴语中兼表存在的基本方所前置词，泰如话相应的是"在"、"埋"，如："勒屋里向"泰如话要说"在家的"、"埋家的"。吴语动词前的"勒"有时也可以不出现，如绍兴、宁波：

（1）阿拉屋里向吃饭。
（2）老师黑板上写字。

虽然可以在"屋里向"、"黑板上"之前加上"勒"，但当地人认为不加"勒"显得更自然些。"埋"在泰如话中单用时是动词，指"将东西挖坑藏起来"，如"把稿子埋起来"，进一步虚化为表方所义的介词。"勒"在苏州话中可以用在动词前后，且语义比"在"、"埋"更丰富，体现了更高的语法化程度，苏州话中的"勒"在动词前，除了表示行为或存在的场所，还可以表示源点或经由处，相当于介词"从"：

（3）我刚刚勒上海转来。
（4）只猫已经勒洞洞里钻出来喷。
（5）我勒爷娘搭搬仔点旧家生来。

泰如话的"在、埋"没有这样的用法，表示源点和经由处，一般用"走"：

（6）我才走上海家来。_{我才从上海回来。}
（7）只猫儿已经走洞的钻出来啊。_{那只猫已经从洞里钻出来了。}

（8）我走爸爸妈妈侁搬啊点ㄦ旧家具来啊。_{我从爸爸妈妈那儿搬了些旧家具来了。}

当然，也可以用"从"，但用"走"显得更地道。吴语"勒"在动词后可以用在静态动词后，表示存在的位置，如"小明䀹勒床上"；也可跟在位移或致使受事位移的动词后，表示主体或受事到达的终点，如"俚拼命想轧勒_{挤到}前头去"；泰如话说"小明睡啊在床上"或"小明睡啊床上"，但不说"小明睡啊埋床上"。表示主体或受事到达的终点，不说"他拼命想轧在前头去"，要说"他拼命想轧啊前的去"或"他拼命想轧到前的去"，说明泰如话中动词后的"在"没有吴语"勒"那么高的语法化程度，许多功能被虚化程度更高的"啊"所替代，"啊"不仅可以标记方所（睡啊床上）、还可以表示时间（睡啊三个小时）、方式（走啊去）、终点（走到啊曲塘）等，但一般不作为前置词使用。

二 表示伴随与收益者标记的"同"、"代"、"替"

"同"在泰如话中使用范围比较广泛，相当于普通话的"和"及"跟"，是并列连词兼伴随者（concomitant）介词：

（9）我同他没得话说。_{我跟他没话说。}

（10）同我做块ㄦ上北京。_{跟我一起去北京。}

（11）你同家的说下子再走。_{你跟家里说一下再走。}

（12）你同三ㄦ明朝上下子苏州。_{你跟三儿明天去一趟苏州。}

（13）我同他做块ㄦ去的。_{我跟他一起去的。}

上海和苏州话相应的前置词是"脱"和"搭（仔）"：

（14）伊脱我合用一个水龙头。

（15）要讲卫生脱节约。

（16）德兴馆个名菜脱老饭店个名菜是勿同个。_{这里的菜同那里的菜不同。}

（17）老王搭（仔）老张侪是我个同事。

（18）我昨日搭俚一淘写仔篇文章。

南通的情形和泰如、上海、苏州都不同，是"打下[ta⁵⁵xə]"，如"侯家家老打下他打岔_{小孩子老跟他打岔}"。泰如话中的"同"、"代"、"替"的另一常用功能是作受益者标记，普通话一般用"给"、"帮"、"替"，吴语则是"搭（仔）"、"脱（仔）"：

（19）你去同/替/代徐先生泡杯ㄦ茶。

（20）代/同/替大家办事情。

（21）侬拿掰只铜个脚炉脱我去当脱。_{你把那个铜的炉子同我去卖掉它。}

（22）耐还搭俚瞒啥？_{你还帮他瞒什么？}（《海上花列传》第3回）

（23）耐碰着仔陈小云，搭我问声看。（《海上花列传》第3回）

（24）倷去搭徐先生泡杯茶。

吴语的"搭"还可以表示动作所及的目标：

（25）吾想搭倷打听椿事体。

（26）黄鼠狼搭小鸡拜年——唔不好心。

泰如话相应的是"同"：

（27）他同我点头，我也同他笑笑。

（28）他同我不客气，我也对他不客气。

说明吴语的"搭"和泰如话的"同"都是语法化程度比较高的标记性成分，同样可以表示并列连接、伴随者标记和收益者标记。不同的是，苏州话的"搭"本是个动词，泰如话的"同"则为形容词，两者虚化的来源不同。

"代"的"替代"义在吴语和泰如方言中都见使用，因为常用，"代"很快虚化为介词，表示"替、给"的语法义，一般用于祈使语气：

（29）代我拿棒儿[səʔ]他！ 给我拿什竿揍他！

（30）代我带件衣裳！

（31）代他拿包烟！

也可用于表示陈述语气：

（32）我代你买啊本书。

（33）代他拿啊包烟。

"代"在泰如话中用在动词之前组成"代 V 着啊"结构，"着"虚化为[tsəʔ]，后面可接"顿"，语流中变读为[tã²¹³]，语气上显得较为舒缓些：

（34）你代吃着啊顿。 你先吃着。

（35）我先代打听着啊顿。 我先打听着。

（36）钱先代用着啊顿。 钱先用着。

戴昭明（2003）认为吴方言口语中用"代"不用"替"，用"替"时带有官方色彩，"代"在吴方言中常用的结果，终于弱化并促化成"搭"，表示"替、给"义的这个介词，在上海话中形成"脱、得、搭"等三种变体。动词演变到表"替、给"义的介词"搭、脱、得"后，仍没有停止其语义演变，"搭"类介词逐渐演化出处置、被动的语法意义，而泰如话的"代"、"替"没有进一步虚化，表示处置、被动的标记分别是"拿、把、喊、挨"。

三 表示与事与被动的施事标记"拿"、"把"、"喊"、"挨"

（一）拿

"拿"在泰如话和吴语中表示一个具体的动作，指"用手取、握在手里"，后面一般是动作所涉及的对象，这在其他方言和普通话中也是如此。在泰如话中，还有"拿稳"一词，是一个复合词，跟动补短语结构的"拿啊稳啊"不同：

（37）门响吖，我拿稳（[na³⁵vəŋ²¹³]/[lã³⁵vəŋ²¹³]）啊是儿子家来的，原来是风。门响了，我原以为是儿子回来了，原来是风。

（38）我拿稳他明朝就家去的。我原以为他明天就回去的。

（39）拿稳啊要三十分钟的，十分钟就弄啊好啊。我原以为要三十分钟的，十分钟就弄好了。

"拿稳"相当于"以为、认为"，"拿"没有具体的"手持"义，而向动作性相对较弱的认识义演变，受"稳"鼻音化韵母的影响，"拿"在语流中也读作[lã³⁵]。再如，泰如方言中，"拿人"表示某种外力对人心理、生理有较为深刻的影响：

（40）一顿要吃一碗肥肉，拿人呢！

（41）一天泻七八趟，拿人呢！

"拿人"有致使义，指让人受不了。"拿"在这里也失去了具体的动作性，"拿人"相当于胡双宝（1984）所说的自感性动词结构，具有消极的感叹意味。

"拿"在近代开始作介词使用：

（42）李逵拿殷天锡提起来，拳头脚尖一发上，柴进那里劝得住。（《水浒传》第五十二回，"拿"相当于介词"把"。）

（43）我方才不是说的，人家拿大钱请先生教子弟，还不肯读。"（《儒林外史》第二十一回，"拿"相当于介词"用"。）

吴方言中"拿"后的名词多半是后边动词的宾语，用"拿"将它提到动词前。"拿"可以表示处置、致使、动作的处所或范围、发生不如意的事情，如上海话：

表处置：

（44）到仔夜里要拿门关起来。

（45）拿辣酱摆辣里向蛮好吃个。

表致使：

（46）勿当心拿裤子勾破脱勒。

（47）拿伊拉姆妈急得来闲话也讲勿出啥。

表动作的处所或范围：

（48）拿全市的钟表店侪跑遍勒。

表发生不如意的事情：

（49）暑假里火烧，偏生拿资料室烧脱勒。

泰如话"拿"字句从南到北分布的情形不一，南通的情形近于吴语，表示动作的处置，用"拿"：

（50）你不是看见个走路的吧？看哪个能拿他的帽子脱下来，拿他的棉□[tɔ̃³³]子棉袄脱下来，就算哪个的本事大，你说果好？ 你不是看见哪个走路的吗？看谁能把他的帽子脱下来，把他的棉袄脱下来，就算谁的本事大，你说好吗？

到如皋、海安，"拿"字句逐渐减少，到东台、泰州、大丰基本都说成"把"字句了。

（二）把

如皋、海安话中，表示动作的处置，一般都用"把"字句，还有一种"拿"字句和"把"字句合用的句子：

（51）把肉拿啊煮掉！
（52）把面包拿吃掉！
（53）把砖头拿放上去！
（54）把衣裳拿啊收进来！

动词后附"掉"表示动作的祈使语气时，后面可用"它"来复指所处置的对象：

（55）把肉拿啊煮掉它！
（56）把面包拿吃掉它！

"把"本是一个动词，《说文·手部》："把，握也。"《战国策》："因左手把秦王之袖，而右手持匕首揕之。"苏轼："明月几时有，把酒问青天。"介词的"把"是由动词虚化而来，李白的诗："应是天仙狂醉，乱把白云揉碎。"《警世通言》卷六："身边铜钱又无，吃了饭却捉甚么还把？""把"在泰如话中主要作动词、介词用，魏建功早就对泰如话中的"把"进行了详细的分类：

他动词——给与的意思，如"我把钱"。此种用法，既用"把"字在前，若有足词在后用足词的前词便省去了，如"我把钱你"。

介词—"将"字同意，如"我把他说了一顿"。此种语法，有两种意义的表示：一种是主动的；一种是被动的。被动的"把"字与一介词—"给"字同意，如"他把我说输了"。

介词两种意义的表示，同在一句话，只靠语气的变化而定；如：
A."我把·他ˊ说了一顿"便是我说他的；
B."我·把他ˊ说了一顿"便是他说我的。①

"把"在泰如的一些点也读[ma²¹³]，没有区别意义的作用，如《江苏省志·方言志》中例句"不要把它跑掉啊"在泰州记成：不要马它跑掉厄；如皋：不要把它跑掉啊。作为动词的"把"在用法上值得一提的是表示"女

---

① 魏建功：《魏建功文集》（叁），江苏教育出版社2001年版，第28页。

子出嫁"：

（57）把啊人。_{嫁人。}

（58）小兰把啊二小。_{小兰嫁给二小。}

（59）姑娘可把？_{姑娘嫁不嫁？}——不把。_{不嫁}

（60）说啊把你。_{撮合嫁给你。}

（61）把啊那许。/把啊在那许。_{嫁在那里。}

"把"还表示约数，《魏建功文集》（叁）第 80 页："（28）少许，方言中颇有言点把，或加一'把'字。如：斤把重｜寸把长｜丈把高｜里把路｜百把人｜升把米。类都举其成数而加'把'字；半数如寸半把｜半截把｜半爿把。吾皋言此人微有醉意，即云乍个人有点把儿醉啊啦。又言物约有若干分量上下，即云斤把重，寸把长，丈把高，里把路，百把人，升把米……。类皆举其成数而加'把'字；半数如寸半把，半截把，半片把，亦然。苏州言半片巴之巴，吾皋曰把，是声调不同之故。"泰如话表示概数，最常见的是在名词或量词后加"把"，"把"读轻声：

年把｜天把｜寸把｜尺把｜斤把｜碗把

还可以重复前面的名词：

年把年｜个把个｜两把两｜张把张｜瓶把瓶｜根把根｜件把件｜碗把碗｜天把天｜斤把斤

"把"表示被动，即上面魏建功文中所说的 B 类情形：

（62）别把他听到（晓得）。_{别让他听到（知道）。}

（63）把他胆啊眼，就没得你的了。_{被他看到，就没你的份儿了。}

（64）把上的晓得。_{被上级知道。}

（65）把他逮到啊也没得命。_{被他抓住也没命了。}

上海话中表示"致使"的"拿"字句，泰如话有用动补结构的句子来表示的：

（66）一句闲话，好拿人讲笑，一句闲话，好拿人讲跳。（上海话俗语）

（67）句话说得人笑，句话说得人跳。（海安话俗语）

泰如话中的"把"常与相应的一些词语在一起组成习惯性的表达：

（68）把他不值事。_{不当一回事。}

（69）把人家捉朘。_{愚弄别人。}

（70）饭把他吃啊攒掉啊。_{饭白给他吃了。}

（71）那啊恶的太阳还把人晒煞啊呢！_{那么毒的太阳要晒死人呢！}

"值事"指重视，也说成"不把他值事"，普通话不说"把他不重视"；朘本指一种手足曲病，引申指人动作不灵活、束手束脚，"捉朘"即把别人当残疾人看待，引申指"愚弄别人"，普通话不说"把人家愚弄"；"饭把他吃啊掼掉啊"意指"饭给他吃浪费了","把"的动作义色彩非常明显,只有例(71)和普通话的"把"字句结构相同,不过"晒煞啊呢"普通话要说"晒死了"。

泰如话没有"给",表示"给予"义的动词一般都说"把",引出事物的接受者:

(72)送点儿猪头肉把他。
(73)把钱伢儿买糖吃。
(74)把样稿子他。给他一样东西。
(75)还钱把他。把钱还给他。
(76)贴稿子把他。补贴东西给他。

"把"也可以接在"不"、"没得"、"曾"等否定词之后:

(77)没得把他用。不给他用。
(78)不肯把他看。不肯给他看。
(79)不把他经手。不给他经手。
(80)曾把钱把人家。没把钱还给人家。

上海话中与"把"相应的是"拨"、"拨勒":

(81)我接着信,打只电话拨侬。
(82)侬勿要来讲拨我听,我勿要听。
(83)该点水果,送拨勒唔笃小人吃吧。
(84)伊送拨勒我一张票子,叫我搭伊一道去看电影。

"拨、拨勒"多在动词之后出现,相应的泰如话在动词和"把"之间要有一个后附的"啊":

(85)你不要来说啊把我听,我不要听。你不要来说给我听,我不要听。
(86)快点儿把钱还啊把他。快点儿把钱还给他。
(87)这些水果,送啊把[ȵia²¹³](你家)伢儿吃吧。这些水果,送给你家孩子吃吧。
(88)他送啊张票把啊我,让我同他做块儿去看电影。他送给我一张票,让我跟他一起看电影。

(三)喊

南通、如皋及海安部分点中表示"给予"义还有一[xã³⁵](南通)/[xɛ̃²¹³](如皋、海安)音,与"喊"字同音,本字无从考究,张惠英认为就是叫喊的"喊",表示给予和被动,并跟其他方言进行了对比①。

(89)把书喊我。把书给我。
(90)书挨我喊啊张明儿。书被我给张明了。

---

① 张惠英:《从南通话表给予、被动的"喊"说起》,《语文研究》2013年第1期,第55—59页。

（91）喊他件衣裳。给他一件衣裳。
（92）喊钱人家。给钱人家。
（93）拿钱喊人家。拿钱给人家。
（94）不要[xã³⁵]它跑去[·tʰi]了[·tʰə]。不要给它跑走了。

"喊"在表示被动时，一定要出现主动者，如南通：

（95）茶杯喊他打破叨。茶杯被他打破了。
（96）他喊狗咬叨。他被狗咬了。

（四）挨

汉语方言大多缺少相当于普通话"被"的专用介词，而只是采用"给"类动词来兼表被动。桥本万太郎（1987）指出："大多数南方方言里，正如南方非汉语一样，被动标志是从'给予'类来的"，他列举了粤语（广州）、客家话（梅县）、闽语（厦门话）、吴语（苏州、平阳、温州）、赣语（高安）中动词给予及被动标记的读音。苏州、上海等北部吴语中表示被动义的句式是"拨"字句、"搭"字句：

（97）真个会吃，实梗是吃也要拨伊吃穷哉。真能吃，这样的话，要让他吃穷了。
（98）动手动脚，拨别人看见仔，像啥样式，阿要难为情嗄？动手动脚,让别人看见了,像什么样子,多难为情啊!（石汝杰 2006：128）
（99）衣裳搭张三做坏脱勒。衣裳被张三做坏了。

"拨（勒）"是吴语被动句的常见句式。泰如话的相应句式是"挨"字句，这是泰如方言被动句的主要类型：

（100）眼镜儿挨打啊碎啊。眼镜儿被打碎了。
（101）挨老师说啊几句。被老师说了几句。
（102）挨关啊家的。被关在家里。

"挨"在古汉语中有"忍受、遭受"义，元张国宾《合汀衫》第三折："也是俺注定的合受这饥寒债，我如今无铺无盖教我冷难挨。"泰如话中有"挨搅[ŋe³⁵kɔ²¹³]"一词，常见使用，意谓"受苦、受累"，也可说"挨大搅"、"挨肉头搅"。作为一般动词使用时如：

（103）日子慢慢挨。
（104）寻啊挨骂。自寻斥骂
（105）挨啊几巴掌，心的安逸啊。被打了几巴掌,心里舒适了。（反语）
（106）挨啊下啊马。累得不行了。
（107）挨啊够啊。累得要命。
（108）搅有得挨呢。苦有受的呢,喻苦日子还长着呢。

"挨"后可以接动词，表示被动义：

挨打｜挨晒｜挨冻｜挨骂

（109）他已经挨接啊走啊。 他已经被接走了。
（110）家的挨偷啊下子。 家里被偷了一下。
也可出现动作的施动者：
（111）脚挨狗子咬下来啊。 脚被狗咬了。
（112）伢儿在外的挨人家欺。 孩子在外面被人欺负。
（113）凳儿挨他坐啊去啊。 凳子被他坐着了。

吴语的"拨"后必须要带施事，不能直接带动词。泰如话的"挨"表被动时，主动者可出现，也可不出现，如：
（114）茶杯儿挨打啊破掉啊。 茶杯被打破了。
（115）茶杯儿挨伢儿打掉啊。 茶杯儿被孩子打碎了。
（116）腿子挨咬下来啊。 腿被咬下来了。
（117）腿子挨狗子咬下来啊。 腿被狗咬下来了。

可见，同样是表示被动，泰如话的"挨"来源于"遭受义"，吴语的"拨（勒）"来源于"给予"义。

四 "为/为啊"与"照啊/照着啊"

上海话的"为仔"[ɦuE²³/²²tsɿ³⁴/⁴⁴]在语流中可以弱化为[ɦuE²³/²²zɿ³⁴/⁴⁴]，后接名词，表示原因、目的，相应的泰如话是"为/为啊[vɤi²¹a¹]"

上海话	泰如话
（118）a. 为仔辖眼眼小事体，	b. 为（啊）这点儿小事，
苦头吃得忒多。	吃掉啊多少苦头。
（119）a. 为仔一支铅笔，	b. 为（啊）支铅笔，
两家头吵相骂。	两个人骂啊顿。

两地口语中都不用"为着"。吴语的"照仔[tsɔ³⁴/³³tsɿ³⁴/⁴⁴]/[tsɔ³⁴/³³zɿ³⁴/⁴⁴]"，相应的泰如话是"照啊[tsɔ³³a³]"、"照着啊[tsɔ³³tsɔʔ³³ka³]"。"照仔"今已不大使用，可以用"照"替换，或说成"按照"，后接名词、名词性短语或小句：

上海话	泰如话
（120）a. 照（仔）辖个样子画一画。	b. 照啊/着啊这个样子画下子。
（121）a. 照（仔）前头订的计划实行。	b. 照啊/照仔啊前头订的计划实行。

五 "走"在泰如话中由动词向介词的虚化

"走"、"跑"在泰如话中同义：
（122）他才来啊刻儿又跑啊走啊。 他刚来一会儿又走开了。
（123）走啊，朝门口跑哉！ 走啊，往门口走啊！

"走"和"跑"在"行走"这一意义上有交叉，如：

第十章 介词

走路/跑路｜走啊去/跑啊去｜走得动/跑得动｜两头走/两头跑
表示"快跑"义在海安话中是"蹓"：
蹓一百米｜蹓啊快点儿！｜蹓□□[sɔ³³sɔr³³/²¹³]①｜蹓情况 过去敌人下乡扫荡时，百姓四处躲藏

由于受普通话的影响，"跑"在泰如话中也可以表示"奔跑"义：
（124）汽车在高速上跑啊八个小时。
但"走"和"跑"也不是完全同义：
"走"表示"离开"，"跑"没有"离开"义：
（125）a. 来的人早走啊。
　　　　b. *来的人早跑啊。
在词语搭配上有区别：
走后门儿/*跑后门儿｜*走采购/跑采购②｜*走单/跑单
有些是词语比喻的用法，也有适用对象的区别：
家的辵掉个老奶奶。（"走"即"死亡"，由"离开"义引申而来，有尊敬、讳饰义）
以前跑掉个小伙。（"跑"有怜惜义，指死了一个男孩子。）

"走"在泰如方言中还有虚化成介词的用法，相当于"从"：
（126）走南京到上海。从南京到上海。
（127）车子走北京开家来要一天。车从北京开回来要一天时间。
（128）走那年子到今朝。从那年到现在。
（129）走早曦六点钟到现在都没得消息。从早晨六点到现在都没有消息。
（130）伢儿走新疆养啊带家来的。孩子是从新疆生下后带回来的。
（131）走家的拾两个馒头带啊走。从家里拿几个馒头带去。

据刘丹青（2003：197），宁波话中"搭"是个多义前置词，表示"对、跟、替、给"等；"垬[kaʔ]"是罕见的能用在地名后的方所类后置词，"搭……垬"要合起来组成框式介词才能表示途径或方向，泰如话的方位词后缀"俫"跟"垬"很相似，可跟"走"组成框式介词结构，如"他走南京俫开车子家来"，不同的是"俫"不一定非出现不可，"他走南京开车子家来"也讲。从例中可以看出，"走"除了可表空间，还可表时间，正如李宇明（1999）所说的："在已知的世界语言中，时间的表达借助空间的语言表达方式，例如英语的空间介词 at\on\in，也是最常用的时间介词，语言的这种普遍现象说明了一个重要的认知普遍现象：时间的空间的隐喻"，这也是宁波话的

---

① 指跑得很快，有戏谑义：做活计，慢吞吞；有吃的，蹓[sɔ³³sɔr³³/²¹³]。
② 指改革开放之初所从事的商业买卖活动。

"搭"所不同的。

第二节 泰如话的后置类介词

研究汉语的论著在谈论汉语的介词时一般多限于前置词。其实，人类语言有将近一半是后置词语言，有少数语言是前后置词并存的语言，介词的来历则有动、名、副多种，汉语正是一种前后置词并存的语言，其中前置词全来自动词，而后置词多来自名词，尤其是方位名词，很多语言的处所类介词正是由处所方位名词虚化来的。在吴语中，有些处所方位后置词比起北京话方位词来语法化程度更高，更有理由看作虚词，其语法化程度表现在语音形式、语义和句法等多个方面。据刘丹青一系列的研究，吴语是一种后置词相对发达的汉语方言类型。泰如话属于北方官话，但又临近北部吴语，介词除了有一般的前置词外，也不乏后置词的不少用例，只不过过去人们对此习焉不察而已。以下就泰如话后置介词及其虚化的程度作一描述，主要是表示方所结构的题元，同时结合吴语的情形进行比较分析。

一 上、的、肚的

第二章节附加式构词部分对泰如话中的"上"已有举例说明。在苏沪吴语区，后置词"上"读音常弱化为[lã]或[n̠iã]，区别于"上"的规则读音[zã³¹]，实际上已被视为另一个语素，在吴语文献中记作"浪"而不写作"上"：

（132）毕大老来朵厅浪告诉吾里老爷说，姑爷冒籍江西，中了新科状元。（《珍珠塔》第19回）

（133）我看起来，勿说啥长三书寓，就是幺二浪，耐也勿去个好。（《海上花列传》第2回）

（134）耐就是条子浪只写一干子格名字，来起来总归是两家头一淘来。（《九尾龟》第151回）

口语中也说"浪向"：

地浪向｜床浪向｜工作浪向｜研究浪向

泰如话中，"上"没有吴语这么高的虚化程度，但也有虚化的迹象，可作为表时间、方位的构词语素：

早上｜晚上｜月上｜桌子上｜铺上｜面子上

也可表示"在……方面"：

（135）斯文不在吃上。斯文不表现在吃饭上。

（136）生意上不大顺。

（137）学习上不肯用心。

《魏建功文集》（伍）第 227 页《〈范翁自传歌〉注录》有与此相关的条目："我带老牛过江卖，家带一人管牛上。"魏注：家中带去一人管理牛的起居。如皋方言凡关于某种事件之各项事务总言为"……上"，如"客上"指招待宾客一切事务，"锅上"指管理厨房饮食一切事务，"牛上"指处理牛匹一切事务等，第 230 页还记录有"杂上"，指"执杂役之雇工"，但"上"的这一语法后缀在今天的泰如方言中已不再具有能产性了。

吴语中的"里"表现出较高的语义抽象度，如丹阳话"路里_{路上}｜家里｜台里_{桌子上}｜屋顶里漏水｜掉在地里_{掉在地上}"（蔡国璐 1995：21），在常州话弱化为"勒[lə ʔ]"，在台州弱化为"勒[lə ʔ]"和"特[də ʔ]"，区别于规则的读音[li]。泰如话没有"里"，表示"里面"义一般用"的"：

河的｜水的｜学堂的｜电话的｜里的｜袋儿的

"的"虚化程度极高，不限于表示"里面"，可覆盖部分由"上"表示的语义，成为一个抽象的方所题元：

上的｜后的｜脚的_{脚那儿}｜班的_{班上}｜黑板的

还有"一肚的[tʰu²¹tiɪʔ¹]"表示"里面"，虚化为"某一带"、"某区域"：

罐儿肚的_{罐儿里面}｜肚子肚的[tu²¹³tsɿ³tʰu²¹tiɪʔ¹]_{肚子里面}｜这肚的_{这一带}｜那肚的_{那一带}

"的"的构词情形还可参第二章节的内容。

吴语中方所题元不用后置词的情形严格限于专有名词，方位后置词一般不能省略，如苏州话不说"勒学堂上课"，而一定要说"勒学堂里上课"，泰如话的情形与此不同，有时接近普通话，即方位词可加可省：

在学堂（的）｜在图书馆（的）｜在超市（的）

有时则不能省，接近于吴语：

埋公园的｜在上的｜埋水的｜在海的

吴语经常省略方所前置词，如"伊屋里向辣海读书"，相应的泰如话一般要说"他在家的在看书"或"他埋家的佐看书"，前置词"在、埋"一般不省略。

刘丹青还报告"里"在绍兴吴语中还能直接加在指人名词或人称代词上，表示该人所在的处所，如："挪望我里_{你往我这儿}走几步"、"我到老王里坐歇_{到老王那儿坐一会儿}"，普通话只能用半虚化的处所指代词"这儿、那儿"等，绍兴话的"里"达到了由名词到后置词的更高虚化程度。[①]泰如话与此相应的成分不再是虚化的"的"，而是下文第十章节的"债"、"俫"。吴语表示"来、去"义动词前的处所状语经常不用表示"从、到"意义的前置词，如上海话"今朝我北京去"，泰如话一般要说"今朝我上北京去"或"今朝我

---

① 刘丹青：《吴语的句法类型特点》，《方言》2001 年第 4 期，第 332—343 页。

到北京去","上、到"不可省略。"伊拉刚刚学堂里向回来",泰如话要说"他俫才走学堂的家来",动词前要有虚化的"走"。

二 债、辣

绍兴话的"我里"、"老王里",方位词用于指人 NP,达到了由名词到后置词的更高的语法化程度,北京话在这种位置只能用半虚化处所指代词"这儿、那儿"等,相应的泰如话是"这海"、"那海","那海"也即"辣海",语流中合音为"债[tse³³]"、"辣[le³³]",如"他债他里、伢儿债孩子这里、你辣、爸爸辣",与泰如话三称复数标记的"俫"在读音上有不同:"辣"表处所时,不变调,如"你辣[ni²¹³le³³]"、"爸爸辣[pa³³pa³le³³]";表示人称复数的标记,"俫"附着于前一音节,一般读轻声,如"你俫[ni²¹³le³]"、"爸爸俫[pa³³pa³le³]"。这种表示复数的后缀与处所语素的一致性也是北部吴语的特点,如苏州话的"笃/搭",上海话的"拉/辩搭",无锡话的"里/搭"。同中有异的是,北部吴语的复数后缀同时是表示"家里"义的处所后缀词,泰如话的"辣"不是"家里"义的处所后缀。以下是两地若干点的比较:

表 10—1 泰如话与吴语表复数的后缀与处所语素比较

普通话	他	他们	在他们家里	小王家里	他那儿	小王那儿
苏州	俚	俚笃	勒俚笃(旧)/勒俚笃屋里	小王笃/小王搭	俚搭	小王搭
上海	伊	伊拉	辣伊拉	小王拉/小王辩搭	伊辩搭	小王辩搭
无锡	佗	佗里	来佗里	小王里/小王搭	佗搭	小王搭
南通	他	他恁	赖他恁家里	小王家里	他[kuʔ⁴²]里/他[kuʔ⁴²]脚下	小王[kuʔ⁴²]里/小王[kuʔ⁴²]脚下
海安	他	他俫	埋他俫家的	小王啊家的	他辣	小王辣

三 境、海

"境[tɕi³³]"在泰如话中相当于普通话的"边",用在名词或代词后表示方位,海安话中"境"的读音有两种:一是变读轻声,音高随前字,如"东境、西境、南境、北境",二是既可变读轻声,又可变 213 调,如"这境、那境"分别可读"[tsa³³tɕi³]/[tsa³³tɕi²¹³]"、"[lo³³tɕi³]/[lo³³tɕi²¹³]","境"出现多读,显示了其虚化的特征。"这境、那境"还可引申为"我方、敌方":

(138)他是这境的人。

(139)那境的特务挨捉到啊。

也说"这目境、那目境",本义及引申义同"这境、那境"。"境"类似于一个方位词的后缀,《如皋方言研究》第464页记录了如皋话的一段古训:"火刀匣儿摆呀铺头境、灯台儿靠啊手境、烘缸儿火盆儿顿啊远境","铺头境、手境、远境"分别指"铺旁边、手边、远的地方"。

如第三章节所述的,泰如话的"这里"、"那里"要说"这海[tsa³³xe³]"、"那海[lo³³xe³]",表示中性指的"辣海[lɛʔ³³xe³]"语流中常合音为"倈"[le³³],"海"本字可能是表示场所的"许",在今苏州话没有后置词的用法,但老派及附近方言有"东海东边、东头"、"南海南边、南头"一类说法,上海老派有"海头",如"小王海头小王那儿",泰如话的"海"应是跟吴语相关的一个方位后置词。"这海"、"那海"不仅指空间,还可指时间:

(140) 走那海就不曾看见过那个人。从那时起就没看见过那个人。

(141) 两个人走这海就不说话了。两个人从这时起就不说话了。

四 似、到

"似"、"到"一般黏附于形容词后,构成"比……A"结构:

(142) 这个姑娘不[tʰɔ³³]似那个姑娘。这个姑娘不比那个姑娘漂亮。

(143) 我的成绩不丑似他。我的成绩不比他的成绩差。

(144) 他的个子哪高似王二的?他的个子难道比王二高?

(145) 我个子不矮似他。我个子不比他矮。

(146) 一个狠似个。一个比一个狠。

"及似"已凝固成一个词,相当于"比得上、赶得上",多用于反问句中;"不及似"表示"不如、比不上"。

(147) 哥哥的成绩哪及似兄弟的?哥哥的成绩比得上兄弟?

(148) 三班伢儿的成绩不及似二班。三班孩子的成绩不如二班。

(149) 他手艺不差似你。他的手艺不比你差。

(150) 我本朝太祖定了天下,大功不差似汤武。(《儒林外史》第33回)

普通话和吴语中的"比……A"结构,在泰如话中既可以说"比……A",也可以说"比……A到",后一结构中一般要出现数量补语,前一结构中的数量补语则可出现也可不出现:

(151) a. 他比我大。
　　　b. 他比我大五岁。
　　　c. 他比我大到五岁。

(152) a. 我比他胖。
　　　b. 我比他胖十公斤。
　　　c. 我比他胖到十公斤。

五　如、待……样的

"赛如"、"谐如"等在泰如话口语中出现频率较高，意思是"如……一样"、"跟……相似"，"如"黏附于"赛"、"谐"的后面，我们把它归为后置类的介词。"样的"在泰如话中多出现在"待……样的"的结构中，严格说来应属于框式介词，相当于普通话的"跟……一样"，但正如刘丹青（2003：9）所说的，框式介词未必作为一个固定的词项存在，而经常作为句法组合中临时出现的情况，本书暂把这一结构放在后置词一类一并进行讨论。

《泰县志》第 710 页："乡里老百姓，听说来了新四军，家家赛如看见天"，《官场现形记》第 21 回："这日听得人家传来的话，赛如兜头一盆冷水，在店里盘算了半夜。"可见，该词在吴语和泰如话都讲。泰如话进一步的用例：

（153）老奶奶在后头跑路还赛如个伢儿似的在打蹲眈。 老奶奶在后头走路就像个孩子似的慢吞吞的。

（154）老子十年不曾家来过，那伢儿赛如没得爸爸。 老子十年没回家了，那孩子就像没有爸爸一样。

（155）吃啊穿的都通啊那许，赛如自啊的个家。 吃呀穿的都依靠那里，就像自己家一样。

（156）两个人赛如夫妻们。 两个人就像夫妻一样。

"谐如[tɕʰia³⁵zu³⁵ᐟ⁵]"跟"赛如"在意义上有交叉：

（157）老子十年不曾家来过，那伢儿谐如没得爸爸。 老子十年没回家，那孩子等于没有爸爸。

（158）谐如他的奶奶是我侎的叔伯婆奶奶。 等于说他的奶奶是我们的叔伯外婆。

（159）加班害啊场病，谐如白做啊。 加班得了一场病，等于白做了。

"赛如（跟……相似）"强调两件事情之间的相似性，"谐如"强调相关性，在事物性质上的一致。两者之间在使用上有一定的交叉，上例部分例句中的"赛如"和"谐如"可以替换而意思不变，"谐如"可以用在句首，语气上承接上文，"赛如"一般不用在句首：

（160）五个人里的有两个伢儿，谐如我侎是三个人（买票时）。 五个人里面有两个孩子，等于说我们是三个人。

（161）带啊五万家来啊七万，谐如还兜啊两万块钱（算钱时）。 带去五万带回七万，等于还赚了两万。

"谐如他的奶奶是我的叔伯婆奶奶"不说"赛如他的奶奶是我的叔伯婆奶奶"，"谐如"还可以单独使用，有强调语气的作用：

（162）还差一个人，谐如。（检票员车上清点人数时）

（163）不赚不赔，谐如。（商家晚上盘点时）

"样的"一般出现在"待……样的[te³³……iã²¹tiɿʔ¹]"的框式结构中，相当于"像……一样"、"跟……似的"，"样的"附着在名词性词语之后：

（164）他待在家的一样的可则。他跟在家里一样的样子。

（165）待个伢儿样的。像个孩子似的。

（166）待个哪个人说的狗子打啊三天还不上死缸哎，人哪一点儿脸皮都没得的？（就像谁说的……）

（167）他待睡着啊样的。

（168）他待他爸爸样的。

六 朝

"朝"在泰如话中用作动词和前置类介词时，跟吴语和普通话的情形相同：

（169）他家的门朝东。

（170）你朝里的去去儿。你往里面去一去。

"朝"更多的用作后置类介词，后接方位名词，前面一般用"啊"与动词相连接：

（171）他家的门开啊朝东。他家的门向东开着。

（172）身子转啊朝里。身子转向里边。

（173）枪对啊朝人。枪对人瞄准着。

（174）眼睛勒啊朝人。眼睛对人瞪着。

"啊"表示动作持续的状态，且不能省去，"朝"还没有完全虚化，仍有一定的动作义，如在"朝"后还可以再添加一个"啊"，所表示的意义没有多大改变：

（175）他家的门开啊朝啊东。

（176）身子转啊朝啊里。

（177）枪对啊朝啊人。

（178）眼睛勒啊朝啊人。

第三节 本章小结

从语序类型学角度看，吴语跟泰如话一样属于不典型的 SVO 类型和典型的话题优先类型。比起泰如话来，吴语话题优先的特点更加突出；在介词类型方面，吴语跟泰如话一样属于前置词和后置词并存的类型。比较起来，吴语有更多虚化彻底的后置介词，后置词在句法上的作用也更加重要，这与吴语离 VO 类型更远的特征相和谐。前置词的作用最衰落、后置词的作用最活跃的方言是绍兴、宁波方言，而它们也正是 SOV 型萌芽最明显的方言，进一步反映了小句结构语序和介词类型两者的相关性。"勒"是吴语中兼表存在的基本方所前置词，泰如话相应的是"在"、"埋"，"勒"在苏州话中还可以表示源点或经由处，相当于介词"从"，泰如话的"在、埋"没有这样的用法，表示源点和经由处，一般用"走"，"走"在泰如方言中有虚化成介词的用法，相当于"从"，动词后的许多功能被虚化程度更高的"啊"所取代。泰如话中表示伴随与收益者标记的介词是"同"、"代"、"替"，吴语相应的是前置词"脱"和"搭（仔）"，都是语法化程度比较高的标记性成分。"代"在吴方言中弱化并促化成"搭"，表示"替、给"义的这个介词，在上海话中形成"脱、得、搭"等三种变体，"搭"类介词逐渐演化出处置、被动的语法意义；泰如话的"代"、"替"没有进一步虚化，表示处置、被动的是"拿、把、喊、挨"，吴语表被动的则是"拨"、"拨拉"，表示处置义时，"把"字句的使用更为普遍。同是表示被动，泰如话的"挨"来源于动作的"遭受义"，吴语的"拨（勒）"则来源于"给予"义。

　　吴语是一种后置词相对发达的汉语方言，泰如话也不乏后置词的不少用例，且有不同程度的语法化倾向，如"上"，吴语一些地方记作"浪"，泰如话没有那么高的虚化程度，但"上"可充当时间、方位、范围的构词语素；吴语中"里"表现出较高的语义抽象度，泰如话相应的是"的"，不限于表示"里面"，可覆盖部分由"上"表示的语义，成为一个抽象的方所题元；吴语中方位后置词一般不能省略，泰如话则有时可以省略，接近普通话的情形；泰如话的"这海"、"那海"，语流中合音为"债[tse^{33}]"、"辣[le^{33}]"，"俫"也是泰如话三称复数的标记，但两者在读音上有所不同，这种表示复数的后缀与处所语素的一致性也是北部吴语的共性，如苏州话的"哚/搭"，上海话的"拉/辫搭"，无锡话的"里/搭"。同中有异的是，北部吴语的复数后缀同时是表示"家里"义的处所后缀词，泰如话的"辣"不是"家里"。"境、海"是泰如话中两个重要的方位词后缀，其中"海"与苏州话中的同类后缀相关，不仅指空间，还指时间。泰如话中比较有特色的后附性介词结构还有"A似、A到"、"赛如"、"谐如"、"朝"，框式结构"待……样的"等。

第十一章 助词

本章把助词分为结构助词和语气助词两大部分，就泰如话与吴语之间差异明显的部分进行对比分析，不求面面俱到。

第一节 结构助词

一 "个"与"的"

吴语和泰如话结构助词中差别最为明显的就是"个"和"的"，在语流中都弱化为轻声，如上海话单念"个[gəʔ²³]"，在语流中可以弱化为[ɦəʔ²³]、[gəʔ]、[ɦəʔ]；泰如话单念[tiɿʔ³³]，语流中读轻声，音高随前字。"个"是吴语句子中使用最多的一个封闭类词，在近三百年的吴语著作中常见的除写作"个"，还写作"箇"、"個"、"辧"、"葛"、"格"、"过"、"故"等，有多种用法。本书第三章、第四章专门有"个"充当指代、定指方面的比较研究，本节着重就"个"与"的"在充当结构助词方面的差异进行对比。

（一）"个"和"的"用在名词或代词后面，表示领属和性质

塑料个/的 桌帏ㄦ/台布｜今朝个/的 事体/事情｜我个/的 书

（1）有福个情哥弗知吃子阿奴个多少团脐蟹，我个亲夫弗知吃子小阿奴奴多少鳗。"（《山歌》第1卷）

（2）我赎身末有我个道理，耐去瞎说个多花啥？"（《海上花列传》第44回）

吴语代词用于亲属称呼之前，可以不带"个"，泰如话也可以不带"的"：
我[ua²¹³/ŋa²¹³]（的）妈妈、他（的）大大[ta³³ta³³/²¹³]伯父

但泰如话可以说"我[ua²¹³/ŋa²¹³]（的）个妈妈、他（的）个大大[ta³³ta³³/²¹³]"，"个"不是结构助词，因为"个"前还可出现结构助词"的"，"个"是表示定指，可参第四章节相关内容。

（二）吴语和泰如话的"个/的"字结构，相当于一个名词

讨饭个/的｜修鞋个/的｜开车个/的｜上课个/的

（3）江水上一对鸳鸯弗走开，好像梁山伯了祝英台，雌个蛆虫乃亨偏

要搭子雄个走也?(《六十种曲·蕉帕记》第23出)

(4)那啥无得介?小娘作野秃多,听经个听经,烧香个烧香,求子个求子,说勿尽朵。(《三笑》第39回)

表示从事某一职业的人,一般带有某种程度的轻视义,可以用在姓后,指一个姓某的人:

(5)倪老底子客人是姓夏个,夏个末同徐个一淘来,徐个同耐一淘来。"(《海上花列传》第27回)

(6)寿生朝东到西荟房头一家王媛媛房间,问"杨个阿来浪?"一个娘姨回说:"到升平楼去哉。"(《海天鸿雪记》第9回)

今天的吴语一般不直接称"夏个""杨个",而要说"姓夏个"、"姓杨个";泰如话也不说"夏的"、"杨的",要说"姓夏的"、"姓杨的",有某种轻视义。

(三)"个"用在状语后,相当于"地",泰如话口语中"的"、"地"完全同音

(7)夹嘴个一记耳光,爷们前回言塞嘴!(《缀白裘》第3集第2卷)

(8)我认得仔耐四五年,一径勿曾看见耐实梗个动气。(《海上花列传》34回)

(9)一五一十个讲拨伊听。

(10)[bã²¹bã²¹bã²¹]个敲门。

这些在泰如话中有些不一定能一一对应,如"夹嘴个一记耳光",泰如话要说"攞啊一巴掌","实梗个动气"说成"那啊来气"。后两句泰如话是"一五一十的说啊他听"、"砰砰砰砰地敲门"。

(四)"个"用在动词、形容词和宾语等后加成分之间,表示强调

(11)制台的官比捕厅老爷还要大个十七八级"(《官场现形记》第42回)

(12)二老官,你还要勒里裊个裊个舍介?"(《三笑》第29回)

(13)翠姑娘,外势这个后生啥时光来的?——方才个。——勿像刚刚来个,面孔上昨日个。(《描金凤》第5回)

泰如话也讲"大个七八岁"、"早个一两年",可能是吴语的遗留。"裊个裊个"是吴语中的动词重叠,相应的泰如话是"V啊V的"。"他什么时候来的?——才来的"之类的问答样式在泰如话中很普遍,"的"用在动词之后表示对过去的描述兼表语气,是官话方言的一般特征。

(五)"个"在表示结果和程度时的相同处

《魏建功文集》(叁)第82页:"吾皋方言中个字,有时用如助动词,与得字一样,《红楼梦》云:'老刘!老刘!食量大如牛,吃个老母猪不抬头!'吃个的个字正是此类。揩个茶盘亮晶晶之苏语,即揩得茶盘亮晶晶,

与皋语语法同"。今泰如话中"个"一般后接习惯性的短语,如"吃个饱上加饱、谈个热火朝天、打个不亦乐乎",也说"吃啊个饱上加饱、谈啊个热火朝天、打啊个不亦乐乎","个"相当于"得",虚化程度较高。

(六)泰如话中"的"在相应的背景句中起连接前后句子的作用

1."的"处于主谓之间

(14)肉曾煮得烂,妈妈ᵣ的,就拿啊块吃掉啊。_{肉还没煮烂,女人呢,就拿一块吃掉了。}

(15)人头有脚步声,里头些认妈妈的,心的发啊慌。_{外头有脚步声,里面那些家伙呢,心里发慌了。}

2."的"处于动宾之间

(16)外头蒙蒙ᵣ亮,一看的,才四点钟。_{外面蒙蒙亮,一看,才四点钟。}

(17)他伏啊桌上半天,一问的,得啊重感冒。_{他伏在桌上长时间,一问,得了重感冒。}

(18)来啊好几个,一查定的,没得姓王的。_{人来了好几个,一查,没姓王的。}

3."的"用于连接表示时间和动作的分句

一般是陈述已发生的动作,后句常表示一种新情况的发生,前后句有语义上的转折,"的"后语调可拖长:

(19)开头有尿不屙,等到要上车的,说要上厕所小便。_{开始不撒尿,等到临上车,说要上厕所。}

(20)尽[tɕi³³/²¹³]啊在家的摸索,人家吃啊好啊的,他老人家才到。_{一个劲儿在家慢吞吞的做事,别人吃好饭了,他才来到。}

(21)才要走的——,电话铃ᵣ响啊。_{刚要走,电话铃响了。}

(22)说啊她几句的——,反而气啊蹓掉啊。_{说了她几句,反而气得跑走了。}

(23)他说说的——,眼泪说下来啊。_{他说着说着,眼泪下来了。}

二 "得"字句

泰如话和吴语的结构助词"得"跟普通话有不少相似之处,主要用作补语的标志,后接表示程度和结果的补语。表示程度和结果的词语形式可能不完全相同,如:

泰如话:

(24)他病得不滋事。_{他病得不知人事。}

(25)猪八戒吃得嘴大鼻携[kʰue²¹]_{鼻子耷拉着}

上海话:

(26)伊病得来神经兮兮个。

(27)侬自家吃来一塌糊涂,讲我吃来一塌糊涂。

泰如话用"得",吴语用"得"、"得来"、"来"。吴语早期用"来[lɛ]",语流中读音促化读成[ləʔ],受得跟动词后缀"勒"相同。"得来",是"得"

和"来"的叠用，有更强调结果或补语的倾向，一般不引出可能补语和趋向补语，当补语是一个小句或较长的短语时，更倾向于用"得来"。吴方言的补语介词"来"、"得来"对应于泰如话的"啊"和"得"：

（28）箇只老鼠闹得来交关。/个老鼠□□[o³³sõ³³]吵闹得/啊要死。

（29）饿得来一把骨头。

（30）饿得/啊眼睛发定。饿得眼睛插上去了。

（31）瘦得/啊剩啊把骨头。

泰如话没有用"来"或"得来"引出补语来表示结果或程度的，一般都用"得"，在表示"可能、可以"义时，跟吴语和普通话在结构和表义上有所不同。泰如话中"得"后附"啊"可以独用，表示"可能"义，相应的否定式是"不得啊"：

（32）放假（不）得啊家来。放假（不）能回家。

（33）我（不）得啊上南京。我（不）能上南京。

（34）我明朝才得啊走，今朝不得啊走。我明天才能离开，今天不能离开。

（35）有时间得啊上伢ᵣ那海去耍耍。有时间能去孩子那儿去玩玩。

可以用在问句中，包括"可VP"问句，兼表示"推测"义：

（36）哪得啊他已经走啊的？难道他已经走了？

（37）可得啊得啊癌症啊？有没有可能得癌症了呢？

（一）V得[tə³³]（呢[ke³]）、V得着[tə?³³tsʰa?³⁵]

（38）那个伢ᵣ吃得(呢)！那孩子真能吃！

（39）这个瓶注得（呢）！这个瓶子真能装！

（40）大箱子装得（呢）！大箱子真能装！

（41）那个篮子揹得（呢)！那个篮子能塞好多东西呢！

动词多为单音节，指动作所涉事物的数量很多，句末常用"呢（语流中音变为[ke]）"，表示感叹。主语或为动作的施动者（那个伢ᵣ），或为动作的容器（瓶、箱子、篮子），主语为动作的容器时，句子也可以说成：

（42）这个瓶经注（呢）。这个瓶真能注东西。

（43）大箱子经装（呢）。大箱子真能装东西。

（44）那个篮子经揹按、压（呢）。那个篮子真能塞不少东西。

"经"音[tɕĩ³³]。也可说"瓶油经吃（呢）"，指"一瓶油吃了好长时间"，动词一般都是被动意义，不能带宾语。普通话也有类似的结构，如"用得、吃得、穿得、晒得、拿得"，但在意义和用法上和泰如话有所不同：普通话表示可能性，并不涉及事物的数量，相当于"能 V"结构；泰如话主要指动作的能力强，涉及的数量大；普通话的否定式是"V 不得"："用不得、吃不得、晒不得、拿不得"，泰如话的否定式是"V 不下（去）"：吃不下（去）、注不下（去）、装不下（去）、捯不下（去），普通话的否定式还有"挤压不得、放松不得、批评不得、拖延不得"，动词是双音节型的，泰如话没有类似的结构。

与"V得（呢）"相关的是"V得着"，"着"在泰如话中念[tsʰaʔ³⁵]，表示所涉对象达到一定数量后主体具有了V的能力：

吃得着啊_{够吃了}｜煮得着啊_{够煮了}｜送得着啊_{够送了}｜请得着啊_{够请了}

相应普通话的"V得着"结构中"着"音 zháo，一般表示能力所及的范围，如"吃得着南方的水果"、"请得着远方的客人"，泰如话相应的结构是"V得到"：

（45）吃得到水果。

（46）看得到他的影子。

（47）请得到远处的客人。

相应的否定式是"V不到"。而表示可能义的相应的否定式是"V不着"：

（48）火点不着。

（49）觉睡不着。

分别指"不能点火"、"不能入睡"。"煮得着"、"送得着"在普通话中似乎一般也是与数量有关，即事物的数量达到一定的标准后方具备"煮"和"送"的可能性。

（二）动词+得+啊（了）

这一结构在泰如话中表"可能"和"应该"，常用于表示"提醒、建议"：

（50）九点钟，他走得啊（了）。_{该走了。}

（51）桃子红啊，吃得啊了。_{可以吃了。}

（52）姑娘二十七啊，把得人家了。_{该嫁人了。}

（53）他谈得啊了。_{该谈对象了。}

表示否定时，除如例中动词前加"不"外，还可在动词前加"不曾"或"曾"：

（54）才九点，曾走得（呢）。_{才九点，还没到走的时候呢。}

（55）桃子还青的，不曾吃得（呢）。_{桃子还青的，没到吃的时候呢。}

（56）姑娘才二十，不曾把得人家（呢）。_{姑娘才二十，没到嫁人的时候呢。}

（57）可不细！曾谈得呢！_{很小啊，还没到谈的时候呢。}

"V得"和"V不得"有些呈对称关系，有些则不对称，前者如：

舍得/舍不得｜认得/认不得｜记得/记不得"

后者如：

说得/说不得｜作得/作不得｜看得/看不得

"说"在表示"撮合、介绍"义时分别是"说得啊｜曾说得/不曾说得"；

在表示"数落、批评"义时有"说不得_{批评不得}",如"他脸短_{喻心眼小},说不得",但没有"说得",相应的意思要说"不能说"。"作不得"指"眼红、嫉妒":

(58) 不要作不得人家发财。_{不要眼红人家发财。}

(59) 他作不得邻宅家伢儿考上啊北大。_{他眼红邻居家孩子考上了北大。}

相应的肯定式"作得"基本不讲。

再如"看不得"和"看得":

(60) 看不得上门的女婿歇刻儿,老要他做。_{他不容倒插门的女婿歇片刻,老要他干活儿。}

(61) 不要看不得人家当班长。

"看得"基本上不说。

"要得"表示"需要","得"类似于一个构词成分:

(62) 要得半钵头粥他吃下子。_{要半桶粥他吃一下。}

(63) 半个小时要得啊。_{需要半小时呢。}

(64) 要得好,到临了。_{指最后一个人把剩余的部分给占了,反而优于前面的。}

(65) 要得人不知,除非己莫为。

相应的否定式是"要不到",后面两个例句中"要得"相当于"如果要",已经凝固成关联词的一部分。

"会得"、"见得"多出现在问句中,不大在陈述句中出现,相应的否定式则不一定:

(66) 哪会得他已经上啊船啊?_{难道他已经上了船呀?}

(67) 可会得他已经离啊家啦?_{会不会他已经离家了?}

(68) 哪见得他倒吃啊了?_{难道他已经吃过了?}

(69) 可见得他倒吃啊呢?_{难道他已吃过了?}

(70) 他不会得已经上啊船啊?_{他不会已经上了船呀?}

(三) 动+得/不济[tɕʰi²¹]、动+得/不攀[pʰɛ²¹]

表示时间上来得及或来不及,V一般是常见的单音节动作动词,如"放得济_{来得及放}|吃不济_{来不及吃}|忙不济_{来不及忙}|看不济_{来不及看}"

(71) 上学堂要早啊点儿起来才来得济。

(72) 起啊晏啊,饭都不曾来得济吃。

(73) 要考试,书来不济看。

"动+得/不攀"结构中"动"也以单音节为主,如"吃得攀|走得攀|来不攀|说不攀|忙不攀",但一般不说"来得攀吃|来不攀看|忙不攀问|说不攀话"。

(四) 有得[io²¹³təʔ³]、没得[məʔ³⁵təʔ⁵]

"有得"、"没得"是泰如话和吴语中一对常用的词语,"得"是结构助词。"有"在泰如话中可以单说,"没"不能单说;在吴语中,"有"和"没"

都可以单说，如上海话：

（74）屋里向有人哦？——有/没。

泰如话要说"有（得）、没得"。"有得"在泰如话中可单独充当谓语：

（75）他作不得我有得。_{他眼红我富有。}

（76）那个人家家的有得呢！_{那户人家家里真富有！}

（77）别看啊他有得，啬杀啊！_{别看他富有，吝啬死了！}

吴语没有这样的说法，但可说"我有得一本俫要看个书"，泰如话只能说"我有一本你要看的书"，不说"有得"。

"有得"后接谓语动词或小句时，表示将会出现时间长、程度深的行为或状态，带强调语气：

（78）他初进门如此，明日有得受他的气哩。（《二刻醒世恒言下函》第1回）

（79）阿拉等辣海，有得好戏看唻。

（80）粮饭堆啊个大囤子，有得你吃呢。

"没得"在泰如话和吴语中最常见的是表示"没有"，吴语中还表示"不能"、"没办法"：

（81）恐怕他听见了，大家没得安稳。（《钵中莲》第8出）

（82）怎奈外间钟鼓之声聒耳得紧，大家没得攀谈。

在吴语中还可表示猜测，相当于"要不……"：

（83）莫非不拉来兴个男儿骗哉？哦！没得传话差子，弗拉几里吓？（《缀白裘》第10集第2卷）

（84）坏哉！我听得有个奢姓乐个陪去，没得就是俚阿？（《缀白裘》第10集第2卷）

这两种用法泰如话中都不见使用。

（五）"得"与"啊"

泰如话中"得"作为结构助词，后接表示程度或结果的补语时，有时会与语法化程度较高的动词后附"啊"在用法上相交叉：

走得/啊没得老命｜两个人好得/啊待个人样的_{两人好得像一个人一样}｜跑得/啊浑身是汗｜气得/啊头直摇｜弄得/啊乱七八糟｜人多得/啊没魂

但在大多数情形下两者还是有所不同：在动结式复合动词中插入"得"或"不"，主要表示动作可能性的情形，插入"啊"则是强调动作的结果，如"我字看得清楚"，"我字看啊清楚啊"，前句表可能，后句表结果；表示否定时，前句说"我字看得不清楚"，后句说"我字不曾/曾看啊清楚啊"；在句子语气表达上也有区别："字看得清楚"不能用于祈使，"字看啊清楚啊"可以表示祈使语气。

表示动趋式的复合动词，如"走上来｜站起来｜蹲下去"，泰如话也可说成"走啊上来啊｜站啊起来啊｜蹲啊下去啊"，句末的"啊"表示陈述语气，动词后的"啊"表示完成时态，其否定形式是"不曾（曾）V（啊）上来/起来/下去"：

不曾/曾走啊上来｜不曾/曾站啊起来｜不曾/曾蹲下去

可以表示陈述、也可以表示祈使语气。插入"得"："走得上去｜站得起来｜蹲得下去"则是表示可能，其否定形式是"走不上去｜站不起来｜蹲不下去"，不能用于祈使句。

三 动趋式中"到"的虚化

"到"在吴语和泰如话中既是实义动词，又有表示趋向等进一步虚化的用法，有些用法不见于普通话。

近代吴语中"到"用在"有"之后，表示达到某个数量，常表多得意外：

（85）小的听说洋钱有到十块，一时不合就答应了。(《十尾龟》第13回）

（86）取出逐张检点，有到二百十五块洋钱。黄子文喜出望外，心里想如何消缴它呢？(《负曝闲谈》第15回）

用在动词后，表示动作涉及的对象：

（87）经魁的老婆戈氏，生得十分标致，待到公婆、待到丈夫，却又和顺得了不得。《十尾龟》第13回）

泰如话动词后接数量词语时，也常黏附"到"，意义十分虚化，可以去掉而不影响意思的表达：

（88）朝日个要咳到刻儿呢。以往要嗽好一会儿呢。

（89）地板换下子要到六十块。地板换一下要六十块。

（90）穿到回吧、两回就脱掉啊。穿一两回就脱了。

（91）念到几遍，自然就熟啊。念几遍，自然就熟了。

第二节　语气助词

语气助词在语句意味的表达上有非常重要的语法作用，数量丰富，使用复杂，在表达语气和情貌上有举足轻重的作用，很多时候是不可或缺的。以上海话为例，主要的语气助词如："得"（老派）、"了"、"得了"，疑问语气助词，如："哦"、"了"、"啊"、"勿啦"、"呢"、"呢啥"（老派）、"嚟"、"豌"、"咾"、"阶"（"个啊"连音，句尾助词"个"浊化）、"阿"（用于句首或句中，入声），命令语气助词，如："嚏"、"好呢"（老派："末哉"）感叹语气助词，如："嚏"、"嗻"、"个嗻"、"哩"、"哇"、"嚼"，其他句末语气助词，如："啊"、"嚜"、"喉"、"噢"、"个啦"、"唻"、"啦哩"（老派）、"喽"，上海话的语气助词在发展过程中越来越简化，很多语气助词，如"呢啥"、"啦哩"、"末哉"，在新派群体中已经不用，但是在上海郊县地区以及临近城市（如苏州、嘉兴、湖州等地）仍有不同程度的保留。泰如话的语气助词也非常复杂，如"啊"，除用于动词后表示各种时体，还可用于句末表示多种语气。本节选取泰如话和吴语差别比较大的几组主要语气词在事态、情态暂顿方面的异同进行比较。

一　事态语气词

事态和动态都属于体貌范畴，但事态又不同于动态。事态的着眼点是整句话所表示的事件发生与否、出现与否、存在与否，动态的着眼点是句中主要谓词所表示的动作变化的情状，事态属句平面，动态属词平面，事态用事态语气词和时间副词标记，动态用动态助词或副词标记[①]。以下比较泰如话和吴语主要事态语气助词使用上的差异。

（一）"啊"与"哉"、"勒"、"哦"

"啊"在泰如话中使用非常复杂，与苏州话、上海话中的"哉"、"勒"分别相应，但在具体使用时，仍有一些不同。"啊"和"哉"、"勒"都可以表示已然、未然事态，"哉"一般用于句末，"啊"可用于句中和句末：

（92）外头落啊雨。（表已然）

（93）外头落啊。（表已然）

（94）外头要落啊，把稿子收家去。（表未然）

一般把用于句中的"啊"看作是专门表示动作体貌的助词，把位于句末的"啊"看作是语气词。实际上句末的语气词也可兼表体貌，"外头落啊"是一个歧义句，既可表示现在完成，即"落（下雨）"这一动作的已经实现，且"落雨"这种情景或状态一直持续到了说话的时候，"啊"相当于普通话的"了"，"外头落啊"等于"外头落啊雨"；这个句子也可以是表示下雨的动作正在发生，说话者提醒对方注意外面正下雨这一事实，"啊"就是一个情态语气词，相当于普通话的"呢"，跟表动作实现体貌的"外头落啊雨"不一样。"吃仔饭哉"在上海属于老派的说法，一般人说"吃勒饭勒"，可以把句中的"勒"看作勒$_1$，句末的"勒"看作勒$_2$，勒$_1$用于动词后，表示动作的完成，"勒$_2$"用于句末，肯定事态发生了变化或即将发生变化，与泰如话"吃啊饭啊"的结构相一致。

和泰如话不同的是，苏州话的"哉"一般只能用于句末，不能用于动

[①] 李小凡：《苏州方言语法研究》，北京大学出版社1998年版，第182页。

宾结构之间，苏州话不说"落哉雨"（也不说"落哉"）、"吃哉饭"，要说"落雨哉"、"吃仔饭哉"。此外北部吴语中"火车要来快哉"、"徐家汇到快勒"等句中"快"的位置在泰如方言中要放在动词之前，说成"火车快要来啊"、"徐家汇就快到啊"，跟普通话的表达相一致。

"啊"在句末表示疑问语气时，使用范围有所不同。泰如话中，"啊"可以出现在是非问、特指问、选择问、反复问等各种问句后面：

（95）他来啊？
（96）他可去啊？
（97）几个人啊？
（98）哪说的啊？
（99）今朝去还是明朝去啊？
（100）读书啊工作啊？
（101）上南京走不走他那海啊？
（102）他到底来不来啊？

相对应吴语则有一定的限制，上海话中与泰如话相应的疑问语气词是"哦"，一般出现在是非问句的句末：

（103）伊来哦？
（104）勿晓得伊阿去哦？

"哦"和"勒"经常连用，构成是非问句，询问某一动作是否完成：

（105）侬毕业勒哦？
（106）青菜炒好勒哦？

相应的泰如话要说成：

（107）你毕业啊啦？ 你毕业了？
（108）青菜炒啊好啊啦？ 青菜炒好了？

上海话中包含虚指"啥"的句子在句末可带"哦"，语气往往显得比较舒缓，带有征询的意味：

（109）侬晓得哪能算法哦？ 你晓得怎呐算法呢？
（110）勿晓得伊有啥个毛病哦？ 不晓得他可有甚的病啊？

上海话中，"哦"常常用在一个陈述句的后头，与"对、是、好"等词语相组合，来征求对方对前句所陈述内容的同意态度，使用频率较多的是"对哦"。泰如话也有类似的结构，但使用频率没这么高，一般在陈述句后用"可是的啊"来向对方征求同意：

（111）说啊半天等于白说，可是的啊？ 说了半天等于白说，是吧？
（112）你一点钟到的，现在已经五个小时啊，可是的啊？ 你一点钟到的，现在已经五个小时了，是吧？

形式上是疑问，实则表示肯定的意思。

苏州话中也有句末的"啊"表示疑问，包括反问等语气的。李小凡（1998）区分了苏州话中表示询问语气的"啊"和表示揣测语气的"啊"，认为揣测语气采用疑问句式，但并非询问语气，这同样适合于泰如话的情形。实际上，在表示是非问的"阿/可 VP"句式中，"啊"也经常出现在句末担任语气词，有些句子中的询问语气显得较弱：

（113）倷/你阿/可是到街浪/上去啊？
（114）倷/你阿/可是勿/不吃生鱼片啊？
（115）俚到底阿/可是老师啊？
（116）他到底可愿意来啊？

"你可是到街上去啊"，表面上问对方是不是上街，但更多是用于寒暄，或心里已经知道对方到街上去，问话进一步加以求证。"他到底可愿意来啊"，不一定是问对方愿意不愿意来，而是表达一种不耐烦的语气。

（二）呢

"呢"在表示未然事态时，泰如话跟吴语用法比较一致，读音随前字为阴声韵、阳声韵、入声韵的不同而分别读作[le]、[ŋe]、[ke]：

（117）外头勚/曾落雨呢。_{外头还没下雨呢。}
（118）葛/这桩事体/情勚/曾弄清爽/楚呢。_{这件事还没弄清楚呢。}

也可用于仍然事态：

（119）雨还勒/在落呢。_{雨还在下呢。}
（120）俚/他还是小人/伢儿呢。_{他还是孩子呢。}

但是，同中也有异，李小凡（1998）认为苏州话的"呢"出现在数量词语后面时，除表仍然事态外，还可表示说话人主观上认为数量偏小的情态语气：

（121）老张转去仔两日呢。_{老张回去才两天呢。}
（122）我学仔半年呢。_{我才学了半年呢。}

泰如话正好相反，一般表示主观上认为数量偏大的情态语气：

（123）老张家去啊两天呢。
（124）我学啊半年啊呢。

"两天"、"半年"都要重读。如果要表示数量偏小的情态语气，一般要在数量词前面添加上诸如"才"、"只有"之类的词语：

（125）老张家去啊才两天呢。
（126）我学啊只有半年呢。

二　情态语气词

情态语气词是指在表述客观事态的同时也表述某种主观态度或情绪，

情态语气的种类十分丰富，语气词的使用也十分灵活。泰如方言和吴语的情态语气词有相同的，如"啊"、"呢"，更多是不同的；即使是相同的语气词，在语气的表达上也有不小的差异，充分体现了泰如话作为北方方言与吴语相区别的特征。以下以泰如方言的语气词为线索，通过跟吴方言语气词的比较，分类进行的描述和说明。

（一）啊

"啊"作为语气词在泰如话中的使用范围甚为广泛，相当于吴方言表示陈述语气句末的"哉"（苏州）、"勒"（上海）（例见本章事态语气词部分），也可用于吩咐、叮嘱、告诫等祈使语气：

（127）倷/你快点去啊！

（128）我勤/曾答应倷/你啊！ 我没答应你啊！

表示提议、请求、催促等祈使语气，泰如话和吴语都可用"啊"、"吧"：

（129）辰光/时间勿/不早哉/啊，快点走吧/啊！

（130）伲/我倷今朝夜里/晚上去看电影吧/啊！

泰如话中"啊、吧"在表示祈使语气时，"啊"显得更为婉转、柔和，对比下面两句：

（131）我倷今朝晚上去看电影啊。

（132）我倷今朝晚上去看电影吧。

"啊"带有商量、建议的口气，"吧"则是经过考虑成熟后所作出的选择，语气上也显得要果断一些。

"啊"和"的"都可以用于陈述句句末表示陈述语气，两者还能合在一起使用，合音为"嗲"[tia]，但通过比较可发现它们之间的不同：

（133）a. 我在田的的。 b. 上商店买稿子的。 c. 吃啊夜饭以后走的。

（134）a. 我在田的啊。 b. 上商店买稿子啊。 c. 吃啊夜饭以后走啊。

（135）a. 我在田的嗲。 b. 上商店买稿子嗲。 c. 吃啊夜饭以后走嗲。

"的"一般用于已然事态的句末；"啊"用于句末不表示已然事态，相当于普通话的"呢"，可以去掉而不影响意思的表达；"嗲"用于句末，意思同"的"，但语气上有进一步申辩、强调的意味。

"啊"也可以表示疑问语气：

（136）那是个甚的人啊？

（137）你想去啊？

（138）你可想去啊？

苏州话的"哩[ȵiA⁴⁴]"用于催请、劝阻等祈使语气，相应的泰如话也是"啊"：

（139）辰光/时间早哝，再字相歇/耍刻儿哩/啊。

（140）我要来不及哉/啊啦，快点哩/啊。

"哩"表示命令、警告等较强口气的祈使语气，泰如话可用提升"啊"的语调并重读来表示这种语气，另外也可用语气词"吵"来表示祈使语气：

（141）你把桌子擦擦干净吵！

（142）不懂问问会的人吵！

"吵"比"啊"的祈使语气更为浓烈，表情上还有不满、责怪的意味。"啊"在吴语和泰如话中都可以表示感叹语气，有些和普通话的情形相一致，不再举例。

（二）呢[le]

"呢"在泰如话中主要用作疑问语气、祈使语气和感叹语气，吴语中也有"呢"用作语气词的情形，尤其在年轻人中使用频率较高，大概是受普通话影响的结果。泰如话用作疑问：

（143）妈妈呢？

（144）共去呢？ 去了吗？

在疑问问句中，句末的语调上扬。

（145）上哪海去呢？到哪儿去呢？

（146）哪个去呢？

"可VP"句表示对事情求证、确认的疑问语气，多用于已然：

（147）他共来呢？ 他来了吗？

（148）饭共吃呢？ 饭吃了吗？

（149）家的共送呢？ 家里送了吗？

在特指问句中，句末的语调下降。

（150）他怕的可去呢？他不知去不去呢？

（151）不晓得他可曾走呢？不知他有没有走呢？

（152）大概不曾瞧见过呢？ 大概没有看过吧？

这三句貌似疑问，有时是信大于疑，也可以归于感叹句，表示感叹语气，读音随前字而有不同，"呢"有[e]、[ŋe]、[ke]等几种不同的读音：

（153）卖菜的呢[e]！ 招呼卖菜的人。

（154）卖豆腐的呢[e]！ 招呼卖豆腐的人。

（155）好吃呢[ke]！ 真好吃！

（156）好看呢[ŋe]！ 真好看！

泰如话中"好V呢"这一结构还可表示不满的语气，前常可加"倒"加强这种语气，"呢"表感叹：

（157）借人家的钱几年不还，倒好玩儿/耍子/好笑呢！

（158）倒好玩儿/耍子/笑呢，借人家的钱几年不还！

句末也可用语气词"吧",表示比较直接的否定,语气上比"呢"要更为强烈些:

借人家的钱几年不还,倒好玩儿/耍子/笑吧!

(三)嗲[tia]、啦[la]

泰如话的句末语气词"嗲"是"的"和"啊"的合音,吴语相应的是"呀","呀"在上海话中有"本来如此"的申明语气,前头的成分常常是"个"。除了"嗲",泰如话中还有"啦",可以看作是"了啊"的合音:

    吴语   泰如话

(159) a. 总归稍微搭两只,味道侬 b. 反正稍微搭两个,味道你
    尝过勒呀!   吃过的嗲(的啊)!

(160) a. 迭个女人蹲勒提篮桥个呀! b. 这个女的坐过监_{坐过牢}
              嗲(的啊)!

    吴语   泰如话

(161) a. 我吃过则呀,勿是客气呀! b. 我吃过啊啦(了啊),不
              是客气啊!

(162) a. 侬应该讲清楚呀。   b. 你要说啊清楚啊啦。

(四)呗[pe]

"呗"在语流中常常变读轻声,音高随前字,用于疑问句中,往往指在某种情形下就相关的人、事提出疑问或反问,可以用在词、短语、句子(包括复句)之后:

(163)你出去打工,家的呗?_{家里怎么办?}

(164)大人都离啊家,伢儿呗?_{孩子怎么办?}

(165)钱一下子都花掉,以后呗?

(166)你问他借钱,他不肯呗?

(167)才这点儿就对父母横七横八的_{喻不孝顺},等到长啊大了,老的不能动啊呗?_{老的不能动了怎么办?}

在这些句子中,表示疑问的部分要读成上升语调,"呗"相当于普通话中的"呢"。

(五)哉[tse]

泰如话中也有跟苏州话发音一样的语气词"哉",不过所表示的意义不同,泰如话是表祈使语气,也表假定语气;苏州话是表示已然事态,在数量词语后面,还表示说话人主观上认为数量偏大的情态语气:

泰如话:

(168)吃哉,别客气!_{吃啊,别客气!}

(169)有工夫来哉!_{有时间来啊!}

（170）看哉！有伢ₙ拉啊尿。<small>看呀，有孩子尿床了。</small>

（171）走哉！再不走就来不济啊！

（172）你尝尝哉！

（173）他不好，你说说他哉。<small>他不好，你说说呀！</small>

（174）手伸啊直啊哉！<small>手伸直呀！</small>

"哉"表假定语气时，相当于普通话的"啊"。

苏州话例：

（175）俚转去哉。

（176）火车要来快哉。

（177）小明吃仔三碗饭哉。

（178）俚赚仔末老老哉。<small>他赚了很多很多了。</small>

泰如话中的"啊"也可以表示祈使语气，相比起"哉"来语气没那么强烈。如要表示较强的祈使语气，一般用"咋[sa]"，：

（179）来咋！

（180）吃咋！

（181）用啊点ₙ力咋！

（182）你争点ₙ气也考啊多啊点ₙ咋！

最后一句中"咋"兼表感叹语气。"咋"在表示祈使语气时比"啊"和"哉"都要重。

（六）哟[ɔː]

泰如话中，"啊"和"哟"都是常见的表示感叹的语气词，"啊"佂其他方言或普通话中也比较常见，"哟"用作句末语气词时可拖长，一般多表示不耐烦或不满的语气：

（183）你这个人哟——！<small>你这人呀！</small>

（184）田的些稿子哟——！<small>田里那些东西呀！</small>

（185）那怎啊济的哟！——。<small>那么做图什么呀！</small>

（186）我也听人家说的哟——。<small>我不过也是听别人说的。</small>

吴语中表示感叹的语气词主要以"啊[ɦA]"、"呀[ɦiA]"为主；泰如话没有"呀"，一般发成"啊"，或发成合音，如"嗲"、"遮"、"啦"等。

"哟"也可以表示揣度、推测等疑问语气：

（187）他不家来哟？<small>他不回来吧?</small>

（188）外的要落哟？<small>外面要下雨吧?</small>

（189）他听不见哟？<small>他听不见吧。</small>

（190）明朝要走哟？<small>明天要走吧?</small>

"啊哟"也可合音为"咾[lɔː]"，一般表示感叹或信大于疑的疑问语气。

（191）那又怪不到他咾！ 那又不能怪他呀！
（192）要啊是你做的咾？ 那么是你干的了？
（193）他又不宰宰拘咾！ 他又不一定咾！
（194）他家来啊咾？ 那么他回来了？

（七）"可是的啊[ko³³ sʅ²¹ tia²¹]"与"对呀/个/哦拉"

吴语中表示同意、应答、附和等语气词中，"对呀"、"对个"出现的频率比较高，"对哦拉"在句末常表示疑问，也表示申辩或确认等语气。泰如话中用得比较多的是"可是的啊"。"可是"原用于表示疑问：

（195）他可是昨朝上上海的啊？ 他是昨天去上海的吗？
（196）可是家的不肯你来的啊？ 是不是家里不让你来啊？

"可是的啊"连在一起使用时，在口语中出现的频率较高，可以看作是一个词，相当于普通话的"是吧、是么"，有时也起连接前后句子的作用：

（197）说啊半天没得人听，可是的啊？ 说了半天没人听，是吧？
（198）说的据下年子明年涨工资。——可是的啊，早就说的涨，钱连影子也曾看见啊。
（199）哪说的狗子挨打啦三天还不上屎缸哎，可是的啊，哪才挨人骂啊的个人就好意思即刻到人家门上去的！

三 暂顿语气词

所谓暂顿，是指将句中的某些词语或分句的最后一个音节加以延长表示对该词语的强调，句首词后面的暂顿语气词还逐渐产生出一种标示话题或主位的功能。

（一）呗[pe]

"呗"在泰如话中可以用于提示话题，担任话题的成分可以是名词、代词，也可以是动词、动词性短语甚至是小句：

（200）妈妈儿呗娶上好几个。 老婆呢娶了好几个。
（201）他呗离家五六年啊。 他呢离家五六年了。
（202）走呗脚不能跑。 走呢脚不能走。
（203）让他找门口呗，又嫌工资低。 让他看门呢，又嫌工资低。

根据话题和句子主语及动词之间的关系可以把句子分为：

受事式：
（204）他把猪子呗拾啊卖掉啊，狗子呗送啊把啊人。 他把猪卖了，狗送了人。
（205）书呗曾看，衣裳呗曾洗。 书没看，衣服没洗。

施事式：
（206）伢儿呗上学堂，墩儿人名呗送啊接。 孩子呢上学，墩儿呢接送。

（207）会唱的呗唱，能跳的呗跳。_{会唱的人唱歌，能跳的人跳舞。}

描述式：

（208）数学呗不及格，语文呗才考啊个头儿十分。_{数学呢不及格，语文呢只考了个二十多分。}

（209）外的呗破破烂烂，里的呗脏吧拉撒。_{外面呢破破烂烂，里面呢脏乱不堪。}

复指式：

（210）钱呗，你把它兜啊袋儿的。_{钱呢，你把它放口袋里。}

（211）碗呗，你买它十几个。_{碗呢，你买它十几个。}

领属式：

（212）伢儿呗，就是个子有点儿矮。_{孩子呢，就是个子有点儿矮。}

（213）他呗，数学不好得很。_{他呢，数学不太好。}

话题在叙述部分可以重复出现，根据在句中担当句子成分的情形可分为下面几类。

话题在叙述部分作为主语重复出现：

（214）钱呗钱没得啊，稿子呗稿子挨人家偷掉啊。_{钱没了，东西被别人偷走了。}

（215）伢儿呗伢儿不欢喜，老的呗老的说稿子。_{孩子不高兴，老人说难听的。}

（216）家的呗家的照应不到，外的呗钱在人家手上。_{家里人不能照看，外面钱在人家手上。}

话题在叙述部分作为谓语重复出现：

（217）吃呗要吃好的，穿呗不穿□[xuəʔ]的。_{吃要吃好的，穿不穿差的。}

（218）买呗买上无数，用呗用不到一半。_{买买上很多，用用不到一半。}

（219）懒呗懒啊死啊，吃呗能吃一钵头。_{说懒情懒情死了，论吃饭能吃一钵头（很多）。}

（220）上海的夏天热呗热得要死。_{上海的夏天热么热得要命。}

苏州话、上海话中类似的用来提示话题的语气词有"嚜[məʔ²¹]"（李小凡 1998：106）、"末[məʔ¹²]"和"呢[ni²³]文/[nə²³]白"（许宝华、汤珍珠 1988：474），担任话题的成分可以是词，也可以是句子：

（221）黄山嚜我老早去过则哓。

（222）皮鞋嚜我勿欢喜，再说嚜价钱也忒贵。

（223）我已经勿想得伊多讲勒，伊末，还要瞎七搭八。

（224）瓣房子呢，是推板得来，是瓣种本地房子。

"末"和"呢"可以连用来提示话题，泰如话中相对应的也是"呗"：

（225）a. 伊自家末，已经结婚勒；妹妹呢，已经有仔对象勒。

　　　b. 他自家呗，已经结啊婚；妹子呗，也有啊对象啊。

所提示的话题也不限于名词：

A 呗 A 煞啊：热呗热煞啊｜脏呗脏煞啊｜走呗走不动｜唱呗唱啊一夜｜菜油呗油得没得命

"呗"在语流中也可以读为[mẽ]或[me]。"嚜"在表示"确认、当然如此"

的语气时，在相应的泰如话中也有读作[mẽ]或[mε]的情形，有可能是吴语的遗留：

（226）房间里/房子里头明明有五个人嚜[məʔ]/[mẽ]、[mε]。

（227）勿/不相信倷去问俚/他好（勒）嚜[məʔ]/[mẽ]、[mε]。

"呗"出现在"N 呗 N"、"V 呗 V"、"A 呗 A"等结构中，整个结构表示对所提及的人、事或某种已然的状态表示不以为然的口气：

N 呗 N：他呗他_{他就他呗}｜圆子呗圆子_{汤圆就汤圆呗}｜癌症呗癌症_{癌症就癌症呗}

V 呗 V：走呗走｜吃呗吃｜看呗看｜唱呗唱｜打呗打

V 也可以是动性短语：走啊去呗走啊去_{走去就走去呗}｜吃啊来呗吃啊来_{吃了来就吃了来呗}｜看电影呗看电影｜来气呗来气_{生气就生气呗}｜不上道世呗不上道世_{不讲道理就不讲道理呗}

A 呗 A：不好呗不好｜难看呗难看｜热呗热｜脏呗脏｜懒呗懒｜疼呗疼｜穷呗穷

"呗"表条件的句段关联，用于复句分句的句段后，表示"既然……"，常常与"就"相呼应：

（228）外的不落啊呗，就动身走啊。_{外面既然已经不下了，就动身走吧。}

（229）要我说两句呗，只好就说啊两句。_{既然要我说两句，只好就说了两句。}

可以表示假设的情形：

（230）外的不落呗，就做块儿去。

（231）要说两句呗，就说两句。

"呗"有时暗含"至于……"的意思，表转折义：

（232）人家倒已经回不来啊，他呗还一点儿不觉。_{人家已经说不来了，可他还一点儿不觉。}

（233）家旁边有甚的耍头啊，别处呗还值得去瞟瞟。_{家旁边有什么好玩呢，别的地方还可去看看。}

吴语中"嚜"、"末"的情形与此相似，即用于提顿条件复句的条件小句，表示前后两个小句有假设——结果的关系：

（234）饿仔嚜自家烧点吃吃。

（235）拨辣管理员查出来末，要罚侬。

并列小句的每个小句的主语用"末"提顿，"末"可以用于表转折：

（236）我已经勿想得伊多讲勒，伊末，还要瞎七搭八。

（237）越剧有啥看头啦，电影末，还好看看。

（二）啊

1. 泰如话的"啊"作为句中的暂顿语气词，与吴语的多个词语形成对应，在表示并列成分之间的停顿时，上海话和苏州话相应的暂顿语气词是"咾"和"唻"：

（238）苹果啊、梨子啊、橘子啊、香蕉啊，超市的样样有得卖。

（239）过年家家忙啊做馒头啊、掸尘啊、买年货啊，忙得不得了。
（240）公园的花好看呢！红的啊、黄的啊、白的啊、紫的啊，各色各样的都有。
（241）街上热潮呢！做表演的啊、舞龙灯的啊、做猴儿把戏的啊、踩高跷的啊，人塞啊满啊。

上海话的"咾"还可以用在列举成分的第一项后，与后面成分之间有语音上的停顿，"咾"与"啥"常在一起连用；泰如话"啊"也可以只在第一个列举项后出现，但后面其他列举项后面也不能悬空，一般要出现"的"、"稿的"之类的词语：

        泰如话   上海话

（242）a. 箱子啊铺席盖目的先送到火车站。b. 铺盖咾行李先送到火车站。
（243）a. 医生叫多吃点儿水果啊青菜稿的。b. 医生关照要多吃眼水果咾青菜。
（244）a. 菜啊、肉、鱼啊稿的都比上海贵。b. 菜、鱼、肉咾啥侪比上海贵。

"啥"和"稿的"是代词，但这里指代的功能已经虚化，是借用来代替省略的成分；"咾啥"可以分析为连词"咾"后接表示周遍的代词"啥"。"咾啥"还可以用在动词或动宾词组后面，有列举未尽的意思，大致相当于普通话的"什么的"，泰如话相应的是"稿的"：

        泰如话   上海话

（245）a. 要想啊同他做块儿做生意啊稿的。b. 要想脱伊一道做生意咾啥。
（246）a. 我想啊叫儿子来帮你洗洗啊稿的。b. 我想叫儿子来帮侬汰汰咾啥。

2. 泰如话中，"啊"还可以用于提顿话题主语，主语一般要重读，"啊"可适当拉长，"啊"也变读为"啦"

（247）那个人啊——，三十年前头就走啊路。_{喻死亡。}
（248）这海啊——，原来种的是水稻。
（249）乡下啦——，田的秧才返啊青呢。

上海话老派在闲坐聊天或叙述往事时，常用"啦"来提顿主语，跟泰如话的"啊"比较接近：

（250）伊拉原来个老板啦，是姓王。
（251）掰只糟钵头啦，是本地菜，老有名气个。
（252）现在复旦个地方啦，老早侪是水稻田。

第四节　本章小结

助词是一个比较复杂的类，本章着重就泰如话和吴语差别较大的"个"

和"的"、"得"字相应结构在两地的使用及语法化程度的差异进行了比较详细的对比,"个"和"的"可以用在名词或代词后面,表示领属和性质,吴语代词用于亲属称呼之前,可以不带"个",泰如话也可以不带"的",泰如话"的个"可以在一起使用,如"我的个妈妈"、"他的个大大"。泰如话中"个"用在动词、形容词和宾语等后加成分之间,表示强调(早个一两年),作补语表示结果和程度(吃个饱上加饱),可看作吴语底层的遗留。泰如话中"的"在相应的背景句中还起连接前后句子的作用,"得"字句,吴语用"得"、"得来"、"来";"得"后附"啊"可以独用,表示"可能"义,相应的否定式是"不得啊";"V 得、V 得着"在泰如话中主要指动作的能力强,涉及的数量大,普通话表示的相应结构表示动作的可能性,并不涉及事物的数量;泰如话有特有的"动+得/不济"、"动+得/不攀"结构,表示时间上来得及或来不及;"有得"在泰如话中可单独充当谓语,"没得"在吴语中还表示"不能"、"没办法"、表示推测,反映了两地方言的不同之处。泰如话的"得"作为结构助词,后接表示程度或结果的补语时,有时会与语法化程度较高的动词后附"啊"在用法上相交叉,使用时有同有异,"到"在吴语和泰如话中既是实义动词,又有表示趋向等进一步虚化的用法。

泰如话中的"啊"是一个重要的事态语气词,可以出现在是非问、特指问、选择问、反复问等各种问句后面,对应于吴语的"哉"、"勒"、"哦"等多个语气词,"啊"和吴语的"哉"、"勒"都可以表示已然、未然事态,"哉"一般用于句末,泰如话也有"哉",表示祈使和假定的语气;吴语的"哦"多见于是非问句的句末,"哦"和"勒"经常连用,构成是非问句,询问某一动作是否完成;泰如话的"啊"可用于句中和句末,"啊啦"在句末连用,表示询问。征求对方对所陈述内容的同意态度,吴语使用频率较多的是"对哦、好哦",泰如话一般用"可是的啊";吴语的"唻"出现在数量词语后面时,除表仍然事态外,还可表示说话人主观上认为数量偏小的情态语气,泰如话正好相反,一般表示数量偏大的情态语气。"啊"作为情态语气词,与吴语的"啊、哩"相对应,"吵"在泰如话中一般表示语气相对强烈的祈使语气。吴语中表示用来提示话题的语气词有"嚜/末"和"呢",泰如话典型的是"呗","啊"也可作为句中的暂顿语气词,与吴语的多个词语形成对应;在表示并列成分之间的停顿时,上海话和苏州话相应的暂顿语气词是"咾"、"唻"、"啦"等,泰如话相应的是"啊",文中一一进行了对比描述。

第十二章 总论

本章是对前十一章的归纳和总结，将泰如话和吴语语法条目上的相同或相似点以及两者之间所存在的差异性分类进行列举，同时探讨泰如话与吴语语法演变的共同趋势。

第一节 泰如话的语法系统蕴含着丰富的吴语底层

作为性质不同的两种方言，泰如话和吴语之间的差异性要大于共性。从泰如话的中心区域海安镇出发，开车沿沈海高速经过苏通大桥进入苏州、上海地区，不过两三个小时的路程，方言之间的差别却很大，有些谈话内容，用地道的本地话基本上无法进行正常的交流。但正如绪论所述，泰如方言很早就属于北方官话的江淮方言，历史上吴语的区域最北端到达淮河。明初又有从苏州阊门往苏中、苏北地区大规模的移民活动。泰如方言片地理上跟北部吴语相接，人员之间往来便利，方言中蕴藏着吴语的一些特点应在情理之中，语音、词汇方面自不待言，语法上也是如此。各点保存吴语语法特征的多少并不完全相同，一般越靠近吴语的点保留得越多，离得越远的地方相对要少些。方言完全靠口耳相传，缺少文字的书面记载，不同年龄、职业、生活在不同地域（城镇或农村）、不同身份的人，即便对同一种方言的认识有时也不完全一致。以下是我们在调查中所总结出的一般不见于普通话、而为泰如话及吴语所共有的一些特点。

一 读音与语法结构方面

尽管泰如话的连读变调目前还没有得到全面的研究，但连读变调可以区别不同的语法结构，则是不争的事实。我们把泰如话的轻声标注为点轻声，这是遵循一般记录官话方言的做法，实际上，正如王韫佳在研究中所说的"海安话的轻声时长大概是非轻声的70%左右"，完全可以看作是连读变调，泰如其他点的情形与此相似。赵元任（1979）曾指出，吴语方言里复合词的内部变调跟词与词之间的变调不同，整个字组采用一个音高曲线与首字单字调相同或相近的连调式，可以看作是首字调型的顺向延伸，覆盖了整个字组。苏州话中述宾字组"打洞"和述补字组"打动",前字"打"相同,后字"洞、动"同音,连读时"打洞"的前后字均保持本调,读[tã⁵²doŋ²³¹],是述宾词组;"打动"则采用连调式,读[tã⁵²doŋ²³¹/²³]或[tã⁵²doŋ²³¹/²¹],是述补式复合词;上海话中"唱歌"是一个动宾式,作为一个词使用时采用广用式变调, 读[tsʰã³⁴/³³ku⁵³/⁴⁴],作为短语使用时采用窄用式变调, 读[tsʰã³⁴/³³ku⁵³。泰如话中"孤老",在"孤苦的老人"中不变调,读[ku²lɔ²¹³],而在"养孤老(旧指包养情人)"中则读[ku²¹lɔ²¹³/²¹],"孤老"是一个复合词,"老"的 21 变调是前字"孤"顺延,通常可记作 1。再如"黑心"表心脏的颜色,可以理解为"黑的心",是一个偏正型短语,念[xəʔ³³ɕi²¹],"黑心"[xəʔ³³ɕi²¹/³]还表示"心地残忍",是一个偏正型复合形容词,"心"变调为 33,是前字"黑"的覆盖,一般也可记作 3。在海安点,表示亲属称谓的"爹爹"、"妈妈"各有两种读法[tia²¹tia²¹/¹]/[tia²¹tia²¹³],[ma²¹ma²¹/¹]/[ma²¹ma²¹/²¹³],"爹爹"、"妈妈"还用作表示感叹的语气词:说啊他顿的还不好意思爹爹_{说了他一顿还不好意思呢};妈妈!家的来啊一屋子的人!_{妈呀,家里来了一屋子的人!}用作感叹时只能读[tia²¹tia²¹/¹]、[ma²¹ma²¹/¹]。"这些"念[tsa³³ɕia²¹/³],属后附式的合成词,表示指称;念[tsa³³ɕia²¹/²¹³],则指"这么多",是一个偏正型的短语结构。

泰如话和吴语都有双音节词语前字读轻声的现象,与词语相应的语法结构相关联,双音节的"熟人"、"肉圆"、"石棉"、"毒药"、"白药"、"六虞"、"落雨"、"十五",三音节的"白日撞"、"十来个"、"肉老鼠"、"肉案子"、"腊月底",是前字为入声的偏正型,"正月"、"顺便"、"幼儿园"是前字为非入声的偏正型。吴语前字阳入在双音节字组中变读轻声,如上海话的"肉汤"、"俗气"、"月半"、"腊月",苏州话的"肉丝"、"药渣"、"白糖"、"食堂"、"石板"、"十九"、"绿豆"、"垃圾"、"邋遢"、"熟食"等。

二 构词法方面

"子尾"、"头尾"和重叠式也是普通话重要的构词形式,下面是见于泰如话和吴语中构词方面的一些语法特点。

(一)子尾词

泰如话中"子"作为衍音成分附加在时间词后面,衍生出一个音节,构成三音节词,如:"今年子、明年子、前年子、旧年子、昨朝子、前朝子",少部分普通名词+子尾形式:丝瓜子、贼子_{小偷}、屋脊子。

(二)头尾词

吴语的"头"后缀词要多于泰如话,其中不乏一些相同的构词,有些也存在于普通话之中,可能源于吴语,如"派头、榫头、户头、号头、人头、插头、骨头、门头、滑头、肉头、浇头"。"动词+头"能构成表示具有名词的部分句法功能的临时名词,如"吃头"、"看头"、"听头","头"强调动作或数量的整体性:一回头、一口头、一脚头、一块头。

(三)重叠式

重叠式构词在两地方言中普遍存在,受普通话的影响,吴语中重叠形式表示亲属称谓的词语逐渐增多,上海话中的"公公"、"婆婆"、"哥哥"、"姐姐"、"弟弟"、"妹妹"与"阿"词头型称谓并存,重叠表示小名或昵称的格式在泰如话和吴语中日渐普遍,分别取代各自的儿化型或"阿"词头型;"块块、日日、天天、顿顿、段段"等名量词的重叠不大见于普通话,在泰如话和吴语中则较为普遍。VV型动词重叠式在两地的凝固性都不太强,可以插进各自固有的表示动作实现的体标记形式,表示相同的语法意义,如"想啊想/想勒想、看啊看/看勒看",可以带单双音节的结果补语,如"扎扎齐、煮煮熟、放放整齐、擦擦干净"。形容词重叠式中AABB、ABB有大量相同的重叠形式,不少在表义和使用上完全一样。泰如话中为数不多的表示形容词强弱程度对比的语例,如"冰冰凉"与"凉色色ᵣ"、"苍苍白"与"白稍稍ᵣ",表示程度增加的中缀式重叠,如"精高精兴致很高、笃定笃十分确定",带有吴语重叠式的特点,"A的AB"、"A的BC"与"A里AB"相似,同属于消极意义的形容词重叠。都有双音形容词、名词后叠重叠的情形,如泰如话的"淘凉耷耷ᵣ、淘凉丝丝、红肉细细、麻辣抽抽、肉膊ᵣ条条",吴语(上海话)的"妖怪希希、烟冷清清、寒毛凛凛、火赤焰焰"等。

三 代词与量名结构方面

(一)三称代词的读音与表义

泰如话和吴语三称代词差别较大,但复数具有性质相似的形尾,"俫"跟吴语的"伲"形成系统的对应,与官话的"们"相区别,"侬"在吴语中是比较有代表性的第二人称代词,在泰如片的黄桥、七圩一带的方言中读音为[nən]²¹³,体现出吴语底层的影响;上海话的"拉",是人称代词的复数后缀,同时兼处所后置词,泰如话的情形与此相似,"俫"和"辣"分别表示人称复数后缀和处所后置词时,两者读音相近;第一人称复数都没有排除式和包括式的分别;"自家"表自己,更多充当代词主语的同位语,也可作主语、宾语、定语。

表示指代的"个(葛、辩)"是具有南方(吴)方言特征的语法成分,泰如话区从南到北渐次减少;系列指代词都有合音、促化等多种不同形式的读音;上海话中"哀搭"、"哀面"中的"哀"和"鞋里"中的"鞋"与泰如话"这海、那海"的"海"都表示处所,共同来自古汉语表处所的"许";

问数量，都可以用"多少"和"几"。

（二）数量词的读音与表义

数量词结构中，量词前省略"一"的现象普遍，如"斤半"、"百五"、"丈八"；"两"有时都不实指，虚指较少的数目，相当于"一些"，如："歇两日"、"把两个钱他给他些钱"。

（三）量名结构的变调与定指

量名结构在一定的条件下可以用来表示定指，在结构形式上，定指式和数量式有不同的变调格式。可以有限制地单独做主语、定语、句首状语，修饰句首主语，修饰作定语的名词，修饰介词"拿、把"后的名词，可以用于定语和名词之间，修饰带定语的名词，修饰"个、的"字结构，作同位语的名词。"些"在如皋、海安口头也念[ɕi²¹]，"这么多"、"那么多"分别说"这些[ɕi²¹]"、"那些[ɕi²¹]"或"这些[ɕi²¹³]"、"那些[ɕi²¹³]"，[ɕi²¹]也表定指，与苏州话中的[sin⁴⁴]属同一层次的成分。

四 虚词与体貌结构方面

（一）"勒"与"啊"

"勒"和"啊"所分别组成的并列短语可以并列整个句子，也可以并列主、谓、宾、补等句法成分，可以是谓词性的，也可以是体词性的，还可经常和"还是"连在一起使用；可以并列肯定项和否定项，"还是"在句中省略，但一般都不省略连词"勒"和"啊"，分别构成"VP 勒勿 VP"、"VP 啊不 VP"结构。

（二）"啊"与"仔"、"勒"、"咾"、"脱"、"好"

泰如话的"啊"和吴语的"仔"、"勒"、"咾"都是各自方言中高度虚化的语法成分，"啊"对应于吴语的"仔"、"勒"、"咾"，也对应于半虚化的"脱"、"好"，可以表示动作的完成，还可虚化为表示动作的存在、持续、结果，两地都采用存在词加处所词来表示动作的进行和持续，一般在动词前头表示进行，在动词后面表示持续。"啊"在句末可以充当语气词，表示陈述、疑问、祈使、感叹等多种语气，同时在句中可起连接作用，连接名、动、形、数量、代等多种词类及短语，也可以连接相应的句子；"啊"和"仔"都有重要的构词功能，所构成的词语不少经过了一个不断虚化的过程。

（三）"辣海/辣"表处所及充当体标记

"辣海"或"辣"是南方汉语的一个自源词，表处所义，在泰如话和吴语中可以用作表示处所的名词后缀，在吴语中是一个虚化程度较高的进行体和持续体标记，在泰如话中可以表空间也可以表时间，可以和其他词语一起来表示动作的进行和持续。

（四）部分连词及副词的虚化

"这咾"、"葛咾"进一步虚化为表示原因和结果关系的连词，"一上来"、"常时"是见于两地的时间副词；"蛮"用于形容词前、"煞"分别用于动词或形容词前后、"得"用于动词后表示程度；"横竖"、"一脚"虚化为情态副词；"作兴"、"不/勿作兴"表示推断性的语气；"先不/勿先"表示确定性语气；"单"、"单单"表示排他性的范围；"拢总（儿）"、"共总（儿）"表示限量性的范围；"曾[tsʰə²¹³]"与"蓟"、"没得"与"呒没"在各自的方言中分别表示否定。

（五）部分相同的前、后置类介词

共同的前置类介词有"代"、"拿"，共同的后置类介词有"上"，表示复数的后缀与处所语素相一致，"倈/債"对应于吴语的"哚/搭"（苏州话）、"拉/辬搭"（上海话）、"里/搭"（无锡话）。

（六）相同或相近功能的助词

"的"和"个"分别是泰如话和吴语常用的结构助词，用在名词和代词后面，表示领属和性质；跟动词一起组成"的"字结构、"个"字结构，相当于名词；用于动词后，表示结果和程度；"到"有表示趋向、结果等进一步虚化的用法。

五　句子与句式方面

（一）"ADV+VP"疑问句式

"ADV+VP"是泰如话和吴语普遍存在的一种疑问句式，即"可 VP"和"阿 VP"型问句，与"VP 啊/哦"问句并存，在疑信程度方面有不同。"可"、"可是"、"可作兴"、"共"与吴语（苏州话）的"阿"、"阿是"、"阿作兴"、"蓟"作为发问词使用时有相同之处，可/阿 VP 句性质上同属于是非问句的范畴。

（二）次话题优先及 VO 语序的增强趋势

吴语整体上属于话题优先语言的一个特殊的次类——次话题优先类型，这种次话题优先的类型特点也反映在泰如话的语序上，如论元分裂式结构、拷贝式话题结构，但没有句法的强制性，VO 语序在泰如话中同样发达，上海话 VO 语序的句子有逐渐增多的趋势。

（三）处置义的表达

泰如话和吴语都存在着用直接提前宾语的方式来表达处置。

（四）双宾语的语序

表示"给予"义时，如果带双宾语，泰如话和吴语动词后的直接宾语和间接宾语的位置可以互换而不影响意思的表达。

第二节　语法的差异性大于共性

泰如话属于北方官话的江淮方言区，与吴方言的性质迥异。语法上，两地方言的差异性要大于共性。

一　构词法方面

（一）复合法

复合法是泰如话和吴语主要的构词法，有主谓、述宾、述补、偏正、联合等五种，由于在构成语素、结构层次、虚实程度等方面的不同，形成了两地方言不同的复合词结构。第二章第一章节所列举的泰如话中的复合词大多不见于吴语，如偏正式的"朝年"、"小面"、"荒荡"、"生怕"、"活说"、"至恭"、"飞烫"、"无大"、"一上"、"亦就"，述宾式的"搭头儿"、"害伢儿"、"待心"、"做鬼"、"吃性"、"拉宝儿"、"当世"、"就他"，联合式的"粮饭"、"绍喻"、"说骗"、"寻搅"、"格局"、"躲懒"、"当是"、"赕派"，述补式的"拿稳"、"作死"、"验细"、"看破"、"占强"、"掼掉"，主谓式的"肖属"、"血照"、"天夜"、"欲着"、"肉疼"、"觉睡"，多重组合的"宝卵灯"、"温汤烟儿"、"老古板"、"支食宝儿"、"没价还"、"失火烧"、"睡住头"、"吃心大"、"人见人"等不一而足，吴语也有大量具有自身特色的构词。从具体的差异性来看，有的表面结构相同，所表示的意义不同，如"百搭"在苏州指样样能干的人，泰如话指打牌时的一种游戏规则；"切面"在泰如话和上海话中都可指"用刀切面条"，上海话还是一个复合词，相当于"面条"。语素和词语组合层次的不同：苏州话中"纸扎"指用芦苇作架子，糊上彩色的纸制成的冥器，是名词；泰如话中"纸扎"单独不成词，"纸扎匠"是从事这一行业的人；苏州话"半桌"指一种长方形的条案，相当于方桌的一半，是一个复合词，泰如话指"桌子的一半"，是个偏正型短语。虚实程度的不同："好日"在泰如话指"好的日子"，是一个偏正型短语，而在苏州话老派，则可以作动词，指"结婚"：俚已经好日哉，"好日"内部组合的理据相对模糊；上海话中"着实"本义为"结实、落实、踏实"，进一步虚化为表程度义，相当于"远远地"，泰如话中"着"可用作动词，如"着地"、"着火"，可以说"心的着啊实"，是个短语，没有在上海话中的虚化程度高。词语音节音步韵律的差异：泰如话属于北方官话系统，词语的韵律遵循两个音节一个音步的规律，吴语的音步韵律相对而言不是么严格，这就形成了部分词语在泰如话和吴语音节构成上的系统差异，一般是泰如话为二音节、吴语为三音节的自然结构，如偏正结构的"渔网"与"捉鱼网"、"耳光"与"夹耳光"、"眼泪"与"眼泪水"、"糙皮"与"鸡皮肤",述宾结构的"寻死"与"寻死路"、"乘凉"与"乘风凉"、"讨嫌"与"讨惹厌"、"寻钱"与"寻铜钿"、"骂人"与"骂山门"、"散场"与"散戏场"、"下晚ㄦ"与"垂夜快"等。吴方言中残存着正偏式结构的合成词,如"人客"、"菜干"、"鱼鲜""汤三鲜",有些地方和相应的偏正式结构并存,泰如话中一般只有偏正式一种形式,如"客人"、"菜干ㄦ"、"鲜鱼"、"三鲜汤"等。

(二) 213 变调是泰如话中一种重要的语音构词

泰如话中双音节词语的后字变读 213 上声的情形在内部各点有不同程度的分布,以海安、如皋、东台等点最为普遍。从语法结构的角度分类,一是偏正型的复合词,如"芝麻、屁股、豆食、百叶、细食、园圃、抛灰";二是附加型的"头"类名词,如"砖头"、"拳头"、"石头"、"骨头"、"舌头"、"馒头"、"木头"、"额头";三是重叠型的名词,一般表示亲属称谓,如"大大"、"妈妈"、"爹爹"、"舅舅",后字还可念作轻声;四是各类儿化型名词,有偏正型的"淘箩ㄦ"、"茭瓜ㄦ"、"丫巴ㄦ"、"蜗螺ㄦ"、"葫芦ㄦ""零头ㄦ",重叠型的"摇摇ㄦ"、"头头ㄦ"、"才才ㄦ"、"拱拱ㄦ"、"了了ㄦ"、"喜喜ㄦ";五是"都"、"光"、"下子"、"这/那世的"、"索啊"等虚化为副词。"可不 VP"中的"可不"用于强调程度,省去数词"一"的量名结构中量词用于指称、"这些、那些"等用于表指称的"些"用于指数量和指称等情形。

(三) 附加型语法构词的类型差异

泰如话和吴语都有子尾、儿化(尾)、的尾、头尾等附加型构词类型,但在构词的数量、范围及表义上有所不同。

1. 子尾词

一些子尾词只见于吴语:码子、前日子、西瓜子、油墩了、面架子、阿胡子、连档码子、寿头码子、学生子,一些只见于泰如方言:天子、牛子、梨子、瓢子、豚子、猪了、狗了、筱子、羊子、屑子、幕子。相比之下,见于泰如话的子尾词更多:名词性成分是非独立词根语素,"子"尾充当构词后缀,且必须有"子"尾才能独立成词的:鸡子、腿子、担子、管子、筷子、肺子;名词性成分是词,"子"尾充当构词后缀的:奶子、血子、肉子、天子、米子、粉子、牛子、角子;附加在数词之后,转类成名词的:一子、二子、三子……十子,指扑克牌中的 A、2、3……10;附加在单音节动词之后,转类成名词的:舀子、对子、托子、耍子、捆子、钩子;"动宾短语+子"表示身体或心理感受的:大人子、淀人子、淘人子、念经人子、号麻人子、挂人子,接在形容词之后,转类成名词的:臭子、驼子、癞子、黄子、豁子、黑子、塌子等。

2 儿化（尾）词

相比而言，吴语（北部）的儿化（尾）构词要比泰如话少很多，儿化在泰如话内部也呈不均匀的分布，其中以如皋、海安点的儿化词为最普遍。和泰如话相应的儿化（尾）词相比，吴语（北部）或一般不用儿尾：水泡（儿）、繰边（儿）、墒沟（儿）、落脚（儿）货、信封（儿）、鹅（儿）；蓝莹莹（儿）、黑塔塔（儿）、矮墩墩（儿）、搭头（儿）；或采用头尾：河滩头/河边儿/岸边儿、浜头/码头儿、秧把头/秧把儿、蕊头/蕊儿、墙角落头/墙角落儿、轧姘头/嫖妈妈儿、老实头/老实墩儿；或采用子尾：雨点子/雨点儿、石子/石子儿、茄子/茄儿、枣子/枣儿、猪肚子/猪肚儿、筹子/筹儿、被面子/被单面儿、老头子/老头儿；或使用重叠格式：洞洞眼/眼儿、珠珠/珠儿、草棚棚/草棚儿、烟袋袋/烟袋儿、奶奶头/奶头儿、娘娘腔/娘儿腔、豁豁/豁豁儿。

3."的"尾词

吴语常见的表示方位词的后缀是"里"、"里向"、"上"等，泰如话是高度虚化的"的"，如"上的、河的、里的、外的、教室的、天井的、肚的、水的、田的、街的、屋檐的、县的、省的"，"的"还可以作为构成时间词的后缀，如"日的、夜的、日中心的、早更的、夜更的"，"的"附着于形容词后构成副词，如"驳驳的"、"稳的"、"样的"、"怕的"、"绷的"、"准的"。

4."头"尾词

泰如话和吴语都有不少"头"尾词，泰如话有吴语所没有的"㑚头子"、"屎儿头子"、"大肠头子"、"倒心头子"等后附的子尾，以及"泊头儿/骂人闲话、裤头儿/短裤、老相头儿/小老卵"等尾的儿化，但总体上吴语的"头"尾词要多于泰如话，吴语是头尾词、泰如话不加头尾的：铁头/铁、云头/云、乡下头/乡下、门口头/门口、东风头/东风、饭碗头/饭碗、早晨头/早晨、馅头/包馅、话头/话、站头/站、冷饭头/冷饭、一块头/一块、一斤头/一斤；吴语是头尾词，泰如话是子尾词的：鼻头/鼻子、竹头/竹子、牌头/牌子、篮头/篮子、钉头/钉子、领头/领子、肺头/肺子、书喉头/书呆子、领头/领子、撑头/撑子；吴语是头尾词，泰如话是"的"尾词的：上底头/上的、外底头/外的、里向头/里的、夜底头/夜的；吴语是头尾词、泰如话是儿尾（化）词的：麦穗头/麦穗穗儿、调头/调儿、角落头/角落儿、绢头/手帕儿、水桥头/水码儿、夜快头/黄昏头/下晚、老实头/老实头、引线头/引线儿、零头/零头儿、角头/角票，还有吴语独有的头尾词：三夯头、三吓头、一户头、一埭头、一记头、一嚯头、一扫头。"头(儿)"尾部分词语在泰如话的海安、如皋、东台等点必须变读213调，其他点一般读轻声，如"砖头、馒头、钵头、芋头、指头、棒头、屋山头、畚头儿、头头儿、零头儿"等。

（四）重叠型语法构词的类型差异

重叠式构词在泰如话和吴语中广泛存在，各类重叠式在表义、适用的对象和语法功能上都存在一定的差异。泰如话和吴语表示亲属称呼都可用名词重叠式，吴语还有前附的"阿"词头式，如"阿嫂、阿囡、阿侄、阿姨、阿舅、阿三、阿强"等，泰如话没有"阿"词头的前附加构词，受普通话的影响，人名小称的叠音形式逐渐增多，如"斌斌、芳芳、杨杨、东东、珍珍"等，一般限于"小字辈"，青壮年以上不管是面称还是背称，仍多用儿化形式。名词重叠式在吴语可以表示小称，如"洞洞"、"珠珠"、"豁豁"、"袋袋"、"脚脚"、"泡泡"、"奶奶（乳房）"，相应的泰如话多使用儿化形式："洞儿"、"珠儿"、"豁豁儿"、"袋儿"、"脚儿/脚子"、"水泡儿"、"奶头儿"。

吴语有"重叠+头尾"格式表示小称："脚脚头、角角头、梗梗头、奶奶头、苏苏头、根根头"，泰如话是儿化或子尾格式："脚儿/脚子、角儿、梗儿、奶头、须须儿、根子/根儿"。

泰如话中单音节动词的一般重叠与重叠儿化表示不同的语法意义，一般重叠形式重叠部分一般读轻声，音高随前字而定，有轻微短暂的意思，儿化重叠则形成一种短时体，这是动词重叠长期语法化的产物：有比较固定的轻声，音高点的高低不受前字的限制；一般重叠表示的时间是短暂的，但可以是一种常态，表示轻松、悠闲的语气，儿化重叠则表示某一次动作的时间，主要出现在未来时态中，没有这种轻松、悠闲的语气。儿化重叠还有重叠部分的 213 变调所构成的名词性重叠：摇摇儿、团团儿、方方儿、络络儿、抽抽儿、河河儿、薄薄儿等。

吴语有"VV+伊"的动宾结构重叠式，一般表示祈使或缓和的命令语气："台子揩揩伊、瓜子炒炒伊"，"伊"表第三人称单数的意义已经虚化，在句中一直处于连读变调组末字的位置上，读音也随之变得轻而模糊。"伊"在上海话中一般被用来复指话题，泰如方言没有这种"VV+伊"的动宾结构重叠式，在表示祈使及缓和的命令语气时，有"S+代/同我+V 掉它"格式，"它"复指句中主位上的 S：鸡子代我杀掉它！信同我寄掉它！总体上没有吴语使用那么普遍，吴语还有"吃吃我、要要命、排排坐、驮驮背、团团转、刮刮抖"等与 VV 相关的动词重叠式，泰如话中没有这种重叠。

泰如话中常见的动词重叠式有"V 啊 V 的"式、"V₁ 啊 V₂ 的"式、"V₁V₂V₁V₂"式、"直 V 直 V"式、"V 啊 C 啊"式，分别对应于吴语的"V 咾/勒 V"、"V 法 V 法"、"V₁ 咾/勒 V₂"、"V₁V₂V₁V₂"、"VVC"等重叠形式。"V 咾 V"既对应于泰如话的"V 啊 V"，也对应于"V 啊 V 的"。两地都有

"V₁V₂V₁V₂"式，但在内部组合的成分性质上有所不同，如苏州话有"摸索摸索"、"弓松弓松"，"闷吃闷吃"、"瞎讲瞎讲"，"摸索、弓松"在苏州话中不成词，不能单说；"闷吃、瞎讲"能单说，整个重叠式更接近于形态模式，泰如话的"直V直V"式与之有相同之处，"直V"在泰如话中也不大能单说，如"直吃、直看、直打"，但可说"直[tɕʰiʔ³⁵]"，是个形容词，如"拖得直[tɕʰiʔ³⁵]"，只限于在补语的位置上。它们都能重叠成"直V直V"式。泰如方言中有"肉拱肉拱"、"晓得晓得"、"麻烦麻烦"，"肉拱"也不能单说，"晓得、麻烦、摸索、瞎说"能单说，"晓得"、"麻烦"在一定条件下可以重叠，"摸索"、"瞎说"在任何情况下都不能重叠。

泰如话和吴语中，AA式形容词重叠一般不直接修饰名词，在谓语和补语位置上，分别说成"AA+的/个。泰如话中表示形容词的极度义，一般不用重叠形式，而采用前加副词型或后补型短语结构来表达：这条路荡/笔直的、这条路直得不得了，也可采用"无A不A"式结构：无饱不饱、无快不快。

"叫"是吴语常见的副词后缀，尤其多见于上海、苏州等北部吴语，如"慢慢叫、好好叫、扣扣叫、静静叫"，可以单独成句表示祈使语气，泰如方言与"AA叫"相应的结构是"AA儿啊"：慢慢儿啊、轻轻儿啊，可以是表祈使性的，也可以是表描写性的，但所构成的词没有吴语丰富。

ZZA式是吴方言中比较有特色的一种形容词重叠式，如"血血红、碧碧绿、墨墨黑、煞煞白"，所表示的程度进一步加深。泰如话中相应的ZZA式结构较少，如"苍苍白"、"冷冷儿干"、"宰宰拘"，所表语法义也有所不同，同义的结构是ZAZA式，如"雪白雪白"、"雪青雪青"、"乌黑乌黑"或后缀重叠的ABB格式，如"红通通"、"白耷耷"、"黑塌塌"。ABB式形容词重叠分布广泛，从构成形容词的后缀形式比较，有在两地完全相同的：矮墩墩、胖乎乎、圆滚滚、扁塌塌、紧绷绷、香喷喷，有些稍有差别，泰如话的如皋、海安、东台等地以带儿化的情形为主：长条条（儿）、长腰腰（儿）、胖嘟嘟（儿）、甜津津（儿）、咸搭搭（儿）、麻辣辣（儿）、黏得得（儿），有些ABB式重叠只见于吴语，较少见于泰如话：重墩墩、嫩几几、薄血血、短西西、胀别别、辣花花、添咪咪，有些只见于泰如话，较少见于吴语：白沙沙、白梢梢儿、黄色色儿、严实实、袜的的儿、结实实、惶巴巴、筋暴暴、热稠稠、亮霍霍。

泰如话有"A声A/B气、A的A/B气"式重叠，如"浊声浊气、慢声细气、臭的臭气、泊的泊气、冲的冲气、傻的傻气、水的水气、臭的烘气、疯的傻气"，吴语（上海话）有"好声好气"，泰如话的该类重叠式大多具有消极色彩，吴语相类似的结构要少很多。

二 代词与量名结构方面

(一) 代词的读音与功能

泰如话的代词系统,体现了吴语和官话方言过渡性的特点,如单数人称代词"我、你、他",跟上海话的"我、侬、伊"、苏州话的"我、倷、俚"差别较大,但复数是"我俫"、"你俫"、"他俫","俫"跟吴语的复数人称后缀"伲"、"拉"、"笃"等的性质相似,是一个完全虚化的语法标记。吴语复数人称代词词尾"家",是由唐宋以来的单数人称代词词尾"侬家、奴家、君家"等的"家"发展而来,在吴语区的武进、宜兴、溧阳、江阴、丹阳等地,发展成了一个表复数的语尾;泰如话的"家"体现在白读层的读音显得更为复杂,常有弱化变读,具体表现在充当人称代词的领格、接在指人名词之后、使用在地名之中,常有声母丢失、变调、合音、省音等弱化变读的情形,但这种虚化没有进行彻底,[ŋa²¹³]、[n̠ia²¹³]没有能发展成人称代词,也没有如上海话中的"拉",发展成人称代词的复数后缀,同时兼处所后置词,表示家里。泰如话中的[ŋa²¹³la³]/[ŋa²¹³a³]、[n̠ia²¹³la³]/[n̠ia²¹³a³],第三人称是[tʰa²¹la¹]/[tʰa²¹a¹],其中的[la]/[a]既不是复数的后缀,也不是处所的题元,而是弱化的"家",泰如话表复数和处所的标记分别是[le]/[le xe](合音为[le]),书面上记作"俫"或"辣(海)"相区别。

泰如话中有表示自指的人称代词"自家"和他指的"各是",分别相当于北京话的"自己"和"其他",在一定的上下文中,"自家"更多地充当代词主语的同位语,也可作主语、宾语、定语,吴语中的"自家"也有这样的一些语法特点,同时两种方言中"自家"在用法上又有不同之处,"自"在泰如话中是一个语素,而在上海话中可以当词来使用。泰如话也有表示他指的"其他",是从普通话渗透进泰如话的,而"各是"则是泰如话的固有词,两者在语法功能上有不同之处。泰如话中"伙家"还可以在同辈或长辈对晚辈之间用来表示面称。

"个"指代词在南方汉语分布广泛,是与北方官话一个重要的分界标准,从吴语到泰如话,"个"指代词深入到泰如话的南通点,在泰兴与"这"出现过渡,到如皋、海安则被"这"所替代,在海安有[tsa³³]和[tsɔʔ³³]两种不同的读音,可视为文白异读;吴语(上海)表示指示的"搭"、"面"、"歇"和泰如话(海安)中的"海"、"下"、"块"是半虚化的表示指示的后缀,"甚的"和"啥"分别是两地方言具有代表性的疑问代词。

(二) 数量词的读音与意义

泰如话和吴语一样,含有"一"数量词结构,"一"常可省去。在海安、如皋等地,这些省略了"一"的量词,包括临时充当量词的名词,一般情况下都要变读成 213 调，如：场尿、丫ㄦ西瓜、筷ㄦ菜、桶ㄦ面、桶米、副肚肺、筷ㄦ饭、锅子粥、方土等。

"二"和"两"在不同的词语组合中读音有差异。"两个"不一定实指具体的数目"二"，而是虚指较小的数目，相当于"一些"；表示超过某一数量，泰如话还说"朝外"、"宽点ㄦ"、"好几"、"多点ㄦ"。

泰如话中数字"一"常常表示"时间上的一次性"、"全部"、"专一"、"经常"等义，如"一日到夜、一惹的、一塌刮子、一气上"；"八"虚指较大数目，如"八更八点、八败命怕个死来做、阴八间、八世、久已八载、耳聋缠八"；一些数字在词或短语中仍暗含数词的本义，如"半世、半边人、三缸油两缸酱、四门店、八鲜行、三的不角、四方滚溜ㄦ圆"；有些词或短语中数词性的语素来历不明，如"三六子、鬼五六吵、七寸八挡、皮啊耷二、冒六公、无二八鬼"。

（三）量名结构表定指及变调

泰如话的量词可以表定指，但没有吴语使用那么广泛，表定指时要依靠听说双方共处的语境，甚至要加上眼神、手势等；在结构形式上，定指式和数量式有不同的变调格式。吴语表定指义的量名短语在一定的语言环境中，量词可以单独做主语或定语，泰如话一般要跟名词结合在一起充当一定的句法成分。泰如话中的"个+名"结构具有丰富的表情功能，一般表示詈骂、责备等消极义，在指称整体或个体时主观上可以往小里夸张，也可以往大里夸张，具有较强的主观评价性功能。

三 虚词与体貌结构方面

（一）"啊"与"勒"

吴方言指代词问句句末不一定要使用疑问语气词，泰如方言句末一般有语气词"啊"，也可以用"的"。吴语并列短语的并列项早先是直接粘连的，由于并列项之间语气上的短暂停顿，滋生出一个语气词"呢"，后来，其声母由鼻音变成边音，字形也随之改写成"勒[lə⁵⁵]"，渐渐具有了连词的性质。泰如话的"啊"作为连词，可以出现在多种场合，除了和吴语的"勒"共同具有连接谓词性词语的功能外，还大量连接体词性词语，用在状中、连动、补充结构中，可能来自近代汉语的"也[a]"。

（二）"啊、掉"与"仔、勒、脱、好"

泰如话的"啊"和吴语的"仔、勒"是高度虚化的语法成分，"脱"、"好"、"掉"是半虚化的语法成分。吴语表示完成体的"仔"不能用在句末，主要用在动宾与动补之间，且必须具备下列三个条件中的一个才能成句：宾语或补语中有数量成分；句末有语气助词"哉"；有后续动词短语或分句。泰如话中的"啊"没有这些条件的限制，可以用于动宾、动补之间，也可以出现在句末，宾语或补语可以有数量成分，也可以没有，使用时不一定要有后续动词或分句。泰如话的"好"在充当完成体的标记词时，一般是用在动结式的结构中，常以"Ｖ啊好啊"的形式出现，"好"和"仔"在苏州话中还有焦点预设、突出动作完成过程等的不同；泰如话表示结果的持续，不用与"好"有关的体标记，吴语中的"好"在表动作完成时还派生出表结果的持续，如："我做点事体，耐一直看好仔作啥？/我做点儿事，你一直看着啊做甚的？"泰如话的动补结构必须在动词和补语之间加"啊"，吴语不能在 VC 之间加"仔"或"勒"；泰如话的"啊"有重要的构词作用，如"仅啊、信啊、尚啊、假马儿啊、定当啊、除啊、并啊、寻啊、天懂儿啊"，大多归于副词一类，吴语有"脱仔"、"比仔"、"照仔"，"仔"也有类似的构词作用，但数量上不如泰如方言多；"啊"和"辣仔"具有引进动作处所的标记功能，并没有虚化成零标记；否定句和疑问句中"仔"和"啊"有隐现的不同，在句末担任语气词时有表达语气的差异。泰如话中"啊"还虚化为表示样态的"这啊、那啊、怎啊、要啊"。泰如话的"掉"和吴语的"脱"从基本的表动作"消失"→动作行为导致行为主体或受事成分消失→表示"损坏、失效、偏离、减少"→表示"完成工作、打发时光"等更虚义，具有相近似的虚化轨迹，但自身的实词义始终没有完全消失，充当体标记时经常要和其他更虚的成分结合在一起使用，是半虚化的体标记词。

"啊"和"仔"也是重要的持续体标记。"仔"在存现句中完全对应于"啊"，但在主谓句中不完全对应。吴语表示持续的标记词还有"勒里"、"勒浪"、"辣海"，泰如话则用"Ｖ啊下"、"Ｖ着啊"、"Ｖ着啊下"等结构表示持续。"辣海"在吴语中也是一个表动作进行的体标记词，泰如话主要用来表示处所，表动作进行时一般要和"在"或"埋"一起连用，在动词后有表动作持续的虚化倾向。"着"在泰如话中读音有从[tsʰaʔ³⁵]→[tsaʔ³³]→[tsəʔ]/[səʔ]演变，词义逐渐虚化，读[tsəʔ]/[səʔ]时是完全虚化的语法成分，吴语中的"着"仍有比较实在的意义，尚没有虚化为一般的体标记词；在表示持续体标记时，泰如话中的"着"常和"啊"在一起使用，说明其虚化程度没有普通话中的那么高。

表示动作的进行，泰如话和吴语分别是"在Ｖ"、"在下Ｖ"和"辣Ｖ"、"辣海Ｖ"，"在下"由表空间的存在发展到兼表时间与空间动作的进行。相比起"在Ｖ"结构，"在下Ｖ"结构还有一种"在某空间某动作正在进行"或"即将进行"的意味，描写性的色彩更为浓厚，"在下"有由表处所到表语气的虚化。

（三）连词的差异

"啊"与"咾"、"带"与"脱"、"同"与"搭（仔）"分别是泰如话和吴语常见的表示并列关系的连接词，"啊"与"咾"还可以表示因果关系，表示这种关系的词语还有"这咾"和"葛咾"，"葛咾"的虚化程度高于"这咾"，与"这啊"的使用相一致；"带……带"、"顿……顿"、"阵儿……阵儿"是泰如话中比较有特色的表示并列关系的关联词。

"呗"和"末"分别是泰如话和吴语中表示假设—结果关系的连接词，相比而言，"呗"没有"末"使用频繁，有时用"……的话"来与"末"相对应；吴语常见的连接词"葛末"，在泰如话中也念作"概么儿"，主要表示选择和否定性的假设，与"葛么"或"葛"的使用有所不同；"耐末"在口语中也说成"耐"，在吴语中词汇化程度较高，使用的频率也较高，与泰如话的"要啊"形成一定的对应。

"说的"在泰如话中有从言说义的实义动词→传闻标记→传情标记→标句词→话语标记演变的语法化路径，上海话的"伊讲"有相近的演变路径。

（四）副词的差异

泰如话和吴语有跟普通话相同的副词，即如前面所列举的共同为两地方言共有的副词，还有更多属于各自方言自己的副词，本书重点列举了泰如方言中的情形，如时间副词中表时性的"莽道、即啊、当世、才儿、先朝儿、几朝、下子、一气上、刻儿、刻刻儿、一上（儿）啊、站啊下、上来、早晚"，表频性的"容者啊、容者不到、只是、直抢、一歹的、歹歹的、一胆的、一惹的、暂时不到、兴旺啊"，表序性的"接二、代"；程度副词中表程度深的"没得命、买啊命、没魂、没数、穴、煞个、煞日个、粉、叽、瘟、不过、不能过、不晓得都、扎实、通啊天（地）、到啊天（地）、嫌、飞、贴贴、一鼎、还就"，表程度轻微的"俯就儿、不大、不大……很、不甚的、不这（那、怎）啊、假马儿啊"；情态副词中表意志类的"添道、定为"，表方式类的"横竖、就住啊、就他、一脚"；语气副词中表推断性的"怕的、可想、作兴"；表确定性的"一的、寻啊、呆定的、先不先、掼掉、所在、不就、亦就"，表逆合类的"反如、添当啊、间间"；表疑问语气类的"为叫、寡如、怎啊、甚的、哪、哪倒、当真、哪一家、还是"；范围副词中表总括类的"均（是）、灿（是）、哼吧郎当、都"，排他性的"光、单、单单"，限量性的"拢总儿、共总儿"；否定副词主要有"不"、"曾[tsɔ̃213]"、"没得"、"不曾[pəʔ33tsʰɔ̃35/3]"。

（五）后置类介词的差异

相比起泰如话，吴语有更多虚化彻底的后置介词，在句法上的作用也更加重要，这与吴语离 VO 类型更远的特征相和谐。"勒"是吴语中兼表存在的基本方所前置词，泰如话相应的是"在"、"埋"，"勒"在苏州话中还可以表示源点或经由处，相当于介词"从"，泰如话的"在、埋"没有这样的用法，表示源点和经由处，一般用"走"，在泰如方言中有虚化成介词的用法，相当于"从"，动词后的许多功能则被虚化程度更高的"啊"所取代。泰如话中表示伴随与收益者标记的介词是"同"、"代"、"替"，吴语相应的是前置词"脱"和"搭（仔）"，都是语法化程度比较高的标记性成分。"代"在吴方言中弱化并促化成"搭"，表示"替、给"义的介词，在上海话中形成"脱、得、搭"等三种变体，"搭"类介词逐渐演化出处置、被动的语法意义；泰如话的"代"、"替"没有进一步虚化，表示处置、被动的是"拿、把、喊、挨"，吴语表被动的是"拨""拨拉"，同是表示被动，泰如话的"挨"来源于动作的"遭受义"，吴语的"拨（勒）"则来源于"给予"义。

泰如话中也不乏后置词的不少用例，且有不同程度的语法化倾向，"上"可充当时间、方位、范围的构词语素，没有吴语"上（浪）"的语法化程度高；吴语中"里"表现出较高的语义抽象度，泰如话相应的是"的"，不限于表示"里面"，可覆盖部分由"上"表示的语义，成为一个抽象的方所题元。泰如话的"这海"、"那海"，语流中合音为"债[tse^{33}]"、"辣[le^{33}]"。北部吴语的复数后缀同时是表示"家里"义的处所后缀词，泰如话的"辣"不是"家里"。"境、海"是泰如话中两个重要的方位词后缀，其中"海"与苏州话中的同类后缀相关，不仅指空间，还指时间。泰如话中比较有特色的后附性介词结构还有"A似、A到"、"赛如"、"谐如"、"朝"，框式结构"待……样的"等。

（六）助词的差异

"的"和"个"分别是泰如话和吴语最为重要的结构助词，在使用上有不同之处，"的个"在泰如话中可以一起使用，"的"在相应的背景句中起连接前后句子的作用。"得"在两地方言中也是重要的结构助词，泰如话常用后附"啊"，表示可能；后接表示程度或结果的补语时，有时会与语法化程度较高的动词后附"啊"在用法上相交叉，使用时有同有异；"动+得/不济"、"动+得/不攀"结构，表示时间上来得及或来不及；"有得"在泰如话中可单独充当谓语，"没得"在吴语中还表示"不能""没办法"，表示推测，反映了两地方言之间的差异之处。

"啊"是泰如话中重要的事态语气词，对应于吴语的"哉"、"勒"、"哦"等多个语气词，"啊"作为情态语气词，与吴语的"啊、哩"相对应；"啊"作为句中的暂顿语气词在表示并列成分之间的停顿时，上海话和苏州话相应的词语是"咾"、"唻"、"啦"等。泰如话中也有"哉"，一般表示祈使和假定的语气，另有"吵"，表示语气相对强烈的祈使语气；吴语的"哦"多见于是非问句的句末,"哦"和"勒"经常连用,构成是非问句,询问某一动作是否完成;征求对方对所陈述内容的同意态度,吴语使用频率较多的是"对哦、好哦",泰如话一般用"可是的啊";吴语的"哚"出现在数量词语后面时,除表仍然事态外,还可表示说话人主观上认为数量偏小的情态语气,泰如话正好相反,一般表示数量偏大的情态语气。吴语中表示用来提示话题的语气词有"嚜/末"和"呢",泰如话典型的是"呗"。

四 句子与句式结构方面

(一)"ADV+VP"句式的差异

泰如话的"可是"、"可作兴"与吴语的"阿是"、"阿作兴"相比,内部的凝固性要弱一些,"可 VP"在一定的语言环境中也可以是表已然体的问句;"可"可用在副词"就、才"等之前,吴语的"阿"不具有此功能;泰如方言的"可"除了可以用在动词、形容词等谓词性结构前,还可以用在名词、代词、数量词等体词性成分前面,可以看作是语流中省略了动词"是";都可以在陈述句后面附加一个独立的"ADV+VP"短语,相比之下,吴语出现的频率比泰如话更高,泰如话和吴语分别存在着"可不VP"与"阿VP 勒勿 VP"否定句式,是非问和特指问合璧的问句是一种很经济的表达,在两地的口语中都极为常见,甚至只有在特指问的场合,也习惯加"阿"、"可",但这种带特指问词语的"可 VP"句子的疑问焦点却发生了变化,"侬身浪阿带点啥物事?""侬醼到哪搭去?"可以直接回答所带东西和所去地方的名称,相应的泰如话"你身上可带点甚的稿子?""你到哪海去?"则可直接用动词回答:"带、不带","去啊的、曾去",后面再继续补充说明要带的东西或已去的地方。

(二)话题句的语序差异

吴语在很多情况下,都使用受事成分充当话题 T 的 TV 式句子,尤其是受事充当次话题的 STV 式,是非疑问句压倒性地采用受事话题结构是上海话及整个吴语的突出特点,泰如话一般采用 VO 式;吴语正反问句结构形式在是非问中出现的比例较高,在泰如话中一般以"可 VP"型问句的形式出现;宾语有定的肯定句,上海话倾向于说成 STV 或 TSV,SVO 也可以接受,在绍兴、台州、温州等方言中,基本上只说 STV 式或 TSV 式,SVO 式很难接受或完全不能接受,表示处所和趋向的论元更常前置,泰如话表示处所和趋向的论元前置时一般要使用前置介词或框式介词,要么处于宾格的位置,相比之下,更倾向于 VO 的类型。

(三)"拿"字句与"把"字句的差异

吴语中"拿"字句的使用频率高于泰如话,"把"字句的使用相对较低,表示处置义时，泰如话较多使用"把"字句，吴语更多使用"拿"字句，从吴语到泰如话"拿"字句和"把"字句呈现出一个此消彼长的过渡状态，与吴语 STV 结构发达、VO 结构相对萎缩、"把"字句的"地盘"受到侵蚀有关。"把"字句在上海话中还有一些是用受事话题句来表达的，其中的祈使句往往在宾语位置上用"伊"（他）来复指话题，泰如话相应位置上的"它"不一定非出现不可。"把"字句和"拨"字句也形成了两地兼语语序上的不同。

（四）双宾语句的差异

双宾语句中，泰如话的"把"在表示给予义时，一般以直接宾语在前、间接宾语在后的语序为常见，而其他动词（如"赔"、"还"）则两种语序都可以；吴语的"拨"在表示给予义时，与一般动词一样，直接宾语、间接宾语前后都可以易位，而意思不变；泰如话表"称呼"义的动词可以用动词的拷贝式来表示，如"小伟喊我喊舅舅"。

（五）补语句的差异

吴语有"动词+宾语+结果补语"的结构类型，又分为两种情形：一是宾语限于单音节，多为虚化的"伊"，如"敲伊破"、"烧伊酥"；二是其中的补语是带否定词"勿"的单音补语，"打侬勿过"、"话侬勿过"，第一种情形在泰如话中不见使用，第二种情形也见使用，如"对他不起、打他不过"，也说"对不起他"、"打不过他"。

第三节　泰如话与吴语语法系统演变的共同趋势

世界上万事万物都处于不断变化和发展之中，语言和方言也是如此。语音、词汇、语法三要素中，语法是语言中最为稳定的要素，但据钱乃荣对上海话 160 年来发展的考察，语法方面也有不小的变化，可见稳定是相对的，对比泰如话的语法系统，两者在以下方面具有共同的发展趋势。

一　普通话与方言的语法成分将在各自的体系内长期共存

泰如话和吴语作为性质不同的两种汉语方言，长期以来一直受到北方官话的影响，经过了千百年的发展，已经"面目全非"。语法上，普通话的语法成分和方言的固有成分将在各自的体系内共存，发展的大趋势是共同语的语法成分将逐渐取代方言，成为最终的胜利者，但这又将是一个长期渐进的过程，语法结构在局部发生变化的同时，主体仍会保持相应的稳定。

比如表示时间的副词，泰如话有"莽道"、"即啊"，上海话有"当即"、"当下"、"立刻"、"即刻"，同时两地方言中又都有"马上"；表示程度分别有"交关"、"邪气"、"蛮"、"煞"，也有和普通话一样的"最"、"顶"、"多"、

"太"。复合词的构词方面，上海话有偏正结构的"上半日"、"下半日"、"每日"、"整日"，也有和普通话一样的"上半天"、"下半天"、"每天"、"整天"；泰如话口语中有附带"子"尾的"今年子"、"明年子"、"后年子"、"去年子"，也有和普通话一样，多出现于书面或年轻人口头的"今年"、"明年"、"后年"、"去年"。动词的重叠，上海话有"坐个坐"、"等个等"、"翻咾翻"、"笑咾笑"，也有和普通话一样的"坐坐"、"等等"、"翻翻"、"笑笑"；表示形容词的极度义，泰如话有"无大不大"、"无咸不咸"、"无快不快"、"无巧不巧"，也有和普通话一样的"A得不得了结构"：大得不得了、快得不得了、巧得不得了。表示动作的经历，苏州话既有"上海俚去歇过"、"俚齁喝过歇洋酒"，也有"上海俚去白相过"、"俚齁喝过洋酒"，"歇"是较早的经历体标记，"过"则是在官话影响下后起的；表示动作的进行和持续，泰如话有"埋啊下吃"、"在啊下吃"，"墙上挂啊幅画儿"、"墙上幅画儿挂啊下"、也有"在吃"、"一幅画儿在墙上挂着（泰州）"等跟普通话相一致的表达；表示动作的源点，泰如话、吴语分别可说"我走北京家来"、"我勒北京转来"，也可以说"我从北京家来"、"我从北京转来"，"从"表示源点是普通话影响的产物。这样的例子在两地方言中比比皆是，说明普通话对方言的影响巨大，不同性质、相同意义的这些语法成分、语法结构将长期共存。

二 方言语法结构发展的不平衡性

泰如话属于北方官话区，相比起吴语来，语法上跟普通话的共性似乎应更多一些，演变也应与官话相一致。但语言现象是十分复杂的，语法结构的发展同样具有不平衡性。正如在构词法部分举例所示，表示同一词义，形式上两地有头尾和儿化（尾）的区别，如"河滩头、河边儿/岸边儿"、"烂泥块头、泥块垃儿[ler²¹³]"，子尾和儿化（尾）的区别："雨点子、雨点儿"、"石子、石子儿"，重叠和儿化（尾）的区别："洞洞眼、眼儿"、"草棚棚、草棚儿"。同样是头尾词，上海话的"柱头"、"盖头"、"竹头"逐渐被"柱子"、"盖子"、"竹子"所取代，但仍有普通话和泰如话所没有的"黄昏头"、"独宅头"、"一记头"、"一扫头"；泰如话的"头"尾词有"额头、拳头、石头、指头、舌头"等"头"读作213调型的，有"癞头、插头、说头、看头"等读作35不变调的，还有"尿头—次性的尿量、强头强盗、码头、罐头"等读作轻声的，读音不同，反映了词语不同的语法化阶段。同一语法成分在两地的方言中有虚化程度的不同，正是语法结构发展不平衡的重要表现。"的"是普通话中常见的结构助词，在泰如话中的虚化程度远高于吴语，除与普通话相同、主要用作表示结构（我的书）、语气（他是昨天来上海的）外，"的"还是"里"进一步虚化的产物，可表示方位："水的、田的、家的、上的"，部分覆盖了吴语"上"或"浪"的功能:"桌子的、脚的、班的、黑板的",可表示时间:"日的、夜的、那世的、老早的",构成副词:"绷的、驳驳的、样的、稳的",表示已然状态的持续:"墙上挂的幅画ㄦ、台上坐的主席团、杯ㄦ的倒的茶";"的"在吴语中一般作为构词成分出现,如"的括"、"的亲"、"的溜溜",常见的结构助词和语气助词都是"个"(我个书、伊前日去个),表示时间和方位的是"里"、"里向":"日里"、"夜里向"、"屋里向"、"脑子里向","里"在吴语的丹阳、常州表现出更高的语义抽象度,如丹阳话的"路里路上、台里桌子上、地里地上",常州话的"路勒、台勒、地勒",区别于规则的读音[li]。

在上海,表示完成的标记词"仔"在20世纪五六十年代就开始被"了"(勒)[lə^ʔ]逐渐取代,现在新派几乎都用"了",而老派和郊区用"仔",这与上海处于南来北往的中心、方言变化速度快有关,特别如前面所提到的一大批洪巢方言片移民的先后涌入,对上海话语法成分的演变不可能没有一些影响,加之普通话强大的传播优势,"了"已然在上海话的体标记系统中扎下了根。泰如片通行地域相对有限,且僻处江淮方言区东南一隅,内部人员流动不大,小农经济为主的发展模式使方言的演变也显得比较保守和滞后,动词后附"啊"高度虚化,承担了表示完成、持续、方位、趋向、语气等多方面的句法功能及形成副词、形容词等若干词类的构词功能,普通话的"了"则始终被挡在泰如话的体标记体系之外。

这种不平衡性还体现在关联词语的使用上,上海话原来较多使用停顿助词"咾"、"末"来提顿因果关系句、假设虚拟句等,如:"勿当心咾碰坏脱哉"、"勿去末伊要勿高兴",现在逐渐失落形态的表示而改用连词、副词构成的"关联词语"来作句子的关联,如"勿小心所以碰坏脱了"、"假使勿去,伊要勿高兴"。泰如话没有"咾"那样连接功能多样的连接词,前后句一般靠分句之间逻辑上的联系,不需要关联词:"不当心碰啊坏啊";后句多用提顿助词"呗":"不去呗他要不快活",也用关联词"假如不去他不快活"、"如果不去他不快活"。"因为"、"所以"是普通话中常见的表示因果关系的连词,在上海话中也常见使用,但泰如话中罕见使用,常见的是"亦就"、"这啊"等连接词。

三 由注重话题向注重主语的语言变化趋势

汉语是一种话题型的语言,吴语又是其中比较典型的。相比起吴语,泰如话或许没有那么典型,但相比起普通话来要明显些。如后加性的提顿助词,泰如话有"呗"、"啊"、"啦"、"可是嗲("的"与"啊"的合音)",上海话早期有"末"、"呢"、"是"、"倒"、"也"、"做"、"对哦"等,有时在一个语段里提顿助词连用，如"瓣桩事体末，小张是，叫伊去也勿成功个"，但在今天两地的方言中，这些话题助词在语流中不一定非出现不可，有些句子话题后往往不停顿，从而变成了主谓句或与主谓句相混。如"伊末，就是数学学得老灵个"，也可以说成"伊就是数学学得老灵个"；"物事好勿好末，大家心里头侪有数个"说成"物事好勿好大家心里头侪有数个"。相应的泰如话的语域式话题也有这种变化的趋势："他呗，就是数学学得好"可说成"他就是数学学得好"，"稿子好不好呗，大家心的都有数"说成"稿子好不好大家心的都有数"。具有上海话特点的"拷贝式话题"、"分句式话题"也有减弱的趋势，如"读书读过歇几年？"年轻人倾向于说"书读过几年？"；"布染啥个颜色末，啥个价钱"，这在麦高温（John Macgowan）1862年的上海话短语集中就有记载，今天的上海话中仍见使用，还说成"布，染成啥个颜色，就是啥个价钱。"泰如话中一般可加可不加助词提顿，如说成"布，染甚的颜色就是甚的价钱"或"布呗，染甚的颜色就是甚的价钱"。

　　泰如话有上海话所常见的话题用在主语后的情形："他饭吃过啊"、"你哥哥有吧？"，但更自然的表达是"他吃过啊饭"、"你有哥哥吧？""你可有哥哥啊？"。吴语也有由注重话题向注重主语的语言变化趋势，即 SVO 语序的的出现，特别是在上海话中，"我吃勒饭勒。""侬去广州哦？""我吙没考过托福"之类的句子屡见不鲜。原来的一些 TV 句现在也可以用 VO 句的形式来表达："一扇窗户关关"说成"关关葛扇窗户"、"一只手表送拨侬"说成"送拨侬一只手表"；受普通话"把"字句、"被"字句语序的影响，原来的"侬书拿得来"、"伊吓仔一跳"也说成"侬拿书拿来"、"伊拨吓勒一跳"，这与泰如话的"他把书拿到来"或"他把书拿啊来"、"他挨吓啊下子"的语序已经基本一致了，都在向主语型的语言靠近。

参考文献

一 论文

1. 白曙敏:《南通方言俗语的修辞艺术》,《安徽文学》(下半月) 2009 年第 11 期。
2. 鲍明炜:《江淮方言的特点》,《南京大学学报》1994 年第 4 期。
3. 蔡华祥:《汉语语法研究的新领域——方言语法研究形势之探析》,《湖北社会科学》2010 年第 6 期。
4. 曹志耘:《金华汤溪方言的"得"》,《语言研究》2001 年第 2 期。
5. 陈厚才:《泰州方言语法现象考察》,广西师范大学博士学位论文,2008 年。
6. 陈满华:《〈汉语方言语法比较研究〉评介》,《国外语言学》1996 年第 1 期。
7. 陈淑梅:《鄂东方言中"箇"字的用法》,《方言》1999 年第 1 期。
8. 陈伟兴:《义乌方言量词前指示词与数词的省略》,《中国语文》1992 年第 3 期。
9. 戴昭明:《历史音变和吴方言人称代词复数形式的来历》,《中国语文》2000 年第 3 期。
10. 戴昭明:《弱化、促化、虚化和语法化——吴方言中一种重要的演变现象》,《汉语学报》2004 年第 2 期。
11. 丁治民:《东台话的疑问副词"个"》,《语文研究》2003 年第 3 期。
12. 丁治民:《东台话的"寡"》,《温州师范学院学报》2003 年第 6 期。
13. 丁邦新:《如皋方言的音韵》,《历史语言研究所集刊》第三十六本(下),1966 年。
14. 丁邦新:《论官话方言研究中的几个问题》,《历史语言研究所集刊》第五十八本第四分册,1987 年。
15. 董为光:《"那哼"溯源》,《语言研究》1988 年第 1 期。
16. 方松熹:《浙江吴语里的儿尾》,《中国语文》1993 年第 2 期。
17. 顾黔:《泰兴方言本字考》,《南京师大学报》(社科版) 1990 年第 3 期。
18. 顾黔:《泰兴方言同音字汇》,《方言》1990 年第 4 期。
19. 顾黔:《泰兴方言词汇》(一),《方言》1994 年第 3 期。
20. 顾黔:《泰兴方言词汇》(二),《方言》1994 年第 4 期。

21. 顾黔：《通泰方言韵母研究——共时分布及历史溯源》,《中国语文》1997 年第 3 期。
22. 郭辉：《皖北濉溪方言的"子"尾词》,《方言》2007 年第 3 期。
23. 黄明锋、朱桂芹：《海陵方言的词汇特点及其历史形成原因》,《江苏技术师范学院学报》2009 年第 5 期。
24. 黄继林：《扬州方言里的"蛮"和"稀"》,《方言》1987 年第 4 期。
25. 黄雪贞：《永定（下洋）方言形容词的子尾》,《方言》1982 年第 3 期。
26. 胡光斌：《遵义方言的儿化韵》,《方言》1994 年第 3 期。
27. 胡光斌：《贵州遵义方言的"家"》,《方言》2006 年第 2 期。
28. 胡明扬：《海盐方言的存现句和静态句》,《中国语文》1988 年第 1 期。
29. 胡双宝：《山西文水话的自感动词结构"V+人"》,《中国语文》1984 年第 4 期。
30. 季春红：《如东方言的描写研究》，南京师范大学博士学位论文，2002 年。
31. 贾采珠：《北京口语儿化轻读辩义》,《中国语文》1991 年第 4 期。
32. 江蓝生：《吴语助词"来"、"得来"溯源》,《中国语言学报》1995 年第 5 期，商务印书馆。
33. 蒋琴华：《吴方言中的"刺仔""好仔"和"到仔"》,《南京大学学报》1987 年第 3 期。
34. 李崇兴：《湖北宜都方言"在"的用法和来源》,《方言》1996 年第 1 期。
35. 李人鉴：《泰兴方言中动词的后附成分》,《中国语文》1957 年第 5 期。
36. 李人鉴：《泰兴方言里的拿字句》,《中国语文》1962 年第 8、9 合期。
37. 李小凡：《苏州话的指示代词》,《语言学论丛》第十三辑，商务印书馆 1984 年版。
38. 李小军：《语气词"吵"的来源及其方言变体》,《语言科学》2008 年第 4 期。
39. 李宇明：《论空间量》,《语言研究》1999 年第 2 期。
40. 李宇明：《空间在世界认知中的地位—语言与认知关系的考察》,《湖北大学学报》1999 年第 3 期。
41. 林连通：《福建永春方言的"仔"尾》,《中国语文》1988 年第 2 期。
42. 刘春卉：《南京方言中的"V 不起来"与"阿/还 VP"》,《南京林业大学学报》2005 年第 3 期。
43. 刘丹青：《汉藏语系重叠形式的分析模式》,《语言研究》1988 年第 1 期。
44. 刘丹青：《苏州方言的发问词与"可 VP"句式》,《中国语文》1991 年第 1 期。
45. 刘丹青：《"唯补词"初探》,《汉语学习》1994 年第 3 期。

46. 刘丹青：《无锡方言的体助词"则"（仔）和"着"》，《中国语言学报》总第 6 期，商务印书馆 1995 年版。
47. 刘丹青：《语法中的更新、强化与叠加》，《语言研究》2001 年第 2 期。
48. 刘丹青：《吴语的句法类型特点》，《方言》2001 年第 4 期。
49. 刘丹青：《崇明方言的指示词—繁复的系统与其背后的共性》，《方言》2005 年第 2 期。
50. 刘丹青：《汉语名词性短语的句法类型特征》，《中国语文》2008 年第 1 期。
51. 刘丹青：《语法化理论与汉语方言语法研究》，《方言》2009 年第 2 期。
52. 刘璐：《泰州方言中与"厄"相关的体标记研究》，上海师范大学博士学位论文，2009 年。
53. 刘晓梅、李如龙：《东南方言语法对普通话的影响四种》，《语言研究》2004 年第 4 期。
54. 刘焱：《"V 掉"的语义类型与"掉"的虚化》，《中国语文》2007 年第 2 期。
55. 刘勋宁：《现代汉语词尾"了"的语法意义》，《中国语文》1988 年第 5 期。
56. 林焘、沈炯：《北京话儿化韵的语音分歧》，《中国语文》1995 年第 6 期。
57. 鲁国尧：《通泰方言研究史脞述》，《方言》2001 年第 4 期。
58. 鲁允中：《儿化现象一例》，《中国语文》1985 年第 6 期。
59. 罗自群：《襄樊方言的重叠式》，《方言》2002 年第 1 期。
60. 罗自群：《现代汉语表示持续意义的"住"》，《中国语文》2005 年第 2 期。
61. 马希文：《北京方言里的"着"》，《方言》1987 年第 1 期。
62. 马文忠：《大同方言舒声字的促变》，《语文研究》1985 年第 3 期。
63. 马文忠：《普通话轻声字在大同方言的读音》，《中国语文》1993 年第 5 期。
64. 梅祖麟：《吴语情貌词"仔"的语源》，《国外语言学》1980 年第 3 期。
65. 梅祖麟：《明代宁波话的"来"字与现代汉语的"了"字》，《方言》1981 年第 1 期。
66. 梅祖麟：《汉语方言里虚词"着"字三种用法的来源》，《中国语言学报》1988 年第 3 期。
67. 倪志佳：《通泰方言的小称变调残迹》，《语言科学》2015 年第 4 期。
68. 潘悟云：《吴语的语法、词汇特征》，《温州师专学报》1986 年第 3 期。
69. ［日］平山久雄：《江淮方言祖调值构拟和北方方言祖调值初探》，《语言研究》1984 年第 1 期。
70. ［日］平山久雄：《从历时观点论吴语变调和北京话轻声的关系》，《中国语文》1992 年第 4 期。
71. ［日］桥本万太郎：《现代吴语的类型学》，《方言》1979 年第 3 期。
72. ［日］桥本万太郎：《汉语被动式的历时/区域发展》，《中国语文》1987

年第 1 期。
73. 钱乃荣:《也谈吴语的语法、词汇特征》,《温州师范学院学报》1987 年第 3 期。
74. 强星娜、唐正大:《从时间状语到虚拟标记——以上海话"慢慢叫"的语法化为例》,《语言研究》2009 年第 2 期。
75. [日] 杉村博文:《量词"个"的文化属性激活功能和语义的动态理解》,《世界汉语教学》2006 年第 3 期。
76. 沈明:《山西方言的小称》,《方言》2003 年第 4 期。
77. 沈家煊:《语言的主观性和主观化》,《外语教学与研究》2001 年第 4 期。
78. 施其生:《闽吴方言持续貌形式的共同特点》,《中山大学学报》1985 年第 4 期。
79. 施其生:《汕头方言的反复问句》,《中国语文》1990 年第 3 期。
80. 施其生:《汕头方言的人称代词》,《方言》1993 年第 3 期。
81. 施其生:《论广州方言虚成分的分类》,《语言研究》1995 年第 1 期。
82. 施其生:《汕头方言的指示代词》,《方言》1995 年第 3 期。
83. 施其生:《广州方言"量+名"组合》,《方言》1996 年第 2 期。
84. 施其生:《汕头方言量词和数量词的小称》,《方言》1997 年第 3 期。
85. 石汝杰、刘丹青:《苏州方言量词的定指用法及其变调》,《语言研究》1985 年第 1 期。
86. 史皓元:《南通话、杭州话与吴方言的比较》,《方言》1998 年第 2 期。
87. 陶寰、李佳樑:《方言与修辞的研究接面——兼论上海话"伊讲"的修辞动因》,《修辞学习》2009 年第 3 期。
88. 万久富:《南通地区方言的形成过程》,《南通大学学报》2008 年第 3 期。
89. 汪平:《苏州话里表疑问的"阿、𠲎、啊"》,《中国语文》1984 年第 5 期。
90. 汪平:《苏州方言语法引论》,《语言研究》1997 年第 1 期。
91. 汪平:《苏州方言的"得"》,《语言研究》2001 年第 2 期。
92. 汪平:《苏州方言的重叠式》,《汉语学报》2001 年第 2 期。
93. 汪平:《苏州话的话题结构》,《语言研究》2004 年第 4 期。
94. 汪国胜:《湖北方言"在"和"在里"》,《方言》1999 年第 2 期。
95. 汪国胜:《湖北大冶方言人称代词的变调》,《中国语文》2003 年第 6 期。
96. 汪化云:《汉语方言指示代词三分现象初探》,《语言研究》2002 年第 2 期。
97. 汪化云:《省略构成的人称代词复数标记》,《方言》2011 年第 1 期。
98. 汪化云:《汉语方言 T 类复数标记的来源》,《语言研究》2012 年第 1 期。
99. 汪如东:《海安方言调查报告》,南京师范大学硕士学位论文(油印稿),

1989 年。
100. 汪如东：《通泰方言"啊"后附的语法构形特征》，《徐州师范大学学报》1998 年第 4 期。
101. 汪如东：《海安方言连读变调中的"变上"现象》，《淮海工学院学报》专辑，2000 年。
102. 汪如东：《通泰方言的吴语底层及历史层次》，《东南大学学报》2003 年第 2 期。
103. 汪如东：《泰如片方言中动词后附"啊"的两种结构》，《语言科学》第 3 期，2008 年。
104. 汪如东：《江淮泰如片方言的"V+啊+处所词"结构》，《东南大学学报》2009 年第 6 期。
105. 温端政：《试论山西晋语的入声》，《中国语文》1986 年第 2 期。
106. 王文卿：《山西地名中"家"的弱化音变》，《方言》2009 年第 2 期。
107. 王福堂：《关于客家话和赣方言的分合问题》，《方言》1998 年第 1 期。
108. 王分年：《通泰方言中的"呆昃"》，《神州民俗》2008 年第 10 期。
109. 王健：《江淮方言三种动态范畴的表现》，《语言科学》2006 年第 4 期。
110. 王健：《睢宁话中"个"的读音和用法》，《方言》2007 年第 1 期。
111. 王健：《从苏皖方言体助词"著"的表现看方言接触后的后果和机制》，《中国语文》2008 年第 1 期。
112. 王健：《苏皖方言中"掉"类词的共时表现与语法化等级》，《语言科学》2010 年第 2 期。
113. 王健、顾劲松：《涟水（南禄）话量词的特殊用法》，《中国语文》2006 年第 3 期。
114. 王理嘉、王海丹：《儿化韵研究中的几个问题》，《中国语文》1991 年第 2 期。
115. 王小龙：《江苏东台方言中的"呃"》，《现代语文》（语言研究版）2006 年第 4 期。
116. 王韫佳：《海安话轻声与非轻声关系初探》，《方言》1998 年第 3 期。
117. 王韫佳：《海安话多音节名词末字的一种变调形式》，《语言研究》2001 年增刊。
118. 王彦：《梁山地名中零音节"家"的存在形式》，《中国语文》2007 年第 1 期。
119. 吴福祥：《南方方言几个状态补语标记的来源》（一），《方言》2000 年第 4 期。
120. 吴福祥：《南方方言几个状态补语标记的来源》（二），《方言》2001 年第 1 期。
121. 吴福祥:《南方方言几个状态补语标记的来源》(三),《方言》2002 年第 2 期。
122. 吴福祥:《汉语能性述补结构"V 得/不 C"的语法化》,《中国语文》2002 年第 1 期。
123. 吴福祥:《也谈持续体标记的来源》,《汉语史学报》2003 年第 12 期。
124. 吴福祥:《汉语伴随介词语法化的类型学研究》,《中国语文》2003 年第 1 期。
125. 吴福祥:《南方方言能性述补结构"V 得/不 C"带宾语的语序类型》,《方言》2003 年第 3 期。
126. 吴福祥:《汉语体标记"着""了"为什么不能强制性使用》,《当代语言学》2005 年第 3 期。
127. 吴福祥:《汉语语法化演变的几个类型学特征》,《中国语文》2005 年第 6 期。
128. 吴福祥:《南方语言正反复问句的来源》,《民族语文》2008 年第 2 期。
129. 吴福祥:《汉语趋向补语结构的产生与演变》,《历史语言学》2008 年第一辑。
130. 席晶:《泰兴方言"煞"研究》,吉林大学硕士学位论文,2009 年。
131. 谢留文:《南昌县(蒋巷)方言的"子"尾和"里"尾》,《方言》1991 年第 2 期。
132. 邢公畹:《现代汉语和台语里的助词"了"和"着"》,《民族语文》1979 年第 2、3 期。
133. 邢向东:《神木方言的代词》,《方言》2001 年第 4 期。
134. 熊正辉:《南昌方言的子尾》,《方言》1979 年第 3 期。
135. 徐丹:《汉语里的"在"与"着(著)"》,《中国语文》1992 年第 6 期。
136. 徐烈炯、邵敬敏:《上海方言形容词重叠式研究》,《语言研究》1997 年第 2 期。
137. 徐烈炯、邵敬敏:《上海方言"辣、辣辣、辣海"的比较研究》,《方言》1997 年第 2 期。
138. 徐宇红:《南通话中的"捉"》,《南通大学学报》2008 年第 6 期。
139. 杨蓓:《上海话"辣~"的语法功能、来源及其演变》,《方言》1999 年第 2 期。
140. 杨必胜、陈建民:《海丰方言动词的态》,《语言研究》1984 年第 4 期。
141. 俞光中:《元明白话里的助词"来"》,《中国语文》1985 年第 4 期。
142. 俞扬:《泰州话里的文白异读》,《中国语文》1961 年第 5 期。

143. 俞扬:《泰州话名词后缀"儿"和"子"》,《语言研究集刊》1986 年第 1 期。
144. 俞扬:《泰州方言的两种述补组合》,《中国语文》1991 年第 4 期。
145. 俞扬:《泰州方言同音字汇》,《方言》1991 年第 4 期。
146. 俞扬:《泰州方言本字考》,《语言研究集刊》第四辑,江苏教育出版社 1995 年版。
147. 张光宇:《吴闽方言关系论》,《中国语文》1993 年第 3 期。
148. 张惠英:《吴语劄记(之三)》,《中国语文》1984 年第 5 期。
149. 张惠英:《从南通话表给予、被动的"喊"说起》,《语文研究》2013 年第 1 期。
150. 张敏:《汉语方言反复问句的类型学研究:共时分布及其历时蕴含》,北京大学博士学位论文,1990 年。
151. 张敏:《从类型和认知语法的角度看汉语的重叠现象》,《国外语言学》1997 年第 2 期。
152. 张秀松:《阜宁方言程度副词"象话"的语法化》,《江南大学学报》2008 年第 1 期。
153. 张琨:《论吴语方言》,《历史语言研究所集刊》第五十六本,1985 年。
154. 张亚军:《泰如片江淮方言中的"V+L"和"V+在 L"结构》,《语言科学》2003 年第 4 期。
155. 张亚军:《江苏海安话的量词独用变调现象》,《中国语文》2008 年第 1 期。
156. 张颖炜:《浅析南通话程度副词"嫌"与"很"》,《淮海工学院学报》2005 年第 3 期。
157. 张颖炜:《南通话程度副词"蛮"》,《南通纺织职业技术学院学报》2005 年第 4 期。
158. 张颖炜:《南通话程度副词"老"》,《南通大学学报》2007 年第 4 期。
159. 赵日新:《徽语的小称音变和儿化音变》,《方言》1999 年第 2 期。
160. 赵日新:《形容词带程度补语结构的分析》,《语言研究》2001 年第 6 期。
161. 赵日新:《绩溪方言的结构助词》,《语言研究》2001 年第 2 期。
162. 赵元任:《吴语的对比情况》,倪大白译,《国外语言学》1980 年第 5 期。
163. 赵元任:《北京、苏州、常州语助词的研究》,《清华学报》1926 年第 3 卷第 2 期。
164. 郑张尚芳:《方言中舒声促化现象说略》,《语文研究》1990 年第 2 期。
165. 周戬剑:《谈南通方言和普通话句式的几点差异》,《科教文汇》2008 年第 32 期。

166. 周戬剑：《金沙方言、南通方言和通东方言的词语特点比较》，《中国商界》2009年第2期。
167. 周小兵：《广州话量词的定指功能》，《方言》1997年第1期。
168. 周远富：《孙锦标与南通方言研究》，《南通大学学报》2009年第1期。
169. 周元琳：《安徽庐江方言的虚词"之"》，《方言》2000年第2期。
170. 朱景松：《扬州话单音动词的生动重叠》，《中国语文》1993年第3期。
171. 朱琳：《泰兴话的ADV+VP问句》，《语言研究》2011年第3期。
172. 朱培培：《如东方言"K-VP"句式余论》，《语文学刊》2009年第9期。

二 论文集

1. 范晓：《吴语"V脱"中的"脱"》，《吴语论丛》，上海教育出版社1988年版。
2. 侯精一：《现代晋语的研究》，商务印书馆1999年版。
3. 胡明扬：《汉语方言体貌论文集》，江苏教育出版社1996年版。
4. 江蓝生：《近代汉语探索》，商务印书馆2001年版。
5. 李如龙、张双庆：《动词谓语句》，暨南大学出版社1997年版。
6. 林华东：《汉语方言语法新探索》，厦门大学出版社2010年版。
7. 刘丹青：《东南方言的体貌标记》，张双庆主编《动词的体》，香港中文大学吴多泰中国语文研究中心出版社1996年版。
8. 刘丹青：《苏州方言的体范畴系统与半虚化体标记》，胡明扬主编《汉语方言体貌论文集》，江苏教育出版社1996年版。
9. 刘丹青：《汉语方言语法研究的新视角——第五届汉语方言国际学术研讨会论文集》，上海教育出版社2013年版。
10. 刘丹青：《苏州方言的动词谓语句》，李如龙、张双庆主编《动词谓语句》，暨南大学出版社1997年版。
11. 刘丹青：《吴江方言的代词系统及内部差异》，李如龙、张双庆主编《代词》，暨南大学出版社1999年版。
12. 刘丹青：《苏州方言"勒X"复合词》，《吴语研究》，第二届吴方言学术研讨会论文集，上海教育出版社2003年版。
13. 刘丹青：《话题标记走向何处？——兼谈广义历时语法化的三个领域》，沈家煊、吴福祥、李宗江主编《语法化与语法研究》（三），商务印书馆2007年版。
14. 刘刚：《靖江老岸话的由来及其声韵调辩证》，《吴语研究》（第四届国际吴方言学术研讨会论文集），上海教育出版社2006年版。
15. 卢今元：《通东话、金沙话与南通话的比较》，《吴语研究》（第二届国际吴方言学术研讨会论文集），上海教育出版社 2003 年版。
16. 鲁国尧：《泰州方音史与通泰方言史研究》，《鲁国尧语言学论文集》，江苏教育出版社 2002 年版。
17. 吕叔湘：《吕叔湘文集》，商务印书馆 1990 年版。
18. 梅祖麟：《方言本字研究的两种方法》，《吴语和闽语的比较研究》，上海教育出版社 1995 年版。
19. 梅祖麟：《梅祖麟语言学论文集》，商务印书馆 2000 年版。
20. 潘悟云、陶寰：《吴语的指代词》，《代词》，暨南大学出版社 1999 年版。
21. 潘悟云：《著名中年语言学家自选集·潘悟云卷》，安徽教育出版社 2002 年版。
22. 钱乃荣：《从语序类型来看上海方言》，《吴语研究》第六辑，上海教育出版社 2011 年版。
23. 沈家煊、吴福祥、李宗江：《语法化与语法研究》（三），商务印书馆 2007 年版。
24. 施其生：《汕头方言的体》，张双庆主编《动词的体》，香港中文大学吴多泰中国语文研究中心出版社 1996 年版。
25. 陶国良：《通沙方言概况和金沙话》，《吴语研究》（第二届国际吴方言学术研讨会论文集），上海教育出版社 2003 年版。
26. 汪平：《苏州方言的"辣"、"勒海"和"勒浪"等》，《介词》——中国东南部方言比较研究丛书（第五辑），暨南大学出版社 2000 年版。
27. 汪如东：《通泰方言表示动作进行和状态持续的标记"啊"及其相关结构》，《掇沉珠集》，复旦大学出版社 2010 年版。
28. 魏建功：《魏建功文集》，江苏教育出版社 2001 年版。
29. 吴福祥：《境外汉语历史语法研究文选》，上海教育出版社 2013 年版。
30. 伍云姬：《湖南瓦乡话"于"尾[tsa]的语法化过程》，沈家煊、吴福祥、李宗江主编《语法化与语法研究》（三），商务印书馆 2007 年版。
31. 徐铁生：《通东方言与金沙方言归属刍议》，《吴语研究》（第二届国际吴方言学术研讨会论文集），上海教育出版社 2003 年版。
32. 严修鸿：《客家人称代词单数"领格"的语源》，《代词》，暨南大学出版社 1999 年版。
33. 游汝杰：《著名中年语言学家自选集·游汝杰卷》，安徽教育出版社 2003 年版。
34. 张双庆：《动词的体》，香港中文大学吴多泰中国语文研究中心出版社 1996 年版。
35. 张敏：《江淮官话中的句法变化：地理分布如何揭示扩散的历史》，吴福祥编《境外汉语历史语法研究文选》，上海教育出版社 2013 年版。
36. 中国语言学会：《中国语言学报》总第 6 期，商务印书馆 1995 年版。
37. 中华书局编辑部：《中研院历史语言研究所集刊论文类编》，中华书局 2009 年版。
38. 周小兵：《广州话的进行体标记》，《广州话研究与教学》（第二辑），中山大学出版社 1995 年版。
39. 曾献飞：《汝城方言的人称代词》，林华东主编《汉语方言语法新探索》，厦门大学出版社 2010 年版。

三　专著及工具书

1. 鲍明炜、王均：《南通地区方言研究》，江苏教育出版社 2002 年版。
2. 蔡国璐：《丹阳方言词典》，江苏教育出版社 1995 年版。
3. 蔡华祥：《盐城方言研究》，中华书局 2011 年版。
4. 曹广顺：《近代汉语助词》，语文出版社 1995 年版。
5. 曹志耘：《汉语方言地图集·语法卷》，商务印书馆 2008 年版。
6. 陈前瑞：《汉语体貌研究的类型学视野》，商务印书馆 2008 年版。
7. 陈淑梅：《鄂东方言量范畴研究》，中国社会科学出版社 2012 年版。
8. 陈泽平：《闽语新探索》，上海远东出版社 2003 年版。
9. 方松熹：《义乌方言》，中国文联出版社 2002 年版。
10. 戴昭明：《天台方言初探》，中国社会科学出版社 2002 年版。
11. 顾黔：《通泰方言音韵研究》，南京大学出版社 2001 年版。
12. 《海安县志》编纂委员会：《海安县志》，上海社会科学院出版社 1997 年版。
13. 黄伯荣：《汉语方言语法类编》，青岛出版社 1992 年版。
14. 江苏省和上海市方言概况指导组编：《江苏省和上海市方言概况》，江苏人民出版社 1960 年版。
15. 江苏省地方志编纂委员会：《江苏省志·方言志》，南京大学出版社 1998 年版。
16. 李葆嘉：《东台市志·方言篇》，江苏科技出版社 1994 年版。
17. 李小凡：《苏州方言语法研究》，北京大学出版社 1998 年版。
18. 刘丹青：《语法调查研究手册》，上海教育出版社 2008 年版。
19. 卢小群：《湘语语法研究》，中央民族大学出版社 2007 年版。
20. 罗自群：《现代汉语方言持续标记的比较研究》，中央民族大学出版社 2006 年版。
21. 吕叔湘：《现代汉语八百词》，商务印书馆 1981 年版。
22. 吕叔湘：《近代汉语指代词》，学林出版社 1985 年版。
23. 聂建民、李琦：《汉语方言研究文献目录》，江苏教育出版社 1994 年版。

24. 彭兰玉:《衡阳方言语法研究》, 中国社会科学出版社 2005 年版。
25. 彭泽润:《衡山方言研究》, 湖南教育出版社 1999 年版。
26. 钱乃荣:《北部吴语研究》, 上海大学出版社 2003 年版。
27. 钱曾怡:《博山方言研究》, 社会科学文献出版社 1993 年版。
28. 乔全生:《晋方言语法研究》, 商务印书馆 2000 年版。
29. 石汝杰、[日] 宫田一郎:《明清吴语词典》, 上海辞书出版社 2005 年版。
30. 石汝杰:《明清吴语和现代方言研究》, 上海辞书出版社 2006 年版。
31. 石毓智、李讷:《汉语语法化的历程》, 北京大学出版社 2001 年版。
32. 泰县县志编纂委员会:《泰县志》, 江苏古籍出版社 1993 年版。
33. 汤珍珠、陈忠敏、吴新贤:《宁波方言词典》, 江苏教育出版社 1997 年版。
34. 汪国胜:《大冶方言语法研究》, 湖北教育出版社 1994 年版。
35. 汪平:《方言平议》, 华中科技大学出版社 2003 年版。
36. 汪平:《苏州方言研究》, 中华书局 2011 年版。
37. 江如东:《海安方言研究》, 新华出版社 2006 年版。
38. 王福堂:《汉语方言语音的演变和层次》, 语文出版社 1999 年版。
39. 王均、鲍明炜:《南通地区方言研究》, 江苏教育出版社 2002 年版。
40. 王力:《汉语史稿》, 中华书局 1980 年版。
41. 王力:《中国现代语法》, 商务印书馆 1985 年版。
42. 吴凤山:《如皋方言研究》, 中国文联出版社 2006 年版。
43. 吴福祥:《敦煌变文语法研究》, 岳麓书社 1996 年版。
44. 邢向东:《神木方言研究》, 中华书局 2002 年版。
45. 项梦冰:《连城客家话语法研究》, 语文出版社 1997 年版。
46. 徐烈炯、邵敬敏:《上海方言语法研究》, 华东师范大学出版社 1998 年版。
47. 徐时仪:《古白话词汇研究论稿》, 上海教育出版社 2000 年版。
48. 许宝华、汤珍珠:《上海市区方言志》, 上海教育出版社 1988 年版。
49. 许宝华、[日] 宫田一郎:《汉语方言大词典》, 中华书局 1999 年版。
50. 颜逸明:《吴语概说》, 华东师范大学出版社 1994 年版。
51. 叶祥苓:《苏州方言志》, 江苏教育出版社 1988 年版。
52. 叶祥苓:《苏州方言词典》, 江苏教育出版社 1993 年版。
53. 游汝杰:《汉语方言学导论》, 上海教育出版社 2000 年版。
54. 袁家骅:《汉语方言概要》, 文字改革出版社 1989 年版。
55. 俞光中、[日] 植田均:《近代汉语语法研究》, 学林出版社 1999 年版。
56. 张丙钊:《兴化方言志》, 上海社会科学院出版社 1995 年版。
57. 张丙钊:《兴化方言词典》, 中国文史出版社 2005 年版。
58. 张惠英:《崇明方言词典》, 江苏教育出版社 1993 年版。

59. 张惠英：《汉语方言代词研究》，语文出版社 2001 年版。
60. 张谊生：《现代汉语副词》，华东师范大学出版社 2000 年版。
61. 张谊生：《现代汉语副词研究》，学林出版社 2000 年版。
62. 张一舟、张清源、邓英树：《成都方言语法研究》，巴蜀书社 2001 年版。
63. 张振兴：《著名中青年语言学家自选集·张振兴卷》，安徽教育出版社 2002 年版。
64. 中国社会科学院、澳大利亚人文科学院《中国语言地图集》，朗文（远东）有限公司 1987/1991 年版。
65. 郑张尚芳：《温州方言志》，中华书局 2008 年版。
66. 郑伟：《汉语音韵与方言研究》，上海三联书店 2012 年版。
67. 朱德熙：《语法讲义》，商务印书馆 1982 年版。
68. 朱文熊：《江苏新字母》，文字改革出版社 1951 年版。
69. Briton, L. & E.C. Traugott, *Lexicalization and Language Change*, New York: Cambridge University Press, 2005.
70. Chao, Y.R., *A Grammar of Spoken Chinese*, Berkeley & Los Angeles: University of California Press, 1968.
71. Clack, E.V. & H.H. Clack, When Nouns Surface as Verbs, *Language,* 55, 4. 1979.
72. Comerie, B., *Language Universals and Linguistic Language Typology,* Chicago: The University of Chicago Press（《语言共性和语言类型》，沈家煊译，华夏出版社 1989 年版）。
73. Greenberg, J.H., Numeral Classifiers and Substantival Number: Problems in the Genesis of a Linguistic Type, *Working Papers on Language Universals* 9, 1972.
74. John MacGowan, A Collection of Phrases in Shanghai Dialect, Presbyterian Mission Press, 1862.
75. Lyons, J. *Semantics*, Cambride University Press, 1977.
76. Traugott, E. & R. Dasher, *Regularity in Semantic* Change, Cambridge: Cambridge Press, 2002.

后　　记

　　20世纪80年代中期，一个偶然的机会，我走进了汉语方言学研究的天地。那时，我刚刚完成了在南京师范大学中文系本科阶段的学业，毕业之际参加了南京另一所大学中文系的研究生招生考试，想读的是现代汉语语法方向，当时自信满满，也是懵懵懂懂，冲着那块金字招牌而去，但却是以失败而告终。幸运的是，各科成绩都达到了国家规定的调剂要求，江苏省教委正在规划建设连云港的淮海大学，需要在宁高校委培部分师资，遂安排调剂到了南京师范大学中文系，师从叶祥苓先生学习汉语方言学，当时给我上过课的还有吴金华先生、马景仑先生、朱林清先生、沈孟璎先生等，汉语音韵学的基础知识和方言的记音技能则主要是叶先生传授的。如今，一晃30多年过去了，叶师驾鹤西去快20年了，我也到了知天命的年纪。在连云港工作了整整12个年头后，我又去复旦大学中文系师从李熙宗先生学习了汉语修辞学，博士毕业后去上海财经大学国际文化交流学院做了一名对外汉语教师。2010年我申请到了国家社会科学基金的一般项目"江淮方言泰如片与吴语的语法差异比较研究"，于2014年准时结项，公布的等级为良好，本书就是这次国家社科基金的最终成果，也是我30年来方言及语法研究历程的真实记录。尽管尚有种种不足，但泰如方言语法结构的基本轮廓已清晰可见！

　　众所周知，吴方言的研究在汉语诸方言的研究中处于显要的地位，取得的成果也较为丰硕，这给本课题研究的开展打下了良好的基础，课题研究中参考了许宝华、刘丹青、李小凡、汪平诸先生吴语研究的成果，有关泰如方言的形成及历史背景方面的理论参考了鲁国尧先生的学说，文中均一一标明，在此谨表示深深的谢意！

　　我要感谢我的父母，他们教会了我地道的海安话，这是本课题研究的基础和前提，30多年来，对母语方言的关注始终是我专业研究不竭的源泉。

　　感谢我的妻子许丽红，她跟我是同乡，平时不仅提示我注意家乡方言习而不察的一些方言现象，还帮我核查语料的可靠性，工作之余帮我排版输入，特别要感谢她在我两次长期出国期间默默承担起的家庭重任。

　　最后感谢国家社会科学基金委员会对本课题的资助，感谢上海财经大学提供的教学和科研平台，感谢中国社会科学出版社编辑的辛勤付出！